실제 일어나고 있는 국제경제 이슈들을 보다 균형감 있게
이해하고 분석하는 데 필요한 국제경제학이론을 제공하기 위한 책!!

국제경제학 원론

제2개정판

강인수, 김태준, 박성훈, 박태호, 송유철
유재원, 유진수, 이호생, 채 욱, 한홍렬

博英社

제 2 개정판 머리말

"왜 경제학자들은 아무도 금융위기를 예측하지 못했습니까?" 영국의 엘리자베스 2세 여왕이 런던정경대를 방문하였을 때 경제학자들에게 던진 질문이다. 이에 대하여 저명 경제학자들은 장문의 사과편지를 여왕에게 보내어 경제위기의 시점, 범위 및 강도를 예측하여 방지하는데 실패한 것은 금융 시스템 전체의 위험을 제대로 파악하지 못한 집단적 오류였다고 고백하였다고 한다.

글로벌 금융위기가 쓰나미와 같이 세계경제를 휩쓴 지도 벌써 3년이 되어 간다. 외견상 여러 거시지표가 호전되고 있다는 소식에도 불구하고 전세계는 여전히 높은 실업률과 소득불평등의 심화, 그리고 미래의 불확실성에서 벗어나지 못하고 있다. 이러한 글로벌 금융위기는 경제학 전반에도 커다란 충격을 던져 주었다. 금융혁신과 금융자유화의 이득을 맹신한 나머지 금융시장의 내재적 위험에 대하여 무관심하였다는 비판이 드세다. 다른 한편으로는 세계화와 개방의 효과에 대하여 재검토가 이루어져야 한다는 주장도 제기되고 있다.

국제경제학을 전공한 저자들도 글로벌 금융위기를 예측하지 못한 책임감을 통감하고 있다. 그렇다고 기존의 경제학설을 부정하고 새로운 이론을 정립하여야 한다는 극단적 주장에는 동의하지 않는다. 글로벌 금융위기는 역설적이지만 국가간 상호의존성이 얼마나 큰가를 잘 보여주었다고 하겠다. 따라서 상품, 서비스, 생산요소 및 자본의 국제거래에 따른 이득을 전면 부정하기보다는 자유화로 인하여 높아진 글로벌 위험을 통제하고 부작용을 최소화할 것인가에 논의의 초점이 맞추어져야 할 것이다. 이러한 인식 하에 제 2 개정판 역시 국제경제 이슈들의 본질을 정확히 이해하고 분석할 수 있는 데 필요한 이론과 정보를 제공하는 데 주력하였다.

첫째, 글로벌 금융위기로 제기된 새로운 문제들을 소개하였다. 이를 위하여 금융관련 자료를 업데이트하고 관련설명을 보충하였다.

둘째, WTO의 DDA협상의 지연과 지역주의의 확대로 변화한 국제통상환경에 대한 논의를 대폭 보완하였다.

셋째, 무역이론에 관한 독자들의 이해를 돕기 위해 제2장을 중심으로 알기 쉬운 설명을 추가하였다.

넷째, 거의 모든 장에 걸쳐 국제경제이론을 이해하는 데 도움이 되도록 사례들을 새로 발굴하여 교체하였다.

시시각각으로 변하는 국제경제이슈들을 따라가다 보면 새로운 이론적 성과를 소개하고 싶은 유혹에 빠질 때가 많다. 그러나 본서를 처음 집필할 때 의도하였던 대로 이론을 최소화하면서 현실설명과 적절한 균형을 유지하고자 노력하였다. 지나치면 모자람만 못하다는 과불급(過不及)이란 말이 맞기를 바란다.

제2개정판 개정을 준비하면서 고려대의 박성훈 교수와 동덕여대의 송유철 교수 두 분이 합류하였다. 앞으로도 초심을 잃지 않고 더욱 열심히 연구하여 독자 여러분의 사랑에 보답할 것을 약속드린다. 끝으로 어려운 환경 속에서도 본서의 출간을 맡아 수고해 주신 박영사의 안종만 회장님과 편집부 여러분께 진심으로 감사드린다.

2010년 8월

저　자 일동

개정판 머리말

중국경제의 눈부신 성장과 위안화 평가절상, 국제원유가의 상승, 프랑스와 네덜란드의 유럽헌법제정 반대, WTO 각료회의 및 APEC 정상회담 개최 등 중요한 국제경제 이슈들이 거의 매일 언론매체를 통해 쏟아져 나오고 있다. 21세기에 들어와 세계화가 세계 전 지역으로 가속화되면서 이러한 국제경제 이슈들은 고위 정책담당자나 기업의 CEO들뿐 아니라 일반시민들에게도 큰 관심거리가 되고 있다. 그러나 이러한 국제경제 이슈들이 과연 국내경제, 나아가 주변지역경제와 세계경제에 어떠한 영향을 가져다 줄 것인가를 제대로 파악하는 것은 쉽지 않은 일이다. 사실 많은 경우 국제경제 이슈와 현상에 대한 해석이 경제이론에 바탕을 두지 않고 이루어져 왜곡된 이해와 혼선을 자아내고 있는 실정이다. 예를 들어 중국 위안화의 평가절상에 대해 생각해 보자. 이 문제를 단순히 이해하기는 힘들다. 우선 그 원인으로 미국과 중국 간의 무역불균형, 중국경제의 과열 등 여러 요인을 생각해 보아야 한다. 또 한국경제에 미치는 영향에 대해서도 제 3 국 시장으로의 수출, 대중국 수출 및 직접투자, 외환 및 금융시장 등 다양한 분야에 대한 분석이 필요하다.

이와 같이 국제경제 이슈들은 상호 의존적이고 파급되는 영향도 복합적인 특징을 지니고 있다. 저자들이 펴낸 국제경제학원론은 바로 이러한 특징을 염두에 두고 국제경제학이론 자체의 이해뿐 아니라 다양한 국제경제 이슈들과의 연계에 많은 강조를 하였다. 저자들이 이번 개정판을 펴내게 된 동기 역시 기본적으로 독자들로 하여금 실제 일어나고 있는 국제경제 이슈들을 보다 균형감 있게 이해하고 분석하는 데 필요한 국제경제학이론을 제공하기 위해서다. 이번 개정판의 특징은 크게 두 가지로 요약된다.

첫째, 국제무역과 국제금융을 보다 균형 있게 이해하고 급변하는 국제경제환경을 보다 새롭게 반영하는 데 초점을 맞추어 저서의 구성을 크게 바꾸었다. 즉 제 1 부에 제 2 장 세계경제의 이해를 신설하여 국제경제학과 국제경제질서를 함께 소개하였다. 신설된 제 2 장에는 초판의 제14장과 제17장에서 각각 다루어진 21세기 국제경제질서의 변화와 정보기술혁명과 디지털경제의 내용이 수정되어 반영되었다. 또한 무역정책의 정치경제학, WTO와 국제무역질서 등 국제무역이론과 밀접하게 관련된 주제들이 연속해서 설명됨으로써 독자들의 이해증진을 도모하였다.

둘째, 이번 개정판은 환율결정이론과 환율변화의 효과에 대한 부문을 대폭 보완하고 관심이 높아지고 있는 국제금융시장에 대한 설명도 새로 첨가하였다. 특히 환율결정이론을 다룬 제12장에서는 포트폴리오 균형모형에 대한 설명을 보다 구체적으로 하였고 외환시장의 개입에 대한 설명을 보충하였다. 환율변화의 효과를 주제로 한 제13장에서는 환율변화가 국제수지에 미치는 효과를 탄력성접근과 총지출접근 등 두 가지 시각에서 설명하고, 이 두 가지를 종합한 새로운 접근방식을 소개하였다. 국제금융시장의 구조와 특징이라는 제목으로 신설된 제16장에서는 국제금융의 개념, 국제금융시장의 구조, 장단기 자본시장 및 파생금융상품시장, 그리고 외환시장을 이해하기 쉽게 설명하였다.

급변하는 국제경제환경을 감안할 때 초판이 출간되고 3년이 지난 후 비로소 개정판을 펴내게 되어 송구한 마음을 금할 수 없다. 그러나 다소 늦은 시점에서나마 이번 개정판을 내게 된 것은 매우 다행스러운 일이라 하겠다. 이 자리를 빌어 그 동안 본서의 초판을 적극적으로 성원해 주신 많은 독자들에게 감사의 뜻을 표하며, 이번 개정판에 대해서도 변함 없는 성원과 지도를 바라마지 않는다. 초판에서와 같이 이 책에 남아 있는 미진한 부분과 오류는 저자들의 몫이며, 앞으로 지속적인 노력을 통해 이들을 시정 · 개선해 나갈 것이다. 끝으로 개정판의 출간을 적극적으로 지원하고 격려해 주신 박영사 관계자 여러분께 깊이 감사드린다.

2005년 8월

저 자 일동

머 리 말

1995년 1월 세계무역기구(WTO)가 출범하면서 우리나라는 국내 쌀 시장을 개방하기 시작하였다. 1996년 9월에는 우리나라가 선진국들의 클럽이라는 경제개발협력기구(OECD)의 29번째 회원국이 되었다. 1997년 말 우리 경제는 한국전쟁 이후 최악의 역경에 처하게 되었으며, 이를 극복하기 위해 우리 경제는 매우 빠른 속도로 세계경제에 통합되어 가고 있다. 그러나 이러한 대외경제문제들에 대해 관심 있는 대학생들은 물론이고 일반인들의 이해를 도울 수 있는 전문서적은 거의 존재하지 않았다. 다만 국제경제학 이론을 다룬 책자들이 이들 이슈의 일부를 언급한 것이 고작이었다. 이와 같은 상황에서 이 책의 저자들은 1998년 봄 「국제통상론」을 펴냈다. 저자들은 대외경제정책연구원(KIEP)에서 함께 연구활동을 하였으며, 우루과이라운드 협상, OECD 가입협상, 아시아태평양경제협력체(APEC) 활동 등에 직접 참여한 적이 있다. 따라서 당시 발간된 「국제통상론」은 다양하고 현장감 있는 국제경험을 수록한 국내 최초의 국제통상관련 저서로 평가받은 바 있다.

그러나 「국제통상론」을 집필하는 과정에서 저자들은 동 책자가 국제경제이슈들에 초점을 맞춘 나머지 이론적인 설명이 부족한 것은 아닌가라는 느낌을 가지게 되었다. 즉 전통적인 국제경제학이론을 새로운 세계경제환경에 맞게 재구성하고 국제경험을 체계적으로 연계시켜 독자들의 이해를 증대시키는 것이 중요하다는 데에 공감하였다. 이렇게 하여 「국제경제학원론」은 탄생하였다. 저자들은 이 책을 집필하면서 기존에 발간된 여러 종류의 국제경제학 책자들과 차별화하는 것에 많은 노력을 기울였다. 다양한 현장경험과 대학에서의 강의를 통해 느낀 점들을 바탕으로 이론과 현실설명이 균형을 이루는 「국제경제학원론」이 되도록 최선을 다했다. 상당한 시간이 걸렸지만, 이제 이 책을 발간하게 되었다는 점에 안도감을 느낀다.

그 동안 국제경제학은 주로 미시 및 거시경제학의 연장선상에서 다루어져 왔다. 그러나 정보통신기술의 발달과 냉전체제의 종식을 계기로 세계경제의 글로벌화가 급진전되면서 국제경제학의 중요성이 새롭게 부각되기 시작하였다. 세계경제가 하나로 연계되면서 한 국가 내의 기업활동과 정책결정들이 국제경제 이슈와 무관하게 독립적으로 이루어진다는 것이 거의 불가능해지고 있기 때문이다. 경제활동의 대외의존도가 상대적으로 낮은 미국도 이제는 세계경제와의 관계를 무시하고는 안정적인 경제성장을 할 수 없게 되었다. 이와 같은 추세를 반영하듯 새로 출간되는 주요 경제학입문서를 보면 제 1 장에서 국제무역이론을 다루고 있다. 뿐만 아니라 WTO 뉴라운드 협상, 아르헨티나의 경제위기, 일본경제의 장기적인 침체, 중국의 WTO 가입, 환경문제, 빈부격차, 노동권 등 다양한 사회문제(social issues) 등이 세계 전체의 관심대상으로 떠오르고 있어 이들 이슈에 대한 이해가 절실히 요구되고 있다. 이러한 측면을 고려하여 기존 국제경제학관련 책자와는 달리 본서는 제 6 부에서 "세계경제환경의 이해"라는 제목 하에 21세기 국제경제질서의 변화, WTO와 국제통상환경, 지역주의와 경제통합, 정보통신혁명과 디지털경제 등 새롭게 전개되는 국제경제이슈들을 다루고 있다

이 책은 독자들이 실제 일어나고 있는 국제경제이슈들을 간략한 이론적인 분석을 통해 균형감 있게 이해할 수 있도록 하는 데 중점을 두었다. 또한 국제경제와 관련된 정책에 대해서도 독자들로 하여금 통찰력을 가질 수 있도록 배려하였다. 이 책은 기본적으로 경제학원론을 수학한 학생들을 위해 집필되었으나 기업이나 정부에서 실물 또는 정책을 담당하는 비경제학전공자들도 큰 어려움 없이 이해할 수 있으리라 믿는다. 또한 대학에서 국제정치 및 외교학을 전공하거나 경영학을 전공하는 학생들에게도 이 책은 매우 유익한 참고서가 될 것이다. 끝으로 국제경제환경의 변화가 우리 경제에 미치는 영향에 대해 관심이 높은 일반인들도 한번쯤 읽을 가치가 충분히 있는 책자가 될 수 있을 것으로 확신한다.

이 자리를 빌어 이 책을 집필하는 데 많은 도움을 준 대외경제정책연구원에 깊은 감사를 드린다. 또한 「국제통상론」에 이어 「국제경제학

원론」의 출간을 강력히 권고해 주시고 도와 주신 박영사 안종만 회장님께도 감사의 말씀을 드린다. 이 책의 기획단계부터 마지막 출간 때까지 지원을 아끼지 않았던 박영사 노현 과장과 조성호 과장께도 각별히 감사드린다. 끝으로 이 책에 남아 있는 모든 오류는 저자들의 몫이며, 앞으로 독자들의 많은 지도와 편달을 통해 이들을 시정 · 개선해 나갈 것을 밝혀 둔다.

2002년 2월

저 자 일동

차 례

제 1 부 국제경제학과 세계경제

제 1 장 국제경제학이란 무엇인가

제 2 장 세계경제의 이해

제 7 장 무역정책과 시장구조

제 8 장 무역정책의 정치경제학

제 4 부 국제통상환경

제 9 장 WTO와 국제무역질서

제12장 환율결정이론

제13장 환율변화의 효과

제 6 부 개방 거시경제의 이해

제14장 국제통화체제

제15장 개방경제의 거시경제정책

제 7 부 국제금융시장과 환위험

제16장 국제금융시장의 구조와 특징

제17장 국제거래와 환위험관리

[제 1 부]

국제경제학과 세계경제

제1장 국제경제학이란 무엇인가

1.1 현대인과 국제경제학

우리들이 국제화·세계화된 세상에서 살고 있으며 앞으로 국제화·세계화의 흐름이 보다 가속화될 것임을 의심하는 사람은 없을 것이다. 이렇게 급속히 변해 가는 세상에서 경제활동을 하면서 우리들은 어떠한 문제들에 부딪히게 될까? 국내 기업에서 성공하기 위해 열심히 직장생활을 하는 전형적인 우리의 선배를 생각해 보자.

30대 중반의 한세계 팀장은 S전자 홍보팀에서 일하고 있다. 한 팀장은 자신이 S전자에 소속되어 있다는 것에 커다란 자부심을 느낀다. S전자는 반도체를 비롯하여 통신 디지털미디어 가전 등의 부문에서 다양한 제품을 생산하는 국내 굴지의 기업이다. S전자는 생산량의 상당 부분을 미국, 유럽, 동남아, 일본 등 세계 각지로 수출하며 이들 지역에서 직접 공장을 설립하여 가동하고 있기도 하다. 이를 통해 S전자는 매년 상당액의 외화를 벌어들이고 있다. 한 팀장은 자주 '만약 S전자 제품의 세계 시장이 지금보다 더 개방된다면 S전자는 보다 좋은 실적을 올릴 수 있을 터인데…' 하고 생각한다. 이런 생각 끝에는 종종 'S전자 제품을 수입해다 쓰는 나라 사람들도 이득을 보는 걸까?' 하는 질문이 떠오르곤 한다. 나중에 누구한테 물어 보아야지!

여느 때와 마찬가지로 오늘도 한 팀장은 아침식사로 바나나를 잘라 넣은 씨리얼을 먹다가 초등학교 시절 소풍가던 때를 떠올린다. 그 시절 바나나는 너무 비싸서 소풍 때에나 부모님께서 사주시곤 했다. 요즘은 우리나라에서는 나지 않는 과일들도 웬만한 가격으로 팔리고 있다는 생각에 한 팀장은 세상이 많이 변했고 생활도 많이 풍족해졌음을 느낀다. 문득 얼마 전 TV에서 농민들이 농산물 시장개방에 반대하는 시위장면을 본 것이 떠오른다. 농산물 시장이 개방되면 우리 국민들 생활이 더 나아지지 않을까? 농민들은 피해를 보겠지! 그래도 나라 전체로 이득이 있다면 개방하면서 농민의 피해를 보상할 방법이 있지는 않을까?

출근시간이다. 한 팀장은 최근 구입한 승용차를 몰고 출근길에 나선다. 요즈음 외국산 차들이 부쩍 눈에 많이 띈다. 얼마 전 H자동차에 다니는 친구가 자기 회사의 미국 수출실적이 부쩍 향상되었다는 전화를 한 적이 있다. 그런데 왜 거의 유사한 품질의 자동차들이 수출되는 동시에 수입도 되는 걸까? S전자 반도체나 미국 회사 반도체나 거의 동일한 제품이라 볼 수 있는데 우리나라와 미국은 서로 반도체를 수출도 하고 수입도 한다. 왜 그럴까?

회사에 도착한 한 팀장은 향기 좋은 브라질산 원두로 뽑은 커피를 마시고 있는데, 재무팀에 있는 입사동기가 희색이 만연하여 찾아온다. 한 달 전에 수출한 반도체에 대해 달러로 수출대금을 받기로 한 날이 어제인데, 달러 환율이 대폭 상승하여 커다란 환차익이 발생했다는 것이다. 지난해 세계경제를 강타했던 미국발 글로벌금융위기의 여파가 우리나라에는 아직까지도 파급효과를 가져오고 있는 것이다. 며칠 전만해도 환차손 때문에 '헤징(hedging) 했어야 하는데' 라고 울상을 지었던 같은 입사동기가 오늘은 희색이 완연한 것을 보며 환율은 어떻게 결정되며 환차손과 환차익은 왜 발생하지? 헤징이 매우 중요한 것 같은데, 어떻게 하는 걸까? 올해 11월 한국에서 열리는 G20 정상회의에서는 환율안정을 위한 국제공조가 과연 논의될 수 있을까?

이 순간 한 팀장은 재작년 10월 경부터 세계경제가 미국발 글로벌 금융위기에 처해 있다가 서서히 회복 중임을 다시 떠 올렸다. 사실 한국경제는 다른 나라들보다 이러한 위기극복을 다른 나라에 비교하여 보다 효과적으로 잘 진행해 왔으며, 특히 S전자, H자동차 같은 한국기업들이 국제경쟁력을 크게 개선하는 계기가 되었다는 보도를 접하였던 것이다. 또 한국이 G20 정상회의의 의장국으로 선정되었으며, 우리 정부는 이를 계기로 국격을 제고할 수 있도록 다양한 노력을 기울이고 있다는 것을 알게 되었다. 그런데 10여 년 전에는 아시아에서 금융위기가 발생하여 우리나라도 이에 커다란 피해를 보지 않았던가? 금융위기는 왜 발생하는 걸까? 이를 방지하기 위해서는 어떠한 정책을 취해야 하지? G20 같은 국제회의는 이를 위해 어떤 일을 하고 있을까?

사실 한 팀장도 주식투자를 한다. 최근 주가가 상승하여 투자수익을 올리고 있는데 매일 아침 제일 먼저 하는 일이 미국 주식시장의 동향을 파악하는 것이다. 남들이 그렇게 하니까 한 팀장도 따라 하지만 가끔 의문이 든다. 왜 우리나라 주식시장이 어떻게 돌아갈지를 예상하는데 미국시장이 결정적인 역할을 하는 걸까? S전자는 얼마 전 미국과 유럽의 거래소에도 주식을 상장하였다. 세계의 거의 모든 투자자들이 S전자에 관심을 가지고 있는 것이다. 세계적으로 S전자를 능가하는 기업들이 매우 많다는 것을 고려할 때 세계적으로 매일 매일 투자를 위해 이동하는 자금은 대단한 규모일 것 같다. 이러한 자금은 얼마나 될까? 이러한 자금이 이동하는 데 영향을 미치는 변수들은 무엇이 있을까? 한 팀장은 개인도 기업도 이런 것들을 잘 알아야 여러 종류의 투자를 잘 할 수 있을 것이라 생각한다. 이제 업무시간이다.

오전에는 해외 투자자들을 대상으로 한 기업설명회(Investor Relation: IR) 계획을 점검하는 회의가 있다. 일 주일 후로 예정되어 있는 IR은 미국 뉴욕에서 열리는데 S전자의 현지 공장 관계자들도 참석하기로 되어 있다. S전자는 우리나라뿐만 아니라 세계 곳곳에 공장을 가지고 있다. 미국, 유럽, 동남아 등에는 이미 공장이 가동되고 있으며 조만간 중국에도 진출할 계획이다. 그런데 S전자가 공장을 설립한 이유는 지역에 따라 약간의 차이가 있는 것 같다. 이런 차이점을 잘 알아두어야 IR에서도 각 지역의 투자자들에게 좋은 인상을 줄 수 있을 것이다. S전자가 기업활동의 주요 부분들을 해외로 확대 이전해 나가는 이유는 무엇일까?

점심시간이다. 오늘 점심에는 동료들과 김치찌개를 먹기로 한다. 점심을 먹으며 김치 수출에 대해 이야기한다. 얼마 전 식품의 국제기준을 다루는 기구에서 우리나라 김치를 국제기준으로 채택했다. 한 팀장은 이제 세계 어디로 여행을 가든 김치를 맛볼 수 있을 것이라 생각한다.

오후에는 S전자 해외사업파트의 전략회의에 참석한다. IR을 위해 회사에 대한 다양한 정보를 숙지해야 하기 때문에 다소 낯선 모임이라도 한 팀장에게는 매우 중요하다. 회의에서는 다양한 얘기가 오갔다.

미국이 S전자 반도체에 대해 반덤핑 조치를 취하려는 움직임이 있다는 소식, 지난 15년간 우리나라가 중국 다음으로 반덤핑조치의 가장 커다란 피해자가 되어 왔다는 보고, 우리나라가 WTO의 반덤핑제도의 문제점을 고쳐야 한다고 여러 번 주장했으며, 이를 관철시키기 위해 DDA협상에서 다른 나라들과 공조체제를 형성하고 있다는 반가운 소식, 따라서 S전자도 정부의 이러한 노력에 협조해야 할 것이라는 주장, 우리나라의 주 시장인 미국, 유럽뿐만 아니라 아시아에서도 다양한 지역무역협정들이 체결되고 있어 S전자 가전제품들이 해외시장에서 점유율을 확대하는 데 있어 점점 커다란 어려움이 예상된다는 걱정, 특히 유럽시장에서 S전자 제품의 판매 확대를 위해서는 제품과 기업의 친환경 이미지를 높여야 한다는 보고 등등. 한 팀장은 최근 수년간 많이 개선되기는 했으나, S전자가 세계시장을 공략하는 데 있어 고려해야 할 중요한 것들이 매우 많다는 것을 새삼 느낀다.

S전자 제품의 수출에 장애가 되는 무역장벽들은 어떤 것이 있을까? WTO를 통해 형성되는 국제교역의 규칙들이 각 기업의 시장공략에 많은 영향을 미치는 것 같은데 그러한 규칙들은 어떤 내용일까? 세계적으로 확산되고 있는 지역경제협력체들은 어떤 효과를 야기할까? 환경문제를 비롯하여 21세기 새로운 경제이슈로 떠오르고 있는 것들은 무엇이며 기업활동에 어떤 영향을 미칠까?

퇴근시간이다. 퇴근하는 차 안에서 뉴스를 듣고 있는데 우리나라의 국가신용등급이 상향되었고 많은 기업들이 보다 좋은 조건으로 외국인 투자를 유치할 수 있을 것이라는 보도가 나온다. '그러고 보니 최근 우리나라 주식시장에 외국인 자금이 몰려든 것도 국가신용등급의 상향조정 때문이 아닌가?' 하는 생각이 한 팀장의 머리를 스친다. 국가신용등급이 상향되는 데 우리나라의 국제수지 흑자, 높은 외환보유고, 경제구조조정 노력 등이 중요한 역할을 했다고 한다. S전자도 해외에서 상당한 자금을 차입하고 있는데 우리나라의 국제수지가 개선되는 것이 직접적으로 S전자에도 큰 보탬이 되었다는 생각이 든다. 그런데 국제수지는 무엇으로 구성되며 어떻게 해야 국제수지 흑자가 달성되는 걸까?

하루의 일과를 마치면서 한 팀장은 자신의 업무인 IR을 제대로 하기 위해서나 개인적인 투자를 위해서나 회사의 여러 활동들, 경제의 흐름, 국제통상의 질서 등 많은 것을 알아야 한다고 느낀다. 오늘 한 팀장에게 떠오른 질문들을 다시 정리해 보자.

- 국제거래에는 어떠한 형태가 있으며 거래의 규모 및 흐름은 어떠한가?
- 국가간 교역, 즉 수출입은 왜 발생하고 어떠한 이득이 있는가?
- 교역에 장애가 되는 조치들은 어떠한 것이 있는가?
- 교역을 통해 한 국가 전체로 이득이 있는데도 왜 보호무역조치가 존재할까?
- 해외직접투자·자본이동·인력이동은 왜 발생할까?
- 한 국가의 국제수지는 어떻게 구성되며 왜 중요할까?
- 환율은 어떻게 결정되며 환율변화는 어떠한 효과를 야기할까?
- 국제자본거래에 있어 어떠한 위험이 있나? 위험을 회피할 수 있는 방법은?
- 21세기 세계경제환경은 어떠한 모습으로 변화하고 있나?
- WTO에서 형성되는 규칙들은 어떤 내용인가?
- 지역주의는 왜 확산되고 있으며 어떠한 효과를 낳을까?
- 디지털 경제환경은 국제경제활동에 어떠한 영향을 미칠까?

한 팀장은 이러한 질문들에 대한 궁금증을 해소하기 위해 어떻게 해야 할지 고민중이다.

그 해답이 국제경제학에 있다. 하나로 통합되어 가는 세계는 우리의 일상을 간섭할 뿐만 아니라 기업활동의 많은 부분을 지배한다. 국제경제학은 우리를 둘러싸고 빠르게 변해 가는 경제환경을 이해하기 위한 것으로 우리가 국제화·세계화된 세상에서 올바른 의사결정을 하는 데 필요한 기본도구를 제공한다. 이제 이러한 질문들과 관련한 주요 국제경제거래를 차례대로 살펴보고 이러한 질문의 의미를 구체적으로 알아보기로 하자.

1.2 국제경제거래와 국제경제학

국제경제학의 주요 관심대상은 국가간의 거래와 이것이 갖는 경제적 의미라고 할 수 있다. 국가간의 거래는 크게 상품 및 서비스 무역과 국가간의 자본이동으로 구분할 수 있다. 국제무역과 국제자본거래는 세계경제의 글로벌화와 함께 급속히 팽창하고 있다. 이러한 현상은 국제경제거래가 개별 국가의 경제에 미치는 영향을 더욱 확대하고 있으며 이는 다시 국제경제학의 중요성을 높이고 있다.

1. 국제무역과 국제경제학

아래의 〈표 1-1〉에서 볼 수 있듯이 국제무역은 제2차 세계대전 이후 비약적으로 팽창해 왔다. 1870년부터 제1차 세계대전이 발발하기 이전인 1913년까지는 국제무역의 증가속도가 연평균 3.4%에 그친 반면, 1950년부터 2005년까지의 기간 중에는 국제무역의 성장률이 6.2%에 달하고 있다. 1870-1913년의 기간과 1950-2005년의 기간 중 국제무역 증가율과 GDP 증가율을 비교해 보면 두 기간 중 공히 국제무역의 증가율이 세계 GDP 증가율의 1.6배 이상이 됨을 알 수 있다.

표 1-1 세계경제의 무역규모와 GDP의 증가율 비교

(단위: 십억달러(1990년 경상가격))

구 분	1870	1913	평균성장률 (1870-1913)	1950	1998	2005	평균성장률 (1950-2005)
세계수출	50.3	212.4	3.4%	296	5,817	8,043	6.2%
세계 GDP	1,102	2,705	2.1%	5,336	33,726	41,456	3.8%
무역/GDP	4.5%	7.9%	—	5.5%	17.2%	19.4%	—

자료: WTO, World Trade Report 2007, "Six Decades of Multilateral Trade Cooperation: What Have We Learnt?," 2008.

또 아래의 〈그림 1-1〉에 나타난 것처럼 2001년의 경우 미국 본토에 대한 테러공격으로 세계 물동량이 급격히 감소하여 무역증가율이 마이너스였으며, 결과적으로 GDP증가율에 미치지 못하였다. 그리고 2008년과 2009년의 경우 미국발 글로벌금융위기의 여파로 세계무역과 GDP 성장률이 크게 감소하였는데, 특히 아래 그림에는 아직 보고되지 않았지만 WTO는 2009년의 경우 세계무역이 2008년에 비해 약 10% 정도 감소했음을 밝힌 바 있다. 그런데 이 예외적인 몇 년을 제외하면 전체 기간 중 세계무역의 증가가 세계 GDP증가율을 상회함을 알 수 있다. 특히 이러한 현상이 1990년대에 가장 두드러지게 나타났음을 〈그림 1-1〉을 통해 잘 알 수 있다.

왜 세계무역이 이처럼 빠른 속도로 증가하는가? 국제교역환경의 변화와 기업활동의 글로벌화, 그리고 교역범위의 확대 등이 주요 요인이라 할 수 있다. GATT에 이은 WTO체제의 출범 이후 국가간 교역장벽이 낮아졌고, 자유무역협정(FTA)의 확산으로 더욱 경쟁적인 환경이 조성되어 가고 있다. 인터넷의 보급과 정보통신기술의 발달은 기업활

그림 1-1 1950년 이후 세계무역과 세계 GDP 증가율 비교

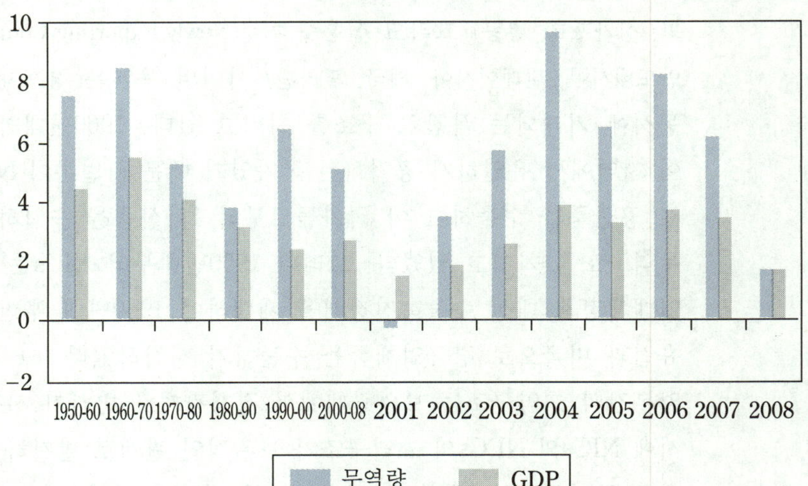

자료: WTO, *International Trade Statistics*, 2009.

동의 글로벌화를 가속화시키고 전자상거래를 보편화시킴으로써, 과거와는 다른 생산 및 소비활동을 가능하게 만들었다. 또한 금융, 의료, 교육 등 서비스로 대표되는 비교역재 중 상당수가 정보통신기술의 발달로 인해 교역의 대상이 되어 가고 있다. 이러한 일련의 변화가 우리의 일상생활 속에서 국제무역이 차지하는 비중을 더욱 크게 만들고 있는 것이다. 이러한 사실은 앞의 〈표 1-1〉에서 볼 수 있듯이 1913년에는 4.5%에 불과했던 세계경제의 무역/GDP 비율이 1913년 7.9%, 1950년 5.5%, 1998년 17.2%, 그리고 2005년 19.4%로 꾸준히 증가한 점을 통해 확인할 수 있다.

국제무역과 관련하여 가장 먼저 제기되는 문제는 '국가들은 왜 무역을 하며, 어떠한 이득을 얻는가?' 라는 것이다. 우리나라는 왜 자동차나 반도체를 많이 수출하는 반면 농산물을 수입하는가? 반대로 호주는 왜 쇠고기를 우리나라에 수출하는가? 이러한 질문을 일본과 여타 동아시아 국가간의 무역관계의 변화를 통하여 정리해 보기로 하자. 1960년대 중반부터 일본이 아시아의 빠른 경제성장을 이끌어 왔고, 여타 아시아 국가들이 그 뒤를 이어 공산품의 수출을 기반으로 빠른 성장을 해왔다. 일본과 신흥공업국(Newly Industrializing Countries: NICs; 한국, 대만, 싱가포르, 홍콩) 그리고 신흥수출국(Newly Exporting Countries: NECs; 인도네시아, 말레이시아, 태국, 필리핀) 사이의 무역은 경쟁재와 보완재가 동시에 거래되는 복잡한 구조를 지니고 있다. 1960년대까지는 일본이 이 지역에서 유일하게 공업화된 국가였기 때문에 일본이 NICs와 NECs로 공산품을 수출하고 이 국가들로부터 1차산품을 수입하는 보완적인 무역구조를 가지고 있었다. 그러나 1950년대부터 NICs는 전통적인 수입대체정책 대신 수출촉진정책을 채택하여 1960년대 후반에는 마침내 유럽과 미국으로 경공업제품을 수출하기 시작하였다. 그 결과 NICs와 일본간의 교역구조는 보완관계에서 경쟁관계로 변하기 시작하였고, 동시에 NICs와 NECs의 교역구조가 보완적인 관계로 발전하였다. 1970년대로 들어서면서 NECs도 경공업제품 생산에 경쟁력을 가지기 시작했고, NICs는 이때부터 중화학공업에 본격적으로 가세하면서 일부 제품에서 일본과의 경쟁이 심화되었다.

이상의 사례는 국제무역과 관련하여 다음과 같은 질문을 제기하게 만든다. 첫째, 왜 일본은 공산품을 수출하고 농수산물 등 1차산품을 수입하며 신흥공업국들(NICs)은 왜 공산품을 수출하는가? 둘째, 각국간의 교역패턴과 임금이 어떠한 상관관계를 갖고 있는가? 셋째, 일본과 신흥공업국(NICs), 신흥수출국(NECs)간의 무역이 초기에는 보완적 교역구조를 가지다가 그 이후 어떻게 경쟁적 교역구조를 가지게 되었는가? 넷째, 국제무역을 통하여 각국의 후생이 증진되었는가? 그리고 이러한 후생의 증가가 각국간에 어떻게 배분되었는가 하는 질문이다. 이러한 질문은 주로 비교우위에 입각한 분업의 관점에서 답할 수 있는데, 이는 국제무역이론의 출발점일 뿐만 아니라 국제무역을 이해하는 데 있어서 가장 근본적인 대답이라는 점에서 매우 중요하게 다루어질 것이다.

그런데 국제무역의 형태는 매우 다양하여 위에서 제기한 질문에 대한 대답만으로 불충분하다. 예를 들어, 국제무역의 특징적인 현상의 하나로서 소위 산업내 무역(intra-industry trade)의 급성장을 들 수 있다. 이런 유형의 무역은 한 국가가 특정 산업 내의 상품들을 수출할 뿐 아니라 동시에 수입할 경우 일어나며, 특히 선진국 기업들이 한 산업내 세부품목을 대상으로 특화할 경우 빈번하게 나타난다. 기업들은 같은 종류의 상품 속에서도 자기 고유의 특징을 가진 상품에 특화함으로써 특정 소비자층을 확보하려고 노력한다. 기업들은 또한 이러한 특화를 통해 생산에서의 규모의 경제를 실현할 수 있으며 이는 곧 국제경쟁력과도 연결된다. 예를 들면, 프랑스는 푸조(Peugeot) 승용차를 수출하지만 또한 도요타(Toyota), 오펠(Opel), 피아트(Fiat) 등을 외국으로부터 수입하기도 한다. 이러한 현상은 분업의 원리에 입각해 있는 전통적인 국제무역이론만으로는 설명하기 어렵기 때문에, 최근 진행되어 온 새로운 무역이론을 통해 살펴볼 필요가 있다.

국제무역의 지역적 편중경향도 재미있는 현상의 하나이다. 〈그림 1-2〉는 주요 지역간 무역량 비중 및 역내 무역비중의 변화를 보여 주고 있다. 이 그림에 표시된 수치들은 세계 주요지역들의 교역상대국별 수출비중을 나타내고 있다. 예컨대, 1995년 유럽연합(EU)의 경우 EU 총

그림 1-2 주요 지역간 무역비중

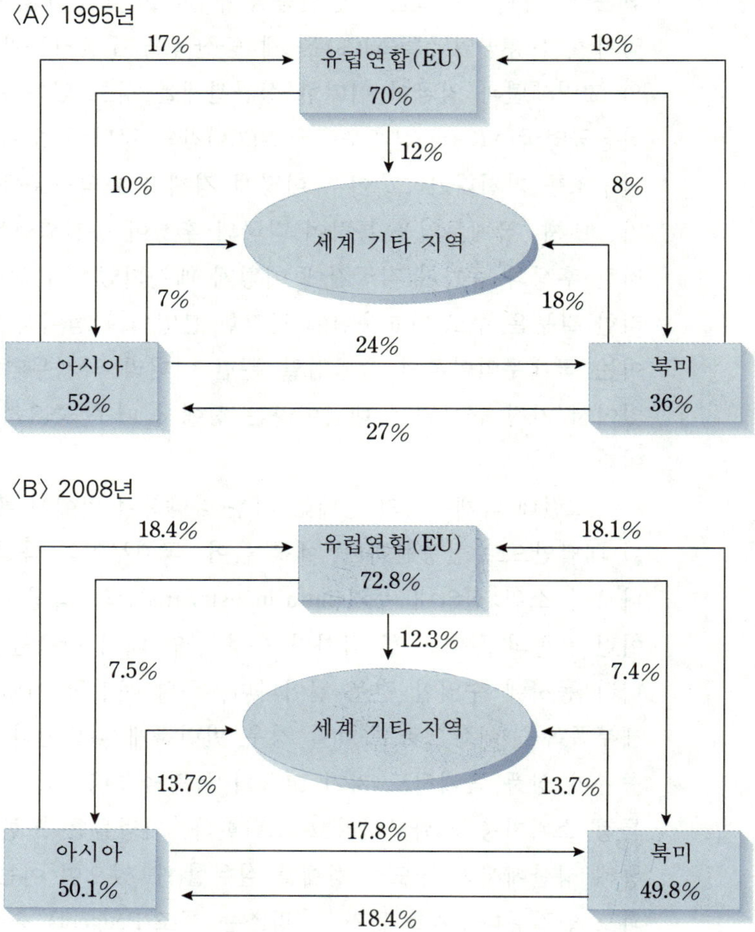

자료: WTO, *International Trade Statistics*.

수출 중 역내 수출비중은 70%이고, 북미지역으로의 수출비중은 8%, 아시아지역으로의 수출비중은 10%, 기타 지역으로의 수출비중은 12%였다. 그러나 2008년 EU의 역내 수출비중은 72.8%로 증가한 반면, 기타 지역으로의 수출비중이 12.3%로 감소하였다. 아시아지역의 경우는 역내 수출비중이 다소 감소한 반면, 유럽과 기타 지역으로의 수출비중은 증가한 것으로 나타났다. 북미지역의 경우는 역내 수출비중이 비약적으로 증가한 점이 눈에 띈다. 같은 기간 중 북미지역의 역내 수출비중은 36%에서 49.8%로 증가했는데, 이는 다른 지역으로의 수출비중이 고르게 감소함에 의하여 가능하였다.

WTO가 출범한 1995년 직후까지 선진국들간의 무역은 다른 지역간 무역규모보다 빠르게 증가해 왔다. 특히, 유럽공동체[1] 내에서는 역내 국가간 무역비중이 최근 다소 줄어들기는 했으나 여전히 큰 비중을 차지하고 있다. 아시아지역의 역내 수출비중이 50% 이상을 차지하고 있는 점, 그리고 특히 북미지역의 역내 수출비중이 1995년 이후 비약적으로 확대된 것은 북미자유무역협정(NAFTA)와 아시아국가들 간의 자유무역협정 등 최근 빠르게 진행되고 있는 지역무역협정의 확산과 밀접한 관계가 있을 것으로 추정된다. 이와 같은 지역별 교역구조의 변화를 설명하기 위해서는 WTO로 대표되는 다자주의(multilateralism)는 물론 최근 확산되고 있는 지역주의(regionalism)에 대한 이해를 필요로 한다.

위에서 살펴본 바와 같이, 오늘날 국제무역이 빠르게 증가하고 있지만 여전히 이에 대한 장애요인도 많이 존재하고 있다. 왜냐하면 국제무역의 이점에도 불구하고 대부분의 국가들은 수입되는 제품에 대하여 관세를 물리거나 수입량 자체를 제한하는 등 여러 가지 형태의 제약을 가하고 있다. 자동차의 경우를 예로 들면 우리나라는 수입자동차에 대하여 8%의 관세를 부과하고 있는데, 호주의 경우 이 보다 훨씬 높은 세율과 함께 대당 일정액의 관세를 추가적으로 부과하고 있다. 대만의 경우 수입자동차에 대한 관세가 30%로 매우 높은 편이다. 우리나라와 최근 FTA 협정을 타결한 미국과 EU의 경우 각각 2.5%와 10%의 관세를 부과하여 자국의 자동차산업을 보호하는 정책을 실시하고 있다.[2] 무역

---

1) 1993년 11월 마스트리히트조약이 발효되면서 유럽공동체는 12개 회원국으로 구성된 유럽연합(EU)으로 전환되었다. 그 이후 1995년에는 오스트리아, 스웨덴, 핀랜드가 EU에 가입하였고, 2004년 5월 10개, 2007년 2개의 중동구 및 지중해 국가들이 새로이 가입하여 현재 EU는 27개 회원국을 포괄하는 거대한 경제공동체로 발전하였다.

2) 우리나라는 미국 및 EU와의 협상을 통해 2007년 6월 30일 한-미 FTA협정을 공식서명하였으며, 2009년 10월 15일 한-EU FTA협정을 가서명하였다. 2010년 6월 현재 두 FTA는 발효되지 않고 있으나, 한-미 FTA협정은 양국 국회의 비준을 거친 후, 한-EU FTA협정은 EU 회원국들의 승인과 우리나라 국회의 비준을 거친 후 발효될 예정이다.

장벽은 이에 그치지 않고 직접적으로 무역량을 규제하는 경우도 많다. 예를 들면 일본은 농수산업 분야에서 수입물량 규제를 가하는 경우가 많은데, 특히 대구, 고등어, 멸치, 오징어의 경우 최대한 수입할 수 있는 물량(Quota)을 정하여 수입을 규제하고 있다. 뿐만 아니라 수입으로 인하여 자국의 산업에 피해가 있을 경우, 반덤핑 등의 조치를 통하여 수입을 제한하기도 한다. 이 외에도 세계의 많은 나라들이 이루 헤아릴 수도 없이 많은 수단을 이용하여 무역을 제한하고 있다.

따라서 우리는 자연스럽게 다음과 같은 질문을 던질 수 있다. 즉, 무역이 가져다 주는 많은 이점에도 불구하고 왜 많은 국가들이 무역에 대한 제재조치를 사용하고 있는 것일까? 그리고 이러한 조치가 갖는 경제적 효과는 무엇인가? 이러한 질문은 매우 중요한 의미를 갖고 있다. 왜냐하면 보호무역조치는 국내 산업에 매우 커다란 영향을 미칠 뿐만 아니라 이에 영향을 받는 이해관계자들간의 소득분배와도 관련이 있기 때문이다. 이는 우리나라 쌀시장의 개방을 둘러싼 논란을 생각하면 잘 이해가 될 것이다. 보호무역정책의 존재 이유와 그 효과에 대한 체계적 분석은 시장개방을 둘러싼 많은 이슈의 이해를 위해 매우 중요하다.

이처럼 국제무역의 현상과 이론에 대한 학습은 현실과 매우 밀접한 관계를 갖고 있다. 비록 국제무역에 관한 이론이 개인과 기업에 대하여 전략을 직접적으로 제공하지는 않지만, 개인과 기업활동의 성과를 결정하는데 매우 중요한 역할을 하는 국제경제 환경변화에 대해 정확한 판단을 내릴 수 있도록 해 준다. 개별적으로 매우 뛰어난 기업도 국제시장에서 일어나고 있는 환경변화를 적절하게 예측하지 못함으로써 일순간에 어려움에 처하는 예는 수도 없이 많다. 심지어 동네의 슈퍼마켓도 이와 같은 영향을 받는다. WTO의 출범과 함께 유통시장의 개방이 이루어짐으로써 값싼 수입품이 밀려오고 대형할인매장들이 등장함에 따라 수많은 동네 슈퍼마켓들이 사라져 갔다. 이처럼 자신을 둘러싼 경제환경의 변화를 적절히 파악하고 이에 대처해 나가는 것은 매우 중요한 일이 아닐 수 없다. 국제경제학은 위에서 언급한 여러 가지 문제에 대한 체계적인 분석을 통하여 대처 능력을 길러 주는 학문이다.

2. 국제자본거래와 국제경제학

최근 들어 생산요소의 하나인 자본의 국가간 이동이 비약적으로 팽창하고 있다. 국제자본이동의 증대는 기업활동의 국제화와 자본거래의 자유화와 밀접한 관계가 있다. 우선, 기업들의 입장에서 국제무역이 점점 늘어나고 생산체계 또한 여러 국가로 확대됨에 따라 금융 및 자본거래 또한 국제적인 차원에서 추진하여야 하는 것이 논리적인 귀결이다. 이와 같이 기업활동의 국제화는 국제 금융시장과 국제자본이동의 규모를 비약적으로 증가시켰다.

한편 자본거래의 자유화는 미국이나 서독을 중심으로 한 주요선진국들이 국제자본이동에 대한 규제들을 철폐하면서 본격화되기 시작했다. 특히 1970년대중반 선진국들의 모임인 경제개발협력기구(OECD) 회원국들의 자유화논의가 본격화되기 시작하여 1970년대 말에는 일본

그림 1-3 국제자본시장에서의 자금조달 형태 및 규모

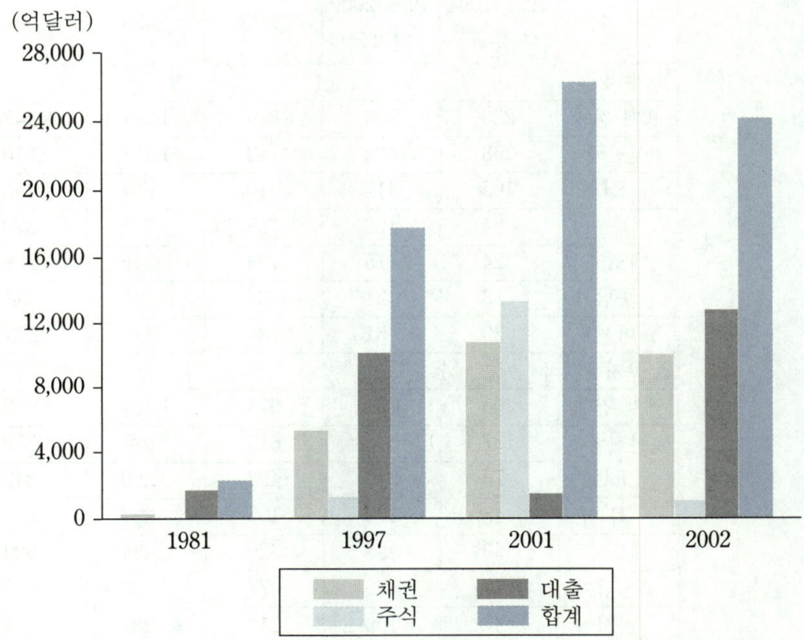

자료: BIS, *International Banking and Financial Market Development*, 각호.

과 영국이 자본자유화정책들을 채택하였고, 1980년대에 네덜란드, 이탈리아, 프랑스, 스위스, 호주 및 뉴질랜드가 뒤를 이었다. 그리고 1990년대에는 신흥시장국을 중심으로 자유화가 개도국들까지 확대되었다. 그 결과 각국의 금융시장이 통합되는 소위 금융시장의 글로벌화가 가속화되었다.

최근 국제금융시장의 특징을 살펴보면 다음과 같다. 첫째, 국제금융시장에서의 자본조달규모가 크게 증대되었다. 〈그림 1-3〉에서 볼 수 있는 바와 같이 국제자본시장에서의 총 자본조달규모는 1981년 약 2,300억달러 규모에서 1997년에는 1조 7천5백억달러 규모로 증대되었고 2002년에는 2조 4천억달러로 확대되었다. 이러한 자본거래규모의 급속한 확대는 위에서 설명한 바와 같이 각국의 금융자유화 및 자본자유화의 확대, 그리고 정보통신기술의 발달 등에 기인한다고 하겠다. 또한

표 1-2 세계 직접투자의 추세

(단위: 십억달러)

지 역	1989-1994 (연평균)	1995-2000 (연평균)	2005	2006	2007	2008
1. 투자국						
세계 전체	228	703	879	1,397	2,147	1,858
선진국	203	626	742	1,158	1,810	1,507
EU	105	417	610	697	1,192	837
북 미	54	126	15	224	378	311
개도국	24	75	123	215	286	293
중남미	3	21	36	64	52	63
아시아	20	51	84	145	223	220
2. 투자유치국						
세계 전체	200	731	973	1,461	1,979	1,697
선진국	137	535	613	973	1,359	962
EU	76	310	498	590	842	504
북 미	48	170	105	237	271	316
개도국	59	188	329	434	529	621
중남미	17	73	77	93	128	144
아시아	37	106	214	282	331	388

주: 투자액과 투자유치액의 규모는 신고기준이므로 다소 차이가 있음.
자료: UNCTAD, *World Investment Report*, 2009.

국제금융시장을 통한 자본거래의 확대는 무역과 산업의 국제화와 매우 밀접하게 연결되어 있다.

둘째, 국제금융시장의 자금조달 방식측면에서 은행 등과 같은 금융기관이 중개하는 방식인 간접금융에서 채권이나 주식의 발행을 통한 직접금융으로의 전환이 이루어지고 있다. 〈그림 1-3〉에서 볼 수 있는 바와 같이 간접금융의 대표적인 예라고 할 수 있는 신디케이트 대출(syndicated loans)은 1981년에는 1,850억달러로 전체 자금조달의 80% 수준에 달하였으나, 1997년에는 1조 8백억달러로 62% 수준을 기록하였다. 그리고 2002년에는 약 13조달러로 전체 자금조달 중 54%의 비중을 차지하였다. 한편 국제채권의 자금조달비중은 1981년 479억달러(20.5%)에서 1997년 5,459억달러(31.3%)로 증가하였다. 아시아 외환위기 이후에는 개도국과 같이 국가위험이나 신용위험이 증대한 지역을 대상으로 하는 금융거래가 크게 줄거나 또는 기존 대출금의 회수가 급격히 이루어졌다.

셋째, 직접투자를 통한 자본거래가 1980년 후반 급속히 확대되었다. 〈표 1-2〉에서 보는 바와 같이 연간 직접투자액은 1989-1994년 기간에는 평균 2천3백억달러 수준에 불과했으나, 1995-2000년 기간에는 평균 7천억달러 수준으로 증가하였다. 그리고 2006-2008년의 최근 3년간에는 연평균 직접투자액이 1조 8천억달러를 상회할 정도로 확대되었다. 투자의 대부분은 EU와 북미 등 선진국간에 활발하게 이루어지고 있으나, 개도국에 대한 직접투자도 꾸준한 증가추세를 보이고 있다. 특히 개도국 중에서는 중국을 필두로 한 아시아지역에 대한 직접투자가 활발하게 이루어진 특징을 보이고 있다. 2001-2003년 기간 중에는 IT버블의 붕괴, 미국 본토에 대한 테러공격에 따른 투자심리 위축 등의 요인에 따라 일시적인 투자위축 현상이 나타나기도 했으나, 2004년부터 회복세에 진입하였으며, 그 이후 2008년까지는 비교적 견고한 직접투자 증가세를 나타냈다. 생산의 국제화, 즉 부품 및 완제품 생산을 어느 특정지역에서 전담하지 않고 세계에서 가장 효율적인 지역에서 생산하는 분업체계가 확대되어 가는 추세를 감안하면 직접투자는 장기적으로 증가세를 보일 것으로 전망된다.

넷째, 금융의 통합화와 자유화의 확대로 전세계 금융기관간 경쟁이 한층 심화되면서, 금융시장의 효율성이 크게 증대되었다. 그러나 환율 및 금리의 변동폭 확대와 각국 금융시장간의 연계 강화로 인한 금융시장의 구조적 불안정성이 증대되는 결과를 초래하였다. 또한 금융자산의 가격이 크게 변동함에 따른 위험에 대비하기 위하여 선물, 옵션, 스왑 등과 같은 신종금융상품 및 거래기법이 크게 발달하였다.

이러한 국제금융시장의 급속한 통합과 발달에 따른 자본흐름의 증대가 과연 우리 경제에는 어떠한 의미를 갖는 것일까? 이에 대한 해답을 얻기 위해서는 우리는 먼저 어떠한 형태의 자본거래가 그동안 얼마만큼 발생하였는지를 파악할 필요가 있다. 한 국가의 자본거래 흐름을 일목요연하게 정리한 것이 바로 국제수지표상의 자본거래계정이다. 일정기간 동안 외환의 총유입에서 총유출을 뺀 것을 국제수지라고 정의하는데, 이는 항상 균형이 될 수 없다. 그렇다면 국제수지의 불균형은 무엇을 의미하고, 통화량, 금리, 물가 등 주요 거시경제변수에 어떠한 영향을 주는지를 살펴보아야 할 것이다.

한편 국가간의 자본이동이 환율, 즉 다른 화폐간의 교환비율에 어떠한 영향을 미치는가는 매우 중요한 관심사 중의 하나이다. 환율의 변화는 우리 일상생활과 매우 밀접한 관련이 있기 때문이다. 예를 들어 주유소의 기름값, 라면값, 또한 해외여행경비도 환율의 변화에 따라 영향을 받는다. 환율은 기본적으로 외환시장에서 외환에 대한 수요와 공급에 따라 결정된다. 예를 들어 자본유입으로 달러의 공급이 많아지면 환율, 즉 달러의 값이 하락하게 된다. 반대로 달러공급이 감소하거나, 달러수요가 증가되는 경우에는 환율이 인상된다. 환율을 예상하기 위해서는 외환의 수요와 공급이 어떠한 요인에 의하여 결정되는지 파악하여야 한다. 한편, 주요 선진국간 환율, 예를 들어 미국 달러화와 일본 엔화간의 환율이 변화하는 것이 우리나라 원화의 대미 달러화 환율이나 대일 엔화 환율에 어떠한 영향을 미치는가도 주요 관심사 중의 하나이다.

환율의 변화는 우리 경제에 어떠한 영향을 미치는가? 환율의 변화는 무엇보다 먼저 수출입 재화의 국내통화표시 가격이나 달러표시가격을 변화시켜 수출입에 영향을 준다. 또한 환율변화는 국내물가에도 영향을 주어 국내재화의 가격경쟁력을 변화시킨다. 따라서 수출을 증대시키거나 수입을 억제할 목적으로 환율을 변화시키는 정책이 사용될 수 있다. 그럴 경우 이런 환율정책이 의도된 효과를 가져온다는 보장이 있는가는 또 다른 문제라고 할 수 있다. 한편, 환율이 시장에서는 결정되는 변동환율제도하에서는 외환의 수급사정에 따라 환율의 변동성이 갑자기 증대할 수도 있다. 환율변동의 증대는 경제활동에 있어서 불확실성이 커짐을 의미한다. 이러한 경우 환율안정을 위하여 외환당국이 어떠한 조치를 취할 수 있는지, 또한 그것의 효과는 무엇인지에 대한 정확한 이해가 필요하다.

한 국가의 경제가 안정적으로 영위되기 위해서는 다양한 조건이 충족되어야 한다. 그 중 하나가 거래의 매개수단인 통화가 원활히 공급되어야 한다는 점이다. 통화가 지나치게 많이 공급되면 인플레이션이 야기됨으로써 경제가 불안하게 되고, 반대로 너무 적게 공급되면 거래가 위축되므로 경기침체가 초래된다. 따라서 적절한 통화공급은 경제운용의 가장 중요한 과제 중의 하나이다. 국내경제의 경우와 마찬가지로 국제거래에 있어서도 적절한 규모의 거래매개수단이 공급되어야 세계경제가 성장할 수 있다. 그런데 문제는 국제거래에 공통으로 사용되는 세계통화가 존재하지 않는다는 점이다. 따라서 세계에서 경제적으로 가장 신뢰할 수 있고 안정적인 국가의 통화가 세계통화로서의 역할을 담당하게 된다. 그러면 세계통화는 어떠한 방식으로 얼마만큼 공급되는 것이 세계통화의 역할을 하는 국가는 물론 세계경제를 위하여 바람직할 것인가? 이러한 문제에 대한 해답이 바로 국제통화제도의 구축과 관련된 사항이다. 그동안 세계경제는 여러 차례 국제통화제도의 변화를 경험하였다. 일종의 고정환율제도인 브레튼우즈체제가 1973년 붕괴된 이후 국제통화제도는 전반적인 변동환율제도로 이행하였다. 즉, 국제거래에 사용되는 국제통화의 공급이 결정되는 특별한 규칙은 존재하지 않는다. 단지 주요 국제통화간의 환율이 시장에서 자유롭게 결정된다. 이러한 체제하에서는 국제통화의 공급변화가 해당통화의 환율에 영향을 준다. 그런데 환율의 변화가 심하게 나타날 경우 세계경제의 불확실성이 커지므로 경제활동이 위축될 가능성이 증대된다. 따라서 주요 국제통화간의 환율안정을 위해서는 해당국가들간의 정책협조가 요구된다. 정책협조가 용이하게 이루어지기 위해서는 경제상황이 비슷해야 하고, 또한 이들 국가들의 당면문제들도 유사하여야 한다. 선진국간 정책협조 모임인 G-7 회담의 경험은 이러한 의미에서 정책협조의 필요성과 한계를 동시에 보여 주었다고 하겠다. G-7 국가에 개도국들을 포함시켜 개최되는 G-20 회담[3]은 2008년 글로벌금융위기 이후 정상회의로 격상되었으며, 이에 따라 앞으로 G-7을 대신하여 새로운 국제경제협력의 최상위협의체(Premier Forum)의 역할을 하게 되었다. 기존의 G-7 회원국과 다른 선진국들 외에도 다수의 개발도상국과 신흥시장국들도 참여한다는 점에서 향후 G-20회의의 귀추가 주목을 받고 있다. 특히 우리나라는 2010년 11월 개최되는 제 6 차 G-20 정상회의의 의장국 역할을 하게 됨에 따라 종래 국제경제협력 분야에서 수동적이었던 자세에서 벗어나 앞으로 매우 능동적인 '규정제정자' 로서의 역할이 기대되고 있다.

자본이동이 자유로운 상황에서 정책당국이 대내적으로 완전고용, 대외적으로 국제수지 균형을 확보내지 유지하기 위해서 어떠한 정책을 사용하여야 하는가라는 문제가 제기될 수 있다. 정책의 효과는 자본이동이 제한되어 있는 경우와 자본거래가 자유롭게 허용되는 경우에 따라 크게 달라진다. 예를 들어 통화정책이 이자율에 영향을 줄 경우 자본이동이 자유롭다면 자본의 유출입이 발생하여 경제에 이차적인 효과를 초래하기 때문이다. 따라서 현재 우리나라와 같이 자본이동이 자유로운 상황에서 완전고용과 국제수지균형을 위하여 어떠한 정책조합이 필요한지에 대한 이해가 요구된다.

마지막으로 현재 우리나라가 채택하고 있는 환율제도인 변동환율제도하에서는 환율이 시장에서 결정되는데, 이에 따른 장점과 단점은 무엇인가? 환율이 시장에서 결정되면 국민경제의 상황을 잘 반영할 수 있고, 환율조정을 노린 투기가 발생할 가능성이 적다는 것이 가장 큰 장점이라고 할 수 있다. 고정환율제도의 경우 환율수준이 해당국가의

3) 미국, 일본, 영국, 독일, 이탈리아, 프랑스, 캐나다의 G-7에 러시아, 중국, 호주, 인도, 브라질, 멕시코, 아르헨티나, 인도네시아, 사우디아라비아, 남아공, 터키, 한국, EU의장국이 포함.

기초경제여건을 적절히 반영하지 못하는 수준으로 왜곡되어 있다면 궁극적으로 환율조정이 불가피할 것으로 예상되기 때문에 투기적 공격에 노출되게 된다. 그러나 변동환율제도의 경우 환율변동이 심하게 나타나면 외화표시 거래나 자산·부채 등의 국내환산가격이 불안정하게 된다. 예를 들어 외화표시 부채를 갖고 있는 기업이나 외화표시가격으로 재화를 수입하는 수입상의 경우 환율이 상승하면 국내통화표시 부담이 증가하게 된다. 반대로 환율이 하락하게 되면 외화부채보유 기업이나 수입상에게는 유리하나 외화표시 자산을 보유하고 있는 기업이나 수출기업에서는 불리하게 된다. 이렇게 환율변동이 예상과 다르게 나타날 때 환위험이 존재하게 된다. 환위험이 발생할 때 특별한 조치가 취해지지 않는 상황에서는 환차손이나 환차익이 발생할 가능성이 높다. 그 동안 금융시장에서는 환율변동에 따른 환위험을 회피하거나 최소화하기 위한 다양한 신종기법이나 금융상품이 꾸준히 그리고 급속하게 개발되었다. 이러한 금융상품을 총괄하여 통화관련 파생금융상품이라고 한다. 환위험을 헤징(hedging)하기 위한 파생금융상품으로는 선물환거래나 통화선물, 통화옵션, 통화스왑 등이 있다. 따라서 파생금융상품과 관련된 기법이나 내용을 정확히 이해하고 활용함으로써 환위험을 최소화하는 작업이 국제화시대의 기업에게는 필수적인 경영과제라고 할 수 있다.

이상에서 제시된 통합된 국제금융시장에서의 자본거래 움직임과 이로 인하여 파생되는 다양한 경제적 문제와 관심사항을 다루는 경제학 분야가 바로 국제경제학의 국제금융분야라고 하겠다.

1.3 본서의 구성

본서는 크게 7부로 구성되었다. 제 1 부 제 1 장에서는 국제경제학에 대한 일반적 이해를 돕기 위해 국제경제학이 왜 필요한가 하는 문제를 우리의 실생활과 연관시켜 살펴보고, 국제무역과 국제자본의 흐름의 실제현황을 설명하고 있다. 제 2 장에서는 국제경제질서와 세계경제환경의 최근 변화 및 전망에 대하여 논하고 있다. 국가간 상호의존성이 심화되면서 중요시되고 있는 국제무역 및 금융체제의 현황과 개편문제, 중국과 대만의 가입으로 인해 국제교역질서를 관장하는 기구로서의 입지가 더욱 확고해지고 있는 WTO체제하의 주요 통상이슈, WTO와 병존하고 있는 지역주의와 경제블록화의 현황과 문제점, 그리고 새로운 패러다임으로 자리잡아 가고 있는 정보통신혁명에 의한 디지털 경제화의 현황과 중요성에 대해 살펴봄으로써 국제경제의 변화하는 모습에 대한 새로운 시각을 제시하고 있다.

제 2 부에서는 왜 국제무역이 이루어지는지 또한 국가간의 무역패턴은 어떻게 결정되는지에 대하여 살펴본다. 제 3 장에서 비교우위론을 중심으로 리카도와 헥셔-올린의 전통적인 무역이론을 살펴본다. 제 4 장에서는 무역비중이 급격히 증가하고 있는 산업내 무역(intra-industry trade)에 대해 불완전 경쟁적인 시장구조를 통해 설명하는 새로운 무역이론을 소개하여 현실경제에 대한 이해도를 높이고자 하였다. 한편, WTO출범 이후 재화뿐 아니라 생산요소(특히 자본)의 국가간 이동 자유화에 대한 논의가 본격적으로 진행되고 있기 때문에 제 5 장에서는 생산요소의 이동이 무역과 국민경제에 어떤 영향을 미치는가를 다루고 있다.

제 3 부에서는 각국이 자국산업의 보호나 국내시장의 왜곡을 시정하기 위해 사용하고 있는 여러 가지 무역정책 수단과 그 효과, 그리고 그 정치경제학적 배경에 대해 설명하고 있다. WTO출범 이후 관세와 쿼터 등 전통적인 무역정책 수단의 활용범위가 대폭 축소됨에 따라 국제규범을 위반하지 않으면서 실질적으로 보호효과를 얻을 수 있는 여러 가지 비관세장벽의 중요성이 크게 부각되고 있다. 따라서 현실적인 측면에서 이러한 무역정책에 대한 이해가 중요하다. 제 6 장에서는 관세와 수량규제를 비롯한 제반 무역장벽조치의 효과를 검토한다. 제 7 장에서는 이러한 무역정책의 효과가 시장구조에 따라 어떻게 달라지는지를 면밀하게 검토한다. 제 8 장에서는 보호무역이 발생하는 현실적인 이유를 정치경제학적 관점에서 분석하고 있다.

제 4 부는 WTO와 지역간 협정을 중심으로 국제통상질서의 구조와

환경변화를 소개하고 있다. 제 9 장은 WTO의 특성과 각종 협정의 주요 내용 및 통상이슈를 다루고 있는데, 이는 국제무역질서를 이해하는 데 있어서 토대가 되는 지식이다. 한편 제10장은 최근 급속히 진행되고 있는 지역주의의 배경 및 현황 그리고 관련 이론을 소개하고 있다. 향후 국제무역질서는 상당기간 지역주의에 의하여 주도될 것으로 예상되며 따라서 본 장의 중요성이 더욱 강조된다.

제 5 부에서는 국제거래의 특징적인 요소인 환율이 어떻게 결정되고, 환율의 변화가 무역을 포함한 국민경제에 어떤 영향을 미치게 되는가를 설명하고 있다. 이를 위하여 우선 제11장에서는 일정기간 동안 한 국가의 대외거래 내역에 따른 외환의 유출입을 나타내는 국제수지표의 구성, 국제수지와 국민소득과의 관계에 대하여 실제 우리나라 사례를 이용하여 설명하고 있다. 제12장에서는 환율결정에 대한 대표적인 이론들을 소개한다. 제13장에서는 환율변화가 국제수지 및 국민소득결정에 어떠한 영향을 미치는지를 분석하고 있다.

제 6 부에서는 개방경제하에서의 국제통화제도와 거시경제정책 문제를 다루고 있다. 제14장에서는 국제통화제도의 변천과 개별환율제도의 장·단점, 그리고 최근 관심이 고조되고 있는 통화통합의 문제에 대하여 살펴보도록 한다. 제15장에서는 개방경제하에서 거시정책효과가 환율제도에 따라 어떻게 결정되는지를 분석하고 있다. 제 7 부에서는 국제금융시장과 환위험관리에 대하여 살펴보고 있다. 제16장에서는 눈부신 발전과 변모를 보이고 있는 국제금융시장의 구조와 특징을 설명한다. 특히 국제장단기금융시장과 파생금융상품시장에 대하여 소개하도록 한다. 제17장에서는 환율변화에 수반되는 환위험을 어떻게 관리하여야 하는가를 구체적인 사례를 통하여 쉽게 이해할 수 있도록 설명하고 있다.

본서는 경제학의 기본이론과 분석방법을 활용하여 국제경제활동과 관련된 주제들을 알기 쉽게 이해할 수 있도록 하는 데 중점을 두었다. 또한 국제경제행위와 관련된 실례를 가능한 한 많이 접할 수 있도록 배려하였다. 본 서의 순서대로 국제경제학의 기본분석틀을 익혀 21세기 세계경제의 주요 문제들을 스스로 이해할 수 있게 되기를 바란다.

제2장 세계경제의 이해

초국적 정부 WTO '지구촌 세계화' 이끈다

21세기에는 '지구촌 정부'라는 초국적 정부가 실현될 수 있을까? 최근 유럽연합(EU) 등에서 볼 수 있듯 기존 국가의 틀을 벗어나는 초국적 정부의 초기 형태가 출현하면서 21세기에는 이같은 초국적 정부가 현실화될 것으로 점쳐지고 있다.

초국적 정부의 형성은 최근 디지털혁명으로 불리는 정보통신의 발전과 맥을 같이한다. 컴퓨터, 인터넷 등 정보통신과 운송수단의 혁신적 발전은 인류로 하여금 전례 없는 초국적 정부 실현을 가능케 하고 있다. 전문가들은 초국적 사회와 이에 따른 초국적 정부는 통신 수단의 발전과 함께 자연스런 진화과정이라고 말한다. (중략)

지난 1990년대 초부터 두드러진 경제의 세계화 현상으로 전세계 각국 제도와 법률, 문화, 사회 등은 현재 서로 긴밀히 통합되는 추세에 있다. 세계 각국의 국경이 무너지며 세계경제가 하나의 지구촌화하고 있는 것이다. 현재 이같은 '하나의 지구촌'을 견인하고 제어, 통제하는 기구가 바로 전세계적 차원의 초국적 정부라 할 수 있는 세계무역기구(WTO)이다.

WTO는 시장메커니즘의 원리에 따라 국가간에 상품뿐만 아니라 노동, 서비스 등의 이동, 교류가 이루어지도록 하고 세계적 차원에서 적용될 수 있는 각종 경제규범을 만들어 각국에 이를 준수토록 하고 있다. 지난 1995년 탄생한 WTO는 세계 여러 국가간의 자유무역과 공정경쟁을 추구하는 세계경제의 국제연합(UN)이라 할 수 있다. 21세기에는 상대적으로 미국의 힘이 약해지는 대신 WTO 등의 기능과 영향력이 강해져 실질적으로 전세계를 아우르는 초국적 정부가 될 것이라는 예상이다. 또 비단 WTO가 아니더라도 이와 유사한 기능을 가진 국제기구가 설립돼 전 지구촌을 포괄하는 초국적 정부가 실현될 것으로 이들은 전망하고 있다.

〈매일경제신문 2001. 3. 22〉

2.1 지구촌 경제의 통합 가속화

1. 국가경제간의 상호 의존성 심화

1970년대 이후 자본과 생산의 국제화가 본격적으로 이루어지기 시작하였고, 특히 교통과 정보통신기술이 혁신적으로 발달함에 따라 국경을 초월한 기업활동이 외국인 직접투자와 교역을 중심으로 더욱 활발하게 진행되었다. 이로 인해 개별 국가경제의 해외의존도는 증가하여 왔으며 세계경제는 보다 상호의존적인 성격을 띠게 되었다. 그 이후 세계 주요 국가들은 WTO 등 국제기구를 통해 경제활동의 국제화에 걸림돌이 되는 여러 분야의 규제를 협상을 통해 완화 내지 철폐하는 노력을 전개해 왔다. 이와 같이 교통과 정보통신기술의 혁신적인 발전과 각국 정부의 노력에 힘입어 상품뿐만 아니라 자본, 기술, 서비스 및 인력이동 등 교역자유화의 범위가 확대되고 있다.

이러한 변화는 21세기에 들어와 보다 가속화될 것으로 보이며 이에 따라 앞으로 세계경제의 상호 의존성은 더욱 심화될 것으로 예상된다. 국가경제간 상호 의존성이 심화되면 한 국가의 경제적 변화가 즉각적으로 다른 국가의 경제에 영향을 미치게 됨으로써, 폐쇄적인 경제운용이 어렵게 되며 폐쇄적으로 경제를 운용하는 경우 외국으로부터 비판받게 됨은 물론 장기적으로는 국제사회에서 도태될 것이다. 또한 폐쇄적 경제운용으로는 경쟁을 통한 국제경쟁력 향상의 이득을 향유하지 못하게 될 것이며 궁극적으로 경제전반에 비효율과 왜곡을 초래할 것이다.

물론 국가경제간 상호 의존성이 심화되고 각국 경제의 개방정도가 높아지면 한 국가경제의 위기가 인접한 국가경제로 쉽게 이전되고 더 나아가 세계 전지역으로 확산될 수 있는 부정적인 측면도 없지 않다. 1990년대 후반에 있었던 아시아 금융위기가 러시아로 더 나아가 남미로까지 그 여파가 미쳤던 것이나 2008년 하반기 미국의 금융위기가 전세계경제의 침체를 가져온 것 등은 세계경제가 서로 연계되어 있다는 점을 잘 말해 주는 사례라고 하겠다. 국가경제의 상호 의존성이 내포하고 있는 부정적인 측면에 대응하기 위해서 국가경제의 운용을 보다 더 폐쇄적으로 해야 한다는 의견이 나올 수도 있으며 실제로 말레이시아와 같은 나라는 외환위기를 맞아 그러한 정책을 구사한 바 있다.

그러나 21세기에 전개될 경제활동의 범세계화 속도를 감안하면 그러한 수동적이고 소극적인 정책대안은 결코 최선책이 될 수 없을 것이다. 기본적으로 경제 각 분야를 폭넓게 개방하고 국제적으로 정립된 규범과 관행을 국내에 정착시켜 공정한 경쟁을 통해 국제경쟁력을 강화해 가는 노력은 지속되어야 한다. 다만 경제위기의 감염을 방지하기 위하여 보다 정교한 거시경제정책을 구사함과 함께 국가간 공조를 강화함으로써 경제전반의 안정을 도모하는 노력을 기울여야 할 것이다.

2. 기업활동의 범세계화

세계경제의 상호의존성 심화는 주로 기업활동의 영역이 국내에서 전세계로 확대되는 데에서 기인한다. 기업은 일반적으로 국내기업으로 출발하지만 기업의 성장과 시장의 확대에 따라 수출기업, 국제기업의 단계를 거쳐 세계기업으로 발전해 가고 있다. 기업활동의 범세계화는 주로 기업의 해외직접투자에 의해 진행되고 있는데, 1980년대 이래 직접투자는 세계무역보다 2-3배 빠른 속도로 증가하고 있다. '지구촌 경제' 시대에 기업은 전세계를 상대로 자본, 노동, 기술 및 경영여건을 최적 결합하여 세계적 규모의 생산과 판매조직을 구축해 나가고 있다. 이에 따라 다국적기업의 매출액이 이미 세계의 교역총액을 능가하고 있고, 이러한 추세는 21세기에 더욱 가속화될 것으로 예상된다. 기업활동의 범세계화 진전에 따라 세계적인 비교우위가 요구되고 있으며, 그로 인해 거대한 다국적기업도 국제경쟁력이 있는 분야에 특화하고 그 외의 분야에 대해서는 그 분야에서 세계 최고의 기업으로부터 관련 상품을 조달하는(out-sourcing) 전략적 제휴를 확대하고 있다. 21세기에는 세계 각국의 기업간 전략적 제휴가 기업의 보편적 협력형태로 정착될 전망이다.

3. 정보화의 진전

현재 진행되고 있는 정보기술의 혁신적인 발전과 이에 따른 정보의 폭발적 확산은 정치, 경제, 사회, 문화 등 모든 분야에 혁명적인 변화를 가져다 줄 것으로 예상되고 있다. 경제면에서 정보화는 모든 정보를 세계가 거의 동시에 공유할 수 있게 함으로써 소비자의 구매행위, 기업의 생산 및 판매, 판매대금의 결제 등 다양한 분야에 걸쳐 엄청난 혁신을 수반할 것이다. 소비자는 관련정보를 손쉽게 획득함으로써 제품선택의 폭을 전세계로 넓히는 동시에 고품질의 제품을 저렴하게 구입할 수 있게 될 것이며, 이는 기업간 경쟁을 크게 심화시킬 것이다. 정보화는 또한 전세계에 걸쳐 생산요소 결합, 생산공정 분할, 판매, 유통 등 기업활동의 글로벌 네트워크 구축을 가능케 할 것이다. 따라서 미국, 일본, EU 등 선진국뿐만 아니라 싱가포르, 중국, 우리나라 등도 정보화 사회를 앞당기고 국제경쟁력을 향상시키기 위해 초고속 정보 고속도로의 구축을 추진하고 있다. 21세기 국가와 기업의 국제경쟁력을 결정하는 것은 컴퓨터의 보급률이 아닌 인터넷을 연결하는 초고속 정보통신망의 속도가 될 것이라는 것이 전문가들의 전망이다.[1)]

전문가들은 정보통신시장이 2010년에 가면 1995년 시장규모의 3배 이상으로 성장해 5.6조달러에 이를 것으로 내다보고 있다. 특히 아시아의 정보통신시장은 2010년에 1995년 규모의 5배 이상 성장할 것으로 전망되었다.[2)] 이러한 시장규모의 폭발적인 성장을 감안하면 이 시장을 대상으로 하는 경쟁이야말로 상상을 초월하는 수준이 될 것으로 보인다.

1) Friedman(1999) 참조.

2) 김준동(2000) 참조.

2.2 다자간 교역체제의 공고화

1. WTO시대의 정착

1947년 출범한 GATT체제는 2차례의 세계대전 기간에 팽배해 있던 보호무역주의를 완화하고 교역을 자유화함으로써 무역에 참여하는 모든 국가의 이익을 증대시키려는 목적으로 도입되었다. GATT체제의 초기에는 주로 관세인하가 중요한 문제로 대두되었고, 6차례의 협상을 통하여 관세가 상당히 인하되었다. 그러나 관세문제 이외에도 국제교역을 저해하는 다양한 비관세장벽이 등장하였고, 농산물, 섬유 등의 교역이 GATT체제에서 제외되어 있었으며, 지역주의 추세가 강화되는 등 국제교역체제의 안정성을 위협하는 문제들이 해결되지 못하고 있었다. 이 중 다양한 비관세장벽의 감축 및 철폐에 대한 논의 및 협상은 GATT체제하에서의 제 7차 무역자유화협상인 도쿄라운드(1973-1979)에서 시작되었다. 더 나아가 제 8차 무역자유화협상인 우루과이라운드(1986-1994)를 통하여 보다 포괄적인 교역자유화를 위한 각종 규범이 제정되었으며, 국제교역을 관장하는 국제기구로서 세계무역기구(WTO)가 설립되었다.

WTO체제는 이전의 GATT체제와 비교하여 여러 가지 면에서 보다 포괄적 규범과 이의 이행을 위한 강력한 절차를 갖추고 있다. 첫째, GATT는 국제기구가 아니라 국가간 합의된 협정이었으나, WTO는 국제무역질서를 관할하고 교역자유화를 지속적으로 추진하는 영속적인 국제기구라는 점에서 WTO의 출범으로 교역자유화에 대한 모든 논의 및 협상을 위한 상설 무대가 마련된 것이다. 둘째, GATT체제에서는 농산물, 섬유 등 국제교역에서 큰 비중을 차지하는 분야가 다루어지지 못하였으나, WTO는 이들 분야에서의 교역자유화를 위한 규범을 구비하고 있다. 셋째, GATT는 상품 교역만을 다루었으나, WTO는 운송, 관광, 금융, 보험, 통신, 컨설팅 등 부가가치가 매우 높은 서비스에 대해서도 교역자유화를 위한 규범을 갖추고 있다. 또한 지식기반경제에서 매우 중요한 역할을 하는 지적재산권의 무역관련 문제를 다룰 수 있는 규범도 도입되었다. 넷째, WTO는 GATT체제와 비교하여 매우 신속하고 강력한 분쟁해결절차를 운영하고 있다. WTO 회원국간 발생할 수 있는 통상분쟁을 조정하고 해소할 수 있는 효율적인 메커니즘은 다자간 교역체제의 안정성을 확보하는 데 매우 중요한 역할을 한다.

1995년 출범한 WTO는 다자간 교역체제를 공고히 하는 데 결정적인 역할을 하고 있다. 즉 WTO는 자유롭고 공정한 국제교역을 위한 틀을 제공함으로써 WTO체제에 참여하고 있는 국가들이 교역의 활성화를 통해 경제적 이득을 제고할 수 있는 기회를 제공하고 있는 것이다. 앞으로도 WTO를 중심으로 교역자유화를 확대하기 위한 노력이 지속적으로 전개될 것이다. 그 일환으로 현재 WTO 출범 이후 최초의 무역자유화협상인 도하개발아젠다(Doha Development Agenda: DDA)협상이 진행되고 있다. 이 협상에서는 농산물, 비농산물, 서비스 등에 대한 시장개방을 확대하고, 반덤핑, 보조금 등에 대한 기존의 규범을 보다 명료화하기 위한 논의가 진행되고 있다.

향후 국제무역질서를 관장하는 WTO를 중심으로 추진될 교역자유화에서는 다음과 같은 문제들을 다루게 될 것으로 예상된다. 첫째, 농산물교역을 공산품과 같은 수준으로 자유화하고, 둘째, 서비스교역도 폭넓게 자유화해 나가며, 셋째, 국경을 가로막는 무역장벽을 줄이는 데 그치지 않고 그 효과가 실질적으로 수요자에게까지 미칠 수 있도록 국내의 법과 제도를 동일한 수준으로 일치 · 조화시켜 나가고, 넷째, 국제투자, 전자상거래, 정부조달 등 최근 들어 그 규모가 급속히 성장하는 새로운 분야에 대한 국제규범을 마련하며, 다섯째, 개도국과 최빈개도국의 경제성장을 도울 수 있는 실질적인 방안을 강구하고, 여섯째, 환경, 노동 등 사회문제(social issues) 등이 무역이슈로 등장할 것이다. 물론 이러한 것들이 하루 아침에 이루어질 수는 없다. 그러나 궁극적으로 WTO를 중심으로 한 국제교역질서는 이러한 문제들을 포괄하는 모습을 띠게 될 것이다.

2. 중국의 WTO 가입

2001년 11월 카타르 도하(Doha)에서 열린 WTO 각료회의에서는 세계경제의 흐름을 바꿀 수 있는 또 하나의 중요한 결정이 이루어졌다. 중국의 WTO 가입이 이루어짐으로써 중국이 다자간 무역체계에 정식으로 참여하게 된 것이다. 중국의 WTO 가입은 21세기 세계경제질서에 엄청난 변화를 예고해 주는 역사적인 사건이다. 중국의 WTO 가입은 우선 미국, EU, 일본, 한국 등 주요 교역상대국들과 중국과의 무역증대를 촉진시키는 경제적 이익을 가져다 줄 것이다. 특히 집요하게 쌍무협상을 통해 자국에게 유리한 시장개방 결과를 얻어낸 미국과 EU 등 선진국들에 대한 경제적 이익이 클 것이다. 그러나 중국이 2008년 말 현재 독일에 이어 세계에서 두 번째로 큰 수출대국의 입지를 굳히고 있으며, 제조업과 서비스업을 모두 합한 총무역규모에서도 세계무역의 7% 이상을 차지하는 제 3 위의 무역대국으로 부상하였다. 급속한 경제성장의 결과로 중국의 내수시장 또한 급속하게 확대되고 있는 점을 감안할 때 중국의 WTO 가입은 세계무역의 성장에도 크게 기여하는 요인이 될 수도 있을 것이다.

그러나 무엇보다도 큰 혜택은 중국에게 돌아갈 것이다. 먼저 중국은 미국을 비롯한 모든 WTO 회원국으로부터 최혜국대우를 받게 된다. 이제 중국은 과거와 같이 정치적인 이유로 미국으로부터 국제무역상 불리한 대우를 받을 수 있다는 위협에서 벗어날 수 있게 된 것이다. 더 나아가 미국 등 선진국들로부터 일반특혜관세(GSP) 혜택도 받을 수 있게 되었다. 또한 최근 상품 및 서비스시장 개방, 통관 및 위생검역제도, 지식재산권보호 등 각국의 무역정책이 국제투자에 결정적인 영향을 주고 있음을 고려할 때 중국의 WTO 가입은 중국으로의 국제투자를 크게 촉진시킬 것이다. 전문가들은 보다 장기적인 측면에서의 중요성을 지적한다. 이것은 다름 아닌 중국이 지금까지 추구해 온 시장경제체제 도입을 위한 경제개혁이 보다 확실하게 추진될 수 있는 여건이 마련되었다는 것이다.

중국의 WTO 가입은 WTO 자체에도 위상변화를 가져다 줄 것이다. 이미 많은 통상전문가들이 지적했듯이 중국이 WTO에 가입함으로써 WTO가 진정한 의미에서 세계를 대표하는 다자간 무역체제로 위상을 정립할 수 있을 것이다. 중국의 WTO 가입은 세계무역질서에도 중요한 의미를 지닌다. 중국이 WTO체제 안으로 들어옴으로써 중국과의 무역분쟁이 WTO에서 해결될 수 있게 되었다. 우리나라와 같이 중국보다 협상력이 떨어지는 국가들에게는 시사하는 바가 매우 크다고 하겠다. 물론 중국도 미국 등 선진국들로부터 부당한 차별을 받을 경우 WTO 분쟁기구를 활용할 수 있을 것이다.

중국의 WTO 가입은 이상과 같은 긍정적 효과를 낳을 수 있지만, WTO의 의사결정과정에 문제를 야기할 소지도 있다. 중국과 같이 경제규모와 정치적 영향력이 큰 국가가 회원국이 될 경우 '일 회원국 일 표'의 합의(consensus)제를 중심으로 한 WTO의 의사결정방식에 문제가 발생할 수 있다. 특히 지금까지 WTO를 주도해 온 국가들이 미국과 EU 등 선진국들이었음을 감안하면 앞으로 WTO 내에서 회원국간 정치적 갈등이 심화될 가능성이 있는 것이다.

2.3 세계경제지도의 변화

1. 지역적 자유무역권의 확대

WTO를 중심으로 한 다자간 무역체제의 강화노력과 병행하여 세계경제환경의 변화에 대응하기 위하여 추진되고 있는 지역주의는 오히려 확산되거나 광역화되고 있다. 유럽연합(EU)은 지난 1999년에는 단일통화인 유로를 출범시켰고, 2004년 5월과 2007년 1월에는 각각 10개와 2개의 중동구 및 지중해연안 국가들을 새로운 회원국으로 영입하여 종전의 15개에서 이제는 27개 회원국으로 확대되었다. 또 2009년에는 리스본조약이 발효됨에 따라 대통령격인 EU정상회의 상임의장이 선출되는 등 바야흐로 정치적인 통일을 향해서도 의미 있는 진전을 보이고 있다.

또한 21세기 초까지 지중해 연안의 10여 개 국가 및 남미공동시장(MERCOSUR) 4개 회원국과 자유무역협정을 체결하여 유럽경제권을 지속적으로 확대해 나갈 것으로 예상된다. EU와 남미공동시장 4개국은 이미 이를 위한 기본협정을 지난 1995년 9월에 체결했으며, 1999년 관련 국가 정상들간의 회의가 개최된 바 있다.

미국은 북미자유무역협정(NAFTA)의 결성을 통해 자국중심의 광역경제권의 실현을 위해 노력하고 있으며, 우선 칠레의 NAFTA 가입을 적극 추진하고 있다. 현재 다소의 어려움에 처해 있기는 하지만, 쿠바를 제외한 미주 34개국이 추진하고 있는 미주자유무역지대(FTAA) 창설을 위한 노력은 아직도 유효하게 진행중에 있다. 아태경제협력체(APEC)도 1993년부터 매년 개최되는 정상회담을 통하여 무역과 투자자유화 목표를 제시하고 경제협력기구로서의 틀을 갖추어 가고 있다. APEC 회원국의 정상 및 지도자들은 1994년 11월 인도네시아 보고르에서 개최된 정상회담에서 선진국은 2010까지, 개도국은 2020년까지 역내의 무역 및 투자자유화의 완료를 천명하는 보고르 선언을 채택한 바 있다. 또한 APEC은 최근 수년간 아태자유무역협정(FTAAP)을 체결하는 것을 목표로 채택하여 타당성조사 작업을 진행중인데, FTAAP가 실현될 경우 세계무역의 60% 정도를 점유하는 실로 거대한 지역무역협정이 탄생하게 된다.

EU를 중심으로 한 유럽경제권의 확대, NAFTA를 중심으로 한 미주자유무역지대의 창설 및 APEC의 무역 · 투자 자유화노력은 지역주의의 확대인 동시에 사실상 전 세계를 하나의 자유무역지대로 만드는 경쟁적 자유화(competitive liberalization)의 확산으로도 볼 수 있다. 지역적으로 자유무역지대의 광역화가 진행되는 경우 이에 속하지 않은 국가들은 국제적인 협상력의 현저한 약화를 감수할 수밖에 없을 것이다.

2. 동아시아 및 신흥경제권의 부상

1990년대 미국경제의 호황에도 불구하고 유럽과 일본 경제가 침체를 계속함으로써 세계 경제에서 선진국이 차지하는 비중이 다소 줄어드는 상황이다. 한편 우리나라를 비롯해서 싱가포르, 태국, 말레이시아, 베트남 등 주요 동아시아국가들이 1990년대 후반 경제위기를 겪으면서 성장이 크게 둔화되었으나 1999년 이후 이 국가들의 경제성장이 예상외로 빠르게 회복되고 줄곧 높은 경제성장세를 지속하고 있다.

우리나라, 중국, 일본, ASEAN 등 동아시아 경제권의 부상과 함께 세계경제의 판도변화에서 가장 큰 주목을 받고 있는 것이 바로 브라질, 러시아, 인도 등 거대 신흥경제권의 부상이다. 중국까지 포함하여 소위 BRICs(Brazil, Russia, India, China)로 명명되는 이들 거대신흥경제권 국가들은 과거 사회주의 체제 또는 폐쇄적인 수입대체 노선을 시장 · 개방체제로 전환하는 데 성공하면서 높은 경제성장을 구현하며 세계경제지도의 변화를 초래하고 있다. BRICs 4개국의 높은 경제성장잠재력을 감안하여, 이들 국가들이 2050년에는 모두 G6(세계 선진6개국)에 포함될 것이라는 전망까지 나오고 있다.[3)]

최근 G-7이 행사하고 있던 국제경제협력의 최상위협의체(Premier Forum)의 역할을 대신하게 된 G-20 정상회의에 다수의 개발도상국들과 신흥경제권이 참여하게 된 사실도 이러한 세계경제지도의 커다란 변화를 상징적으로 보여 주는 사건이라 하겠다.

이와 같은 동아시아 및 거대신흥경제권의 부상으로 향후 세계경제에서 개도국이 차지하는 비중과 영향력은 급속하게 증가할 것으로 예상되고 있다. 다자체제 내에서도 미국이 모든 것을 주도하던 것과는 달리 이제 중국, 브라질, 인도 등이 중심이 된 개도국 그룹이 반대하는 사안에 대해서는 최종합의 도출이 매우 어려워질 것으로 보인다. 이러한 세계경제지도의 변화는 앞으로 세계경제에 무한한 경제적 기회를 제공하는 동시에 세계경제를 관리한다는 측면에서는 많은 불확실성이 내재되어 있음을 의미한다.

---

3) Goldman Sachs(2003), "Dreaming with BRICs: Path to 2050."

2.4 국제금융시장의 변화

1. 국제자본이동의 증가

1990년대는 "포트폴리오 주식투자시대"라고 불릴 만큼 개도국에 대한 포트폴리오투자가 크게 증가하였다. 개도국들은 1980년대의 외채위기의 여파에서 벗어났고, 선진국으로부터 개도국으로의 자본유입은 급속하게 증가하기 시작하였다. 〈표 2-1〉은 1990년대에 들어오면서 신흥시장국의 민간부문에 대한 투자, 특히 포트폴리오투자의 비중이 대폭 증가하였음을 보여 준다.

개도국에 대한 포트폴리오증가가 크게 증가한 배경에는 자금 공급과 자금 수요 양측의 변화가 모두 중요한 역할을 담당하였다. 우선 투자자의 입장을 살펴보면 선진국 특히 미국에서 연기금이나 보험회사와 같은 기관투자자들에 대한 해외주식투자 규제가 완화 내지 철폐되었다는 것을 들 수 있다. 또한 미국의 금융시장 자유화조치가 확대되면서

표 2-1 신흥시장국의 자본순유입 규모

(단위: 십억달러)

	1998-2000 (평균)	2001	2002	2003	2004	2005	2006	2007	2008
공공부문	−4.7	16.6	25.6	−48.9	−46.1	−83.4	−140.2	−69.5	−105.7
민간부문	77.9	78.2	53.0	177.5	226.5	285.7	262.0	696.5	129.5
직접투자	152.0	170.7	151.6	150.0	191.6	251.7	254.4	411.2	425.0
포트폴리오투자	−2.7	−47.1	−45.9	1.8	17.7	32.7	−32.4	88.1	−85.4
기 타	−71.3	−45.4	−52.8	25.7	17.2	1.2	39.9	197.1	−210.1
외환보유고증감(−)	−38.2	−89.4	−153.3	−302.6	−425.2	−541.6	−719.1	−1,227.3	−676.9

자료: IMF, *World Economic Outlook*, 2009.

뮤추얼펀드의 성장과 이들의 해외주식투자가 확대되었다. 1990년대 초반 미국의 금리하락으로 보다 높은 투자수익을 노린 해외주식투자가 증가한 것도 빼놓을 수 없는 요인이다.

반면 1990년대 후반부터는 포트폴리오투자보다는 직접투자 형태의 자본유입이 크게 늘어나게 되었다. 경제활동의 세계화현상이 진전되면서 많은 개도국과 신흥시장국들이 직접투자 관련 제도를 자유화하는 정책으로 전환하고, 다국적기업들의 투자를 유치하기 위한 다양한 인센티브 조치들을 도입한 것이 그 중요한 요인이라 할 수 있다. 직접투자 형태의 자본이동이 급속하게 증가하는 2000년대 초반부터는 포트폴리오투자가 이와는 반대로 급격하게 퇴조하는 모습을 보이고 있다. 이에는 UNCTAD가 지적하듯이 국경간 인수합병(Cross-border M&A)의 허용 등 직접투자 유입을 가로막고 있던 각종 보호조치들을 철폐한 요인이 크게 작용한 것으로 평가할 수 있다.

한편 투자를 유치하는 입장에 서 있는 개도국을 살펴보면 외국자본 진입이나 자본유입에 대한 각종 규제를 철폐하고 자유화하는 조치를 취하였다. 민영화에 따른 매입가능주식의 확대 및 주식공급의 확대도 포트폴리오투자증대에 기여하였다. 한편 주식시장과 관련된 각종 제도 및 회계기준의 차이로 인하여 신흥시장국 기업의 선진국 주식시장에의 직접 상장이 어렵기 때문에 역으로 미국투자자들이 신흥시장국의 주식시장에 투자하게 되었다는 설명도 주목할 만하다.

국제금융이란 자금수요자와 자금공급자간 자금의 융통을 의미하는 금융활동이 국가와 국가간에 이루어지는 것을 의미한다. 따라서 물리적 거리를 무의미하게 만든 정보통신기술의 진전이 자본자유화와 함께 국제금융을 활성화시키는 데 결정적인 역할을 담당하였음은 자명할 것이다. 국제자본이동의 증대는 다른 한편으로는 국제금융시장의 불안정성을 증폭시키는 부작용도 낳았다. 1994년 멕시코, 1997년 동아시아, 1998년 러시아, 1999년 브라질에서 발생한 일련의 외환위기는 또한 투기자본이 국제금융체제 전체의 안정성을 위협하는 상황을 초래할 수 있음을 단적으로 보여 주었다고 할 수 있다.

2. 금융상품의 다양화와 금융시장의 변동성 증대

1960년대만 하여도 기업은 자금조달을 위하여 은행대출이나 채권, 그리고 주식발행에 의존할 수밖에 없었다. 그러나, 1980년대에 들어오면서 기업들은 역외금융시장에서의 은행차입이 가능하게 되었고, 자국통화뿐 아니라 외국통화로 표시된 채권을 발행할 수 있게 되었다. 또한 선물, 옵션, 스왑 등과 같은 파생금융상품의 거래도 활발하여졌다.

금융시장의 비중을 살펴보면 새로운 상품의 중요성을 알 수 있다. 외국통화로 표시된 금융상품이 거래되는 역외금융시장의 규모가 급속도로 커지는가 하면 선물이나 옵션과 같은 파생상품시장도 해당 기초자산시장 규모를 훨씬 큰 폭으로 능가하고 있다. 국제금리의 기준으로 주목받는 LIBOR(London Interbank Offer Rate)가 유로커런시시장의 은행간 대출금리라는 점은 그만큼 국제금융시장의 중요성이 커졌다는 반증이기도 하다.

새로운 금융상품의 개발은 수요측면에서는 국제자본거래에 수반되는 불확실성과 위험성을 최소화하기 위하여 보다 나은 수단에 대한 요구가 커졌기 때문이다. 한편 공급측면에서는 금융기관간의 경쟁과 금융기관에 대한 BIS의 자기자본충실도에 대한 규제강화 등으로 이윤제고를 위해서는 신상품을 개발하여야 할 필요성이 증대되었기 때문이라고 할 수 있다.

1970년대 이후 금리, 환율, 주가 등 금융상품의 가격은 변동폭이 크게 증가하였다. 금융상품 가격이 급락과 급등을 되풀이하는 가운데, 이러한 가격변동이 좀 더 빠른 속도로 이루어지고 있다. 뿐만 아니라, 금융시장간의 동조화현상도 크게 진전되어 어느 한곳에서 예기치 못한 충격이 발생하면 다양한 국제금융시장은 즉각적으로 동시에 반응을 보이게 되었다.

금융상품 가격의 변동폭이 증대하였다는 것은 그만큼 투자의 위험이 증가하였음을 의미한다. 따라서 민간부문차원에서의 위험에 대한 대비의 중요성뿐 아니라, 금융시장 자체의 불안정성을 감소시키기 위한 규제필요성을 제기하고 있다. 이에 따라 헤지펀드에 대한 규제, 역외금융기관의 건전성 제고, 금융기관의 정보공개 및 투명성 강화 등이 주요 안건으로 부상하였다.

3. 금융기관간 경쟁심화

국제금융시장의 새로운 특징 중의 하나는 금융기관간 벽이 허물어지고 있다는 점이다. 선진국의 경우 이미 오래 전에 은행이 증권인수, M&A 주선, 지급보증, 파생금융상품 거래 등 새로운 영역으로 진출하였다. 우리나라의 경우에도 은행에서 보험상품을 팔거나 정기예금보다 금리가 높은 투자상품을 판매하고 있다. 은행과 비은행부문간의 경쟁은 국내시장에뿐만 아니라, 국제시장에서도 치열하게 전개되고 있다. 1980년대 초반 외채위기로 은행의 신용도가 감소하고 이에 따라 은행의 조달비용 및 대출금리가 증가하자, 대안으로 증권발행을 통한 자금조달 방식이 유행하게 되었다. 따라서 현재는 여러 은행들이 연합한 형태의 신디케이트 대출보다 채권발행을 통한 자금조달의 비중이 훨씬 커졌다. 이렇게 은행을 통한 간접금융보다 자본시장을 통한 직접금융을 통한 자금조달 및 운용비중이 증가하는 현상을 증권화라고 한다.

은행과 비은행금융기관간의 업무분리가 점점 무의미해지면서 금융감독기관의 역할도 재정비할 필요성이 증대하고 있다. 이에 따라 전통적인 상품별 감독체계를 통합하거나 또는 기능별로 업무연계를 강화하는 조치들이 취해지고 있다. 또한 국제금융시장에서도 국제규범의 조화와 감시감독체계의 공조강화가 주요현안이 되고 있다.

4. 금융위기와 감염의 위험성 증대

국제금융시장이 통합되면서 어느 한 국가의 정책이 해당 금융시장뿐 아니라 다른 국가의 금융시장에도 영향을 미치게 되는 효과가 두드러지게 나타나고 있다. 이러한 외부경제효과의 존재는 정책협조의 필요성을 증대시키는 요인으로 작용한다. 예를 들어 경기부양을 목적으로 화폐공급을 증가시키고 금리를 낮추면 자본이 해외로 유출되면서 자국통화의 가치가 하락하고, 이는 자국의 수출을 증가시키지만, 교역대상국의 수출에는 부정적인 영향을 미치는 사례가 자주 나타나고 있다.

한편 자본시장이 개방되고 자본이동이 활발하여지면서 어느 국민경제에 대한 신뢰가 흔들리게 되면 즉각 자본유출이 발생할 가능성이 현저하게 높아졌다. 실제로 1997년 한국정부는 기초경제여건 면에서 말레이시아나 인도네시아와는 근본적으로 다르다는 점을 누차 강조하였지만, 투자자의 신뢰성에 문제가 생기자 즉각 외환위기가 발생하였다. 자본자유화가 이루어진 만큼 자본의 흐름이 일시에 바뀔 위험도 그만큼 커졌다고 할 수 있다.

외환위기는 마치 전염병과 같이 인근지역으로 쉽게 퍼져 나가기도 한다. 1995년 멕시코의 외환위기가 중남미국가로 확대된 것이나, 동남아 외환위기가 한국까지 감염시킨 것이 좋은 예라고 할 수 있다. 1998년 러시아 외환위기는 다시 중남미국가들에게 부정적인 외부효과를 미치기도 하였다.

국제금융시장의 통합으로 자본배분의 효율성은 크게 증대되었다. 그러나 이와 동시에 국제금융시장 전체의 위험도도 증가하였다. 거시경제와 금융시장의 안정성을 해치는 정책이 실시된다면 그러한 경제는 언제든지 자본유출로 인한 외환위기에 봉착할 가능성이 높아진다. 개방도와 상호의존성이 높아진 만큼, 이러한 안정성은 어느 일개국가의 노력만으로는 이루어질 수 없으며 국제적인 정책협조와 위기에 대한 공동대처가 요구된다.

2.5 경제의 디지털화

1. 국경 없는 경제의 실현

컬럼버스(Columbus)가 신대륙을 발견하기 이전에는 대양이 지구촌을 분할시키는 대륙간의 장벽요소로 작용했으나, 오늘날에는 그와 같은 대양이 지구촌을 하나의 경제로 엮는 데 있어 커다란 장애로 작용하지 않게 되었다. 대양의 장벽적 요소를 극복하기 위해 인간은 초고속 전자파를 개발해 내었으며, 심지어는 수천마일에 이르는 해저광케이블이 대륙과 대륙을 연결시키고 있다. 그와 같은 범세계적 네트워크가 잠시도 쉬지 않고 세계 각지에 분산된 기업간의 계약이나 통화거래를 가능하게 할 뿐만 아니라 의료, 교육, 문화 등에 관한 서비스 및 정보교환을 원활하게 수행할 수 있도록 하고 있다.

이와 같은 정보통신기술의 발달은 디지털 기술의 급속한 발전과 맥을 같이하고 있다. 종래 디지털은 기술적 의미로만 사용되어 왔으나, 1990년대 중반 이후 산업전반을 변혁시키는 원동력으로 부상된 것이다.[4] 1950년대 컴퓨터의 상용화를 계기로 출현한 디지털 기술은 1980년대까지 정보기기 및 통신기기의 디지털화가 실현되면서 더욱 급속히 진전되었다. 특히, 1980년대초 CD가 등장하면서 디지털 기술이 일상생활 속으로 침투하기 시작했고, 1990년대 들어 동영상의 디지털화로 정보·미디어의 전영역이 디지털 조류의 영향권에 놓이게 된 것이다. 더욱이, 인터넷의 보급은 본격적인 디지털 경제시대를 앞당기는 촉매제 역할을 하고 있는바, 이제 디지털은 기술발전과 인프라구축의 차원을 넘어서 향후 지식정보사회의 핵심기반으로 자리매김할 전망이다.

디지털 경제하에서 가장 특이할 만한 현상은 경제통합의 가속화에 따른 국경 없는 경제(borderless economy)의 실현이다. 즉, 디지털화되어 전자전송이 가능한 서비스는 이제 세계 어느 곳에서나 생산이 가능하고 단시간 내의 유통이 가능한 것이다. 이에 따라, 상품 및 서비스의 거래가 지역이나 시간 또는 국경에 관계없이 이루어질 수 있게 되었다. 현재에도 수많은 고객이 가정에 컴퓨터를 두고 그 앞에 앉아 책, 신문, 비디오 등을 구매할 수 있으며, 자동차를 주문하기까지 한다.

시간과 공간의 제약적인 요소를 정복한 정보통신기술의 발달은 분명 엄청난 경제적 효과를 가져오고 있다. 우선, 공급자와 수요자 사이

4) 디지털은 연속적인 신호나 현상을 그 자체의 물리량으로 나타내는 아날로그 신호를 '0과 1의 조합'으로 나타낸 것이다. 예를 들어, 사람목소리를 아날로그로 표시하면 연속파형의 형태로 나타나지만, 이를 디지털화하면 0과 1의 이진수로 표현하는 것이다.

에 존재해 왔던 복잡한 유통단계를 철폐시킴으로써 일반소비자나 기업들이 지불해야 할 거래비용(transaction cost)을 크게 절감시키고 있다. 거래시간이 단축되고 중간상의 필요성이 없어지면서 거래비용이 대폭적으로 감소됨에 따라 소비자들이 지불해야 할 가격 역시 파격적으로 낮아지게 될 것이다. 또한, 새로운 기업의 시장진입에 수반되는 비용이 사라지고 있다. 디지털 경제하에서는 수많은 기업, 특히 새로이 영업을 하려는 기업들의 시장진입이 보다 용이해지면서 일부 기업의 독과점적 지위의 유지가 어렵게 된다. 따라서, 디지털 시대에는 모든 기업이 경쟁상황에 놓이게 되고, 그에 따라 소비자뿐만 아니라 중소기업까지도 커다란 혜택을 볼 수 있게 된다. 이제 대기업이나 중소기업 등 기업규모에 관계없이 모든 기업들이 범세계적 시장에 완전한 참여가 가능하게 된 것이다.

2. 지식과 정보의 중요성 증대

디지털 경제시대에서의 또 하나의 특징적 현상은 지식(knowledge)과 정보(information)가 가장 중요한 생산요소로 등장하게 되고, 범세계적 경제통합의 가장 주된 추진력을 제공한다는 것이다. 글로벌 경제를 실현시키는 데에는 정보가 핵심요소이다. 1980년대에는 무역 및 투자의 급증이 경제의 범세계화에 추진력을 제공했으나, 이제는 국경 없는 경제를 형성하는 기술에의 접근능력이 그 추진력이 되고 있다. 물론 기술의 확산은 최근의 현상만은 아니지만, 컴퓨터, 전화, 팩스기 등이 그를 가속화시키는 동시에 그의 범위도 한층 확대시키고 있는 것이다.

특정 지역이나 국가에 국한되지 않는 디지털 경제는 토지나 노동력 또는 자본에 기반을 둔 전통적 경제사회와는 근본적인 차이가 있을 수밖에 없다. 정보기술에 기반을 둔 디지털 경제는 어느 곳에서나 생성·발전하면서 과거에 경제적 잠재력을 결정했던 전통적 생산요소들의 특성을 허물어 가는 것이다. 즉, 전통적 생산요소가 절대적으로 부족한 국가나 지역들도 무한한 성장 가능성을 갖게 됨으로써 새로운 국제관계를 형성하는 계기가 될 것이다. 정보기술의 발달과 함께 이미 세계 경

그림 2-1 디지털 경제에서의 경제구조변화

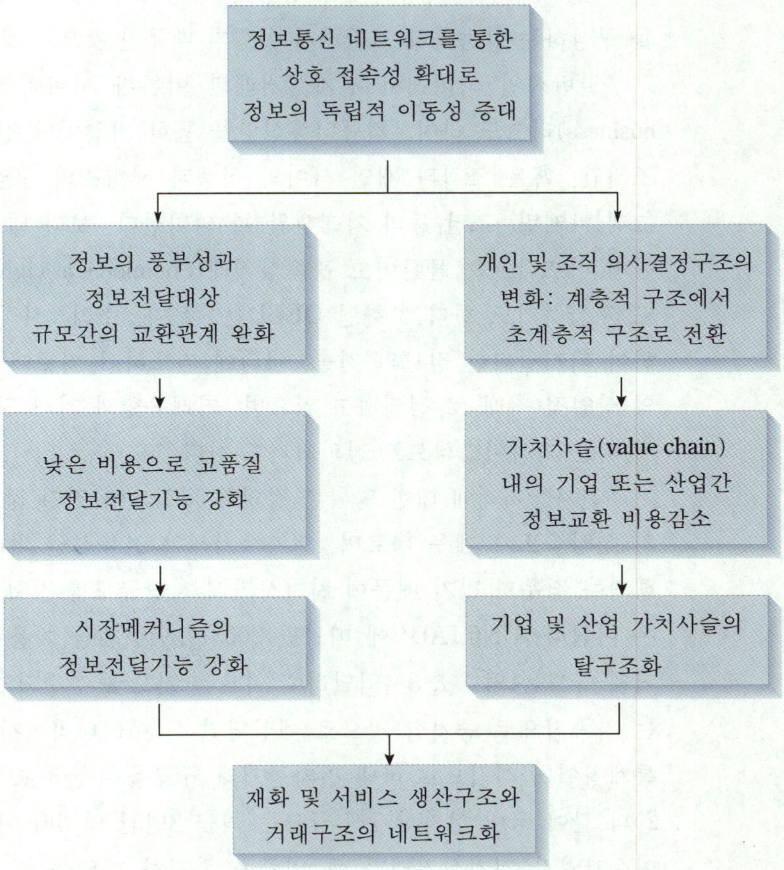

자료: 윤택, "디지털 경제의 실체와 논점,"「디지털 경제 도전과 대응」, 1999.

제력의 상당부분이 지구촌의 남부나 동부로 이동하고 있다는 사실이 이를 반영하고 있다.

3. 전자상거래의 확산

흔히 미국의 금광개척시대인 골드러시(gold rush)에 비유될 만큼 전자상거래에 대한 높은 관심에도 불구하고 전자상거래의 개념은 아직 정립되어 있지 않다. 이는 전자상거래가 아직 태동단계에 불과하고 전통적인 상거래와 전자상거래의 겸업이 성행하여 어디까지가 전자상거래를 구성하는지 정확히 포착하기 어렵기 때문인 것으로 보인다.

일반적인 의미에서 전자상거래란 이른바 사이버 비즈니스(cyber business)라고도 하여 "컴퓨터통신망을 통한 기업이나 정부기관과 같은 조직간, 혹은 조직과 개인 사이의 상품과 서비스의 구입, 판매, 광고, 고객 마케팅, 조달 등의 거래행위"를 의미한다. 보다 넓은 의미로는 사이버 비즈니스는 물론이고 광속상거래(Commerce at Light Speed: CALS)도 포함하기도 한다.[5] 한편 OECD는 '문자, 소리, 시각이미지를 포함하여 디지털화한 정보의 전송, 처리에 기초하여 이루어지는 모든 형태의 상업적 거래'로 정의하고 있으며, 거래유형과 거래 당사자간의 구분에 따른 피라미드식으로 정의되기도 한다.[6]

전자상거래에 대한 명확한 정의가 확립되어 있지 않고, 전자상거래의 성장속도가 매우 빠르며, 전자상거래와 전통적인 거래가 동시에 수행되는 경우가 많기 때문에 전자상거래 시장규모를 정확히 추산하는 것은 어렵다. UNCTAD[7]에 따르면 2003년 인터넷을 이용한 세계 전자상거래 규모는 약 3조 8천억달러에 이르는 것으로 추정되었으며, 그 규모는 지속적으로 증가할 것으로 예상되었다. 우리나라에서는 2001년부터 통계청이 공식적으로 국내 전자상거래 규모를 추산하고 있다. 〈그림 2-2〉와 같이 국내 전자상거래 규모는 최근 8년간 약 6배 이상 증가하였으며, 기업간 전자상거래가 큰 비중을 차지하고 있는 것으로 나타났다. 아직도 전자상거래의 성장 초기에 있는 점을 감안하면 향후 전자상거래 시장은 폭발적으로 확대될 것으로 예상된다.

전자상거래의 발전은 기본 무역방식의 형태를 혁명적으로 바꾸어

---

5) CALS란 제품의 기획, 설계, 생산, 유통, 폐기에 이르기까지 수명주기 전반에 관련된 데이터를 통합하여 공통의 표준을 사용하거나 교환하여 생산성향상을 추구하는 일련의 과정을 의미한다.

6) 피라미드의 최하단부는 가장 포괄적인 의미에서의 전자상거래로 전자자금이체와 신용카드 거래, 그 다음 위로 올라갈수록 전자상거래 관련 기기 등의 하부구조 거래단계, 기업 대 기업 거래, 기업 대 소비자 거래 등의 순으로 이어진다(Measuring Elec-tronic Commerce, DSTI/ICCP/AH(97)6/ REV1).

7) UNCTAD, 「전자상거래와 개발」, 2003.

그림 2-2 국내 전자상거래 규모의 성장 추이

(단위: 조원)

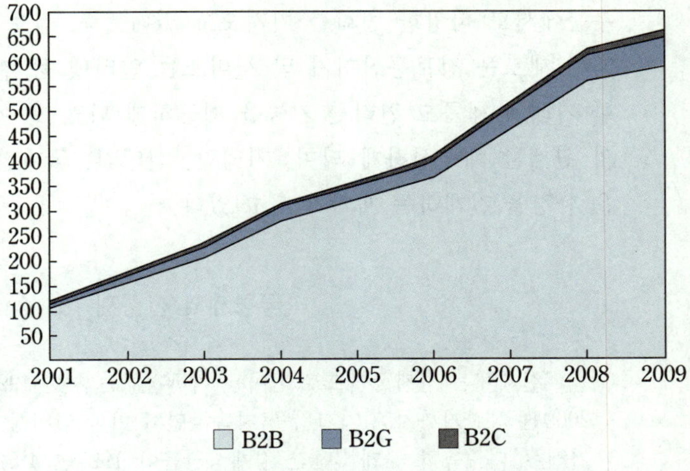

자료: 통계청, 거래주체별 전자상거래 규모(2001-2009).

*여기서 B2B는 '기업간 거래'로, B2G는 '기업-정부간 거래'로, B2C는 '기업-소비자간 거래'로 표기.

놓고 있다. 인터넷은 양방향 마케팅, 주문처리, 대금결제, 고객지원 등을 가상공간상에서 가능하게 한다. 따라서 무역 EDI를 통한 무역자동화뿐만 아니라 재화와 용역을 국제적으로 사고 파는 데 있어서 시간과 공간의 제약을 넘어 거래비용을 최소화하고 있는 것이다. 이에 따라 기존의 비통합적이면서 단편적인 무역시장은 가상공간에서 구현되고 있으며, 신용장발행, 수출입승인이나 추천, 보험증권발행, 수출입신고 등 복잡한 무역절차가 매우 간소화되거나 폐지되고 있다. 가령 거래처 발굴과 광고마케팅의 필요성은 여전히 존재하지만 이를 구현하는 방법이 크게 달라지고 있는 것이다. 또한 대금결제에 전자화폐 등 전혀 새로운 수단이 이용되고, 상품의 운송이나 물류에 항공운송이나 국제특송 등이 활발하게 이용되고 있다.[8)]

8) 기존에는 세계시장단일화에 따라 현지생산과 배달이 급속히 발전하고 통신망의 발전에 따른 국가간의 서류교환이 급속도로 적어져 국제특송시장이 위축될 것으로 예상되었으나 오히려 인터넷을 통한 소액물품거래의 활성화에 따른 상품배송의 확대로 인하여 오히려 국제특송시장은 상대적으로 발전되고 있다.

이러한 변화는 국가간의 거래형태에 대한 변화뿐만 아니라 국가경제의 총체적인 변화와 함께 경제, 사회, 문화, 가정, 개인 등 경제의 각 부문에서도 다양한 변화를 가져오고 있다. 즉, 정보통신기술의 발전에 따른 새로운 정보통신기기 및 서비스는 인터넷 등 전자적인 매체에 의한 거래에 새롭고 편리한 기능을 제공하게 되었고, 이는 시장 구성원간의 관계를 재구성하게 되며, 기업간, 산업간, 국가간에 있어서도 새로운 환경을 전개하는 계기가 되고 있다.

미국경제와 신경제

현재에는 침체국면으로 접어든 미국경제는 지난 1991년 3월 이후부터 2000년 상반기까지 경기확장을 지속하면서 미국 역사상 최장기 호황을 구가해 왔다. 특히 근래 3년간 경제성장률이 1997년 4.5%, 1998년 4.3%, 1999년 4.1%로 과열을 우려할 정도로 높은 수준에서 유지되었음에도 불구하고, 소비자 물가상승률은 1996년의 2.9%에서 1997년에는 2.3%로 하락했으며, 1998년과 1999년에도 각각 1.6%와 2.2%를 기록하는 등 대체로 지속적인 하강추세를 보였다. 반면, 생산성증가율은 1996년에서 1999년에 이르기까지 각각 0.8%, 1.6%, 1.7%, 2.1%를 기록함으로써 뚜렷한 상승세를 나타냈다. 같은 기간에 실업률 역시 완전고용수준인 4%대로 낮아짐으로써, 기존의 전통적 경제이론으로는 설명하기 어려운 새로운 경제 패러다임을 탄생시킨 것이다.

고성장세를 유지하면서 실업률이 지속적으로 하락해도 물가가 낮은 수준에서 머무르고 있는 그와 같은 현상을 많은 경제학자들은 '신경제(New Economy)'라고 표현한다. 신경제하에서는 실업률과 물가의 상충관계를 설명하는 전통적인 필립스 곡선(Phillips curve)이론이 무의미하게 된다. 또한 전통적 경제이론에서 설명하는 수확체감의 법칙, 즉 일정수준 이상의 생산요소가 투입되면 단위당 생산량이 감소한다는 경제이론이 오히려 정반대인 수확체증의 법칙으로 대체될 수도 있다.

미국은 1980년대의 노동시장 및 기업 · 금융구조조정, 1990년대의 정보기술 인프라 투자와 정보기술산업 육성을 통해서 신경제를 경험할 수 있었던 것으로 평가된다. 1981년 레이건 행정부의 출범 이후 경제구조조정에 주력한 결과로 지식기반산업의 기반이 마련되고 기존산업들의 경쟁력이 제고되었으며, 그 후 1993년 클린턴 행정부가 들어선 후 정보기술산업에 대한 투자를 본격화함으로써 생산성 향상과 경제성장이 가속화된 것이다. 사실상, 1993년 이후 미국은 정보기술산업에 대한 설비투자가 민간 설비투자의 50%를 상회함으로써 오늘날의 정보기술혁명의 기초를 마련했으며, 그를 통해 여타국가에 비해 정보기술산업에서 월등한 경쟁력을 확보하고 전자상거래 등 새로운 분야에서도 우위를 선점하게 되었다. 그러나, 2000년 하반기부터 나타난 미국경기의 퇴조현상으로 신경제의 의미는 많이 퇴색한 것이 사실이다. 다만, 신경제현상의 지속 가능성에 대해서는 회의적이더라도 1990년대에 미국경제에 나타난 제반현상을 정보기술혁명에 기초한 신경제로 설명하는 데에는 큰 무리가 없는 것으로 보인다.

〈필립스 곡선〉

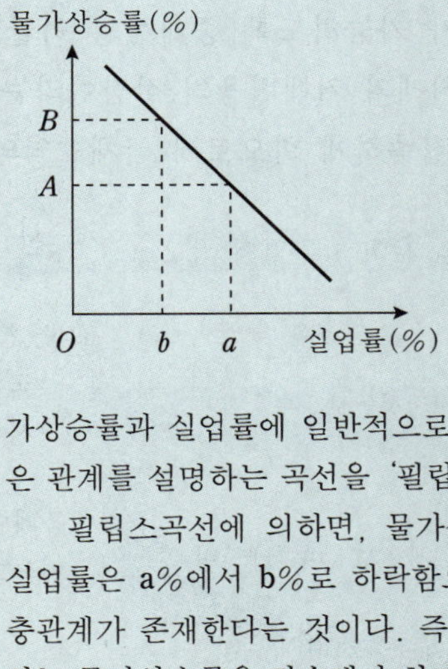

필립스곡선(Phillips curve)이란 1958년 필립스(A.W. Phillips)라는 경제학자가 발표한 논문에서 임금상승률과 실업률과의 상충관계를 설명한 데에서 비롯되었다. 그로부터 2년 후 미국 경제학자 사뮤엘슨(Pual Samuelson)과 솔로우(Robert Solow)는 그와 같은 상충관계가 물가상승률과 실업률에 일반적으로 나타난다는 사실을 발견하고, 그와 같은 관계를 설명하는 곡선을 '필립스곡선'으로 명명했다.

필립스곡선에 의하면, 물가상승률이 A%에서 B%로 상승할 경우 실업률은 a%에서 b%로 하락함으로써 물가상승률과 실업률 간에는 상충관계가 존재한다는 것이다. 즉, 실업률을 낮추기 위해서는 그에 상응하는 물가상승률을 감수해야 한다는 것을 의미한다.

4. 교역환경의 변화

디지털 경제시대에는 각종 정보기술이 통합적으로 활용되어 가상공간에서 전자방식을 이용한 국경간 재화 및 서비스의 거래가 활성화될 것이다. 즉, 국경간 기업들이 개방형 네트워크인 인터넷을 활용하여 가상공간에서 상품 및 서비스를 주문하고 지불하는 거래형태가 일반화될 것인바, 이는 곧 무역환경의 엄청난 변화를 의미한다. 정보수집 및 광고단계에서부터 의사교환, 계약체결, 대금결제, 물류운송에 이르기까지 기업들의 모든 상행위 및 관습이 대인적 거래방식에서 컴퓨터와 정보통신을 활용하는 비대인적인 거래방식으로 전환되는 것이다(〈그림 2-3〉 참조).

우선, 다수의 공급자와 수요자가 거래할 수 있는 시장이 인터넷상에 생성되어 특정제품이나 서비스의 공급자와 수요자가 사이버 공간을 통해 직접적으로 접촉하게 된다. 즉, 인터넷이 기존의 무역중개상 역할을 대신하고, 수요자는 그를 통해 정보를 수집하는 동시에 거래관련 의사교환을 하게 된다. 따라서, 인터넷상의 무역알선사이트가 생산자와 구매자를 알선하여 거래가 가능하도록 중개상의 역할을 하는 것이다. 그와 같은 경우, 신속한 거래와 거래비용의 절감이라는 이점과 함께 다수의 공급자와 수요자가 접촉하게 함으로써 국제교역의 대폭적인 확대

그림 2-3 기존 무역거래와 사이버 무역의 비교

〈기존 무역거래〉		〈사이버 무역〉
거래알선기관 직접방문	정 보 수 집	국내외 거래알선 사이트 정보검색
카다로그, 매체광고, 우편, 출장	광 고 마 케 팅	홈페이지, 거래알선사이트, 유즈넷, 메일링 리스트
국제전화/팩스, 우편, 출장	의 사 교 환 / 계 약 체 결	전자우편, 인터넷, 국제전화/팩스
신용장, D/A, D/P(은행)	대 금 결 제	신용카드, 전자화폐, 전자자금이체
포워더, 해운, 항공운송	물 류 운 송	온라인전송, 특급운송

자료: 이승영 외, 「인터넷 무역창업에 관한 연구」, www.ecrc.or.kr/ecjaro, 1999.

가 이루어질 것이다.

뿐만 아니라 과거의 물리적 우편방식으로 전달되는 서류 또는 직접 대면에 의한 계약체결 방식보다는 전자적 수단에 의한 계약체결 방식이 적극 활용될 것이다. 물론, 이를 위해서 전자문서에 대해 국제적으로 공통된 인증 및 표준제도가 마련되어야 할 것이다. 결제방식에 있어서도 과거의 은행의 신용장을 중심으로 이루어지던 결제방식이 신용카드, 전자현금, 전자수표, 전자대금이체 시스템으로 대체될 것이다. 현재에는 기업과 개인간의 소액거래에 대한 결제만이 전자수단에 의해 이루어지고도 있으나, 앞으로는 기업간의 대규모 거래를 포함한 모든 거래에 대해서 전자결제수단이 활용될 것이다.

한편 물류운송에 있어서는 제품과 서비스간에 있어서 현격한 차이가 있을 것으로 예상된다. 제품의 운송에 있어서는 과거의 해운이나 항공운송이 계속 활용될 것이나 공급자간의 경쟁촉진으로 보다 신속한 운송이 가능한 특급운송의 형태가 지속적으로 개발될 것으로 보인다. 제품에 따라서는 각국의 투자환경개선에 따라 상업적 주재에 의해 해당지역의 구매자 취향에 맞는 현지생산 및 배달도 활성화될 것이다. 그러나 전자상거래의 발달에 따라 운송에 있어서 획기적인 변화가 예상되는 부분은 무엇보다도 서비스의 운송이라고 하겠다. 과거에는 구매자나 공급자가 직접적으로 국경을 이동하거나 혹은 기업의 현지 주재, 즉 상업적 주재에 의해서만 가능하던 서비스의 거래는 다수의 분야가 이제 인터넷을 통해서 구매자에게 직접 전달되는 것이 가능하게 될 것으로 예상된다. 금융, 통신, 법률서비스는 물론이고 교육 및 의료서비스까지도 인터넷을 통한 거래가 가능하게 된다는 것이다.

이와 같은 제반무역환경의 변화가 어느 정도 신속하게 일어날 것인지의 문제는 모든 국가가 얼마나 빠른 속도로 전자상거래의 기반을 구축하느냐의 여부에 달려 있다. 현재에도 대부분 국가의 수출입업체의 경우, 인터넷을 통한 무역정보서비스의 이용은 물론이고 자사의 홈페이지를 설치 · 운영하는 사례가 급증하고 있다. 따라서 사이버 무역이 기존무역을 빠른 속도로 대체해 갈 것이라는 전망을 가능하게 하고 있다.

주요용어

세계화	다자간 교역체제
도하개발아젠다	지역주의
국제금융	금융위기
경제의 디지털화	전자상거래
신경제	사이버무역

연습문제

1. 21세기의 세계경제는 지구촌경제로의 통합이 가속화된다고 한다. 대표적인 특징적 현상을 설명하시오.
2. 중국의 WTO가입이 갖는 의미를 설명하시오.
3. 다자간 무역체제와 지역적 자유무역권 확대간의 관계에 대하여 논하시오.
4. 국제금융시장의 주요 변화에 대하여 설명하시오.
5. 지식경제와 신경제의 개념에 대해 설명하시오.
6. 경제의 디지털화가 국제무역에 미치는 영향에 대해 논하시오.

[제 2 부]

국제무역이론

제3장 비교우위와 전통적 무역이론

헐리우드영화와 스크린쿼터제

헐리우드로 대표되는 미국의 영화산업은 이 분야의 6대 기업이 전세계 영화시장의 80% 이상을 차지할 정도로 막강한 시장지배력을 가지고 있다. '쥬라기공원' 이라는 영화 한 편이 우리나라의 소나타 자동차 150만대를 수출한 것과 비슷한 외화획득을 했다는 사실은 이 산업이 엄청난 부가가치를 지닌 컨텐츠(contents) 비즈니스임을 잘 보여 주고 있다. 헐리우드의 블록버스터 영화들은 막대한 제작비를 들여 최첨단 특수효과와 디지털기술을 활용함으로써 오늘날 미국영화를 세계영화로 만들어 왔다. 미국이 왜 영화산업에서 이처럼 월등한 비교우위를 지니게 되었을까? 아마도 미국인들의 창의적 문화, 최첨단 정보통신기술, 풍부한 자본력과 직배체제를 통한 독점적 유통망 등이 그 요인으로 꼽힐 수 있을 것이다.

헐리우드가 전세계 영화시장을 장악함에 따라 프랑스, 스페인, 멕시코, 그리스 등 10개국 이상의 국가들이 자국 영화산업의 보호를 위해 자국내 상영관에서 1년중 10-60% 이상 자국영화를 상영하도록 규정하고 있는 스크린쿼터제를 시행하고 있다. 미국의 압력으로 스크린쿼터를 점진적으로 축소했던 멕시코의 경우 자국 영화산업의 몰락을 경험했으나, 다른 국가들은 문화산업 성격이 강한 영화산업의 특성을 내세워 각종 국제협약에서 예외성을 주장하고 있다.

우리나라의 경우에도 1966년 스크린쿼터제를 도입한 이후 1996년 개정을 통해 연간 146일(실질적으로는 106일) 이상 국산영화 상영을 의무화하고 있었는데, 2006년 한·미 FTA 협의과정에서 스크린쿼터가 73일로 축소되면서 사회적으로 커다란 이슈가 되었었다. 1987년 헐리우드 영화사의 직배가 허용되면서 외국영화의 수입 편수는 폭발적으로 증가하여 1997년에는 431편에 이르렀으나, 국내영화 제작 편수는 60편 미만으로 감소하였다. 그러나 최근에

'쉬리', '공동경비구역 JSA'와 같은 국내영화가 헐리우드 영화사상 국내 최다 관객을 동원했던 '타이타닉'의 흥행기록(226만)을 갱신했을 뿐만 아니라 2004년 '실미도'와 '태극기 휘날리며', 2006년 '괴물', '왕의 남자', 2009년 '해운대'가 각각 천만명이 넘는 인원을 동원하였다. 한국영화의 시장점유율도 2000년대 들어와서는 40% 수준을 초과하고 있는데, 2006년 63.8%, 2007년 50%, 2008년 42.1%를 유지하고 있다. 이러한 국내영화의 성공은 우리나라가 영화산업에서 국제적인 비교우위를 가질 수 있다는 가능성을 제시한 것으로, 국내산업의 국제적 비교우위구조 변화를 설명할 수 있는 좋은 사례가 될 수 있다.

3.1 문제 제기

2차 대전 이후 세계교역의 증가율은 전세계 GDP 증가율을 훨씬 앞서고 있고, 국제경제환경도 GATT에 이은 WTO체제의 출범으로 경쟁이 훨씬 치열해졌을 뿐 아니라 다국적기업의 활동이 급속히 확산되는 등 세계화가 빠르게 진행되고 있다. 물론 세계경제가 오늘날처럼 빠르게 글로벌화되기 훨씬 이전부터 국가간 교역은 존재해 왔다. 이미 이백여 년 전에 국제무역에 관한 이론이 최초로 등장하였고, 그 이후 시대상황에 따라 자유무역의 확대를 뒷받침하는 이론과 보호무역을 주장하는 이론이 반복적으로 등장하기는 하였지만 국가간 교역량 자체는 지속적으로 증가해 왔다. 20세기 말부터 시작된 컴퓨터의 보급과 정보통신기술의 발달로 인해 국가간 교역이 우리의 일상생활에서 차지하는 비중이 급격히 증가했음은 물론이고, 교역구조 자체도 과거의 이론으로는 설명하기 어려운 부분이 많아졌다.

경제학에 관해 전혀 문외한이라 하더라도 국내에 비해 외국에서 싼 값에 동일한 물건을 구입할 수 있다면 수입을 통해 소비하는 것이 소비자 입장에서는 유리하고, 생산자 입장에서는 외국의 생산자보다 저렴한 가격에 판매할 수 있다면 국내시장뿐 아니라 수출을 통해 해외시장에까지 판매하는 것이 유리하다는 것은 알고 있다. 그러나 조금만 더 깊이 생각해 보면 일반상식으로 답변하기에는 다소 복잡한 문제를 쉽게 떠올릴 수 있다. 예컨대, 우리나라의 경우 어떻게 해서 자동차를 수출할 수 있게 되었는지, 반면 농산물은 왜 수입을 할 수밖에 없는 상황이 되었는지에 대해 생각해 보기 바란다. 또한 자동차를 수출하고 농산물을 수입하는 것이 모두에게 유리한 결과를 초래하게 되는지에 대해서도 생각해 보기 바란다. 우리가 일상생활에서 경험하고 있는 이러한 문제들을 생각해 보면 "국제무역이 왜 발생하고, 무역을 통해 과연 누가 이득을 보게 되는가?"라는 근본적인 질문과 더불어 "국가간 경제통합이 가속화되고 경제활동의 소프트화가 급속히 진행되어 가고 있는 상황에서 국제무역은 어떤 의미를 지니고, 향후 무역의 형태는 어떻게 바뀔 것인가?"라는 의문을 갖게 된다.

본 장에서는 전통적 국제무역이론을 통하여 이러한 질문들에 대한 답을 제시해 보기로 한다.

3.2 비교우위와 국제무역

1. 비교우위의 정의

우리는 앞에서 제기한 문제에 대한 근대적인 해답을 바로 '비교우위'라는 개념에서 찾을 수 있다. 비교우위란 특정 물건의 생산가격이 한 나라에서 다른 나라에 비하여 '상대적'으로 저렴하다는 것을 의미한다. 즉, 각국내 제품들의 상대가격의 차이가 비교우위로 연결된다. 물론 어떤 물건의 가격이 왜 한 나라에서 다른 나라보다 저렴한가 하는 이유는 보다 복잡한 설명이 필요하다. 그렇지만 비교우위를 이렇게 정의함으로써 적어도 우리는 앞에서 제기한 여러 가지 문제에 대답할 수 있는 강력한 무기를 가질 수 있다. 특히 각 나라들이 왜 무역을 하며 또 어떤 물건을 수출하고 수입하는가 하는 문제에 대한 해답을 제시할 수

상대가격

상대가격이란 한 제품을 다른 제품으로 교환할 수 있는 양으로 표시한 것이다. 일반적으로 우리가 사용하는 가격은 화폐라는 계산단위를 사용한 화폐가격이다. 경제학에서 사용하는 가격의 개념은 상대가격이 일반적이다. 예를 들어, 연필 1자루가 100원이고 지우개 1개가 50원이면 연필 1자루와 지우개 1개의 상대가격은 2:1 즉, 2가 된다. 이는 연필 1자루가 지우개 2개와 교환될 수 있음을 반영한다. 만일 화폐가 존재하지 않는 물물교환의 세계라면 모든 가격은 상대가격으로 표시될 수밖에 없다. 예를 들어, 연필 1자루는 지우개 2개, 볼펜 1/5개 등등 …

있다. 우리는 앞서 "왜 우리나라는 자동차를 수출하고 농산물을 수입하는가?" 등의 질문을 제기하였다. 이러한 질문들은 결국 국가간의 '무역패턴'에 대한 이론적 설명을 요구하는 것이며 비교우위는 이 질문에 대하여 현재까지 가장 유용한 이론으로서의 위치를 차지하고 있다.

한 국가는 무역이 있기 이전에 상대가격이 싼 제품에 대하여 비교우위를 갖고 있다. 상대가격의 개념을 적용하기 위해서 다음과 같은 경우를 상정해 보자. 세상에 두 가지 상품 X와 Y, 그리고 두 나라 H(Home)국과 F(Foreign)국이 존재한다고 가정하자. 현재 두 나라가 서로의 존재를 깨닫지 못하고 따라서 서로간에 무역을 하지 않는 자급자족경제(autarky)의 상태에 있다고 가정하자. 그리고 '이유는 알 수 없지만' 두 상품의 상대가격이 다르다고 하자. H국에서 상품 X와 Y의 상대가격을 $(P_x/P_y)^h$로 표시하고 F국에서는 $(P_x/P_y)^f$로 표시할 경우, 만일 $(P_x/P_y)^h > (P_x/P_y)^f$라면 H국 상품 X의 상대가격이 F국 상품 X의 상대가격보다 높고, 반대로 F국 상품 Y의 상대가격이 H국 상품 Y의 상대가격보다 높다는 것을 의미한다. 지금 우리는 화폐가 존재하지 않는 물물교환의 경제를 가정하고 있기 때문에 위의 상황은 "H국 내에서 Y재로 표시한 X재의 가격이 F국의 그것보다 높다"라고 표현될 수 있다.

2. 비교우위의 원천과 국제무역의 방향

어느 날 H국의 탐험가가 항해 끝에 F국을 발견하게 되었다고 생각해 보자. 두 나라는 여러 차원에서 교류를 벌이게 되겠지만 무엇보다 가장 두드러지는 것은 두 나라간의 무역일 것이다. 이때 어떤 나라가 무엇을 수출하고 또 수입할 것인가? H국의 입장에서 생각해 보자. H국 내에서는 상품 X의 상대가격이 F국보다 높다는 것을 발견할 것이다. 즉, 상품 Y 1개와 교환할 수 있는 상품 X의 양이 국내보다 F국에서 더 많다는 것을 알게 되고, 따라서 상대적으로 싼 자국의 상품 Y를 F국에 수출하여 이를 상품 X와 교환하여 수입해 오려는 무역업자들이 생겨날 것이다. 이러한 현상이 계속되면 H국 내에서는 상품 X의 공급이 증가하게 되고 따라서 상품 X의 상대가격도 점차 하락하게 된다. 같은 이유로 F국에서는 상품 Y를 수입하고 상품 X를 수출함으로써 상품 X의 상대가격이 점차 높아지게 될 것이다.

위의 예는 두 재화의 상대가격이 국가별로 다를 때, 각국은 상대적으로 저렴하게 생산할 수 있는 재화를 수출하고 그렇지 않은 재화를 수입하게 됨을 보여 준다. 우리는 무역 이전의 상대가격이 싼 제품에 대하여 비교우위를 갖는다고 정의하였으므로 각국은 비교우위가 있는 제품을 수출하고 그렇지 않은 제품을 수입한다고 요약할 수 있다.

이상의 논의를 통하여 상대가격의 차이가 무역을 낳으며, 국가간의 비교우위를 이해하면 국제무역의 패턴도 이해할 수 있음을 알게 되었다. 그런데 각국이 비교우위가 있는 제품을 수출하고 그렇지 않은 제품을 수입하며 이러한 국제무역을 통하여 후생을 증진시킬 수 있다는 결론은 시장원리상 너무나 명확하며 국제경제 고유의 영역이라고 이름 붙이기조차 힘들다고 할 수 있다. 우리가 진정으로 관심을 가져야 할 점은 바로 각 나라의 비교우위의 원천(the sources of comparative advantages)이 과연 무엇인가 하는 것이다. 즉, H국이 Y재에 대하여 비교우위를 갖고 있다는 사실 그 자체보다도 '왜' 그런가 하는 것이 관심사항인 것이다.

대체로 우리는 일본이 자동차에, 사우디아라비아는 석유에, 미국은 통신, 금융 등의 서비스제품에, 우리나라는 반도체 등에 비교우위를 갖고 있으리라고 쉽게 짐작할 수 있다. 뿐만 아니라 대부분의 독자들은 나름대로 왜 각 나라들이 이러한 제품들에 대하여 비교우위를 갖고 있는지 설명할 수 있을 것이다. 각 나라에 대한 설명에는 그 이유가 각기 다를 수도 있고 또 일관성이 결여될 수도 있다. 예를 들어, 사우디아라비아의 석유에 대해서는 누구나 같은 설명을 하겠지만 일본의 자동차에 대해서는 일본인의 국민성과 기후 등을 포함하여 무수히 많은 답이 나올 수 있다. 더구나 우리나라의 경우 1960-1970년대에 섬유산업에 치중되어 있던 비교우위가 오늘날 중화학 공업제품으로 이동하였는데 이는 또 어떻게 설명할 것인가? 비교우위에 대한 설명이 이론으로 성립하기 위해서는 에피소드나 직관에 의존해서는 곤란하다. 비교우위론이 하나의 국제무역이론으로 인정되기 위해서는 적어도 일반성 있는 논리적 체계를 갖추고 상당히 많은 현상을 설명할 수 있어야 할 것이다.

비교우위의 전설

옛날에 어느 가난한 나라가 있었다. 이 나라는 주로 감자를 생산하였으며 철강과 같은 공업생산은 매우 미미하여 일부 생산업자에 의해 적은 양만이 공급되고 있었다. 그런데 어느 날 발명가로 자처하는 한 사람이 나타나 감자를 원료로 하여 철강을 생산할 수 있는 기술을 발견하였다고 발표하였다. 이 사람은 순식간에 국민적 영웅이 되었으며 이 발명가가 부자가 되었음은 물론 이 나라도 점차 공업화를 촉진할 수 있게 되었다. 그런데 어느 날 호기심 많은 과학잡지 기자가 어떻게 그런 기술이 가능한지 알아보고 싶어 이 국민영웅의 공장으로 잠입하였다. 그 누구도 접근할 수 없는 실험공장의 천장에서 아래로 내려다본 기자는 경악을 금할 수 없었다. 공장에는 아무런 생산설비도 없었으며 오로지 한 켠에는 막대한 양의 감자 비축 창고 그리고 다른 한 켠에는 철의 비축창고가 있을 뿐이었고 각각의 창고는 항만에 연결되어 있었다. 즉, 이 발명가의 기술이란 다름 아닌 '국제무역' 이었던 것이다. 이 기자는 곧장 국민영웅이 사실은 '사기꾼' 임을 알리는 기사를 송고하였고 이 기사는 대서 특필되었으며 국내의 철강업자들은 그에게 내려진 훈장을 취소하라고 압력을 가하였다. 그리고 이 나라는 감자는 많은 대신 철은 매우 부족한 가난한 옛 시절로 다시 돌아갔다.

다음 절에서는 비교우위에 입각한 국제무역이론을 설명하고 있다. 이를 설명하기 이전에 한 가지 지적할 점이 있다. 그것은 비교우위의 개념이 국가간의 '상이성(difference)'에 기초하고 있다는 사실이다. 비교우위는 특정 제품의 상대가격이 다르다는 사실을 말하는데 지금까지는 이 상대가격이 다른 이유에 대하여 구체적으로 밝히지 않았다. 그러나 구체적인 이유에 대해 상세히 설명하지 않더라도 근본적인 이유는 상대가격을 결정하는 각 나라의 '사정'이 다르기 때문이라는 점은 알 수 있다. 비교우위를 설명하는 여러 이론들의 핵심은 바로 이렇게 다른 '사정'이 무엇인가를 밝히는 데 있다. 그리고 각 국가간의 '상이성'이 어떻게 비교우위로 연결되는지 논리적으로 설명하는 것이 각 이론의 구체적인 내용이라 할 수 있다.

대체로 국제무역의 원리를 밝히려는 전통적 이론은 바로 각 나라들의 상이성이 무엇인가에 따라 구분되며, 크게 리카도의 노동가치설에 입각한 비교우위론과 헥셔-올린의 부존자원의 차이에 입각한 이론으로 나뉘어진다.

3.3 노동가치설에 입각한 비교우위론: 리카도 모형[1)]

1. 노동생산성과 비교우위

리카도의 세계는 노동가치론적인 세계였다. 리카도는 모든 재화의 가치를 결정하는 것은 그 재화생산에 투입된 노동의 양이라고 보았다. 그의 유일한 저서의 첫 장, 첫 문장은 바로 상품의 가치에 관한 논의로부터 시작하고 있다. 즉, "한 상품의 가치 또는 이와 교환될 여타 상품

1) 리카도(David Ricardo)는 1772년 영국의 런던에서 출생하여 20대 중반에 이미 증권중개인으로 상당한 사업적 성공을 거두고 아담 스미스의 국부론에 영향을 받아 경제학을 연구하게 되었다. 그의 비교우위론은 자유무역을 뒷받침하는 근대적 무역이론의 출발점이 되었다.

노동가치설과 비교우위

리카도는 생산요소가 노동 하나뿐인 2국가-2재화 경제상황을 가정하였다. 그는 유일한 생산요소인 노동이 한 국가 내에서 산업간 이동은 완전히 자유롭지만, 국가간 이동은 불가능한 상황을 고려하였다. 2국가를 H국-F국, 2재화를 X재-Y재로 나타낼 경우 노동가치설에 따르면 각 재화의 가격은 그 재화생산에 투입된 노동량에 의해 결정된다. 이를 간단한 식으로 나타내면 다음과 같다.

H국: $P_x^h = w^h \cdot a_x^h$　　　F국: $P_x^f = w^f \cdot a_x^f$

$P_y^h = w^h \cdot a_y^h$　　　$P_y^f = w^f \cdot a_y^f$

여기서 P는 각 재화의 가격을, a는 각 재화 한 단위 생산에 필요로 되는 노동량(단위노동투입계수)을 의미한다. w는 노동 한 단위의 가격, 즉 임금을 나타내며 윗첨자(h, f)는 국가, 아랫첨자(x, y)는 재화를 나타낸다. 한 국가 안에서는 노동의 이동이 자유롭다고 가정할 경우 부문별 임금격차는 없다. 따라서 각국의 재화 상대가격은 각 재화생산에 투입된 노동량, 즉 노동투입계수의 비율과 같게 된다. 노동투입계수의 역수($1/a$)는 노동 한 단위의 생산성(즉, 노동 한 단위가 각 재화를 몇 단위 만들어 낼 수 있는가)을 의미하고, 국가별로 노동생산성(이 경우 생산요소가 하나뿐이므로 기술력으로 간주해도 무방하다)이 다르게 나타나는 것이 일반적이기 때문에 두 국가의 재화상대가격은 같지 않게 된다.

예를 들어 노동투입계수의 비율이 다음과 같은 경우 H국은 Y재 생산에 비교우위를 가진다고 말할 수 있고, 그러한 비교우위의 원천은 다름 아닌 국가간 기술력의 차이임을 알 수 있다.

$$\left(\frac{P_x^h}{P_y^h}\right) = \left(\frac{a_x^h}{a_y^h}\right) > \left(\frac{a_x^f}{a_y^f}\right) = \left(\frac{P_x^f}{P_y^f}\right)$$

이 경우 $(1/a_y^h)/(1/a_x^h) > (1/a_y^f)/(1/a_x^f)$이기 때문에 H국의 노동은 Y재생산에 투입될 경우 F국보다 상대적으로 높은 생산성을 가지게 됨을 확인할 수 있다.

의 양은 그 상품의 생산에 필요한 노동의 상대적 양에 의해서 결정되는 것이지 그 노동에 지불된 다소간의 보상에 의하여 결정되는 것은 아니다"라고 하였다.[2)]

리카도의 노동가치론은 비교우위를 결정하는 국가간의 상이성과 관련하여 매우 중요한 의미를 갖는다. 비교우위란 상대가격의 차이에서 비롯되는데, 리카도의 관점에서는 이러한 상대가격의 차이가 각 상품생산에 투입되는 노동량의 차이에 의해서 결정된다. 즉, 각 상품생산에 투입되는 노동의 양이 국가별로 차이가 있을 경우, 투입노동량에 의하여 결정되는 상품의 가격도 차이가 발생한다. 결국 리카도에 의하면 각 상품에 투입되는 노동량의 차이가 국가별로 다르기 때문에 비교우위가 발생한다.

이상의 논의를 다음의 간단한 예를 통해 살펴보기로 하자. 로빈슨 크루소가 난파를 당하여 무인도에 조난당했을 때를 상정해 보자. 그가 생존하기 위해서는 자신의 노동력을 사용하여 바다에서 물고기를 잡거

그림 3-1 로빈슨 크루소의 생산가능곡선

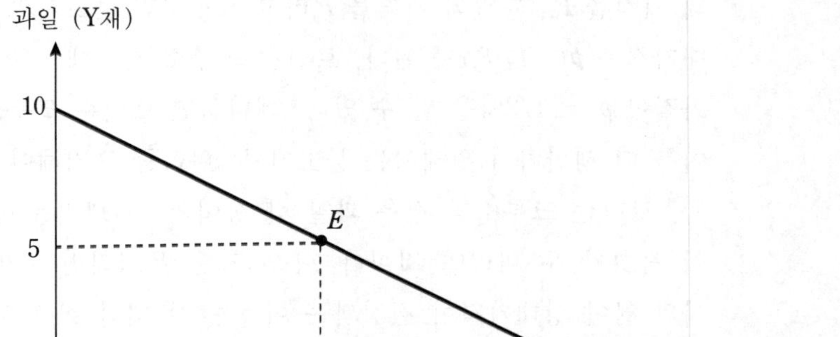

2) The Principles of Political Economy and Taxation(1817), "The value of a commodity, or the quantity of any other commodity for which it will exchange, depends on the relative quantity of labour which is necessary for its production, and not on the greater or less compensation which is paid for that labour."

나 나무에서 과일을 채취할 수밖에 없는 상황에 있다. 만일 그가 하루 최대 10시간 노동할 수 있다고 할 때 자신의 노동력을 물고기와 과일을 채취하는 데 적당히 분배할 것이다. 그런데 로빈슨 크루소가 물고기(X재) 한 마리를 잡거나 과일(Y재) 한 송이를 채취하는 데 들어가는 시간이 각각 30분과 1시간이 필요하다고 한다. 리카도식으로 표현하자면 물고기 한 마리에 1/2시간의 노동력과 과일 한 송이에 1시간의 노동력 투입이 필요한 것이다. 이와 같은 상황은 생산가능곡선의 개념을 사용하면 앞의 그림과 같이 나타낼 수 있다.

앞의 그림은 로빈슨 크루소의 생산가능곡선(production possibility frontier)을 나타낸다.[3] 즉, 그가 최대 10시간 노동을 할 때 생산할 수 있는 물고기(X재)와 과일(Y재)의 조합을 나타내는 곡선이다. 만일 하루 종일 물고기만 채취한다면 20마리를 생산할 수 있으며, 과일만 채취한다면 10송이의 과일을 생산할 수 있다. 만일 위의 그림에서 표시된 바와 같이 E점에서 생산한다고 가정하면 그는 물고기 생산에 5시간, 과일 생산에 5시간을 각각 투입하고 있음을 의미한다.

위 그림에서 생산가능곡선의 기울기는 무엇을 나타내는가? 물고기의 가격을 P_x, 과일의 가격을 P_y라고 표시하면 물고기의 과일에 대한 상대가격은 $p(=P_x/P_y)$가 된다. 로빈슨 크루소 경제에서는 두 재화의 상대가격이 $p = 1/2$임을 알 수 있다. 왜냐하면 로빈슨 크루소가 과일 한 송이를 더 생산하기 위해서는 물고기 두 마리를 포기해야 하기 때문이다. 즉, 로빈슨 크루소의 경우 과일 한 송이의 '기회비용(opportunity cost)'이 물고기 두 마리인 것이다. 주의 깊은 독자라면 이미 눈치챘겠지만 이와 같이 상대가격이 결정되는 이유는 각 재화 한 단위생산에 투입되는 노동력(리카도의 세계에서는 노동력이 유일한 생산요소이다)의 비율이 1:2이기 때문이다. 이와 같은 로빈슨 크루소 경제는 다음과 같은 수식으로 표현할 수도 있다.

$$a_x \cdot X + a_y \cdot Y = L \qquad (3\text{-}1)$$

3) 생산가능곡선이란 주어진 생산기술과 생산요소를 모두 사용하여 산출해 낼 수 있는 최대산출물들의 조합을 나타내는 곡선을 의미한다.

위의 식에서 X, Y는 각각 물고기와 과일의 생산량을 나타내며 L은 로빈슨 크루소가 투입하는 총노동량이다. a_x과 a_y는 각각 물고기와 과일 한 단위의 생산에 필요한 노동량을 나타내는 단위노동투입계수(unit labor requirement)를 의미한다. 따라서 $a_x \cdot X$는 물고기를 X단위만큼 생산하는 데 필요한 총노동량이며 $a_y \cdot Y$는 과일을 Y단위만큼 생산하는 데 필요한 총노동량이다. 그리고 이들을 모두 합하면 로빈슨 크루소의 총 노동량(이 경우 10시간)이 된다. 식 (3-1)은 그림의 생산가능곡선을 수식으로 표현한 것에 지나지 않는다. 이 식을 우리의 예에 적용시키면 다음과 같이 된다.

$$\frac{1}{2}X+Y=10 \qquad (3\text{-}1)'$$

여기서 다른 한 나라를 등장시켜 보자. 원작하고는 상당한 차이가 있지만 로빈슨 크루소가 표류한 섬의 이웃에 프라이데이가 혼자 살고 있는 섬이 있다고 하자. 프라이데이 역시 하루에 10시간 일을 하여 물고기와 과일을 생산하고 있다. 그런데 프라이데이는 물고기를 한 마리 잡는 데 20분 그리고 과일은 한 송이 채취하는 데에는 겨우 30분밖에 걸리지 않는다고 한다. 아래의 그림은 프라이데이의 생산가능곡선을 나타낸다.

프라이데이 경제 내의 물고기와 과일의 상대가격 역시 로빈슨 크루

그림 3-2 프라이데이의 생산가능곡선

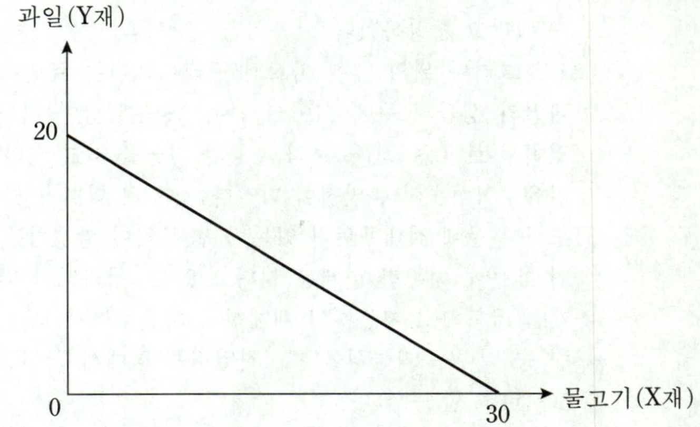

소의 경우와 마찬가지로 쉽게 결정할 수 있으며 그 값은 2/3이다. 그리고 프라이데이의 생산가능곡선을 식으로 나타내면 다음과 같다.

$$\frac{1}{3}X+\frac{1}{2}Y=10 \qquad (3\text{-}1)''$$

위의 예에서 우리는 두 경제의 상이한 비교우위의 배경이 되는 국가간 상이성을 쉽게 찾아낼 수 있다. 두 경제는 각각 10시간의 노동력

리카도 모형에서 생산기술의 차이는 각 재화의 상대가격의 차이를 가져오며 이는 다시 양국의 비교우위를 결정하게 된다.

절대우위와 비교우위

아담 스미스(Adam Smith)는 '국부론'(1776)에서 '보이지 않는 손'에 의한 자유경쟁의 원리와 분업을 통한 국부의 증대를 역설하였다. 그는 이러한 자유경쟁의 원리와 분업의 원리를 국제경제로 확대 적용하여 자유무역을 주장하였다. 그가 시사한 바에 따르면 한 국가가 타국에 비해 어떤 재화의 생산비용이 절대적으로 낮다면 이 국가는 타국에 비해 이 재화생산에 절대우위(absolute advantage)를 가진다. 그리고 이 경우 양국이 각자 절대우위에 있는 재화의 생산에 완전특화하여 교역을 할 경우 양재화의 전체 총산출량 증가를 통한 소비증가로 인해 각국의 후생이 증가하게 된다. 그는 무역의 발생원인이 국가간 절대적 노동생산성의 차이에 있다고 보았고 국제적 분업에 기반을 둔 자유무역을 통해 세계 전체의 후생이 증가할 수 있다고 주장하였다.

그러나 위의 예에 따르면 프라이데이는 로빈슨 크루소보다 물고기와 과일의 생산 모두에 있어서 단위노동투입량이 적다. 즉, 두 제품 모두에 있어서 로빈슨 크루소보다 훌륭한 기술을 갖고 있다. 따라서 절대우위론은 자유무역이론의 출발점이 되었다는 데 큰 의미가 있기는 하지만 한 국가가 모든 부문에 절대우위가 있는 경우 무역이 발생하는 이유를 설명하지 못하기 때문에 이론적 한계를 지니고 있다. 리카도의 비교우위론은 이러한 한계를 극복하고 자본주의 체제하의 자유무역이 모든 국가의 후생을 증진시킬 수 있다는 가능성을 제시하였다는 점에서 근대 국제무역이론의 진정한 효시라고 할 수 있다.

을 갖고 있으며 두 재화 물고기와 과일을 생산한다는 점에서 동일하다. 유일한 차이는 바로 물고기와 과일을 각각 1단위 생산하는 데 투입되어야 하는 노동력, 즉 각 상품의 단위노동투입량이다. 로빈슨 크루소는 물고기 한 마리를 잡는 데 30분이 필요하지만 프라이데이는 20분이면 충분하다. 과일을 채취하는 데 있어서도 프라이데이는 절반의 시간만 투입하면 된다. 다시 말하면 이 두 경제는 물고기와 과일을 생산하는 '기술'에 있어서 차이가 있다는 것이다.

로빈슨 크루소 경제에서 물고기와 과일의 단위노동투입량이 각각 30분과 1시간이므로 과일로 환산한 물고기의 상대가격은 1물고기=1/2과일, 즉 $p=1/2$이다. 한편 프라이데이 경제의 상대가격은 2/3이다. 즉, 로빈슨 크루소 경제 내의 물고기의 상대가격이 프라이데이의 상대가격보다 낮음을 알 수 있다. 따라서 앞서 정의한 비교우위의 개념에 입각해 볼 때 로빈슨 크루소는 물고기 생산에 비교우위를 가지는 반면, 프라이데이는 과일 생산에 비교우위를 갖게 된다.

2. 비교우위와 무역의 패턴

리카도(David Ricardo)는 한 국가가 다른 국가에 비해 두 재화 생산 모두에 절대우위를 가지고 있다 하더라도 각국은 상대적으로 더 싸게 생산할 수 있는 재화(비교우위를 가진 재화)의 생산에 특화함으로써 국제적 분업을 통해 항상 교역의 이득(gains from trade)을 얻을 수 있다는 것을 입증함으로써 절대우위론의 한계를 극복하고 자유무역이론의 체계를 정립하였다. 이하에서는 리카도의 비교우위론에 입각하여 각국간의 무역패턴을 설명하고 무역의 이득이 발생하는 경로를 살펴보기로 하자.

앞 절의 예로 다시 돌아가 보자. 로빈슨 크루소의 교역 전 물고기 한 단위당 과일의 교환비율(P_x/P_y)이 $(a_x/a_y)=1/2$이고 프라이데이의 경우는 2/3이다. 따라서 로빈슨 크루소의 물고기 상대가격이 프라이데이에 비해 저렴하고, 반대로 프라이데이의 과일 상대가격이 로빈슨 크루소에 비해 저렴하다. 만일 양자간에 무역이 가능하다면 로빈슨 크루소는 구태여 자신이 소비하고자 하는 과일을 직접 생산할 필요가 없을 것이다. 왜냐하면 과일의 생산에 사용하던 노동력을 물고기의 생산으로 전환하고 이 중 일부를 프라이데이와 교환하는 것이 이득이기 때문이다.

예컨대 로빈슨 크루소가 자급자족하던 시절에 (물고기, 과일)=(10, 5)를 생산하여 소비하고 있었다고 하자. 만일 그가 노동력을 물고기의 생산에 전부 투입한다면 20마리를 생산할 수 있다. 물론 과일도 먹고 살아야 하므로 그는 이 중 10마리를 프라이데이에게 갖다 팔고(수출) 그 대신 과일을 가져올(수입) 수 있다. 그런데 프라이데이 경제에서는 물고기의 상대가격이 2/3이므로 그보다 싸기만 하면 프라이데이는 물고기를 사려고 할 것이다. 물고기 10마리와 교환되는 과일이 $\frac{20}{3}$개보다 적다면 프라이데이는 그러한 교환을 통해 교역 이전보다 싼 값에 물고기를 구입할 수 있게 된다. 예를 들어, 로빈슨 크루소가 물고기 10마리와 과일 6개를 교환하고자 하면 프라이데이는 얼마든지 이에 응할 것이다. 그렇다면 결과적으로 로빈슨 크루소는 똑 같은 노동력 10시간을 투입하여 물고기 20마리를 생산하지만 물고기 10마리와 과일 6개를 소비할 수 있게 되었다. 즉, 과일을 1개 더 소비할 수 있게 됨으로써 이전보다 더 나은 후생수준을 누릴 수 있다.

반대로 프라이데이의 경우를 생각해 보자. 무역 이전에 프라이데이는 10시간의 노동력으로 물고기와 과일을 (9, 14)개씩 생산하여 소비하고 있었다고, 즉 물고기 생산에 3시간, 과일 생산에 7시간씩 투입하고 있었다고 가정하자(왜 그런지는 프라이데이의 생산가능곡선을 나타내는 식을 참조하여 각자 계산해 보기 바란다). 만일 프라이데이가 비교우위를 갖고 있는 과일에 노동력을 전부 투입한다면 과일을 20개 생산할 수 있다. 이때 로빈슨 크루소가 요구하는 대로 과일 6개와 물고기 10마리와 교환한다면, 프라이데이는 최종적으로 물고기와 과일을 (10, 14)개씩 소비할 수 있게 되며 이는 무역 이전보다 높은 수준의 소비이므로 후생의 증가를 가져온다.

이상에서 살펴본 예를 요약하면, 각 국가는 비교우위를 갖고 있는 제품의 생산에 전념하고 이 중 일부를 다른 제품과 교환함으로써 후생증가를 누릴 수 있다는 것이다. 이하에서는 이러한 결론을 보다 체계적으로 정리해 보기로 한다. 위 예에서 두 경제의 상황은 앞에서 설명한

그림 3-3 양국의 국제무역 이후의 균형

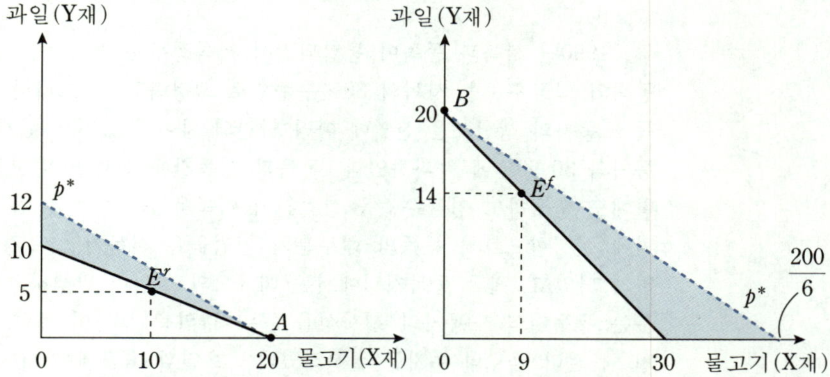

(A) Robinson Crusoe (B) Friday

바와 같이 다음의 두 생산가능함수 (3-1)′과 (3-1)″, 그리고 그림으로 요약할 수 있다.

$$\frac{1}{2}X^{\text{Robinson}}+Y^{\text{Robinson}}=10 \tag{3-1)'$$

$$\frac{1}{3}X^{\text{Friday}}+\frac{1}{2}Y^{\text{Friday}}=10 \tag{3-1)''$$

위의 예를 두 국가 차원으로 확대하면, 양국은 국제가격이 자급자족하의 균형가격과 다른 한 비교열위에 있는 재화의 생산을 줄여 거기서 나온 생산요소(노동)를 비교우위산업에 투입함으로써 생산특화를 통한 교역의 이득을 실현할 수 있다고 일반화할 수 있다. 리카도 모형 하에서 두 국가의 규모가 유사하고 수요조건이 큰 차이가 없다고 가정하면, 무역이 가능해진 경우 어떤 국가이건 비교열위에 있는 재화를 단 하나라도 생산하는 것은 효율적이지 못하기 때문에 궁극적으로 각국은 비교우위가 있는 재화만을 생산하는 완전특화(complete specialization)상태에 도달하게 된다.[4] 이는 〈그림 3-3〉에서 완전특화상태(로빈슨 크루소

4) 단, 두 국가의 경제규모 격차가 아주 심한 경우에는 무역 이후에도 규모가 작은 국가만 완전특화상태에 도달하고 규모가 큰 국가는 여전히 두 재화를 모두 생산하는 부분특화상태에 머무르게 된다.

Case: 독일의 통일과 비교우위

1990년 서독과 동독이 통일되면서 서독정부는 정치적인 고려에 의해 동독의 임금수준을 서독의 80%수준으로 책정하였다. 그러나 그 당시 동독 노동자의 생산성은 산업에 따라 약간의 차이가 있기는 했지만 서독 노동자의 30-50%에 불과하였다. 동독과 서독간에 산업별 비교우위가 존재함에도 불구하고 임금수준을 상호간에 이득을 볼 수 있는 임금수준 범위 밖에 설정함으로써 동독의 대부분의 기업들은 서독기업과 경쟁을 할 수 없게 되었고, 결국 동독지역에서는 대규모의 실업이 발생하였다. 서독 정부는 동독지역 노동자의 생산성을 높이기 위해 부득이 매년 동독지역에 천 억 달러 규모의 투자를 실시하였다. 그 결과 최근에 와서야 비로소 동독 노동자의 생산성이 서독 노동자의 70-80%에 이르게 되었고, 동독기업들은 비교우위를 지닌 분야에서 경쟁력을 가지게 되었다.

M. Kreinin(1998), *International Economics,* p. 32.

는 A점, 프라이데이는 B점)에서 국제가격(p^*)으로 교환을 통해 각국의 소비가능영역(로빈슨 크루소는 p^*A, 프라이데이는 p^*B)이 최대가 된다는 사실로서 설명된다.[5)]

3. 리카도 이론의 응용과 검증

어떤 이론의 가치는 그 이론 자체가 얼마나 논리적으로 일관성이 있으며 설득력이 강한가에 따라서 평가되기도 하지만, 특히 경제학에서는 그 이론이 얼마나 현실을 잘 설명하고 예측할 수 있는 능력이 있는가에 대한 평가가 중요하다. 이론의 현실 설명력과 예측능력을 평가하기 위하여 경제학자들은 흔히 실증분석을 실시한다. 실증분석이란 이론이 제시하고 있는 가설을 실제의 통계를 가지고 검증해 보는 작업을 말하는데, 이는 오늘날 경제학의 전 분야에서 매우 중요한 위치를 담당하고 있다.

5) 국제가격(p^*)의 결정과정에 대해서는 〈부록 3-1〉 참조.

그림 3-4 노동생산성과 수출량 비율: 맥두걸의 검증

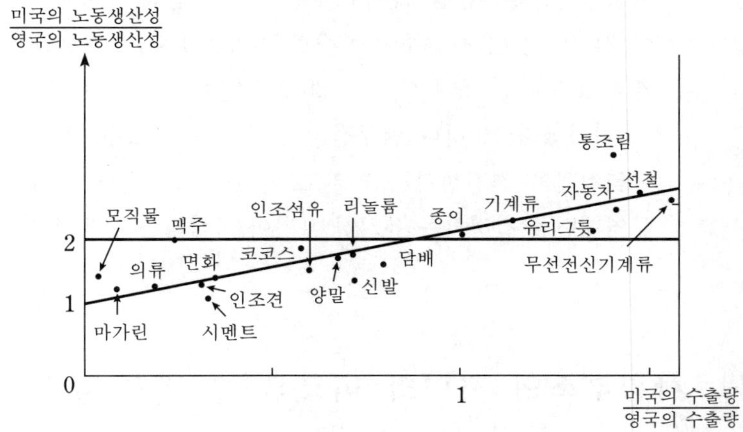

자료: MacDougall(1951).

리카도의 비교우위 이론이 얼마나 현실 설명력을 가지는지에 관한 실증분석은 맥두걸(D. MacDougall)에 의하여 1951년에 최초로 시도되었다. 그가 검증한 가설은 상대적으로 노동생산성이 더 높은 산업일수록 비교우위가 커져 해외시장에서의 시장점유율이 더 높다는 것이다. 즉, 리카도의 이론은 결국 노동생산성이 상대적으로 높은 제품에 비교우위가 발생한다는 것이 핵심이기 때문에 제품별 노동생산성과 수출은 정(+)의 관계를 가진다는 것이다.

이 분석에서 사용된 통계는 1937년도 미국과 영국의 통계인데, 25개의 개별산업에 대해 양국의 상대적 노동생산성 비율과 제 3 국 시장에 대한 수출액 비율간의 관계를 분석하였다. 맥두걸은 그 당시 미국과 영국은 높은 관세장벽으로 인해 두 국가간 무역량은 각국의 전체 교역량의 5%에도 미치지 못한 반면, 제 3 국에 대한 수출은 양국이 모두 동일한 관세장벽에 직면하고 있었기 때문에 당사국을 제외한 제 3 국에 대한 수출량을 비교하였다. 그는 1937년도 미국의 평균임금이 영국의 2배에 달했기 때문에 미국이 생산비 면에서 비교우위를 갖기 위해서는 노동생산성 비율이 2를 넘어야 하고, 그렇지 않은 산업에서는 미국이 비교우위를 가지지 못할 것으로 예측하였다.

〈그림 3-4〉에 나타난 것처럼 두 국가의 노동생산성 비율과 수출량 비율은 정(+)의 관계를 보이고 두 비율간의 회귀선도 노동생산성 비율이 2를 약간 넘는 수준에서 수출량 비율 1을 지나고 있다. 맥두걸의 분석결과 조사대상 25개 산업 중 20개 산업이 리카도의 이론을 지지하는 것으로 나타났다. 그러나 맥두걸의 검증결과가 노동생산성의 상대적 비율이 무역패턴을 결정한다는 리카도 이론을 뒷받침해 주기는 하지만 그것이 무역패턴을 결정하는 유일한 요인이 아니라는 점은 유의할 필요가 있다.

3.4 자원부존의 차이와 비교우위: 헥셔-올린 모형

1. 부존자원과 비교우위

리카도의 무역이론을 설명하면서 비교우위의 원천을 국가간의 기술적 차이에서 찾아보았다. 이러한 기술적 차이는 결국 노동생산성의 차이에서 비롯하는데 이는 리카도의 노동가치론적 입장을 반영한다. 그러나 오늘날에는 노동에 국한시키기보다는 자본, 토지 등 매우 다양한 요소를 생산요소로 간주하고 있다.[6] 따라서 비교우위의 결정에 있어서 단순히 노동생산성뿐만 아니라 여러 생산요소를 동시에 고려해야 할 필요가 있다.

백 년 이상 무역이론의 기본 틀을 제공해 오던 리카도의 이론은 20세기 초 스웨덴의 경제학자 헥셔(Eli Heckscher)와 올린(Bertil Ohlin)[7]에 의해 커다란 도전을 받게 되었다. 헥셔와 올린 이론의 요체는 비교우위의 결정요인이 기술상의 격차가 아니라 국가간에 어떤 자원이 상대적으

6) 존슨(Hary G. Johnson)이라는 경제학자는 기본적으로 생산요소의 개수는 최소한 이 세상에 존재하는 상품의 수보다 많을 것이라고 하였는데 이는 모든 상품이 다른 상품을 생산하는 중간투입요소로 사용될 수 있기 때문이다.

7) 헥셔와 올린은 스웨덴 경제학자로서 둘은 스승과 제자 사이였다. 헥셔의 논문이 스웨덴어로 되어 있어 세계적으로 주목을 받지 못하다가 스승의 이론을 이어받은 올린이 영어로 논문을 발간함으로써 세상에 널리 알려지게 되었다.

로 풍부하게 부존되어 있는가 하는 요소부존도의 차이라는 것이다. 20세기에 접어들면서 노동생산성에 특별한 차이가 없는 지역간의 무역이 활발해짐에 따라 노동만을 유일한 생산요소로 간주하였던 리카도 이론의 한계가 드러나게 되었고, 헥셔와 올린이 노동 이외에도 자본을 주요 생산요소로 고려하여 보다 일반화된 무역이론을 정립하였다. 그 후 이 이론은 사뮤엘슨(Paul Samuelson), 러너(A. Lerner), 스톨퍼(W. Stolper), 립진스키(T. Rybczynski) 등에 의해 보다 정교한 이론으로 발전하여 지금까지도 가장 대표적인 무역이론으로 남아 있다.

(1) 요소부존도

본 이론을 이해하는 가장 큰 첫 걸음은 무엇보다도 비교우위의 배경이 되는 부존자원의 차이가 무엇인가를 밝히는 것이다. 헥셔-올린 모형에서는 리카도 모형과는 달리 2개의 부존자원 노동(L)과 자본(K)이 존재하는 것으로 가정한다.[8] 노동과 자본의 상대적인 부존량은 이들의

요소부존도의 경제적 정의

위에서 정의한 요소부존도는 자원의 물리적 크기를 기준으로 비교한 것이다. 노동 한 단위의 가격을 w, 자본 한 단위의 가격을 r이라고 할 때, H국의 노동/자본 단위가격비율($(w/r)^H$)이 F국의 비율($(w/r)^F$)보다 작을 때, H국 노동가격이 F국에 비해 상대적으로 싸기 때문에 H국을 노동풍부국, F국을 자본풍부국이라고 정의한다. 물리적 개념에 의한 요소부존도는 요소의 공급조건에 의해서만 결정되는 반면, 가격개념에 의한 요소부존도는 요소의 공급조건 외에 각 요소의 수요조건에 의해서도 영향을 받는다.

---

8) 헥셔-올린 모형의 기본가정은 다음과 같다: ① 2국-2재화-2생산요소, ② 생산요소의 이동성: 한 국가 내의 산업간 이동은 완전히 자유롭지만 국가간 이동은 불가능, ③ 국가간 요소부존량의 비율(K/L) 상이, ④ 국가간 각 재화 생산기술 동일, ⑤ 각 재화의 생산함수는 1차 동차 함수, ⑥ 두 재화 생산시 요소집약도의 역전 발생하지 않음, ⑦ 두 국가의 수요조건 동일, ⑧ 재화 및 요소시장은 모두 완전경쟁시장, ⑨ 국가간 수송비는 무시할 정도로 적고 자유무역 시행. 독자들이 한두 가지를 제외하고는 이 가정들의 의미를 대부분 이해할 수 있겠지만, 본 장의 서술과정을 통해 이 가정들의 의미를 보다 확실하게 이해할 수 있을 것이다.

비율(K/L)로 표시한다. 따라서 2개의 국가 H와 F가 있다고 할 때, 각국 생산요소의 상대적 부존량에는 차이가 존재하는 것이 일반적이다. 예를 들어, 한국과 미국을 비교해 보자. 미국은 한국에 비하여 노동과 자본의 부존량이 모두 다 많은 국가이다. 가령, 미국의 부존량이 $(K, L)_{U.S.}=(300, 200)$이고 한국의 부존량이 $(K, L)_{Kor}=(50, 50)$이라고 하면, $(K/L)_{U.S}=3/2$이며 $(K/L)_{Kor}=1$이므로 미국의 노동의 상대적 부존도가 한국보다 작으며 자본의 상대적 부존도는 한국보다 크다. 이러한 경우, 미국은 상대적으로 자본이 풍부한 국가(relatively capital abundant country)이며 한국은 상대적으로 노동이 풍부한 국가(relatively labor abundant country)라고 정의한다.

(2) 요소집약도

한편 헥셔-올린 모형이 리카도 모형과 크게 구별되는 또 하나의 가정은 상품의 생산기술에 있어서 국가간의 차이가 없다는 사실이다.[9] 이는 상품이 2개 존재한다고 할 때, 상품별로 생산기술이 다르다 할지라도 각 상품에 투입되는 노동과 자본의 비율에 있어서는 국가간의 차이가 존재하지 않음을 의미한다. 예를 들어, 두 재화 X, Y에 투입되는 노동과 자본의 비율의 관계가 $(K/L)_X>(K/L)_Y$라고 하자. 이는 재화 X를 생산하는 데 투입되는 노동 한 단위당 자본의 양이 Y재보다 크다는 것을 의미한다. 즉, X재의 생산에 자본이 상대적으로 더 많이 투입되므로 X재를 자본집약적 재화라고 하며 Y재를 노동집약적 재화라고 한다.

2재화-2생산요소 경제에서 생산가능곡선은 리카도의 경우와는 달리 직선이 아닌 원점에서 봤을 때 오목한 형태의 곡선으로 나타난다. 이는 두 재화 생산의 자본-노동 투입비율(요소집약도(K/L): 노동 한 단위당 결합되어 투입되는 자본의 양)이 다르기 때문에 나타나는 현상이다. X재가 자본집약적 재화라고 할 경우, 주어진 생산요소 부존량을 모두 X재 생산에만 투입하여 얻을 수 있는 X재 최대산출량(X_{max})에서 출발하

9) 독자들은 과연 국가간의 생산기술이 동일하다는 것이 과연 현실적인 가정이라고 할 수 있을까 하는 의문이 있을 것이다. 그러나 그 현실성 여부는 차치하고 이 가정은 "비록 생산기술이 동일하다 할지라도 자원의 부존도에 차이가 있으면 비교우위가 결정되고 무역의 패턴이 정해질 수 있다"는 결론을 낼 수 있다는 점에서 큰 의의가 있다.

여 Y재 생산을 한 단위씩 늘여나간다고 하자. Y재 생산을 증가시키기 위해서는 이미 생산요소가 완전고용된 상태이기 때문에 거기에 필요한 생산요소를 X재 생산을 줄여서 얻을 수밖에 없다. 그러나 Y재는 노동집약적 재화이기 때문에 상대적으로 자본보다는 노동이 더 투입(요소 수요)되어야 하는 반면, X재는 자본집약적 재화이기 때문에 생산감소시 노동보다는 자본이 더 많이 배출(요소 공급)된다. 이와 같은 생산요소의 수요와 공급의 불일치는 생산요소가격의 변화를 초래하게 된다. Y재 생산량을 증가시켜 나갈수록 노동에 대한 수요가 상대적으로 커지고, 반면 자본의 공급량은 수요량을 초과하게 되어 노동가격은 상승하고 자본가격은 하락하게 될 것이다. 따라서 노동을 상대적으로 더 많이 쓰는 Y재의 생산이 증가할수록 노동가격 상승으로 인해 Y재의 생산비(가격)는 점점 증가하게 되고, 반대로 X재의 생산비는 점점 감소하게 된다. 이를 달리 표현하면 Y재 생산이 증가할수록 추가적으로 Y재 1단위를 생산하기 위해 포기해야 하는 X재의 생산량(즉, X재로 표시한 Y재 생산의 기회비용)은 체증하게 된다. 이처럼 생산요소가 2개이고 두 재화간 요소집약도가 다를 경우에는 '기회비용이 체증'하는 형태의 원점에서 봤을 때 오목한 모양의 생산가능곡선을 그릴 수 있다.

한편 헥셔-올린 모형의 가정 중의 하나인 1차 동차 생산함수하에서는 요소가격(w/r)이 주어지면 그에 대응하는 생산확장곡선이 원점을 지나는 반직선으로 나타나는 특성이 있다.[10)·11)] 생산자 입장에서는 이윤을 극대화하는 생산방식을 선택하는 것이 가장 합리적인데, 이는 주어진 산출량 수준을 가장 적은 비용으로 생산하는 요소수요를 결정하는 것과 같다.[12)] 비용을 극소화하는 생산점에서는 등량곡선(isoquant)과 등

10) 1차 동차 생산함수란 요소투입을 n배 증가시켰을 때 산출량도 n배 증가하는 생산함수를 의미한다. 즉, 생산함수가 $Q=f(L, K)$일 때 $nQ=f(nL, nK)$ 관계가 성립하는 생산함수를 뜻한다.

11) 생산확장곡선이란 주어진 생산요소가격하에서 산출량을 변화시킬 때 각각의 산출량에 대응하는 비용을 극소화하는 생산요소의 조합들을 연결한 곡선이다.

12) 생산자의 이윤(profit)이란 총수입에서 총비용을 뺀 것으로 정의된다. 총수입(total revenue)은 '가격×판매량'($P\times Q$)이고, 총비용(total cost)은 '노동비용+자본비용'($wL+rK$)이기 때문에 이윤극대화를 총비용과 가격이 주어진 상태에서는 산출량을 극대화하는 것으로 볼 수 있다.

비곡선(iso-cost curve)이 접하게 되고, 그 때의 요소투입비율이 다름 아닌 요소집약도가 된다.[13]

이를 이해하기 위해 다음과 같은 상황을 고려해 보자. 예를 들어, 생산자가 1원을 가지고 노동 한 단위를 구입하면 노동 한 단위의 가격이 w 이기 때문에 $(1/w)$단위의 노동을 구입할 수 있고, 그 노동을 생산활동에 투입하면 '노동의 한계생산(marginal product of labor: MP_L) $\times$ $(1/w)$' 만큼의 산출량을 얻을 수 있다.[14] 반면 생산자가 1원을 가지고 자본 한 단위를 구입하면 자본 한 단위의 가격이 r이기 때문에 $(1/r)$단위의 자본을 구입할 수 있고, 그 자본을 생산활동에 투입하면 '자본의 한계생산(marginal product of capital: MP_K) $\times (1/r)$' 만큼의 산출량을 얻을 수 있다. 따라서 이윤을 극대화하고자 하는 생산자 입장에서는 더 많은 산출량을 얻을 수 있는 생산요소를 구입하려 할 것이다. 이러한 생산요소 구입의 조정은 두 산출량의 크기가 다른 한 계속될 것이며, 궁극적

그림 3-5 요소부존도와 요소집약도

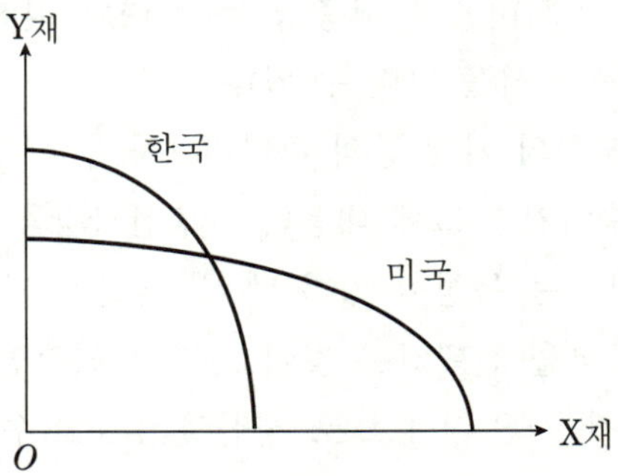

(A) 요소부존도와 생산가능곡선

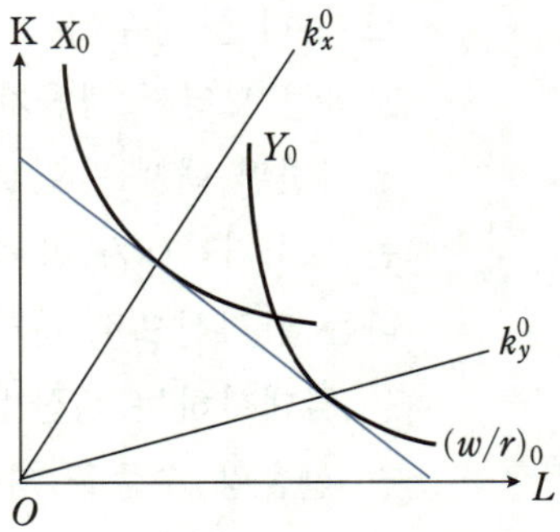

(B) 요소집약도

13) 등량곡선(isoquant)이란 동일한 수준의 산출량을 만들어 낼 수 있는 생산요소 투입량의 조합들을 연결한 곡선($Q_0=f(L, K)$)을 의미하고, 등비곡선(iso-cost curve)이란 주어진 수준의 총지출로써 구입 가능한 생산요소의 조합들을 연결한 선($C_0=wL+rK$)을 의미한다.

14) 각 생산요소의 한계생산(marginal product)이란 다른 생산요소의 투입량을 일정한 수준에 묶어둔 채 그 생산요소의 투입량만 1단위 증가시켰을 때 나타나는 산출량의 증가분을 의미한다. 예컨대, 노동의 한계생산은 다음과 같이 표시된다. $MP_L= \Delta Q/\Delta L$.

으로 균형상태에 도달하면 어느 생산요소를 구입하더라도 얻을 수 있는 산출량의 크기가 같아지게 된다($MP_L/w=MP_K/r$ 또는 $MP_L/MP_K=w/r$). 이 균형조건은 다름 아닌 등량곡선의 기울기(MP_L/MP_K)가 등비곡선의 기울기(w/r)와 같아지게 된다는, 즉 두 곡선이 이윤극대화 생산점에서 접하게 된다는 것을 의미한다.

헥셔-올린 모형에서 요소집약도와 관련하여 중요한 사항은 "요소집약도의 역전(factor intensity reversal)이 발생하지 않는다"는 가정이다. 〈그림 3-5〉에 나타난 바와 같이 요소의 상대가격이 $(w/r)_0$로 주어졌을 때 X재의 요소집약도는 $k_x^0(=(K/L)_x^0)$, Y재의 요소집약도는 $k_y^0(=(K/L)_y^0)$로 결정되고, X재가 자본집약적 재화라고 가정하였기 때문에 $k_x^0>k_y^0$ 관계가 성립한다. 그러나 $(w/r)_0$와 다른 요소가격이 주어진 경우 그에 상응하는 각 재화의 요소집약도는 달라지게 된다. 예를 들어 새로운 요소가격 $(w/r)_1$이 $(w/r)_0$보다 높게 주어졌다면, 노동의 상대가격이 높아졌기 때문에 두 재화 모두 생산방식이 이전보다 노동을 적게 사용하고 그 대신 자본을 많이 사용하는 방식으로 바뀌게 될 것이다.[15] 그러나 이처럼 요소가격이 다르게 주어지더라도 두 재화간 요소집약도의 대소관계는 변함이 없다는 것이 "요소집약도의 역전이 없다"는 가정이 의미하는 것이다. 즉, 새로운 요소가격 $(w/r)_1$에 대응하는 각 재화의 요소집약도가 각각 k_x^1, k_y^1이라면, $k_x^1>k_y^1$ 관계가 여전히 성립한다.

이 가정이 중요한 이유는 교역을 통해 요소가격이 변화하게 되는데, 이때 만일 교역 전과 후의 두 재화의 요소집약도 크기가 뒤바뀔 경우 수출 전에는 자본집약적 재화이던 것이 수출 후에는 노동집약적 재화로 바뀌게 되어 무역패턴에 관해 일관된 설명을 할 수 없게 되기 때문이다.[16]

---

15) 일반적으로 두 생산요소 노동과 자본 사이에는 어느 정도의 대체성이 존재한다. 등량곡선의 정의에서 알 수 있듯이 동일한 양의 산출물을 만들어 낼 수 있는 생산요소의 조합이 여러 가지가 있기 때문에 실제 생산방식(요소 수요)은 생산요소가격의 크기에 따라 결정된다. 예컨대, 자본가격이 비싸지면 자본 대신 노동사용량을 증가시킴으로써 산출량 변화 없이도 더 저렴한 비용으로 생산이 가능하다. 즉, 노동의 상대가격이 높아질수록((w/r)이 커질수록) 각 재화의 요소집약도 (K/L)은 더 커지게 되는 일정한 방향성이 있기 때문에 (w/r)과 (K/L)은 1:1로 대응한다.

16) 교역을 통해 생산요소의 가격이 어떻게 바뀌게 되는가와 요소집약도의 역전에 관해서는 〈부록 3-4〉에서 자세히 설명하고 있다.

앞의 그림에서 X재는 자본집약적, Y재는 노동집약적 재화라고 가정하자. 이는 오른쪽 그림의 각 재화 등량곡선의 형태에 반영되어 있다. 자본이 상대적으로 풍부한 국가는 자본집약적인 재화 쪽으로 치우친 형태의 생산가능곡선이 그려질 것이며, 노동이 상대적으로 풍부한 국가는 노동집약적인 재화 쪽으로 치우친 형태의 생산가능곡선이 나타날 것이다.[17] 위에서 정리한 두 개념에 대한 이해를 바탕으로 헥셔-올린 모형의 가장 주된 결론을 다음과 같이 정리할 수 있다.

헥셔-올린 정리: 한 국가는 그 나라에 상대적으로 풍부하게 부존되어 있는 생산요소를 집약적으로 사용하는 재화를 상대적으로 저렴하게 만들 수 있기 때문에 그 재화에 비교우위를 갖게 되고, 교역을 하게 되면 그 재화를 수출하고 다른 재화를 수입하게 된다.

요소부존도와 생산가능곡선

요소부존도의 차이에 따라 생산가능곡선의 형태가 어떻게 달라지는지 구체적으로 살펴보도록 하자. X재가 자본집약재이고 Y재가 노동집약재인 경우 만일 두 국가의 요소부존도가 〈그림 1〉에 나타난 것처럼 E점($\overline{K}$, $\overline{L}$)로 동일하다면, 두 국가의 생산가능곡선은 〈그림 2〉의 $\overline{X}\,\overline{Y}$로 동일하게 나타날 것이다. 즉, 〈그림 1〉의 E점을 지나는 각 재화의 최대산출량 $\overline{X}$, $\overline{Y}$ 등량곡선에 상응하는 점이 〈그림 2〉에 표시된다.

이제 요소부존도의 차이에 따른 생산가능곡선의 변화를 살펴보기 위해 H국의 요소부존도가 〈그림 1〉의 $E_h(\overline{K_h}, \overline{L_h})$로 주어졌다고 하자(즉, H국이 자본풍부국). 요소부존점 E_h를 지나는 각 재화의 등량곡선 $\overline{X_h}$, $\overline{Y_h}$는 위의 경우와 마찬가지로 주어진 두 요소부존량 전부를 X재 또는 Y재 생산에 투입했을 때 산출가능한 최대한도의 산출량을 나타낸다. 이에 상응하는 생산가능곡선을 〈그림 2〉에 표시한 것이 $\overline{X_h}\,\overline{Y_h}$이다.

〈그림 1〉에서 확인할 수 있듯이 $\overline{X_h} > \overline{X}$, $\overline{Y_h} < \overline{Y}$이므로 자본부존량의 증가($\overline{K} < \overline{K_h}$)와 노동부존량의 감소($\overline{L} > \overline{L_h}$)는 자본집약재(X재)의 최대산출량을 증가시키고, 노동집약재(Y재)의 최대산출량을 감소시킨다. 따라

17) 이를 보다 정확하게 표현하면 각 국의 두 재화간 최대 산출가능량의 비율이 차이가 난다라고 할 수 있다. 즉, 미국이 자본풍부국이고 X재가 자본집약재인 경우 $(X_{max}/Y_{max})_{\text{한국}} < (X_{max}/Y_{max})_{\text{미국}}$인 관계가 성립하는 생산가능곡선이 그려진다는 것이다.

서 생산가능곡선은 상대적으로 풍부하게 가지고 있는 요소를 집약적으로 사용하는 재화 쪽으로 치우쳐진 형태를 가지게 된다.

그러나 〈그림 1〉의 E_h점과 $E_g(\overline{K_g}, \overline{L_g})$점과 같이 요소부존비율이 같은 경우에는 생산가능곡선의 절대 크기는 다르지만, 각 재화의 생산함수가 1차 동차임을 가정하였기 때문에 형태(굴곡)는 동일한 모습을 가지게 된다($\overline{X_h}\,\overline{Y_h}$와 $\overline{X_g}\,\overline{Y_g}$).

〈그림 1〉 요소부존도의 차이

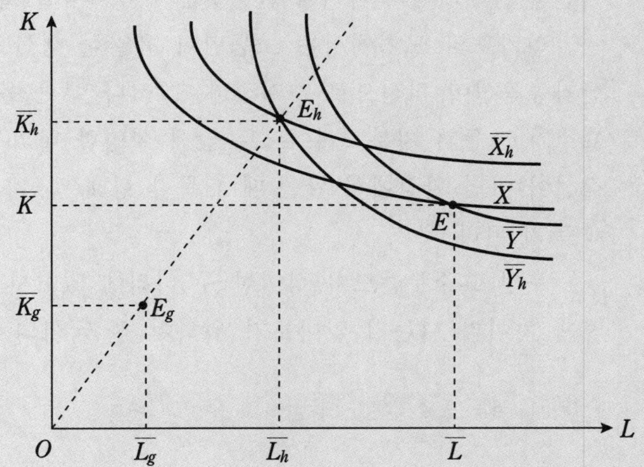

〈그림 2〉 생산가능곡선

2. 요소부존도와 무역의 패턴

앞에서 소개한 헥셔-올린 정리는 요소부존도에 따라 무역의 패턴이 결정된다고 설명한다. 이는 다시 말하면 요소부존도가 한 나라의 비교우위 구조를 결정짓는 요인이라는 것이다. 따라서 헥셔-올린 정리를 정확하게 이해하기 위해서는 요소부존도의 차이가 어떻게 비교우위, 즉 무역 이전의 상대가격의 차이를 결정짓는지를 파악할 필요가 있다.

리카도의 모형에서는 노동만이 유일한 생산요소이었기 때문에 생산가능곡선이 직선으로 그려졌다. 그러나 헥셔-올린 모형의 경우 생산요소가 노동과 자본 2개이므로 앞서 설명한 바와 같이 생산가능곡선은 직선이 아닌 원점에서 봤을 때 오목한 형태(즉, 각 재화생산의 기회비용이 체증)가 된다.[18)]

우선 요소부존도가 상이한 두 나라에 있어서 두 상품의 생산이 어떻게 차이가 나는지 알아보기 위하여 한 국가의 요소부존도가 변화가

그림 3-6 요소부존도의 변화와 생산의 변화

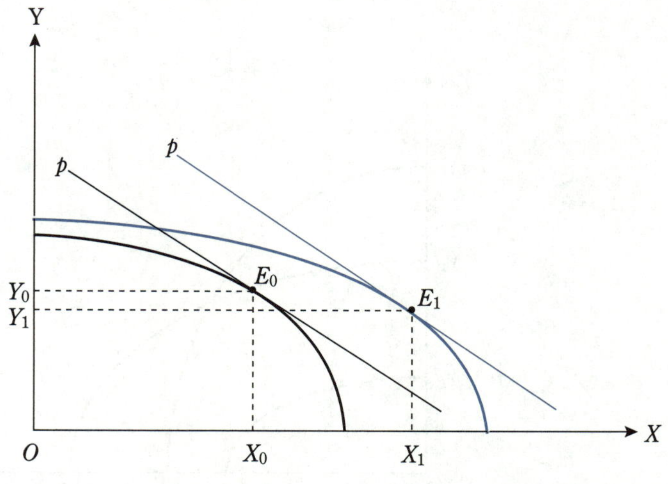

18) 신고전파적 생산함수는 생산요소의 한계생산성이 (+)이고, 생산요소투입이 증가할수록 한계생산성이 체감하는 특성을 지닌다.

생겼을 때 두 상품의 생산비율에 어떠한 변화가 생기는지 살펴보자.

〈그림 3-6〉에서 이 국가는 자본집약적 제품인 X를 X_0만큼, 노동집약적 제품인 Y를 Y_0만큼 생산하고 있다고 하자.[19] 이 때 이 국가가 열심히 저축하여 자본의 부존량이 증가하였다고 가정해 보자. 생산요소의 부존량이 증가하면 생산가능곡선은 바깥쪽으로 확장될 것임은 쉽게 알 수 있다. 그런데 자본의 부존량이 증가할 경우, 자본집약적 제품인 X재의 생산능력 증가가 노동집약적인 Y재의 생산능력 증가보다 클 것이므로 생산가능곡선의 모양이 X재 쪽으로 치우치게 확장될 것이다.[20]

새로이 확장된 생산가능곡선상 어느 점에서 생산이 이루어질 것인가? 이 질문에 대답하기 위해서는 상품가격에 대한 정보가 필요하다. 만일 요소부존량 증가 이후에도 상품가격에 변화가 생기지 않는다고 가정하고 생산점을 결정해 보자. 이 경우 새로운 생산점 E_1은 기존의 가격선을 수평이동하여 확장된 생산가능곡선과 접하는 점이 될 것이다. 그 결과 우리는 상당히 흥미로운 현상을 발견하게 된다. 즉, 자본의 부존량이 증가하였을 때 상품가격에 변화가 없다면, 증가한 요소인 자본을 집약적으로 사용하는 제품인 X재의 생산은 X_0에서 X_1으로 늘어난 반면 그렇지 않은 제품인 Y재의 생산은 Y_0에서 Y_1으로 줄어들게 된다.

이러한 현상이 나타나는 직접적인 이유는 요소부존량이 증가한 이후에도 재화의 상대가격이 변하지 않는다고 가정한데서 찾을 수 있다. 앞서 설명한 바와 같이 완전경쟁시장과 1차동차 생산함수를 가정한 경우 재화가격과 요소가격이 1:1 대응관계에 있고, 요소가격과 각 재화의 요소집약도 사이에도 1:1 대응관계가 성립하기 때문에 결국 요소부존량 증가 이후에도 재화의 상대가격이 변하지 않는다고 가정한 것은 각 재화의 생산방식(즉, 요소집약도)에 변화가 없다는 것을 의미하게 된다. 따

19) 교역을 하지 않는 상태라면 E_0점에서 생산가능곡선과 사회무차별곡선이 접하게 되고, 두 곡선에 동시에 접하는 접선의 기울기가 두 재화의 균형상대가격(p)이 된다.

20) 즉, 자본부존량이 증가한 경우 자본부존량 증가 이전과 동일한 비율로 두 재화를 생산하고자 한다면, 자본가격이 낮아지게 되기 때문에 노동집약적 재화로 측정한 자본집약적 재화의 기회비용은 감소하게 된다. 이러한 관계가 초기 생산점 위치에 관계없이 항상 성립하기 때문에 생산가능곡선은 늘어난 생산요소를 집약적으로 사용하는 재화 쪽으로 치우쳐진 형태로 확장되게 된다.

립진스키 정리와 교역조건

립진스키 정리 자체는 요소부존량 혹은 기술진보에 의한 경제성장이 생산패턴에 어떤 영향을 미치는가를 설명하고 있을 뿐 교역패턴을 설명하지는 않는다. 그러나 립진스키가 경제성장 이후에도 재화의 상대가격이 변하지 않는다고 가정한 것은 2재화 중 한 재화가 반드시 소득이 증가할 때 수요가 감소하는 열등재일 경우에만 성립할 수 있다는 측면에서 현실적으로 지나치게 강한 가정이라고 할 수 있다. 따라서 이 가정을 완화할 경우 경제성장과 교역조건의 변화간의 중요한 관계를 도출할 수 있다.

두 재화가 모두 소득이 증가할 때 수요가 증가하는 정상재일 경우, 예컨대 노동부존량이 증가하게 되면 노동집약적인 재화의 공급이 상대적으로 더 증가하게 되고 그 결과 노동집약재의 상대가격이 하락하게됨을 알 수 있다. 이를 일반화하면, **"특정한 생산요소(노동 또는 자본)의 부존량이 증가하면 그 생산요소를 집약적으로 사용하는 재화의 상대가격이 하락하게 된다"**라고 표현할 수 있다. 만일 이 국가가 노동풍부국이었다면 노동부존량의 증가는 수출재(이 경우 노동집약재)의 국제가격을 하락시키는 결과를 초래하기 때문에 교역조건(수출재가격/수입재가격)을 악화시킴으로써 경제성장으로 인한 후생증가효과를 반감시키게 된다. 반면, 상대적으로 희소하게 가지고 있던 생산요소인 자본의 부존량이 증가하게 되면 교역조건이 개선되어 경제성장으로 인한 후생증가효과를 더 크게 한다.

라서 자본부존량이 증가했을 때 각 재화의 요소집약도의 크기를 그대로 유지하면서 노동과 자본 두 생산요소의 완전고용을 달성할 수 있는 유일한 방법은 자본집약적인 재화의 생산을 늘리고 노동집약적인 재화의 생산을 줄이는 것이다.

립진스키 정리(Rybczynski Theorem): 재화의 상대가격에 변화가 없을 경우, 어떤 한 생산요소의 부존량이 증가하면 그 생산요소를 집약적으로 사용하는 재화의 절대생산량은 증가하고 다른 재화의 절대생산량은 감소한다.

요소부존도의 변화와 생산의 관계를 나타내는 립진스키의 정리는 헥셔-올린의 정리에 매우 중요한 역할을 한다. 만일 수요조건이 동일하다고 하면, 두 나라의 요소부존도의 차이는 생산가능곡선 형태의 차이

재화상대가격과 요소상대가격의 관계

재화상대가격과 요소상대가격은 1:1로 대응하는 관계에 있다. 이를 설명하기 위해 생산가능곡선을 나타낸 〈그림 3〉에서 A점이 초기균형이라고 하자. 즉, X재와 Y재를 각각 X_a, Y_a만큼 생산하고 있고 재화의 균형가격은 p_a이다. 한편 이 균형을 요소부존량의 크기에 따라 크기가 결정되는 에지워드 박스(Edgeworth box)에 표시하면 〈그림 4〉의 A점이 된다. 또 다른 균형점을 B점이라 할 경우 X재와 Y재는 각각 X_b, Y_b만큼 생산되고, 재

〈그림 3〉 재화가격과 산출물의 변화

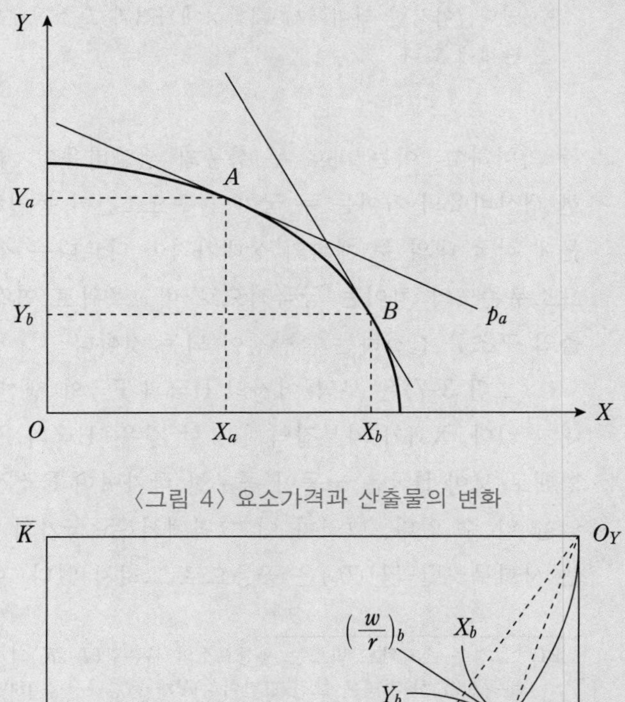

〈그림 4〉 요소가격과 산출물의 변화

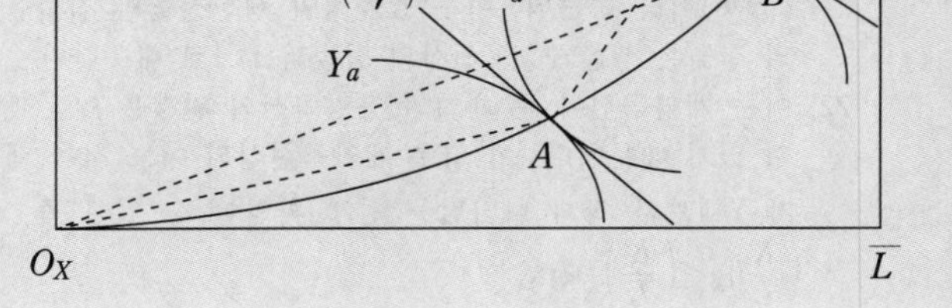

화의 균형가격은 p_b가 되며, 이는 에지워드 박스의 B점에 상응한다.[21)]

〈그림 4〉에서 X재는 Y재에 비해 노동집약적인 재화로 가정되어 있음을 알 수 있다.[22)] 따라서 생산점을 A에서 B로 바꿀 경우(즉, 노동집약적인 X재의 생산을 늘리고, 자본집약적인 Y재의 생산을 감소시킬 경우) 생산요소시장에서는 상대적으로 노동에 대한 수요는 증가하고, 자본의 공급은 증가하게 된다. 결과적으로 노동가격(w)은 상승하고 자본가격(r)은 하락하게 되므로 $\left(\frac{w}{r}\right)_a < \left(\frac{w}{r}\right)_b$ 가 성립한다. 한편 〈그림 3〉에서 생산점을 A에서 B로 바꿀 경우 X재의 상대가격이 상승함은 쉽게 확인할 수 있다$\left[\text{즉, } p_a = \left(\frac{P_x}{P_y}\right)_a < \left(\frac{P_x}{P_y}\right)_b = p_b\right]$. 따라서 두 경우 모두 X재의 생산이 증가(Y재 생산 감소)함에 따라 두 상대가격의 변화가 일정한 방향성을 가짐을 확인할 수 있다. 이러한 의미에서 재화상대가격과 요소상대가격는 1:1로 대응하는 관계에 있다.

를 의미하고, 이는 바로 두 상품의 생산비율의 차이로 이어진다. 이러한 생산비율의 차이는 두 국가의 수요조건이 동일하다고 가정하였기 때문에 각국 내의 두 재화의 상대가격이 다르다는 것을 의미한다. 따라서 요소부존도의 차이는 궁극적으로 비교우위로 연결됨으로써 각국의 수출입 구조를 결정하는 출발점이 되는 것이다.

〈그림 3-7〉은 무역 이전의 H국과 F국의 생산 및 소비상황을 나타내고 있다. X재가 자본집약재라 할 경우, H국과 F국의 생산가능곡선의 형태로 보아 H국은 노동이 풍부한 국가이며 F국은 자본이 풍부한 국가임을 알 수 있다. 그러나 이 그림에서 두 국가의 생산가능곡선에 접하는 사회무차별곡선(U_0)은 공통으로 그려져 있다. 이것이 의미하는 바는

21) 이 경우 에지워드 박스는 생산요소의 부존량($\overline{L}$, $\overline{K}$)의 한도 내에서 두 재화의 등량곡선을 한 평면에 그린 도면이다(Y재 등량곡선을 180도 회전). 에지워드박스 안에서 두 재화의 등량곡선이 접하는 점들을 연결한 곡선을 계약곡선(contract curve)이라 하는데, 이는 효율적인 생산점들의 집합을 표시한 것으로 계약곡선상의 점들은 생산가능곡선상의 점들과 1:1로 대응한다.

22) 이는 계약곡선이 두 재화의 등량곡선의 원점을 잇는 선(Q_XQ_Y)보다 아래쪽에 그려져 있기 때문이다. 이 경우 계약곡선상의 어느 점을 택하더라도 X재의 요소집약도가 Y재보다 작게 나타남을 쉽게 확인할 수 있다$\left[\text{즉, 어떤 요소가격 } \left(\frac{w}{r}\right)\text{에서도 } \left(\frac{K}{L}\right)_X < \left(\frac{K}{L}\right)_Y \text{ 성립}\right]$.

그림 3-7 요소부존도에 따른 비교우위의 결정

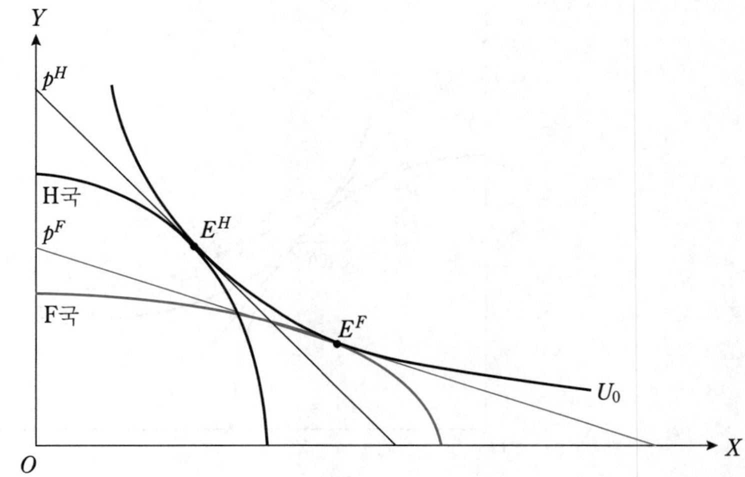

두 나라가 동일한 수요조건을 갖고 있다는 것인데, 이러한 가정은 현실성 여부를 떠나 헥셔-올린의 이론이 수요측면이 아니라 공급측면에서 무역의 패턴을 설명하는 이론임을 반영하는 것이다.

무역이 이루어지기 전 양국의 상대가격을 비교하면 H국의 X재 상대가격이 높음($p^H=(P_x/P_y)^H > p^F=(P_x/P_y)^F$)을 알 수 있다. 즉, 상대적으로 노동의 부존량이 많은 H국에서는 F국에 비하여 자본집약적인 X재의 가격이 상대적으로 높고 노동집약적인 Y재의 가격이 낮다. 따라서 H국은 Y재의 생산에 비교우위를 갖으며 F국은 X재의 생산에 비교우위를 갖게 된다. 무역이 시작될 경우, 수요공급의 원리에 따라 국제균형가격 p^*는 p^H와 p^F 사이에서 결정될 것이다.

〈그림 3-8〉은 무역이 개시된 이후의 H국의 상황을 다시 그려 본 것이다. 〈그림 3-8〉에서 알 수 있듯이 H국은 무역이 개시되면서 국제균형가격이 p^*로 바뀜에 따라 X재의 생산량을 X_0에서 X_1으로 감소시키고 Y재의 생산량은 Y_0에서 Y_1으로 증가시킨다. 다시 말하면 무역이 개시된 이후, H국은 자신이 비교우위를 갖고 있는 Y재를 수출하고 그 대신 X재를 수입한다. 그 결과 국제가격은 H국 내에서는 X재의 상대가격이

그림 3-8 헥셔-올린 모형에서의 교역의 이득

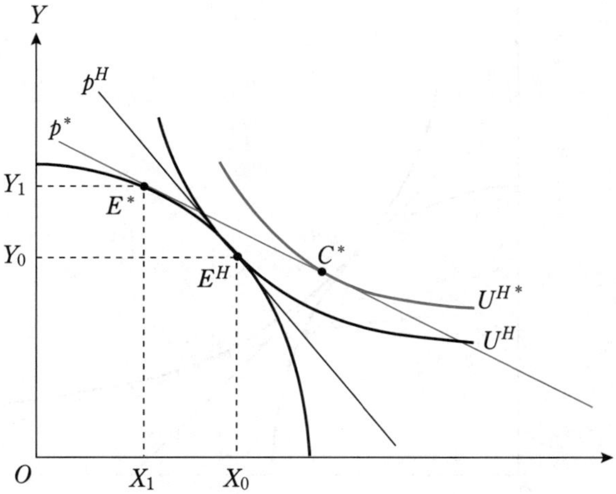

감소하는 한편, F국 내에서는 Y재의 상대가격이 감소하여 궁극적으로는 p^*에 도달하게 된다. 이처럼 새롭게 형성된 국제가격에 따라 각국의 생산점이 변하는 것은 쉽게 알 수 있는데, 여기서 중요한 것은 국제무역하의 소비점이다. 무역이 개시되면 더 이상 소비점과 생산점이 일치할 필요가 없게 되기 때문에 소비가능영역이 국제가격선(p^*)을 따라 확대된다. 국제무역을 한 이후 균형상태에 도달하게 되면 생산점은 E^H에서 E^*로, 소비점은 E^H에서 C^*로 바뀌게 되고, 그 결과 후생수준은 U^H에서 U^{H^*}로 증가하게 된다.

이처럼 교역을 통해 소비가능영역이 확대됨으로써 효용증가를 통한 교역의 이득(gains from trade)이 실현된다는 점은 리카도의 경우와 동일하지만, 교역을 한 이후에도 한 재화만을 생산하는 완전특화상태가 아닌 두 재화를 모두 생산하는 불완전 특화상태가 유지된다는 점이 리카도의 경우와는 다르다. 이는 리카도 모형에 비해 현실경제 상황을 더 잘 반영한다고 할 수 있다.

헥셔-올린 모형에서의 국제균형가격은 각 재화별로 수요(수입)와 공급(수출)이 일치하는 수준에서 결정된다. H국이 노동풍부국이고 Y재가 노동집약적인 재화라고 가정한 경우 〈그림 3-9〉에 나타난 것처럼 두

그림 3-9 헥셔-올린 모형에서 국제균형가격의 결정

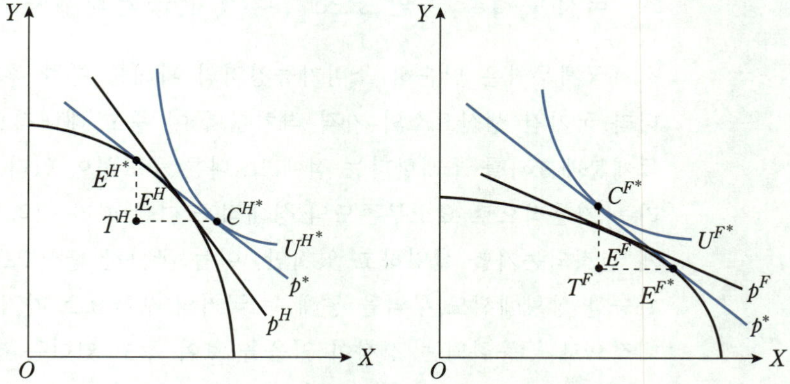

(A) H국의 교역삼각형 (B) F국의 교역삼각형

국가가 교역하기 이전 자급자족 균형상태(H국은 E^H, F국은 E^F)에서 두 재화의 상대가격은 앞서 설명한 바와 같이 $p^H > p^F$가 된다. 교역을 하게 되면 각국은 비교우위를 가진 재화 생산을 늘려 그 재화를 수출하고, 다른 재화의 생산은 줄여 수입하게 된다. 두 자급자족 균형가격 사이의 임의의 한 가격(p^*)으로 교역을 할 경우 두 국가 모두 교역의 이득이 발생함은 〈그림 3-8〉을 통해 이미 설명하였다.

그러면 구체적으로 어떻게 국제균형가격이 결정될까? 〈그림 3-9〉에서 국제가격이 p^*일 경우 H국은 교역 이후 E^{H^*}에서 생산하고 C^{H^*}에서 소비하게 된다. 생산량과 소비량의 차이가 교역량이 되기 때문에 H국은 $E^{H^*}T^H$만큼의 Y재를 수출하고 그 대신 $C^{H^*}T^H$만큼의 X재를 수입하게 된다. 반면에 F국은 E^{F^*}에서 생산하고 C^{F^*}에서 소비하므로 $E^{F^*}T^F$만큼의 X재를 수출하고 그 대신 $C^{F^*}T^F$만큼의 Y재를 수입하게 된다. X재의 경우 H국의 수입량($C^{H^*}T^H$)과 F국의 수출량($E^{F^*}T^F$)이 일치할 때, 그리고 Y재의 경우 H국의 수출량($E^{H^*}T^H$)과 F국의 수입량($C^{F^*}T^F$)이 일치할 때 균형가격이 형성된다. 따라서 두 국가의 교역삼각형(H국 $E^{H^*}T^HC^{H^*}$, F국 $E^{F^*}T^FC^{F^*}$)이 합동이 될 때까지 두 재화의 상대가격이 조정된다.

3. 국제무역을 통한 요소가격의 균등화와 소득재분배

국제무역은 단순히 소비가능영역의 확대를 통한 후생증대뿐만 아니라 국가간 생산요소의 가격 격차를 줄여 주고 대내적으로 계층간 소득재분배효과를 초래한다는 점에 또 다른 중요성이 있다. 헥셔-올린 정리는 기본적으로 요소부존도의 상대적 크기에 따라 교역의 패턴이 어떻게 결정되는가를 설명하고 있지만, 이는 국가간 생산요소의 이동이 불가능한 상황에서도 무역을 통해 두 국가의 생산요소 가격이 상대적 · 절대적으로 균등화되는 경향이 있음을 보여 주고 있다는 점에서 더욱 중요하게 취급되고 있다.[23)]

요소가격균등화 정리(factor price equalization theorem)가 성립하기 위해서는 헥셔-올린 모형의 가정 중 두 나라의 수요조건이 동일하다는 가정 대신, 두 국가가 교역 이후에도 두 재화를 모두 생산하는 불완전특화상태에 머무른다는 가정이 필요하다. 교역 이후 균형상태에서 어느 한 국가가 한 재화 생산에만 특화하게 되면, 두 국가의 노동과 자본 사이의 한계기술대체율이 일치하지 않게 되기 때문에 요소가격이 균등해지지 않는다. 실제로 교역 이후 완전특화 상태로 가게 되는 경우는 거의 없기 때문에 이 가정은 고전파에 비해 훨씬 현실적인 가정이라 할 수 있다.

생산요소의 국가간 이동이 불가능한 상태에서 재화의 자유무역만을 통해 양국간 생산요소가격이 동일해지는 직관적인 이유는 다음과 같다. 헥셔-올린 정리에 따르면 노동이 풍부한 국가가 교역을 하게 되면 노동집약적인 재화에 비교우위를 갖게 되기 때문에 이 재화의 생산량을 늘려 수출하고, 반대로 자본집약적 재화의 생산량을 줄이고 모자라는 부분은 수입하게 된다. 이때 재화의 수출입에 따른 생산량 변화는 생산요소에 대한 수요와 공급에 즉각적인 변화를 초래한다. 노동풍부국의 경우 원래는 노동가격이 상대적으로 낮았지만 노동집약적인 재화

23) 무역을 통해 국가간 요소가격이 같아진다는 요소가격균등화 정리를 헥셔-올린 제 2 정리라고 부르기도 한다.

의 생산증가에 따라 노동에 대한 수요가 커지면서 노동가격이 상승하게 되고, 반대로 자본풍부국의 경우 원래는 자본가격이 상대적으로 낮았지만 자본집약적인 재화의 생산증가에 따라 자본에 대한 수요가 커지면서 자본가격이 상승하게 된다. 이러한 변화는 두 국가간에 생산요소 가격차이가 존재하는 한 계속되어 결국 교역균형 상태에 도달하면 양국간 생산요소의 이동이 불가능하더라도 생산요소 가격 차이가 사라지게 된다.

요소가격균등화 정리: 국가간 생산요소의 이동이 불가능한 상황에서도 재화의 자유무역을 통해 두 국가의 생산요소 가격이 상대적 · 절대적으로 균등화된다.

요소가격균등화정리

H국이 F국에 비해 자본이 풍부한 국가이고, X재가 Y재에 비해 노동집약적인 재화라고 가정하자. 생산요소의 국가간 이동이 허용되지 않더라도 재화의 자유무역을 통해 두 국가 간 생산요소의 상대가격과 절대가격이 균등해지는 이유를 보다 구체적으로 설명하기 위해 단위가치 등량곡선(unit value isoquant)과 단위가치 등비곡선(unit value isocost) 개념을 도입하도록 하자.

단위가치 등량곡선이란 단위가치(예컨대 $1)에 해당하는 산출량을 나타내는 등량곡선을 의미한다. 즉, $X_0p_x=Y_0p_y=\$1$을 충족시키는 각 재화의 산출량 X_0, Y_0를 나타내는 등량곡선이다. 이 산출량을 $X_{(\$1)}$, $Y_{(\$1)}$로 표시하도록 하자. 한편 단위가치 등비곡선이란 단위가치(예컨대 $1)로 구입할 수 있는 생산요소의 조합을 의미한다. 즉, $wL+rK=\$1$을 충족시키는 ($L$, K)의 집합을 표시한 등비곡선이다.

〈그림 5〉에서 $\left(\frac{w}{r}\right)_E$와 같은 요소상대가격이 주어진 경우, 이 가격이 균형가격이 되기 위해서는 두 재화의 단위가치 등량곡선이 모두 단위가치 등비곡선에 접해야 한다. 만일 Y재의 단위가치 등량곡선이 단위가치 등비곡선에 접하지 않고 그보다 위쪽에 있다면, $1의 생산비를 Y재 생산에 사용하였지만 생산된 Y재의 값어치가 $1에 미치지 못하기 때문에 Y재를 생산하면 손해를 보게 된다. 따라서 완전경쟁시장 가정하에서 이윤극대화(또는 비용최소화)를 위해서는 Y재 생산을 줄여야 한다. 이 경우 Y재가 자

본집약적 재화로 가정하였기 때문에 Y재 생산의 감소는 자본가격의 하락을 유발함으로써 $\left(\frac{w}{r}\right)$가 상승하게 되고, 궁극적으로 두 재화의 단위가치 등량곡선과 단위가치 등비곡선이 접하는 상태에서 균형을 이루게 된다. 반대로 Y재의 단위가치 등량곡선이 단위가치 등비곡선에 접하지 않고 그보다 아래쪽에 있다면 Y재 생산시 이윤이 발생하기 때문에 Y재 생산이 증가하게 되고, 그 결과 $\left(\frac{w}{r}\right)$가 하락하게 된다. 이 경우에도 궁극적으로 두 재화의 단위가치 등량곡선과 단위가치 등비곡선이 접하는 상태에서 균형을 이루게 된다.

〈그림 5〉에 나타난 바와 같이 균형상태에서 두 재화의 단위가치 등량곡선과 단위가치 등비곡선이 접하게 되고, 각각의 접점과 원점을 이은 선의 기울기 $\left(\frac{K}{L}\right)_X$와 $\left(\frac{K}{L}\right)_Y$는 두 재화의 요소집약도를 나타낸다. 만일 두 국가의 요소부존도 비율$\left[\left(\frac{\bar{K}}{\bar{L}}\right)_H, \left(\frac{\bar{K}}{\bar{L}}\right)_F\right]$이 두 요소집약도 사이에 위치하면 두 국가는 모두 두 재화를 생산하게 된다.[24)]

헥셔-올린 모형에서는 두 국가 간 기술력차이가 없다고 가정하고 있기 때문에 동일한 생산함수를 가진다. 따라서 재화의 자유무역을 통해 양국간 재화가격이 동일해지면, 두 국가의 단위가치 등량곡선도 동일해진다. 그 결과 양국 모두 두 재화를 생산하는 경우(즉, 요소부존도 비율이 다변

〈그림 5〉 요소가격균등화

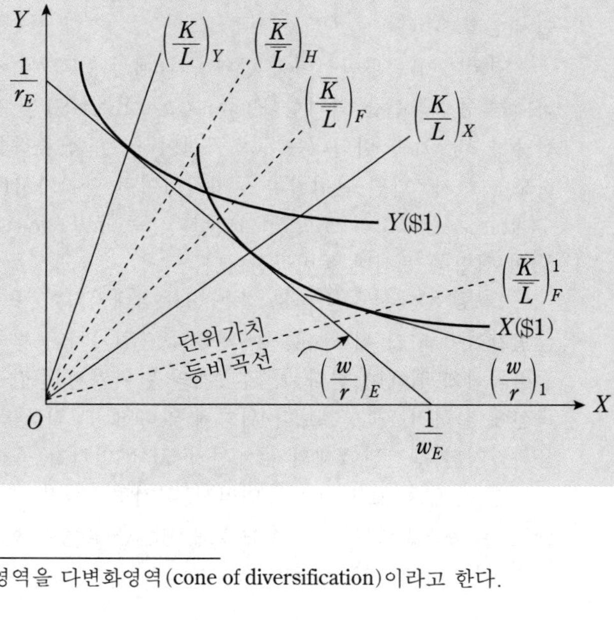

24) 이 영역을 다변화영역(cone of diversification)이라고 한다.

화영역 내에 있는 경우) 두 국가는 동일한 요소상대가격 $\left(\frac{w}{r}\right)_E$을 가지게 된다.

그러나 〈그림 5〉의 $\left(\frac{\overline{K}}{\overline{L}}\right)_F^1$과 같이 F국의 요소부존도 비율이 다변화영역 밖에 있는 경우에는 자유무역을 통해 재화가격이 균등해지더라도 요소상대가격은 균등해지지 않는다. 이 경우 F국의 요소상대가격은 $\left(\frac{w}{r}\right)_1$로 $\left(\frac{w}{r}\right)_E$보다 작게 되고, F국은 교역 후에 X재 생산에 완전특화하게 된다. 따라서 요소가격균등화가 성립하기 위해서는 완전특화 상태가 배제되어야 함을 확인할 수 있다. 또한, 두 국가의 요소부존비율이 유사해질수록 요소가격균등화 가능성이 커진다는 점도 확인할 수 있다.

한편 생산요소의 상대가격이 재화의 자유무역을 통해 균등해지면 〈그림 5〉에 나타난 것처럼 두 국가의 각 재화별 요소집약도$\left[\left(\frac{K}{L}\right)_X, \left(\frac{K}{L}\right)_Y\right]$가 동일해진다. 이는 각 요소의 한계생산(marginal product)이 두 국가간 동일해짐을 의미하기 때문에 두 국가의 생산요소 절대가격도 균등해진다.[25)]

이제 자유무역이 소득분배에 미치는 영향을 살펴보자. 생산요소의 국제적 이동이 없는 상황에서 자유무역을 하게 되면 모든 소득계층의 실질소득이 증가할 수 있을까? 이에 대한 답은 그렇지 않다는 것이다. 자유무역을 하게 되면 교역당사국들은 자급자족상태의 균형가격과는 다른 가격으로 국제적 교환을 하게 된다. 헥셔-올린 정리에 따르면 노동풍부국의 경우에는 수출재인 노동집약적 재화를 교역 전 가격에 비해 높은 국제가격으로 판매할 수 있기 때문에 이 재화의 산출량을 늘리려 할 것이고, 완전고용이 충족된 상태에서 노동집약적 재화의 산출증대는 자본집약적 재화의 산출감소를 통해서만 가능하다. 그런데 자본집약적인 재화의 생산을 줄임으로써 유출되는 자본과 노동의 비율이 노동집약적인 재화 생산에 필요한 자본과 노동의 비율보다 높기 때문에 일시적으로 노동은 모자라고 자본은 남아도는 현상이 발생한다. 이와 같은 노동에 대한 초과수요, 자본에 대한 초과공급은 노동가격(w)을 상승시키

25) 완전경쟁 시장구조하에서 이윤이 극대화된 상태에서는 생산요소 한 단위를 구입하는 데 드는 비용(w 또는 r)과 구입된 한 단위의 생산요소가 생산에 투입되어 만들어낸 생산물의 가치(한계생산가치(VMP) = 가격(P) × 한계생산(MP))가 각 재화의 요소별로 동일해진다. 따라서 재화의 가격과 각 생산요소의 한계생산이 동일해지므로 생산요소가격도 동일해진다.

고 자본가격(r)은 하락시키게 된다. 이러한 생산요소 가격변화는 생산자들로 하여금 두 재화 모두 교역 이전보다 자본집약적인 방법으로 생산하게 만들고, 이러한 생산방식의 조정은 생산요소시장의 수급불균형이 해소될 때까지 계속된다. 따라서 자유무역을 통해 한 국가 내에서 원래 희소했던 생산요소를 보유하고 있던 계층의 소득은 감소하게 되고, 반대로 원래 풍부했던 생산요소를 보유하고 있던 계층의 소득은 증가하게 된다는 결론을 내릴 수 있다. 이와 같이 무역을 통한 재화의 상대가격 변화가 소득분배에 미치는 영향을 분석한 것이 바로 스톨퍼-사뮤엘슨 정리(Stolper-Samuelson Theorem)이다.

스톨퍼-사뮤엘슨 정리: 자유무역 또는 수입재에 대한 관세부과로 인해 한 재화의 상대가격이 올라가면 그 재화에 집중적으로 사용되는 생산요소의 실질가격은 상승하고 다른 생산요소의 실질가격은 하락한다.

이 정리는 기본적으로 국가간 비교를 필요로 하지 않기 때문에 한 국가 안에서의 생산요소의 자유로운 이동, 1차 동차 생산함수, 완전경쟁적 시장구조 등 비교적 단순한 가정만을 필요로 한다.[26] 이 정리는 관세부과와 같은 보호무역정책의 소득재분배효과에 대해 상당히 유용한 시사점을 제공해 주고 있다. 우리나라의 경우 1970년대에 중화학공업을 육성하기 위해 이 부문에 대해 보호무역정책을 채택하였다.[27] 당시 우리나라의 주종 수출공산품들은 섬유, 의류를 비롯해 거의 대부분 노동집약적 제품이었던 반면, 중화학공업제품 대부분은 자본집약적 제품이었다. 중화학공업 부문에 대한 고관세 부과로 인해 자본집약적 재화의 국내소비가격이 상승하게 되었고, 그 결과 이 부문의 국내생산증가로

26) 스톨퍼-사뮤엘슨의 경우 대표적인 재화가격의 변화의 예로 관세부과를 고려하였다. 즉, 수입재에 수입관세를 부과하는 경우 그 재화의 국내 소비가격이 일반적으로 상승하게 되므로 수입경쟁재의 국내생산자들이 생산을 증가시키려 하고, 그 결과 수입경쟁재 생산에 집약적으로 사용되는 생산요소에 대한 수요증가로 인해 그 요소의 가격이 상승하게 된다. 따라서 그 요소를 보유하고 있는 계층의 소득은 증가하고, 다른 요소를 보유하고 있는 계층의 소득은 감소하게 된다.

27) 이 당시 조성된 대표적인 산업으로 포항제철로 대표되는 철강산업과 조선, 자동차 산업 등을 들 수 있다. 이러한 산업들 모두 초기에는 일종의 유치산업보호정책이 취해졌던 것으로 평가된다.

인해 노동풍부국이던 우리나라의 자본가격은 더욱 상승하게 되었다. 따라서 이러한 보호무역정책이 자본소득 계층과 노동소득 계층간의 소득격차를 더욱 커지게 하는 '부익부 빈익빈' 현상을 초래하였음을 알 수 있다.

스톨퍼-사뮤엘슨 정리와 확대효과

스톨퍼-사뮤엘슨 정리는 예를 들어 X재가 노동집약재일 때 X재 상대가격$\left(\frac{P_x}{P_y}\right)$이 상승할 경우 노동의 실질소득$\left(\frac{w}{P_x}\text{와 }\frac{w}{P_y}\right)$은 상승하고, 자본의 실질소득$\left(\frac{r}{P_x}\text{과 }\frac{r}{P_y}\right)$은 감소하게 된다는 내용이다.[28)·29)]

앞서 논의한 바와 같이 완전경쟁적 시장에서 이윤극대화는 X재 산업의 경우 $P_x \cdot MP_L^X = w$와 $P_x \cdot MP_K^X = r$ 두 조건이 충족될 때 이루어지고, Y재 산업의 경우 $P_y \cdot MP_L^Y = w$와 $P_y \cdot MP_K^Y = r$ 두 조건이 충족될 때 이루어진다. 이 이윤극대화 조건들을 한계생산에 대해 재정리하면 다음과 같이 표현할 수 있다.

X재 산업: $MP_L^X = w/P_x$ $MP_K^X = r/P_x$

Y재 산업: $MP_L^Y = w/P_y$ $MP_K^Y = r/P_y$

X재가 노동집약재일 때 X재 상대가격$\left(\frac{P_x}{P_y}\right)$이 상승할 경우 X재 생산은 증가하고 Y재 생산은 감소하게 되고, 그 결과 $\left(\frac{w}{r}\right)$가 상승한다. 노동가격이 상대적으로 비싸지게 되면 두 재화 모두 재화의 상대가격 상승 이전에 비해 더 자본집약적인 방법으로 생산을 하게 된다. 이처럼 두 재화 모두 자본집약도$\left(\frac{K}{L}\right)$가 증가하게 되면 두 부문 모두 노동의 한계생산(MP_L^X, MP_L^Y)은 증가하고, 자본의 한계생산(MP_K^X, MP_K^Y)은 감소하게 된다.[30)] 따라서 위 식에 나타난 바와 같이 어떤 재화로 표시하더라도 노동의

28) 스톨퍼-사뮤엘슨 정리에서도 생산함수는 1차 동차함수로 가정하고 있고, 두 재화가 모두 생산되는 불완전특화 상태를 가정하고 있다.

29) 노동의 실질소득을 X재 단위로 표시할 경우 $\frac{w}{P_x}$이 되고, Y재 단위로 표시할 경우 $\frac{w}{P_y}$가 된다. 자본의 실질소득도 유사한 방법으로 표시될 수 있다.

30) 이는 한계생산이 체감하기 때문이다(law of diminishing returns). 즉, 자본 한 단위당 결합되어 생산에 투입되는 노동량이 증가하기 때문에 자본의 한계생산은 늘어나고, 반대로 노동 한 단위당 결합되어 생산에 투입되는 자본량은 감소하기 때문에 노동의 한계생산은 감소한다.

실질소득(w/P_x, w/P_y)은 증가하고, 자본의 실질소득(r/P_x, r/P_y)은 감소한다.

스톨퍼-사뮤엘슨 정리는 각 재화가격의 변동 정도와 각 요소가격의 변동 정도에 대해 다음과 같은 확대효과(magnification effect)가 나타난다는 점을 시사하고 있다. 예를 들어 X재가 노동집약재일 때 X재 상대가격 $\left(\frac{P_x}{P_y}\right)$이 상승할 경우, 상대적으로 가격상승 정도가 큰 X재의 가격상승률에 비해 X재에 집약적으로 사용되는 생산요소인 노동의 가격상승률이 더 크게 나타난다. 이를 일반화하여 표현하면 다음과 같다.

확대효과: $\%\Delta r < \%\Delta P_y < \%\Delta P_x < \%\Delta w$

이러한 확대효과가 나타나는 이유는 위에서 밝힌 바와 같이 (w/P_x)가 증가해야 하고, (r/P_y)는 감소해야 하기 때문이다. 즉, (w/P_x)가 증가하기 위해서는 w의 증가율이 P_x의 증가율보다 커야 하고, (r/P_y)가 감소하기 위해서는 r의 증가율보다 P_y의 증가율이 커야 한다.

4. 헥셔-올린 정리의 검증: 레온티에프 패러독스

국가간의 무역패턴을 국가간 요소부존도의 차이로 설명한 헥셔-올린 정리의 현실적합성 여부에 대한 실증분석은 1954년 레온티에프(W. Leontief)에 의해 최초로 시도되었다. 레온티에프는 1947년 미국의 무역통계와 산업연관표를 이용하여 미국의 수출재와 수입대체재 각각 백만 달러 어치를 생산하는 데 직·간접적으로 사용된 자본액과 노동량을 계산하여 두 재화의 요소집약도를 도출하였다. 그는 이를 이용하여 〈표 3-1〉과 같은 결과를 얻었다.[31] 당시 미국의 1인당 GNP가 세계에서 가장 높았기 때문에 레온티에프는 미국을 자본풍부국으로 간주하고, 헥셔-올린 정리에 따라 미국이 자본집약적인 재화를 수출하고 노동집약적

31) 헥셔-올린 이론의 보다 엄밀한 검증을 위해서는 미국의 수입재 생산에 사용된 해외의 자본과 노동량을 사용해야 하지만, 이러한 통계자료를 구하는 것이 현실적으로 상당히 어렵기 때문에 레온티에프의 경우 해외 데이터 대신 미국의 수입재와 경쟁관계에 있는 미국의 수입대체재의 생산에 사용된 미국의 자본과 노동량을 이용하였다.

표 3-1 헥셔-올린 정리에 대한 레온티에프 검증결과

(단위: 자본=천달러, 노동=명)

수출재			수입대체재		
자본(K)	노동(L)	요소집약도(K/L)	자본(K)	노동(L)	요소집약도(K/L)
2,551	182	14.0	3,091	170	18.2

인 재화를 수입할 것이라는 가설을 세웠다.

그러나 검증결과 〈표 3-1〉에 나타난 것처럼 수출재의 경우 요소집약도가 14.0인 반면, 수입재는 18.2로 나타나 미국의 수출재가 오히려 노동집약적인 것으로 밝혀졌다. 이처럼 헥셔-올린 정리의 예측과는 정반대 실증분석 결과가 나온 것을 레온티에프 패러독스(Leontief Paradox)라고 부른다. 이 결과가 나온 이후 레온티에프 자신은 물론 볼드윈(R. Baldwin) 등 많은 경제학자들이 다른 기간의 자료를 이용하여 레온티에프와 유사한 실증분석을 시도하였으나 대부분 유사한 결과를 얻었다. 물론 헥셔-올린 정리를 지지하는 실증분석 결과를 얻은 연구도 있기 때문에 헥셔-올린 정리의 현실설명력에 대해서는 지금까지도 논쟁이 계속되고 있다. 그러나 결과적으로 레온티에프 패러독스가 제기됨으로써 헥셔-올린 정리에 관한 이론적·실증적 분석이 주요 이슈가 되었고, 이러한 과정을 통해 새로운 이론들이 등장하게 되었다는 데 큰 의미가 있다.

레온티에프 역설에 대해 레온티에프 자신은 물론 그 후의 경제학자들이 다각적인 방법으로 이 결과가 헥셔-올린 정리와 상충되지 않을 수 있다는 점을 설명하려고 노력하였다. 우선 레온티에프 자신은 미국의 노동생산성이 무역상대국에 비해 3배 정도 높기 때문에 무역상대국의 노동단위로 환산하면 미국의 노동부존량이 3배 정도 증가하게 되어 미국이 자본풍부국이 아니라 노동풍부국이 될 수 있다고 설명하였다. 따라서 자신이 얻은 결과가 헥셔-올린 정리에 부합하는 것이라고 주장하였다. 그러나 그의 주장은 미국의 노동력 1인당 자본액이 무역상대국에 비해 높다는 점과 미국 노동력에 체화된 인적자본(human capital)이 상대적으로 높다는 점을 간과한 주장이기 때문에 큰 설득력을 얻지 못했다. 그 이후 볼드윈(R. Baldwin)은 노동에 체화된 기술이나 지식을 습득하기 위해 투자된 비용을 고려한 인적자본의 크기를 계산하여 미국의 수출상품이 수입경쟁재에 비해 인적자본 집약적인 방법에 의해 생산되고 있다는 것을 밝힘으로써 인적자본 풍부국인 미국이 인적자본 집약적인 재화를 수출하고 있기 때문에 미국의 무역패턴이 헥셔-올린 정리에 부합한다고 주장하였다. 한편, 바넥(J. Vanek)은 노동과 자본 이외에 천연자원도 무역패턴을 결정하는 주요 생산요소로 간주하고 미국의 수입재가 자원집약적 재화임을 강조하였다. 미국은 천연자원이 풍부하기는 하지만 석유와 광물을 포함한 상당수의 천연자원이 상대적으로 부족한 국가이기 때문에 이러한 자원집약적 재화의 수입이 많다. 천연자원과 자본 사이에는 보완관계가 크기 때문에 자본집약적 재화는 자원집약적인 성격을 가지고 있다. 따라서 바넥은 미국이 자본집약적 재화를 수입하는 것은 자본이 부족하기 때문이 아니라 자원이 상대적으로 부족하기 때문이라고 볼 수 있으므로 레온티에프의 결과는 헥셔-올린 정리와 상충되는 것이 아니라고 주장하였다. 이러한 생산요소와 관련된 설명 이외에도 생산기술과 관련된 요인과 수요와 관련된 요인, 무역장벽과 관련된 제도적 요인 등이 레온티에프 역설과 관련하여 주목을 받았다.

주요용어

비교우위(comparative advantage)
상대가격
생산가능곡선
무역의 이득(gains from trade)
기회비용(opportunity cost)
완전특화
밀(Mill)의 패러독스
요소집약도(factor intensity)
등비곡선(iso-cost curve)
절대우위(absolute advantage)
리카도 모형
교역조건(terms of trade)
노동가치설
사회무차별곡선
상호수요균등의 법칙
요소부존도
등량곡선(isoquant)
한계생산(marginal product)
헥셔-올린 정리
립진스키 정리(Rybczynski Theorem)
요소집약도의 역전
요소가격균등화 정리
레온티에프 패러독스
스톨퍼-사뮤엘슨 정리

연습문제

1. 노생산요소가 노동(L)만 있는 상황에서 H국의 노동부존량은 100단위, F국의 노동부존량은 150단위로 주어졌다. H국의 노동 1단위는 X재 2단위 또는 Y재 1단위를 만들 수 있고, F국의 노동 1단위는 X재 3단위 또는 Y재 2단위를 만들 수 있다. 한편 두 국가 모두 X재와 Y재가 1:1의 비율로 소비된다.

   (1) 각 재화에 대한 비교우위와 절대우위는 어떤 국가가 가지고 있는가?
   (2) 각국의 생산가능곡선식을 구하여라.
   (3) 세계생산가능곡선을 그려 보시오.
   (4) 교역 전 두 국가의 재화소비량은 각각 몇 단위인가?
   (5) 두 국가가 모두 이득을 볼 수 있는 교환비율(P_x/P_y)의 범위는 무엇인가?
   (6) 두 국가가 $(P_x/P_y)=7/12$의 비율로 교환을 할 경우, 교역 후 두 국가의 재화소비량은 각각 몇 단위인가? 이 가격이 국제균형가격이 될 수 있는지 여부를 밝히시오.

2. 노동만이 유일한 생산요소인 경제에서 한국과 미국이 자동차와 쌀만을 생산한다고 가정하자. 한국의 노동 1단위는 자동차 1/10대 또는 쌀 1/5kg을 생산할 수 있고, 미국의 노동 1단위는 자동차 1/4대 또는 쌀 1/4kg을 생산할

수 있다. 한국과 미국 모두 노동을 1,000단위씩 가지고 있다고 할 때 다음 질문에 답하시오.

(1) 한국과 미국의 생산가능곡선을 그리고, 한국이 어떤 재화에 비교우위가 있는지 밝히시오.
(2) 두 국가가 교역을 하게 되면 교역조건은 어떤 범위에 놓이게 되는가? (즉, 자동차 한 대당 교환될 수 있는 쌀은 몇 kg에서 몇 kg까지인가?)
(3) 한국이 교역 이전에 자동차 50대, 쌀 100kg을 생산하고 있었다면, 교역 이후 교역의 이득(gains from trade) 최대치는 자동차단위로 표시하면 몇 대가 되는가?

3. H국은 노동 100단위, 자본 300단위를 가지고 있고, F국은 노동 200단위, 자본 800단위를 가지고 있다. X재와 Y재 모두 1차동차 생산함수이고, 요소균형가격$\left(\frac{w}{r}\right)$과 재화의 요소집약도$\left(\frac{K}{L}\right)$의 관계가 X재의 경우, $\left(\frac{K}{L}\right)_X=\left(\frac{w}{r}\right)+1$, Y재의 경우 $\left(\frac{K}{L}\right)_Y=\left(\frac{w}{r}\right)+2$로 주어졌다.

(1) 두 재화 중 어느 재화가 자본집약적 재화인가?
(2) 두 국가가 교역을 하기 이전 자급자족 상태에서 요소균형가격$\left(\frac{w}{r}\right)$이 취할 수 있는 값의 범위는 각각 어떻게 되는가?
(3) 두 국가가 교역을 하게 되면 교역의 패턴(즉, 어느 나라가 어떤 재화를 수출하고 수입하게 되는 지)은 어떻게 되고, 요소가격은 어떻게 달라지는가?
(4) 요소균형가격$\left(\frac{w}{r}\right)$과 재화의 요소집약도$\left(\frac{K}{L}\right)$의 관계가 X재의 경우 $\left(\frac{K}{L}\right)_X=\frac{1}{2}\left(\frac{w}{r}\right)+2$, Y재의 경우 $\left(\frac{K}{L}\right)_Y=\left(\frac{w}{r}\right)+1$ 로 주어지고, 요소부존량도 H국은 노동 100단위, 자본 250단위, F국은 노동 200단위, 자본 700단위로 달라졌다고 하자. 이 경우 두 국가가 교역을 하고 난 이후 두 국가의 요소가격은 어떻게 달라지는가?

4. 생산요소가 노동(L)만 있는 상황에서 H국과 F국은 교역 전 A, B, C, D, E 다섯 재화를 생산하고 있었다. H국의 임금(w)은 \$10이고, F국의 임금은 \$15로 주어졌다. 각국의 단위노동투입계수가 다음과 같이 주어졌다.

	A재	B재	C재	D재	E재
H국	1	2	3	4	5
F국	5	4	3	2	1

(1) 두 국가가 교역을 하게 되면 H국은 어떤 재화를 수출하고, 어떤 재화를 수입하게 되는가?

(2) 수송비로 재화가격의 50%가 드는 경우 (1)번의 교역패턴은 어떤 영향을 받게 되는가?

5. 국가간 생산요소의 이동이 불가능한 상황에서도 재화의 자유무역을 통해 두 국가의 생산요소가격이 상대적 · 절대적으로 동일해진다는 "요소가격균등화 정리"가 성립하는 이유를 간단히 설명하시오.

6. 어떤 생산요소의 부존량이 증가하면 그 생산요소를 집약적으로 사용하는 재화의 절대생산량은 늘어나고, 그렇지 않은 재화의 절대생산량은 감소한다는 립진스키정리가 왜 성립하는지 간단히 설명하시오.

7. 다음의 통계는 1990년대 이후 주요 상품별 한국의 수출구조의 변화를 요약하고 있다. 이러한 변화를 국제무역이론적 관점에서 설명해 보라.

	1990	1992	1994	1996	1998
총 수출(백만달러)	65,015.7	76,631.6	96,013.3	129,715.2	132,313.1
식료 및 직접소비재(%)	0.035	0.031	0.027	0.024	0.021
경공업품	0.387	0.324	0.278	0.252	0.246
섬유제품	0.214	0.196	0.155	0.116	0.106
신발류	0.062	0.038	0.000	0.000	0.004
타이어 및 튜브	0.013	0.014	0.013	0.012	0.012
중화학공업품	0.552	0.604	0.658	0.677	0.678
화공품	0.027	0.045	0.058	0.061	0.068
철강제품	0.087	0.092	0.080	0.066	0.084
기계류	0.093	0.099	0.068	0.073	0.076
전자제품	0.157	0.167	0.262	0.262	0.259
자동차	0.033	0.041	0.040	0.064	0.062

자료: 통계청.

[부록 3-1] 교역조건의 결정과 무역의 이익

무역이 이루어지면 전세계의 물고기와 과일간의 상대가격은 하나로 통일될 것이다. 즉, 두 재화의 국제균형가격(p^*)이 형성된다. 무역이란 순수한 의미에서 상품의 유통시장이 하나로 통일된다는 의미이므로 제품의 가격도 하나밖에 존재할 수 없다. 따라서 여기서 규명해야 할 점은 국제균형가격(교역조건)이 어느 수준에서 결정될 것인가 하는 문제이다.

3.3절의 예에서 국제균형가격 p^*는 교역 이전의 로빈슨 크루소의 상대가격(p^r)인 1/2보다는 높을 것이며 프라이데이의 상대가격(p^f)인 2/3보다는 낮아지게 될 것이다.[32] 국제균형가격의 결정과정에서 로빈슨 크루소의 물고기 수출량과 프라이데이의 물고기 수입량이 일치하지 않거나, 로빈슨 크루소의 과일 수입량과 프라이데이의 과일 수출량이 일치하지 않으면 p는 각 재화의 초과수요 여부에 따라 상승 또는 하락함으로써 궁극적으로 각 재화의 세계수요와 세계공급이 일치하는 수준에서 균형을 이루게 된다.[33]

이러한 국제균형가격의 결정과정은 밀(J. S. Mill)이 수요조건을 고려함으로써 보완되어 리카도 모형이 국제무역이론으로 완성되었다. 일반적으로 수요조건은 소비자의 무차별곡선(indifference curve)으로 나타내지는데, 무역이론에서도 이와 유사한 특성을 지닌 무차별곡선이 사회 전체에도 존재한다고 가정하고 이를 사회무차별곡선(social indifference curve)이라 부른다.[34] 3.3절의 예에서 두 국가(로빈슨 크루소와 프라이데이)의 수요조건이 동일하다고 가정하면 두 국가의 수요조건은 동일한 사회무차별곡선으로 나타낼 수 있다.

한편, 〈그림 3-3〉에 나타난 두 국가의 생산가능곡선을 이용하면 세계생산가능곡선을 〈그림 A-3-1〉과 같이 나타낼 수 있다. 세계생산가능곡선은 한 국가의 생산가능곡선과 본질적으로는 같은 개념이지만 국가간에는 노동의 이동이 불가능하고, 각국이 서로 다른 생산기술을 가지고 있다는 전제하에 그려진다는 차이가 있다. 예컨대, 각국이 가지고 있는 노동량 전부를 Y재 생산에만 투입할 경우 전세계적으로 산출 가능한 Y재의 최대생산량(G점)을 얻을 수 있다. 그 점에서부터 출발하여 X재 산출량을 한 단위씩 증가시켜 나갈 경우, X재를 보다

---

32) 리카도 모형에서 교역 이전 가격은 수요조건과는 관계없이 공급조건(이 경우 노동투입계수)에 의해서만 결정된다. 그러나 교역 이후 국제균형가격은 수요조건에 의해서도 영향을 받게 된다.

33) 이와 같이 국제가격이 각 재화에 대한 양국의 수출, 수입의 크기에 의해 결정된다는 이론을 밀(J. S. Mill)의 상호수요균등의 법칙이라고 부른다.

34) 무차별곡선이란 한 소비자에게 동일한 만족도(효용)를 줄 수 있는 재화의 조합들을 연결한 곡선으로, 기울기가 우하향하고, 원점에 대해 볼록하며, 서로 교차하지 않고, 원점에서 멀수록 효용이 크다는 특성을 가지고 있다.

사회무차별곡선

사회무차별곡선이란 사회 전체에 동일한 수준의 사회후생을 제공하기 위해 필요로 되는 재화의 조합을 의미한다. 무차별곡선이 한마디로 개인의 선호(preference)를 반영하는 반면, 사회무차별곡선은 사회 전체의 선호를 반영한다. 즉, 사회 전체를 하나의 개인처럼 간주하고 무차별곡선을 그린 것이다.

실제로 수많은 구성원들의 선호체계가 각기 다름에도 불구하고 대표적 소비자를 고려함으로써 한 국가의 선호체계를 나타낸다는 것이 상당한 무리가 따른다는 것은 분명하다. 그러나 경제학자들은 비장의 무기인 '가정(assumption)'을 통하여 현실경제의 중요한 특성을 반영하면서도 이를 단순화시킴으로써 이 개념을 만들어 내고 여러 가지 분석에 매우 유용하게 활용하고 있다.

그림 A-3-1 교역조건의 결정과 무역이익

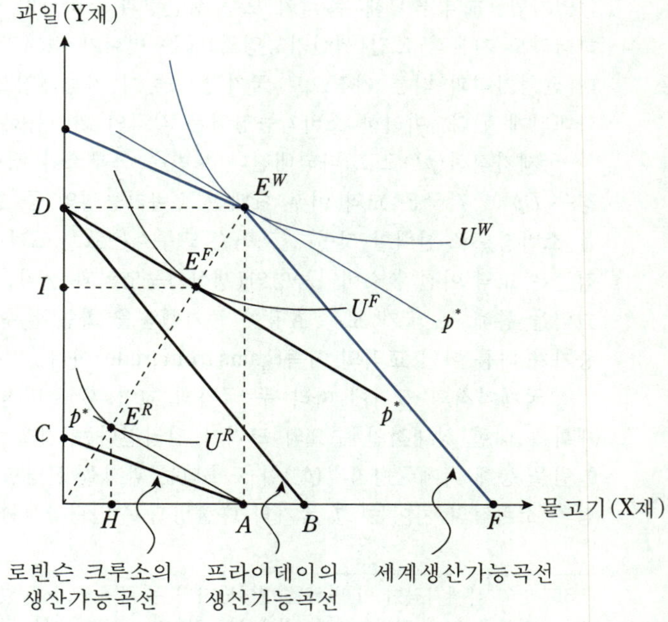

효율적으로 생산할 수 있는 국가(로빈슨 크루소)부터 Y재 생산에 투입되었던 노동력을 빼내어 X재 생산에 투입하는 것이 세계 전체적으로 산출량을 극대화할 수 있다. 따라서 이 국가의 노동투입이 전부 Y재 생산에서 X재 생산으로 전환될 때까지는 세계생산가능곡선의 기울기가 로빈슨 크루소의 생산가능곡선 기울기와 같게 된다(GE^W구간). 그 이후에도 계속해서 X재 산출량을 늘리려면 다른 국가(프라이데이)에서 Y재 생산을 줄여 거기에 사용되었던 노동을 X재 생산에 투입해야 한다. 따라서 그 이후의 세계생산가능곡선의 기울기는 프라이데이의 생산가능곡선 기울기와 같아지게 된다(E^WF구간).

위의 그림에서 알 수 있듯이 재화에 대한 수요가 어느 한 쪽으로 지나치게 편중되어 있지 않고, 두 국가의 경제규모가 크게 차이가 나지 않는 상황에서는 세계 전체의 효용을 극대화시키는 소비점은 E^W가 된다. 이때 국제균형가격(교역조건: p^*)은 두 국가의 교역 전 균형가격 사이에서 결정된다($p^r < p^* < p^f$).[35)]

한편 각국은 교역의 이득을 극대화하기 위해 각자 비교우위에 있는 재화생산에 특화하게 된다. 로빈슨 크루소의 경우에는 물고기만을 생산(A점)하게 되고, 프라이데이의 경우에는 과일만을 생산(D점)하게 되는 생산의 국제분업이 일어나게 된다.

자급자족하던 상태에서는 두 국가 모두 생산량과 소비량이 같아질 수밖에 없었지만, 교역을 통해 두 국가 모두 생산량과 소비량이 달라지게 된다. 교역을 하더라도 기술적 조건(생산가능영역)에는 변화가 없지만, 교역 전 자급자족상태 균형가격과 다른 가격으로 국가간 교환이 가능해짐으로써 소비가능영역이 확대되게 된다. 이러한 소비가능영역은 각국의 완전특화 생산점으로부터 출발한 국제가격선(p^*)으로 나타내진다(로빈슨 크루소의 경우 Ap^*, 프라이데이의 경우 Dp^*). 각국은 교역 이후 확대된 소비가능영역 중 효용이 가장 커지는 점을 소비점으로 선택할 것이고(로빈슨 크루소는 E^R, 프라이데이는 E^F), 이 소비점들은 교역 이전의 소비가능영역(생산가능영역과 동일) 밖에 존재하기 때문에 교역을 통해 두 국가 모두 효용이 증가했음을 확인할 수 있다. 이러한 효용의 증가가 다름 아닌 **교역의 이득(gains from trade)**이다.

국제가격의 크기에 따라 두 국가의 교역 후 소비점이 달라지고, 이는 두 재화에 대한 상대적인 수요의 크기가 달라진다는 것을 의미하기 때문에 위의 그림을 통해 국제균형가격(p^*)이 도출되는 과정을 설명할 수 있다. 각국의 생산점과 소비점의 차이는 그 국가의 수출량과 수입량을 나타낸다. 위의 그림에서

35) 만일 국제가격이 이 범위를 벗어난다면 두 국가 모두 동일한 한 재화만을 생산하는 결과를 얻게 된다. 한편, 경제규모 격차가 큰 경우에는 국제균형가격이 규모가 큰 국가(대국)의 자급자족상태 균형가격과 같아지게 되어 대국은 불완전특화, 소국은 완전특화하는 생산패턴을 보임으로써 소국의 교역이득이 커지게 된다.

로빈슨 크루소의 생산점은 A이고 소비점은 E^R이기 때문에 국제가격이 p^*일 때 로빈슨 크루소는 물고기(X재)를 HA만큼 수출하고 그 대신 과일(Y재)을 HE^R만큼 수입하고 있음을 알 수 있다. 한편, 프라이데이의 생산점은 D이고 소비점은 E^F이기 때문에 국제가격이 p^*일 때 물고기(X재)를 IE^F만큼 수입하고 과일(Y재)을 DI만큼 수출할 것이다. 만일 이 가격하에서 로빈슨 크루소가 수출하고자 하는 물고기의 수출량이 프라이데이가 수입하고자 하는 물고기의 수입량보다 많다면, 초과공급으로 인해 물고기의 국제가격은 하락하게 될 것이다. 이처럼 각 재화에 대한 수요(수입)와 공급(수출)이 일치하지 않는 경우에는 국제가격이 이를 일치시키는 방향으로 조정되어 최종적인 균형상태에 도달하면 각 재화의 세계수요와 세계공급이 같아지게 되고 이러한 조건을 충족시켜 주는 국제균형가격을 얻을 수 있다. 〈그림 A-3-1〉에서 "로빈슨 크루소의 물고기 수출량(HA)=프라이데이의 물고기 수입량(IE^F), 로빈슨 크루소의 과일 수입량(HE^R)=프라이데이의 과일 수출량(DI)," 두 조건이 충족되는 가격이 국제균형가격이 된다.

여기서 우리는 국제균형가격과 교역의 이득 사이의 관계에 대해 일반적인 통념과는 상반되는 한 가지 흥미로운 사실을 발견할 수 있다. 일반적으로 경제규모가 큰 강대국일수록 무역을 통해 얻는 이득이 클 것으로 생각하기 쉽지만, 실제로는 그 반대일 가능성이 크다는 것이 밀(J. S. Mill)에 의해 밝혀졌다. 이를 밀의 패러독스라 한다.

밀(J. S. Mill)의 패러독스

교역의 이득의 크기는 결국 무역 후 성립되는 국제균형가격과 무역전에 존재했던 국내균형가격과의 차이에 의해 결정되는데, 경제규모가 클수록 두 가격간의 차이가 적게 나타나기 때문에 교역으로 인한 소비가능영역의 확대 폭이 크지 않게 되고 그 결과 교역의 이득이 상대적으로 소규모 국가에게 돌아갈 가능성이 커지게 된다.

[부록 3-2] 리카도 모형의 확장: 다요소(multi factors), 다재화(multi goods)하의 비교우위

리카도모형은 노동만을 유일한 생산요소로 가정하였고 재화도 두 개만 있는 상황을 가정하였기 때문에 노동생산성의 상대적 크기를 통해 비교우위를 쉽게 구별할 수 있었다. 그러나 생산요소가 두 개 이상 되고, 재화의 수도 두 개를 넘어선다면 이런 경우에도 과연 리카도의 비교우위론을 적용할 수 있을까? 다음 예를 통해 이에 대한 해답을 찾아보자.

첫번째로 생산요소가 두 개 이상인 경우를 고려해 보자. 리카도모형의 경우에는 각 재화 생산의 노동생산성 크기만 알면 되었지만, 생산요소가 노동뿐 아니라 자본, 토지, 천연자원 등과 같이 여러 개인 경우에는 개별 생산요소의 생산성을 측정하는 것이 중요한 것이 아니라 생산에 사용된 모든 생산요소들의 공동의 생산성(joint productivity)을 측정하는 것이 필요하다. 이를 위해 각 제품 한 단위 생산에 투입되는 생산요소들의 화폐가치를 합산함으로써 단위생산비용을 계산할 수 있다. 이 경우 특정한 한 생산요소의 상대적인 생산성의 크기만으로는 비교우위를 말할 수 없기 때문에 화폐가치로 환산된 단위생산비용의 크기를 비교함으로써 비교우위 구조를 파악할 수 있다. 예를 들어, 미국과 일본의 통화단위로 표시한 두 재화의 단위생산비용이 다음과 같다고 하자.

표 A-3-1 단위생산비용: 생산요소가 다수인 경우

	소고기 1단위	의류 1단위
미 국	1 $	3 $
일 본	1 ¥	1 ¥

두 국가가 교역을 하기 이전에는 두 화폐의 교환비율을 알 수 없기 때문에 두 국가간 단위생산비용의 절대금액을 비교하는 것이 불가능하다. 그러나 한 국가 내에서 두 재화의 생산비 비교는 여전히 가능하기 때문에 미국의 경우 의류 1단위의 기회비용은 소고기 3단위인 반면, 일본의 경우 의류 1단위의 기회비용은 소고기 1단위라고 말할 수 있다. 즉, 생산요소가 두 개 이상인 경우에도 미국은 소고기 생산에, 일본은 의류 생산에 비교우위가 있다고 말할 수 있다.

두 국가가 교역을 하게 될 경우 두 재화의 교환비율의 범위는 이러한 비용조건에 의해 결정된다. 미국은 소고기 1단위당 1/3단위 이상의 의류와 교환이 가능하면 소고기를 생산하여 일본의 의류와 교역하기를 원할 것이고, 일본은 의류 1단위당 1단위 이상의 소고기와 교환이 가능하면 그러한 교역에 응할 것이다. 양국의 생산비용 조건에 의해 결정된 범위(소고기 1단위당 의류 1/3단위-1단위) 내에서 교역을 할 경우 양국 모두 교역을 통해 이득을 볼 수 있게 된다. 이 범위 내에서 교역조건은 양국의 상대적 수요조건에 의해 결정되게 된다.

단위생산비용에 의해 결정된 교역조건의 범위는 두 국가간의 화폐교환비율, 즉 환율의 범위를 결정하게 된다. 위의 예에서 일본의 의류 1단위 생산비는 1¥인데, 두 국가가 교역을 할 경우 의류 1단위가 교환될 수 있는 소고기의 양이 1-3단위이고 미국의 소고기 1단위 생산비가 1$이므로 일본의 의류 1단위의 생산비를 달러($)로 환산하면 1-3$가 된다. 만일 환율이 이 범위를 벗어나게 되면 어느 한 국가에서 두 재화의 단위생산비(또는 가격)가 모두 낮아지기 때문에 지속적인 교역이 어렵게 된다. 예컨대, 현행 환율이 1¥=4$라면 일본의 소고기 1단위 생산비와 의류 1단위 생산비가 달러화로 표시할 경우 모두 4$이 되기 때문에 두 재화 모두 미국보다 생산비가 높게 된다. 그러나 두 재화 모두 일본이 일방적으로 수입하고, 반면 미국은 일방적으로 수출하는 교역구조는 장기적으로 구매력이 뒷받침되지 않기 때문에 지속될 수 없다. 이러한 교역구조하에서는 일본이 미국으로부터 수입을 위해 달러화를 필요로 하기 때문에 달러화의 가격이 올라가는 환율조정이 불가피해진다. 따라서 중장기적으로 지속가능한 1¥의 환율 범위는 단위생산비용에 의해 결정된 1-3$이 된다. 이 범위 내에 있는 환율하에서는 각국은 자국이 비교우위가 있는 재화를 상대방 국가보다 동일한 화폐단위로 표시했을 때 보다 저렴하게 생산할 수 있게 된다. 예컨대, 환율이 1¥=2$라면 달러화로 표시한 각국의 단위생산비용은 다음과 같다.

표 A-3-2 달러화 표시 단위생산비용: 1¥=2$일 때

	소고기 1단위	의류 1단위
미 국	1 $	3 $
일 본	2 $	2 $

두 번째로 재화의 수도 두 개를 넘게 되는 보다 현실적인 경우를 고려해 보자. 이 경우에 만일 생산요소가 노동 하나 뿐이라면 두 국가의 각 재화 노동투입계수의 비율 크기에 따라 재화의 번호를 매긴 후 두 국가의 임금수준 비율의 크기와 비교하여 비교우위를 판정할 수 있다. 예컨대, 재화가 n개 있다고 할 때 자국의 i번째 재화의 단위노동투입계수를 a_i, 외국의 단위노동투입계수를 a_i^*라 하고, 자국의 임금수준이 w, 외국의 임금수준이 w^*라 하자. 재화의 번호는 (a_i/a_i^*)값이 큰 순서로 다음과 같이 부여하였다.

$$a_1/a_1^* > a_2/a_2^* > \cdots > a_k/a_k^* > a_{k+1}/a_{k+1}^* > \cdots > a_n/a_n^*$$

만일 두 국가의 임금수준의 비율이 (a_{k+1}/a_{k+1}^*)보다 크고 (a_k/a_k^*)보다는

작은 구간에 놓인다면(즉, $a_{k+1}/a^*_{k+1} < w^*/w < a_k/a^*_k$), 1번 재화부터 k번째까지의 재화가격은 외국이 더 싸고, $(k+1)$번째 재화부터 n번째 재화까지의 재화가격은 자국이 더 싸기 때문에 여전히 비교우위의 원리가 적용된다.[36] 즉, 이 경우 각 재화생산의 상대적 노동생산성의 크기와 상대적 임금수준의 크기에 의해 비교우위가 결정된다.

이러한 원리는 생산요소가 두 개 이상일 경우에도 적용된다. 그러나 생산요소가 여러 개이기 때문에 위의 경우와 마찬가지로 노동생산성 비율이 아닌 각국 통화로 표시한 각 재화의 단위생산비용의 상대적 크기와 두 국가 화폐의 교환비율, 즉 환율에 의해 비교우위가 결정된다. 예를 들어 미국과 일본이 각각 다섯 종류의 재화를 생산하고 있다고 하자. 각국의 화폐단위로 표시한 단위생산비용의 상대적 크기에 따라 재화의 번호를 A부터 E까지 부여한 단위생산비용 표가 다음과 같다.

표 A-3-3 단위생산비용: 생산요소가 다수인 경우

	A 재	B 재	C 재	D 재	E 재
미 국	1 $	4 $	10 $	16 $	25 $
일 본	1 ¥	2 ¥	3 ¥	4 ¥	5 ¥

이 경우에도 〈표 A-3-3〉만으로는 어떤 국가가 어떤 재화에 비교우위를 가지고 있는지 판정할 수 없다. 그러나 단위생산비용의 상대적 크기에 의해 두 국가의 환율범위가 결정되기 때문에 지속 가능한 범위 내에 있는 환율 값이 주어진다면 비교우위 구조가 파악될 수 있다. 이 경우 지속 가능한 환율의 범위는 1엔(¥)당 1달러에서 5달러 사이가 되고, 이 범위를 벗어난 환율하에서는 한 국가가 모든 재화를 수출하고 다른 국가는 모든 재화를 수입하게 된다(〈표 A-3-4〉 참조). 예를 들어, 양국의 수요조건에 의해 결정된 환율이 1¥=3$이라면 달러화로 표시한 양국의 단위생산비용은 다음과 같이 된다.

표 A-3-4 달러화 표시 단위생산비용: 다수 재화, 다수 생산요소

	A 재	B 재	C 재	D 재	E 재
미 국	1 $	4 $	10 $	16 $	25 $
일본(1¥=3$)	3 $	6 $	9 $	12 $	15 $
일본(1¥=1$)	1 $	2 $	3 $	4 $	5 $
일본(1¥=5$)	5 $	10 $	15 $	20 $	25 $

36) 앞서 설명한 노동가치설에 따르면 노동만이 유일한 생산요소인 경우 각 재화의 가격은 투입한 노동의 가치에 의해 결정되기 때문에 $P_k = w \cdot a_k$ 가 된다. 따라서 두 국

앞의 표에서 알 수 있듯이 환율이 1￥=3$인 경우 미국은 A재와 B재에, 일본은 C재와 D재, 그리고 E재에 비교우위를 가지게 된다. 만일 환율이 1￥=4$로 바뀌게 되면, C재에 대한 비교우위를 가진 국가가 일본에서 미국으로 바뀌게 됨을 확인할 수 있다.

가의 임금수준 비율이 $a_{k+1}/a^*_{k+1} < w^*/w < a_k/a^*_k$ 구간에 있다면, 첫번째부터 k번째까지의 재화가격은 외국이 더 싸고($w^*/w < a_k/a^*_k$로부터 $P_k = w \cdot a_k > w^* \cdot a^*_k = P^*_k$), $(k+1)$번째부터 n번째 재화의 가격은 자국이 더 싸다는 것을 확인할 수 있다($a_{k+1}/a^*_{k+1} < w^*/w$로부터 $P_{k+1} = w \cdot a_{k+1} < w^* \cdot a^*_{k+1} = P^*_{k+1}$).

[부록 3-3] 수송비용과 비교역재

리카도 모형은 노동만을 유일한 생산요소로 고려하였기 때문에 일반적으로 두 국가가 교역을 할 경우 비교우위를 가진 재화만을 생산하는 완전특화가 발생할 것으로 예측하고 있다. 그러나 현실에서는 리카도 모형이 시사하는 바와 달리 완전특화가 발생하는 경우는 거의 없다. 왜 그럴까? 가장 큰 이유는 앞서 헥셔-올린 모형에서 설명했듯이 생산요소가 2개 이상 존재하기 때문이라고 할 수 있다. 그러나 그 이외에도 [부록 3-1]에서 언급된 바와 같이 국가간 경제규모의 차이가 클 때도 대국의 경우 완전특화가 나타나지 않을 수 있다. 또한 각 국가가 높은 보호장벽을 설치하거나 수송비용이 무시하지 못할 정도로 많이 든다면 완전특화가 나타나지 않을 수 있다.

여기서는 수송비용의 존재로 인해 일부 상품은 수입하는 것보다 국내에서 생산하는 것이 더 유리해지는 경우를 살펴보도록 하자. [부록 3-2]에서 재화의 수가 2개가 넘는 경우 수송비용이 들지 않는다는 전제하에 두 국가의 재화별 노동투입계수의 비율(a_1/a_1^*, $\cdots$, a_n/a_n^*)과 임금수준비율(w^*/w)의 크기에 따라 비교우위구조가 결정되는 과정을 설명하였다.

이제 다른 나라로 수출하는 경우 수송비용이 생산가격의 $100 \cdot t\%$ 만큼 든다고 가정해 보자. 이 경우 i번째 재화의 외국제품의 수입가격은 수송비를 포함한 가격, 즉 $a_i^* \cdot w^* \cdot (1+t)$가 된다. 외국제품의 수입가격이 국내 생산가격($a_i \cdot w$)보다 싼 경우에만 수입이 되므로 $a_i \cdot w > a_i^* \cdot w^* \cdot (1+t)$, 즉 $a_i/a_i^* > w^*(1+t)/w$ 일 때 i번째 재화를 외국으로부터 수입하게 된다. 마찬가지로 자국상품의 외국 소비자가격($a_i \cdot w \cdot (1+t)$)이 외국의 생산가격($a_i^* \cdot w^*$)보다 싼 경우에만 수출이 가능하게 된다. $a_i \cdot w \cdot (1+t) < a_i^* \cdot w^*$, 즉 $a_i/a_i^* < w^*/\{w(1+t)\}$ 일 때 i번째 재화를 자국이 수출하게 된다. 이를 종합하면 아래 그림에 나타난 것처럼 단위노동투입계수의 비율(a_i/a_i^*)이 $w^*/\{w(1+t)\}$과 $w^*(1+t)/w$ 사이에 존재하는 재화의 경우 수송비 때문에 교역이 일어나지 않는 비교역재가 된다는 것을 알 수 있다.

$$\underbrace{a_n/a_n^*}_{\text{자국이 수출}} < \cdots < w^*/\{w(1+t)\} < \underbrace{\cdots < a_i/a_i^* = w^*/w < \cdots}_{\text{교역이 이루어지지 않는 비교역재}} < w^*(1+t)/w < \underbrace{\cdots < a_1/a_1^*}_{\text{외국으로부터 수입}}$$

[부록 3-4] 폐쇄경제와 개방경제의 일반균형과 국제가격

생산요소가 노동(L)과 자본(K) 2개인 경제에서 교역을 하지 않는 폐쇄경제의 일반균형은 〈그림 A-3-2〉에 나타난 것처럼 생산가능곡선과 무차별곡선이 접하는 A점에서 달성된다. A점에서 두 곡선에 동시에 접하는 접선의 기울기가 재화의 균형가격$\left(P_a = \dfrac{P_x}{P_y}\right)$이 되고, A점의 좌표(X_A, Y_A)가 각 재화의 균형생산량이면서 동시에 균형소비량이 된다. 구체적으로 설명하면 폐쇄경제하의 균형은 다음 3가지 조건이 충족되는 상태를 의미한다.

① 생산자최적화 조건: $\dfrac{P_x}{P_y}$=MRT(Marginal Rate of Transformation: 한계기술대체율)

② 소비자최적화 조건: $\dfrac{P_x}{P_y}$=MRS(Marginal Rate of Substitution: 한계대체율)

③ 시장청산조건: $X_c = X_p$, $Y_c = Y_p$

여기서 X_c, Y_c는 각 재화의 소비량, X_p, Y_p는 각 재화의 생산량을 의미한다. 한계기술대체율(MRT)은 X재를 한 단위 더 생산하기 위해 Y재를 몇 단위 생산을 줄여야 하는가를 나타내는 생산기술적 변환율을 의미한다. 이는 생산가능곡선의 접선의 기울기로 나타난다. 한편 한계대체율(MRS)은 X재 한 단위 소

그림 A-3-2 폐쇄경제하의 일반균형

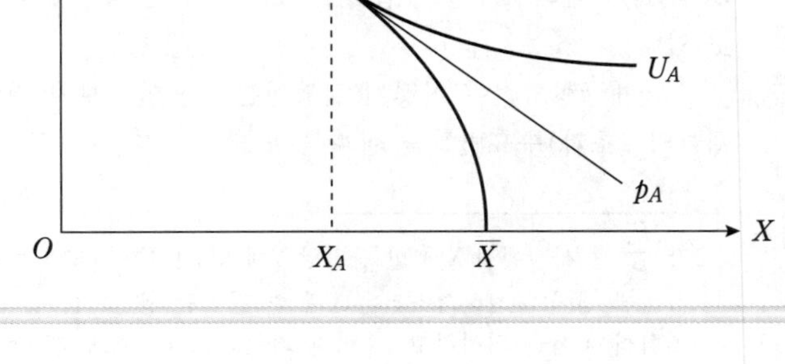

그림 A-3-3 개방경제하의 일반균형

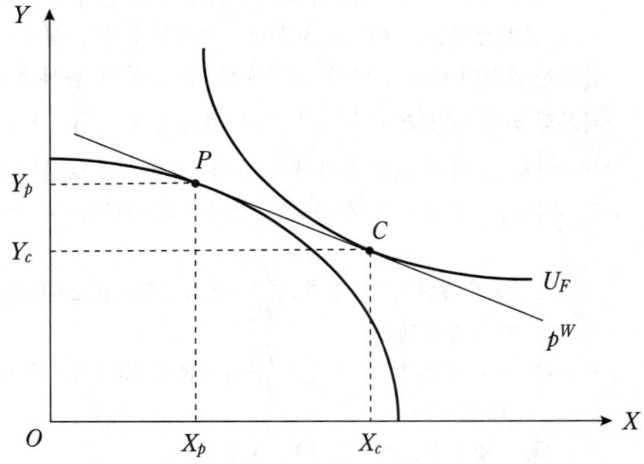

비를 증가시킬 때 동일한 효용수준을 유지하기 위해서 Y재 소비를 몇 단위 줄여야 하는가를 나타내는 두 재화 소비의 주관적 대체율을 의미한다. 이는 무차별곡선의 접선의 기울기로 나타난다.[37)]

한편 교역을 하는 개방경제하의 일반균형은 위에 언급된 ① 생산자최적화 조건, ② 소비자최적화 조건과(③ 시장청산조건 대신), ④ 무역수지균형 조건이 충족된 상태에서 이루어진다.

④ 무역수지균형 조건: $p_x^W(X_c - X_p) + p_y^W(Y_c - Y_p) = 0$

여기서 p_x^W, p_y^W는 각 재화의 자유무역하의 국제가격을 의미한다. 〈그림 A-3-3〉의 경우 자유무역 균형상태에서 생산점은 P, 소비점은 C로 나타나고, $(X_c - X_p)$만큼의 X재를 수입하고 $(Y_p - Y_c)$만큼의 Y재를 수출하고 있음을 표시하고 있다.

국제균형가격이 어떻게 결정되는가를 알아보기 위해서는 가격변화에 따른 재화의 (초과)수요변화를 살펴볼 필요가 있다. 〈그림 A-3-4〉는 자급자족 균형

---

37) $\frac{P_x}{P_y}$는 시장에서 X재 한 단위당 Y재 몇 단위가 교환되는가를 나타내는 비율이기 때문에 생산자 최적화조건은 X재 한 단위당 생산기술적 변환율이 시장교환비율과 일치해야 함을 의미하고, 소비자 최적화조건은 X재 한 단위당 소비의 주관적 대체율이 객관적 시장교환비율과 일치해야 함을 의미한다.

그림 A-3-4 국제가격 변화와 무역균형

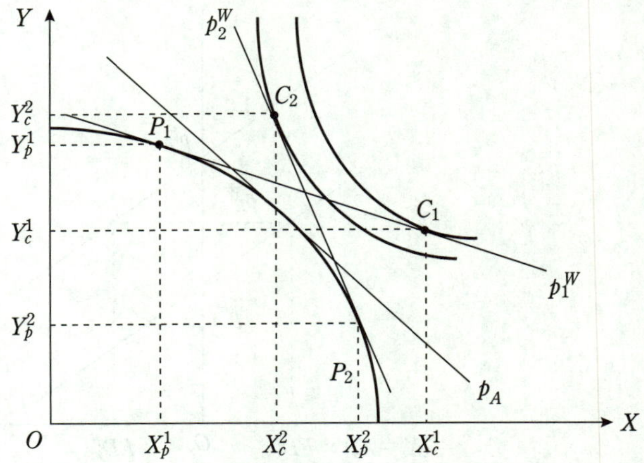

가격(p_A)과 다른 국제가격(p_1^W, p_2^W)이 주어졌을 때 각 가격에 상응하는 생산점과 소비점을 표시하고 있고, 〈그림 A-3-5〉는 각각의 가격에서의 초과수요(수입 또는 수출)곡선을 나타내고 있다. 즉, $p_1^W < p_A$일 경우 X재의 국제상대가격이 국내상대가격보다 낮기 때문에 X재를 수입($X_c - X_p$)하게 되고, 반대의 경우에는 X재를 수출($X_p - X_c$)하게 된다.

그림 A-3-5 초과수요곡선

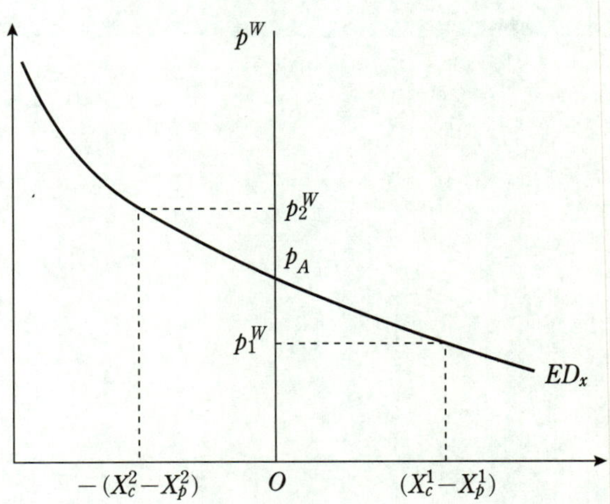

그림 A-3-6 국제균형가격의 결정

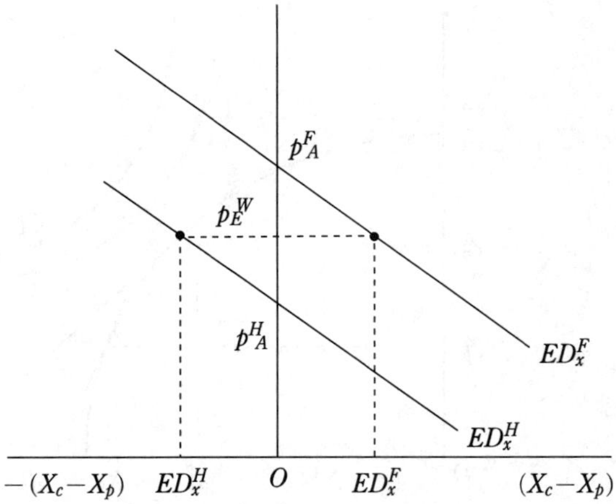

두 국가(H국, F국) 모두 〈그림 A-3-5〉와 같은 형태의 초과수요곡선을 가지게 되므로, 이를 한 평면에 동시에 나타내면 〈그림 A-3-6〉과 같은 형태를 가질 수 있다. 국제균형가격(p_E^W)은 〈그림 A-3-6〉에 나타난 것처럼 H국이 수출하고자 하는 양(ED_x^H)과 F국이 수입하고자 하는 양(ED_x^F)이 같아질 때 얻어진다(즉, $ED_x^F=-ED_x^H$). Y재의 경우 양국 모두 무역수지가 균형이 된다는 조건이 충족되면(즉, $p_x^W \cdot ED_x^H=-p_y^W \cdot ED_y^H$, $p_x^W \cdot ED_x^F=-p_y^W \cdot ED_y^F$), X재시장이 균형일 때(즉, $ED_x^F=-ED_x^H$) $ED_y^F=-ED_y^H$이 성립하므로 자동적으로 균형이 된다.

[부록 3-5] 요소집약도의 역전: Harrod-Jones Diagram

헤롯과 존슨은 완전경쟁시장과 1차 동차 생산함수를 가정하면 재화의 상대가격(P_x/P_y)과 생산요소의 상대가격(w/r) 간에는 1:1 대응관계가 성립한다는 점과 생산요소의 상대가격(w/r)과 각 재화의 요소집약도(K/L) 간에도 1:1 대응관계가 성립한다는 점을 이용하여 헥셔-올린 정리를 설명하였다.

생산요소 상대가격(w/r)가 높아질수록 노동의 상대가격이 높아진다는 것을 의미하기 때문에 두 재화 모두 생산방식이 노동사용을 줄이고 자본사용을 늘리는 방향으로 변화하게 되고, 그 결과 두 재화 모두 요소집약도(K/L)가 커지게 된다. 즉, (w/r)와 (K/L) 사이에는 (+) 관계가 성립한다. 한편 노동의 상대가격이 높아질수록 노동집약적인 재화의 생산비가 증가하기 때문에 노동집약적 재화의 상대가격은 높아지게 된다. 따라서 만일 Y재가 노동집약적 재화라면 (w/r)이 증가할수록 (P_x/P_y)는 낮아지게 되고, 반대로 Y재가 자본집약적 재화라면 (w/r)가 증가할수록 (P_x/P_y)는 높아지게 된다. 이러한 관계를 한 도표에 나타낸 것이 헤롯-존슨 도표이다.

〈그림 A-3-7〉에서 X재가 자본집약적 재화라고 할 때 요소집약도의 역전이 발행하지 않는 경우가 (A)이고, 요소집약도의 역전이 발생한 경우가 (B)이다.

그림 (A)의 경우 생산요소의 상대가격이 어떤 값으로 주어지건 관계없이 X재의 요소집약도가 Y재의 요소집약도보다 크기 때문에 X재가 항상 자본집약적 재화가 된다. 그러나 그림 (B)의 경우에는 생산요소의 상대가격이 $(w/r)_0$보

그림 A-3-7 헤롯-존슨 도표

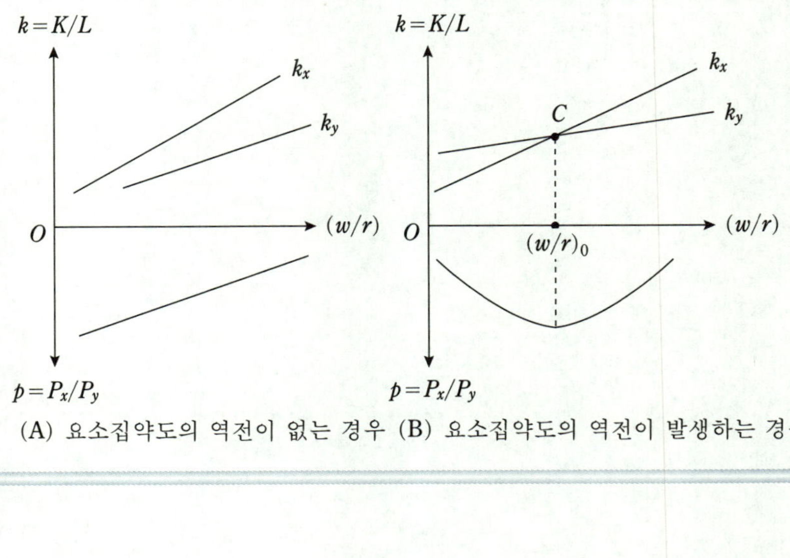

(A) 요소집약도의 역전이 없는 경우 (B) 요소집약도의 역전이 발생하는 경우

다 작은 값으로 주어진 경우에는 X재가 노동집약적인 재화인 반면, 요소상대가격이 $(w/r)_0$을 넘게 되면 Y재가 노동집약적인 재화가 된다.

요소집약도의 역전은 그림 (B)에서 알 수 있듯이 두 재화의 요소집약도를 나타내는 선(k_x와 k_y)의 기울기 차이가 클수록 나타날 가능성이 커진다. 그렇다면 요소집약도를 나타내는 선의 기울기는 무슨 의미가 있는 것일까? 이는 다름 아닌 각 재화 생산시 생산요소(노동과 자본)간 대체(substitution) 정도를 나타낸다. 그림 (B)의 경우 X재의 요소집약도를 나타내는 선(k_x)이 Y재의 경우(k_y)보다 가파르게 그려져 있는데, 이는 노동의 상대가격(w/r)이 올랐을 때 X재의 경우 노동사용을 줄이고 그 대신 자본사용을 늘리는 정도가 Y재에 비해 상대적으로 더 크다는 것을 의미한다. 즉, 요소집약도의 역전은 두 재화의 생산기술상 요소간 대체가능 정도의 차이가 아주 클 때 나타날 가능성이 크다. 그러나 이와 같은 경우가 일반적이라고 할 수 없기 때문에 요소집약도 역전의 가능성을 배제한 헥셔-올린의 이론이 지나친 가정을 했다고 보기는 어렵다.

헤롯-존슨의 경우 위의 그림에 각국의 요소부존비율을 결합함으로써 헥셔-올린 정리가 왜 성립하는지를 설명하였으나, 본서에서는 이 설명은 생략하기로 한다.

제4장 국제무역의 새로운 이론

스마트폰의 등장, 소리 없는 전쟁의 시작인가?

스마트폰의 등장은 산업의 구도를 변화시킬 만큼 가히 혁명적인 일로 평가되고 있다. PC산업을 하던 애플이 '아이폰'의 출시를 통해 핸드폰 시장에 진출하게 되면서 산업간의 진입장벽이 무너지게 되었다. 스마트폰의 등장은 다양한 연관산업을 발전시키는 계기를 마련하였다. 어플리케이션을 개발하여 수익을 창출할 수 있게 되었고, 이러한 어플리케이션은 이제 마케팅 도구의 하나로 자리매김을 하였다. 또한 소비자의 생활패턴에도 커다란 변화가 예상되고 있다. 신속한 일처리는 물론이고, 정보교류 범위의 확대, 장소에 구애받지 않는 인터넷 사용과 정보처리를 통해 시공을 뛰어넘는 소비생활이 가능해졌다.

이러한 시장환경의 변화로 세계각국의 IT기업들은 스마트폰 사업 진출을 고려하고 있거나, 이미 개발단계를 넘어 시판에 들어갔다. HP도 Palm인수를 전격 발표하면서 스마트 폰 시장 진출을 선언하였다. HP는 스마트폰 시장이 확대될 것에 대비해 빠르고 효율적으로 진입하기 위해 스마트폰 노하우를 가지고 있는 팜을 인수하였는데, 이를 계기로 거대 공룡기업인 HP가 애플-안드로이드 경쟁구도에 가세할 것으로 전망되고 있다. 팜의 경우 웹 OS에 강점을 가지고 있어 스마트폰의 소프트웨어 측면에서 상당한 역량을 지니고 있고, HP의 경우 세계적 유통망, 브랜드 파워, 하드웨어에 강력한 역량을 가지고 있기 때문에 시너지 효과가 높을 것으로 기대되고 있다.

한편 국내 스마트폰 시장도 판촉경쟁이 본격화됐다. 삼성전자가 2010년 6월 '이순신폰'으로 불리는 '갤럭시 S'를 내놓은 것을 계기로 국산 스마트폰과 외국산 스마트폰 간의 치열한 경쟁이 예고되고 있다. 한국시장에서의 승부는 전세계시장에도 상당한 영향을 미칠 것으로 전망된다. 삼성전자의 글로벌전략 스마트폰 '갤럭시 S'가 구글 안드로이드 연합군을 등에 업고 '아이폰 4G'와 정면승부를 벌이고 있다. '갤럭시 S'는 구글 안드로이드가 이미 진출한 48개국을 훨씬 뛰어넘는 전세계 100개국, 110개 통신사와 손잡고 일제히

출시된다. 아이폰을 타도할 가장 강력한 안드로이드폰으로 '갤럭시 S'를 주목하고 있는 구글과 세계유수의 이통사들, 국내 SK텔레콤이 일제히 지원사격에 나서고 있다.

소리 없는 전쟁은 이미 시작되었다. 영원한 적도, 영원한 동지도 없는 국제시장에서의 치열한 경쟁이 현실화된 것이다.

4.1 문제 제기

제 3 장에서 살펴본 무역이론에 따르면 국가들은 각각의 비교우위에 입각하여 무역을 한다. 그리고 비교우위는 국가들간의 상이성(differences)에서 비롯되었다. 비교우위에 의해 무역이 발생한다는 전통적 무역이론에 따르면 국가간의 차이가 클수록 무역량도 많을 것이라는 추론이 가능하다. 그러나 실제의 국제무역통계를 살펴보면 국가간의 무역흐름이 전통적 무역이론이 예측하는 것과 상당한 차이가 있음을 알 수 있다.

대표적인 예가 선진국과 후진국간의 무역량보다 선진국간의 무역량이 더 많다는 것과, 선진국간의 무역은 산업간 무역(inter-industry trade)뿐 아니라 산업내 무역(intra-industry trade)이 상당한 비중을 차지하고 있다는 사실이다. 이러한 실증적 현상은 앞서 논의한 전통적 무역이론과 상당한 모순되는 측면이 있다. 기존이론에 따르면 모든 점에서 똑 같은 두 나라 사이에는 무역의 필요성이 사라지기 때문에 요소부존도나 기술수준이 유사한 국가일수록 상호간에 무역하려는 동기는 약하게 된다. 일반적으로 기술적인 측면이나 자원의 부존 형태를 두고 볼 때 선진국간이나 후진국간보다는 선진국과 후진국 사이의 상이성이 더 크기 때문에 전통적인 비교우위론은 선진국과 후진국간의 무역, 즉 남북무역을 보다 잘 설명하고 있다고 볼 수 있다.

예를 들어 프랑스는 브라질과 매우 다른 경제구조를 가지고 있지만 독일과는 상대적으로 유사한 경제구조를 가진 나라이다. 그렇다면 당연히 프랑스와 독일간의 무역보다 프랑스와 브라질간의 무역이 보다 활발해야 한다는 것이 전통적인 무역이론의 설명이다. 그럼에도 불구하고 각국간의 무역구조를 살펴보면 선진국들은 자기들끼리의 무역의존도가 후진국과의 무역의존도보다 훨씬 높게 나타나는데, 왜 이런 현상이 나타나는 것일까?

한편 전통적 무역이론은 비교우위가 있는 제품을 수출하고 그렇지 않은 제품을 수입한다고 설명하지만, 이 역시 실제의 교역 현황을 정확히 반영한다고 보기 힘든 측면이 있다. 예를 들어, 우리나라가 말레이시아에 TV를 수출하지만 이와 동시에 말레이시아로부터 TV를 수입하기도 한다. 이 경우 우리나라가 TV에 비교우위가 있는 것인가 아니면 말레이시아가 있는 것인가? 이처럼 동일한 종류의 제품을 수출도 하고 수입도 하는 산업내 무역현상이 최근 들어 매우 일반적으로 일어나고 있는데, 이를 어떻게 설명할 수 있을까?

또한 시간의 흐름에 따른 비교우위구조의 변화는 어떻게 설명할 수 있을 것인가? 이상의 논의는 당연히 앞에서 배운 전통적 무역이론의 타당성에 대하여 의구심을 불러일으킨다. 물론 이와 같은 현상이 존재한다고 해서 기존의 이론이 틀렸다고 단정할 수는 없다. 왜냐하면 우선 이러한 현상들을 기존의 이론을 부정하지 않으면서도 설명할 수 있는 여지가 있기 때문이다. 전통적 무역이론들은 개별생산자의 구체적인 특성을 고려하지 않은 반면, 최근의 이론들은 국가적 특성보다는 산업별, 기업별 특성을 중시하는 경향이 있다. 1980년을 전후하여 전통적인 비교우위론으로는 설명이 되지 않는 무역현상을 설명하기 위한 이론들이 많이 소개되기 시작했는데, 이러한 이론들을 전통적 무역이론에 대비하여 '신국제무역이론' (new trade theories)이라고 부른다.

신국제무역이론을 전통적 무역이론과 구별하는 가장 큰 이유는 무엇보다도 국가간의 무역 원인을 기술이나 요소부존도와 같은 '상이성'이 아닌 다른 요인에서 찾고 있기 때문이다. 그 중 가장 대표적인 요인이 규모의 경제이다. 규모의 경제가 존재하게 되면 일반적으로 시장은 불완전경쟁 상태가 되고, 이 경우 두 국가간 요소부존량이나 기술수준에 차이가 없더라도 교역을 통해 두 국가의 후생이 모두 증가할 수 있다. 본 장에서는 위에서 제기된 문제점들에 대해 새로운 무역이론을 중심으로 그 해답을 찾아보기로 하자.

4.2 불완전경쟁, 내부적 규모의 경제와 국제무역

전통적 무역이론의 모형들은 규모에 대한 수확불변을 가정하였다. 즉, 생산량이 증가하더라도 평균생산비는 불변이라고 가정한다. 그러나 현실적으로 많은 제조업에서 기업규모가 커질수록 효율성이 증가하는 규모의 경제가 나타나고 있다. 규모의 경제가 존재하는 경우 요소부존도나 기술수준이 동일한 두 국가간에 교역을 통해 후생이 증가할 수 있음은 다음 예를 통해 쉽게 이해할 수 있다. 예를 들어 4개 제품생산에 규모의 경제가 나타나고, 소비자들이 다양한 제품을 소비하기를 원한다고 가정하자. 각 산업의 노동투입량과 산출량의 관계가 모두 〈표 4-1〉과 같다고 할 때, 각국은 모든 재화를 각기 다 생산하는 것보다는 서로 다른 재화를 나누어 생산함으로써 전세계의 산출량을 증가시킬 수 있다.

표 4-1 각 산업의 노동투입량과 산출량의 관계

산업 총생산량	총노동투입량	노동의 평균생산성
100	10	10
250	20	12.5
450	30	15
700	40	17.5
1,000	50	20

두 국가의 노동부존량이 40단위로 동일하고, 교역 이전에 두 국가 모두 각 산업당 10단위의 노동을 투입하여 각 재화를 100단위씩 생산하고 있었다고 하자. 위의 표에 나타난 것처럼 각 산업에서 모두 규모의 경제가 나타나고 있기 때문에, 예를 들어 교역 이후에 한 국가는 첫번째와 세 번째 재화생산에 노동을 20단위씩 투입하여 두 재화를 각각 250단위씩 생산하고, 다른 국가는 두 번째와 네 번째 재화생산에 노동을 20단위씩 투입하여 두 재화를 각각 250단위씩 생산한다면 세계 총생

산량은 각 재화 모두 200단위에서 250단위로 50단위씩 증가하게 된다. 따라서 이 상태에서 양국이 교역 이전과 동일한 상대가격비율로 교환한다 하더라도 전체적인 공급증가로 인해 각국의 소비자들은 교역 이전보다 소비량을 증가시킬 수 있게 되기 때문에 두 국가 모두 교역을 하려고 할 것이다.

규모의 경제(economies of scale)

규모의 경제란 생산량이 증가할수록 장기평균비용이 감소하는 것을 의미한다. 장기생산함수에서 모든 생산요소들의 투입량을 증가시켰을 때, 생산량이 생산요소투입과 같은 비율로 증가하면 규모에 대한 수확불변이라 하고, 생산량이 생산요소투입보다 더 큰 비율로 증가하면 규모에 대한 수확체증이라 한다. 또, 생산요소들의 투입량을 증가시켰을 경우 생산량의 증가율이 생산요소 투입량의 증가율에 미치지 못하는 경우는 규모에 대한 수확체감이라고 한다. 규모에 대한 수확체증이 존재하는 경우 생산요소들의 투입량을 증가시킬수록 평균생산비가 점차 감소하게 되는데, 이는 생산량의 증가율이 생산비용의 증가율보다 빠르기 때문이다. 이러한 경우 생산에 규모의 경제가 있다고 한다.

규모의 경제는 시장구조에 미치는 영향에 따라 내부적 규모의 경제(internal economies of scale)와 외부적 규모의 경제(external economies of scale)로 나누어 볼 수 있다. 내부적 규모의 경제란 제품의 단위당 생산비용이 개별기업의 생산규모가 증가함에 따라 낮아지는 경우로, 개별기업의 평균비용곡선이 우하향하는 구간에서 나타나기 때문에 산업 전체의 생산규모에는 영향을 받지 않는다. 이 경우 개별기업이 산출량을 증가시킴에 따라 평균생산비가 낮아지기 때문에 시장구조가 불완전경쟁 상태가 된다. 반면, 외부적 규모의 경제란 제품의 단위당 비용이 관련산업의 전체 생산규모 증가에 따라 낮아지는 경우로, 개별기업의 평균비용곡선 자체가 산업 총생산량 증가에 따라 아래로 이동하게 된다. 이 경우 평균비용이 낮아지는 것이 개별기업의 산출량 증가에 기인한 것이 아니라 신규생산자의 증가 등으로 인한 산업 총생산량 증가에 기인한 것이기 때문에 시장구조는 여전히 완전경쟁적인 상태로 남아 있을 수 있다. 외부적 규모의 경제는 외부경제(external economies)의 한 종류로 볼 수 있다. 즉 외부적 규모의 경제효과는 동종산업의 산출증가에 기인한다는 점에서 일반적인 외부경제효과의 특수한 경우라 할 수 있다.

위의 예를 통해 알 수 있듯이 규모의 경제 자체가 교역의 원인이 될 수 있다는 사실은 현실 교역현황을 설명하는 새로운 시각을 제시하고 있다. 그러나 이 이론의 경우 규모의 경제에 기인한 교역의 이득은 설명이 가능하지만 교역의 패턴, 즉 어떤 국가가 어떤 재화를 생산하게 될 것인가에 관해서는 '역사적 우연'이라고 치부하는 등의 설명만이 가능하다는 점에서 이론적 한계가 있다.

위의 〈Box〉에서 설명한 바와 같이 규모의 경제는 외부적인 경우와 내부적인 경우로 나누어진다. 외부적 규모의 경제의 경우 내부적 규모의 경제에 비해 그 효과를 식별하기가 훨씬 어려울 뿐 아니라 그 이득의 크기를 화폐가치로 측정하는 것도 어렵기 때문에 최근의 연구들은 내부적 규모의 경제에 기반을 둔 무역모형을 주로 다루고 있다.

내부적 규모의 경제가 존재하는 경우에는 개별기업의 산출량이 증가할수록 평균비용이 낮아지기 때문에 대규모 기업들이 소규모 기업에 비해 비용우위를 가지게 되어 시장은 일반적으로 불완전경쟁 구조가 된다. 불완전경쟁 시장의 종류에는 독점, 과점, 그리고 독점적 경쟁시장 등이 있다. 순수 독점의 경우 공급자가 하나이기 때문에 이론적으로 간단하다는 장점이 있긴 하지만, 현실 경제에서는 전 세계에 유일한 독점 공급자만 존재하는 경우가 없기 때문에 무역이론에서는 거의 고려되지 않는다. 반면, 공급자 수가 무수히 많지는 않지만 소수의 공급자가 존재하는 과점시장의 경우 많은 현실 사례를 찾을 수 있다. 그러나 과점의 경우 각 기업은 가격책정에 있어서 소비자들의 반응뿐 아니라 경쟁기업들의 예상되는 반응까지 고려해야 하기 때문에 이러한 시장구조하에서 무역을 설명하는 것이 상당히 복잡해진다는 단점이 있다. 이러한 복잡성을 피하기 위해 최근 무역이론에서는 독점의 성격과 경쟁의 성격을 동시에 가지고 있는 독점적 경쟁시장을 이용하여 규모의 경제가 존재하는 상황에서의 무역을 설명하고 있다. 본 절에서도 독점적 경쟁시장 모형을 중심으로 논의를 전개해 나가기로 한다.[1)]

1) 불완전경쟁모형은 무수히 많은 형태를 띠고 있기 때문에 이에 기초한 국제무역이론도 매우 다양하게 제시되고 있다. 이하의 논의는 신국제무역이론의 초기 학자라고 할 수 있는 크루그먼(P. Krugman)이 제시한 모형에 기초하고 있는데 Krugman & Obstfeld(2000)에 수록되어 있는 내용을 기초로 하였다.

독점적 경쟁시장

독점적 경쟁시장은 다수의 기업이 차별화된(differentiated) 제품을 생산하고, 기업의 시장진입과 이탈이 자유로울 때 성립되는 시장이다.[2)·3)] 독점적 경쟁기업은 차별화된 상품을 생산하기 때문에 독점기업에 비해 정도는 약하지만 자사제품에 대해 독점력을 가진다. 그러나 독점시장과는 달리 기업의 시장진입과 퇴출이 자유롭기 때문에 균형상태에서 완전경쟁의 경우와 마찬가지로 이윤이 영(0)이 된다는 특징을 지닌다. 독점적 경쟁기업은 완전경쟁기업과는 달리 평균비용이 최소가 되기 전에, 즉 평균비용이 하락하는 영역에서 균형을 이루기 때문에, 규모의 경제가 존재하는 상태에서 차별화된 상품을 생산하여 국제무역을 하게 된다. 이를 그림을 통해 살펴보면 다음과 같다.

아래의 그림에서 무역 전 독점적 경쟁기업 제품에 대한 수요곡선은 d_1이고 이 수요곡선에 대응하는 한계수입곡선은 MR_1이다. 무역 전 균형은 평균비용을 나타내는 AC곡선과 수요곡선 d_1이 접하는 A점이 되며, 이때 균형가격과 균형생산량은 각각 P_1과 Q_1이 된다. 기업의 이윤은 한계수입(marginal revenue: MR)과 한계비용(marginal cost: MC)이 같아지는 산출량 수준에서 극대화된다. 따라서 무역 전에는 MR_1과 MC가 같아지는 C점에서 이윤이 극대화되는 산출량(Q_1)을 생산하고, 그 산출량에서의 수요

2) 차별화된 제품이란 상품분류 체계상으로는 동일한 상품으로 분류되지만 개별 생산자의 제품 하나하나가 약간씩 다른 특성을 지니고 있는 제품을 의미한다. 각 회사별로 자사제품의 독특성을 강조하는 상품(자동차, 화장품, TV 등) 대부분이 차별화된 제품으로 간주된다. 예를 들어, EF소나타라는 자동차는 현대자동차에서만 만들기 때문에 그 자동차에 대해서는 현대자동차가 유일한 공급자로서 시장에서 독점력을 가지게 된다. 그러나 EF소나타와 유사한 급의 자동차가 전 세계적으로는 백여 종류에 달하기 때문에 소비자 입장에서는 EF소나타의 가격이 오르면 다른 종류의 차로 대체할 가능성이 커지게 된다. 따라서 현대자동차는 중형차 시장에서 제한적인 독점력을 가질 수밖에 없다.

3) 시장진입이 완전히 자유롭고 아무 비용 없이 시장에서 철수할 수 있는 시장을 경합시장(contestable market)이라 한다. 이 경우 각 기업들은 기업의 수가 몇 되지 않더라도 완전경쟁시장과 유사한 행동을 하게 된다. 경합시장에서는 시장에서 실현되는 이익 또는 손실의 크기에 따라 항상 잠재적인 진입기업과 퇴출기업이 존재하기 때문에 균형상태에서 정상이윤만 존재하게 된다. 따라서 각 기업들은 자기 자신을 수많은 공급자 중의 하나로 간주하기 때문에 경쟁기업의 가격을 주어진 것으로 받아들이고 의사결정을 하게 된다. 그 결과 과점시장에 비해 기업들의 복잡한 상호 의존관계가 배제됨으로써 훨씬 단순한 모형설정이 가능해진다.

〈독점적 경쟁기업의 무역 전과 후의 균형〉

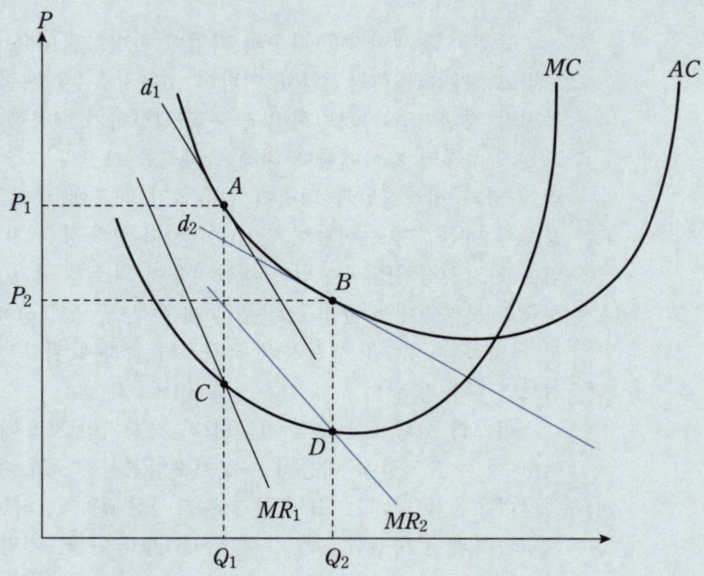

곡선(d_1)의 높이인 P_1만큼의 가격을 책정하게 된다. 이때 총수입(total revenue)과 총비용(total cost)의 크기가 같게 되므로 이윤은 영(0)이 되어 균형을 이루게 되는 것이다. 만일 $MR_1=MC$가 충족되는, 즉 이윤이 극대화되는 산출량 수준에서 기업의 이윤이 0보다 크다면 차별화된 제품을 생산하는 새로운 생산자가 시장에 진입하게 됨으로써 기존 기업의 수요곡선은 좌측으로 이동하게 되기 때문에 균형이 될 수 없다.

무역을 하게 되면 차별화된 제품을 생산하는 독점적 경쟁기업의 경우 일반적으로 시장이 확대되기 때문에 수요곡선이 위 그림에서처럼 우측으로 이동하고, 동시에 대체재의 증가로 인해 경쟁이 더욱 치열해지기 때문에 수요곡선의 기울기는 완만하게 바뀐다. 무역 이후 단기적으로는 이윤이 0보다 커질 수 있으나, 초과이윤이 발생하면 새로운 기업이 시장에 진입하게 되기 때문에 장기적으로는 정상이윤(0의 이윤)만 존재하는 균형(B점)에 이르게 된다. 무역 이전과 이후의 균형을 비교해 보면 무역 이후 독점적 경쟁기업의 산출량은 Q_1에서 Q_2로 증가한 반면, 가격은 P_1에서 P_2로 하락하였음을 알 수 있다. 즉, 독점적 경쟁 시장구조하에서 국제무역은 가격하락을 통해 소비자의 실질소득을 증가시킬 뿐 아니라 차별화된 제품의 수가 증가함으로써 소비자의 선택 폭을 넓혀 주게 된다.

독점적 경쟁시장을 국제무역과 연결시키기 위해 다음과 같은 독점적 경쟁 시장구조를 가진 산업을 생각해 보자. 규모의 경제가 나타나는 이 산업의 총생산규모는 Q이고 산업내 기업의 숫자는 n이라고 하자. 논의의 편의를 위하여 이 산업내 기업들이 상호 대칭적이라고 가정하면 각 기업들은 동일한 가격 P를 부과하게 될 것이다.[4] 규모의 경제가 존재할 때 이 산업 내에 존재하는 기업의 숫자는 각 기업의 평균생산비용에 직접적으로 영향을 미치게 된다. 왜냐하면 규모의 경제가 존재한다는 것은 생산규모와 평균비용이 역의 관계를 갖고 있음을 의미하기 때문에 산업 총생산량이 일정한 경우 산업 내의 기업수의 증가는 각 기업당 매출액 감소로 이어진다. 이를 정리하면 다음과 같다.

특정기업 i의 매출액: $q = \frac{Q}{n}$ 산업내 총 기업수의 증가: $n' > n$

$$\Rightarrow \quad q' = \frac{Q}{n'} < \frac{Q}{n} = q$$

기업 i의 매출 감소 ⇒ 규모의 경제로 인한 평균비용 증가

따라서 시장규모가 일정하다는 가정하에서 산업내 기업의 숫자와 평균비용간에는 〈그림 4-1〉에 나타난 것처럼 산업내 기업의 수가 증가할수록 각 기업의 평균비용이 증가하는 관계를 가진다. 이 그림의 가로축은 기업의 숫자를 나타내고 있으며 세로축은 평균비용을 표시하고 있다.

예를 들어 한국의 소주 산업이 독점적 경쟁산업이고 각 브랜드를 생산하는 기업이 다 대칭적이라고 가정하자(실제로는 그렇지 않지만 아무튼 소주 값은 다 똑같다). 1년에 소주 판매량이 1억병이고 소주회사가 5개라면 각자 2,000만병의 매출을 갖게 된다. 그러나 소주회사가 2배로 늘게 되면 전체 매출규모가 일정할 때 각자의 매출은 1,000만병으로 감소하게 된다. 여기서 중요한 점은 소주 생산에 규모의 경제가 적용된다면 각 기업은 매출 감소만 경험하는 것이 아니라 1병당 생산비용, 즉 평균

---

4) 각 기업이 대칭적(symmetric)이라 함은 각 기업이 차별화된 제품을 생산하고 있음에도 불구하고 이들이 직면하고 있는 수요함수, 생산함수 등 모든 측면에서 동일하다는 말과 일맥상통한다.

그림 4-1 독점적 경쟁하의 평균비용과 기업 수의 관계

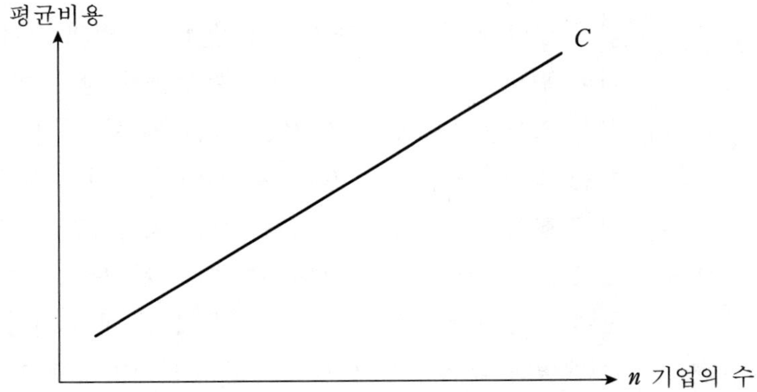

생산비용의 증가를 감수하지 않을 수 없다는 것이다.

이 산업 내의 기업 수가 증가할 경우 상품의 가격에는 어떠한 영향을 주는지 검토해 보자. 다른 조건이 일정하다면, 독점기업의 가격과 판매량은 반대로 변화한다. 우리는 앞에서 본 산업의 기업들은 차별화된 자사의 제품에 대하여 독점기업과 같은 행태를 보인다고 가정하였다.[5] 물론 자신과 경쟁하는 많은 기업들이 유사한 제품들을 판매하고 있기 때문에 그 독점력은 크지 않을 것이다.

그렇지만 기업이 독점력을 갖고 있다는 것은 자신의 제품에 대한 수요곡선이 여전히 우하향하는 기울기를 갖고 있음을 의미한다. 즉, 가격과 판매량이 역(−)의 관계에 있다는 것이다. 일반적으로 시장구조가 완전경쟁적이 아닌 경우 기업 수가 많아질수록 경쟁이 더욱 치열해지고 그 결과 판매가격이 낮아질 것이라는 것은 어렵지 않게 예상할 수 있다. 이와 같은 가격과 기업의 수의 관계는 〈그림 4-2〉의 *P*곡선으로 표현할 수 있다.

*P*곡선은 한 산업내 기업의 숫자가 증가할수록 기업들은 상품의 가격을 낮추려고 한다는 것을 보여 주고 있다. 기업 수(n)의 증가에 따라

---

5) 독점기업의 경우 시장점유율이 높기 때문에 그 기업의 공급량이 증가하면 가격이 떨어지게 된다. 즉, 시장에서 가격수용자가 아닌 가격설정자로 행동한다.

그림 4-2 독점적 경쟁하의 균형가격과 기업 수

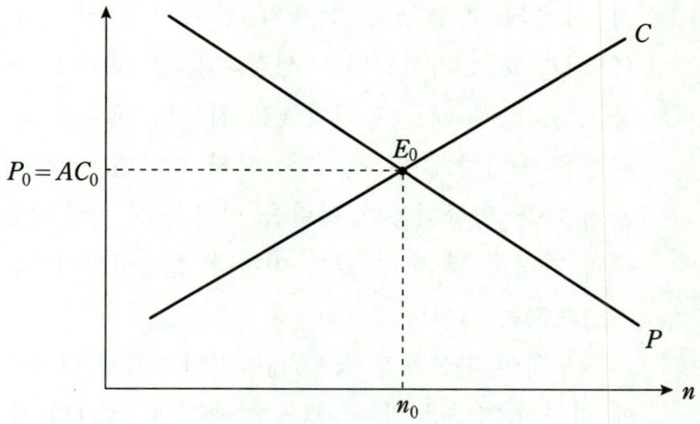

기업당 생산량이 감소하기 때문에 규모의 경제가 작용하여 평균비용도 증가하게 된다. 즉, 기업 수가 늘수록 경쟁이 치열해지므로 가격을 하락시키는 방향으로 작용한 반면에, 기업의 생산규모는 축소됨으로써 평균비용은 상승한다는 것이다. 이러한 기업 수와 평균비용간의 관계는 〈그림 4-1〉에서와 마찬가지로 〈그림 4-2〉의 C곡선으로 나타낼 수 있다. 〈그림 4-2〉에서 곡선 C와 P가 교차하는 E_0점은 이 산업 내의 균형을 묘사하고 있다. 즉, n_0은 균형기업 수이며 P_0와 AC_0는 각각 상품의 균형가격과 이에 상응하는 균형평균비용을 나타낸다.

지금까지 우리는 한 국가(H)의 독점적 경쟁산업의 균형에 대하여 논의하였다. 그러나 논의의 주목적은 이를 활용하여 무역을 설명하자는 것이다. 따라서 우리는 다른 국가(F) 역시 동일한 산업(소주)을 갖고 있다고 가정하자. 국가 F의 산업 규모를 Q^*, 산업내 기업의 숫자를 n^*라고 하자. 만일 두 국가간에 무역이 가능하다고 하면 어떠한 결과가 발생하는지 살펴보자. 우선 전통적인 '상이성'에 기초한 무역이론에 따르면 두 나라가 구태여 동일한 제품을 무역의 대상으로 삼을 필요가 없을 것이다. 그러나 이하에서 알 수 있듯이 규모의 경제가 존재할 경우 얼마든지 동일한 종류의 제품(물론 브랜드는 차별화되어 있지만)을 사고 팔 수 있다.

우선 무역이 자유롭다는 것은 비록 생산이 각국에서 별도로 이루어지지만 상품의 판매에 있어서 국경의 의미가 사라짐을 의미한다. 따라서 각국의 기업들은 상품의 판매시장 규모가 Q 또는 Q^*가 아닌 $(Q+Q^*)$로 증가하였다고 생각하게 될 것이다. 이 산업이 규모의 경제를 갖고 있기 때문에 기업들은 자신의 매출을 더 늘릴 수 있는 새로운 환경을 맞이하게 된 것이다. 다시 말하면, 규모의 경제는 생산량의 증가에 따른 평균비용의 하락을 의미하고, 평균비용의 하락은 기업이 상품의 가격을 낮출 수 있는 여지를 발생시키기 때문에 판매량의 증가가 가능해지는 것이다.

무역이 가능해질 경우 개별기업의 산출량 q의 크기는 두 가지 요인에 의하여 영향을 받게 된다. 첫째는 두 국가의 시장규모의 합 $(Q+Q^*)$인데, 이는 양국이 무역을 할 경우 개별 기업의 생산량은 늘어나게 작용한다. 둘째는 양국에 존재하는 기업의 숫자이다. 만일 양국의 기업수가 $(n+n^*)$로서 무역 이후에도 동일하다면 평균적으로 개별 기업의 생산량 q는 전혀 변하지 않을 것이다. 따라서 무역이 각국의 기업으로 하여금 규모의 경제를 누릴 수 있게 하려면, 시장규모가 $(Q+Q^*)$로 일정하다는 전제하에 무역 이후에 양국의 총기업 수가 무역 이전의 기업 수 $(n+n^*)$보다 감소해야 한다.[6)]

〈그림 4-3〉에서 알 수 있듯이 무역 이전과 무역 이후에 두 나라를

6) Krugman & Obstfeld(2000)의 경우 무역 이후에도 산업 총산출량의 크기$(Q+Q^*)$는 변화하지 않는 것으로 가정하였다. 그러나 교역 이후 시장규모의 확대로 인해 각 기업이 산출량을 증가시키게 되면, 규모의 경제로 인해 평균비용이 하락하여 제품 가격이 낮아지기 때문에 수요량(산출량)은 증가하게 될 것이다. 이처럼 명백한 가격인하 효과가 있음에도 불구하고 크루그먼(Krugman)이 총산출량 크기가 변화하지 않는다고 가정한 것은 상당히 비현실적이다. 이는 기업간 경쟁에 초점을 맞추고 모형을 단순화하기 위한 것으로 판단된다.

이 가정을 완화할 경우 수요의 가격탄력성이 아주 크다면 산출량증가 정도가 기업 수 증가 정도에 비해 더 크게 되어, 교역 이후에도 기업 수가 증가하면서도 규모의 경제가 실현될 수 있는 상황이 가능해질 수도 있다. 그러나 일반적인 경우에는 교역으로 인해 총산출량이 증가하더라도 모든 기업이 규모의 경제를 누릴 수 있을 정도로 그 증가 정도가 크지는 않을 것이다. 따라서 어떤 기업이 살아남을 것인가에 대해서는 명확히 설명할 수 없지만, 먼저 생산을 확대하기 시작한 기업들에 의해 일부 기업의 퇴출이 불가피한 상황이 충분히 가능하다는 점에서 크루그먼모형이 아주 비현실적인 것은 아니라고 할 수 있다.

그림 4-3 독점적 경쟁하의 무역 전후 기업 수

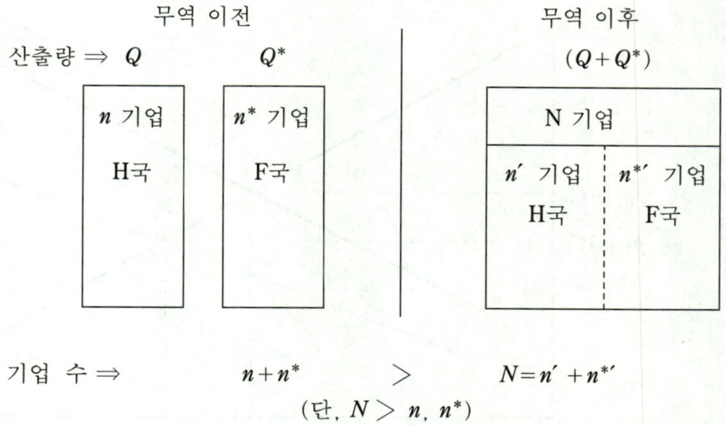

합친 시장규모에는 변화가 없다. 그렇지만 만일 무역 이후에 남아 있는 기업의 숫자(N)가 무역 이전보다 작다면(즉, $N < n+n^*$라면) 각 기업에 돌아가는 생산량은 증가할 것이며, 이는 다시 평균비용의 하락과 가격의 하락을 가져오게 될 것이다. 이는 〈그림 4-4〉에 나타나 있다.

〈그림 4-4〉는 H국의 입장에서 바라본 무역 전과 후의 균형을 보여주고 있다. 무역 이전에 H국 내에서는 n개의 기업이 존재하였는데(E_0점) 무역 이후에 자국의 소비자에게 제품을 판매하는 기업의 숫자는 N개로 늘었다(E_1점). 〈그림 4-4〉에서 평균비용과 기업 수의 관계를 나타내는 C곡선은 무역 이후 시장규모가 Q에서 $(Q+Q^*)$로 증가할 경우 단위기업당 생산량이 증가하게 되기 때문에 C_0에서 C_1로 아래로 이동하게 된다. 즉, 기업 수가 고정된 상태에서 무역으로 인해 시장규모가 커지게 되면 단위기업당 생산량은 증가할 것이고, 그 결과 규모의 경제로 인해 평균비용은 하락하게 된다.[7] 반면 가격과 기업 수의 관계를 나타내는 P곡선은 시장규모에 영향을 받지 않기 때문에 무역 이후 균형점은 E_1이 된다.[8] 이 때 N은 교역 이후에 남아 있는 국내기업과 외국기업의

7) C곡선 식은 본 장 부록의 (A.3)식 참조.
8) P곡선 식은 본 장 부록의 (A.7)식 참조.

그림 4-4 무역으로 인한 가격과 기업 수의 변화

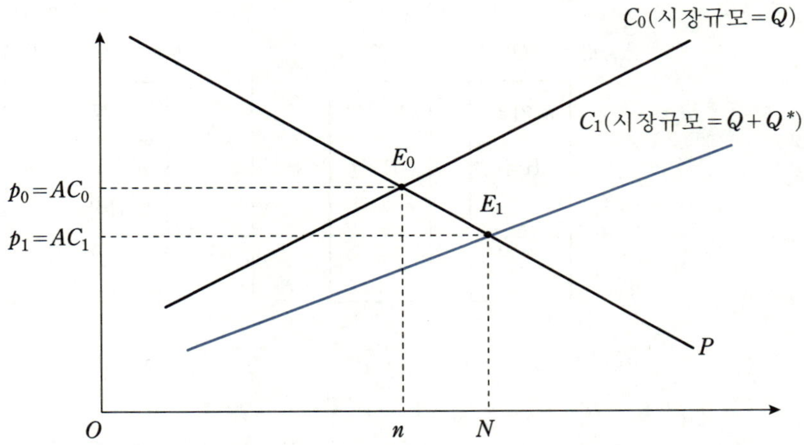

수를 합한 것이고, 제품이 차별화되어 있기 때문에 이는 제품의 종류를 의미하기도 한다. 무역 이후에도 총산출량은 $(Q+Q^*)$로 일정하다고 가정하였기 때문에 N은 무역 이전 H국과 F국의 기업 수를 합친 $(n+n^*)$보다 작게 된다. 이와 같은 상황은 F국에서도 동일하게 적용된다.

요소부존도나 기술력 등 모든 조건이 동일한 두 국가간에도 독점적 경쟁시장구조하에서 규모의 경제가 작용하는 산업이 존재하는 경우, 양국의 소비자들은 무역을 통해 더욱 다양한 종류의 차별화된 제품을 보다 낮은 가격에 소비할 수 있게 됨으로써 후생이 증가한다.[9]

그런데 이와 같은 결과가 정당성을 얻기 위해서는 무역 이후에 양국 기업의 총수가 감소하는가에 대한 설명이 필요하다. 그 해답은 다시 규모의 경제에서 찾을 수 있다. 무역이 가능해진 이후에 각 기업들은 종전보다 확대된 매출기회를 갖게 되었다. 따라서 기업들은 생산량의

9) 독점적 경쟁 무역모형은 과점시장에 비해 현실적인 사례가 드물다는 단점이 있다. 그러나 과점시장에서는 기업간 담합과 전략적 행위가 가능하기 때문에 과점적 시장구조를 전제로 한 일반화된 무역모형은 존재하지 않는다. 따라서 본 장에서 소개된 독점적 경쟁 무역모형이 현실 설명력이 아주 뛰어난 모형이라고 할 수는 없지만, 불완전 경쟁을 도입한 단순화된 일반균형모형이라는 점에 큰 의의가 있다.

증가를 통하여 평균비용을 낮추고, 다시 상품가격을 낮춤으로써 판매량을 증가시키려 할 것이다. 그러나 무역 이후에도 여전히 양국을 합친 총시장규모는 $(Q+Q^*)$이기 때문에 기존에 존재하고 있던 기업$(n+n^*)$ 모두가 이에 성공할 수는 없다. 따라서 일부 기업은 생산의 증가를 통하여 가격을 낮추는 데 성공하는 반면, 그렇지 못한 기업은 시장에서 퇴출될 수밖에 없다. 물론 우리는 어떤 기업이 성공하고 실패하는지 알 도리가 없다. 또한 두 나라의 기업 수가 같다는 보장도 없다. 다만 일부 기업이 규모의 경제를 활용하여 규모의 확대에 성공한다면, 다른 기업들은 이들에게 자신의 시장을 내주고 망할 것이라는 점만을 알 수 있다. 〈그림 4-3〉에 나타난 것처럼 무역 이후에 H국과 F에는 각각 n'과 $n^{*\prime}$의 기업이 존재하며 이들은 자국과 외국에 모두 자신의 상품을 공급하고 있으므로 각국의 소비자는 $N=n'+n^{*\prime}$ 종류의 제품을 소비한다.[10]

4.3 산업내 무역과 산업간 무역

지금까지의 논의를 통하여 우리는 규모의 경제가 존재할 경우 각국간의 상이성에 의존하지 않고도 양국간에 무역이 발생할 수 있음을 알 수 있었다. 그렇다면 자연히 무역을 발생시키는 원천이 과연 무엇인가라는 물음이 제기될 수 있는데 이에 대한 답은 양쪽 모두라는 것이다. 국가간의 상이성에 기초한 비교우위 이론과 규모의 경제 등에 입각한 신국제무역 이론은 상호 배치되는 것이라기보다는 다른 형태의 무역거래를 각각 보완적으로 설명한다고 볼 수 있다. 본 장의 앞부분에서 논의한 바와 같이 신국제무역이론이 대두된 것은 무엇보다도 기존의 이론으로 설명할 수 없는 산업내 무역과 같은 형태의 무역활동 때문이었다. 신국제무역이론은 우리가 살펴본 바와 같이 독점적 경쟁시장 구조

10) 무역 이후의 총기업숫자가 무역 이전보다 작다는 사실은 수학적으로 증명이 가능하지만 생략하기로 한다. 관심 있는 독자는 Vousden(1991)을 참조하기 바란다.

를 가진 재화의 산업내 무역을 설명하는 데 매우 효과적이다. 마찬가지로 기술의 차이 또는 부존자원의 차이가 무역의 상당부분을 설명할 수 있는 것도 사실이다. 따라서 전통적 무역이론과 신국제무역이론을 적절히 결합할 경우 국제무역의 다양한 패턴을 보다 명확하게 이해하는 데 큰 도움이 될 것이다.

예를 들어, 2국가 중 H국은 자본풍부국, F국은 노동풍부국이고, 2재화 중 공산품이 자본집약적 재화이고 농산품이 노동집약적 재화라고 하자. 자본집약적인 공산품의 생산에 규모의 경제가 작용한다고 할 때, 앞서 설명한 바와 같이 공산품 분야에서는 산업내 무역이 발생할 것이다. 그런데 공산품에 대한 양국의 수출·수입량이 반드시 일치한다고 볼 수는 없다. 오히려 H국이 자본이 풍부한 국가이므로 비록 산업내 무역이 일어난다 할지라도 H국의 공산품 수출이 수입을 초과하여 공산품 분야에 무역흑자를 기록하고 F국은 적자를 기록할 것으로 보는 것이 타당하다. 반면, 규모의 경제가 적용되지 않는 농산품 분야에서는 F국이 비교우위를 갖게 될 것이므로 농산품을 수출하고, H국은 이를 수입하게 될 것이다. 궁극적으로 양국의 무역이 균형을 이루어야 한다는 점에서 F국의 농산물 분야 무역 흑자분은 공산품 분야의 무역 적자분을 정확히 상쇄하게 될 것이다.

이러한 관계는 〈그림 4-5〉에 정리되어 있다. 산업간 무역과 산업내 무역을 〈그림 4-5〉와 같이 직접 비교하는 것은 다소 문제가 있는 설명

그림 4-5 규모의 경제와 독점적 경쟁시장에서의 무역

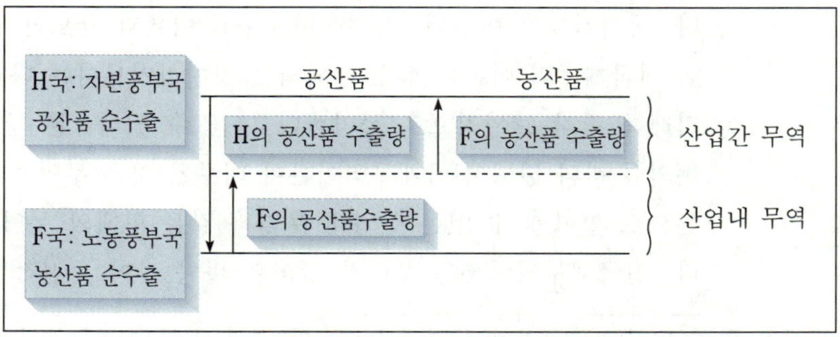

이기는 하지만, 전체적인 교역구조를 이해하는 데는 도움이 된다. 역사적인 관점에서 볼 때 요소부존도나 기술수준의 차이에 의한 산업간 무역이 먼저 시작되었을 것으로 쉽게 짐작할 수 있다. 그러나 경제성장이 계속되면서 공산품 종류가 다양해지고 교역비중이 커짐에 따라 비교우위에 입각한 산업간 무역보다는 산업내 무역이 점차 증가하게 되었고, 마침내 산업간 무역의 비중을 훨씬 앞지르게 되었다. 특히, 산업내 교역시 어떤 국가가 차별화된 제품 중 어떤 재화를 생산할 것인가는 다분히 '역사적 우연'에 의해 결정되는 경우가 많기 때문에 〈그림 4-5〉에서처럼 노동풍부국이 자본집약재로 분류되는 공산품 중 일부를 수출하게 된다.

현실적으로 산업내 무역과 산업간 무역이 동시에 발생하고 있기 때문에 위의 예는 전통적 무역이론과 신국제무역이론이 적절히 결합될 경우 무역을 보다 더 잘 설명해 줄 수 있음을 보여 주고 있다. 예를 들어 우리나라와 미국과의 쌍방무역을 보면 우리나라는 농산물의 경우 대체로 대미 무역적자를 기록하고 있지만, 자동차의 경우에는 미국에 대하여 수출하는 동시에 수입도 한다. 신국제무역이론은 경제의 발전과 함께 무역을 설명하는 데 있어서 더욱 중요한 역할을 하고 있는데 그 이유는 다음과 같이 정리할 수 있다.[11)]

첫째, 오늘날 선진국들은 상호간 요소부존도가 후진국과 비교하여 상대적으로 비슷할 뿐만 아니라, 기술수준과 산업구조도 매우 유사하지만 이들간의 무역량은 날로 증대하고 있다. 둘째, 산업내 무역의 확대는 소비자들에게 보다 많은 선택의 폭을 가져다 준다. 산업간 무역은 산업별로 한 종류의 상품만을 제공하지만, 산업내 무역은 한 종류의 상품 내에서도 매우 다양한 차별화된 제품을 선택할 수 있게 해 주기 때문에 소비자들의 후생증대에 기여한다. 경제학자들의 연구에 의하면 소비자는 소비수준뿐만 아니라 소비의 다양성에 의해서도 후생수준이 결

11) 1990년대초 통계에 따르면 전세계교역량의 25% 정도만 산업간 무역으로 분류되고 나머지는 산업내 무역으로 간주할 수 있다. 선진국들간의 교역량이 선후진국간 교역량을 훨씬 초과하고 있고, 이러한 추세는 계속되고 있기 때문에 산업내 무역의 비중은 더욱 커질 것으로 예상된다.

정되는 이른바 '다양성 선호(love of variety)'의 후생함수를 가질 수도 있다고 한다. 이럴 경우, 산업내 무역이 소비자의 후생에 기여하는 바는 더욱 커질 것이다.[12] 셋째, 산업내 무역은 요소소득자간의 소득분배 문제를 덜 야기시킨다. 우리는 전통적 무역이론을 논의하는 과정에서 무역은 상품의 상대가격을 변화시키고 이는 다시 요소가격에 변화를 가져옴으로써 소득분배구조에 영향을 미침을 알았다. 그러나 산업내 무역은 비록 차별화된 제품이라 할지라도 기본적으로는 동일한 산업에 속한 상품들이므로 무역이 요소소득자간의 소득분배에 커다란 영향을 미치지 않는다는 것을 알 수 있다.

산업내 무역과 산업간 무역의 관계에 대해 중요한 사항을 정리하면 다음과 같다. 첫째, 산업간 무역은 비교우위에 의해 결정되지만, 산업내 무역은 비교우위를 반영하지 않는다. 두 국가가 동일한 양의 노동과 자본, 그리고 기술력을 가지고 있다 하더라도, 규모의 경제가 존재하는 한 특정국가에서 모든 종류의 제품을 전부 생산하기보다는 두 국가에서 차별화된 제품의 생산이 계속 이루어지게 되기 때문에 산업내 무역이 발생한다. 둘째, 산업간 무역구조는 요소부존도에 따라 예측이 가능하지만, 산업내 무역구조는 예측할 수 없다. 차별화된 제품 중 특정 품목을 어떤 국가가 생산할 것인가는 역사적으로 또는 우연하게 결정된다라는 정도의 주장만이 가능할 뿐이다. 셋째, 산업내 무역과 산업간 무역의 상대적 중요성은 두 국가가 얼마나 유사한가에 달려 있다. 두 국가의 자본부존량/노동부존량 비율이 거의 같다면 산업간 무역은 거의 발생하지 않고, 규모의 경제에 입각한 산업내 무역이 주를 이룰 것이다. 반면, 이 비율이 차이가 많이 나는 경우에는 산업내 무역보다는 산업간 무역이 주를 이루게 될 것이다.

12) 다양성 선호의 효용함수는 스티글리츠-딕시트-스펜스(Stiglitz-Dixit-Spence)의 세 경제학자에 의하여 고안되었으며 신국제무역이론에 적절히 활용되고 있다.

4.4 외부적 규모의 경제와 국제무역

전통적 무역이론과 바로 앞에서 논의한 규모의 경제에 입각한 신국제무역이론에 대한 설명을 읽었음에도 불구하고 여전히 이론적으로 잘 설명할 수 없는 무역현상은 얼마든지 있다. 예를 들어, 우리나라는 왜 김치를 잘 만들고, 또 최근 들어서는 외국에 수출까지 하는가? 일본은 왜 애니메이션 산업이 발달되어 있으며, 또 전세계 시장을 휘어잡고 있는가? 스위스는 왜 시계산업이 발달하였으며 시계 수출에 비교우위를 확보하였는가? 독자들은 지금까지 배운 이론으로 얼마나 위의 질문들에 잘 대답할 수 있는지 생각해 보기 바란다.

우리나라가 김치를 수출하는 현상은 어떠한 이론으로 설명할 수 있는지 생각해 보자. 가장 간단한 대답은 우리나라가 김치를 가장 맛있게 잘 만들기 때문일 것이다. 그렇다면 우리는 왜 김치를 가장 잘 만드는 기술을 갖게 되었는가. 분명 리카도류의 생산성에 입각한 설명은 적절해 보이지 않는다. 더군다나 김치 생산에 특별히 필요한 자원이 우리나라에 유달리 풍부하게 부존되어 있다고는 더더욱 말하기 힘들 것이다. 이렇게 복잡한 이유를 대기보다는 보다 상식적인 대답이 훨씬 설득력 있을 것이다. 즉, 우리가 김치의 종주국이기 때문이라는 대답이다. 마찬가지로 일본의 애니매이션은 어떻게 설명할 것인가? 어떠한 이론적 설명보다는 일본사람들이 만화를 좋아하고 그래서 만화산업이 언제부터인가 매우 번창하였으며, 그것이 결국 만화산업에 대한 국제경쟁력으로 연결되었다는 설명이 타당할 것이다. 스위스는 어떻게 고도의 정밀성을 요구하는 시계산업에 경쟁력을 갖게 되었는가라는 질문에 대하여 어떤 사람들은 스위스의 국민성을 갖다 댈 수도 있다.

이상의 예들은 모두 어떤 나라가 어떤 제품에 대하여 비교우위를 갖고 있는 것을 알고 있으며 또 상식적인 설명을 할 수도 있지만 이를 이론적으로 체계 있게 설명하기는 매우 어려운 경우이다. 다만 이러한 예들의 공통점은 이 나라들은 이유는 잘 모르지만 '원래' 이 산업을 갖고 있었기 때문에 국제무역에서 비교우위를 갖게 되었다는 것이다. 우리나라 사람들이 왜 김치를 좋아하게 되었는가 하는 문제는 역사적으로 흥미있는 문제일 수는 있지만 국제경제학적 관점에서는 다분히 '역사적 우연(historical accidents)'에 해당하는 것이다. 물론 우리는 역사적 우연이 발생한 배경에 대하여 역사, 경제, 사회 문화학적으로 얼마든지 설명할 수 있는 경우도 있으며 이들이 우연이 아니라 필연에 가까운 경우도 없지 않다. 그럼에도 불구하고 국제경제학에서는 어떤 나라가 어떤 산업을 왜 갖게 되었는가에 관심을 갖기보다는, "어떤 산업이 어떤 지역 또는 국가에서 번성하였다는 사실이 왜 국제무역에 있어서 비교우위로 연결될 수 있는가?"라는 논리적 연계성을 찾는 것이 목적이다.

다행히 양자간의 논리적 연계는 그리 복잡하지 않다. 스위스의 시계산업을 생각해 보자. 어떠한 이유든 스위스는 시계산업이 발달하였다. 그렇다면 누군가 새로 취업을 하거나 사업을 시작하려 한다면 무엇보다도 시계공방에 취직하거나 시계공방을 차리는 것을 가장 간편하게 여길 것이다. 왜냐하면 시계산업이 이미 번창하고 있으므로 이를 뒷받침하는 각종 사회간접자본이 갖추어져 있을 뿐만 아니라 관련 인력도 풍부하여 취업을 하거나 새로 사업을 시작할 여건이 여타 사업을 하는 것보다 유리하기 때문이다. 다시 말하면, 비록 개별 사업체는 규모가 영세하여 생산에 있어서 규모의 경제를 누릴 만한 수준이 아니라 할지라도 기업이 속해 있는 산업 자체가 규모의 경제효과를 제공하는 것을 외부적 규모의 경제(external economies of scale)라고 부른다. 외부적이라는 말은 기업 자체의 생산량과 무관하게 산업 수준에서의 규모의 경제가 있다는 것이다.[13)]

외부적 규모의 경제는 반드시 불완전 경쟁시장을 전제로 하지는 않는다. 왜냐하면 이 경우 규모의 경제효과가 기업 내부에서 비롯되는 것

13) 앞서 설명한 바와 같이 어떤 기업이 누리게 되는 외부경제(external economies)효과는 반드시 그 기업과 동종산업이나 유관된 산업이 아니라도 그러한 산업들의 생산증가가 그 기업의 생산성을 높여 주는 효과가 나타나는 경우를 의미한다. 반면, 외부적 규모의 경제(external economies of scale)는 동종산업의 생산증가로 인한 그 기업의 생산성 증가효과를 의미한다.

> **외부적 규모의 경제의 예**
>
> 외부적 규모의 경제가 발생하는 가장 대표적인 이유로 지식축적을 들 수 있다. 미국의 실리콘밸리나 한국의 테헤란밸리 또는 대덕밸리가 좋은 예가 된다. 한 기업이 연구개발활동을 통하여 생산기술을 향상시키게 되면 유사한 지역에 몰려 있는 다른 기업들이 그 기술을 모방하게 되고 이는 상호간에 파급효과(spillover effect)를 일으켜 그 산업의 경험을 축적시키게 된다. 이러한 지식의 확산은 개별기업의 생산비용을 낮춰 주게 됨으로써 외부적 규모의 경제효과가 발생하게 된다.

이 아니라 산업의 생산이 집적됨으로써 발생하는 효과이기 때문이다. 이러한 산업에 속해 있는 기업들은 당연히 평균비용을 낮추는 효과를 누릴 수 있기 때문에 판매량을 증가시킬 수 있고, 이는 다시 해당 산업을 더욱 번창시킴으로써 외부적 규모의 경제효과를 강화하는 결과를 가져오게 될 것이다. 국제무역의 관점에서 볼 때, 이러한 외부적 규모의 경제효과로 인해 그 국가는 결과적으로 제품가격을 다른 나라에 비하여 낮출 수 있게 되기 때문에 그 재화를 수출하게 되는 것이다.

4.5 기타 국제무역을 설명하는 이론

리카도 모형이나 헥셔-올린 모형이 공급측면을 강조했지만, 린더(S. Linder, 1961)는 공산품의 경우에는 공급조건보다는 수요조건이 무역패턴을 결정하는 주요 요인이 된다고 주장하였다. 린더는 국내수요가 있어야 일단 생산이 시작되고 국내시장규모가 클수록 규모의 경제가 실현될 가능성이 크기 때문에 각국은 국내수요가 상대적으로 큰 상품에 비교우위를 가지게 되고 그 재화를 수출하게 된다는 대표수요(representative demand) 가설을 제시하였다. 수요측면을 주요 요인으로 고려함으로써 전통적인 무역이론에 대한 대안을 제시했다는 점에서 린더이론의 의의를 찾을 수 있으나, 실증적인 측면에서 우리나라를 비롯한 대다수의 중진국의 무역패턴을 설명하지 못하고 있다.

한편, 헥셔-올린 모형이 리카도 모형의 단점을 상당부분 극복한 것은 사실이지만 기술변화가 무역에 미치는 영향을 고려하지 않았기 때문에 비교우위구조의 변화에 대해 설명하지 못한다는 큰 단점이 있다. 이러한 단점을 보완하기 위해 동태적(dynamic) 무역이론들이 개발되었는데, 가장 대표적인 이론이 포즈너(M. Posner, 1961)의 기술격차이론(technology gap theory)과 버논(R. Vernon, 1966)의 제품수명주기이론(product life cycle theory)이다.

포즈너는 새로운 상품이 계속 개발되고 생산방식에도 지속적인 기술혁신이 일어난다는 점을 중시하고, 이러한 기술혁신을 주도하고 있는 국가가 무역상대국에 대해 특정상품에 대한 기술우위를 유지하게 되어 그 상품의 수출국이 된다는 기술격차이론을 주장하였다. 이러한 기술우위는 다른 나라에서 이를 모방하여 더 저렴한 생산비로 생산이 가능할 때까지 지속되며 그 이후에는 그 제품에 대한 비교우위가 상실된다. 그러나 그 시점에서 이 국가는 새로운 제품과 신기술을 개발하여 국가간 비교우위의 이동이 연속적으로 나타나게 된다. 그의 이론은 크게 보면 리카도이론의 연장선상에 위치하고 있다고 할 수 있다. 단, 리카도와는 달리 기술격차가 정태적(static)으로 주어진 것이 아니라 시차를 두고 다른 나라로 구기술이 이전되고 신기술이 끊임 없이 개발되어, 기술격차에 의해 비교우위구조가 결정되기는 하지만 지속적으로 비교우위가 변하게 된다는 것을 강조한 동태적(dynamic) 이론이라는 점에 의의가 있다.

그러나 기술격차이론은 한 국가에서 일단 신상품이 개발되면 왜 인건비 등 생산요소가격이 가장 저렴한 곳에서 생산이 이루어지지 않고 신상품이 개발된 나라에서 상당기간 생산이 이루어지는가에 대해 다소 막연하게 모방에 시간이 걸리기 때문이라는 답을 할 수밖에 없다는 단점이 있다. 이러한 문제점을 극복하기 위해 기술격차이론을 보다 정교하게 발전시킨 이론이 버논의 제품주기설이다.

제품주기설은 새로운 상품이 개발되면 그 상품은 신상품→성숙상품→표준상품 3단계를 거치게 되는데, 각 단계마다 그 상품의 생산방식

그림 4-6 제품주기와 무역패턴

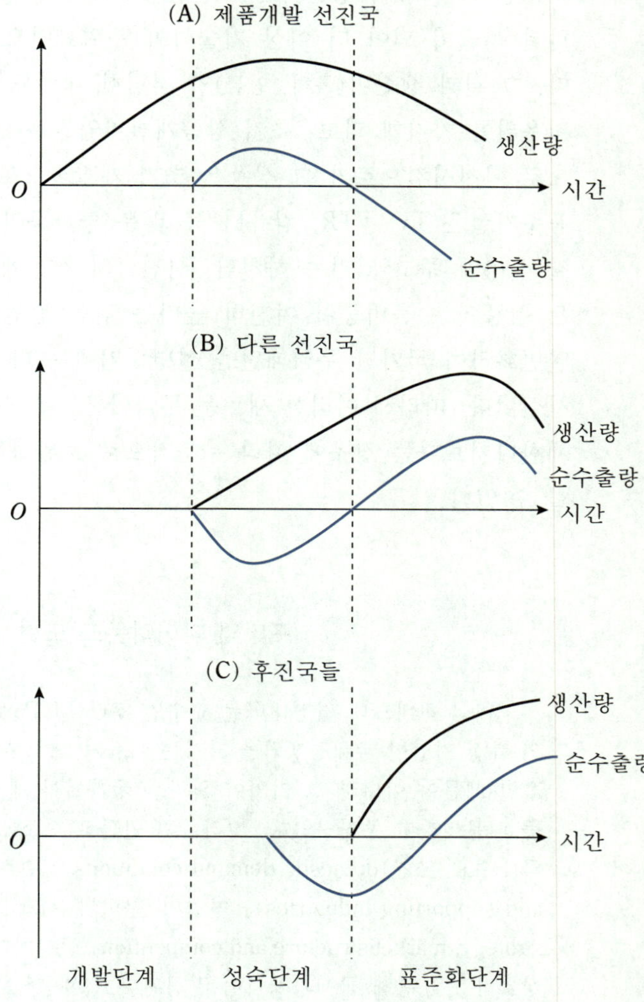

(요소투입비율)이 조금씩 달라지고 생산지도 변하게 된다고 설명하고 있다. 신상품단계에서는 그 상품이 개발된 나라가 생산비 면에서 다소 불리하더라도 독점생산이 가능하기 때문에 신상품 개발국의 수출이 가능하다. 그러나 이 상품이 성숙단계에 들어서면 대량생산이 가능해질 뿐 아니라, 다른 선진국에서도 이 상품의 생산이 가능해지기 때문에 수출

과 동시에 부분적인 수입이 이루어지게 된다. 그러나 표준화상태에 접어들면 그 제품의 생산기술은 신흥공업국들에게도 보급될 정도의 보편화된 기술이 되어 더 이상 기술력이 우위요인으로 작용할 수 없게 된다. 그 결과 생산비(특히, 임금)가 저렴한 개발도상국들이 이 상품에 가격우위를 가지게 되고, 초기 상품개발기업들은 생산기지를 개발도상국으로 이전시킴으로써 그 상품은 초기 개발국으로 역수입되게 된다. 제품주기설은 TV, VTR, 컴퓨터 등 많은 공산품의 비교우위 구조변화를 잘 설명해 주고 있기는 하지만, 선진국의 경우에도 표준화단계에 접어든 상품의 수출비중이 여전히 높다는 점을 감안하면 이러한 사례들을 일반화하여 국가간 무역패턴을 설명하기에는 다소 무리가 따르는 것이 사실이다. 따라서 이러한 새로운 무역이론들은 전통적인 무역이론을 대체한다기보다는 경우에 따라 부분적으로 보완하는 역할을 하고 있다고 할 수 있다.

포터의 다이아몬드 모형

미국 하바드대 경영대학원 교수인 포터(M. Porter, 1990)는 특정 국가의 특정 기업이 국제경쟁력을 가지는 이유가 요소부존량 등과 같은 거시적 요인 때문이 아니라 그 기업이 위치한 국가에서 제공해 주는 독특한 요인들 때문이라고 주장하였다. 그러한 요인들로 요소조건(factor conditions), 국내수요 조건(domestic demand conditions), 관련 및 지원산업(related and supporting industries), 기업의 전략과 시장조직 및 경쟁상황(firm strategy, market structure and competition) 등 4가지를 들고, 이 요인들의 상호작용을 통해 국제경쟁력이 결정된다고 설명하고 있다. 그는 이 4가지 근본적인 요인 이외에도 정부(government)와 기회(chance)가 국제경쟁력에 외생적인 영향을 미칠 수 있다고 보았다. 그의 이론은 다음 그림으로 요약된다.

포터의 주장은 기업차원의 경쟁우위(competitive advantage)에 초점을 맞춤으로써 국제경쟁력과 무역에 관해 보다 현실감 있는 설명을 제시하고 있다. 예를 들어, 특정 국가의 주어진 부존요소보다는 기업이나 정부가 투자를 통해 창출된 요소가 더 지속적인 경쟁우위의 원천이 될 수 있다고 주장한 점 등은 현실적인 차원에서 상당히 설득력이 있다.

그러나 포터의 주장이 개념적으로는 타당하지만 정형화된 모형으로서의 틀을 갖추지 못했다는 단점이 있고, 포터의 '경쟁우위'는 다소 추상적인 개념이기 때문에 국제무역이론의 비교우위와는 직접 비교하기 어렵다는 문제가 있다. 따라서 포터의 이론은 국제무역을 설명하는 이론으로 보기는 어렵지만, '국제경쟁력'이라는 보다 현실적인 문제에 대한 연구를 본격적으로 촉발시켰다는 면에 큰 의의가 있다.

〈포터의 다이아몬드 모형: 국제경쟁력 결정요인〉

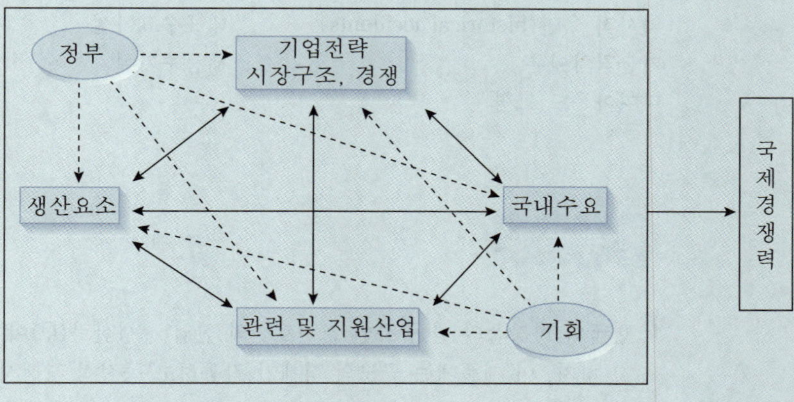

주요용어

산업내 무역(intra-industry trade)	산업간 무역(inter-industry trade)
신국제무역이론	규모의 경제
내부적 규모의 경제	외부적 규모의 경제
불완전 경쟁	독점적 경쟁시장
독점(monopoly)	과점(oligopoly)
한계비용(marginal cost)	한계수입(marginal revenue)
차별화된 제품(differentiated product)	경합시장(contestable market)
역사적 우연(historical accidents)	대표수요가설
기술격차이론	제품주기설
다이아몬드 모형	

연습문제

1. 한국의 화장품의 한 종류인 스킨로션의 산업 총생산량(Q)이 1,000,000개라고 하자. 이 제품에는 규모의 경제가 작용하고 독점적 경쟁시장 구조를 형성하고 있다. 모든 기업이 대칭적이라 할 때, 한 대표적 독점적 경쟁기업의 고정비용은 50,000$이고 한계비용은 5$로 일정하다고 하자.
이 산업내 기업의 수를 n이라고 할 때, 이 기업이 직면하는 수요곡선은 다음과 같다.

$$q = Q \cdot [1/n - b \cdot (p - \overline{p})]$$

여기서 q는 개별기업의 판매량, p는 그 기업이 받으려고 하는 가격, $\overline{p}$는 다른 기업들이 받으려고 하는 평균가격, b는 개별기업이 부과하는 가격에 대한 개별기업의 산출량 변화정도를 나타내는 상수를 의미한다. $b=0.2$로 주어졌을 때 다음 질문에 답하시오.

(1) 독점적 경쟁 균형 상태에서 이 산업 내에 존재하는 기업의 수는 몇 개인가? 이때 기업당 화장품 생산은 몇 단위씩 하고, 그 기업이 부과하는 화장품 한 단위의 가격과 평균비용은 얼마인가?(*Hint*: 이 기업의 한계수입이 $MR = p - q/(Q \cdot b)$으로 나타내진다.)

(2) 미국도 동일한 이 산업에 대해 한국과 동일한 기술수준을 가진 독점적

경쟁시장을 가지고 있다. 단, 미국의 이 제품 총산출량(Q^*)은 4,000,000개라고 한다. 미국의 경우 이 산업 내에 존재하는 기업의 수, 한 기업당 생산량, 화장품 한 단위당 가격과 평균비용은 각각 얼마인가?

(3) 두 국가가 자유무역을 하게 되면 통합된 시장에서 이 산업 내에 존재하는 기업의 수, 한 기업당 생산량, 화장품 한 단위당 가격과 평균비용은 각각 얼마가 되는가? 교역을 통해 두 국가가 어떤 점에서 이득을 얻을 수 있게 되는지 설명해 보시오.

2. 패스트푸드의 대표적인 제품으로 자리잡은 햄버거의 경우 맥도날을 비롯하여 버거킹 등 다양한 종류의 미국계 패스트푸드점이 전 세계 시장의 상당 부분을 차지하고 있다. 그러나 우리나라의 경우에도 롯데리아, 파파이스 등 몇 개의 패스트푸드점이 차별화된 제품을 판매함으로써 어느 정도의 국내시장 점유율을 차지하고 있고, 필리핀 같은 경우에도 졸리버란 햄버거 체인점이 필리핀 국내뿐 아니라 햄버거의 종주국이라 할 수 있는 미국시장에까지 진출해 있다. 이와 같은 햄버거시장의 국제적 현황이 과연 독점적 경쟁모형으로 설명이 가능한지 여부를 논해 보시오.
3. 현재 우리나라는 반도체 중 메모리분야에 있어 삼성전자와 하이닉스 반도체가 세계시장 점유율 1, 2위를 다툴 정도로 주요 수출국이 되었다. 반도체산업의 경우 규모의 경제가 작용한다는 것은 여러 생산업체의 경험을 통해 입증되었는데, 과연 우리나라가 어떻게 이 분야에 진출하게 되었고, 또 국제적인 수출국이 될 수 있었는가에 대해 논의해 보시오.
4. 크루그먼의 독점적 경쟁 무역모형의 경우 무역 이후에 규모의 경제로 인해 가격이 낮아짐에도 불구하고 산업 총생산량이 변하지 않는다고 가정하였다. 이 가정이 가지는 문제점과 정당성에 대해 설명해 보시오.
5. 독점적 경쟁시장이란 어떤 시장을 의미하는가? 일반적인 독점적 경쟁무역모형에서 두 국가 간 차이가 없음에도 불구하고 무역이 발생할 수 있다는 것을 어떻게 설명하고 있는가?
6. 다음에서 설명하고 있는 상황이 외부경제에 기인한 것인지, 내부적 규모의 경제에 기인한 것인지 간단히 설명해 보시오.

(1) 용산의 전자상가에는 컴퓨터, 휴대폰 등을 판매하는 상점이 밀집해 있다.
(2) 우리나라 이동통신 업계는 한국통신(KT), SK텔레콤, LG텔레콤 등 3사가 장악하고 있다.
(3) 이탈리아의 '파스타'란 음식은 세계적인 음식이 되었고, 이탈리아가 여전히 이 파스타 국수의 최대수출국으로 남아 있다.
(4) 일본의 애니메이션산업은 세계최대의 경쟁력을 보유하고 있다.

7. 우리나라의 주력수출품목이 60년대에는 섬유, 가발 등 노동집약적 제품에서, 70년대 후반부터는 조선, 자동차 등 중화학공업 제품으로, 80년대 후반부터는 반도체, 휴대폰 등 IT제품으로 바뀌어 왔다. 이러한 비교우위의 변화를 무역이론적 관점에서 어떻게 설명할 수 있나?

[부록 4-1] 크루그먼(Krugman)의 독점적 경쟁 무역모형

크루그먼의 독점적 경쟁 무역모형을 간단한 수식으로 표현하면 다음과 같다. 일반적으로 기업의 총생산비용은 다음과 같이 나타낼 수 있다.

$$C=F+cq \text{(즉, 총비용=고정비용+한계비용×개별기업의 생산량)} \tag{A.1}$$

여기서 한계비용은 c로 고정되어 있다고 가정한다. 이때 평균비용(C/q)는 (A.2)식과 같이 표시된다.

$$AC=F/q+c \tag{A.2}$$

(A.2)식에서 알 수 있듯이 자신의 생산량 q가 증가할 경우 평균비용은 감소하게 된다. 그런데 대칭적인 기업을 가정하였기 때문에 각 기업의 생산량 q는 시장 전체 판매량을 기업의 숫자로 나눈 것이 된다(즉, $q=Q/n$). 이 관계를 (A.2)식에 대입하면 (A.3)식을 얻을 수 있는데, 이것이 다름 아닌 〈그림 4-2〉의 C곡선이다.

$$AC=n \cdot F/Q+c \tag{A.3}$$

한편, 독점적 경쟁기업이 직면하고 있는 수요곡선은 다음과 같이 표현할 수 있다.

$$q=Q \cdot [1/n-b\,(p-\overline{p})] \tag{A.4}$$

여기서 q는 개별기업의 판매량, Q는 산업 총판매량, n은 산업내 기업수, b는 개별기업이 부과하는 가격에 대한 개별기업의 산출량 변화정도를 나타내는 상수, p는 한 기업이 받으려고 하는 가격, $\overline{p}$는 다른 기업들이 받으려고 하는 평균가격을 의미한다. (A.4)식에서 알 수 있듯이, 만일 모든 기업이 동일한 가격을 부과하면($p=\overline{p}$), 각 기업의 시장점유율은 $1/n$이 된다($q=Q/n$). 그러나 한 기업이 평균가격보다 높은 가격을 부과할 경우($p>\overline{p}$)에는 시장점유율이 이보다 작아지게 되고($q<Q/n$), 평균가격보다 낮은 가격을 부과할 경우($p<\overline{p}$)에는 시장점유율이 이보다 커지게 된다($q>Q/n$). 크루그먼모형의 경우 산업 총판매량 Q가 기업들의 평균가격에 영향을 받지 않고 일정하다고 가정하였는데, 이 가정은 다소 비현실적인 측면이 강하다. 그러나 독점적 경쟁시장을 국제무역과 연결시키는 일반균형모형을 설정하기 위해 불가피한 가정으로 볼 수 있고, 한 기업의 판매증가가 다른 기업의 판매감소라는 기업간 경쟁을 강조한 가정으로 받아들일 수 있다.

수요곡선이 (A.4)식과 같을 때 독점적 경쟁기업의 한계수입은 (A.5)식과

같이 나타내진다.[14)]

$$MR=p-q/(Q\cdot b) \tag{A.5}$$

한계비용(MC)이 c로 일정하다고 가정하였기 때문에 이윤극대화 조건($MR=MC$)은 다음과 같이 표시된다.

$$MR=p-q/(Q\cdot b)=c=MC \tag{A.6}$$

(A.6)식을 다시 정리하면 $p=c+q/(Q\cdot b)$ 가 되는데, 모든 기업이 동일한 가격을 부과할 경우(즉, 모든 기업이 대칭적일 경우), $q=Q/n$ 이므로 이 식은 다음과 같이 나타낼 수 있다.

$$p=c+1/(b\cdot n) \tag{A.7}$$

(A.7)식이 바로 〈그림 4-2〉의 P선을 나타내는 식으로 산업내 기업수와 개별기업들이 부과하는 가격 사이의 (−)관계를 보여 준다.

두 국가가 무역을 하게 되면 시장규모가 확대되므로 기업 수가 고정된 상태에서는 한 기업당 판매량은 증가하게 되고, 이는 규모의 경제가 존재하는 상황이기 때문에 평균비용의 하락을 의미하게 된다. 이는 C선을 나타내는 (A.3)식에서 Q가 증가하면 AC가 줄어들게 된다는 사실로서 확인된다. 따라서 무역 이후 이 국가의 C곡선은 〈그림 4-4〉에서 보여 주는 바와 같이 C_0에서 C_1으로 하향이동하게 된다. 반면에 P선을 나타내는 (A.7)식에는 시장규모를 나타내는 Q가 포

---

14) 어느 정도 독점력을 가진 기업이 직면하는 수요곡선은

$$q=A-Bp \tag{A.8}$$

로 나타낼 수 있다(단, q는 수량, p는 가격을 나타내고, $A, B>0$). 기업의 총수입(TR)은 가격(p)×수량(q)인데, (A.8)식에서 $p=(A-q)/B$이므로 $TR=\{(A-q)/B\}q=(A/B)q-(1/B)q^2$으로 표현할 수 있다. 한계수입($MR$)은 산출량($q$)이 한 단위 증가했을 때 총수입($TR$)의 크기가 얼마나 증가했는가를 나타내는 것으로 $MR=\Delta TR/\Delta q$로 정의된다(Δ는 변화분을 의미). 따라서 이 예의 경우 $MR=\Delta TR/\Delta q=(A/B)-(2/B)q$가 되는데, $(A/B)-(2/B)q=(A/B)-(1/B)q-(1/B)q=p-(1/B)q$이므로

$$MR=p-(1/B)q \tag{A.9}$$

가 된다.

한편 독점적 경쟁기업이 직면하고 있는 수요곡선을 (A.4)처럼 표현할 경우, 이를 (A.8)과 같은 형태로 바꿔 주면

$$q=(Q/n+Q\cdot b\cdot \bar{p})-Q\cdot b\cdot P \tag{A.4$'$}$$

가 된다. 즉, (A.8)식의 A에 해당하는 부분이 $(Q/n+Q\cdot b\cdot \bar{p})$가 되고, B에 해당하는 부분이 $Q\cdot b$가 된다. 따라서 (A.9)식은 (A.5)식과 동일해진다.

함되어 있지 않기 때문에 교역 이후에도 이동하지 않게 된다. 결국 〈그림 4-4〉에 나타난 것처럼 교역 이후 새로운 균형은 E_1에서 이루어지게 되고, 그 때 균형기업수는 n에서 N으로 증가하고 균형가격은 p_1에서 p_2로 낮아지게 된다.

제5장 생산요소의 국제이동

외국인 근로자와 한국경제

법무부의 자료에 따르면, 2005년 4월 현재 국내에 들어와 있는 외국인 인력은 약 37만 8천명 수준으로, 이 가운데 약 53%인 19만 9천명은 불법체류 외국인인 것으로 나타나고 있다.

이와 같은 외국인 근로자는 3D업종과 같이 국내 근로자가 기피하는 산업 등에서 값싼 노동력을 제공함으로써 우리나라 산업활동에 긍정적인 영향을 주기도 한다. 노동공급의 증가가 경제성장의 요인이 되는 것이다. 그러나 3.5%(2004년 말 기준) 수준의 실업률을 감안할 때 내국인 근로자의 고용을 대체하는 효과도 아울러 갖고 있으며, 외국인 근로자의 인권문제, 불법취업 등의 부작용도 아울러 갖고 있는 것이 사실이다. 이에 따라 중소기업청은 외국인 근로자를 국내인력으로 대체함으로써 실업률을 낮추기 위한 다양한 정책을 추진중에 있다. 이들 정책 가운데는 내국인 대체고용기업에 대해 인건비를 보조하고 각종 정책자금 지원이나 산업기능요원 배정에 있어 우대하는 방안과 불법체류자 고용기업에 대해 각종 불이익을 주는 방안 등이 포함되어 있는 것으로 알려지고 있다.

5.1 문제 제기

지금까지 한 국가 내에서 생산요소는 자유롭게 이동할 수 있는 반면, 국가간에는 이동이 불가능하다고 가정해 왔다. 그러나 국가간 상품의 이동이 경제의 성장과 후생에 영향을 주듯이 생산요소의 이동도 경제의 성장이나 후생에 영향을 줄 수 있다. 생산요소 가운데 노동의 이동은 과거의 노예무역, 신대륙으로의 이동에서부터 현재의 이민(migration), 취업 등 다양한 형태로 나타나는데, 다른 생산요소와는 달리 많은 국가들은 노동의 국제적 이동을 제한하고 있는 것이 사실이다. 생산요소의 이동은 노동의 이동뿐만 아니라 자본의 이동으로도 나타나는데, 자본의 이동은 투자의 형태로 나타난다. 자본의 이동은 단순한 투자목적의 포트폴리오투자 형태를 띠기도 하지만 더 많은 부분은 경영에 직접 참여하는 직접투자의 형태를 띠는 것으로 나타나고 있다. 경제의 범세계화에 따라 국제적인 자본의 이동규모도 점차 확대되고 있는데, 주식이나 채권을 매입하는 간접투자로서의 국제적인 자본거래 규모는 1996년 1조 5,700억달러에 달하고 있으며, 직접투자의 규모도 3,470억달러(잔액기준 3조 1,780억달러)에 달하는 것으로 나타나고 있다.

이와 같은 생산요소의 이동과 관련하여 관심 있는 문제들을 열거하면 다음과 같다.

- 노동의 국제적 이동은 왜 발생하고 후생에는 어떠한 영향을 미치는가?
- 기업들은 왜 생산시설을 해외로 이전하는가?
- 자본의 해외유출과 유입을 결정하는 요인은 무엇인가?
- 생산시설의 국제적 이동은 상품수출을 대체하는가?
- 다국적기업이란 무엇이며, 세계경제에서 차지하는 비중은 어느 정도인가?

5.2 생산요소의 이동에 관한 이론

1. 노동의 이동

제 2 장의 헥셔-올린 모형에서 자본이 상대적으로 풍부한 국가에 있어서의 노동의 한계생산가치(Value of Marginal Product)는 상대적으로

높게 되며,[1] 따라서 이 국가의 임금은 외국에 비해 상대적으로 높게 됨을 살펴보았다. 이 때 상품무역이 자유화되면, 상품의 가격이 같아짐은 물론 생산요소의 절대가격도 이론상 같아짐 또한 살펴보았다.

여기서는 상품의 자유화 대신 노동의 이동이 자유로와지는 경우 어떠한 일이 발생하는지에 대해 살펴보고자 한다. 결론부터 말하자면 노동의 이동이 자유화되는 경우에도 본국과 외국의 임금수준이 같아지게 된다. 이를 그림으로 설명하면 〈그림 5-1〉과 같다.

〈그림 5-1〉에서 본국은 노동이 풍부한 국가이며, 외국(* 로 표시됨)은 노동이 부족한 국가이다. 본국은 노동이 풍부하기 때문에 제 3 장에서 설명한 바와 같이 노동의 이동이 있기 이전 본국의 임금수준(w_0)은 외국(w_0^*)에 비해 낮은 수준에서 결정된다. 그러나 노동의 이동이 자유로와지면 노동은 임금(또는 한계생산가치)이 적은 국가에서 많은 국가로 이동하게 되며, 이와 같은 이동은 양국의 임금수준은 같아질 때까지 계속될 것이다. 노동의 이동에 따라 결국 양국의 임금은 w^w로 같아지게 되게 되며, L_m만큼의 노동이 본국으로부터 외국으로 이동하게 되는 것이다.

이와 같이 국제적인 노동의 이동이 가능해지면, 양국경제는 다음과 같은 영향을 받게 된다.

첫째, 노동의 한계생산가치가 적은 국가에서 많은 국가로 노동이 이동함으로 인하여 전세계적으로 생산가치는 증가하게 된다. 전세계적으로 생산가치가 얼마나 증대되는지는 〈그림 5-1〉의 색칠한 부분에 의해 나타내어질 수 있다. 이는 노동의 한 단위 이동함에 따라 발생하는 생산가치의 증대가 양국의 한계생산가치 차이와 같아지기 때문이다.

둘째, 본국의 노동자들은 임금의 상승으로 인하여 이익을 보게 되는 반면, 외국의 노동자들은 임금의 하락으로 인해 손해를 보게 된다.

셋째, 본국의 경우 노동이 외국으로 유출됨으로 인하여 자본의 한

---

1) 노동의 한계생산가치는 노동을 한 단위 더 투입했을 때 발생하는 추가적인 수입을 의미한다. 노동을 한 단위 더 투입했을 때 생산량은 노동의 한계생산(*MP*)만큼 증가하므로, 노동의 한계생산가치는 노동의 한계생산(*MP*)에 상품의 가격(*P*)을 곱한 것과 같다.

그림 5-1 노동의 이동과 균형 임금수준

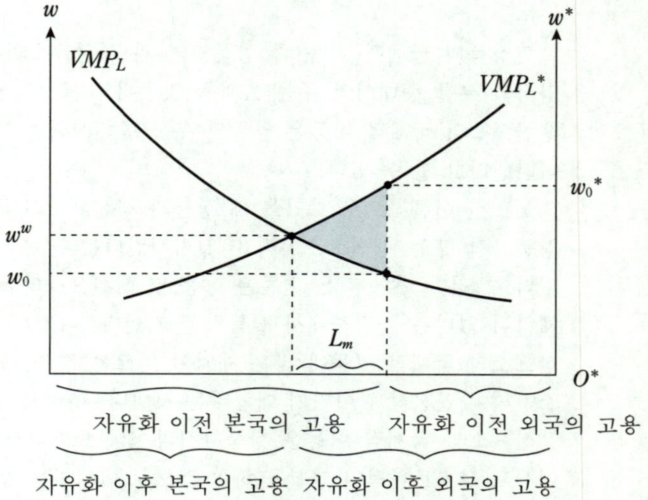

계생산가치가 하락하게 되고 따라서 본국의 자본가들은 손해를 보게 된다. 반면, 외국의 자본가들은 노동의 유입으로 말미암아 자본의 한계생산가치가 상승하게 되어 이익을 보게 될 것이다.

한편 노동의 국경간 이동에는 자본이나 기술의 국경간 이동보다 많은 제약이 따르는 것이 사실이다. 법적인 제약뿐만 아니라 사회적·문화적·인종적인 제약이 작용하고 있기 때문이다. 다만 유럽연합(EU)의 경우, 회원국내 자유로운 노동의 이동을 허용하고 있어 대규모 노동의 이동현상이 나타나는 경우도 있으며, 규모는 작더라도 우수한 인력의 해외유출(brain drain)에 대해 우려를 나타내는 경우도 있다.

때로는 상품의 국가간 이동과 생산요소의 국가간 이동을 구분하기가 그다지 쉽지 않을 수도 있다. 이는 중간재의 국가간 이동은 생산요소의 국가간 이동의 성격을 갖고 있으며, 인적자본의 이동과 최종적인 서비스의 이동을 구분하기가 쉽지 않기 때문이다. 조금 극단적인 예를 들자면, 노예무역은 무역인지 아니면 생산요소의 이동인지 분명치 않다는 것이다.

상품교역과 생산요소의 국제적 이동의 상승효과

상품의 국제적 이동(즉 상품교역)과 생산요소의 국제적 이동 모두는 양국의 부를 증대시켜 주는 효과를 갖는다. 따라서 상품의 국제적 이동과 생산요소의 국제적 이동은 양국의 부를 증대시키는 데 있어서 상승효과를 나타낸다고 할 수 있다.

또한 이론적으로 보았을 때 상품과 생산요소의 국제적 이동은 양국의 상품가격 또는 생산요소가격을 일치시킨다는 공통적인 요소를 내포하고 있다. 그러나 이와 같은 결론은 상품 및 생산요소의 국제적 이동에 아무런 제약이 없다는 가정하에서 설득력을 지닌다. 뒤집어 말하면, 상품이나 생산요소의 국제적 이동에 많은 제약이 따르는 경우, 상품가격 또는 생산요소가격이 완전히 같아지기 어렵다는 것이다. 따라서 상품의 국제적 이동과 생산요소의 국제적 이동은 상품가격과 생산요소가격을 균등화하는 데 있어서도 상호보완적인 역할을 하는 것으로 이해하는 것이 좋을 것이다.[2)]

2. 자본의 이동

국제적으로 자본이 이동하는 경우의 효과 또한 노동이 이동하는 경우와 비슷하게 나타난다.

첫째, 자본의 한계생산가치가 적은 국가에서 많은 국가로 자본이 이동함으로 인하여 전세계적으로 생산가치는 증가하게 된다. 상품시장이 자유화되어(또는 개방되어) 있다고 가정하면 상품의 가격도 양국에 있어서 동일하기 때문에 이는 전세계적으로 생산이 증가함을 의미한다.

둘째, 본국의 경우 자본이 외국으로부터 유입됨으로 인하여 노동의 한계생산가치가 상승하게 되고 따라서 본국의 노동자들은 이득을 보게 된다. 반면, 외국의 노동자들은 자본의 유출로 말미암아 노동의 한계생산가치가 하락하게 되어 손해를 보게 될 것이다.

셋째, 본국의 자본가들은 자본의 한계생산가치가 하락함에 따라 손

2) 상품의 이동, 즉 무역이 이루어짐에 따라 양국이 모두 이익을 얻는다는 것은 제 3 장에서 설명한 바와 같다.

해를 보게 되는 반면, 외국의 자본가들은 이득을 보게 된다.

다만 자본의 국제이동은 물리적인 자본이나 자본재의 이동이라기보다는 대개의 경우 금융자본의 이동인 경우가 많이 있다. 따라서 금융자본의 이동은 자본재의 증가를 바로 가져오기보다는 금융시장의 변화를 통해 간접적으로 영향을 주는 경우가 많다.

5.3 직접투자

자본의 국제적인 이동은 단순히 수익이나 위험을 관리한다는 차원에서 이루어지는 것만은 아니다. 단순히 수익이나 위험을 관리하기 위해 이루어지는 포트폴리오투자(portfolio investment)와는 달리 해외에서 기업활동에 직접적으로 관여하기 위한 자본의 이동이 있는데, 이를 직접투자(direct investment)라고 한다. 직접투자는 그 규모가 클 뿐만 아니라 세계경제에 미치는 효과가 매우 크기 때문에 많은 학자들의 관심대상이 되어 왔다.

1. 직접투자의 정의

단순한 포트폴리오투자(portfolio investment)와는 달리 해외에서 직접투자(direct investment)가 이루어질 경우, 자본은 국경을 넘어서 외국에서의 기업활동에 영향을 줄 수 있다. 따라서 기업의 해외직접투자는 기업의 해외판매비중이 높은 경우에 많이 이루어진다. 외국에서의 기업활동에 참여하기 위해 국경을 넘어서 투자가 이루어지는 경우를 해외직접투자(direct investment abroad)라고 한다. 반면, 해외의 자본을 유치하는 국가의 입장에서의 직접투자는 외국인직접투자(foreign direct investment)라고 한다. OECD에 따르면 외국인투자기업은 "법인기업의 경우 외국인투자가 1인이 10% 이상의 보통주 혹은 의결권을 지니거나 비법인기업의 경우 이에 상응하는 영향력을 행사할 수 있는 기업"으로 정의

된다. 여기서 소유지분 10%는 실질적으로 경영권 행사에 영향력이 있음을 의미하는 것으로 단지 각 회원국의 통계작성에 하나의 권고사항이 되고 있는 것이다. 따라서 10% 미만인 경우에도 실제로 경영권 행사에 영향력이 있으면 외국인투자기업으로 분류될 수 있다.[3)·4)]

직접투자는 첫째 지속적인 경제적 이해관계수립을 목적으로 하는 투자이다. 이는 직접투자가 단기적인 투자라기보다 장기적인 투자라는 것을 의미한다. 둘째, 직접투자는 다른 금융자산에 대한 투자와는 달리 경영권행사에 대한 실질적 영향력에 초점을 맞추고 있다. 100% 지분을 갖는 경우도 있으나, 대부분은 투자국 자본과 합작을 하거나 기존기업에 대한 지분참여의 형태로 경영권에 영향력을 행사한다.[5)]

국제무역이 국민경제를 생산단위로 하여 국제분업을 촉진시키는 역할을 담당한다면 직접투자는 국경을 뛰어넘어 생산에 있어서의 국제분업을 촉진시키고 있는 것이다.

범세계화의 진전에 따라 전세계의 직접투자 규모는 지난 20년간 연평균 10% 이상의 고성장을 기록하여 왔다. 1997년 세계 전체의 직접투자금액은 4,000억달러로 1992년의 1,738억달러보다 2배 이상 증가하였으며, 이는 1980년과 비교하여 8배 이상 증가한 수치이다. 세계경제활동에서 차지하는 직접투자와 다국적기업의 중요성은 〈표 5-1〉에 잘 나

표 5-1 직접투자와 관련된 주요 통계(세계 전체)

구 분	금액(10억달러) (1996년)	연평균증가율(%) (1991-1996)
연간 해외직접투자액(flow)	347	11.8
해외직접투자 잔액(stock)	3,178	11.1
다국적기업 자회사의 판매액	6,412	4.0
재화 및 서비스수출액	6,111	7.4

자료: UNCTAD, *World Investment Report*, 1999.

3) 왕윤종(1995), p. 20 참조.

4) OECD의 '자본이동 자유화규약'은 직접투자의 방법으로 i) 완전소유 회사, 자회사 또는 지점의 설립 및 확장, 또는 기존기업 소유권의 완전한 인수, ii) 신설 또는 기존기업에의 자본참여, iii) 5년 이상의 대부 등을 규정하고 있다.

5) 왕윤종(1995), p. 19 참조.

타나 있다. 1996년 현재 해외투자잔액은 3조 1,780억달러에 달하고 있으며, 연간 해외직접투자액도 3,470억달러에 달하고 있다. 다국적기업 자회사의 판매액 또한 1996년 6조 4,120억 달러에 달하고 있는데, 이는 세계 전체 재화 및 서비스 수출액보다도 많은 수치이다.

〈표 5-2〉에는 지역별 해외직접투자와 외국인직접투자 비중이 정리되어 있다. 이에 따르면, 자본의 유출(outflow)이라고 할 수 있는 해외직접투자를 가장 많이 실시하고 있는 지역은 선진국, 그 가운데서도 특히 서유럽과 미국인 것으로 나타나고 있다. 개도국 가운데서는 동남아시아 국가들의 해외직접투자가 눈에 띄게 증가하고 있는 것으로 나타나고 있다. 직접투자자금의 유입(inflow)이라고 할 수 있는 외국인직접투자의 경우도 서유럽과 미국의 비중이 높은 것으로 나타나고 있다. 다만 외국인직접투자의 경우, 선진국의 비중은 크게 감소하고 있는 반면, 동남아시아, 중남미, 동유럽 지역으로의 직접투자는 증가추세를 나타내고 있다. 일본의 경우, 외국인직접투자 규모가 매우 적은 것으로 나타나 대조를 보여 주고 있다.

그렇다면 왜 기업들은 국제무역이나 라이센스 계약 대신에 직접투

표 5-2 지역별 해외직접투자 및 외국인직접투자 비중

(단위: %)

지역/국가	해외직접투자			외국인직접투자		
	1990	1995	1997	1990	1995	1997
선진국	95.6	91.5	90.2	79.3	70.6	68.0
서유럽	50.8	51.1	50.4	44.1	39.1	36.9
미 국	25.5	25.6	25.6	22.7	20.5	20.9
일 본	11.8	8.5	8.0	0.6	1.2	1.0
개도국	4.4	8.4	9.7	20.6	28.1	30.2
아시아	2.9	6.9	8.2	11.1	15.6	17.2
동남아시아	2.6	6.4	7.9	8.3	13.4	15.3
중남미	0.7	0.9	1.0	7.1	10.2	10.9
아프리카	0.7	0.5	0.5	2.2	2.1	1.9
동유럽	–	0.1	0.2	0.1	1.3	1.8
전 체	100	100	100	100	100	100

자료: UNCTAD, *World Investment Report*, 1999.

자를 행하고 있는 것인가? 이에 대한 해답을 구하기 위해 직접투자에 관한 다양한 이론에 대해 살펴보기로 하자.

2. 직접투자에 관한 이론[6]

(1) 투자수익률이론

앞에서 설명한 바와 같이 자본의 이동, 즉 직접투자는 양국에 있어서 수익률 격차가 존재하면 발생할 수 있다. 이를 투자수익률이론이라고 한다. 투자수익률이론에 따르면, 직접투자는 상대적으로 자본이 풍부하여 자본의 수익률이 낮은 국가로부터 자본이 상대적으로 부족하여 자본의 수익률이 높은 곳으로 이루어지게 되는 것이다.

1950년대 미국으로부터 유럽으로 많은 자본이 이동할 당시에는 그와 같은 이론이 맞는 듯 보였다. 그러나 1960년대에 들어서면서 유럽 자회사의 수익률이 미국에서보다 낮아졌음에도 불구하고 자본은 미국으로부터 유럽으로 이동한 것으로 나타났다. 또한 대부분 국가들에서 해외직접투자와 외국인직접투자가 동시에 이루어지고 있다. 더욱이 대부분의 직접투자는 단순한 금융자산의 이동뿐만 아니라 산업기술과 경영기법의 국제간 이동을 수반한다. 따라서 한 방향으로의 단순한 자본이동을 설명하고 있는 투자수익률이론은 한계를 지닐 수밖에 없다. 이에 따라 국제적인 자본의 흐름을 설명하기 위한 다양한 이론들이 등장하였는데, 여기에는 광산이나 석유와 같은 자원을 확보하기 위한 직접투자, 보호주의적인 국가의 무역규제를 회피하기 위한 직접투자, 규모의 경제를 위한 직접투자, 위험의 분산 및 세금회피 등의 목적을 위한 직접투자 등이 포함되며, 직접투자를 체계적으로 설명하고자 하는 다음과 같은 이론들도 포함된다.

(2) 포트폴리오 다변화이론

투자수익률만으로 해외직접투자를 설명할 수 없게 되자 위험의 분

6) 김남두(1991), pp. 15-22 참조.

산 차원에서 직접투자를 설명하고자 하는 이론이 등장하였는데, 포트폴리오 다변화이론(portfolio diversification theory)이 그 하나이다. 포트폴리오 다변화이론에 따르면, 투자가가 예상수익률과 위험축소 가능성을 감안하여 투자를 결정한다고 가정한다. 즉, 투자가는 단순히 예상수익률만을 가지고 투자결정을 하기보다는 위험축소까지를 고려하여 투자결정을 한다는 것이다. 이 이론의 장점은 위험축소까지도 고려하는 경우에는 예상수익률이 낮은 국가로도 자본이 이동할 수 있으며, 위험분산 차원에서 직접투자가 양방향으로 모두 일어날 수 있다는 것을 설명해 주는 장점을 갖고 있다.

(3) 통화우위이론

통화우위이론은 한 국가의 통화가치가 높아질수록 그 국가의 기업들이 해외직접투자를 할 유인이 커지며, 통화가치가 낮을수록 그 국가로의 외국인직접투자가 발생할 가능성이 크다는 이론이다. 즉, 강세통화국은 직접투자의 원천국이 되며, 약세통화국은 직접투자의 유입국이 된다는 것이다. 이 이론은 자본시장에서의 주식가격과 환리스크와의 관계 등에 관한 많은 통계에 의해 뒷받침되고 있다. 예를 들면, 미국으로의 외국인직접투자는 달러화의 가치와 부(−)의 상관관계를 보여 주고 있는 것이다.

(4) 우위기업이론

산업조직이론에 따르면, 독과점적 우위를 갖고 있는 기업들은 보다 많은 이윤을 얻기 위해 해외로 진출하기도 한다. 우위기업이론에 따르면, 이들 독과점 기업들이 현지기업에 비해 문화, 언어, 법제도 면에서 불리함에도 불구하고 해외직접투자를 행하는 이유는 독과점기업이 가지는 기업특유의 우위(firm-specific advantage) 때문이라는 것이다. 기업특유의 우위는 상표, 특허 등 지적재산권에 의한 우위, 기술적/노우하우상의 우위, 마케팅 등 경영전략의 우위 등 다양하게 나타날 수 있다. 그러나 우위기업이론은 직접투자기업이 현지 기업에 대해 우위를 갖고 있는 것은 설명해 주는 반면, 왜 수출이나 라이센싱 대신 직접투자를 행하는지는 설명해 주지 못하고 있다.

⑸ 내부화이론

기업간 거래비용(transaction cost)이 큰 경우에는 시장을 통한 다른 기업과의 거래(외부거래) 대신 거래를 내부화함으로써 중간재 등의 거래비용을 줄일 수 있다는 것이 내부화이론이다. 거래의 내부화(internalization)란 자회사 등의 설립을 통해 기업이 필요한 거래를 기업내부의 거래로 바꾸는 것을 의미하는데, 시장이 불완전하면 할수록 내부화의 유인은 커진다고 할 수 있다. 거래비용이 높은 경우로는 ① 기회주의적 행동 가능성이 높을 때, ② 거래되는 상품이나 서비스가 명확하지 않을 때, ③ 거래와 관련된 의무기간이 길어질 때를 들 수 있는데, 이런 경우 거래상대방에 대한 감시비용(일종의 agency cost)이 커지기 때문이다. 따라서 직접투자를 통해 거래의 내부화를 이루는 경우, 거래에 따르는 협상비용과 시간적인 지연을 줄일 수 있을 뿐만 아니라, 이전가격(移轉價格, transfer pricing)[7]을 통하여 고세율국의 세금을 절감할 수 있게 된다는 것이다.

⑹ 절충이론

더닝(Dunning)에 의해 전개된 절충이론(eclectic theory)은 앞에서 설명한 이론들을 절충하여 만든 이론이다. 이 이론에 따르면, 첫째로 해외직접투자기업은 다른 기업들보다 우위에 있는 기업특유의 무형자산(firm-specific intangible assets)을 가지고 있다. 이것을 기업특유의 우위, 즉 ownership advantage라고 한다. 둘째로 그러한 기업특유의 무형자산을 다른 기업에 판매, 라이센스, 임대하는 것보다 기업내부에서 활용하는 편이 나을 수 있다. 이것을 내부화 우위, 즉 internalization advantage라고 한다. 셋째로 그 무형자산을 이용하여 생산을 함에 있어서 국내에서 생산하는 것보다 해외에서 생산하는 것이 보다 유리한 경우가 있다. 이것을 입지적 우위, 즉 locational advantage라고 한다. 여기에는 원자재의 이용가능성, 숙련되고 저렴한 노동력, 낮은 세율, 정치적 안정성, 효율적인 사회간접자본, 무역장벽의 존재 등이 포함될 수 있다. 절충이

7) 이전가격에 대해서는 다국적기업 부분에서 자세히 다루어지고 있다.

론은 이와 같은 세 가지 우위로서 직접투자를 설명하고 있는 것이다.

(7) 제품수명주기이론

제 4 장에 설명한 바 있는 제품수명주기이론(product life cycle theory)에 따르면, 기술혁신에 의해 개발된 제품은 다음과 같은 단계를 일반적으로 거치는 것으로 나타나고 있다. 첫째, 신기술을 개발한 선진국 기업은 신기술에 기반을 둔 제품을 국내에서 독과점적으로 생산하여 국내시장에서 판매하기 시작한다. 둘째, 점차 이 제품에 대한 수요가 증대하는 성숙단계에서는 가격경쟁이 시작되는데, 이 단계에서는 규모의 경제를 달성하기 위한 방편으로 기업들은 대량생산방법을 채택하게 되며 외국의 수요까지 충족시키기 위해 수출을 하기 시작한다. 셋째, 다른 기업들이 생산기술을 습득하여 생산자간의 경쟁이 가속화되면, 기술상의 우위보다 가격경쟁력이 중요해지는 단계에 이른다. 이를 표준화단계라고 하는데, 이 단계에서는 생산과정이 완전히 표준화되고 경쟁이 더욱 치열해지면서 경쟁력이 없는 기업들이 도태되기 시작한다. 이에 따라 기업들은 생산비용을 절감하기 위해 노동비용 등이 저렴한 외국에 자회사를 설립하여 생산된 제품을 해외수요를 충족하는 데 사용하게 된다. 외국에 자회사를 설립하는 경우, 이는 자연히 해외직접투자로 연결

그림 5-2 제품수명주기이론에 따른 기업의 변화단계

개발단계: 선진 기업에 의한 독과점적 생산

↓

성숙단계: 대량생산 / 외국으로의 수출

↓

표준화단계: 가격경쟁력 확보를 위한 해외직접 투자 실시

된다. 제품기술이 보다 일반화되면서 해외 자회사에서 생산된 제품이 더욱 경쟁력을 얻게 되는데, 이때에 이르면 해외에서 생산된 제품이 국내로 수입되는 일도 발생하게 된다.

3. 직접투자가 무역에 미치는 효과

앞에서 살펴본 바와 같이 해외직접투자기업들은 생산비용을 절감하기 위해 노동비용 등이 저렴한 해외에 자회사를 설립하고 생산된 제품을 해외수요를 충족하는 데 사용하는 경우가 많이 있다. 이 경우, 직접투자는 상품(최종재)의 수출을 대신하여 이루어진다는 점에서 수출을 대체하는 효과를 나타낼 것이며, 이에 따라 국내생산 및 고용은 감소하게 될 것이다. 헥셔-올린 모형에서도 이와 비슷한 결과를 얻을 수 있다. 이는 자본이 풍부한 국가의 자본집약적 재화가격은 자본이 해외로 이동함에 따라 상승하게 되며, 따라서 자본집약적 재화 수출은 감소하기 때문이다.

그렇다면 직접투자는 항상 상품(최종재)의 수출을 대체하는가? 직접투자가 상품의 무역을 증대시키는 경우(즉, 무역을 보완하는 경우)는 없는가? 이와 같은 질문에 대한 해답부터 말하자면, 직접투자가 무역을 대체하는 효과를 갖는 것은 사실이지만 무역을 촉진하는 효과도 아울러 나타낸다는 것이다.

첫째로 생산기술이 다르거나 세제상의 차이, 독과점적 시장구조, 규모의 경제가 존재하는 경우, 생산요소의 이동은 양국간 상품교역을 증대시킬 수 있다. 예를 들어 생산기술의 차이 때문에 발생하는 외국인 직접투자가 수출산업에 집중적으로 이루어진다면 투자유치국의 수출은 증대할 것이다. 둘째로 직접투자가 이루어짐으로써 직접투자를 실시하는 기업내(intra-firm) 무역이 발생할 수 있다. 예를 들면, 해외직접투자를 실시하는 기업에게 있어서 해외에서 생산한 중간재를 국내로 들여오거나 국내에서 생산한 중간재를 해외로 가져가는 일이 자주 발생하게 되는 것이다. 셋째로 해외직접투자는 간접적으로 다른 상품에 대한 수출을 증대시킬 수 있다. 이는 해외직접투자로 인해 최종재의 수출은 감소한다 하더라도 해외투자기업이 현지에서 최종재를 생산함으로써 소비가 증가할 경우, 보완재에 대한 수요가 같이 증가하고, 이것이 수출수요로 이어질 수 있기 때문이다. 이 밖에도 상품의 수출은 아니지만 직접투자는 특허 등 기술수출을 증대시킬 수도 있다. 직접투자는 자본뿐만 아니라 경영의 노우하우, 기술 등의 이동을 복합적으로 수반하는 경우가 많기 때문이다.

일부 상반되는 분석결과도 있지만, 선진국을 대상으로 한 직접투자와 수출의 연관성에 관한 실증분석들 가운데 많은 결과들은 직접투자와 수출이 상호 대체적이기보다는 상호 보완적임을 시사하고 있다.[8] 또한 우리나라에 관한 실증분석도 대부분 해외직접투자가 수출을 촉진하는 것으로 나타나고 있다.[9] 이는 직접투자가 무역을 대체하는 효과보다는 무역을 보완하는 효과가 일반적으로 크다는 것을 의미한다.

5.4 다국적기업

생산시설이 여러 국가에 분산되어 있고 국제적인 차원에서의 경영전략을 채택하고 있는 기업을 다국적기업(multinational 또는 multinational enterprise: MNE)이라고 한다. 다국적기업은 주요 생산활동의 일부 또는 전부를 직접투자의 형태로 해외로 이전함으로써 다국적 생산체제를 구축하는 과정에서 국민경제의 단위를 초월하여 세계경제를 유기적으로 통합하는 역할을 담당하고 있다고 할 수 있다.

기업이 성장하면서 다국적기업으로 성장하는 일반적인 단계는 다음과 같이 설명될 수 있다.[10]

가장 초기단계에서 기업은 국내에 생산시설을 두고 국내시장을 대상으로 상품을 판매하게 된다. 그 후 기업이 성장하면서 국내시장의 한

8) Lipsey and Weiss(1984) 및 Blomstrom and Kokko(1994) 참조.
9) 김준동(1994) 및 유재원(1996) 참조.
10) Jepma, Jager and Kamphuis(1996), pp. 101-105 참조.

계를 느끼는 경우, 그 기업은 외국시장에 판매할 것을 고려하게 되는데, 외국시장에 처음 진출하는 방법으로는 다른 국내기업에게 수출업무를 맡기는 방법과 외국기업에 대해 외국내 판매권을 부여하는 형태 등이 있을 수 있다. 이것이 한 단계 더 발전하면 외국의 판매대리점 또는 대리인(sales agents)을 두게 되는데, 외국의 판매대리점의 진일보된 형태가 외국사무소의 설치라고 할 수 있다. 여기서부터는 해외직접투자라고 할 수 있다. 그 다음의 단계는 합작투자(joint venture)의 형태를 들 수 있다. 합작투자의 내용으로는 외국의 합작파트너와 함께 외국에서 공동으로 판매하는 방법, 공동으로 생산하는 방법, 공동으로 연구개발을 하는 방법 등 다양할 수 있다. 그 다음의 단계로는 합작의 형태를 벗어나 독립적인 자회사를 해외에 두는 형태를 생각해 볼 수 있으며, 이는 해외직접투자의 마지막 단계라고 할 수 있는 다국적기업의 형태로 발전할 수 있다. 다국적기업의 단계가 되면 기업은 생산, 연구개발, 금융, 구매, 유통 등의 분야에서 국경을 초월한 기업활동을 벌이게 되며, 국제

그림 5-3 다국적기업으로의 발전단계

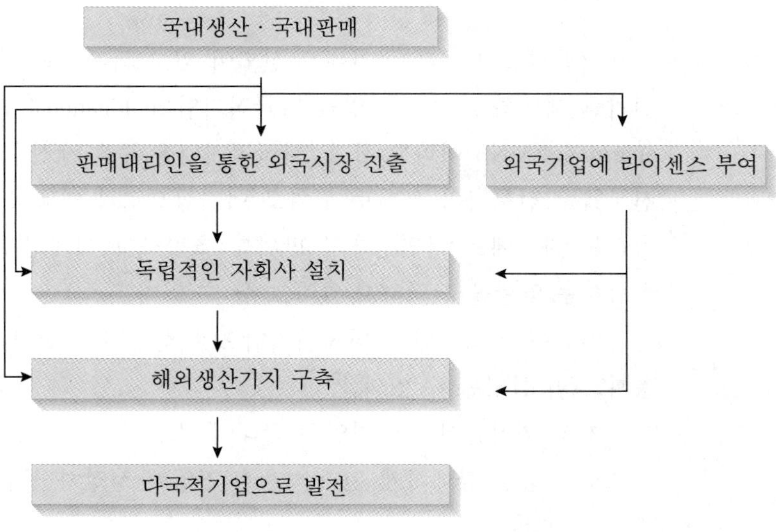

자료: C. Jepma, H. Jager, E. Kamphuis, *Introduction to International Economics*, p. 103 참조.

적인 시각에서 경영전략을 추진하게 된다.

이와 같은 다국적기업은 세계경제에서 매우 중요한 비중을 차지하고 있다. 다국적기업의 모기업과 자회사간의 거래는 전세계 무역의 약 1/4을 차지하고 있으며, 전세계 산업생산의 약 절반정도가 다국적 기업에 의해 이루어지는 것으로 추정되고 있다. 이 가운데서도 100대 다국적기업의 비중은 매우 높아 다국적기업의 해외판매액의 1/3 이상을 100대 다국적기업이 차지하고 있는 것으로 나타나고 있다.

다국적기업은 그 매출액 규모, 생산시설이 분산된 국가의 수, 지역적 분포 및 외국의 비중 면에서 다양한 양상을 보여 주고 있으나 일반적으로 다음과 같은 공통적인 특징을 보여 주고 있다. 첫째, 그룹내 기업들은 공통적인 소유구조에 의해 법적으로 연결되어 있고, 둘째, 그룹내 기업들은 금융자원, 정보시스템, 조직구조, 마케팅전략, 상표 등을 공동으로 이용하면서 다른 기업들과 경제적으로 관련되어 있으며, 셋째, 그룹내 기업들은 공통의 경영철학 및 전략하에서 움직인다.

한편, 다국적기업은 생산시설을 가장 효율적인 지역에 배치하고 세계경제를 유기적으로 통합하는 역할을 담당하고 있는 반면, 이전가격(transfer pricing)을 통해 세금이 낮은 국가로 이윤이나 부가가치를 전가시킴으로써 세금을 회피하는 문제점도 나타내고 있다.

또한 일부 학자들 사이에서는 다국적기업이 직접투자유치국의 노동을 착취함으로써 높은 이윤을 얻고 있다는 주장도 있다. 그러나 앞에서 살펴본 바와 같이 외국인직접투자는 국내 자본의 증대를 통해 노동자의 생산성을 향상시키며, 이는 성장률의 증가 및 임금의 상승으로 이어지는 것이 일반적이다. 또한 외국인직접투자는 경영 및 기술 노우하우(know-how)의 이전, 자본시장의 발전 등을 수반하는 경우도 많다. 따라서 다국적기업(또는 외국인투자기업)이 진출국의 노동력을 착취함으로써 부당한 이윤을 획득하게 된다는 착취이론은 다국적기업이 노동시장이나 자원시장에서 독점력을 행사하지 않는 한 설득력이 그다지 높다고 할 수는 없을 것이다.

Case: 100대 다국적기업의 현황

2007년 현재 100대 다국적기업의 해외자산총액은 약 6조 1,160억달러에 달하고 있으며, 해외판매액은 4조 9,360억달러, 해외고용인은 약 850만명인 것으로 나타나고 있다. 우리나라 기업 가운데는 LG전자(69위), 삼성전자(75위), 현대자동차(87위)가 세계 100대 다국적기업에 포함되어 있으며, 아래 표에는 이 가운데 10대 다국적기업의 현황이 소개되어 있다.

〈세계 10대 다국적기업의 현황〉

(단위: 십억달러, 천명)

순위	회사명	국 적	자 산		매 출		고 용	
			해외	전체	해외	전체	해외	전체
1	General Electric	미 국	420	795	86	172	168	327
2	Vodafone Group	영 국	230	254	60	71	62	72
3	Shell, Royal Dutch	네덜란드/영국	196	269	207	355	86	104
4	British Petroleum Company	영 국	185	236	223	284	80	97
5	Exxon Mobil	미 국	174	242	269	390	50	80
6	Toyota Motor Corporation	일 본	153	284	145	230	121	316
7	Total France Petroleum	프랑스	143	167	177	233	59	96
8	France Electricity	프랑스	128	274	40	87	16	154
9	Ford Motor Company	미 국	127	276	91	172	134	246
10	E.ON AG	독 일	123	202	41	101	53	90

자료: UNCTAD, *World Investment Report*, 2009.

다국적기업과 이전가격

다국적기업은 여러 국가에 걸쳐서 자회사를 갖고 있는 경우가 많으며, 이와 같은 자회사간에 많은 거래가 이루어지는 것이 일반적이다. 그런데, 각 국가마다 세율이 다른 경우, 자회사간 거래가격을 조작함으로써 세금을 줄이려는 인센티브를 갖게 된다. 예를 들면, 각 국가마다 부가가치세율이 다른 경우, 다국적기업은 부가가치의 대부분이 부가가치세율이 낮은 국가에서 발생한 것으로 회계처리를 함으로써 세금을 줄일 수 있는 것이다. 이와 같이 다국적기업이 세금을 줄이기 위해 자회사간 거래시 가격을 회계적으로 조정하는 것을 이전가격(transfer pricing)이라고 한다.

주요용어

직접투자
생산요소
이전가격
통화우위이론
포트폴리오투자
내부화이론
외국인직접투자
절충이론
투자수익률이론
해외직접투자
다국적기업
우위기업이론
제품수명주기이론
포트폴리오 다양성이론

연습문제

1. 노동의 이동이 자유로와지는 경우, 노동이 풍부한 국가와 부족한 국가에 있어서의 임금수준에는 각각 어떠한 변화가 발생할 것인가?
2. 상품의 이동과 생산요소의 이동간에는 어떠한 관계가 있는가?
3. 직접투자가 자본 유입국과 유출국에 미치는 영향은 무엇인가?
4. 직접투자를 촉진하기 위한 정책에는 어떠한 것이 있을 수 있는가?

[부록 5-1] 국제적인 자본의 이동과 시제간 무역

국제적인 신용(차입과 대부)을 통한 국제적인 자본의 이동은 시제간(intertemporal) 무역으로 이해될 수 있다. 이것은 한 국가(A국)가 다른 국가(B국)으로부터 자금을 차입하는 경우, 자금을 차입한 국가는 이 돈으로 현재의 소비를 늘리는 반면 미래의 소비를 줄일 수밖에 없으며, 반대로 자금을 대부한 국가는 현재의 소비를 그만큼 줄이는 대신 미래의 소비를 늘릴 수 있기 때문이다.

먼저 자금의 차입과 대부가 없는 경우에 대해 살펴보자. 즉, 주어진 자원을 가지고 현재의 재화(현재재)나 미래의 재화(미래재)를 생산하여 소비한다고 가정해 보자. 한 국가(A국)가 생산가능한 현재재와 미래재의 조합을 곡선으로 나타내면 〈그림 A-5-1〉에 있는 생산가능곡선(production possibility frontier)과 같이 되는데, 생산가능곡선이 우하향하는 이유는 자원이 주어졌기 때문에 현재재의 생산을 늘리면 미래재의 생산은 감소하기 때문이다. 국제적인 자본의 이동이 불가능한 경우, A국은 생산가능곡선상의 점 가운데 후생을 극대화하는 점인 I점에서 생산을 하고 소비도 하게 될 것이다.

한편, 자본의 이동이 가능해지면, 생산과 소비가 반드시 같은 점에서 이루어질 필요가 없게 된다. 현재 생산된 것보다 소비를 늘리는 대신 미래에 생산된 것보다 소비를 줄일 수 있기 때문이다. 그렇다면 현재 소비를 1단위 늘리면, 미래의 소비는 얼마나 줄어드는가? 이자율이 r로 주어졌다는 가정하에 현재재를 1단위 늘리면, 미래에는 소비를 $(1+r)$ 단위만큼 줄여야 한다. 이자율(r)만큼

그림 A-5-1 시제간 무역모형과 국제적인 자본의 이동

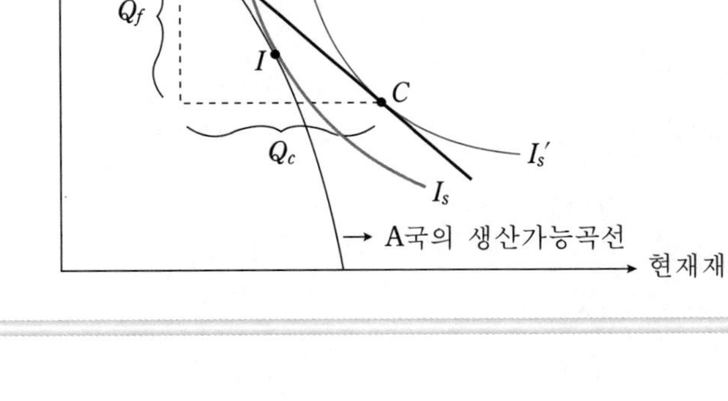

미래의 소비를 더 줄여야 현재의 소비를 늘릴 수 있기 때문이다. 따라서 현재재는 미래재에 비해 이자율(r)만큼 더 비싸다고 할 수 있으며, 미래재에 대한 현재재의 상대적인 가격은 $(1+r)$이 된다. 이는 $-(1+r)$ 수준의 상대가격에서 모든 국가가 차입이나 대부를 할 수 있음을 의미하며, 이는 생산가능곡선 가운데 한 점을 선택해 생산할 때 실제 소비는 그 점을 지나고 기울기 $-(1+r)$의 직선 상의 어느 점에서도 가능하게 됨을 의미한다.

그렇다면, A국은 어느 점에서 생산하고 어느 점에서 소비하기를 원할 것인가? 생산부터 설명하면, A국은 $-(1+r)$의 기울기를 갖는 직선들 가운데 원점에서 가장 먼 것에 도달하는 생산가능곡선상의 점(P점)에서 생산하기를 원할 것이다. 소비는 P점을 지나고 기울기 $-(1+r)$인 직선 상의 점들 가운데 사회적 후생을 극대화하는 점(C점)을 택하여 소비하고자 할 것이다. 따라서 A국의 생산가능곡선과 사회 무차별곡선이 그림과 같이 주어지는 경우, A국은 P점에서 생산을 하고 C점에서 소비하게 되는데, 이는 Q_f만큼의 미래재를 포기하는 대신 Q_c만큼의 현재재를 얻음을 의미한다. 이와 같은 현재재와 미래재의 교환은 실제로 A국이 현재 Q_c만큼의 자본을 외국으로부터 끌어들임으로써 가능하게 되며, A국의 후생수준은 자본의 이동에 따라 I_s 수준에서 I_s' 수준으로 증가하게 된다.

[제 3 부]

무역정책

제6장 무역정책수단과 경제적 효과

미국의 Smoot-Hawley 관세법

경제적 불황이 닥칠 경우, 대체로 보호주의가 성행하는 경향이 있다. 1929년 미국경제에는 저 유명한 대공황(The Great Depression)이 닥쳤다. 이에 따라 미국의 의회는 1930년에 소위 Smoot-Hawley 관세법을 입법하여 대폭적으로 관세를 인상하였다(Smoot와 Hawley는 이 법안을 제안한 의원의 이름임). 이러한 조치는 물론 관세인상을 통하여 국내 산업을 해외로부터의 경쟁에서 보호하고 실업을 감소시키는 것을 목적으로 하였다.

그러나 미국의 이와 같은 조치는 곧바로 외국의 보복을 초래해 세계 60여 국가들이 자국의 관세를 즉각적으로 인상하였다. 그 결과 1930년대 전 세계 무역량은 1920년대에 비하여 1/4 이하의 수준으로 감소하였다. 그리고 이러한 무역량 감소는 대공황을 해결하기는커녕 이를 더욱 심화시킨 것으로 평가된다. 즉, 국내의 불경기를 해결하기 위하여 관세를 인상하였지만 오히려 세계시장을 급격히 위축시킴으로써 수출기회가 줄어들었고 오히려 경기에 부작용만 가져온 것이다.

이에 따라 미국 의회는 다시 무역자유화를 위한 일련의 조치를 취하게 되는데, 1934년에 의회는 대통령이 관세인하를 위한 쌍무협상을 벌일 수 있도록 하는 '상호무역협정법(The Reciprocal Trade Agreements Act(RTAA) of 1934)'을 통과시켰다. 무역자유화가 경제성장에 도움이 됨에도 불구하고, 어느 국가든 일방적으로 관세를 인하하는 것은 쉽지 않다. 따라서 무역상대국과 협상을 통하여 상호 관심이 있는 품목에 대하여 관세를 인하하도록 협상할 수 있게 한 것이다. 이 법에 의거하여 미국은 1934-1945년 기간 동안 32개 국가와 무역자유화협정을 체결하였다.

6.1 문제 제기

국제무역에 관한 지금까지의 논의는 폐쇄경제(autarky)와 자유무역(free trade)을 비교하는 데 초점을 맞추었다. 이를 통하여 무역의 경제적 효과를 명확하게 이해할 수 있었다. 그러나 현실적으로 전혀 무역을 하지 않는 나라는 하나도 없고, 완전한 자유무역을 하고 있는 나라도 거의 없다. 예를 들어, 자유항이라고 할 수 있는 홍콩에서조차도 품목에 따라서는 일정한 관세를 부과하고 있는 실정이다.

국제무역에 관한 논의가 보다 현실적이기 위해서는 무역활동이 완전히 자유롭다기보다는 재화와 서비스가 국경을 통과하는 과정에서 어떠한 형태로든 제약을 받는 비자유무역(non-free trade)이 일반적이라는 인식을 가질 필요가 있다. 무역활동이 완전히 자유롭지 못한 것은 자국의 산업을 보호하거나 수출을 진흥하기 위하여 무역정책을 실시하기 때문이다. 우리나라의 농수산물에 대한 높은 관세와 수입물량의 제한조치 등이 대표적인 예라고 할 수 있다. 또한, 수출입에 영향을 미칠 목적이 아니라 할지라도 위생, 검역, 표준 등 비경제적 목적에 따라 실시되는 제도로 인해 무역활동이 제한을 받기도 한다. 자동차에 대하여 실시되는 안전검사는 비록 수입규제를 목적으로 실시되는 것은 아니라 할지라도 그 기준이 매우 엄격하다면 자동차 수입에 상당한 영향을 미치게 될 것이다. 이처럼 무역정책뿐만 아니라 많은 국내 정책이 무역에 영향을 미치고 있지만, 논의의 편의를 위하여 비자유무역의 경제적 의의에 대한 논의는 상품이 국경을 통과할 때 취해지는 직접적인 무역정책에 국한시키고자 한다.

한편, 무역정책은 정부의 경제정책적 목표하에서 시행될 뿐만 아니라 여러 이익집단(interest group)의 이해관계가 정부나 국회 등을 통하여 반영되어 나타나는 결과이기도 하다. 따라서 국제무역의 현실을 제대로 이해하기 위해서는 각종의 보호무역조치가 낳는 경제적 효과를 이해하는 한편, 그러한 정책이 성립된 정치경제학적 배경을 종합적으로 파악할 필요가 있다. 예컨대 우리나라가 쌀수입을 제한하는 조치는 경제적 측면에서 이해하기는 매우 힘들고, 농업분야가 갖는 정치적 영향력, 역사적 · 문화적 배경을 고려해야 이해가 가능해진다. 무역정책의 정치경제학적 배경에 대한 자세한 논의는 제 7 장에서 본격적으로 다루기로 하고, 본 장에서는 우선 무역정책의 대표적인 수단을 중심으로 그 경제적 효과를 살펴보도록 하자.

6.2 보호무역정책의 세계적 현황

무역정책의 가장 대표적인 수단은 관세이다. 미국의 경우를 살펴보면 관세는 역사적으로 통상정책의 기조를 반영하고 있음이 잘 드러난다. 미국의 평균 관세율은 19세기 초에 60%로서 매우 높은 수준을 나타내었다가 19세기 중반에는 20% 수준으로 떨어졌다. 19세기 후반부터 20세기 초반까지 미국의 관세율은 다시 높아졌다가 윌슨 행정부[1] 시절에는 다시 낮아지는 변화를 나타내고 있다. 이후 보호주의가 매우 성행하였던 1930년경에는 관세율이 평균 50% 수준까지 상승하여 세계무역을 급격하게 위축시키는 결과를 가져왔다.[2] 그러나 1947년 GATT가 성립한 이래 미국을 포함한 각국은 지속적으로 관세인하 협상을 진행해왔으며 그 결과 미국의 관세는 평균 3% 수준까지 하락하였다. EU와 일본도 이와 유사한 수준의 낮은 평균관세율을 유지하고 있다.

이상과 같은 미국관세율의 대략적인 변화과정은 통상정책 수단으로서 관세의 기능을 잘 대변하는 것으로 보인다. 뒤에서 자세히 설명되

1) 1913~1921년 기간을 일컬음.
2) 본 장의 Box에서 설명한 바와 같이, 미국은 1930년에 Smoot-Hawley Act라고 부르는 관세법을 통하여 관세를 대폭 인상함으로써 세계 무역을 급격하게 위축시키는 결과를 가져왔으며 이는 세계적으로 보호주의를 촉발시키는 계기가 되었다.

표 6-1 GATT 다자간 관세인하 협상

	협상기간	참가국	평균인하율
1차(Geneve)	1947	23	35%
2차(Annecy)	1949	29	-
3차(Torquay)	1950-1951	32	-
4차(Geneve)	1955-1956	33	-
5차(Dillion)	1961-1962	39	7%
6차(Kennedy)	1963-1967	74	35%
7차(Toyko)	1973-1979	99	33%
8차(Uruguay)	1986-1994	117	33%

자료: 강인수 외, 「국제통상론」, 2009.

겠지만 GATT에 의한 관세인하 협상 이전인 20세기 중반까지 관세는 대체로 국가의 통상정책의 방향을 상징적으로 보여 준다. 한 국가의 통상정책이 보호주의적인 성격을 띠게 될 때, 관세는 대체로 높은 수준을 유지하게 되며 반대로 자유주의적인 방향으로 선회하면 관세는 낮아진다.

그러나 오늘날 전반적인 관세율이 지속적으로 하락하고 그 절대적인 수준도 매우 낮아짐으로써 통상정책 수단으로서의 관세의 중요성이 많이 약화되었다고 볼 수 있다. 이러한 결과는 2차 세계대전 이후 GATT 체제가 자유로운 무역환경을 조성하기 위하여 지속적인 관세인하 협상에 노력을 기울였기 때문이다. 〈표 6-1〉에 나타난 바와 같이, GATT체제의 출범 이후 총 8차례의 다자간무역협상을 통하여 상당한 수준의 관세인하가 이루어졌다. 이러한 관세율 인하는 통상정책의 수행에 있어서 한 국가의 권한이 국제규범에 의하여 규율되는 현상을 잘 보여 주는 사례이다. 그럼에도 불구하고 현재에도 관세는 각국의 산업정책을 상당히 반영하는 경우가 많다. 예를 들면, 자국의 경쟁력이 우위에 있는 품목에 대해서는 비교적 낮은 관세율을 유지하는 반면에, 산업정책 또는 정치적 목적에 따라 어떤 품목에 대해서는 매우 높은 수준의 관세율을 부과하는 경향을 나타내고 있다.

UN의 무역개발위원회(UNCTAD)에 의하면 무역장벽은 대체로 5개 그룹으로 분류되고 있다. 첫째, 통관과정에서 가격에 영향을 미치는 조치로 각종 형태의 관세와 부과금, 반덤핑관세 및 상계관세 등이 이에

표 6-2 주요국의 주요 제품별 비관세 장벽 현황

	비관세조치의 적용비율(%)			
	미국	EU	캐나다	일본
28류 무기화학품 및 귀금속 · 희토류금속 · 방사성 원소또는 동위원소의 유기 또는 무기화합물	5.9	3.1	0	0.2
30류 의료용품	0	0	0	9.7
31류 비료	3.8	0	0	0
38류 각종 화학공업 생산품	2.1	0.5	0	0
39류 플라스틱과 그 제품	4.1	0	0	0
44류 목재와 그 제품 및 목탄	0	0	0.6	0
47류 목재, 기타 섬유질 셀룰로스 재료의 펄프, 회수한 지 또는 판지(웨이스트와 스크랩)	0	0	0	0
52류 양모 · 섬수모 또는 조수모 · 마모사 및 이들의 직물	92.5	95.5	73.7	39.7
54류 기타 식물성 방직용 섬유와 지사 및 지사의 직물	86.6	85.8	39.6	56.1
55류 인조 스테이플 섬유	84.3	88.7	43.9	57.5
58류 특수직물, 터후트한 섬유직물, 레이스, 태피스트리, 트리밍과 자수포	89.1	93.7	9.8	44.7
59류 침투 · 도포 · 피복 또는 적층한 방직용 섬유의 직물 ; 공업용의 방직용 섬유제품	33.2	100	0	19.3
60류 메리야스 편물과 뜨게질 편물	91.7	82.4	0	27.8
61류 의류와 그 부속품(메리야스 편물 또는 뜨게질 편물의 것에 한한다)	91.8	93.9	93.9	0
62류 의류와 그 부속품(메리야스 편물 또는 뜨게질 편물의 것을 제외한다)	97.0	86.6	82.4	0
64류 신발류 · 각반 및 이와 유사한 것과 이들의 부분품	30.0	0	27.4	0
7201-17 선철 등	25.7	2.3	1.4	0.5
7218-20 스테인레스강 등	15.9	0	0.8	0
73류 철강의 제품	28.9	0.4	2.6	0

주: 비관세 적용비율이란 해당 그룹내 총 상품품목에서 비관세장벽이 적용받는 품목의 비율을 일컫는 것임.

자료: 한홍렬(1999).

포함된다. 둘째, 수량에 영향을 미치는 조치로 수입금지, 수량규제 등이 이에 속한다. 셋째, 수입허가와 관련된 조치로 일반적 수입허가제도, 특정 목적상의 허가제도 등으로 구분된다. 넷째, 국내가격수준의 통제와 관련한 조치로 최저가격제도, 가격감시제도 등이 포함된다. 다섯째, 기타 교역장벽으로 기술규정, 표시 및 라벨링 요건 등과 교역에 영향을 미치는 국내보조가 이에 해당된다.

〈표 6-2〉는 주요 품목에 대한 선진국의 비관세장벽 현황을 보여 준다. 위의 수치들은 각 그룹에 속하는 품목들 중에서 비관세장벽이 적용되는 품목의 비율을 나타내는 것이다. 국가별로 약간의 차이는 있지만 대체로 섬유 및 의류 그리고 신발류를 포함하는 HS 52-62류에 해당하는 제품군의 비관세조치 적용비율이 매우 높다는 것을 알 수 있다.[3] 이들 제품에 대한 비관세조치의 적용비율이 높은 것은 무엇보다도 해당 산업이 노동집약적 성격을 갖고 있어서 해외로부터의 경쟁에 저항하는 이익집단의 입김이 반영된 결과로 볼 수 있다.

6.3 관 세

1. 개 요

관세는 국경을 통과하는 물품에 대하여 세관당국이 부과하는 세금이다. 관세는 재정수입을 목적으로 한 국경간 통행세로부터 유래된 아주 오래된 전통을 갖고 있으나, 오늘날에는 여러 가지 정책목표를 달성하기 위한 무역정책의 가장 보편적인 수단으로 변화되었다. 특히 국경통과시의 통행세적인 성격보다는 영업세(sales tax)적인 성격의 비중이 커짐으로써 상품의 가격경쟁력에 직접적으로 영향을 미치고 있다. 또한, 관세는 수입품에만 적용되는 것이 일반적이며 수출세는 거의 사용되지 않고 있다는 점에서 관세의 정책적 동기가 재정수입에서 무역정책적 목표로 이동하였음을 알 수 있다. 이 밖에도 상품에 직접 부과되지

3) HS(Harmonized System)는 세계관세기구(World Customs Organization: WCO)에서 제정한 품목분류체계를 일컫는다. 각국이 동일한 품목에 대하여 동일한 번호를 부여함으로써 무역활동 및 관세행정상의 편리를 도모하고자 하는 것이다.

는 않지만 통관과정에서 무역업자가 지불해야 하는 통관료, 통관 관련 서비스 수수료 등도 결과적으로 상품의 가격경쟁력에 유사한 효과를 미친다는 점에서 의사관세(擬似關稅, para tariffs)로 간주되고 있다.

관세는 통관과정에서 수출입 물품에 부과되는 방식과 통상정책적 목표의 관점에서 분류가 가능하다. 우선 부과방식에 따라 다음의 세 가지로 분류된다. 첫째, 종가세(ad valorem tax)로서 상품가격의 일정비율을 부과하는 형태이다. 예를 들면, 텔레비전 수입가격의 8%와 같이 관세율이 적용되는 경우이다. 둘째, 종량세(specific tax)로서 상품의 물리적인 단위당 구체적인 액수가 부과되는 경우이다. 소고기 1kg당 1,000원의 일정액을 부과하는 하는 경우이다. 마지막으로 혼합세는 종가세와 종량세가 혼합되어 부과되는 형태로서 상품가격의 일정비율과 일정액을 통관시에 지불해야 한다. 오늘날 대부분의 제품에 대해서는 종가세가 사용되고 있다.

한편 통상정책적 측면에서 관세는 MFN관세와 특혜관세(preferential tariff)로 나누어 볼 수 있다. WTO 회원국들은 상호간에 최혜국대우(Most Favored Nation: MFN)의 의무를 지고 있다. 그런데 WTO 회원국이 세계의 거의 모든 국가를 포함하고 있기 때문에 결과적으로 최혜국대우는 국가간에 평등한 대우를 해야 한다는 의미를 갖게 되었다. 관세부과에 있어서도 어떤 나라가 특정제품에 대해 책정한 관세율을 모든 회원국에서 수입되는 제품에 대하여 동일하게 적용해야 할 의무를 갖게 되는데 이를 MFN관세율이라고 부른다. MFN관세율은 각 회원국이 WTO에 대하여 양허한 수준 이상으로는 관세를 올리지 않겠다고 약속한 최고관세율이다. 따라서 실제로 적용되고 있는 실행관세율은 이보다 낮을 수가 있는데, 대체로 선진국은 실행관세율과 MFN관세율이 일치하고 있는 반면에 개도국의 경우 실행관세율이 MFN관세율보다 낮은 경향을 보인다. 국가들은 상호간의 협정을 체결하여 수출입 제품에 대하여 무관세 또는 낮은 관세를 부과할 수 있다. 또한, UN과 같은 기관의 결의 또는 선진국들의 자발적 의사에 따라 개도국에서 수입되는 제품에 대하여 낮은 관세율을 부과하는 경우가 있다. 이와 같이 특정 국가에 대하여 관세상의 특혜를 부여하는 경우 이를 특혜관세라고 부른다.

관세는 부과 형태에 따라 종가세, 종량세 그리고 혼합세로 구분할 수 있으며, 통상정책적 관점에서는 MFN 관세와 특혜관세로 나눌 수 있다.

2. 관세의 경제적 효과

관세의 경제적 효과는 일단 수입가격의 상승으로 나타난다. 예를 들어, 원화로 환산한 가격이 100원인 수입품에 대하여 관세가 10% 부과된다고 하자. 그러면 이 제품의 수입자는 세관에 10원의 관세를 내는 한편 이를 국내시장에 판매할 때 반영함으로써 결국 수입가격이 110으로 상승할 것으로 예상할 수 있다. 그리고 수입가격이 상승하면 수입품에 대한 수요량이 줄어들기 때문에 수입 역시 감소할 것이다. 그러나 문제는 그렇게 단순하지만은 않다.

예컨대, 세계 최대의 꽃 수입국이라고 할 수 있는 일본이 수입되는 꽃에 대하여 관세를 20% 인상하였을 때 국내가격이 그만큼 상승할 것인가? 만일 동남아시아의 작은 국가인 브루나이가 똑같이 관세를 부과하면 이 나라의 꽃가격은 어떻게 변할 것인가? 분명한 것은 일본과 브루나이의 국내 가격 변화가 같지 않을 가능성이 크다는 점이다. 왜냐하면 일본의 꽃 수입이 감소한다면 네덜란드의 꽃 생산업자에게 큰 타격이 되겠지만 브루나이는 그리 큰 영향을 미치지 못할 것이다. 즉, 국가의 수입규모에 따라 관세의 효과는 달리 나타날 수 있다. 이러한 가능성을 고려하여 이하에서는 대국과 소국의 경우로 나누어 관세의 경제적 효과를 논의해 보기로 한다.

소국(小國)과 대국(大國)

국제경제학에서 소국과 대국을 구별하는 기준은 단 하나이다. 즉, 한 국가의 특정 제품에 대한 수요나 공급이 변화하였을 때 이것이 국제가격에 변화를 가져온다면 대국으로 간주하며 전혀 영향을 미치지 못한다면 소국으로 간주한다. 소고기 시장의 경우 인도는 대국인가 소국인가?

(1) 소국의 경우

〈그림 6-1〉은 소규모국가에 있어서 관세가 부과될 때에 발생하는 여러 가지 후생효과를 간략하게 나타내고 있다. 우선 이 그림에서 수요 및 공급곡선은 경제원론에서 보통 등장하는 것과 같다. 무역이 없다면 균형점 E에서 이 제품에 대한 수요량과 공급량이 일치하며 여기서 가격이 결정된다. 그러나 국제무역이 가능할 경우 E점은 아무런 의미를 갖지 못하게 된다. 왜냐하면 자유무역을 하게 되면 외국으로부터 P^w의 가격에 제품을 수입할 수 있게 되고, 이 경우, 국내 생산품의 가격도 동일한 수준에서 결정될 수밖에 없기 때문이다.[4] 자유무역하에서 제품의 가격이 P^w로 결정될 경우, 수요곡선을 따라 국내 수요량은 Q_2로 결정되며 국내의 공급자들은 공급곡선을 따라 Q_1만큼밖에 공급하지 않을 것이다. 결과적으로 부족한 수요량은 (Q_2-Q_1)의 수입으로 충당하게 된다.

관세부과의 경제적 효과를 살펴보자. 부르나이처럼 꽃의 수입규모가 꽃의 국제가격에 영향을 미치지 않는 소국의 경우에는 관세가 부과되면 일단 국내가격이 관세를 부과한 만큼 상승할 것이다. 예컨대 국내가격이 자유무역시의 P^w에서 P_t로 상승하게 된다. 이처럼 가격이 상승함에 따라 국내의 생산자들은 공급량을 Q_3의 수준으로 증가시키게 될 것이지만, 소비자들은 소비량을 Q_4 수준으로 감소시킬 것이다. 따라서 국내부족량을 충당하기 위한 수입량은 (Q_4-Q_3)로 줄어듦을 알 수 있다. 이와 같은 변화가 갖는 의미는 다음과 같이 정리될 수 있다.

첫째, 관세부과로 인하여 국내가격이 상승함으로써 소비자들은 피해를 입게 되었다. 관세부과 이전에는 P^w라는 낮은 가격에서 Q_2만큼 소비할 수 있었으나 이제는 높은 가격에 소비할 수 있는 양도 줄어들었으므로 소비자의 후생이 감소한 것이다. 둘째, 가격의 상승으로 인한 국내 공급량의 증가는 생산자의 이득으로 나타난다. 즉, 생산자의 입장에서는 보다 높은 가격에 더 많은 판매를 할 수 있으므로 후생이 증가한다. 셋째, 생산자와 소비자뿐만 아니라 정부의 재정수입에도 영향을 미

4) 즉, 여기서 우리는 암묵적으로 국내에서 생산되는 제품과 수입되는 제품간에 차별성이 존재하지 않는다고 가정하고 있다.

그림 6-1 관세부과의 경제적 효과: 소국의 경우

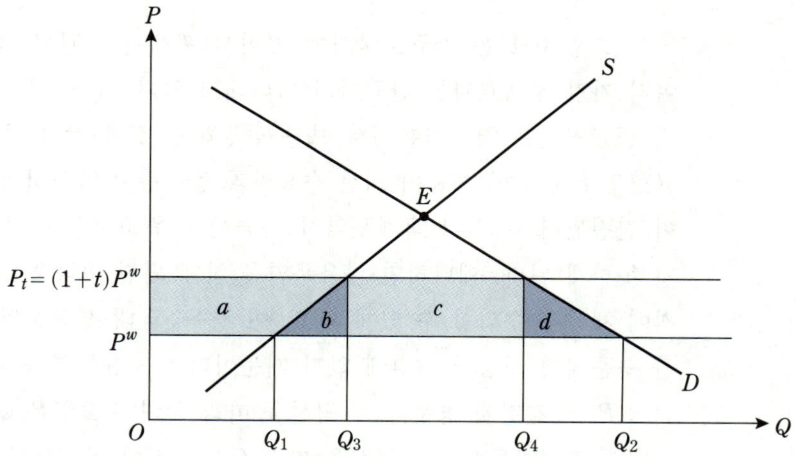

치게 된다. 즉, 정부는 수입량에 관세를 곱한 만큼의 관세수입을 얻게 된다. 요약하자면 관세를 부과하게 되면 소비자는 피해를 입고 생산자와 정부는 이득을 얻는 것이다.

여기서 우리는 관세의 부과가 각각의 경제주체에 미치는 효과를 비교하고 종합적으로 평가할 필요가 있다. 첫째, 소비자 잉여(consumer surplus)로 나타내어지는 소비자 후생의 감소는 $(a+b+c+d)$로 나타낼 수 있다. 이는 소비자가 종전보다 높은 가격에 적은 양을 소비할 수밖에 없게 됨으로써 발생하는 소비자 잉여의 감소분이다. 둘째, 가격의 상승으로 인해 생산자들은 a만큼의 생산자 잉여(producer surplus)의 증가를 누리게 된다. 이는 국내가격의 상승에 따라 기업들이 공급량을 증대시킴으로써 발생하는 것이다. 마지막으로 정부는 관세수입으로 c만큼 얻을 수 있다.

이상의 결과를 종합할 때, 관세의 부과로 인한 순경제적 효과는 $(a+c)-(a+b+c+d)=-(b+d)$로 표현할 수 있다. 즉, 관세부과의 순효과는 경제적 후생의 감소이며 그 내용은 소비자의 희생과 생산자와 정부의 이득으로 구성된다. 그런데 여기서 두 가지 강조할 점이 있다. 첫째, 잃는 자와 얻는 자의 손실과 이득이 서로 상쇄되지 않고 순손실

Deadweight Loss

우리는 지금까지 경제적 순손실이라는 표현으로 deadweight loss를 번역하여 사용해 왔다. 그러나 지금까지 여타 경제학 교과서에서는 이러한 표현보다 사중손실(死重損失)이라는 표현이 더욱 일반적으로 통용되고 있다. 그러나 이는 번역이라기보다는 단어의 직접적 변환이어서 의미가 잘 통하지 않음을 알 수 있다. 'dead=死', 'weight=重' 이라는 것이다. 그러나 deadweight라는 말은 있어도 사중(死重)이라는 말은 없을 뿐더러 뜻도 잘 통하지 않는 것 같다.예컨대 safetyman이라는 단어를 우리말로 옮겨보자. 이는 탄광에서 갱도에 들어가지 않는 안전지대에서 일하는 사람을 일컫는다. 그런데 이를 그냥 안전인(安全人)이라고 번역한다면 이 말을 쓸 때마다 다시 설명이 뒤따라야 할 것이다. 어떻게 표현하는 것이 더 나을까. 적당한 표현은 숙제로 남겨 둔다.

이 발생한다는 사실이다. 위의 그림에서 b와 d는 아무에게도 돌아가지 않고 이 사회가 순전히 상실하는 경제적 순손실을 표시한다. 이와 같은 손실은 어디서 발생하는 것일까. 우선 d는 소비부문의 비효율성임을 알 수 있다. 즉, 가격의 상승과 소비감소에 따라 소비자가 감수해야 하는 소비자 잉여의 감소분이다. 한편, b는 생산의 증가와 함께, 자유무역시에는 불필요하였던 한계생산비의 증가분을 다 합친 것으로서 생산부문의 비효율성을 나타낸다. 이는 관세부과로 인하여 초래되는 사회적 순손실이다. 둘째, 관세의 부과는 생산자와 소비자간의 소득분배상의 변화를 가져온다는 것이다. 소득분배상의 변화는 생산자간에도 나타난다. 즉, 이 제품(예컨대 꽃)의 생산을 증가시키기 위해 투입되어야 할 자원은 여타 제품의 생산을 줄임으로써 가져올 수 있다. 따라서 꽃의 생산은 여타 제품의 생산감소를 수반하므로 이들 제품의 생산업자들로서는 소득의 감소를 겪지 않을 수 없게 된다.

소국의 경우, 관세의 부과는 상품의 국내소비 가격을 상승시킴으로써 소비의 감소, 국내 생산의 증가 그리고 수입량의 감소를 가져온다. 그 결과 소비자의 잉여 감소, 생산자의 잉여 증가 그리고 정부의 관세수입을 발생시킴으로써 소득분배상의 변화를 초래한다. 전체적으로는 생산과 소비측면의 사회적 순손실을 낳게 된다.

(2) 대국의 경우

위에서 언급한 바와 같이 대국과 소국의 차이점은 국내 소비량의 변화가 국제가격에 영향을 미칠 수 있는지 여부이다. 예컨대 인도의 경우 쇠고기의 소비량이 매우 미미할 것이므로 가격 변화에 따라 소비량에 변화가 발생한다 할지라도 소고기의 국제가격에는 하등의 영향을 미치지 않을 가능성이 매우 높다. 반대로 유럽이나 미국의 급격한 소고기 소비량의 변화는 남미에서 수입되는 소고기의 가격에 상당히 큰 충격으로 작용할 것이다. 따라서 미국 정부가 수입되는 소고기에 대하여 관세를 부과하여 국내 가격이 상승할 경우 미국내 소고기의 소비량이 감소하게 될 것이며, 이는 다시 소고기의 국제가격을 어느 정도 하락시키는 결과를 가져오게 된다. 이 경우, 관세부과 후 미국 내의 소고기 가격은 소국의 경우와 매우 다른 결과를 가져온다.

이상의 논의를 좀더 자세히 분석하기 위해서는 우선 소고기의 국제가격이 어떻게 형성되는지 살펴볼 필요가 있다. 다음과 같은 두 국가 H와 F를 고려해 보자. 〈그림 6-2〉의 (A)와 (C)는 어떤 제품에 대한 H국과 F국의 수요공급선을 나타내고 있다. H국에서 P_1은 무역 이전의 균형가격이다. 국제가격 P^w가 P_1보다 낮다면 H국은 이 제품을 수입하기 시작할 것이며, 가격이 낮을수록 수입량이 증가한다. 이처럼 가격과 수입

그림 6-2 수입수요곡선 및 수출공급곡선과 국제가격의 결정

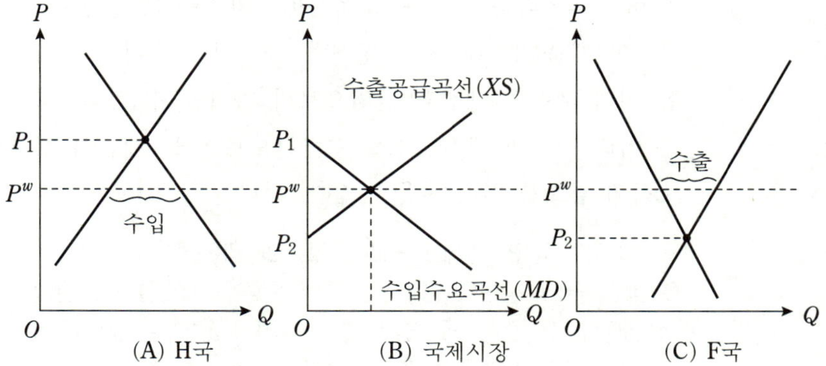

량 자체의 관계는 그림 (B)에 수입수요곡선(*MD*)으로 표시할 수 있다.

F국의 경우 무역 이전의 국내가격인 P_2 이상에서 공급량이 수요량를 초과하므로 초과공급량을 수출하게 된다. 따라서 가격의 변화와 수출량의 관계를 표시하면 그림 (B)의 수출공급곡선(*XS*)이 된다. 따라서 수출공급곡선과 수입수요곡선을 동시에 표시하고 있는 그림 (B)는 국제시장을 나타내며 P^w는 국제균형가격을 나타낸다. 그림 (B)에서 *M*점은 H국 수입량=F국 수출량이 되는 국제균형가격(P^w)하의 교역량을 나타낸다.

어떤 제품의 국제가격이 P^w로 결정되었을 때, 이를 수입하는 H국이 관세를 부과한다고 가정해 보자. 소국의 경우에서는 관세부과액만큼 국내가격이 상승할 것이지만 대국의 경우에는 관세의 부과로 인한 수입량의 감소는 국제가격에 영향을 미치게 된다. 국제시장의 관점에서 볼 때, H국의 관세부과로 인한 수입량의 감소는 국제시장에서의 수입수요의 감소로 나타날 것이다. 따라서 〈그림 6-3〉에서 나타난 바와 같이 국제가격은 P_0^w에서 P_1^w으로 하락하게 된다. 즉, 대국의 관세부과는 국제가격의 하락을 초래한다.

따라서 관세를 부과할 경우, 새로운 국내가격은 $P_0^w(1+t)$가 아닌 새로운 국제가격에다 관세를 더한 $P_1^w(1+t)$의 수준에서 형성될 것임을 알 수 있다. 이를 소국의 경우와 비교한다면 관세 부과분이 국내가격에

그림 6-3 관세부과의 경제적 효과: 대국의 경우

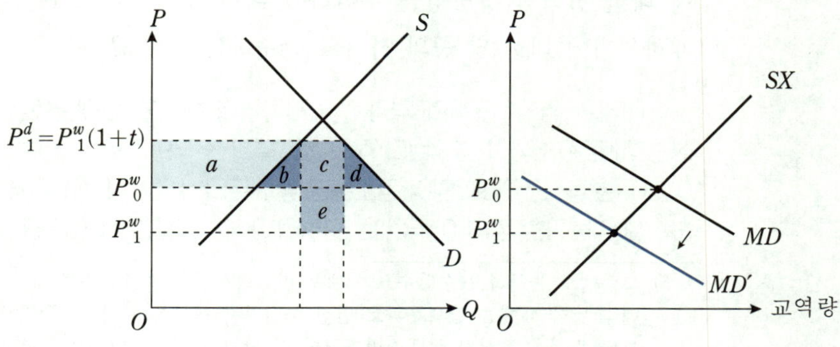

일부만 반영되었으며 나머지는 국제가격의 하락을 통하여 수출자가 부담하게 되었음을 의미한다. 이를 좀더 자세히 살펴보면 다음과 같은 후생효과가 있음을 알 수 있다. 첫째, 생산자의 잉여 증가분은 소국의 경우와 비교하여 상대적으로 미약하다. 즉, 소국의 경우라면 국내 가격의 상승분이 더 크므로 생산량도 더 증가하였을 것이다. 따라서 대국의 경우 생산자 잉여의 증가분도 상대적으로 작다고 할 수 있다. 둘째, 이와 반면에 소비자의 후생감소분은 소국의 경우보다 작은데, 그 이유는 생산자의 경우에 비추어 쉽게 이해할 수 있을 것이다. 마지막으로 중요한 차이는 대국의 경우 관세의 부과가 반드시 사회적 순손실로 이어지지 않을 가능성이 있다는 것이다. 왜냐하면 정부의 관세수입을 나타내는 $c+e$ 중에서 e에 해당하는 면적은 국제가격의 하락으로 인하여 외국의 수출업자가 부담하게 되어 추가적으로 발생한 수입이므로, 만일 이 면적이 관세부과로 인해 발생한 사회적 순손실, $b+d$의 면적보다 크다면 이 국가는 오히려 이득을 보았다고 할 수 있기 때문이다.

이러한 가능성은 정부가 국가적 이득을 최대화하기 위한 목적으로 관세율을 적절히 조절할 여지가 있음을 말해 준다. 그리고 이득을 최대화하는 수준의 관세를 부여할 경우 이를 최적관세율(optimum tariff rate)이라고 부른다.[5] 그러나 최적관세율 개념이 정부의 관세부과를 정당화하는 것으로 오해해서는 안 된다. 최적관세의 부과가 가능하기 위해서는 국내의 수요공급뿐만 아니라 국제시장에서의 수요공급 상황에 대한 정확한 정보를 필요로 하기 때문이다. 따라서 최적관세의 개념은 관세에 대한 정책적 정당성을 부여하기 위한 것이라기보다는 관세가 왜 존재하는가에 대한 답 중의 하나로 간주하는 것이 옳다.

대국의 경우, 관세의 부과는 국제가격의 하락을 초래함으로써 국내가격의 상승 정도가 소국의 경우보다 작다. 그 결과 소국의 경우에 비하여 생산자의 잉여 증가분과 소비자의 잉여 감소분은 줄어든다. 또한 정부의 관세수입이 사회적 순손실을 능가할 경우 이 국가는 오히려 관세부과를 통해 이득을 볼 수도 있다.

5) 그럼에도 불구하고 수입수요가 매우 비탄력적이고 수입제품에 대한 한계소비성향이 매주 낮을 때에는 관세부과로 인한 수입가격 하락폭이 아주 커서 자유무역을 할 때보다 관세를 포함한 국내소비가격이 더 낮아질 가능성이 있다. 이러한 경우를 메츨러의 역설(Metzler's Paradox)이라고 부른다.

(3) 관세정책의 실제

우리나라는 지난 1983년(1984-1988)과 1988년(1989-1994)에 관세율 인하예시제를 시행하여 산업별로 '균등관세율체계(uniform tariff system)'를 채택하였다. 평균관세율은 7.9%로 미국, 일본 등 선진국 관세율과 큰 차이가 없으며, 동일 가공 단계 내에서는 품목별로 차이가 없는 관세율 체계를 유지하고 있다. 공산품 원자재는 원칙적으로 2.8%, 중간재와 완제품의 평균관세율은 각각 7.0%, 7.1%에 이르며 농산품 평균관세율은 16.6%이다. 또한 국제기준에 의하면 고관세(tariff peak)에 해당하는 제품은 840개 품목으로 전체 품목에 7.86%에 이르지만, 국내기준에 따를 경우 고관세의 적용을 받는 품목이 422개로 전체 품목의 3.95%에 달한다.[6] 특히 고관세 품목은 거의 대부분 농수산물에 집중되어 있어 국제 및 국내기준으로 각각 813개와 421개 품목이 이에 해당되는 반면, 공산품에서 고관세 품목은 국제기준으로는 27개 품목, 국내기준으로는 단 1개 품목에 불과하다.

표 6-3 한국의 관세율 현황

(단위: %)

구 분	품목수	기본평균세율	실행평균세율	기본가중 평균세율	실행가중 평균세율
전 체	11,075	9.37	8.87	6.31	4.97
농산물 (HS 1-24류)	1,655	18.93	17.85	11.80	10.94
공산품 (HS 25-97류)	9,420	7.70	7.30	5.95	4.58

〈표 6-4〉는 공산품 전반에 걸친 주요 선진국의 고관세 현황을 보여주고 있다. 이 표에 의하면 선진국의 고관세는 섬유 및 의류제품 그리고 신발류에 집중되어 있다. 미국의 경우, 비가중 평균관세율이 6.4%인데 반해 이들 고관세 제품의 평균관세율은 2배 이상의 수준을 나타내고

6) 고관세 품목(tariff peak)의 국제기준은 15% 이상의 관세율이 적용되는 품목이고, 국내기준은 평균관세율인 8%보다 3배 이상(24% 이상)의 관세율이 적용되는 품목이다.

있다. 이러한 패턴은 EU, 일본 그리고 캐나다의 경우에도 동일하다.

미국의 경우 HS 38(화학공업 생산품)과 HS 39(플라스틱과 그 제품)의 HS 2단위 기준 평균관세율이 각각 4.6%와 5.0%임에 비하여, 이 제품군 중 고관세품목으로 분류된 제품들의 평균관세율은 11.83%와

표 6-4 주요국의 주요 제품별 고관세 현황

	평균관세율(%)			
	미국	EU	캐나다	일본
28류 무기화학품 및 귀금속 · 희토류금속 · 방사성 원소 또는 동위원소의 유기 또는 무기화합물	2.5	5.6	1.9	2.7
30류 의료용품	0	0	0	0
31류 비료	0	4.5	0	0
38류 각종 화학공업 생산품	4.6	4.7	5.1	2.5
39류 플라스틱과 그 제품	5.0	8.1	7.8	4.0
44류 목재와 그 제품 및 목탄	1.5	3.0	2.2	2.8
47류 목재, 기타 섬유질 셀룰로스재료의 펄프, 회수한 지 또는 판지(웨이스트와 스크랩)	0	0	0	0
52류 양모 · 섬수모 또는 조수모 · 마모사 및 이들의 직물	9.6	7.5	12.8	5.4
54류 기타 식물성 방직용 섬유와 지사 및 지사의 직물	12.8	8.6	13.6	7.3
55류 인조 스테이플 섬유	13.6	8.9	13.3	8.0
58류 특수직물, 터후트한 섬유직물, 레이스, 태피스트리, 트리밍과 자수포	11.6	9.5	15.4	7.5
59류 침투 · 도포 · 피복 또는 적층한 방직용 섬유의 직물; 공업용의 방직용 섬유제품	5.5	6.7	13.9	4.6
60류 메리야스 편물과 뜨게질 편물	13.1	10.7	16.1	10.2
61류 의류와 그 부속품(메리야스 편물 또는 뜨게질 편물의 것에 한한다)	15.2	12.6	21.9	12.2
62류 의류와 그 부속품(메리야스 편물 또는 뜨게질 편물의 것을 제외한다)	12.6	12.3	21.5	12.0
64류 신발류 · 각반 및 이와 유사한 것과 이들의 부분품	13.6	11.1	16.6	18.9
7201-17 선철 등	1.7	1.8	2.5	1.5
7218-20 스테인레스 강 등	5.0	3.7	5.8	3.2
73류 철강의 제품	3.0	4.2	6.6	1.7

자료: UNCTAD TRAINS(Trade Information System)에서 재구성.

10.55%로서 2배를 상회하고 있다. 섬유 및 의류제품의 경우 HS 59 내의 품목을 제외하고는 모든 경우에 있어서 평균 15% 이상을 기록하고 있어 국제적으로도 매우 높음을 알 수 있다. 특히, HS 64의 신발과 각반류 제품 중 고관세품목의 평균관세율은 무려 28.17%로서 가장 높은 수준이다. 그러나 이외의 공산품에 대한 미국의 관세는 절대적으로도 매우 낮은 수준을 기록하고 있다. 캐나다도 미국과 거의 흡사한 관세율 구조를 갖고 있는 것으로 나타났다.

이러한 선진국의 관세율 구조는 관세가 여전히 무역장벽으로서 중요한 역할을 담당하고 있음을 말해 준다. 여러 차례의 다자간 무역협상을 통하여 전반적인 평균관세율이 인하되었음에도 불구하고 각국은 보호가 필요한 자국 산업에 대해서는 매우 높은 관세를 부과하고 있다. 따라서 새로운 무역협상(New Round)에 관한 논의가 제기될 때마다 관세가 여전히 주요한 협상쟁점으로 등장하는 것이 현실이다.

6.4 비관세장벽

1. 수입쿼터(Quota)

수입쿼터는 대표적인 비관세장벽으로서 정부가 수입량의 최대 한도를 정하는 것이다. 보통 수입가능한 최대물량을 수입쿼터(import quota)라고 부르는데 당연히 자유무역하에서 수입되는 양보다 작다. 그리고 정부는 수입허가증(import licence)을 수입업자들에게 배분하는 방식으로 수입쿼터를 실시한다. 수입쿼터는 무역량을 직접적으로 통제하기 때문에 보호무역효과가 매우 높다. WTO(GATT)에서는 이와 같은 조치를 원칙적으로 금지하고 있으며 기존의 수량규제조치를 철폐하기 위한 노력을 지속적으로 기울여 왔다. 따라서 선진국의 경우 대부분의 공산품에 대해서는 수량규제조치가 취해지지 않고 있으나 개도국에서는 아직도 비교적 많은 품목에 대하여 적용되고 있다. 뿐만 아니라 선후진국을 막론하고 아직도 농산품에 대해서는 수량규제조치가 매우 광범위하게 활용되고 있는 것이 현실이다.

수입쿼터는 결국 국내가격의 인상으로 연결되기 때문에 관세와 유사한 경제적 효과를 낳는다. 수입쿼터 실시하의 국내가격과 국제가격의 차이가 관세에 상당하는 것으로 볼 수 있는데 이를 수입쿼터의 암묵적 관세상당치(implicit tariff equivalents)라고 부른다. 〈그림 6-4〉는 수입국이 소국일 때, 수입쿼터의 경제적 효과를 설명하고 있다. 이 그림은 기본적으로 관세의 경제적 효과에 대한 설명과 동일하다. 다만 차이점은 관세가 부과될 경우 가격이 P^Q로 인상되어 수입량이 Q_3Q_4로 줄어든 반면, 수입쿼터의 경우 Q_3Q_4만큼 쿼터를 부과한 결과 가격이 P^Q로 형성된다는 것이다. 가격이 P^Q로 상승하는 것은 국내시장에서 공급자들이 직면하는 실질적인 수요곡선이 D가 아니라 D^Q, 즉 시장 전체 수요에서 Q_3Q_4만큼 뺀 나머지 수요곡선이기 때문이다. 따라서 수입쿼터하의 균형가

수입쿼터의 실시방법

수량규제를 실시할 경우, 수입업자가 국제가격과 국내가격의 차이를 가져간다. 따라서 수입허가증을 어떻게 배분할 것인가가 매우 중요한 문제가 아닐 수 없다. 그 방법으로는 다음의 세 가지를 생각해 볼 수 있다.

첫째, 선착순에 의한 방식으로서 정부가 설정해 놓은 수입쿼터가 다 소진될 때까지 순서대로 수입허가권을 발부하는 방식이다. 이 경우, 수입쿼터가 전혀 채워지지 않은 상태에서 점차 수입량이 늘어나면서 가격이 변동하는 결과를 가져오게 될 것이다.

둘째, 경매에 의한 방식으로서 정부가 수입허가권의 가격을 수입업자들로 하여금 입찰하게 만드는 것이다. 쿼터의 경우, 국내외 가격차만큼 수입업자의 소득으로 돌아가기 때문에 수입업자들은 그 중 일부를 수입허가권의 가격으로 지불하려 들 것이다. 만일 정부가 완전경쟁적인 경매를 허용한다면 결국 수입허가권의 가격이 국내외 가격차의 수준에 이르게 되어 가격차로 인한 수익이 모두 정부에 귀속된다. 이 경우는 국내외 가격차이 만큼의 관세부과와 동일한 결과를 얻을 수 있다.

셋째, 정부가 일정한 기준을 설정하여 쿼터를 배분하는 형식인데,주로 과거의 수출실적을 기준으로 삼는 경우가 많다.

그림 6-4 수입쿼터의 경제적 효과

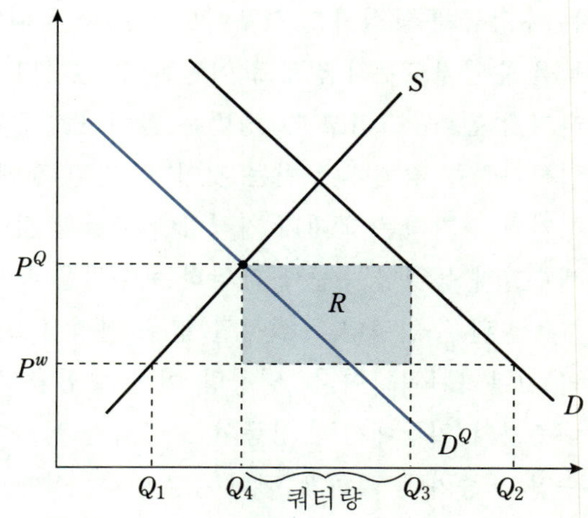

격(P^Q)은 국내공급자들이 직면하는 수요곡선과 공급곡선이 만나는 수준에서 결정되고, 이 가격에 상응하는 소비량과 국내생산량이 각각, Q_3와 Q_4으로 결정된다. 이때 수입량은 수량규제량(Q_3Q_4)이 된다.[7)]

위의 설명에서 알 수 있듯이 수입쿼터의 경제적 효과 또는 후생효과는 관세와 유사하게 나타난다. 즉, 소비자의 잉여는 감소하는 한편 생산자의 잉여는 증가한다. 다만 한 가지 차이점은 수량규제를 실시할 경우 정부의 관세수입이 사라진다는 것이다. 정부는 수입량의 상한선을 제한할 뿐 관세를 걷지 않기 때문이다. 그러면 정부의 관세수입에 해당하는 〈그림 6-4〉의 R은 누구에게 돌아가는 것일까? 그것은 당연히 수입허가권(import licence)을 갖고 있는 수입상일 것이다. 왜냐하면 수입상은 낮은 국제가격에 물건을 수입하여 높은 국내가격(P^Q)에 판매할 수 있기 때문이다. 이를 쿼터지대(quota rent)라고 부른다.

분명히 이러한 결과는 문제의 소지를 안고 있다. 왜냐하면 국내외 가격차에 해당하는 이익을 획득할 수 있는 원천이 수입허가권의 소지 여부인데, 만일 정부가 이를 임의대로 배분할 경우 또 다른 형평상의 문제

7) 이상의 논의는 주어진 쿼터를 수입이 다 채우고 있다는 것을 가정하고 있다.

가 생기는 것이다. 특히, 정부가 관세수입을 모든 국민에 대하여 중립적으로 지출하는 경우와 비교하면 그 이유는 자명해진다. 따라서 정부로서는 수량규제를 실시할 경우에도 이러한 국내외 가격차이에 해당하는 이득을 수입자로부터 정부로 이전할 수 있다면 적어도 형평상의 문제는 사라지게 된다. 그리고 그 방법은 앞에서 언급한 바와 같이(Box 참조) 수입허가권을 경매에 부치는 것이다. 만일 경매가 완전경쟁적이라면 수입허가권의 가격은 국내외 가격차에 도달할 것이며, 결과적으로 정부는 관세수입과 동일한 수준에 해당하는 수입을 확보할 수 있게 된다.

한편 수입쿼터를 실시될 경우 전형적으로 나타나는 현상은 수입품의 고부가가치화이다. 일정량 이상 수입을 하지 못하도록 규제할 경우 수출자의 입장에서는 상품의 고급화를 통하여 가격을 올려 받음으로써 수입의 증가를 꾀하게 된다는 것이다. 실제로 1980년대 미국은 일본으로부터의 수입차에 대하여 수량규제의 일종인 수출자율규제(뒤에서 설명됨)를 실시하였다. 그러나 이는 일본이 1980년대 중반부터 본격적으로 고급차를 생산하여 수출하도록 촉발하였다고 볼 수 있다.

관세를 부과할 경우와 동일한 수준의 수입을 가져오는 수량규제(수입쿼터)를 실시하면 관세와 동일한 경제적 효과를 가진다. 다만, 관세 부과시에 발생하는 관세수입은 수입허가권을 갖고 있는 수입업자들의 쿼터지대로 돌아간다.

2. 행정적 수입규제: 산업피해구제제도

관세와 수입쿼터 이외에 현실적으로 무역에 매우 중대한 장애요인으로 작용하고 있는 것은 수입 급증으로 인하여 국내산업이 피해를 입거나 입을 우려가 있을 경우 수입을 제한하는 산업피해구제제도이다. 대표적인 산업피해구제제도로는 세이프가드, 반덤핑제도 등이 있다.[8] 이러한 조치들은 주로 산업계의 요청이 있을 경우 행정부가 이에 대한 보호조치를 취한다는 점에서 행정적 보호조치(administered protection)라고 불리운다. EU의 경우에는 무역방어조치(Trade Defence Initiatives)로

8) 본 절의 내용과 관련한 보다 자세한 논의와 기타 여러 가지 형태의 무역관련 조치에 관해서는 강인수 외(1999)를 참조할 것.

불리고 있다.

세이프가드(긴급수입제한제도)는 수입의 급격한 증가로 말미암아 국내 산업에 심각한 피해가 발생하거나 발생할 위험이 있는 경우에, 관세를 부과하거나 수입제한조치를 취함으로써 국내 산업을 보호하는 조치이다. 세이프가드제도는 수출자의 불공정행위 여부와 무관하게 국내산업에 심각한 피해가 있을 때 발동하는 것이므로 WTO 규정상 매우 엄격한 제약하에 시행할 수 있으며, 〈표 6-5〉와 〈표 6-6〉의 비교에서도 알 수 있듯이 세이프가드제도의 상대적으로 활용빈도는 낮게 나타나고 있다.

반덤핑제도는 수출국이 정상가격 이하로 수출하는 덤핑행위로 인하여 국내산업에 실질적인 피해를 입히거나 입힐 우려가 있다고 수입당국이 판정할 경우, 이를 불공정행위로 간주하여 덤핑관세를 부과하는 조치이다. 즉, 수출업자가 자국에서 판매되는 가격보다 낮은 가격으로 수출하여 수입국의 산업에 피해를 입히는 것으로 인정될 경우 수출가격과 수출국 내의 판매가격과의 차이만큼 반덤핑 관세를 부과함으로써 국내산업을 보호하는 제도이다.[9] 즉, 반덤핑제도는 소위 덤핑이라는 불공정무역행위에 대하여 제재를 가하는 조치로서 WTO에서도 인정받고 있다. 그러나 일반적으로 덤핑으로 분류되는 수출행위는 시장을 약탈하기

표 6-5 국별 · 품목별 세이프가드 조치 발동현황

(단위: 건, %)

	품 목							합계
	농림수산물 및 식품	섬유 및 의류	철강	전기 · 전자 제품	신발류	자동차	기타	
호주	2	9	5	3	4	5	10	38
미국	3	4	4	1	1	1	13	27
캐나다	11	7	-	-	3	-	1	22
EU	8	1	1	3	1	-	1	15
기타	11	6	2	2	4	-	12	37
소계	35	27	12	9	13	6	38	139

자료: 신유균, 「대외무역법의 발전적 전개방향」, 1995.

9) 정상가격 이하의 판매를 판정하기 위해서는 수출국 내의 판매가격뿐만 아니라 구성가격을 산정해야 하는 경우도 있다. 이에 관한 보다 자세한 논의 역시 상계서를 참조할 것.

그림 6-5 이윤극대화와 덤핑의 발생

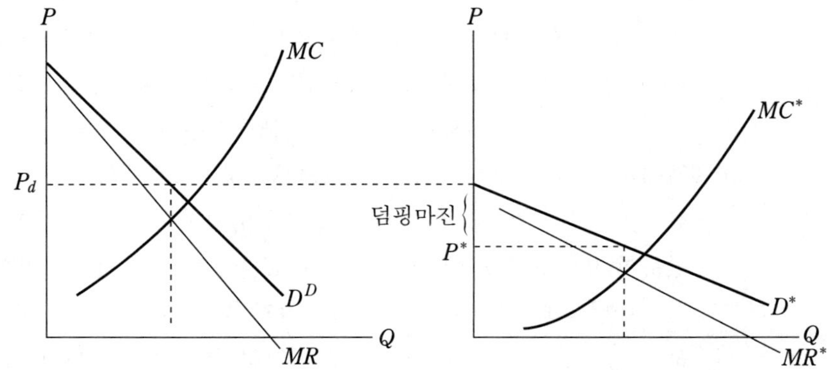

위한 동기에서 비롯되기보다 기업의 이윤극대화 과정에서 발생하는 자연스러운 행위라고 할 수 있다. 〈그림 6-5〉는 이와 같은 경우를 잘 보여주는데 반덤핑조치의 근거가 되는 덤핑마진(dumping margin)은 기업의 이윤극대화를 위한 '국제가격차별'이라고 볼 수 있다. 따라서 반덤핑제도는 기업의 이윤극대화 동기에서 이루어진 가격차별화에 제재를 가한다는 점에서 시장경제의 원리에 배치된다고 할 수 있다. 그럼에도 불구하고 반덤핑제도는 오늘날 행정적 수입규제 중에서 가장 많이 활용되고 있으며 자유무역의 활성화에 큰 걸림돌로 작용하고 있다. 특히, WTO 출범 직후 반덤핑조치는 크게 감소하였으나 증가 추세를 보이다가 다시 감소하는 경향을 보이고 있다. 전세계 반덤핑조치 건수가 1995년 157건에 불과하였으나, 2001년에는 366건을 보인 이후 2008년에는 208건으로 보고되고 있다.

위에서 언급한 조치 이외에도 수출국의 보조금 정책에 의한 수출에 제재를 가하기 위한 조치로 상계관세제도(countervailing duties)가 있으며, 미국과 같은 나라는 통상법 301조에 의거하여 불공정 무역행위 여부를 자국법에 의거하여 규정하고 이에 대하여 일방적으로 무역제재 조치를 취하기도 한다. 물론 이러한 조치들은 자유무역환경을 저해하는 결과를 가져올 우려가 있기 때문에 WTO에 의하여 일정한 제약을 받고

표 6-6 주요국의 반덤핑 제소 현황

(단위: 건, %)

	1987-1990	1991-1994	1995-2000	2001-2008	계	비율
미 국	113	226	181	237	757	15.1
호 주	106	213	116	81	516	10.3
E U	121	135	218	173	647	12.9
멕 시 코	47	127	43	52	269	5.4
캐 나 다	74	84	77	68	303	6.0
아르헨티나	0	59	137	104	300	6.0
브 라 질	4	59	79	91	233	4.6
남 아 공	0	16	150	56	222	4.4
뉴질랜드	11	29	33	20	93	1.9
인 도	0	15	173	391	579	11.5
한 국	6	19	43	65	133	2.7
중 국	–	–	6	145	151	3.0
기타(20)	22	104	274	414	814	16.2
계	504	1,086	1,530	1,897	5,017	100.0

자료: www.wto.org.

있다. 예를 들면, WTO는 세이프가드 협정, 반덤핑 협정 등을 적용함으로써 이들 조치의 부정적 효과를 줄이려고 노력하고 있다. 그럼에도 불구하고 WTO로 대변되는 다자간 무역체제가 개별 국가의 행정적 수입규제를 완전히 통제하지 못하고 있는 실정이다. 따라서 각국은 지속적으로 새로운 다자간 무역협상(New Round)을 통하여 지속적으로 다자간 무역규범의 강화를 시도하고 있다

3. 수출보조금

일반적으로 보조금이란 정책당국이 특정 정책목표를 달성하기 위하여 산업 및 기업활동에 제공하는 금융·조세상의 각종 지원을 의미한다. 따라서 수출보조금은 수출에 직·간접적으로 부여된 보조금이다. 관세의 경우에 종량세(specific tax)와 종가세(ad valorem tax)가 있는 것과 마찬가지로 보조금도 수출량 단위별로 일정액을 지급할 수도 있으며 수출가격에 비례하여 지급할 수도 있다.

그림 6-6 수출보조금의 경제적효과: 소국의 경우

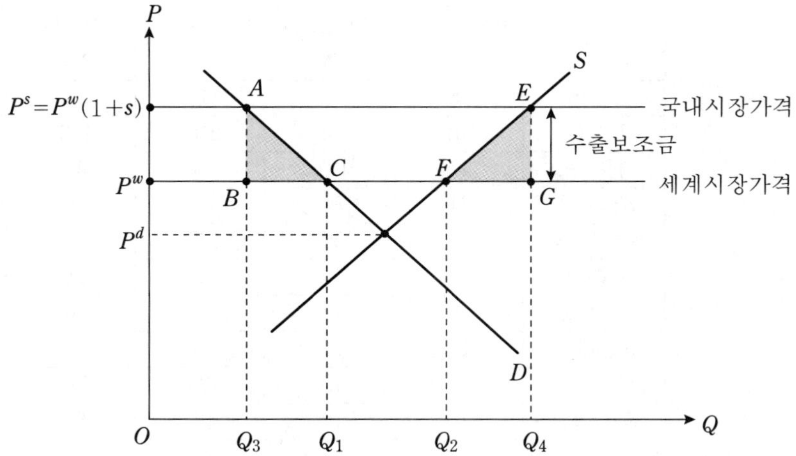

〈그림 6-6〉은 국내균형가격(P^d)이 국제가격(P^w)보다 낮기 때문에 초과공급이 존재하고 있는 상황을 보여 주고 있다. 자유무역을 할 경우 이 나라는 초과공급에 해당하는 Q_1Q_2만큼 이 제품을 해외에 수출할 것이다. 여기서 수출보조금을 지급할 경우를 생각해 보자. 정부가 이 재화수출에 s율의 종가보조금(ad valorem subsidy)을 지불하게 되면 국내 수출업자가 받게 되는 이 재화의 가격은 $P^s = P^w(1+s)$가 된다. 수출보조금지급으로 인해 국내시장 가격이 P^s로 상승하면 국내생산은 Q_2에서 Q_4로 증가하게 되고 국내소비는 Q_1에서 Q_3로 감소하게 된다.[10] 결과적으로 수출은 Q_1Q_2에서 Q_3Q_4로 증가하게 된다.

관세의 경우와는 반대로 수출보조금의 경우에는 국민의 세부담이 발생한다. 즉, 총수출보조금에 해당하는 $AEGB$만큼을 정부가 보조하기 위해서는 이에 해당하는 세금의 징수가 필요하다. 소비자 잉여의 감소분은 P^sACP^w이며 생산자 잉여의 증가분은 P^sEFP^w가 될 것이다.

10) 이 재화의 국내가격이 $P^s = P^w(1+s)$로 유지되기 위해서는 정부가 수출보조율 s와 같은 크기의 수입관세를 이 재화 수입에 동시에 부과하여야 한다. 만일 관세에 의한 국내시장의 보호가 없다면 수출업자는 이 재화를 P^w에 역수입하여 보조금을 받고 다시 P^w에 수출하는 것이 가능해진다.

따라서 생산자 잉여의 증가분은 소비자 잉여의 감소와 총수출보조금을 합친 것보다 작으며, 그 차이는 ($ABC+EFG$)만큼의 경제적 순손실로 나타난다.

관세나 수량규제가 국제무역을 제한하는 것과 마찬가지로 수출보조금도 국제무역을 직접적으로 왜곡시킨다. 수출보조금의 지급은 특정 국가의 제품이 비교우위를 갖고 있지 못함에도 불구하고 정부의 지원을 통하여 인위적으로 수출하게 만듦으로써 각국의 비교우위에 따른 국제무역의 활성화를 저해할 수가 있다. 따라서 WTO에서는 수출보조금을 엄격히 제한하고 있는 상황이다. 〈표 6-7〉은 WTO에 통보된 보조금의 현황을 나타내고 있는데 이 중 수출보조금은 금지보조금에 해당된다.

수출보조금의 경우에는 국민의 세부담이 발생한다. 소비자의 잉여는 감소하며 생산자의 잉여는 증가한다. 생산자 잉여의 증가분은 소비자 잉여의 감소와 총수출보조금을 합친 것보다 작으며 그 차이만큼 사회적 순손실이 발생한다.

4. 수출자율규제

수출자율규제(voluntary export restraint: VER)란 글자 그대로 수입국이 아닌 수출국이 수출물량을 '자율적'으로 규제하는 것이다. 굳이 따지자면 이것이 무역장벽으로 간주될 이유가 어디에 있는지 의아해 할 수도 있다. 그 이유는 무엇보다도 자율규제라는 명칭에도 불구하고 전혀 자발적이지 않은 강요된 규제라는 점에 있다. 수입품과 경쟁하는 국

그림 6-7 수출자율규제와 수입쿼터의 가격변화 경로

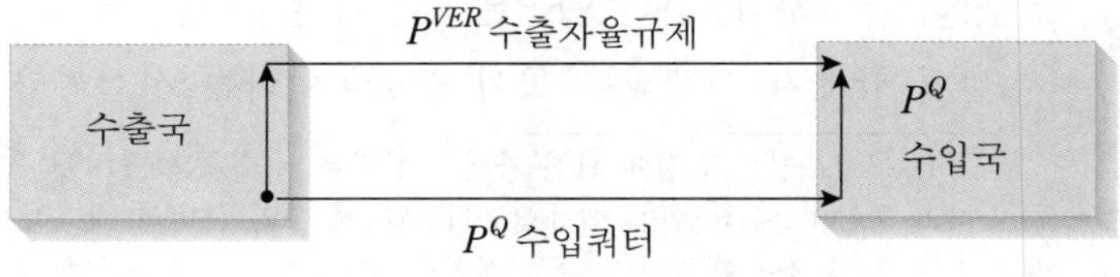

내의 생산업자가 정부에 수입의 규제를 요청하더라도 GATT 규범상 수량규제가 원천적으로 금지되어 있어 이를 시행하기가 현실적으로 매우 어렵다. 따라서 국내의 생산업자들은 수출업자들에 대하여 반덤핑 규제의 발동 등을 무기로 수출국에 위협을 가함으로써 수출업자들로 하여금 스스로 수출을 줄이도록 만드는 것이다.

수출자율규제는 대표적인 '회색지대조치(grey area measures)'의 하나이다. 회색지대조치란 WTO 규범에 위배되는지 여부가 분명치 않은 수입규제조치를 일컫는다. 한편으로는 WTO가 금지하고 있는 수량규제라는 점에서 위반요소가 분명히 존재함에도 불구하고, 수출국 또는 수출업자 스스로 수출물량을 규제하는 형식(즉, 외형적으로 수입국은 아무런 규제를 취하지 않는)을 띠고 있으므로 WTO 규범에 위반하는 규제의 실체를 파악하기가 용이하지 않다. 즉, 흑도 백도 아닌 '회색'을 띠고 있는 규제라는 것이다.

우루과이라운드 협상에서는 실제로 무역규제로 작용하고 있는 현실을 감안하여 세이프가드 협상을 통하여 VER과 같은 조치의 철폐가 합의되었다.[11] 따라서 현재 많은 수출국 및 수출제품에 대하여 적용되고 있는 수출자율규제는 사라질 것으로 예상되고 있다. 그럼에도 불구하고 우리는 이러한 규제에 대하여 관심을 지속적으로 가져야 할 필요가 있다. 왜냐하면 WTO 협정의 발효에도 불구하고 종래 정부에 수입규제의 실시를 요구해 오던 산업별 이익단체의 수요는 여전히 존재하고 있기 때문이다. 수요가 남아 있는 이상 정치적인 목적에서라도 어떠한 형태로든 수입규제 조치의 '공급'이 이어질 가능성은 여전히 남는다. 따라서 VER의 철폐 약속에도 불구하고 장래 또 다른 형태의 회색지대 조치가 생겨날 여지가 여전히 남아 있다고 보아야 할 것이다.[12]

수출자율규제는 수량규제이므로 그 경제적 효과도 수입쿼터와 상당히 유사하다. 다만 VER은 다음과 같은 점에서 차이가 있다. 첫째, 수출의 규제가 시행되는 곳이 수출국이라는 사실이다. 수입쿼터의 경우

11) 세이프가드 협정에 관한 자세한 설명은 국제통상론(1999)을 참조할 것.

12) 최근의 예를 들면, 섬유협정의 폐지에 따라 중국의 대미섬유수출이 급증하자 미국은 중국에 대하여 수출을 제한할 수 있는 조치를 요구하였으며, 중국은 자국의 수출에 대하여 수출관세를 부과하였다.

수입되는 시점에서 규제가 실시되므로 수입되는 과정에서 가격이 상승하고 그 가격차이는 수입허가권을 갖고 있는 수입업자의 몫으로 돌아간다. 반면에 수출자율규제의 경우, 수출단계에서 수량의 규제가 실시되므로 이미 국제가격이 상승한 상태에서 수입된다. 따라서 쿼터렌트가 수출자의 몫으로 돌아가는 것이다. 둘째, 수입쿼터는 글로벌쿼터, 즉 수출국에 무관하게 일정 수입량이 찰 경우 수입이 제한되지만, VER은 특정 국가를 대상으로 한다는 점에서 WTO의 MFN원칙과 정면으로 배치된다. 그러나 VER은 수입쿼터와 유사한 수량규제라는 점에서 앞에서 언급한 바와 같이 수출품의 부가가치를 상승시키는 경향이 있다. 즉, 수출자들은 수출량의 제한을 받는 대신에 수출품을 고급화함으로써 수출금액을 증가시키려는 동기를 갖게 된다.

수출자율규제는 수입쿼터와는 달리 쿼터지대가 수출업자에게 돌아간다.

주요용어

관세	최적관세
종량세	균등관세율
종가세	고관세
HS	쿼터
MFN관세	보조금
특혜관세	상계관세
소비자 잉여	반덤핑
생산자 잉여	수출자율규제
수입수요곡선	실효보호율
수출공급곡선	경사관계

연습문제

1. 소규모 국가인 The Fish Republic의 바나나 시장의 상황은 다음과 같다. 물음에 답하시오.
   - 공급: $Q_s=10+2P$, 수요: $Q_d=50-3P$.
   - 현재 바나나의 국제가격은 개당 $P^w=4$
   - 관세율 12.5%

   (1) 관세 부과 전후의 생산, 소비, 무역량의 변화를 계산하시오.

   (2) 관세 부과 후의 후생 변화를 소비자, 생산자, 정부별로 계산하시오.

   (3) 생산과 소비의 사회적 순손실(dead weight loss)을 계산하시오. 어떤 쪽의 효율성 감소가 더 크며 또 왜 그러한지 유추해 보라.

2. 식량안보를 이유로 쌀의 국내생산량을 증가시키기 위해 정부는 생산보조금을 지급하거나 관세를 부과하는 두 가지 정책을 고려하고 있다. 이 나라는 소국이고 쌀의 한 단위당 국제가격은 $6로 주어졌고, 쌀에 대한 국내 수요곡선과 공급곡선은 다음과 같다.

   수요곡선: $P=-Q+20$, 공급곡선: $P=Q+4$

   (1) 자유무역을 할 경우 쌀은 몇 단위 수입되는가? 또 이 때 사회후생(총잉여)의 크기는 얼마인가?

(2) 쌀 생산에 대해 단위당 $2의 생산보조금을 지급할 경우 사회후생의 크기는 어떻게 달라지는가?

(3) 수입관세 부과를 통해 (2)의 경우와 동일한 정도로 국내생산량을 증가시키려 한다면, 관세율은 몇 %로 책정해야 하는가? 또 이 때 사회후생의 크기는 얼마가 되는가?

3. 최종재화인 등산화(X재) 1단위 생산을 위해 중간투입재로 고무(Y재)와 가죽(Z재)이 각각 1단위씩 사용되고 있다. 자유무역상태에서의 각 재화의 국제가격이 $Px=\$100$, $Py=\$40$, $Pz=\$20$ 로 주어졌다. 정부는 다음과 같은 세 가지 관세(종가세)부과를 검토하고 있다.

	명목관세율		
	Case 1	Case 2	Case 3
등산화(X재)	50 %	0 %	30 %
고 무(Y재)	0 %	50 %	20 %
가 죽(Z재)	0 %	50 %	20 %

(1) 각각의 경우 최종재에 대한 실효보호관세율은 얼마인가?

Case 1 ________%, Case 2 ________%, Case 3 ________%

(2) 등산화(X재) 가격은 변하지 않았는데 원자재 가격 상승으로 인해 고무(Y재)와 가죽(Z재)의 국제가격이 각각 $Py=\$50$, $Pz=\$30$으로 상승하였다. 이러한 변화는 각각의 경우 최종재 실효보호율을 어떻게 변화시키는가?

(3) 평균관세율이 낮은 선진국들의 경우에도 *tariff escalation* 구조를 가지고 있다. 실효보호관세율이론의 관점에서 볼 때, 선진국들이 *tariff escalation*을 채택하는 이유는 무엇인가?

4. 국내와 해외에서 어느 정도 독점력을 가진 포스코(POSCO)가 자기 제품에 대해 느끼는 국내외 수요곡선은 다음과 같다. 포스코의 한계생산비(Marginal Cost)가 $2로 일정하다고 가정할 경우 다음 질문에 답하시오.

국내 수요곡선: $P=-0.5Q+10$

해외 수요곡선: $P=-Q+8$ (P=가격, Q=수량 의미)

(1) 포스코의 국내, 해외 한계수입곡선은 각각 무엇인가?

(2) 포스코가 이윤을 극대화할 경우 국내와 해외에 판매하는 가격과 수량은 각각 어떤 수준이 되는가?

(3) 국내와 해외에 판매하는 가격이 차이가 나는 이유는 무엇 때문인가? 이러한 국제적 가격차별화가 현실적으로 왜 문제가 되는가?

[부록 6-1] 실효보호율

일반적으로 관세 및 비관세장벽은 수입품의 국내소비가격을 높임으로써 국내 경쟁산업을 보호하는 역할을 한다. 이와 같이 무역정책에 의해 국내산업이 보호되는 정도는 명목보호율 또는 실효보호율로 측정된다. 명목보호율(nominal rate of protection)이란 무역정책으로 인해 특정제품의 국내가격이 국제가격에 비해 어느 정도 영향을 받는가를 나타내는 것으로 식으로 표시하면 다음과 같다.

$$t=(P'-P)/\mathrm{P} \tag{A.1}$$

여기서 P'는 무역정책(예컨대, 관세부과) 실시 이후의 국내가격을 의미하고, P는 국제가격을 나타낸다. 따라서 관세부과의 경우 명목보호율(t)은 관세율과 같게 된다.

그러나 현실적으로 대부분의 상품은 교역가능한 여러 가지 중간투입재를 사용함으로써 생산되고 있다. 이 경우 그 상품의 국내생산자가 관세 등의 무역정책을 통해 보호받는 정도는 중간투입재에 대한 명목보호율에 의해서도 영향을 받기 때문에 명목보호율(t)로 정확히 측정되지 않는다. 따라서 어떤 상품에 대한 보호정도를 정확히 측정하기 위해서는 그 상품의 명목보호율뿐 아니라 중간투입재에 대한 명목보호율도 고려하여야 한다. 이러한 고려하에 실질적으로 그 상품의 생산활동에 부여된 보호율을 계산한 것이 실효보호율(effective rate of protection)인데, 이를 수식으로 나타내면 다음과 같다.

$$g=(V'-V)/V \tag{A.2}$$

여기서 V'는 최종산출물과 중간투입재가 모두 무역정책 이후 국내가격으로 측정되었을 때의 부가가치이고, V는 자유무역하의 부가가치를 의미한다. 최종산출물에 대한 명목보호율을 t, 중간투입재에 대한 명목보호율을 t_n, 국제가격 기준하에서 최종산출물 가격 중 중간투입재가 차지하는 비중을 a라 하자.

최종산출물의 국제가격이 P라 할 때 자유무역하에서 중간투입재 비용은 aP가 되기 때문에 최종재의 국내부가가치는 다음과 같다.

$$V=P-aP=P(1-a) \tag{A.3}$$

한편 최종재에 대해 t, 중간투입재에 대해 t_n의 관세율을 부과한 경우 국내부가가치는 다음과 같다.

$$V'=P(1+t)-aP(1+t_n) \tag{A.4}$$

따라서 실효보호율(g)은 위의 세 식으로부터 다음과 같이 표현될 수 있다.

$$g=\frac{V'-V}{V}=\frac{[P(1+t)-aP(1+t_n)]-P(1-a)}{P(1-a)}=\frac{t-at_n}{1-a} \qquad (A.5)$$

또는 $$g=t+\left(\frac{a}{1-a}\right)(t-t_n) \qquad (A.6)$$

위의 식으로부터 우리는 다음과 같은 결론을 내릴 수 있다. 첫째, 최종재와 중간투입재에 대한 관세율이 같을 경우($t=t_n$), 실효보호율은 명목보호율과 동일하다($g=t$). 둘째, 중간투입재에 대한 관세율이 최종재에 대한 관세율보다 낮을 경우($t>t_n$), 실효보호율은 명목보호율보다 크다($g>t$). 즉, 중간투입재에 대한 관세율과 최종재에 대한 관세율이 상이할 경우, 명목관세율 이상의 보호효과를 가져올 수 있다. 실제로 각국의 관세율 구조를 살펴보면, 원자재에 대한 관세율은 대체로 낮은 반면 최종재화에 대한 관세율은 높은 이른바 경사관세(tariff escalation) 구조를 갖고 있음을 알 수 있다. 이런 이유로 WTO는 각국의 평균관세율뿐만 아니라 원자재와 최종재간의 관세율 격차 해소를 통하여 실질적인 보호효과를 감소시키려는 노력을 하고 있다.

예) 옷을 생산하는 데 필요한 유일한 원자재는 원단인데 옷값은 한 벌당 10,000$ 이며 이에 필요한 원단의 가격은 8,000$이라고 가정하자. 따라서 자유무역하에서 옷의 생산은 2,000$($V=$10,000$-8,000$)의 부가가치를 창출한다. 만일 옷에만 10%의 관세를 부과하면 다음과 같은 결과를 얻을 수 있다

$V'=$10,000$×(1+0.1)-8,000$=3,000$
$g=$(3,000$-2,000$)/2,000$=0.5

만일 원단에만 10%의 관세를 부과한다면 다음의 결과를 얻는다.

$V'=$10,000$-8,000$(1+0.1)=1,200$
$g=$(1,200$-2,000$)/2,000$=-0.4

따라서 만약 정부가 이 산업을 보호하고자 할 때에는 원단에 대해서는 낮은 관세 또는 무관세를 적용하는 한편, 최종제품인 옷에 대해서는 높은 관세를 부과하려 할 것이다. 즉, 제품의 완성단계에 따라 관세율이 높아지는 현상이 나타나는 경사관세의 모습을 보이게 되는 것이다.

제7장 무역정책과 시장구조

"유치산업보호론이 자국의 경제적 자립을 위해서 중요산업을 육성하고 이를 위해서는 한시적인 수입보호가 필요하다는 주장이라면, 전략적 무역정책은 불완전경쟁이 지배하는 세계시장에서 정부가 전략적인 정책수단으로 자국기업에 유리한 방향으로 시장경쟁조건을 조성해 주어서 외국기업으로부터 자국기업으로 초과이윤을 이전시키자는 주장이다. 전략적 무역정책이론은 20세기 후반 국제경제에 강자로 부상한 일본과 신흥공업국의 중상주의적 산업정책 및 무역정책에 대한 학문적 연구결과로 만들어진 신조류이다. 이 이론은 반도체, 항공기, 자동차, 철강, 통신산업 등 막대한 초기 설비투자비를 필요로 하는, 규모경제 효과가 상당히 큰 산업이 과점적 시장구조를 형성하고 있는 오늘날의 세계시장에서, 정부의 지원정책이 자국기업은 물론 외국의 경쟁기업의 의사결정에 전략적 영향을 미칠 수 있다는 점에 주목한다. (중략) 고전적 무역이론들이 전체로서의 국가간의 상품교환에만 주목하였는 데 반해서, 전략적 무역정책이론은 경쟁적 기업간의 우열다툼에 초점을 두고 단위기업 수준에서 접근하는 국제무역이론이다."

최병선 외, 「국회의 통상기능의 강화방안(2000)」.

7.1 문제 제기

우리는 시장구조에 따라 무역이 커다란 영향을 받고 있다는 이야기를 종종 듣는다. 그렇다면, 시장구조는 무역에 어떠한 영향을 주는 것일까? 지금까지의 논의는 공통적으로 시장구조가 중소기업 중심의 경쟁적인 경우에 국제시장에서 경쟁력을 지닌다는 내용을 담고 있다. 그렇다면 과연 시장이 경쟁적인 경우 독점적인 경우보다 수출이 많이 이루어지는 것일까? 이 장에서는 이와 같은 문제들에 대한 해답을 제시하고자 한다. 이 장에서 다루고자 하는 문제들을 정리하면 다음과 같다.

- 시장이 경쟁적인 경우 수출은 더욱 촉진되는가? 우리나라 상품의 국제경쟁력을 강화하기 위해서는 국내시장을 보다 경쟁적으로 만들어야 하는 것일까?
- 수입개방시 수입은 독점적인 시장에서 더 많이 이루어지는가?
- 관세 등 보호무역정책의 효과는 국내시장이 독점적인 경우와 경쟁적인 경우 어떻게 다르게 나타나는가?
- 국내시장이 독점적인 상황에서 보호무역정책을 사용할 경우, 여러 수단 가운데 어떠한 것을 채택하는 것이 바람직한가?
- 해외시장이 독점적인 상황에서는 보호무역정책이 바람직한가?
- 과점적인 국제시장에서 외국기업과 경쟁하는 국내기업이 경쟁상 우위를 차지할 수 있도록 정부가 전략적으로 도와 주는 방법은 없는가? 그와 같은 정책의 부작용은 없는가?

7.2 시장구조와 시장개방의 효과

앞에서 살펴본 헥셔-올린 모형은 상대적으로 풍부한 생산요소를 집약적으로 사용하는 상품에 비교우위를 갖고 이를 수출하게 되며, 상대적으로 부족한 생산요소를 집약적으로 사용하는 상품을 수입하는 것을 보여 주고 있다. 그러나 헥셔-올린 모형은 완전경쟁하 일반균형이론이라는 한계로 인하여 모든 시장의 실제적인 문제들에 대한 해답을 제시하지 못하고 있는 것도 사실이다.

이에 따라 최근에는 일반균형에 입각한 이론 대신 산업차원 또는

산업조직차원에서 무역을 다루는 연구가 활발히 진행되어 왔다.[1]

무역에 대한 산업조직차원의 연구는 시장구조와 무역과의 관계를 설명해 줄 수 있는 장점을 아울러 갖고 있다. 무역의 효과가 시장구조에 따라 다양하게 나타날 수 있기 때문이다. 따라서 본 장에서는 산업조직차원의 이론을 이용하여 다양한 시장구조하에서 시장개방과 보호무역정책의 효과가 어떻게 다르게 나타나는지를 살펴봄으로써 앞에서 제기한 다양한 질문에 대한 해답을 제공하고자 한다. 다만 분석의 편의를 위해 국내소비량의 변화가 국제가격에 영향을 주지 않는다고(소국의 경우) 가정하기로 한다.

1. 완전경쟁적 국내시장과 시장개방

국내시장이 완전경쟁적인 경우, 시장이 개방되어 수입이 자유화되면 어떠한 효과가 나타날 것인가? 시장이 개방될 경우, 국제시장가격이 국내시장가격보다 낮으면 수입이 발생하고, 반대로 국제시장가격이 국내시장가격보다 높으면 수입이 발생하지 않는 것은 쉽게 알 수 있다. 그러나 국내시장의 구조(즉, 경쟁적인 경우와 독점적인 경우)에 따라 시장개방의 효과는 다르게 나타날 수 있다. 여기서는 우선 국내시장이 완전경쟁적인 경우를 상정하여[2] 시장개방이 과연 어떠한 효과를 나타내는지에 대해 살펴보자.[3]

이를 위해 어떤 상품에 대한 국내시장에서의 수요곡선과 국내기업에 의한 시장공급곡선[4]이 〈그림 7-1〉에 나타난 바와 같다고 가정하자. 〈그림 7-1〉에서 시장개방이 이루어지기 이전 국내가격은 시장수요와 시

1) 이와 같은 한 산업차원에서 분석한 이론은 부분균형이론으로서 일반균형이론의 상대되는 이론이라고 할 수 있다.

2) 별다른 조건이 없는 한 국제시장은 완전경쟁적이라고 가정하기로 한다. 이 경우, 국제가격은 국내기업의 생산량에 따라 영향받지 않고 주어진 것으로 간주할 수 있다.

3) 이 절의 내용은 6.3 관세부분에서 다루어진 내용과 유사하다. 다만, 시장개방시에는 국내가격이 하락하는 반면, 관세의 부과시에는 국내가격이 상승하므로 그 효과는 반대로 나타난다고 하겠다.

4) 완전경쟁하에서 개별기업들은 가격(P)을 주어진 것으로 가정하고 그 주어진 가격하에서 이윤을 극대화한다. 가격이 주어지면 기업의 이윤은 가격(P)이 한계비용(MC)

그림 7-1 완전경쟁하에서의 시장개방의 효과

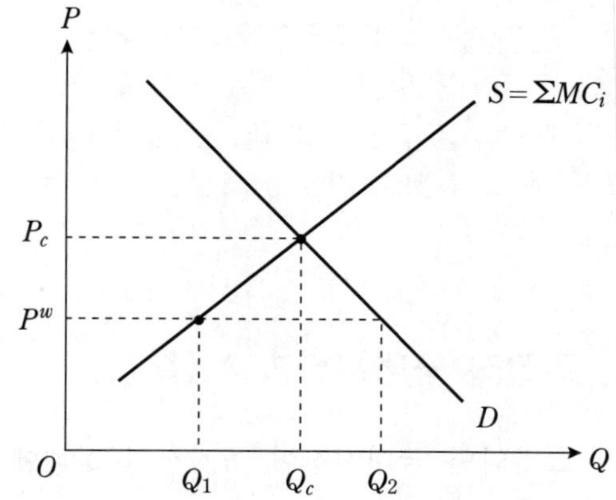

장공급이 일치하는(점 A 참조) 수준인 P_c에서 결정되고, 거래는 Q_c만큼 이루어지게 될 것이다. 또한 여기서는 시장개방의 효과를 다루고자 하는 것이므로, 이와 같은 시장개방 이전 국내가격(P_c)는 국제시장에서 결정된 국제가격(P^w)보다 높다고 가정해도 무방할 것이다.

이 경우, 수입품은 국제가격 수준에서 수입될 것이다. 따라서 국내기업들은 이 가격 이상으로 상품을 팔 수 없게 되며, 시장개방 후에는 이 상품의 국내가격 역시 P^w가 될 것이다. 시장개방에 의해 국내가격이 P^w로 하락하면, 국내수요는 Q_2로 증가하게 된다. 반면, 시장개방에 의해 국내가격이 P^w로 하락하면, 국내기업들은 생산을 Q_1으로 줄이게 된다. 미시경제이론에 따르면 가격이 시장에서 결정되는 경우 각 기업들의 이윤은 가격과 한계비용이 일치할 때(점 B 참조) 극대화되기 때문이다. 한편, 국내수요(Q_2) 가운데 국내기업이 공급하지 못하는 부분, 즉 (Q_2-Q_1)만큼 수입이 발생하게 된다.

따라서 국제가격이 시장개방 이전의 국내가격보다 낮은 경우, 시장

과 같은 때 극대화되므로, 개별기업의 공급곡선은 그 기업의 한계비용곡선과 같다. 여기서 기업의 한계비용(MC)은 상품을 한 단위 더 생산하는 데 들어가는 비용을 의미한다. 완전경쟁하에서 국내기업은 다수 존재하므로 그림에서의 시장공급곡선(S)은 개별기업의 공급곡선(즉 한계비용곡선)을 수평적으로 더한 것(ΣMC_i)으로 이해될 수 있다.

개방 후의 결과는 다음과 같이 요약될 수 있다.

시장개방의 효과(완전경쟁시장): 시장개방에 따라 수입이 발생하여 국내 가격은 국제가격과 동일한 수준으로 하락하게 되고, 국내수요량은 증가하는 반면 국내생산량은 감소한다. 국내소비자들의 후생은 시장개방에 따른 가격하락으로 인해 증가한다. 반면, 국내생산자잉여는 가격의 하락으로 인해 감소하게 된다.

2. 독점적 국내시장과 시장개방

그렇다면 국내시장이 독과점인 상태에서 시장개방이 이루어질 경우, 시장개방은 국내시장에 어떤 효과를 나타낼 것인가? 과거 우리나라가 건전지, VCR, 칼라TV 시장을 개방했을 당시 해당 상품의 가격이 크게 인하되었던 경험을 비추어 보면 그 해답은 쉽게 얻어질 수 있다. 여기서는 독과점적인 국내시장을 개방했을 때의 효과를 이론적으로 설명하고자 한다. 시장개방의 효과는 국내시장이 독점적인 경우와 과점적인 경우 다르게 나타날 수 있으나, 과점적인 시장을 분석하기란 기술적으로 어렵기 때문에 여기서는 독점적인 시장을 가정하고 시장개방의 효과에 대해 살펴보고자 한다.

이를 위해 독점기업의 수요곡선(D), 한계수입곡선(MR), 한계비용곡선(MC)이 〈그림 7-2〉와 같다고 가정해 보자.[5] 폐쇄경제하의 독점기업은 자신의 이윤을 극대화하기 위해 한계수입(MR)과 한계비용(MC)이 같아지는 Q_m만큼 생산하여 이를 P_m의 가격을 판매할 것이다.[6] 이 때의 독점가격 P_m은 수요곡선과 MC곡선이 만나는 수준(P_c)보다 높다. MC곡

5) 한계수입(MR)은 상품을 1단위 더 생산할 때 얻어지는 추가적인 수입(收入)이며, 앞에서 설명한 바와 같이 한계비용(MC)은 상품을 한 단위 더 생산하는 데 들어가는 추가적인 비용이다. 독점기업이 판매량을 한 단위 늘릴 경우의 한계수입은 상품가격의 하락으로 인해 가격보다 적게 된다. 따라서 독점기업의 한계수입곡선(MR)은 수요곡선(D)보다 아래에 있게 된다.

6) 한계수입이 한계비용보다 크면 생산을 늘림으로써 이윤을 증가시킬 수 있으며, 반대로 한계수입이 한계비용보다 작으면 생산을 줄임으로써 이윤을 증가시킬 수 있다. 따라서 더 이상 이윤을 증가시킬 수 없는 상태, 즉 이윤이 극대화된 상태에서는 한계수입과 한계비용이 같아져야만 하는 것이다.

그림 7-2 독점하에서의 시장개방의 효과

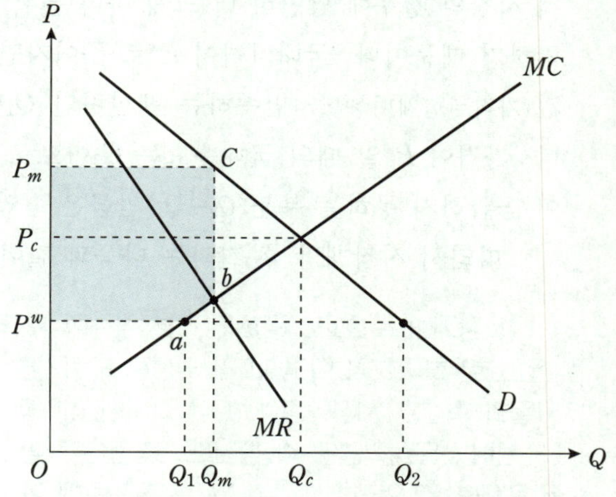

선은 완전경쟁적 상황에서의 공급곡선을 의미하므로, 독점가격 P_m은 완전경쟁적이라 할 수 있는 가격수준(P_c)보다 높게 되는 것이다. 따라서 국내의 소비자들은 독점으로 인해 높은 가격을 지불할 수밖에 없게 된다. 또한 이와 같은 독점가격과 독점생산량은 경제적 비효율성을 내포하고 있어 경제 전체적인 후생의 손실을 가져오게 된다.[7)]

시장개방의 효과를 알아보기 위해 앞에서와 마찬가지로 국제가격(P^w)이 완전경쟁적인 가격수준(P_c)보다도 낮은 수준에서 주어졌다고 가정해 보자. 국내시장이 독점적인 상태에서 시장이 완전히 개방되어 수입이 이루어지면, 소비자는 외국상품을 국제가격(P^w)에서 얼마든지 구입할 수 있게 된다. 따라서 국내의 독점기업은 국제가격보다 높은 가격을 부과할 수 없게 되며, 이 상품의 국내가격 역시 P^w로 하락하게 될 것이

7) 독점가격과 독점생산량이 비효율적인 것은 독점생산량보다 생산을 늘림으로써 경제 전체의 후생이 증가함을 보임으로써 쉽게 증명할 수 있다. 소비자가 추가적인 상품 1단위에 대해 가격만큼의 대가를 지불하고자 하는 것은 그만큼의 추가적인 편익(한계편익)을 얻기 때문이다. 그런데 독점기업의 생산량 Q_m하에서 가격(P_m)은 한계비용(MC)보다 높으며, 이는 소비자의 한계편익이 생산자의 한계비용보다 크다는 것을 의미한다. 따라서 Q_m보다 생산을 늘리는 경우, 증가하는 소비자의 편익(한계편익)이 생산자가 부담하는 추가적인 비용(한계비용)보다 크게 되고 경제 전체적인 후생은 증가하게 된다

다. 완전경쟁의 경우와 비교하면 시장개방에 따른 가격하락의 폭은 독점적 시장의 경우에 당연히 더 크게 나타난다. 국내가격이 P_m에서 P^w로 하락하기 때문이다. 국내가격이 P^w로 주어지면, 독점기업은 이윤극대화조건(가격=한계비용)을 만족하는 생산량인 Q_1만큼을 생산하고자 할 것이다. 가격이 P^w일 때의 국내수요는 Q_2이므로, 국내수요 가운데 독점기업이 공급하지 못하는 부분(Q_2-Q_1)만큼은 수입으로 채워지게 될 것이다.

따라서 시장개방 후 결과는 다음과 같이 요약될 수 있다.

시장개방의 효과(독점시장): 시장개방 후 국내가격은 국제가격과 동일한 수준으로 하락하게 되며, 따라서 상품의 가격은 크게 하락하게 된다. 국내소비자들의 후생은 시장개방에 따른 가격의 하락과 소비량의 증가로 인해 증가한다. 반면, 독점기업은 수입품과의 경쟁으로 말미암아 국제가격 이상으로 상품을 판매할 수 없게 된다. 따라서 시장개방에 의해 독점기업의 이윤은 크게 감소하게 된다.[8)]

완전경쟁의 경우와 비교하면, 국내시장이 독점적인 경우에 있어서 시장개방 후 가격하락폭이 더 크고, 이에 따라 시장개방에 따른 소비자 후생의 증가는 더욱 크게 된다.

한편 국내시장이 독점적인 상황에서 시장개방이 이루어지면 수입만이 발생하는 것이 아니라 개방 이전 이루어지던 수출을 봉쇄하는 효과도 있을 수도 있다. 시장개방이 이루어지기 이전 독점기업은 독점가격을 부과하기 위해 국내판매량을 적게 하고 나머지 생산량을 수출하는 반면, 시장개방이 이루어진 후에는 국내판매량을 늘리는 과정에서 수출이 발생하지 않을 수 있기 때문이다. 물론 국제적인 가격차별이 가능해야 한다는 조건이 붙기는 하지만, 이는 국내의 시장구조가 수입뿐만 아니라 수출에까지 영향을 줄 수 있다는 것을 의미한다. 그 구체적인 사례는 다소 기술적인 설명이 필요하므로 [부록 7-1]에 정리되어 있다.

---

8) 시장개방으로 인해 감소되는 독점기업의 이윤은 $P_m P^w abc$의 영역으로 나타내어진다.

7.3 시장구조와 보호무역정책의 효과

1. 독점적 국내시장과 보호무역정책

국내시장이 완전경쟁적인 상태에서 관세 및 수입쿼터 등 보호무역정책이 갖는 효과에 대해서는 제 6 장에서 다룬 바 있다. 그렇다면 국내시장이 독점적인 경우에 관세 등의 보호무역정책은 완전경쟁적인 경우와 동일한 효과를 나타낼 것인가? 여기서는 이와 같은 질문에 대한 해답을 제공하기 위해 국내시장이 독점적인 경우에 있어서 보호무역정책이 어떠한 효과를 나타내는지에 대해 다루고자 한다.

(1) 관세부과의 효과

관세부과의 효과를 살펴보기 위해서는 관세가 부과되기 이전의 상황을 먼저 알아야 한다. 관세가 부과되기 이전 상황은 시장이 완전히 개방되었을 경우라고 할 수 있다. 따라서 관세가 부과되기 이전의 상황은 〈그림 7-2〉에서 설명한 바와 같다. 즉, 관세가 부과되기 이전 해당 상품의 국내가격은 P^w가 되며, 국내 독점기업의 생산량은 Q_1, 국내수요는 Q_2가 되게 된다.

이러한 상황에서 관세가 단위당 $t\%$ 부과되었다고 하자. 어떤 상품에 대한 관세(tariff)는 국제가격이 국내가격보다 상당히 낮은 경우에 부과된다고 할 수 있다. 따라서 설명을 쉽게 하기 위해 〈그림 7-3〉에 나타난 바와 같이 국제가격(P^w)이 매우 낮아서 국제가격에다 관세를 더한 수준 $P_t=(1+t)P^w$이 P_c 수준보다 낮다고 가정해 보자.[9] 관세가 부과될 경우, 국내가격은 국제가격에 관세를 더한 수준(P_t)으로 상승하게 된다. 국내가격이 P_t 수준으로 상승하게 되면, 국내의 독점기업은 이윤을 극

---

9) 관세의 수준이 높아 P_t가 P_c보다 높아지는 경우에 있어서의 관세의 효과는 [부록 7-2]에 정리되어 있다.

그림 7-3 독점적 국내시장과 관세부과의 효과

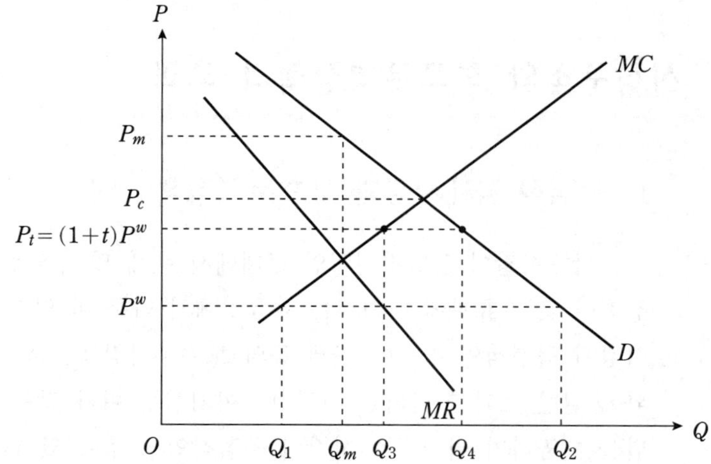

대화하기 위해 Q_3만큼을 생산할 것이며(이는 Q_3에서 가격과 한계비용이 같아지기 때문이다), 이에 따라 독점기업의 생산량은 증가하게 된다. 한편 가격이 P_t 수준일 때 국내수요는 Q_4이므로 관세부과 후의 수입량은 국내수요에서 독점기업의 생산량을 뺀 (Q_4-Q_3) 수준이 된다. 따라서 관세부과에 따라 해당 상품의 수입은 감소하게 됨을 알 수 있다.

관세부과의 효과(독점시장): 국내가격은 관세부과로 인하여 상승하게 된다. 가격상승에 따라 독점기업의 생산량은 증가하는 반면 국내수요는 감소하게 된다. 이에 따라 해당 상품의 수입은 감소하게 된다.

관세는 수입(import)의 감소라는 정책의 당초목적을 달성하는 것은 사실이다. 그렇다면 관세가 부과됨으로 인하여 누가 이득을 보며, 누가 손해를 보게 되는가? 또한 관세부과로 인해 사회적인 후생은 과연 증가할 것인가? 답부터 말하자면 관세가 부과됨으로 인하여 소비자들의 후생은 감소하는 반면, 독점기업의 이윤 및 정부의 수입(revenue)은 증가하게 된다. 그러나 이 경우, 소비자후생의 감소는 독점이윤의 증가 및 정부수입의 증가보다 크기 때문에 사회 전체적인 후생은 감소하게 된다. 이에 대한 설명은 제 6 장 〈그림 6-1〉에서 설명한 바와 유사하게 설명될 수 있으므로, 여기에서는 생략하기로 한다.

(2) 수입쿼터의 효과

수입쿼터(import quota)도 수입의 양을 제한함으로써 국내가격의 상승을 가져온다는 점에서 관세와 마찬가지이다. 다만 수입쿼터의 경우, 독점기업의 가격에 직접적인 영향을 주지 못하고 수입의 양만을 제한하기 때문에 일반적으로 관세부과시보다 국내가격은 더 크게 상승하게 된다. 예를 들어 관세와 수입쿼터가 모두 수입을 봉쇄하는 수준으로 결정되더라도 가격상승 효과는 수입쿼터의 경우가 더 크게 나타난다. 따라서 국내시장이 독점적인 경우 관세를 부과하는 것이 수입쿼터를 설정하는 것보다 후생의 감소가 적다는 점에서 더 바람직하다. 이는 국내시장이 완전경쟁적인 경우 관세와 수입쿼터가 동일한 경제적 효과를 갖는다는 제6장의 내용과 차이가 있다. 그 구체적인 이유를 포함한 수입쿼터의 효과에 관한 설명은 다소 기술적이므로 [부록 7-3]에서 다루기로 한다.

2. 독점적 해외시장과 보호무역정책

앞에서 독점기업을 보호하기 위해 관세를 부과하거나 수입쿼터를 부과하는 경우에 독점기업의 이윤은 증가하지만 소비자의 후생은 감소함을 살펴보았다. 관세와 수입쿼터 가운데서는 관세를 선택하는 것이 그나마 나은 '차선(second-best)'의 선택임도 살펴보았다. 물론 지금까지의 논의는 해외시장이 완전경쟁적이라는 가정하에서 이루어졌다.

여기서는 해외시장이 독점적인 경우, 관세나 수입쿼터의 부과가 어떠한 효과를 나타내는지에 대해 살펴보고자 한다. 이에 대한 해답을 제공하기 위해 해외시장에 독점기업이 존재하고 국내시장에는 해당 상품을 생산하는 기업이 존재하지 않는다고 가정해 보자.

독점적인 외국기업이 국내시장에 진출할 경우, 이 독점기업은 이윤을 극대화하는 가격과 판매량을 설정할 것이다. 이윤을 극대화하는 가격과 판매량은 앞에서 설명한 바와 같이 이 외국기업의 한계수입(*MR*)과 한계비용(*MC*)이 같아지는 데서(*A*점) 결정될 것이므로, 이때의 가격과 판매량은 〈그림 7-4〉와 같이 각각 P_m과 Q_m이 될 것이다. 독점적인 외국기업이 상품을 공급하는 가격이 매우 높은 것은 사실이지만 국내 소비자의 입장에서 보면 국내 생산자가 없기 때문에 해외로부터의 수입이 아주 없는 것보다는 있는 편이 낫다. 아무리 높은 가격이라고 하더라도 소비자 잉여는 발생하기 때문이다.

이때 수입국정부가 수입품에 대해 관세를 부과하면 어떻게 될 것인가? 수입국 정부가 수입품에 대해 관세를 부과하면 해외독점기업의 한계비용곡선이 MC'으로 이동하는 것과 마찬가지의 효과가 발생한다. 따라서 관세가 부과되면 해외의 독점기업은 국내 공급가격을 P_t, 판매량을 Q_t로 설정할 것이다(*B*점). 따라서 관세가 부과되면 수입품의 가격이 상승하게 되고 국내 소비자의 잉여는 감소하게 된다. 그러나 국내시장이 독점적인 경우와는 달리 관세의 부과가 반드시 부정적인 효과만을 가져오는 것은 아니다. 관세부과로 인해 발생하는 정부의 관세수입이 가격상승에 따른 소비자후생의 감소보다 클 수 있기 때문이다. 따라서 해외시장이 독점적인 경우에는 관세의 부과로 인하여 국내의 후생이 증

그림 7-4 해외 독점기업에 대한 관세의 효과

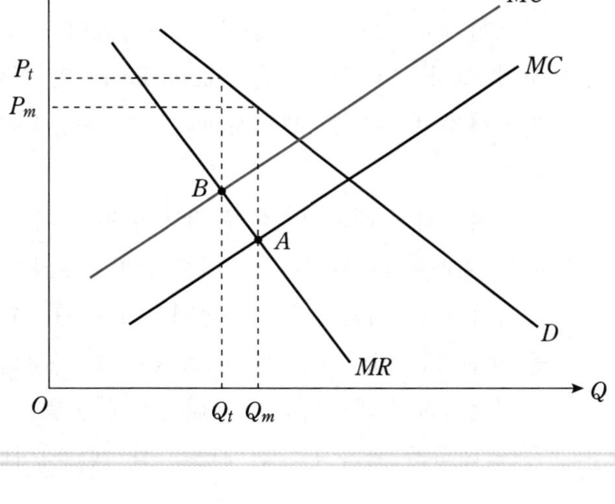

가할 수 있다. 한편, 수요곡선과 한계비용곡선의 형태가 알려지면, 그와 같은 상황에서 국내의 후생을 극대화하는 관세율을 계산해 낼 수 있는데, 이를 최적관세율(optimum tariff rate)이라고 한다.

그러나 아무리 해외기업이 독점기업이라 하더라도 수입쿼터의 경우에는 관세와는 달리 수입국의 후생증가를 가져오지 않는다. 이는 수입쿼터의 경우에는 관세수입은 없는 반면, 수입쿼터로 인하여 국내 공급량이 감소하고 따라서 해외 독점기업의 국내 공급가격이 상승하기 때문이다. 따라서 해외시장이 독점적인 경우에도 수입쿼터는 관세보다 열등한 선택이 되는 것이다.

7.4 전략적 무역정책

지금까지 시장의 구조에 따른 시장개방의 효과와 보호무역정책의 효과에 대해서 살펴보았다. 다만 지금까지는 국내기업과 외국기업간에 전략적인 경쟁이 벌어지는 상황에 대해서는 살펴보지 않았다. 여기서는 국내기업과 외국기업이 전략적인 경쟁 또는 게임이 벌어지고 있는 상황에서 무역정책이 어떠한 효과를 가질 수 있는지에 대해 살펴보고자 한다.

게임(game)이란 두 명 이상의 경기자들(players)이 상호연관관계를 통해 자신의 이익을 추구하는 가운데 어느 누구도 그 결과를 마음대로 좌지우지할 수 없는 경쟁적 상황을 의미하며, 이때 전략(strategy)이란 자신이 어떠한 선택(또는 행동)을 할 것인지에 대한 일종의 계획을 의미한다. 무역정책에 게임에서의 전략을 결합한 전략적 무역정책(strategic trade policy)이란 그 자체로는 바람직한 정책이 아닐 수 있지만, 다른 국가 또는 다른 국가의 기업의 선택(또는 행동)에 영향을 주어 바람직한 결과를 가져오도록 하는 정책을 의미한다고 할 수 있다.[10]

10) Helpman and Krugman(1992), p. 83 참조.

전략적 무역정책의 대표적인 예는 크루그만(Krugman, 1987)[11]에서 찾아볼 수 있다. 이를 국내기업의 사례로 바꾸어 국내 삼성전자와 일본의 소니(SONY)사가 세계시장에서 경쟁하는 상황을 가정해 보자. 두 기업은 향후 텔레비전 시장을 선도할 것으로 기대되는 LCD TV 신제품을 개발하여 생산할 능력을 갖추고 있으며, 다른 국내외 기업들은 그와 같은 능력이 없다고 가정해 보자. 이때 두 회사의 이윤은 자신이 LCD TV를 생산하느냐 안 하느냐의 선택에 따라 영향을 받음은 물론 상대방 기업의 선택에 따라서도 영향을 받게 된다. 예를 들어 두 기업이 모두 LCD TV를 생산하면 두 기업 모두는 5억달러의 적자를 보고, 두 기업이 모두 생산을 포기하면 두 기업 모두는 0달러의 이윤을 얻는다고 가정하자. 또한 한 기업만 LCD TV를 생산하면 생산한 기업은 100억달러의 이윤을 얻는 반면 생산하지 않는 기업은 0원의 이윤을 얻는다고 가정하자. 두 기업의 선택에 따른 이윤을 정리하면 〈표 7-1〉과 같다. 각 항목의 첫번째 숫자는 삼성전자의 이윤을 나타내며, 두 번째 숫자는 SONY사의 이윤을 나타낸다.

이와 같은 게임에 있어서 균형[12]은 어떤 한 기업은 LCD TV를 생산하고 다른 기업은 생산하지 않는 두 가지(삼성전자나 SONY사 한 기업만 생산)로 나타난다. 따라서 시장이 삼성전자만 LCD TV를 생산하는 결과를 보장해 주지 않는다. 따라서 우리나라 정부의 입장에서는 삼성전자가 LCD TV를 생산하고 SONY사는 생산하지 않는 결과를 유도하는 정

표 7-1 삼성전자와 SONY사의 이윤

(단위: 억달러)

		SONY 생산	SONY 생산하지 않음
삼성전자	생산	−5, −5	100, 0
	생산하지 않음	0, 100	0, 0

11) Krugman(1987), pp. 131-144 참조.

12) 이와 같은 균형을 내쉬균형(Nash equilibrium)이라고 하는데, 내쉬균형은 모든 경기자들이 상대방의 전략이 주어졌다고 보고 그 주어진 전략하에 자신에게 최적인 전략을 선택하는 상태를 의미한다.

책을 강구할 유인이 발생하게 된다.

예를 들어 우리나라 정부가 전략적인 보조금정책을 추구하는 경우, 그 결과가 달라질 수 있다. 즉, 우리나라 정부가 삼성전자에 대해 LCD TV를 생산할 때 10억달러의 보조금을 지급하면 두 기업의 이윤행렬은 〈표 7-2〉와 같이 바뀌게 된다.

두 회사의 이윤행렬이 〈표 7-2〉와 같은 바뀌게 되면, 삼성전자의 입장에서 볼 때 SONY사의 선택과 상관없이 항상 LCD TV를 개발 · 생산하는 편이 낫게 된다. 그 이유는 다음과 같다.

첫째로 SONY사가 LCD TV를 생산할 때, 삼성전자의 이윤은 자신도 생산하는 경우에 5억달러, 생산하지 않는 경우에 0달러가 된다. 이는 SONY사가 LCD TV를 생산할 때, 삼성전자 자신도 LCD TV를 생산함으로써 더 많은 이윤을 누릴 수 있게 됨을 의미한다. 둘째로 SONY사가 LCD TV를 생산하지 않을 때, 삼성전자의 이윤은 자신도 생산하지 않는 경우에 0달러, 자신은 생산할 경우에 110억달러가 된다. 따라서 SONY사가 LCD TV를 생산하지 않을 때에도 삼성전자는 생산을 선택함으로써 더 많은 이윤을 누릴 수 있는 것이다. 이는 삼성전자의 입장에서 SONY사의 선택과 상관없이 항상 LCD TV를 생산하는 편이 더 낫다는 것을 의미한다. 따라서 전략적인 보조금하에서 삼성전자는 상대방의 선택과 상관없이 무조건 LCD TV를 생산하려 할 것이다.

반면, SONY사의 입장에서 보면, 삼성전자가 무조건 LCD TV를 생산할 것을 예상할 수 있기 때문에 LCD TV를 생산하지 않는 선택을 내리게 된다. 왜냐하면, 삼성전자가 LCD TV를 생산한다는 가정하에 자신의 이윤은 LCD TV를 생산할 경우에 −5억달러, 생산하지 않을 경우에 0달러가 되기 때문이다.

표 7-2 정부 보조금 지급시 삼성전자와 SONY사의 이윤

(단위: 억달러)

		SONY 생산	SONY 생산하지 않음
삼성전자	생산	−5+10, −5	100+10, 0
	생산하지 않음	0, 100	0, 0

따라서 이와 같이 국내기업과 외국기업이 과점적인 국제시장에서 경쟁하는 경우, 해당국가는 전략적 무역정책을 통해 자국기업에게 유리한 결과가 나타나도록 유도할 수 있다. 전략적 무역정책으로 인해 자국기업은 보조금 이상의 이득을 보게 된다. 또한 전략적 무역정책으로 인해 자국기업만이 LCD TV를 생산하는 경우, LCD TV의 수출로 인해 무역수지도 개선될 수 있을 것이다.

그러나 일부 학자들은 전략적 무역정책이 이론적으로는 바람직할 수 있으나, 실제로는 긍적적인 효과보다 부정적인 효과를 더 많이 갖고 있다고 주장하고 있다. 그 첫번째 이유로 현실의 상황이 매우 복잡해서 과점기업들의 손익매트릭스를 상호간에 정확히 파악하는 것이 거의 가능하지 않고, 이러한 정책을 적용할 수 있는 상품(산업)이 극히 제한적이라는 점을 들고 있다. 또한 전략적 무역정책의 긍정적인 효과가 관련 회사들의 지대추구행위(rent-seeking behavior)로 인해 크게 훼손될 수도 있다는 점도 지적되고 있다. 이는 기업들이 필요 이상으로 보조금을 요구할 수 있을 뿐만 아니라 심지어는 전략적 무역정책이 필요하지 않은 경우에도 정부로부터 보조금을 타내려는 시도가 가능하기 때문이다. 그 밖에 전략적 무역정책이 상호간의 보복과 무역전쟁을 유발할 가능성이 크다는 점도 지적되었다. 따라서 전략적 무역정책의 유용성에 대한 논란은 앞으로도 지속될 것으로 예상된다.

주요용어

게임이론
관세
독점
보호무역정책
사회적 후생
수입
수입쿼터
시장개방
시장구조
완전경쟁
전략적 무역정책
최적관세
한계비용
한계수입

연습문제

1. 〈그림 7-1〉에서 시장개방의 결과 국내가격이 P_c에서 P^w로 하락할 경우, 소비자후생(소비자 잉여)은 얼마만큼 증가하는가? 또한 이 경우, 국내기업들의 이윤은 얼마만큼 감소하는가?
2. 〈그림 7-2〉에서 시장개방의 결과 국내가격이 P_m에서 P^w로 하락할 경우, 소비자 후생(소비자 잉여)은 얼마만큼 증가하는가? 또한 이 경우, 국내기업들의 이윤은 얼마만큼 감소하는가?
3. 국내시장이 독점적인 경우, 관세와 수입쿼터 등 보호무역정책을 사용하는 것은 바람직한가? 만약 보호무역정책이 불가피하다면 관세와 수입쿼터 가운데 어떠한 수단을 선택하는 것이 바람직한가?
4. 시장이 경쟁적인 경우보다 독점적인 경우에 수출이 많이 이루어질 수 있는가?
5. 국내에 독점 공급자가 존재하면서 그 재화 국내소비의 일부는 해외에서 수입되고 있다고 하자.

   (1) 관세와 수입쿼터가 동일한 수입량을 가져오도록 설정되는 경우, 시장이 불완전경쟁적인 구조를 가지고 있다 하더라도 관세와 수입쿼터가 동일한 효과를 초래한다고 할 수 있는가?

   (2) 국제경쟁력이 뒤떨어지는 개발도상국의 경우, 수출을 촉진하기 위해 국내시장을 보호함과 동시에 독점적인 상태를 조장하는 경우가 있다. 금지적 관세율수준까지 관세율을 높여 국내 독점공급자를 보호해 줄 경우, 이 독점공급업자가 해외에 수출하는 것이 가능한지 여부를 그래프를 이

용해 설명하시오.

6. 국내생산자가 존재하지 않는 상황에서 해외에 독점생산자가 존재한다고 하자. 이 재화에 대한 국내 수요곡선과 한계수입곡선, 그리고 해외 독점공급자의 공급곡선이 다음과 같이 주어졌다.

   국내 수요곡선: $P=20-\frac{1}{2}Q$,
   국내 한계수입곡선: $P=20-Q$
   해외 독점공급자의 공급곡선: $P=2+Q$

   (1) 자유무역을 할 경우 수입량과 가격은 각각 어떻게 되는가?
   (2) 수입재 한 단위당 \$2의 관세를 부과할 경우 수입량과 국내 소비가격은 각각 얼마가 되는가?
   (3) (2)의 경우 관세수입은 얼마인가?
   (4) 또한 이 때 사회후생의 크기는 얼마인가? 수입관세를 부과하는 것이 사회후생을 증진시킨다고 할 수 있는가?

[부록 7-1] 독점적 시장구조와 수출

보호되어 있는 국내시장에 독점기업이 존재한다고 가정해 보자. 또한 이 독점기업은 국내시장에서는 독점가격에 상품을 판매하고 경쟁적인 해외시장에서는 낮은 가격에 상품을 파는 일종의 가격차별행위[13)]를 할 수 있다고 가정해 보자.

이 때 국내시장에서의 독점기업은 국내시장과 해외시장 가운에서 더 유리한 시장에 상품을 공급하려고 할 것이다. 이는 독점기업이 국내시장에서의 한계수입(국내시장에서 상품을 한 단위 더 팔 때 발생하는 추가적인 수입)과 해외시장에서의 한계수입(해외시장에서 상품을 한 단위 더 팔 때 발생하는 추가적인 수입; 해외시장은 완전경쟁적이므로 국제가격과 동일함) 가운데 수입(revenue)이 큰 시장에서 판매를 한다는 것을 의미한다. 〈그림 A-7-1〉과 같이 만약에 해외시장에서의 국제가격이 P^w로 주어졌다고 하면, 국내의 독점기업은 국내에서의 한계수입(MR)이 국제가격(P^w)보다 높은 Q_w수준까지는 국내에서 판매하고 나머지는 해외시장에서 판매하려고 할 것이다. 이에 따라 독점기업의 한계수입(MR)곡선은 〈그림 A-7-1〉에 나타난 바와 같이 굴절된 형태를 띠게 된다. 독점기업의 이윤은 한계수입(MR)과 한계비용(MC)이 같아질 때(점 A 참조) 극대화되므로, 독점기업은 Q_1만큼을 생산하여 그 가운데 Q_w만큼은 국내에서 판매하고 나머지는 수출하려 할 것이다. 따라서 국내시장이 보호되고 독점적인 상태에서의 수출량은 (Q_1-Q_w)가 되게 되는 것이다. 해외시장의 존재로 인하여 국내가격은 독점가격(P_m)보다 더 높은 수준(P_1)이 된다. 한편 이 상태에서 시장이 개방되면, 국내가격은 국제가격(P^w) 수준으로 인하되고 국내수요는 Q_2로 증가하게 될 것이다. 국내기업의 생산량은 여전히 Q_1 수준이 될 것이므로 시장이 개방되면 수출은 발생하지 않고 반대로 (Q_2-Q_1)만큼의 수입이 발생하게 된다.

반면 국내시장이 완전경쟁적인 경우, 시장개방 전 국내가격은 P_c가 되고 국내 기업들의 생산량은 Q_c가 된다. 이와 같은 생산량은 국내수요(Q_c)와 같으므로 수출은 일어나지 않는다. 국내시장이 완전경쟁적인 경우 시장이 개방되면, 국내가격은 국제가격(P^w) 수준으로 인하되고 국내수요는 Q_2로 증가하게 될 것이다. 그러나 국내기업의 생산량은 Q_1 수준으로 감소하게 되어 시장이 개방되면 (Q_2-Q_1)만큼의 수입이 발생하게 된다.

이와 같이 국내시장이 개방되었거나 완전경쟁적인 경우에는 발생하지 않았

---

13) 이는 일종의 덤핑행위로서 많은 국가들은 현재 반덤핑관세 등을 통해 이와 같은 덤핑행위를 규제하고 있는 것이 사실이다. 그러나 여기서는 덤핑행위가 가능하다고 보고 독점적인 국내시장과 경쟁적인 국내시장에 있어서의 수출성과를 비교하고 있다.

그림 A-7-1 국내의 시장구조와 수출

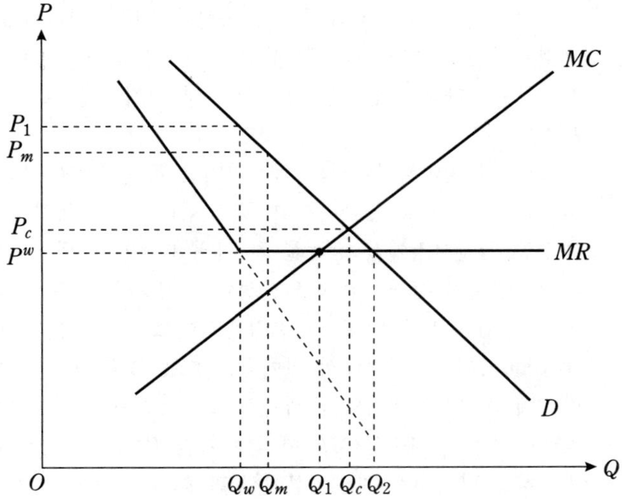

을 수출이 국내시장이 보호되고 독점적인 상태에서는 발생할 수 있다. 이는 보호되고 독점적인 시장구조하에서 소비자들의 후생은 크게 저해받지만, 수출을 증가시킴으로써 외화획득을 가져오는 효과가 있을 수 있다는 것을 의미한다. 따라서 국제경쟁력이 뒤떨어지는 개발도상국의 경우, 수출을 촉진하기 위해서 국내시장을 보호함과 동시에 독점적인 상태를 조장할 가능성이 있는 것이다. 1970년대부터 추진되어 온 우리나라의 수출드라이브정책도 어떻게 보면 보호되고 독점적인 국내시장을 바탕으로 하였다는 점에서 그 시사하는 바가 크다고 하겠다.

[부록 7-2] 독점적 국내시장과 관세부과의 효과: 추가적 사례

여기서는 앞에서와는 달리 관세의 수준이 비교적 높게 설정되어 국제가격에 관세를 더한 가격(P_t)이 P_c보다 높은 경우에 있어서의 관세의 효과에 대해 살펴보고자 한다.

첫째로 〈그림 A-7-2〉와 같이 관세가 중간수준에서 설정되어 $P_c < P_t < P_m$이 성립되는 경우를 살펴보자. 이 경우 국제가격에 관세를 더한 가격(P_t)은 여전히 이 독점가격(P_m)보다 낮으므로 상품의 국내가격은 P_t 가 된다. 다만 이 경우에는 독점기업은 가격과 한계비용과 같아지는 수준(Q_4)만큼 생산해도 다 팔리지 않을 것이므로 수요량(Q_3)만큼만 생산하려 할 것이다. 또한 국내 독점기업의 생산량과 국내 수요량이 같아지므로 해외로부터의 수입은 발생하지 않는다.

그림 A-7-2 독점적 국내시장과 관세부과의 효과 Ⅱ

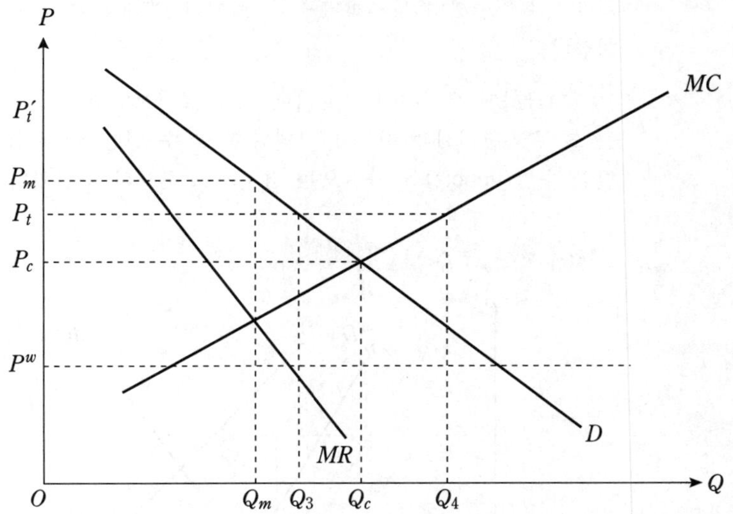

둘째로 관세가 〈그림 A-7-2〉의 매우 높게 설정되는 경우에 있어서 관세부과의 효과에 대해 살펴보기로 하자. 관세 수준이 매우 높아 국제가격에 관세를 더한 수입품의 가격(P_t')이 독점가격(P_m)보다 높을 경우에는 국내의 독점기업은 독점생산량(Q_m)만큼을 생산하여 독점가격(P_m)에 판매할 것이다. 국내 독점기업의 공급가격이 낮기 때문에 해외로부터의 수입은 이 경우에도 일어나지 않는다.

[부록 7-3] 수입쿼터의 효과 및 관세의 효과 비교

여기서는 국내시장이 독점적인 상태에서 수입쿼터가 부과되는 경우, 그 효과에 대해 자세히 살펴보기로 한다. 수입량을 $\overline{m}$으로 제한하는 수입쿼터가 부과되는 경우, 국내 독점기업의 수요곡선은 〈그림 A-7-3〉에 나타난 바와 같이 D에서 D'으로 변하게 된다. 독점기업의 수요곡선이 이와 같이 굴절되는 이유는 독점기업의 가격이 국제가격(P^w)보다 낮을 경우 수입이 전혀 일어나지 않으므로 독점기업의 수요는 당초 수요곡선(D)에 의해 결정되기 때문이다. 반면, 독점기업의 가격이 국제가격보다 높으면, 수입이 이루어지되 수입량은 $\overline{m}$로 제한되며 따라서 독점기업의 수요는 당초 수요곡선(D)에서보다 $\overline{m}$만큼 감소하기 때문이다.

이 경우, 독점기업의 한계수입곡선은 MR'과 같은 형태를 띠게 된다. 앞에서 설명한 바와 같이 기업의 이윤은 한계수입과 한계비용이 같아질 때 극대화되므로, 독점기업의 이윤은 $MR'=MC$의 조건이 만족될 때(점 A) 극대화된다. 따라서 이 독점기업은 Q_q만큼 생산할 것이며, 가격은 P_q로 설정할 것이다. 이는 $\overline{m}$만큼의 수입쿼터가 부과될 경우 가격이 P^w에서 P_q로 크게 상승하게 됨을 의미한다.

지금까지 수입쿼터의 효과에 대해 살펴보았다. 그렇다면 관세와 수입쿼터는 그 효과면에서 차이를 나타낸다고 할 수 있는가? 해답부터 제시하자면, 동일한 수입(import)을 가져오는 경우에도 관세와 수입쿼터는 그 효과면에서 다

그림 A-7-3 수입쿼터의 효과

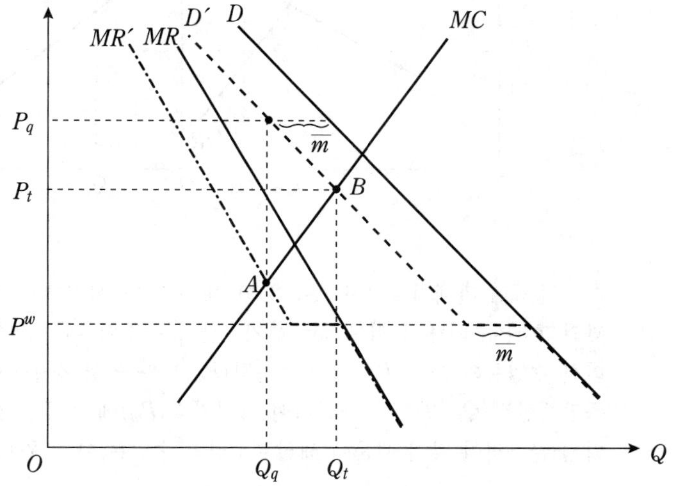

르게 나타난다는 것이다.

관세와 수입쿼터의 효과가 다르게 나타난다는 것은 관세가 높아 수입이 이루어지지 않는 경우와 수입쿼터가 매우 작게 설정되어 실질적으로 수입이 금지된 경우를 비교하면 쉽게 알 수 있다. 예를 들어 이전에 설명한 〈그림 A-7-2〉에서와 같이 관세의 수준이 $P_c < P_t < P_m$이 되도록 설정되는 경우, 수입은 이루어지지 않으며 독점기업은 가격을 P_t에 설정하게 된다. 반면 수입쿼터가 매우 작게 설정되어 실질적으로 수입이 이루어지지 않는 경우에는 수입이 이루어지지 않는 것은 같지만 독점기업은 독점가격인 P_m에 상품을 판매하게 되는 것이다.

관세와 수입쿼터가 동일한 수입량을 가져오도록 설정되는 경우에도 관세와 수입쿼터의 효과는 다르게 나타난다. 〈그림 A-7-3〉에 나타난 바와 같이 D'과 MC가 만나는 점 B 수준에서 국내가격(P_t)이 설정되도록 관세가 설정되었다고 가정해 보자.[14] 이 경우 관세부과시 독점기업은 P_t 수준 이상으로 가격을 받을 수가 없으며, 따라서 독점기업은 $P_t=MC$가 되는 생산량(Q_t)만큼만 생산할 것이며, 이 경우에도 수입은 수입쿼터를 부과한 경우와 마찬가지로만큼 이루어질 것이다. 즉, 수입량이 관세부과시나 수입쿼터부과시 동일하게 나타나는 것이다. 그러나 관세부과시의 국내가격은 P_t가 되는 반면, 수입쿼터가 부과되는 경우에는 앞에서 살펴본 바와 같이 국내가격은 P_q가 된다. 따라서 수입쿼터를 부과했을 때의 국내가격은 (동일한 수입량을 가져오는) 관세를 부과했을 때보다 높게 된다. 이는 수입량이 같은 경우에는 관세를 부과하는 것이 수입쿼터를 부과하는 경우보다 국내가격을 안정시키는 데 도움이 된다는 것을 의미한다.

---

14) 이와 같이 비관세장벽(여기서는 수입쿼터)과 동일한 수입규제 효과를 갖는 관세의 수준을 관세상당액(tariff equivalent)이라고 한다.

[부록 7-4] 불완전경쟁과 시장개방: 일반균형적 접근

앞에서는 부분균형이론에 입각한 시장개방의 효과에 대해 살펴보았다. 여기서는 일반균형이론에 입각하여 시장개방이 어떠한 효과를 가져오는지에 대해 생산가능곡선과 사회적 무차별곡선을 이용하여 살펴보기로 한다.

먼저 한 국가에 X재와 Y재가 있다고 가정해 보자. 주어진 자원으로 생산할 수 있는 X재와 Y재의 조합을 그림으로 나타내면 〈그림 A-7-4〉에 있는 생산가능곡선과 같이 나타내어진다.

이때 첫째로 X재와 Y재의 국내시장이 모두 완전경쟁적이고, 시장이 개방되어 있지 않으면, 이 국가는 생산가능곡선과 사회적 무차별곡선이 접하는 A점에서 생산하고 소비하게 될 것이며, X재와 Y재의 상대가격(P_x^1/P_y^1)은 접선의 기울기가 될 것이다.

둘째로 X재 시장은 완전경쟁적이지만, Y재 시장은 독점적이며, 시장은 개방되어 있지 않다고 가정해 보자. 이 경우, Y재를 생산하는 독점기업은 B점에서와 같이 완전경쟁적인 수준보다 Y재를 적게 생산할 것이고, Y재의 가격은 따라서 완전경쟁적인 수준(P_y^1)보다 높게(P_y^2) 될 것이다. 따라서 이 경우 재화의 상대가격(P_x^2/P_y^2)은 완전경쟁적인 수준(P_x^1/P_y^1)보다 낮게 되며, 도달 가능한 사회적 후생의 수준 또한 완전경쟁적인 수준 SW^1보다 낮은 수준(SW^2)이 된다.

그림 A-7-4 시장개방의 효과: 일반균형적 접근

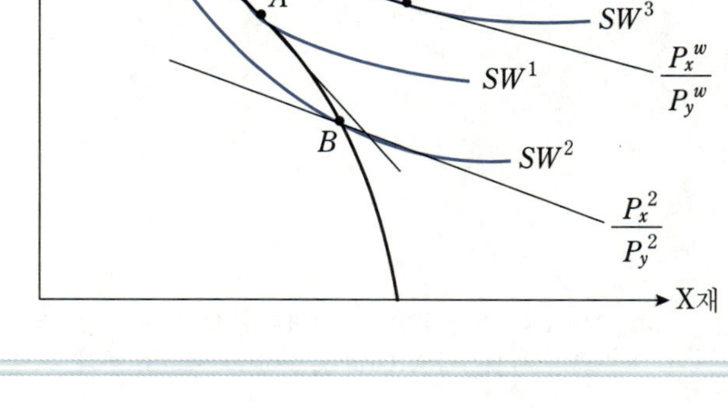

셋째로 이러한 상황에서 시장이 개방되었다고 가정해 보자. 국제시장에서의 X재와 Y재의 가격은 어떠한 값을 가질 수 있지만, 여기서는 X재의 국제가격이 상대적으로 매우 낮아 국제적인 상대가격(P_x^w/P_y^w)이 (P_x^1/P_y^1)은 물론 (P_x^2/P_y^2)보다도 낮다고 가정해 보자. 이 경우, 이 국가는 C점에서 생산하고, 무역을 통해 실제 소비는 D점에서 하게 된다. 결국, 시장개방으로 인해 이 국가의 사회적 후생의 수준은 SW^2 수준에서 SW^3 수준으로 크게 증가하게 되는데, 이는 시장의 개방이 독점에서 오는 시장의 왜곡을 없앨 뿐만 아니라 무역을 통해 얻을 수 있는 이득까지 얻도록 해 주기 때문이다.

제 8 장 무역정책의 정치경제학

미국의 남북전쟁

미국의 남북전쟁은 명분상으로는 서로 다른 이상(노예제 존속 혹은 폐지)을 추구했기 때문에 일어났다고 하지만 사실은 전쟁의 목적이란 게 얼마나 냉혹한 것인가를 증명해 주는 전쟁이다. 목적은 단순했다. 미국 남부는 영국에 농산물을 수출하던 곳으로서 자유무역의 혜택을 톡톡히 보고 있었다. 그들은 영국에서 남부의 상품을 내다팔 시장을 발견했고, 필요한 공산품을 싸게 수입할 수 있었다. 반면에 북부는 자기들의 식량이기도 한 남부의 농산물이 영국으로 팔려나가도록 내버려둘 수도 없었고, 이제 막 기지개를 펴기 시작한 산업의 잠재력을 영국의 경쟁력 앞에서 보호하기도 해야 했다. 서로 양보할 수 없는 이러한 이유 때문에 북부는 보호무역주의를 남부는 자유무역주의를 채택했다. 5년간의 전쟁을 치르고 승리한 북부의 산업사회는 국가적인 측면에서 유럽이 보호무역주의를 선택함으로써 얻은 것과 맞먹는 이점을 누릴 수 있었다.

〈「부유해진 세계, 가난해진 사람들」, 다니엘 코엔 지음 , 주명철 옮김, 사유사, 2000.〉

8.1 문제 제기

보호무역정책은 왜 존재하는가? 이 책을 처음부터 읽어온 독자들은 자유무역이 보호무역 또는 폐쇄경제보다 훌륭한 정책임을 이해하였을 것이다. 특히 보호무역은 경우에 따라서 후생을 증가시킬 가능성이 없는 것도 아니지만 일반적으로 그러한 효과를 기대하는 것은 매우 힘들다. 제 6 장에서 살펴본 바와 같이, 수입품에 대한 관세의 부과는 생산과 소비면에서 비효율을 초래하여 한 경제의 후생을 감소시킨다. 따라서 수출입의 흐름에 영향을 미치는 여하한 정책도 대체로 정책목표를 달성하기보다는 많은 문제를 야기한다는 점에서 정당화하기 힘들다. 그럼에도 불구하고 대부분의 국가가 보호무역정책을 실시하고 있는 것도 엄연한 현실이다. 그러므로 우리는 이론적 당위성과 보호무역정책이 실시되는 현실간의 괴리가 왜 존재하는지에 대한 설명이 필요하다. 보호무역정책은 많은 경우 정치적 이해관계의 산물이므로 이들간의 상호작용, 즉 정치경제학적 접근이 필요하다.

보호무역정책에 대한 정치경제학적 분석은 정부에 대한 관점에 따라 그 결과가 많이 달라진다. 첫째, 정부가 중립적 존재이며 국가 전체의 후생증진이 목적이라는 관점이다. 또 다른 관점은 정부 역시 한 사회의 구성원으로서 국가적인 사무를 담당하되 그 자체의 이해관계를 추구하는 존재라는 것이다. 전자는 정부를 공리주의적 관점에서 바라보는 것이므로 정부가 보호무역정책을 실시하는 것은 국가적인 경제적 후생의 증진을 목표로 한다고 볼 수 있다. 이 경우, 우리의 관심사는 보호무역정책의 실시를 합리화할 수 있는 배경이 무엇인지 이해하는 데 모아진다. 반면, 정부도 많은 사회구성체의 하나로서 자신의 이해관계를 추구한다고 볼 때, 보호무역정책의 존재는 수요와 공급의 원리를 통하여 이해할 수 있다. 보호무역에서 자유무역으로 정책이 바뀔 경우 사회 전반적인 후생변화와는 별개로 항상 이득을 보는 집단과 손해를 보는 집단이 있음을 알 수 있었다. 따라서 이 사회에는 끊임없이 수입을 제한하려는 집단과 그렇지 않은 집단이 존재할 것임을 유추할 수 있다. 한편, 정부는 보호무역정책의 공급자의 지위에 있는데 정부가 객관적인 입장이 아니라 국민의 지지(선거)를 항상 염두에 두어야 하는 존재라면 각 이익단체의 로비활동은 보호무역정책의 실시에 상당한 영향을 미치게 될 것이다.

중상주의와 자유무역주의의 역사적 배경

근대적인 무역정책의 출발점은 중상주의(mercantilism)라고 볼 수 있다. 중상주의란 한마디로 수출은 좋고 수입은 싫다는 것이 기조이다. 따라서 오늘날의 관점에서 볼 때, 중상주의는 한 국가의 후생에 상당히 부정적인 영향을 미칠 가능성이 큰 매우 좋지 않은 정책으로 평가된다. 그럼에도 불구하고 중상주의의 역사적 배경을 살펴보면 이 역시 정치경제학적으로 충분히 이해할 수 있는 측면이 있다. 중상주의를 이해하기 위해서는 당시의 정치체제가 절대왕조 시대이었음을 상기할 필요가 있다. 절대왕조란 곧 국가와 국왕이 동일시되는 즉, "짐이 곧 국가"인 시대이다. 따라서 왕조의 부강함이 국가의 부강함으로 이해될 수 있었다. 왕조의 금고에 금화가 많이 쌓일수록 그 나라는 부강한 것이다. 따라서 금화를 많이 보유해야 한다는 목적 때문에 무조건 수출은 좋은 것이며 수입은 억제하는 정책을 취하게 된 것이다. 따라서 이와 같은 절대왕조의 체제하에서는 오히려 중상주의가 자연스러운 귀결이었다고 할 수 있다. 마찬가지로 자유무역주의는 산업혁명을 기초로 한 시민계급의 등장과 자본주의의 발달이라는 역사적 발전에 따른 것이다. 이제 개개의 자본가들이 어떠한 방법으로든 자본을 축적할 수 있도록 민주주의적 정치제도가 도입되었다. 새로운 체제하에서는 개인의 상업활동을 저해하는 국가의 규제가 바람직하지 않은 것으로 간주된다. 무역도 마찬가지이다. 더 이상 국가 또는 국왕의 부가 아니라 자유로운 상행위를 통한 개인의 부의 축적이 중요시되었다. 따라서 무역활동에 대한 제약을 옳지 않은 것으로 보는 자유무역 사상이 등장하게 되었다. 즉, 자유무역주의 그 자체도 역사적 발전의 산물인 것이다.

8.2 외부효과와 무역정책

자유무역의 이념은 많은 가정을 기초로 하고 있다. 그리고 이러한 가정들은 대부분 시장이 제대로 기능하기 위하여 필요한 것이다. 예를 들면, 시장이 완전경쟁적이어야 한다든지 외부성이 존재하지 않아야 한다는 등의 가정이다. 시장의 실패가 존재하는 경우 정부개입의 당위성

시장의 실패와 정부의 실패

시장의 실패(market failure)는 오늘날 시장경제에 대한 정부의 개입을 정당화하는 가장 중요한 논리적 배경이 되어 왔다. 자본주의에서 시장이란 자원을 배분하는 근본적인 원리이다. 즉, 시장에서 결정되는 가격에 따라 자원이 배분되는 것이 가장 효율적이라는 것이다. 그러나 경우에 따라서는 시장이 효율적인 자원의 분배를 성취하지 못하는 경우가 있다. 예를 들면, 국방, 치안 등과 같은 성격의 서비스는 '무임승차(free riding)' 문제 때문에 시장에 맡겨 둘 경우, 한 사회가 필요로 하는 만큼의 공급이 이루어지지 않는다. 왜냐하면, 누군가가 치안을 목적으로 경찰서비스를 구입한다면 다른 사람들은 구태여 자신도 이를 구입할 필요가 없다고 느끼기 때문이다. 이와 같이 시장이 효율적인 자원분배를 이루지 못하는 경우를 시장의 실패라고 부르며, 이때에는 정부의 개입을 통하여 문제를 해결하기도 한다. 예컨대, 정부가 세금을 걷어 경찰서비스를 제공하는 것이다. 그러나 시장의 실패를 교정하기 위해서는 시장수요와 공급에 대한 정확한 정보가 필수적이다. 그렇지만 일반적으로 정부가 시장의 실패를 교정하는 데 필요한 정보를 완전히 갖추고 개입하기를 기대하기는 매우 어렵다. 따라서 정부의 개입이 있더라도 시장의 실패를 교정하지 못하거나 오히려 자원의 배분을 더욱 왜곡하는 경우가 빈번히 발생하는데 이를 '정부의 실패'라고 부른다.

은 규범적인 관점에서 파악해야 하며 따라서 정책의 결정과정은 일종의 블랙박스로 간주할 수 있다. 이 경우 정부의 개입은 효율적인 자원의 분배와 국민후생의 증대라는 규범적 관점에서 정당화되며 무역정책은 그 중요한 수단의 하나로 간주되고 있다.

무역정책의 효과를 논의할 때 우리는 소비자와 생산자의 잉여를 기준으로 평가해 왔다. 그런데 이러한 평가방식은 이른바 외부효과로 인한 시장의 실패(market failure)가 있을 때에는 적절하지 않을 수도 있다. 만일 수입규제를 통하여 특정 산업을 보호할 경우, 앞에서 배운 바와 같은 생산부문의 비효율성을 감안한다 할지라도 이 산업이 발전함으로써 여타 산업에 여러 가지 긍정적인 외부효과를 갖는다면 결과적으로 국가경제에 이득을 가져올 수 있다.

예를 들어 자동차 산업을 생각해 보자. 자동차 수입에 대한 규제는 국내 생산자의 잉여를 증가시키는 반면 생산부문의 비효율성을 가져오지만, 그렇게 단순하게만 평가할 일이 아니다. 자동차 산업은 그 성격상 매우 광범위한 외부효과를 갖고 있다. 우선 자동차의 생산 및 수출국이 된다는 것은 선진적인 산업구조와 높은 기술력을 지닌 국가로서의 이미지를 갖게 하는 효과를 가져온다. 따라서 여타 제품의 수출에도 긍정적으로 작용하게 된다. 또한 자동차 산업은 많은 연구개발(R&D) 노력을 통한 기술적 뒷받침을 필요로 한다. 그런데 자동차 산업이 갖고 있는 매우 큰 전후방 연계효과 때문에 자동차 산업의 발전은 산업전반에 걸쳐서 기술적 파급효과를 가져올 가능성이 매우 높다. 물론 자동차 생산의 증가는 대기오염과 같이 별로 바람직하지 않은 결과를 동반하는 것도 사실이다. 여기서 중요한 점은 한 국가가 자동차 산업을 보유한다는 것은 당초 자동차의 생산자가 고려하지 않는 여러 가지 외부효과를 창출한다는 사실이며 대체로 자동차 산업이 갖는 긍정적 효과가 큰 것으로 간주되고 있다.[1)]

그런데 자동차 생산자는 이와 같은 긍정적 외부효과(external effect)를 감안하지 않으며 따라서 사회적으로 바람직한 수준만큼 생산을 늘리지 않을 수도 있다. 즉, 시장의 실패가 발생한다. 그러므로 수입규제를 통한 국내 자동차 생산증가가 자동차산업의 보호에서 발생하는 비효율성을 상쇄하고 남는다면 수입규제에 대한 당위성을 인정할 수 있어 보인다. 실제로 이와 같은 논리에서 우리나라는 자동차, 철강, 석유화학 등의 중화학공업을 보호육성해 왔다. 그러나 이러한 성과에도 불구하고

1) 오늘날에는 자동차가 환경적 측면에서 부정적 외부효과도 갖는 것으로 볼 수 있지만 이것이 항상 그렇게 간주되었던 것은 아니다. 자동차가 발명되고 교통의 수단으로 확산되던 초기에는 오히려 자동차가 환경친화적인 것으로 환영받았다. 왜냐하면 자동차 이전의 주요 교통수단이던 마차로 인한 환경오염을 영원히 없앨 수 있을 것으로 보았기 때문이다. 따라서 외부효과에 대한 평가도 시간과 여건에 따라 얼마든지 달라질 수 있음을 알 수 있다. 오늘날의 PC 역시 종이 사용을 줄임으로써 대표적인 환경친화적 효과를 갖을 것으로 초기에는 평가받았다. 그러나 요즈음은 PC가 종이사용을 줄인다고 믿는 사람은 거의 없으며 오히려 전자파라는 새로운 환경유해요소에 더욱 주목하고 있다. 자동차의 경우와 너무나 유사한 평가의 변화과정을 밟고 있는 것처럼 보이다.

보호무역 정책이 과연 적절한 것인가에 대해서는 다음과 같은 비판의 여지가 있다.

첫째, 특정의 국내산업을 육성하고자 한다면 수입규제를 통해서가 아니라 생산보조금이 더 우월한 정책이다. 생산보조금의 지급은 비록 생산측면에서의 비효율성을 초래하겠지만 상품의 가격을 올리지는 않으므로 소비측면의 비효율성을 초래하지는 않는다. 이것이 의미하는 바는 어떤 정책목표가 있을 때 그 목표를 달성할 수 있는 가장 직접적인 정책(생산보조금이나 과세)을 사용하는 것이 바람직하며, 여타 간접적인 정책(관세와 같은 수입규제)은 효율성의 측면에서 열등하다는 사실이다. 그러므로 무역정책의 실시에 앞서서 이를 통하여 기대하는 정책목표의 달성을 위해서 사용할 수 있는 여타 국내정책이 없는지 반드시 검토할 필요가 있다.

둘째, 비록 시장의 실패가 있다 할지라도 과연 특정 산업의 보호를 통하여 얻을 수 있는 사회적 이득이 얼마나 되는지 정확하게 측정하기 힘들며 따라서 보호로 초래되는 비효율성과 직접적인 비교는 거의 불가능하다. 예를 들어, 부산지방의 신발산업을 되살리고 고용을 창출하기 위하여 수입신발에 대하여 매우 높은 관세를 부과한다고 생각해 보자. 관세부과로 인하여 수입이 억제될 경우, 국내 신발생산은 증가할 것이며 이에 따라 부산지방의 경기가 호전되고 일자리는 늘어날 것이다. 그렇지만 주의해야 할 점은 대부분의 정책은 거의 언제나 당초 예상하지 않았던 효과를 수반한다는 사실이다. 예컨대, 일자리는 늘어나겠지만 주변 지역으로부터의 인구유입으로 인한 도시문제, 환경문제 그리고 사회문제 등 예상하지 않았던 비용을 치러야 할지 모른다. 이와 같은 이유들 때문에 많은 경제학자들은 비록 시장의 실패를 교정하기 위하여 무역정책을 사용할 수 있다는 이론적 근거에도 불구하고 대체로 자유무역의 원칙을 고수하는 것이 '안전'하다고 믿고 있다.

정부가 사회 전체의 후생증대를 목적으로 할 경우, 긍정적 외부효과가 큰 산업에 대하여 사회적으로 바람직한 수준만큼 생산의 증가를 도모하기 위하여 수입규제를 정책수단으로 활용하는 경우가 있다.

전후방 연계효과

모든 산업은 여타 산업과 직·간접적인 연관을 갖고 있다. 특정 산업의 생산수준이 변할 경우, 이에 투입되는 자원 및 부품을 생산하는 산업과 이 산업 제품을 사용하는 여타 산업의 생산에도 영향을 미치게 될 것이다. 이를 연계효과라고 부르는데 전방연계효과(forward linkage effect)와 후방연계효과(backward linkage effect)로 구분한다. 자동차 산업의 예를 들어 보자. 자동차는 2만개 이상의 부품으로 구성되어 있는데 이 중 많은 부분을 직접 생산하기보다는 부품업체로부터 조달하는 것이 보통이다. 예를 들어, 자동차 회사는 타이어나 에어컨 그리고 오디오 등을 직접 생산하기보다는 협력업체로부터 구입하여 장착한다. 따라서 자동차 생산의 증감은 직접적으로 이러한 협력업체에 영향을 미치게 되며 이를 후방연계효과라고 부른다. 한편, 전방연계효과는 자동차를 사용하는 산업에 미치는 영향이다. 예를 들어, 자동차 생산의 증가는 택시, 렌트카 등 운수교통산업에 영향을 미치는데, 이를 전방연계효과라고 부른다.

8.3 소득분배와 무역정책

1. 계층간 소득분배와 무역정책

제 3 장에서 우리는 무역의 결과로 상품가격이 변화할 경우 생산요소간 소득재분배효과를 가져옴을 배웠다(스톨퍼-사뮤엘슨의 정리). 관세의 경우도 수입경쟁상품의 국내가격을 상승시키므로 이의 생산에 집약적으로 투입되는 생산요소의 가격을 상승시키게 된다. 즉, 수입의 규제는 필연적으로 소득분배문제를 야기하는 것이다. 이러한 점에서 정부는 수입의 규제를 소득재분배를 위한 수단으로 활용할 여지가 있다. 그렇지만 앞에서 논의한 생산보조금의 경우에서 알 수 있었듯이 수입규제는 직접적인 소득이전 수단과 비교했을 때 훨씬 더 열등한 수단이다. 그럼에도 불구하고 이를 소득재분배의 수단으로 활용한다면 이는 단순

한 경제적 효율성이 아니라 정치적 논리에서 그 근거를 찾아야 할 것이다.

예를 들어 우리나라가 쌀의 수입에 매우 엄격한 수입규제를 하는 것에 대하여 경제학적 타당성을 부여하기는 힘들지만 농업부문이 갖는 정치적 중요성을 생각하면 쉽게 이해할 수 있다. 농촌지역은 인구가 도시에 비하여 상당히 적음에도 불구하고 상대적으로 많은 국회의석이 배정되어 있다. 이들 지역 출신의 국회의원이 경제적 타당성을 우선 고려할 것인가 아니면 자신의 재선을 더욱 염려할 것인가. 어차피 정치인도 결국은 자신의 이해관계에 입각해서 결정을 내린다. 그러므로 경제적 효율성의 관점에서 볼 때는 열등한 무역정책이 정치경제학적 관점에서는 효율적인 수단이 될 수 있다.

무역정책은 소득분배정책의 관점에서 얼마나 효과적인가? 관세정책의 소득재분배효과에 의해 영향을 받는 계층별·산업별 소득분배효과에 대한 인식은 계층별·산업별 무역정책에 대한 입장을 결정할 뿐만 아니라 이들이 무역정책 결정과정에 개입하는 방식과 범위를 결정하게 된다. 관세의 소득재분배효과는 교역의 형태 또는 국제분업의 형태에 따라 달라진다. 산업내 무역의 경우 무역의 소득재분배효과가 산업간 무역의 경우보다 작은 것으로 알려져 있다. 그리고 요소부존비율의 차이가 크지 않은 나라들 사이의 무역에서는 산업내 무역이 차지하는 비중이 산업간 무역의 비중보다 훨씬 더 크다. 이 경우 무역의 소득재분배효과는 상대적으로 작은 반면, 산업내 무역의 유인이 되는 규모의 경제효과와 제품차별화 및 다양성의 증가로 인해 개별 경제주체들 모두가 무역의 이익을 누릴 수 있는 가능성은 매우 커진다. 이와 같은 상황에서는 무역을 제한하는 관세정책이 정당화되기 어렵다. 그러나 국가간에 요소부존비율의 차이가 큰 경우에는 이야기가 달라진다. 산업내 무역의 비중이 상대적으로 작고 산업간 무역의 비중이 큰 경우 무역의 소득분배 효과가 상대적으로 크게 마련이다. 이 경우 비록 경제적으로는 비효율적인 수단이라고 하더라도 소득재분배수단으로서 관세정책의 역할이 복원될 수 있다.

2. 세계화와 빈곤

국제분업의 형태뿐만 아니라 산업간 생산요소의 이동 가능성 역시 무역의 소득분배효과에 영향을 미친다. 산업간 생산요소의 이동이 자유로운 경우 계층별(노동자, 자본가 등 생산요소별) 소득분배효과가 현저하게 나타난다. 그러나 산업간 생산요소의 이동이 불가능한 경우 요소소득의 변화는 산업별로 같게 나타난다. 이 경우 같은 산업에 투입되는 생산요소들은 서로 다른 계층에 속한다 하더라도 같은 이해관계를 갖게 마련이다.

무역의 소득분배효과가 산업생산방식, 생산요소의 산업간 이동가능성 및 대체가능성 등에 따라 달라지는 경우, 경제적 이해관계와 무역정책에 대한 입장(찬반여부)도 산업별·계층별로 달라지게 마련이다. 무역의 소득분배효과가 산업별·국가별·시간별로 변화할 수밖에 없어 무역정책이 소득분배수단으로서 갖고 있는 역할도 산업별·국가별·시간별로 변화하게 되는 것이다. 요소소득은 생산물의 가격변화에 따라 변화한다는 스톨퍼-사뮤엘슨 정리를 따른다면 수입을 제한하는 무역정책에 대한 입장(찬반여부)은 생산요소별(계층별)로 달라질 수밖에 없다.

1999년 시애틀에서 개최된 WTO 각료회의에서는 자유무역에 반대하는 수많은 비정부기구(NGO)들의 시위가 있었다. 이들은 환경이나 노동조건과 같은 특정사안에 대한 의견을 개진하기 위하여 모인 경우도 있지만, 전반적으로 자유무역이 선진국이나 후진국을 막론하고 빈곤층에게 폐해를 주고 있다는 인식을 공유하고 있었다고 보인다.

세계화는 경제·사회·정치적으로 광범위한 영향을 미치는 중요한 현상이라고 할 수 있다. 전통적으로 기득권을 가진 계층에서는 질서변화에 반대하는 경향이 있다. 문제는 선진국의 경우 보호무역에 대한 지지계층이 소위 'blue collar'라는 데 있다. 이들은 후진국으로부터의 값싼 노동집약적 제품이나 노동력의 유입으로 일자리를 잃을 위험에 놓여 있다고 느낄 수 있다. 그러나 이들이 후진국이 비교우위를 갖는 산업이나 직종에 근무한다는 것은 국제분업의 원리에 어긋난다. 이들에 대한 배려는 무역정책이 아니라, 사회안전망의 구축 및 평생교육체제의 정비 등 사회정책의 몫이라고 할 수 있다.

8.4 무역정책과 로비

1. 정책결정과 이익집단

지금까지 여러 가지 측면에서 보호무역정책을 사용하는 배경에 대하여 살펴보았는데 이러한 논의는 모두 정부가 국가정책을 수행하는 객관적인 주체라는 전제하에 이루어진 것이다. 다시 말하면, 정부는 오로지 국가의 경제적 이익을 위하여 최선의 경제수단을 채택하여 시행하려 하는(결과적으로는 성공하든 실패하든 간에) 존재이기 때문에 정부가 시행하는 각종의 보호무역 정책수단에 대한 평가는 오로지 경제적인 논리에 따라 이루어졌다. 예를 들어, 정부가 관세를 인상하는 정책을 실시하였다면 이러한 정책에 대한 평가는 관세인상이 가져오는 각종 경제적 결과를 중심으로 이루어졌을 뿐, 이러한 정책을 애초에 정부가 '왜' 그리고 어떠한 '메커니즘'에 의하여 채택하였는지에 대해서는 비교적 무관심하였다.[2)]

2) 국제적인 통상분쟁이 일어나고 이에 따라 각종 무역정책수단에 변화가 발생할 때 항상 주목받는 곳은 주무 관공서이다. 다시 말하면 무역정책수단의 주체는 대체로 정부로 인식되고 있는 것이다. 그러나 엄밀히 생각해 보면 이러한 인식을 받아들이기에는 정책결정의 구조가 훨씬 복잡하다. 예를 들어, 관세를 생각해 보자. 관세는 누가 결정하는가. 우리나라의 관세는 소위 조세법률주의에 입각하여 시행된다. 즉, 관세는 법률에 의하여 결정되므로 관세율 수준을 결정하는 것은 국회의 소관이다. 이런 점에서 볼 때, 관세를 통한 무역정책수단의 주체는 국회임을 알 수 있다. 미국의 경우, 국회가 무역정책의 주체임은 수정헌법 8조에 명백히 규정되어 있을 뿐만 아니라 실제로도 국회가 관장하고 있다. 우리의 경우는 어떠한가. 만일 정부가 어떤 국가와 협상을 한 후 농산물에 대한 관세를 인하하도록 결정한다고 가정하자. 대체로 우리 국회는 정부를 비난하는 것이 관행이지만 결국 관세율을 올리고 말고는 국회의 임무이다. 엄격히 말하면 국회는 자신의 역할을 망각하고 비난하고 있는 것이다. 또한 정부가 각종 통상협상을 통하여 국회의 동의여부를 고려하지 않고 외국에 약속을 하는 것은 일종의 월권행위라 할 수 있다.

앞에서 논의한 바와 같이, 시장실패를 교정하는 수단으로 정부의 역할을 국한하면 정부개입의 당위성에 대한 분석 또는 '규범적 분석' 만이 관심의 대상이 된다. 즉, 어떻게 무역정책이 결정되고 집행되는가 하는 '정치적 결정과정' 에 대한 분석은 불가능하게 된다. 그러나 실제로 경제정책이 결정되기까지는 여러 가지 제도적·법적 장치가 작용한다. 국회와 정부 그리고 법원이 공식적인 정책결정의 주체이지만 이들의 정책결정에는 다양한 이익단체와 언론이 영향력을 행사한다. 이러한 법적·제도적 장치들은 앞에서 논의한 규범적 관점에서 정책결정을 하기도 하지만, 여러 가지 형태의 '압력' 을 받는 과정에서 정책당국자의 결정에 변화가 발생하며 또한 '정책공급' 의 양상도 바뀌게 된다.

문제는 이러한 제도적·법적 장치들이 경제정책이 지향하는 최종목표를 달성하는 데 장애요인이 될 가능성이 크다는 것이다. 그렇게 되면 경제정책이 '시장실패' 를 교정하기보다는 새로운 '정책실패' 를 유발할 가능성이 커진다. 이러한 문제가 가장 심각한 분야 중의 하나가 바로 무역정책분야이다. 수입경쟁상품의 침투로 직접적인 피해를 받는 산업에 종사하는 생산요소들을 보호하기 위해 채택되는 여러 무역정책들은 실제로 필요 이상으로 큰 경제적 비용을 유발하기도 한다. 예를 들면 직접적인 소득보상이나 전업 및 전직을 위한 재교육을 위한 비용보다 무역정책의 수단(수량제한 등 무역장벽)을 활용하는 비용이 훨씬 더 크다는 뜻이다.

현실적으로 각종 무역정책의 수단이 채택되고 시행되는 과정은 가장 기본적인 수요와 공급의 원리가 여전히 작용하고 있다. 즉, 해외로부터 수입되는 경쟁품으로부터 보호를 받고자 하는 여러 경제·사회적 이익집단(interest groups)들은 보호무역정책수단을 수요하고, 정부 또는 국회는 이러한 수단을 공급하는 것이다. 그런데 보호무역에 대한 수요는 이익단체의 정부 또는 국회에 대한 로비, 자신의 입장을 지지하는 입후보자들에 대한 기부, 청원을 통하여 청문회를 하거나 제도에 규정된 절차를 시행하도록 하는 등의 행위로 나타난다. 이러한 행위를 하는 이익단체는 주로 수입품과 경쟁하는 업체들의 단체인데, 이는 왜냐하면 수입의 증가가 발생할 경우 이들 업체들에게 그 피해가 집중적으로 발생하기 때문이다. 또한 피해를 받을 가능성이 있는 업체의 범위가 비교적 명확하고 또 단결하기 쉽기 때문에 위에서 언급한 활동이 비교적 쉽게 조직된다.

이러한 논의를 두고 볼 때, 정부나 국회의 선택에 대한 영향력이 어느 쪽의 이익으로 작용할 가능성이 있는지는 비교적 분명해 보인다. 즉, 정책의 결정과정에서 특정 계층의 이해관계를 대변하는 로비나 청원이 집중적으로 개재될 경우 아무래도 이들에 편향된 정책이 채택될 가능성이 많다. 왜냐하면 정부 또는 국회라 할지라도 반드시 객관적인 기준에 따라 의사결정을 내리는 존재라고 보기 힘들기 때문이다. 우선 국회의원과 여러 선출직 공무원들을 생각해 보자. 이들은 여타 후보간에 또는 조직 내에서 끊임없이 경쟁을 해야만 하는 처지에 있다. 그리고 이들의 경쟁은 결국 유권자로부터 누가 많은 표를 얻는가에 귀결된다. 이들이 내거는 수 많은 공약, 재임기간중의 정책들도 단기적으로는 더 높은 명성, 대중적 인기, 정책적 성취감 등 매우 다양한 측면의 목적 달성을 위하여 수행되지만 궁극적으로는 선거에서의 승리를 목표로 하고 있다(특히 선거기간중에 내거는 정책공약의 경우에 이는 더욱 잘 들어 맞는다). 정책결정의 주체인 국회와 정부는 조직 구성원의 개별적 이해관계의 집합체이며 사회 각계 각층의 이해관계와 직간접적으로 연계되어 있음을 이해해야 할 것이다.

2. 보호무역정책에 대한 수요와 공급

특정한 무역정책이 채택되는 이유에 대한 정치경제학적 설명에 의하면 특정 무역정책에 대한 수요와 공급조건이 정책의 채택여부를 결정한다. 무역정책에 대한 수요는 개별경제주체들의 집합적 행위에 의해 결정된다. 우선 개별경제주체는 요소소득의 변동에 대해 민감하게 반응한다. 그런데 무역의 소득분배효과 또는 요소소득은 개별 경제주체가 소유하고 있는 생산요소의 특성이나 규모에 따라 달라진다. 따라서 자신이 소유하는 생산요소의 특성이나 규모 및 소득분배효과에 대한 인식의 강도에 따라 개별경제주체들은 특정 무역정책에 대한 선호패턴을 결

조용한 다수(The Silent Majority)

수입으로 이득을 얻는 많은 소비자들은 왜 보호무역정책에 반대하는 로비나 청원을 하지 않는 것일까? 그것은 어디까지나 수입으로 인한 이득이 전체적으로 비용보다 크지만 개인적으로 돌아가는 수입은 극히 미미하기 때문이다. 이처럼 이득이 광범위하게 퍼져 있음으로 인하여 개별적으로는 단결하려는 인센티브가 작다는 것이다. 예를 들면 미국의 오래된 설탕에 대한 쿼터는 소비자가 치르는 비용이 설탕생산자의 이득을 60%나 상회하는 것으로 평가되고 있다. 그럼에도 불구하고 쿼터의 철폐가 설탕소비자 개인에게 돌아가는 이득은 1인당 5$ 정도라고 한다. 누가 5$를 얻기 위해 전 소비자를 단결시켜 국회에 쿼터를 취소하라고 압력을 가하겠는가. 그래서 다수(majority)의 소비자는 조용히 침묵(silent)하는 것이다.

소비자 전체의 손실이 생산자 전체의 이익보다 큼에도 불구하고 소비자들은 적극적인 압력을 행사하지 않는다. 이와 같이 소비자가 자기에게 불리한 무역정책이 채택되도록 허용하는 이유를 이익집단의 비대칭성에 착안해서 설명하기도 한다. 보호의 이익은 그 크기가 상대적으로 크며 소수의 생산자 집단에게 집중되는 반면, 개별 소비자의 피해는 크기가 작고 다수에게 분산된다. 따라서 상대적으로 큰 이해관계가 걸린 생산자 집단은 조직적이고 적극적인 집단행동을 하는 반면, 이해관계의 변화가 크지 않은 소비자의 경우 정보에 어둡고 덜 조직화된 소극적인 입장을 표명하게 된다. 결국 정부가 두 집단 중 생산자 집단의 압력에 굴복하게 되어 소비자들에게 불리한 비효율적 무역정책을 채택하게 된다는 것이다.

정한다.

일반 소비자들도 자신의 후생함수를 갖고 있으며 소유하고 있는 생산요소와 정치적 영향력의 제약하에서 (다른 사람의 후생을 포함한) 사회후생함수를 극대화하고자 노력한다. 문제는 다른 소비자의 후생에 대한 정보가 불완전할 뿐만 아니라 국지적으로 제한되어 있어 이것을 획득하는 데는 비용이 많이 들고 전달하기가 어렵다는 것이다. 다른 사람들의 후생수준에 대한 충분한 정보를 갖고 있는 경우 개인의 (소득재분배정책을 포함한) 사회후생함수의 형태가 달라질 것이다. 따라서 관련 정보의 수집과 전파를 통해서 정부와 유권자들에게 자신들이 선호하는 정책의 장점을 주지시켜 자신들의 후생수준 향상을 도모할 수 있을 것이다.

그러나 이러한 특정 무역정책에 대한 개별적 선호가 정책결정에 영향을 미치기 위해서는 개별적 선호를 이에 대한 집단적 수요로 집약해야 한다. 개별적 선호를 집단적 선호로 집성하는 과정에는 개별경제주체들간의 이해관계 및 역학관계를 조정하여 하나로 집약시키기 위한 여러 가지 수단(예를 들면 투표행위, 압력단체 활동, 로비행위 등)들이 동원된다. 일반 소비자나 생산자가 개별적으로 행동하면서 무역정책의 결정에 영향을 미칠 수 있으리라고 기대하기는 어렵다. 개인이나 개별 기업의 이해관계가 많은 비용이 드는 개별적인 로비활동을 해야 할 만큼 충분히 크지 않으며, 유권자가 투표하는 한 표의 위력도 별로 크지 않기 때문이다. 그러나 많은 개인이나 사업체가 결집하여 정치적 압력단체를 형성하면 자신들에게 유리한 정보를 효율적으로 정책담당자에게 제공할 수 있으며, 자신들에게 유리한 정책을 채택하는 대가로 특정 정당이나 후보에 대한 지지약속이나 정치자금 제공을 약속하기도 한다.

앞에서 논의한 바와 같이 보호무역정책은 정부관료, 정치가, 기업가 및 단체 그리고 유권자 등 다양한 이해관계자들이 각자 자신의 이익을 극대화하려는 과정에서 발생하는 상호작용의 산물이다. 이들은 각기 자신의 이해관계를 추구하기 위하여 어떠한 형태로든 개인적·집단적으로 로비활동을 벌인다. 그런데 이러한 로비활동의 성과는 대체로 다음과 같은 요건에 의하여 좌우되는 것으로 알려져 있다. ① 이해관계자의 수가 작을수록 로비를 위한 조직구성이 쉬우며 또 효과적이다. ② 여타 목적을 위하여 이미 조직되어 있는 기존의 단체는 로비활동에 좋은 성과를 거둘 가능성이 높다. ③ 로비그룹에 참여하는 데 눈에 띄는 이익이 클수록 성과가 높다. 이러한 전제하에 보호무역정책과 관련한 상반된 이해관계자 단체를 다음과 같이 상정해 보자.

첫째, 보호무역정책의 실시를 원하는 이해단체로서 이들은 주로 외국기업과 국내시장에서 경쟁하는 국내기업들이다. 보호무역정책은 이들에게 직접적인 이득을 가져다 주기 때문에 관련 산업계의 많은 지지를 받으며 보호무역정책의 실시를 위하여 종종 국민 감정에 호소하는 전략도 활용한다. 둘째, 자유무역을 지지하는 단체로서 이들은 수입규제가 소비대상 품목의 다양화를 저해하고 가격을 높이게 된다는 인식을 하고 있다. 그럼에도 불구하고 대부분의 소비자는 동시에 특정 산업에 종사하고 있으므로 자신이 속한 산업의 제품에 대해서는 수입규제를 지지하는 이율배반적인 속성을 갖고 있다. 한편, 수출에 특화하고 있는 기업들도 대체로 자유무역을 지지하는 성향을 갖고 있다.

이상과 같은 두 가지 형태의 이익단체를 상정할 때 이들의 특징은 다음과 같이 정리될 수 있다. 첫째, 보호주의를 찬성하는 그룹은 대체로 비슷한 배경을 갖고 있으며 보호를 통하여 뚜렷이 수익을 향상시킬 수 있다는 공통의 이해관계가 분명하다. 더구나 이들 집단의 구성원 수가 상대적으로 작고 한정되어 있기 때문에 소위 '무임승차(free riding)' 문제가 심각하지 않아 효과적으로 로비활동을 벌일 수 있다. 반면에 자유무역을 지지하는 그룹은 그 구성원이 다양하고 숫자도 많은 것이 일반적이다. 소비자만 하더라도 매우 이질적이며 또 그 숫자가 엄청나게 많으므로 효과적인 로비활동을 벌이기에는 무임승차가 매우 큰 장애요인으로 작용하게 된다. 더구나 자유무역을 지지하는 그룹에는 수출기업도 포함되는데 이들은 비록 수입규제를 반대한다 할지라도 또 다른 형태의 정부지원(예를 들어, 수출보조금 등)을 위하여 로비하려는 성향을 갖고 있다. 따라서 자유무역 그룹은 효과적인 로비를 위한 단체를 구성하는 작업 그 자체에 큰 어려움을 겪는 경향이 있다.

이상의 논의는 제 6 장에서 배운 관세의 효과에 대한 분석을 이용하여 보다 구체적으로 설명할 수 있다. 〈그림 8-1〉은 수입관세의 효과를 구체적인 수치를 통하여 보여 준다. 관세를 10원만큼 인상할 경우, 가격이 50에서 60으로 상승하고 따라서 수입량이 종전의 3억 단위에서 2억 단위로 감소함을 알 수 있다. 이러한 변화에 따른 후생효과를 구체적으로 계산하면 소비자의 후생이 37억 5천만원 감소하는 반면 생산자의 잉여는 12억 5천만원만큼 증가한다. 그리고 정부의 조세수입이 20억원 증가하므로 국가전체적으로는 5억원 감소하는 결과를 가져왔다(각자 이 결과를 계산하여 확인해 보시오).

그런데 이 제품을 소비하는 소비자는 무수히 많은 반면에 국내 기업의 수가 모두 10개 존재한다고 가정하자. 그렇다면 소비자 전체의 후

그림 8-1 보호무역정책과 로비활동의 경제적 분석

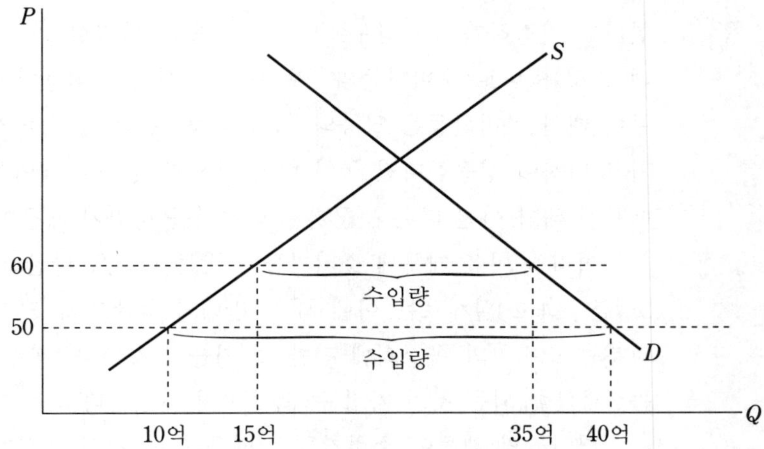

생은 감소하지만 소비자 개개인이 추가적으로 지불하는 추가비용은 개당 10원에 불과할 것이다. 소비자들은 정부의 관세인상에 반대하게 될 것인가? 어쩌면 소비자들은 가격인상을 눈치채지도 못할 가능성이 있으며 관세 때문에 가격이 인상되었음을 알더라고 굳이 정부를 찾아가서 항의하려 들지도 않을 것이다. 그렇지만 누군가 나서서 소비자들을 설득하여 정부에 항의하게 될 가능성은 없을까? 만일 이 사람이 소비자들로부터 개당 5원씩 걷는다면 모두 10억원을 모을 수 있으므로 누군가 나설 가능성이 있어 보이기도 한다. 그러나 실제로 우리 주위에서 소비자들이 단결하여 수입보호정책에 조직적으로 반대한 경우는 거의 찾아보기 힘들다. 그 이유는 대체로 다음과 같이 설명할 수 있다. 첫째, 어떤 사람이 나선다 할지라도 과연 이 제품의 소비자가 누구인지 파악하기 힘들고 따라서 누구에게 돈을 걷어야 할지 알기 어렵다는 사실이다. 둘째, 영향을 받는 소비자를 파악하였다고 해도 문제는 여전히 남는다. 즉, 이 사람이 돈을 걷기 위하여 각 소비자에게 일일이 설명하자면 어느 정도의 시간과 노력이 필요하다. 만일 각각의 소비자에게 들이는 시간과 노력의 기회비용이 5원을 능가한다면 굳이 나서서 이 일을 맡을 이유를 못 느끼게 되는 것이다. 한 걸음 더 나아가 이 사람이 소비자들의 이메일 주소를 다 알고 이를 통하여 안내장을 보내 동참하도록 하는 경우를 생각해 보자. 그리고 소비자들이 안내장을 보고 충분히 설득당한다고 가정하자. 이 경우에도 소비자들이 단결할 가능성은 많지 않은데 그것은 바로 소비자들의 '무임승차' 심리가 작용하기 때문이다. 정부에 대한 로비활동은 일종의 '공공재'와 같은 성격을 갖고 있다. 누군가 로비하여 성공한다면 굳이 내가 나서지 않아도 혜택을 받을 수 있기 때문에 내가 아닌 다른 누군가 노력하기를 바라기 때문이다.

이러한 이유 때문에 소비자들이 받는 피해를 합산하면 상당히 큼에도 불구하고 실제로는 이에 대한 반대의 목소리가 크지 않다. 당연히 정부는 소비자의 목소리에 귀를 덜 기울일 것이다. 정부와 선출직 관료는 '재선출'되는 것이 가장 큰 목표이기 때문이다.

기업들의 행동이 소비자들과 매우 다를 것임은 쉽게 짐작할 수 있다. 10개의 기업이 12억 5천만원의 잉여를 골고루 나누어 가진다고 가정하면 각각 1억 2천5백만원의 잉여를 가질 수 있다. 뿐만 아니라 생산도 증가하게 되므로 이 산업에 종사하는 노동자도 당연히 관세의 인상을 환영할 것이다. 따라서 소비자와는 달리 생산자는 관세의 인상을 위하여 로비활동을 벌일 충분한 인센티브를 갖고 있음을 알 수 있다. 생산자들은 대체로 생산자 협회가 구성되어 있으므로 혜택을 받는 기업을 파악하기 쉬울 뿐만 아니라 숫자가 작기 때문에 무임승차의 가능성도 크지 않다. 만일 로비를 위하여 총 1억원이 필요하다 할지라도 각 기업이 천만원의 비용만 지출하면 된다. 기업들은 천만원을 지출하고 그 10배가 넘은 1억 2천5백만원의 생산자 잉여를 얻을 수 있는 것이다. 로비를 위한 조직이 훨씬 용이하게 이루어질 것이며 그 노력 또한 매우 치열하게 이루어질 것임이 자명하다.

정책담당자는 자신의 정책목표에 따라 정책에 대한 선호를 결정한다. 정책목표가 사회후생을 극대화하는 것이 될 수도 있고, 단순히 정치적 지지나 정권을 유지하는 것이 될 수도 있으며, 유착관계에 있는 특정집단에게 혜택을 주는 것일 수도 있다. 정책담당자는 실제로 정책을 결정(공급)하는 과정에서 의회와 행정부와의 관계, 국제협정준수에 대한 의무 또는 국제기구의 압력 등 여러 가지 제도적 장치에 의해 영향을 받지 않을 수 없다. 정부는 자국의 정책을 결정하기도 하지만 다른 나라의 정책을 변화시키기 위해서도 노력한다. 국가수반의 역할 중에는 다른 나라의 국가수반들을 설득해서 보다 조화된 국제관계를 유지하고 모든 나라들의 후생수준을 향상시키기 위해 집단적인 공동정책을 추진하는 것도 포함되어 있다. 국가수반이 국제경제적 목적을 달성할 수 있는가의 여부는 국제정치경제의 구조적 특성에 달려 있다. 소득, 인구, 지리적 위치 등이 유리한 국가는 다른 나라의 국제경제정책결정에 상대적으로 큰 영향력을 행사할 수 있으나, 그렇지 않은 나라는 다른 나라에게 거의 영향력을 행사할 수 없는 것이다.

무역정책은 행정부와 입법부의 협의를 거쳐 결정된다. 행정부의 정책기조에 따라 무역정책이 영향을 받지만 최종 결정이 내려지기까지는 많은 절차와 이해관계자의 상호작용이 영향을 미친다. 특히 행정부나 입법부의 정책기조 역시 선거에 영향을 미치는 여러 이해단체의 영향권에서 벗어날 수 없다. 만일 보호무역을 주장하는 이해단체의 영향력이 매우 클 경우, 자유무역을 기조로 하는 행정부가 자신의 이념을 고집할 경우 다음 선거에서 선거자금의 모금에 상당한 어려움을 각오해야 할 것이다. 반대로, 특정산업의 이해를 적극 반영하여 보호무역정책을 선호하는 정부라 할지라도, 과도한 보호로 인한 소비자의 커다란 반발이 예상된다면 여론을 무릅쓰고 무턱대고 보호를 고집하기 힘들 것이다. 뿐만 아니라 특정의 정책을 수행하기 위해서는 예산이나 국제수지와 같은 여타 경제변수를 고려해야만 한다. 다만 앞에서 살펴본 바와 같이 보호무역정책으로 이득을 입는 생산자 그룹의 정부에 대한 로비활동이 효과적으로 이루어질 수 있다는 점을 감안하면 정부는 상대적으로 이러한 목소리에 더 귀를 기울일 가능성이 있는 것이다.

Case: 한국의 FTA 정책과 정치경제학

지금까지의 논의는 최근 한국의 통상정책이 겪고 있는 중요한 문제를 이해할 수 있게 해 준다. 첫째, 한국은 1990년대 후반부터 자유무역협정(Free Trade Agreement: FTA)이라는 새로운 통상정책을 추진해 오고 있다. 대표적인 예로 1998년부터 시작된 한-칠레 자유무역협정 체결을 위한 협상을 들 수 있다. 이와 같은 정책을 추진하는 이유는 다자주의와 지역주의의 동시적 진행이라는 최근의 세계경제 흐름에 적극 대응하기 위한 것이라고 정부는 밝히고 있다. 즉, 세계경제질서의 변화 속에서 고립되지 않기 위한 방안의 하나로서 지역주의가 통상정책의 범주에 포함되기 시작한 것이다. 칠레와의 FTA 협상 이외에도 일본, 미국 등 여타 국가들과의 FTA 체결 가능성에 대한 논의도 활발하며 동아시아 자유무역지대의 창설을 제안한 바 있다. 그럼에도 불구하고 한-칠레 자유무역협정이 2002년 11월 최종타결되기까지 어려움을 겪은 것은 무엇보다도 정부가 다양한 이해관계자의 압력 또는 로비를 적절히 조정할 수 있는 능력이 결여되어 있었기 때문이다. 칠레의 경우를 살펴보면, 우리는 자동차와 가전을 대량 수출하는 반면, 수입하는 제품은 과일과 수산품 그리고 광물 등 일차 산품에 불과하다. 그럼에도 불구하고 직접적으로 피해를 입는 과일 재배업자와 수산업계의 반대와 그리고 이들의 이해관계를 무시할 수 없는 농림부의 이해관계를 적절히 조정하지 못함으로써 협상이 상당기간 진척되지 못한 바 있다. 그러나 한·칠레 FTA가 실제로 체결된 이후, 당초 우려하였던 과실류의 수입은 매우 미미한 증가에 그쳤다. 이처럼 비록 한국이 '시장경제'와 '개방적인' 국가를 지향한다는 기본적인 정책방향을 갖고 있고 그것이 규범적으로 옳다고 할지라도 무역정책의 정치경제학적 관점에서 보면 그것을 항상 쉽게 실행에 옮길 수 없다. 무역정책의 효과적 수행을 위해서는 정부가 이해관계자들을 적절히 조정할 수 있는 역량을 갖추는 것도 중요함을 잘 알 수 있다.

주요용어

중상주의
시장의 실패
외부효과
전후방 연계효과
이익단체
로비
조용한 다수

연습문제

1. 한국과 칠레는 자유무역협정을 맺기 위한 협상을 수년간 진행한 바 있다. 그러나 양국간의 매우 높은 보완관계에도 불구하고 협상과정에서 많은 어려움이 있었다. 그 이유로는 무엇보다도 자유무역협정의 체결시 일부 과일산업 및 수산제품의 개방으로 인한 해당 산업의 피해를 우려한 당사자들의 저항 때문이라고 할 수 있다. 협정의 체결이 전반적으로 큰 이득을 가져올 것임에도 불구하고 이러한 현상이 벌어지고 있는 것은 정치경제학적 관점에서 이해하지 않으면 불가능하다. 이에 관해 설명하시오.
2. "정부와 정치가는 국가를 위하여 일을 하는 존재이다." 이 명제에 대하여 가부간에 답하고 이유를 설명하시오.
3. 한국경제에 있어서 긍정적 외부효과를 갖고 있음에도 불구하고 충분히 생산이 이루어지지 못하고 있는 대표적 산업이 무엇이라고 생각하는가? 산업을 적시하고 어떠한 정책을 실시할 것인지 자신의 견해를 밝히시오.

제 4 부

국제통상환경

제9장 WTO와 국제무역질서

WTO와 통상분쟁

하이닉스반도체 D램에 대한 미국 정부의 상계관세 부과와 관련, 1년 넘게 끌어온 한·미 양국간 세계무역기구(WTO) D램 분쟁에서 한국이 사실상 승소했다. 이에 따라 이르면 내년 말부터 미국이 하이닉스 D램에 부과하고 있는 44.29%의 상계관세를 완전 철폐하게 될 전망이다. (중략)

한·미 D램 분쟁은 지난 2002년 미국 반도체 업체인 마이크론사가 "하이닉스가 한국 정부의 보조금을 지급받아 미국 반도체 업계에 피해를 줬다"며 미 상무부에 제소하면서 본격화했다. 미국 정부는 작년 8월 하이닉스 D램에 대해 44.29%의 상계관세 부과 판정을 내렸고, 한국 정부는 곧바로 WTO분쟁해결기구에 패널 설치를 요청해 대응해 왔다. (중략)

외교부 관계자는 "미국이 WTO 판정에도 불구하고 상계관세를 철폐하지 않을 경우 무역보복 조치를 위한 WTO제소절차를 따로 밟을 것"이라며 "이번 판정은 현재 진행중인 한·유럽연합(EU)간 D램과 조선분쟁 해결에도 긍정적인 영향을 미칠 것"이라고 내다봤다. 이번 WTO 판정결과에 대해 하이닉스측은 "아직 공식 입장을 밝힐 수는 없지만 최종 판결 후 미국이 이를 수용한다면 하이닉스 재도약에 엄청난 가속도가 붙을 것"이라고 말했다.

〈한국경제신문 2004. 11. 20〉

9.1 문제 제기

20세기 후반에 들어오면서 세계 경제는 양적 · 질적 측면에서 급격한 변화의 물결에 휩싸여 있다. 세계적으로 상품의 교역이 확대되고 있으며, 서비스와 자본의 거래 또한 급속도로 증가하고 있다. 또한 다국적기업을 중심으로 세계화가 빠르게 진행되고 있는 것과 함께 주요 경제권을 중심으로 한 지역주의도 확산되고 있다. 최근에는 정보통신기술의 혁신적인 발전으로 인해 세계적으로 전자상거래가 급증하고 있다. 이러한 변화를 통해 세계 전체적으로 경제적 부(富)가 증가하고 있으며, 각국은 그 과정에서 자국의 경제적인 이득을 극대화하기 위해 노력하고 있다.

이와 같은 국가간 경제적 관계의 변화 및 확대가 보다 원활하게 진행되기 위해서는 국가간 경제적 거래 및 관계에 있어 불확실성 · 불투명성이 최소화되어야 한다. 즉 보다 자유롭고 공정한 국제통상환경을 조성할 수 있는 규범이 필요한 것이다. 이러한 규범이 확립되어 있지 못하다면 국가간 경제적 마찰과 분쟁이 급증하고 원활히 해소되지 못함으로 인해 국가간 교역 및 거래는 위축될 가능성이 크다. 이는 세계 교역에 참여함으로써 자국의 이익을 증가시키려는 국가 모두에 부정적 결과를 초래할 것이며, 특히 우리나라와 같이 해외 경제에의 의존도가 높은 소규모 개방경제는 국제 교역에 있어 보다 큰 어려움을 겪게 될 것이다.

현재 가장 포괄적인 국제통상질서와 규범을 관장하고 있는 기구는 WTO이다. WTO가 관장하고 있는 다양한 규범들은 세계 경제 및 통상환경의 변화를 반영하여 형성되어 왔으며 앞으로도 새롭게 등장하는 이슈들을 반영하여 변화해 갈 것이다. 따라서 국제통상환경을 잘 이해하기 위해 우리는 다음과 같은 질문을 해 보아야 할 것이다. 첫째, 국제통상질서는 어떠한 과정을 통하여 형성되어 왔는가? 둘째, 현재 국제통상질서를 관할하는 기구 즉 WTO의 특성은 무엇이며, WTO가 관할하고 있는 규범 즉 WTO협정의 주요 내용은 무엇인가? 셋째, 국제통상환경의 변화를 반영하여 새롭게 부상하고 있는 통상이슈는 무엇인가?

9.2 다자간 무역질서의 형성

20세기 전반 두 차례의 세계대전을 거치면서 세계 경제는 각국의 보호주의로 인해 매우 위축되었다. 보호주의의 확산은 모든 국가에 도움이 되지 못한다는 인식에 따라 세계대전 이후 미국과 영국을 중심으로 한 선진국들은 세계무역환경을 개선하기 위한 노력을 전개하였다. 1947년 11월 쿠바의 하바나(Havana)에서는 54개국이 참여한 가운데 국제무역기구(ITO)의 헌장을 제정하기 위한 회의가 개최되었고 하바나헌장(Havana Charter)이 작성되었다. 그러나 미국·영국 등 주요 국가간 입장차이가 심하였으며 결국 미국이 하바나헌장의 비준을 거부함에 따라 ITO의 설립은 무산되었다.[1] 미국이 ITO의 설립을 반대한 것은 미국의 무역정책을 통제해 온 미 의회가 ITO에 의해 그 권한이 제한받게 될 소지를 염려한 것 때문이었다. ITO의 설립은 좌절되었으나 1947년 10월 스위스 제네바에서 진행되었던 다자간 관세인하 협상이 종료되자 협상 참가국들은 관세인하협상 결과로 도출된 '관세 및 무역에 관한 일반협정'(GATT)을 발효시키기로 합의하였다. GATT는 처음부터 잠정 협정으로 출발하였기에 국제기구로 간주되지 않았다.[2] GATT는 계속해서 정식 국제기구로 변신하려는 노력을 거듭하였으나, 1995년 비로소 WTO로 확대·개편되면서 정식 국제기구로 탈바꿈하게 되었다.

GATT는 출범 이후 현재까지 8차례에 걸친 다자간 무역자유화협상을 전개해 왔다. 1차에서 6차까지의 협상은 주로 관세인하를 대상으로

1) 하바나헌장에는 전통적인 관세 및 일반적 무역규제에 대한 규정뿐만 아니라 기업의 경쟁제한적 행위에 대한 규제조항, 광물과 곡물과 같은 1차산품에 대한 협정, 국제투자관련 규정 등 민감한 조항이 포함되어 많은 논란의 소지를 안고 있었다.

2) 초기에는 정식 사무국도 없었으며 나중에 국제무역기구 설립을 위해 구성된 임시위원회가 GATT사무국 역할을 담당하게 되었다.

표 9-1 GATT체제하에서의 주요 다자간 통상협상

협 상 명	시 기	참가국수	주요 의제
제 1 차: 제네바라운드 (Geneva Round)	1947	23	관세인하
제 2 차: 아네시라운드 (Annecy Round)	1949	29	관세인하
제 3 차: 토케이라운드 (Torquay Round)	1950-1951	32	관세인하
제 4 차: 제네바라운드 (Geneva Round)	1955-1956	33	관세인하
제 5 차: 딜론라운드 (Dillon Round)	1960-1961	39	관세인하
제 6 차: 케네디라운드 (Kenndey Round)	1963-1967	74	관세인하 반덤핑 · 관세평가 협정
제 7 차: 도쿄라운드 (Tokyo Round)	1973-1979	99	관세인하 비관세장벽 관련 코드 합의
제 8 차: 우루과이라운드 (Uruguay Round)	1986-1994	117	관세인하 농업 · 섬유 · 서비스 무역자유화 확대, 서비스 무역 및 지식재산권보호 협정
제 9 차: 도하개발아젠다 (Doha Development Agenda)	2002-	153	관세인하 농업 서비스 무역자유화 확대, WTO규범(반덤핑 보조금 등) 개선, 환경

자료: 강인수 외, 「국제통상론」, 2009.

하였다. 그러나 1960년대 진행된 케네디라운드가 종료된 이후에도 세계 무역환경은 계속해서 취약성을 드러내었다. 많은 GATT체약국들이 농산물에 대한 보조금 지급을 늘리고, 섬유와 의류의 수입에 대해 수량규제를 가하였으며, 국제수지 악화를 이유로 긴급수입규제조치를 빈번히 발동하는 등 국제무역규범을 지키지 않는 경향이 고조된 것이다. 또한 관세가 인하되자 여러 형태의 비관세장벽이 급속히 확산되기 시작하였다. 이에 따라 다자간 무역체제에 대한 위기를 해소하기 위해 1970년대 도쿄라운드가 진행되었다.

도쿄라운드에서 선진국들은 대부분 관세를 30% 이상 인하하여 이들 국가의 평균관세율이 5-6%로 낮아졌다. 케네디라운드에 이어 농업보조금 문제가 다시 대두되었으나 협상 결과 낙농제품과 육류에 대해서만 소수 국가간 협정이 타결되었다. 도쿄라운드에서 주목할 만한 것은 정부조달, 기술장벽, 보조금 및 상계관세, 관세평가, 수입허가, 반덤핑 등 6개 분야에 대한 협정(code)이 제정되었다는 것이다.[3] 개도국에 대한 특혜조항도 도입되었다.[4]

1980년대에 들어오면서 세계경제환경은 다시 매우 불안한 국면으로 접어들었다. 제 2 차 석유파동으로 인한 범세계적인 경기침체, 미국의 거대한 경상수지 적자, 비관세장벽의 확산 및 남용, 지역주의 추세의 고조 등 신보호무역주의 경향이 세계 전역으로 확산되었다. 이로 인해 GATT를 중심으로 한 다자간 교역체제의 신뢰성은 저하되었고 동시에 새로운 통상문제를 다루는 데 있어서 GATT의 한계점이 나타났다. 이러한 배경하에 1980년 초부터 새로운 다자간 무역협상의 필요성이 논의되기 시작하였으며, 그 후 지속적인 협의를 거쳐 1986년 제 8 차 GATT 다자간 무역협상인 우루과이라운드가 공식 출범하게 되었다.

1948년 이후 있었던 7차례의 다자간 무역협상과 비교해 볼 때 UR 협상은 다음과 같은 점에서 큰 차이가 있다. 첫째, 〈표 9-2〉에서 볼 수 있는 바와 같이 협상 의제가 광범위하고, 둘째, 농산물, 섬유협정 등 GATT체제 밖의 문제와 반덤핑, 긴급수입제한조치 등 개도국의 주요 관심사항이 협상의제에 포함되었으며, 셋째, 이전의 다자간 무역협상에서 다루어지지 않았던 서비스, 지식재산권, 외국인투자 등 새로운 이슈들이 다루어졌고, 넷째, 기능강화를 통해 GATT를 체계적인 조직을 갖춘 국제기구로 확대 · 개편하려는 노력이 시도되었다.

특히 농산물 분야는 UR협상의 전체 성패에 관건이 되었다. 농산물 협상은 농산물의 관세화를 통하여 교역을 자유화시키고 보조금 사용 및 기타 농산물 교역에 영향을 미치는 조치에 대한 규제를 강화하자는 내

3) 도쿄라운드에서 가장 큰 이슈로 대두되었던 6개 분야는 비관세 장벽(NTBs)과 관련된 것이어서 관세와 같이 협상에 상호주의원칙의 적용이 어려웠기 때문에 결국 소수국가들만이 참가하는 협정(code)으로 체결되었다.

4) 가장 중요한 것은 소위 허용조항(Enabling Clause)으로 개도국에 대한 특혜관세(GSP) 부여, 개도국간 특혜관세 적용, 최빈개도국에 대한 특별조치 부여, 양허에서 상호주의 면제 등의 내용을 포함하고 있다. 그러나 개도국들의 참여 확대를 요구하는 소위 '졸업'(graduation)의 개념도 포함되었다. 한국이 미국이나 EU의 일반특혜관세(GSP) 대상에서 제외된 것도 '졸업'에 해당한다.

표 9-2 UR 협상분야

시장개방분야	GATT 규율분야	신 분 야
① 관 세 ② 비관세 ③ 농산물 ④ 섬 유 ⑤ 열대산업 ⑥ 천연자원	⑦ 반덤핑 ⑧ 보조금 · 상계관세 ⑨ 긴급수입규제조치 ⑩ GATT 기능강화 ⑪ GATT 조문개선 ⑫ 분쟁해결절차	⑬ 지식재산권 ⑭ 무역관련 투자시책 ⑮ 서비스교역

자료: 강인수 외, 「국제통상론」, 2009.

용이었다.[5] 섬유협상에서는 기존 섬유협정(MFA)의 철폐에는 대부분 동의하였으나 미국 · 캐나다와 같은 섬유수입국과 우리나라를 비롯한 섬유수출국간에 철폐의 방법과 기간에 대한 이견이 있었다.

GATT 기능의 강화를 위한 반덤핑, 세이프가드, 보조금 · 상계관세 협상에서는 이의 발동요건을 강화하려는 개도국들의 주장에 대해 선진국들은 매우 소극적으로 대응하였으며, 지식재산권, 서비스 등의 새로운 분야에 대한 협상은 개도국들의 강력한 반발에도 불구하고 선진국을 중심으로 협상이 진전되었다.

UR은 다자간 교역체제의 강화와 세계적인 교역자유화의 확대를 통해 세계경제의 블록화와 보호무역주의 추세를 완화시키고 궁극적으로 세계경제의 활성화에 기여할 수 있는 계기가 되었다. UR에서는 무세화, 고관세[6]의 인하 등 다양하고 대폭적인 관세인하 방식이 채택되었으며, 섬유와 농산물 교역이 GATT체제 안으로 편입되었다. 또한 명료성과 합리성 부족으로 인해 보호무역수단으로 남용된 사례가 많았던 반덤핑, 상계관세, 긴급수입규제 등에 대한 규율이 강화되었고, UR 이전에는 국가간 교역으로 간주되지 않았던 서비스의 자유화가 추진되었다. 이와 함께 분쟁해결제도의 개선, 서비스 · 지식재산권 · 투자와 같은 새

5) 미국과 프랑스가 첨예하게 대립하였는데, 우리나라도 일본과 함께 농업이 정치 · 사회에 끼치는 영향의 민감성을 감안하여 농업의 비교역적 측면(예로 식량안보)을 강조하였다.

6) 고관세(tariff peaks)란 많은 품목에서 낮은 관세율을 적용하고 있는 동시에 상당한 품목에 대해서는 무역장벽적 효과를 가져 올 정도로 높은 관세율을 적용하는 현상을 지칭한다.

로운 분야에 대한 국제규범의 제정 등으로 인해 다자간 교역체제가 대폭 강화되었다. 무엇보다도 의미 있는 것은 UR협상을 통해 과거 GATT 체제보다 훨씬 더 포괄적이고 구속력이 있는 세계무역기구(WTO)가 출범하게 된 것이다.

WTO의 출범으로 다자주의적 국제통상질서가 강화될 수 있는 기반이 마련되었다. 그러나, 1990년대 들어 NAFTA, EU 등을 비롯한 지역화가 확산되고 경제성장의 둔화를 겪고 있는 개도국들의 WTO체제에 대한 불만이 높아짐에 따라 보호주의적인 움직임이 다시 고개를 들었다. 이에 따라 다자주의적 국제통상환경의 공고화를 위한 뉴라운드의 필요성이 제기되었고 2002년부터 도하개발아젠다(Doha Development Agenda: DDA)라는 이름의 뉴라운드가 진행되고 있다.

DDA협상은 〈표 9-3〉과 같이 추가적인 시장개방, WTO규범의 제·개정 등을 대상으로 하고 있다. DDA협상의 핵심 분야에 해당하는 농업부분에서는 시장접근, 국내보조, 수출보조 등이 가장 중요한 이슈인데, 특히 농업보조금 감축을 둘러싸고 농산물 수출국과 수입국 그룹이 대립하고 있다. 관세인하방식으로는 관세수준에 따라 구간을 구분하여 높은 관세를 더욱 많이 감축하는 구간별 감축방식(tiered formula)이 채택되었다. 국내보조에서도 구간별 감축방식이 채택되어 보조수준이 높은 회원국은 더 많은 감축의무를 이행하여야 한다. 또한 모든 형태의 수출보조금을 점진적으로 철폐하여 감축한다는 기본 목표에 합의하였다.

표 9-3 DDA 협상분야

구 분	의 제
시장개방	• 농업, 비농산물(공산품, 임·수산물), 서비스
규 범	• 기존 협정 개정: 반덤핑, 보조금(수산보조금 포함), 지역무역협정, 분쟁해결 • 신규 규범 제정(싱가포르 이슈): 투자, 경쟁정책, 무역원활화, 정부조달투명성
기 타	• 환경, 지식재산권 • 협상과 병행하여 개도국 개발문제를 별도로 검토

자료: 외교통상부 도하개발아젠다 웹페이지(http://www.wtodda.net/).

비농산물 시장접근협상은 고관세 · 고율관세 · 경사관세[7] · 비관세 장벽의 철폐 및 감축 등을 목표로 하고 있다. 관세인하에 있어서는 높은 관세가 낮은 관세보다 더 많이 감축되는 비선형 인하방식(non-linear formula)이 채택되었다. 서비스에 있어서도 법률, 교육, 의료 등 각종 서비스시장의 개방폭을 확대하기 위한 협상이 진행되고 있다.

반덤핑조치의 오용과 남용을 막기 위한 규범개정협상도 진행되고 있다. 반덤핑조치로 인해 지속적으로 피해를 입어 온 국가그룹과 기존의 반덤핑 규범을 유지하려는 미국간 입장이 대립되고 있다. 일반보조금에 있어서는 허용되는 보조금과 금지되는 보조금의 범위 및 기준을 명확화하기 위한 논의가 진행되고 있다. 보조금 중에서 특히 수산보조금에 대하여 수산물 수출국그룹과 수입국그룹간 수산보조금의 감축 또는 폐지를 둘러싸고 치열한 논쟁이 전개되고 있다.

새로운 규범을 제정하기 위한 의제로는 투자, 경쟁정책, 정부조달 투명성 등이 있는데, 새로운 규율의 도입을 꺼려하는 개도국의 극심한 반대로 이에 대한 논의 및 협상은 교착상태에 빠져 있다. 이와 더불어 개도국의 개발문제에 대한 논의가 진행되고 있는데, 개도국에 대한 특별 및 차등대우와 관련된 조항들을 보다 구체화하고 개선하여 WTO협정에 반영함으로써 개도국의 입지 및 혜택을 증진시키려는 목적으로 개도국들이 강력하게 추진하고 있다.

향후 이와 같은 의제를 중심으로 협상이 진행되어 타결되면 다자간 무역질서는 보다 명료하고 공정해지며 전세계적으로 시장의 개방도가 높아질 것이다. 이에 따라 교역은 한층 활성화될 것이며 WTO체제는 더욱 공고한 모습을 띠게 될 것으로 예상된다.

---

7) 경사관세(tariff escalation)란 가공도별로 관세율을 차등적으로 부과하는 것을 지칭한다. 즉, 원자재에 대해서는 비교적 낮은 관세율을 부과하는 대신 최종 제품에 대해서는 높은 관세율을 부과함으로써 결과적으로 무역장벽의 역할을 한다.

9.3 WTO의 기능과 WTO협정의 주요 내용

1. WTO의 기능

WTO는 다자간 무역체제의 확립을 통해 전세계적으로 자유무역을 확대하고 국가간 공정무역질서를 조성하는 역할을 담당하고 있다. 2010년 6월 현재 WTO는 세계 교역의 대부분을 차지하는 153개의 회원국으로 구성되어 있다.[8)]

WTO는 기본적으로 GATT의 기능을 강화하는 한편 국제통상환경의 변화에 따라 새롭게 부상하는 통상과제를 포괄하고 회원국들의 무역관련 법·제도·관행 등의 투명성을 제고시킴으로써 궁극적으로 세계교역을 증진시키는 것을 목적으로 한다. GATT는 명칭 그대로 '관세 및 무역에 관한 일반협정'으로 협정의 효율적 운용을 위해 사무국을 설치하기는 하였으나 기본적으로 국제기구라 할 수는 없었다. 특히 GATT는 1980년대에 들어서 보호무역주의나 차별적 지역주의의 대두를 효과적으로 규율하지 못하고 새로운 국제무역의 구도변화를 충분히 포괄하지 못하는 등 많은 문제점과 한계를 노출하게 됨에 따라 WTO는 이러한 GATT의 한계를 극복하여 새로운 국제통상질서를 구축하기 위해 출범한 것이다.

이러한 목적하에 출범한 WTO의 주요 기능으로는 ① 다자간 및 복수간 무역협정의 관리 및 이행, ② 다자간 무역협상의 주도, ③ 회원국간 무역분쟁의 해결, ④ 각 회원국의 무역정책의 감독 등이 있다.

WTO는 크게 각료회의와 일반이사회로 구성되어 있다. 각료회의에서는 회원국 대표들이 협의를 통해 주요 사안들을 결정하며, 상설적으로 운영되는 일반이사회가 각료회의의 결정을 집행한다. 일반이사회는 상품교역이사회, 지식재산권이사회, 서비스교역이사회로 구성되어 있

8) WTO에 대한 개괄적 이해 및 회원국 명단은 'Understanding the WTO' (http://www.wto.org/english/thewto_e/whatis_e/tif_e/tif_e.htm) 참조.

표 9-4 WTO의 조직

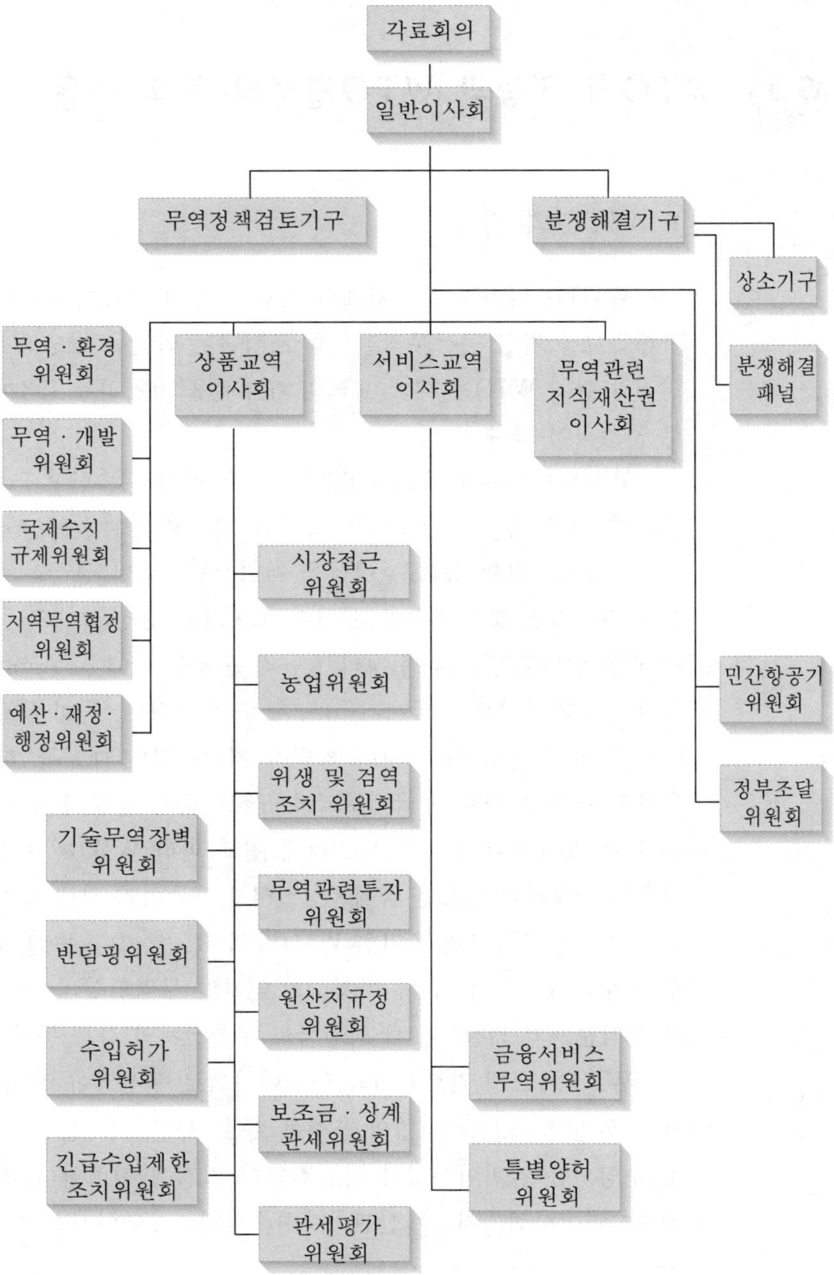
각료회의
일반이사회
무역정책검토기구
분쟁해결기구
상소기구
분쟁해결 패널
무역 · 환경 위원회
무역 · 개발 위원회
국제수지 규제위원회
지역무역협정 위원회
예산 · 재정 · 행정위원회
상품교역 이사회
서비스교역 이사회
무역관련 지식재산권 이사회
시장접근 위원회
농업위원회
위생 및 검역 조치 위원회
기술무역장벽 위원회
무역관련투자 위원회
반덤핑위원회
원산지규정 위원회
수입허가 위원회
보조금 · 상계 관세위원회
긴급수입제한 조치위원회
관세평가 위원회
금융서비스 무역위원회
특별양허 위원회
민간항공기 위원회
정부조달 위원회

으며 각 이사회는 해당 분야와 관련하여 이미 제정된 다자간 통상규범을 관리하고 자유화약속의 준수를 감독한다.

WTO는 이러한 이사회 및 산하 위원회를 통해 새롭게 등장하는 통상이슈에 대해 다자간 규범을 제정하기 위한 협상을 주도해 나갈 것이다. 환경, 경쟁정책, 전자상거래, 노동기준 등을 포함하여 다양한 이슈들이 새로운 통상의제로 제기되고 있다. WTO체제가 무역자유화를 근본 이상으로 하고 있다는 점에서 새롭게 등장하고 있는 통상이슈들이 무역자유화에 합치하는 방향으로 다자간 무역규범을 정립하는 데에 WTO가 주도적인 역할을 할 것이다.

WTO체제의 특징 중 하나는 일반이사회 산하에 분쟁해결기구(Dispute Settlement Body: DSB)를 신설하여 회원국간 무역분쟁을 효과적으로 해결할 수 있도록 하고 있다는 것이다. WTO는 모든 회원국에 일률적으로 적용되는 하나의 틀에 따라 회원국간의 무역분쟁과 마찰을 효율적으로 조정하고 있다. 또한 WTO는 그 산하에 무역정책검토기구(Trade Policy Review Body)를 두고 각 회원국의 전반적인 무역제도에 대한 투명성을 제고하기 위해 모든 회원국의 무역정책을 평가하는 기능을 부여하고 있다.[9] 이와 같은 무역정책검토제도는 WTO 회원국의 무역정책과 관련제도 및 관행 전반에 대한 이해를 제고하여 궁극적으로 WTO를 중심으로 다자간 무역체제를 강화하는 것을 목표로 하고 있다.

WTO는 각종 규범을 제정하고 이행해 가는 데에 있어서는 크게 4가지의 주요 원칙을 기본정신으로 삼고 있다.

첫째, 차별 없는 무역을 보장하는 것이다. 회원국간에는 물론이고 수입품과 국내 생산품간에도 차별을 배제한다는 것이다. 이러한 무차별원칙은 최혜국대우(Most-Favored Nation: MFN)원칙과 내국민대우(National Treatment: NT)원칙으로 구성된다. 최혜국대우원칙은 WTO의 가장 기본적인 원칙으로서 특정 회원국에게 부여하는 최상의 혜택이 아무런 조건 없이 다른 모든 회원국에게도 동등하게 부여되어야 함을 의

---

9) 이에 따라 4대 교역국(미국 · 일본 · EU · 캐나다)은 2년마다, 교역규모가 5위에서 20위까지의 16개국은 4년마다, 그리고 나머지 국가들은 6년마다 무역정책을 평가받도록 되어 있다.

미한다.[10] 최혜국대우원칙은 모든 국가가 동등한 조건에서 교역하고 최선의 교역조건의 혜택을 누릴 수 있도록 보장한다. 내국민대우원칙은 어떤 상품이 한 국가의 시장에 수입될 경우 그 상품은 그 수입국 내에서 생산된 동종 상품(like product)과 동등하게 취급되어야 함을 의미한다. 이 원칙은 모든 상품에 대해 적용되지만 서비스의 경우 회원국간의 협상결과에 따라 특정 분야에 대해서만 적용되도록 되어 있다.

둘째, 예측가능하고 안정적인 시장접근의 보장이다. WTO는 수량제한을 일반적으로 금지하고 있는 반면 국내산업을 보호하고 정부의 수입을 충당하는 수단으로서 관세를 허용하고 있는데, 이는 가격기능에 의한 수입제한이 수량규제보다 훨씬 예측가능하고 안정적이기 때문이다. 이에 부합하기 위한 노력의 일환으로 UR협상에서는 농산물 분야의 수많은 비관세장벽을 거의 모두 관세화시켰으며 국경에서의 관세조치가 불가능한 서비스 및 투자관련 부문에서도 모든 규제조치의 수준을 WTO에 약속하도록 하고 그 이상의 규제조치를 하지 못하도록 규정하였다.

셋째, 공정경쟁을 촉진하는 것이다. 앞서 언급한 무차별원칙도 공정한 교역조건을 보장하기 위한 것이라 할 수 있지만 공정경쟁을 위한 대표적인 제도로서 덤핑과 보조금에 관한 규정이 있다. WTO에서는 덤핑과 보조금지급을 불공정경쟁의 대표적인 형태로 간주하고 수입국이 그에 상응하는 관세를 부과할 수 있도록 규정하고 있다. 이 외에도 농산물협정, 지적재산권협정, 서비스협정, 정부조달협정 등에는 공정경쟁을 촉진하기 위한 다양한 규정이 포함되어 있다.

넷째, 경제개발과 개혁을 장려하는 것이다. WTO는 개도국 및 경제체제전환국들의 경제상황을 고려하여 무역자유화의 추진 속도에 유연성을 부여하고 있으며 선진국의 기술지원을 장려하고 있다.[11] 또한 WTO는 선진국들이 개도국에 대해 각종 경제지원 및 특혜조치를 할 수 있도록 허용하고 있는데 이는 WTO의 개도국 특히 저개발국가들에 대한 경제개발 및 개혁지원 원칙을 반영한 것이다.

10) 관세동맹(customs union)이나 자유무역지대(free trade area) 등 예외가 인정되는 경우가 일부 존재한다.

11) WTO에는 개도국 및 경제체제전환국들이 전 회원국의 3/4 이상을 차지하고 있다.

2. WTO협정의 주요 내용

60개의 협정문과 부속서, 결정문, 양해 등으로 구성되어 있는 WTO협정은 크게 보아 상품교역, 서비스교역, 무역관련 지식재산권, 분쟁해결 등에 관한 규범을 포함하고 있다.[12] 아래에서는 이러한 범주별로 WTO협정의 핵심 내용을 살펴보도록 한다.

(1) 상품교역에 관한 규범

8차례의 다자간 무역협상을 통해 관세는 지속적으로 인하되어 왔으며, UR 결과 공산품에 대한 관세가 평균 3.8%로 인하되었고 고관세 품목도 감소하였다. 또한 1997년 타결된 정보기술협정에 따라 특정 정보기술제품에 대한 관세가 철폐되었으며 그 범위가 확대되어 갈 것이다.

UR 이전에는 농산물교역에 대해 수입쿼터, 보조금 등이 허용되었으며, 특히 수출보조금은 농산물교역을 크게 왜곡시켰다. UR 결과 농업협정이 체결되어 농산물의 생산 및 교역에 대해 지급될 수 있는 보조금의 범위가 대폭 축소되었으며, 수입쿼터 등의 비관세 조치에 대한 관세화가 진행되고 있다.[13]

UR 이전에 섬유교역은 다자간섬유협정(MFA)에 따라 규율되었는데 그 핵심은 양국간 또는 일방적인 수입쿼터를 부과하는 것이었다. UR 결과 섬유 및 의류에 관한 협정이 체결됨으로써 섬유 및 의류의 교역에서 10년간 4단계에 걸쳐 수입쿼터가 폐지되게 되었다.[14]

최혜국대우원칙은 원활한 국제 교역을 위해 가장 핵심적인 요소이다. WTO협정은 이 원칙을 가장 기본적인 요건으로 규정하고 있으나, 특정한 경우 이에 대한 예외를 허용하고 있다. 이러한 예외로는 반덤핑조치, 보조금 및 상계관세, 긴급수입제한조치 등이 있다.

---

12) 이와 함께 WTO협정은 개발도상국에 대한 특별대우, 무역정책 및 조치의 투명성 제고를 위한 통보와 검토의무도 규정하고 있다.

13) 농업협정에 따른 의무를 이행함에 있어 개도국에 대해서는 유예기간이 부여되었다.

14) 이러한 과정을 감독하고 관련 분쟁을 해결하기 위해 섬유감시기구(Textile Monitoring Body: TMB)가 설립되었다.

표 9-5 WTO협정의 기본 구조

	상품	서비스	지식재산권	분쟁
기본원칙	GATT	GATS	TRIPs	DSU
세부사항	분야별 상품교역에 관한 협정 및 부속서	GATS 부속서	—	—
시장접근	분야별 일정표	분야별 일정표 및 MFN 예외사항	—	—

자료: 외교통상부, 「WTO 이해하기」, 1999.

수출국 기업이 자국 시장에서 통상적으로 거래되는 가격보다 낮은 가격으로 상품을 수출하는 행위인 덤핑이 불공정한 경쟁행위인지에 대해서는 견해가 엇갈리나, 실제로는 많은 국가들이 자국 산업의 보호를 위해 반덤핑조치를 시행하고 있다. WTO는 반덤핑협정을 통해 반덤핑조치가 남용되지 않도록 하고 있다.[15)]

보조금 및 상계관세에 대한 협정은 보조금을 금지보조금, 상계가능 보조금, 허용보조금으로 구분하여 허용보조금이 아닌 경우에 대해서는 상계조치를 취할 수 있도록 하고 있다.[16)] 수출국에서 국내보조, 수출보조 등의 형태로 보조금이 지급된 제품을 수입하는 회원국이 그러한 보조금으로 인해 자국내 생산자들이 피해를 입었음을 입증하는 경우 수입품에 대해 추가적인 수입관세 즉 상계관세를 부과할 수 있다.

WTO 회원국은 특정 물품의 수입이 급격히 증가하여 수입국의 국내 산업이 피해를 입거나 피해를 입을 우려가 있을 경우 해당 품목의 수입을 일시적으로 제한할 수 있다. 그러나 긴급수입제한조치에는 일몰조항(sunset clause)이 적용되며, 긴급수입조치와 유사한 효과를 지닌 회색지대조치(grey area measures)도 금지된다.[17)]

15) 반덤핑조치를 취하기 위해서는 수입국 정부가 덤핑 사실을 입증해야 하며, 덤핑의 정도를 산정해야 하고, 덤핑이 자국 산업에 피해를 입히고 있다는 것을 입증해야 한다.

16) 보조금 및 상계관세에 대한 협정은 농업협정에 따라 규율되는 경우를 제외한 모든 농산물과 공산품에 적용된다.

17) UR 이전에 일부 국가들은 GATT의 범위를 벗어나는 양자 협상을 통해 상대국이 수출을 자발적으로 자제하도록 하거나 시장점유율에 대해 합의하도록 하는 회색지대조치를 통해 자국산업의 보호를 모색하였다. WTO협정에 따라 수출자율규제(voluntary export restraint: VER), 시장질서유지협정(orderly marketing arrangement: OMA) 및 이와 유사한 조치가 금지되었다.

표 9-6 WTO협정문의 구성

- WTO 협정문
  - WTO부속서
  - 다자간 무역협정 (MTA)
    - 부속서 1A
      - GATT 1994
      - WTO로 복귀하는 협정: 농산물, 섬유(MFA)
      - 도쿄라운드 MTN협정 중 다자화된 분야: 기술장벽, 반덤핑, 관세평가, 수입허가절차, 보조금및 상계관세
      - 새롭게 도입된 다자협정: 위생 및 검역조치, 무역관련투자조치, 선적전 검사, 원산지규정, 긴급수입 제한조치
    - 부속서 1B
      - 서비스협정(GATS)
    - 부속서 1C
      - 지식재산권협정(TRIPs)
    - 부속서 2
      - 분쟁해결관련 양해(DSU)
    - 부속서 3
      - 무역정책검토제도(TPRM)
  - 복수간 무역협정 (PTA)
    - 부속서 4
      - 도쿄라운드 MTN협정 중 다자화되지 않은 분야: 민간항공기 교역, 정부조달

WTO협정은 관세 이외의 형태로 무역에 장애를 초래하는 다양한 기술적 · 행정적 · 법적 문제 즉 비관세 장벽을 다루는 세부 협정을 포함하고 있다. 대표적인 비관세 장벽으로는 표준, 원산지규정, 투자조치 등이 있다.[18)]

각국은 나름대로 표준을 제정 · 사용하고 있다. 국가별로 상이한 표준을 충족시켜야 하는 수출업자는 추가적인 비용을 부담해야 하므로, 표준이 임의적으로 설정되면 무역에 대한 보호주의적 장벽으로 작용할 소지가 발생하게 된다. 기술장벽협정은 각국의 표준이 불필요한 무역장벽으로 작용하지 않도록 하고 있다.[19)]

원산지규정은 제품이 제조된 장소를 규명하기 위해 사용되는 기준으로서 수출국에 대한 쿼터, 특혜관세, 반덤핑조치, 상계관세 등의 무역정책을 시행하는 데 필수적이다. 원산지규정에 관한 협정은 각국이 원산지규정을 임의적으로 제정하여 보호주의적으로 사용하지 않도록 하고 있으며, 궁극적으로 WTO 회원국간 통일된 원산지규정을 제정하도록 하고 있다.[20)]

무역관련 투자조치에 관한 협정은 특정 투자조치가 무역을 제한 · 왜곡하지 않도록 하기 위해 회원국이 외국인이나 외국제품에 대해 내국민대우에 어긋나는 차별조치를 하지 못하도록 하고 있다. 이러한 투자조치의 예로는 국산부품 사용요건, 무역수지 균형요건 등이 있다.[21)]

(2) 서비스교역에 관한 규범

서비스교역에 관한 일반협정(General Agreements on Trade in Services: GATS)은 서비스분야의 국제교역을 다루는 최초의 구속적인 다자간 규범이다. 서비스는 공급형태에 따라 ① 국제전화와 같이 한 국가에서 다

18) 이 외에도 수입허가, 관세평가, 선적전 검사 등이 있다.

19) 기술장벽협정은 기본적으로 각국이 '합당한' 정책목표를 달성하기 위해 나름의 기술규정, 표준 및 적합판정절차를 운영할 수 있음을 인정하고 있다.

20) 자유무역협정하에서의 무역 등 일부 특혜무역에 대해서는 나름의 원산지규정이 적용될 수 있다.

21) 국산부품 사용요건은 일정량의 부품을 국내에서 조달하도록 하는 조치이며, 무역수지 균형요건은 기업의 수입을 제한하거나 수출목표를 설정하는 조치이다.

른 국가로 공급되는 '국경간 공급'(cross-border supply) ② 관광과 같이 소비자나 기업이 다른 국가에서 이용하는 '해외 소비'(consumption abroad) ③ 외국은행의 영업과 같이 외국회사가 다른 국가에서 자회사나 지사를 설립하여 공급하는 '상업적 주재'(commercial presence) ④ 컨설턴트와 같이 개인이 다른 국가로 이동하여 공급하는 '자연인의 이동'(presence of natural person)으로 구분된다. UR 협상에서 회원국은 국제적으로 교역이 이루어지고 있는 서비스에 대해 자국이 개방할 분야와 그 분야에 대한 최혜국대우의 일시적 유보여부를 결정하였다. 회원국이 개방하지 않은 서비스분야에 대해서는 내국민대우의무가 적용되지 않으며, 개방한 분야에 대해서도 제한적인 예외는 허용된다. UR 이후 서비스협정에 따라 기본통신, 해운, 자연인의 이동, 금융서비스 등에 대해 추가적인 자유화협상이 진행되어 타결되고 있다.

(3) 지식재산권에 관한 규범

지식재산권이 무역에서 차지하는 비중과 중요도가 높아짐에 따라 지적재산권의 보호 및 이행정도의 국가간 차이로 인해 분쟁이 빈번하게 제기되어 왔다. UR에서 타결된 '무역관련 지식재산권에 관한 협정'(Agreement on Trade-related Intellectual Property Rights: TRIPs)은 지식재산권 보호에 대한 국가간 격차를 좁히는 국제규정으로 도입되었다. TRIPs 협정이 규정하고 있는 지식재산권으로는 저작권 및 저작인접권, 상표권, 지리적 표시, 의장, 특허, 집적회로 배치설계, 영업비밀을 포함한 미공개정보 등이 있다. TRIPs협정은 이와 같은 지식재산권에 대한 보호의 정도와 이행방식, 분쟁해결 등에 대한 규정을 포함하고 있다. TRIPs 협정에서도 무차별원칙이 기본적으로 적용된다.

(4) 분쟁해결에 관한 규범

한 회원국이 다른 회원국의 조치로 인해 WTO협정상의 권리가 침해되거나 피해를 입었다고 판단할 경우 그 회원국은 WTO에 분쟁을 제기할 수 있다. WTO는 강제적이고 신속한 분쟁해결절차를 보유하고 있어서 이 절차에 따라 회원국간 분쟁을 처리한다. 분쟁해결절차는 과거

GATT체제하에서도 존재하였으나 절차상 명확한 기간을 설정하지 않았으며 판정결과의 채택이 어려워서 많은 분쟁들이 미해결상태로 남아 있었다. WTO협정의 분쟁해결절차는 이러한 문제점을 대폭 개선하였다. WTO의 분쟁해결절차에서는 항소·상소 등 분쟁해결의 단계별로 그 절차가 보다 명확하고 체계적으로 정의되었고, 분쟁해결에 소요되는 시간이 대폭 축소되었으며, 한 회원국의 찬성만으로도 판정결과가 채택될 수 있도록 함으로써 모든 회원국이 반대하지 않는 한 판정결과가 자동적으로 채택된다. 분쟁에서 패소한 피소국은 판정결과의 권고사항을 따라야 한다. 일정 기간 내에 권고사항을 준수하지 못하는 패소국은 제소국에 대해 합당한 보상을 해야 하며, 보상에 대한 합의에 도달하지 못하면 제소국은 분쟁해결기구에 보복조치의 허용을 요청할 수 있다. 원칙적으로 무역보복조치는 해당 분쟁과 동일한 분야에 대해 적용되어야 하나 이러한 보복조치가 비현실적이거나 효과적이지 않을 경우 해당 분쟁과 무관한 분야에 대해서도 보복조치가 허용될 수도 있다.

9.4 21세기 새로운 통상이슈

GATT체제의 초기에는 관세, 쿼터 등 국경에서의 무역장벽만이 교역을 제한하는 조치로 사용되었으나 지속적으로 전개된 무역자유화협상을 통해 국경에서의 무역제한조치는 완화되었다. 이에 따라 점차 각국 정부가 국내정책목표의 달성을 위해 시행하는 국내 조치가 무역장벽(비관세장벽)으로 대두되었다. 대표적인 예는 표준, 위생·검역조치, 지적재산권, 정부조달 등과 관련한 국내 조치이다. UR을 포함한 최근 몇 차례의 무역자유화협상을 통해 이러한 국내 조치에 관한 무역규범이 도입되었다.

더 나아가 UR 이후에는 환경문제, 기업관행, 노동기준, 부패 등도 국가간 교역여건을 왜곡하는 요소로 문제시되고 있다. UR 이전에는 이들에 대한 정책은 각국에 고유한 것으로서 무역장벽으로 간주되지 않았으나 이제는 이러한 정책의 국가간 차이가 불공정한 경쟁여건을 야기하는 요소로 제기되고 있는 것이다. 이와 함께 정보통신기술의 급속한 발전으로 인해 전세계적으로 전자상거래가 폭발적인 증가를 보임에 따라 현재의 무역규범이 새로운 거래형태인 전자상거래에 적합한지도 새로운 이슈로 등장하고 있다.

1. 환경정책

각국은 자국의 환경문제를 해결하기 위해 나름의 환경정책과 조치를 시행한다. 문제는 이러한 환경정책 및 조치가 교역을 제한하게 될 가능성이 있으며 더 나아가 환경보전이라는 명분하에 국제경쟁력 강화를 위한 보호주의적 수단으로 남용될 소지를 내포하고 있다는 점이다.

환경보호론적 관점에서는 환경조치가 무역을 제한하더라도 문제될 것이 없다고 본다. 환경오염을 야기하는 물질 또는 이를 포함하거나 사용하여 제조된 제품의 교역에 따라 환경오염이 전파되고 조장된다는 점과 환경오염을 야기하는 행위에 대해 무역조치가 유효한 제재수단으로 사용될 수 있다는 것이 환경보호론적 주장의 근거이다. 반면 무역론적 입장은 무역질서의 안정성을 중요시한다. 무역이 환경문제를 야기하는 근본 원인은 아니므로 각종 환경조치가 교역을 불필요하거나 부당하게 제약해서는 안 되며, 환경보전을 이유로 한 무역조치가 보호무역주의적 수단으로 남용되어서는 안 된다는 것이 무역론적 입장의 주장이다. EU를 중심으로 한 선진국이 환경론적 입장을 보이고 있으며, 대부분의 개도국은 무역론적 입장을 견지하고 있다.

향후 WTO에서 환경조치에 대한 협상이 전개된다면 "동일한 제품이라도 정해진 환경친화도에 미치지 못하는 생산방식을 통해 생산된 제품의 수입을 규제하는 것이 국제무역규범에서 용인될 수 있는가?"의 문제가 핵심 이슈로 대두될 것이다. 생산방식의 차이에 따른 제품차별화가 허용된다는 것은 현 무역규범의 기본 틀이 전혀 다른 모습으로 개편됨을 의미한다.

2. 경쟁정책

각국은 자국에서 활동하는 기업들이 담합, 출혈경쟁 등 부당한 수단을 사용하여 이득을 취하거나 경쟁기업을 시장에서 축출하려는 행위 등을 규제함으로써 자원이 효율적으로 배분되도록 유도하는 정책을 시행하는데 이를 경쟁정책이라 한다.[22] UR 이후 국가간 공정한 경쟁여건을 확보해야 한다는 주장이 제기됨에 따라 과거 국내 정책으로 인식되어 온 경쟁정책이 국가간 불공정한 경쟁여건을 야기할 가능성이 있다는 점이 문제로 제기되고 있다.

경제활동의 범세계화로 경제적 국경의 의미가 퇴색함에 따라 각국의 경쟁정책이 국내 경제주체에 대해서뿐만 아니라 국내 시장을 대상으로 제품을 판매하는 외국 기업 또는 외국 소비자에게까지도 영향을 미치게 된다. 반경쟁적 기업관행이 국내 시장에서 외국 기업을 배제하는 결과를 초래할 수 있으며, 수출 기업들간의 공동행위가 수입국에서의 경쟁 및 소비자 후생을 저해할 수도 있다. 이에 따라 경쟁정책의 국가간 · 국제적 조화 및 국제규범화문제가 대두되고 있다.

이와 함께 무역정책이 경쟁을 저해하는 효과도 문제로 제기되고 있다. 특히 수입국 정부의 부당한 반덤핑조치로 인해 피해를 입고 있다고 주장하는 국가(주로 개도국)들은 경쟁정책의 국제규범화에서 반덤핑조치를 함께 다루어야 한다는 입장이다.

3. 전자상거래

정보통신기술의 발전으로 인해 전자상거래가 전세계적으로 급속히 확산되고 있다.[23] 전자상거래는 거래과정의 모든 단계가 온라인(on-

22) 우리나라에서는 공정거래위원회가 이러한 정책을 담당하고 있다.

23) 일반적으로 전자상거래는 사이버 비즈니스(cyber business)라고도 불리우며 이는 '인터넷과 같은 개방된 네트워크를 통한 상품 또는 서비스의 구입 및 판매' 를 의미한다. 보다 넓은 의미로는 전자문서교환(Electronic Data Interchange: EDI), 광속상거래(Commerce At Light Speed: CALS) 등도 포함한다. WTO는 전자상거래를

line) 작업으로 처리될 수 있는지에 따라 온라인 거래와 오프라인(off-line) 거래로 구분된다.[24] 디지털제품은 온라인 거래가 가능한 대표적인 제품이다.[25]

전자상거래는 모든 제품의 교역에 영향을 미칠 것이지만 특히 서비스부문에서 그 효과가 두드러질 것으로 예상된다.[26] 금융서비스를 포함하여 회계, 컨설팅, 교육, 법률서비스 등 다양한 서비스가 직접투자에 의하지 않고서도 전자상거래를 통해 국가간 제공될 수 있으며, 이는 서비스산업에서의 세계적인 경쟁이 보다 심화될 것임을 의미한다.

전자상거래와 관련하여 제기되고 있는 통상이슈로는 관세, 내국세의 조정, 지적재산권 문제 등이 있다. 첫째, 전자상거래에 대한 관세문제는 미국이 무관세화를 제기하면서 국제적인 이슈로 대두되었다. 미국은 온라인 거래에 대해서는 관세를 부과하지 않아야 한다고 주장하고 있다.[27] 둘째, 전자상거래의 확산으로 인해 소비세의 대표적인 형태인 부가가치세와 국제적 사업활동과 관련된 소득세의 부과 가능성이 문제로 대두되고 있다. 전자상거래를 통한 제품 특히 서비스의 국제적인 공급에 대해 어느 국가가 부가가치세를 부과할 수 있는지에 따라 관련 국가의 세수가 달라진다.[28] 또한 인터넷을 통해 기업들은 외국의 현지에

'원거리 통신네트워크를 통한 제품의 생산, 광고, 판매 및 유통'으로 정의하였다.

24) 정보탐색, 주문, 결제, 배송 및 애프터서비스 등의 모든 과정이 온라인 상태에서 수행될 수 있는 경우가 온라인 거래이며, 배송단계에서 물리적인 배송작업이 필요한 거래가 오프라인 거래이다.

25) 디지털제품은 디지털화 즉 디지털 전자신호로 변환될 수 있는 모든 제품으로서 소프트웨어, 음악, 컨설팅서비스, 금융서비스 등 그 종류가 매우 다양하며, 향후 경제의 정보화 및 지식집약화가 진행될수록 디지털제품의 중요성이 보다 증가할 것으로 예상된다.

26) 이전에는 상업적 주재를 통해서만 공급되던 서비스가 전자상거래의 발달에 따라 국경간 거래를 통해 제공될 가능성이 증가할 것이다.

27) 실제적으로 현재로서는 인터넷을 통해 주문·전송되는 제품을 추적하여 관세를 부과할 수 있는 기술적 여건이 형성되어 있지 못하다. 그럼에도 불구하고 미국이 무관세화주장을 제기한 것은 전자상거래에 관세를 부과하려는 움직임이 발생하기 전에 무관세화를 정착시킴으로써 미국이 막강한 경쟁력을 지닌 디지털제품의 국제교역에 대한 잠재적 장애요소를 미리 제거하려는 의도를 가지고 있기 때문인 것으로 보인다.

28) 이는 서비스에 대한 부가가치세의 납세의무가 발생하는 장소가 되는 '공급장소(place of supply)'를 어디로 볼 것인지의 문제이다.

고정사업장 등의 거점을 지니지 않고서도 현지의 고객을 상대로 사업활동을 할 수 있게 된다. 이에 따라 기존에 고정사업장 또는 자회사의 사업소득에 대한 소득세가 부과될 수 있는 근거가 상실될 가능성이 발생한다. 향후 이러한 문제들은 국가간 조세협력을 통해 해결되어야 할 것이다. 셋째, 디지털제품에 대한 저작권과 상표권 침해 문제이다. 디지털제품은 반복 소비에도 소진되지 않는다는 점, 복제가 용이하고 저렴하다는 점 등으로 인해 저작권 침해의 소지가 크다. 또한 인터넷상 기업의 주소에 해당하는 도메인네임(domain name)의 상업적 가치가 높아짐에 따라 도메인네임을 선점하거나 다른 기업과 유사한 도메인네임을 사용함으로써 실질적으로 다른 기업의 상표권을 침해하는 사례가 증가하고 있다.

4. 노동기준

노동권 보호에 있어서 핵심적이라고 할 수 있는 노동기준이 선별적으로 국제노동기준으로 선택된다. 결사의 자유, 단체권 및 단체교섭권, 강제노동금지, 아동노동금지의 노동기준은 1995년 3월 덴마크 코펜하겐에서 열린 세계사회개발 정상회의에서 핵심노동기준으로 인정되었다. 국제노동기구(ILO)의 다양한 협약 중에서 핵심노동기준에 관한 협약에 가입한 회원국은 국내법 · 제도를 협약의 내용에 합치시켜야 한다. 따라서 핵심노동기준은 흔히 각국의 노동권 보호수준을 가늠하는 척도로서 사용된다.

국제적으로 인정된 노동기준을 정하여 그러한 기준보다 낮은 노동기준하에서 생산된 제품을 수출하는 국가에 대하여 무역제재조치를 취할 수 있는 근거를 다자간 무역규범 내에 마련해야 한다는 주장이 제기되고 있다. 선진국들이 이러한 주장을 하는 데에는 인도적 · 윤리적 차원에서 근로자의 노동권익을 보호해야 한다는 명분도 있으나, 중국 · 동남아 국가 등 개도국의 저임금에 기초한 비교우위를 견제함으로써 선진국의 심각한 실업문제를 해소하고 국내 사양산업을 보호하려는 정치 · 경제적 의도가 있다. 즉 선진국들은 열악한 노동기준을 바탕으로 한 개도국의 수출 증가와 선진국의 실업률 증가간에 인과관계를 설정함으로써 노동력의 착취 혹은 불공정한 노동조건을 이용한 개도국의 사회적 덤핑(social dumping)으로부터 선진국경제가 보호되어야 한다는 주장을 펴고 있는 것이다.[29] 한편 개도국은 근로자의 노동권익을 보호하고 노동조건을 향상시키는 것이 인도적 차원에서 바람직하다는 것에는 동의한다. 그러나 개도국의 경제발전단계와 상대적으로 풍부한 미숙련노동력의 공급조건을 무시한 채 일방적이고 절대적인 노동기준을 설정하여 이를 무역과 연계시키려는 것은 위장된 보호주의라고 주장한다. 특히 선진국 실업문제의 직접적인 원인이 개도국의 수출증가보다는 선진국경제의 기술진보에 따른 미숙련노동력에 대한 수요감소와 산업구조조정의 지연에 있으므로, 무역과 노동기준을 연계시키려는 것에는 선진국 자체 내의 문제를 개도국으로 전가하려는 선진국의 의도가 숨어 있다고 보고 있다. 이와 같은 선진국과 개도국의 극심한 입장 차이로 인해 무역과 노동기준의 문제는 논의의 진척을 보이기 어려울 것으로 예상된다.

5. 반 부 패

부패문제가 국제적 이슈로 등장한 것은 환경, 노동, 경쟁정책과 마찬가지로 뇌물수수로 인해 공정한 경쟁환경이 저해될 가능성 때문이다.[30] 국제무역 및 투자활동에 있어 부패관행을 범죄로 간주하고 이를 제재하기 위한 국제규범을 제정하려는 노력이 OECD 등의 국제기구를 중심으로 전개되고 있다.

부패관행은 크게 두 가지 측면에서 국제상거래에 영향을 미친다. 첫째, 부패행위는 무역 및 투자에 대하여 실질적으로 관세와 유사한 효

29) 무역-노동기준 연계를 가장 강력하게 주장하는 국가는 미국이다. 특히 1988년 제정된 미국의 종합무역법 301조는 일정한 노동기준을 적용하지 않은 국가에 대해 일방적 무역제재조치를 시행할 수 있도록 하고 있으나 아직까지 이러한 일방적 조치가 사용된 예는 없다.

30) 국제상거래와 관련한 부패 및 뇌물수수행위는 그 자체가 도덕적 · 정치적 문제를 일으켜 민주주의의 발전에 심각한 걸림돌로 작용할 수 있다는 점도 지적되고 있다.

과를 낳는다.[31] 상거래에 있어 부패관행은 상품 및 서비스 가격의 상승과 효율적 수준 이하의 공급을 초래함으로써 전반적인 후생의 감소를 야기한다. 둘째, 부패관행은 국제무역과 투자활동에 있어 독점을 유발한다. 부패관행을 통한 상거래는 경쟁기업을 시장에서 배제하거나 경쟁기업의 시장진입을 제한하게 되며, 특정 시장을 확보하기 위한 외국기업들간의 경쟁에 있어서도 독점적 이윤을 확보하기 위한 부패관행을 유도하게 된다. 이에 따라 불필요한 자원의 낭비가 초래되고 효율적인 기업이 시장에서 배제되는 시장왜곡이 초래된다.

부패관행의 척결을 위한 논의에는 대체로 두 가지의 쟁점이 있다. 첫째, 외국공무원에 대한 뇌물공여행위를 범죄로 규정해야 한다는 것, 둘째, 외국공무원에게 공여된 뇌물에 대해 조세공제를 허용해서는 안 된다는 것이다.

WTO에서는 1996년 싱가포르 각료회의에서 정부조달의 투명성에 관한 협정을 모색하기 위한 작업반의 설치에 합의함으로써 부패문제에 관한 논의가 시작되었으나 개도국의 반발로 외국공무원에 대한 뇌물공여문제 등을 다루기는 어려울 것으로 예상된다. OECD에서는 지속적인 논의 및 협상 결과 1999년 외국공무원에 대한 뇌물공여를 처벌한다는 내용을 담은 뇌물방지협정이 발효되었다.

31) 예를 들어 정부조달에 있어 외국기업이 수주에 참여하거나 수주를 받기 위해 뇌물을 제공해야 한다면 그만큼 생산단가가 올라가는 결과를 낳는다.

주요용어

라운드
서비스의 공급형태
덤핑
비관세장벽
지적재산권
공정한 경쟁여건
시회적 덤핑
부패관행
관세화
지적재산권
보조금 및 상계관세
분쟁해결절차
반경쟁적 기업관행
디지털제품

연습문제

1. 국제통상규범의 발전과정에서 우루과이라운드가 갖는 의미는 무엇인가?
2. WTO협정의 기본원칙을 설명하라.
3. GATT체제하의 분쟁해결절차와 비교하여 WTO 분쟁해결절차의 특징을 설명하라.
4. EU와 우리나라간 발생하였던 WTO 주세분쟁의 주요 내용과 쟁점을 설명하라.
5. 새로운 통상이슈가 제기되고 있는 공통의 배경은 무엇인가?

제10장 지역주의와 경제통합

WTO출범 이후 급증하는 지역무역협정

오늘날 대부분의 WTO 회원국들은 최소 1개 이상의 지역무역협정에 가입해 있다. 지역무역협정은 1990년대 초반 이후부터 급격하게 증가하기 시작하여 오늘날까지도 그와 같은 증가세가 지속되고 있다. 2010년 2월까지 GATT/WTO에 통보된 지역무역협정은 462건인데 그 중 124건이 GATT체제 46년간에 걸쳐 통보된 데에 반해 WTO가 출범한 1995년 이후에는 불과 15년 동안 338건이 통보되어 전체 통보건수의 2/3를 넘고 있다. 이는 곧 GATT체제에서는 연평균 2.7건에 불과했던 지역무역협정 체결이 WTO출범 이후에는 연평균 23건으로 매년 평균 8.5배 이상 증가한 것을 의미한다. 물론 GATT/WTO에 통보된 모든 지역무역협정이 현재에도 발효중에 있는 것은 아니다. 현재 약 279개의 지역무역협정이 발효중에 있다.

10.1 문제 제기

오늘날 세계경제는 세계화와 지역주의라는 큰 틀 속에서 한편으로는 무역 투자장벽의 완화로 국경의 의미가 약화되고 있고, 다른 한편으로는 자유무역협정(Free Trade Agreement: FTA), 관세동맹(customs union) 등을 통한 경제블록화 또는 지역주의가 확산 심화되고 있다. 1980년대 들어 미국이 지역무역협정(Regional Trade Agreements: RTAs)에 참여하기 시작한 이후, 1990년대에는 다수의 개도국들이 각종 지역무역협정을 체결함에 따라 일정한 지역을 기반으로 역내 교역을 자유화하거나 촉진하기 위한 지역주의는 급속히 확산되어 왔다.

이와 같은 지역무역협정은 비록 GATT1994 제24조 및 허용조항, 그리고 GATS 제5조 등 국제규범에 그 근거를 두고 있지만, 참여국가 간의 특혜정도에 따라 매우 다양한 형태를 띠고 있으며, 역내국이나 역외국에 미치는 경제적 영향도 다르게 나타나고 있다. 수많은 지역무역협정 중에서도 유럽연합(European Union: EU)이나 남미지역공동시장(MERCOSUR)과 같은 관세동맹의 형태가 있는가 하면, 북미자유무역협정(North American Free Trade Agreement: NAFTA)이나 아세안자유무역협정(ASEAN Free Trade Agreement: AFTA)과 같은 자유무역협정이 있기도 하고, 아태경제협력체(APEC)나 아시아유럽회의(Asia-Europe Meeting: ASEM)와 같이 지역주의의 성격을 띠면서도 공식적인 지역무역협정과는 다소 다른 경제협력체의 성격으로 운영되는 것도 있다. 특히 EU의 경우에는 '유로(euro)'라는 단일통화까지 창출하여 회원국간의 완전한 경제통합을 달성해 가고 있다

이에 따라 경제통합과 관련된 다양한 문제가 제기될 수 있는데, 이를 요약하면 다음과 같다. 첫째, 경제통합에는 어떠한 형태가 있는가? 둘째, 지역주의의 경제적 효과와 다자체제에 미치는 영향은 무엇인가? 셋째, 지역무역협정은 국제적으로 어떠한 법적 근거를 갖고 체결되는가? 넷째, 현존하는 대표적 지역무역협정은 무엇이며, 이들의 향후 발전전망은 어떠한가? 마지막으로, 경제통합에 있어서 화폐의 통합은 무슨 의미를 갖는가?

10.2 경제통합의 이해

1. 경제통합의 형태

전통적인 경제통합이론은 경제통합을 자유무역협정, 관세동맹, 공

동시장, 경제통합, 완전경제통합 등으로 분류하고 있다. 이는 "통합에 참여하는 회원국들이 경제활동에 있어서 얼마나 하나의 국가처럼 행동하는가"에 초점을 두고 그 개념을 정립한 것이다.

자유무역협정은 경제통합의 가장 기본이 되는 형태로서 일부 특정 국가들만 특혜무역협정을 체결함으로써 상호 수입품에 대한 관세율을 역외국으로부터의 수입품보다 낮게 부과하거나 철폐하는 것을 의미한다. 그와 같은 특혜의 정도가 심화되면서 각기 다른 개별경제들이 하나의 더 큰 경제단위를 형성하며 결합되어 가는 것이 일반적이다. 유럽자유무역연합(European Free Trade Association: EFTA), 북미자유무역협정(NAFTA), 아세안 자유무역협정(AFTA) 등 대부분의 지역무역협정이 자유무역협정의 형태를 띠고 있다. 자유무역협정은 대체로 다음의 세 가지 특징을 갖고 있다. 우선, 자유무역협정에 의해 회원국간 역내관세는 철폐되지만 각 회원국의 개별 대외관세장벽은 그대로 유지된다. 둘째, 자유무역협정의 회원국들은 자국의 대외무역정책 결정권이 유지되기 때문에 독립적인 무역정책을 실시할 수 있다. 마지막으로, 자유무역협정의 경우 수입품이 가장 낮은 대외관세율을 갖고 있는 회원국을 통해 수입된 후 관세 없이 역내로 재수출되는 무역굴절현상이 발생할 수 있어, 그와 같은 현상을 방지하기 위해 원산지규정(rules of origin)과 현지부품조달의무가 부과되는 것이 일반적이다.

반면에 관세동맹은 역내관세를 경감 내지 철폐하는 동시에 역외국에 대해서도 공동관세를 부과하는 것이다. 즉, 회원국간에 역내 관세장벽을 철폐하는 점은 자유무역협정과 같지만, 회원국들이 공동의 대외무역관계를 실행하고 추구하는 경제통합의 형태이다. 따라서, 관세동맹의 경우는 EU와 같이 역외국에 대해 공동관세정책을 채택한다. 공동관세의 경우에는 공동의 대외관세를 갖고 있으므로 역내 재수출, 또는 무역굴절의 가능성이 없으며, 따라서 무역굴절현상을 방지하기 위한 원산지규정이 필요하지 않다.

공동시장은 관세동맹의 요소에 생산 및 유통부문의 통합을 가미하여 자본과 노동의 이동이 자유로운 하나의 시장을 형성하는 것을 의미한다. 현재의 EU와 동아프리카공동체(East African Community: EAC)가 그 예이며, 미국-캐나다간 자유무역협정이 이에 근접하고 있다. 이와 같은 공동시장적 성격에 회원국간의 경제정책 통일이라는 요소가 더해진 것이 경제통합이며, 완전경제통합은 경제통합이 진전 · 완성된 것으로 회원국간 통화 및 재정정책에 있어서 완전한 통일을 이루는 경제통합의 형태이다. 완전경제통합의 경우에는 하나의 중앙기구가 설립되어 제반 경제적 문제를 통제함으로써 회원국들이 실질적으로 하나의 국가가 된다고 볼 수 있다. EU의 단일통화 창출도 그와 같은 단계의 일부에 속하는 것이다.

2. 경제통합의 효과

경제통합으로 가장 단기에 가시적으로 나타나는 효과는 교역으로 인한 효과로서 무역창출효과(trade creation effect)와 무역전환효과(trade diversion effect)로 구분할 수 있다. 무역창출 및 무역전환의 효과를 정태적 효과 또는 단기적 효과라고 부르는데, 그 이유는 무역장벽의 철폐와 동시에 그 경제적 효과가 마치 순간적으로 발생하는 것처럼 가정하기 때문이다. 예를 들면, 관세가 인하될 경우, 경제내 생산요소들이 매우 빠른 시간 내에 생산성이 높은 산업으로 아무런 비용 없이 이동할 수 있다고 가정하는 것이다. 비교우위에 입각한 자원배분의 효율성 증대는 경제 내의 자본, 노동 등의 생산요소들이 제약 없이 비교우위산업으로 이동 · 고용된다는 가정하에서 성립하는 것이다. 비교적 단기적으로 나타나는 이와 같은 무역창출 및 무역전환효과 외에도 경제통합은 중장기적으로나 정치 · 경제적으로도 중요한 효과를 미치게 되는데, 아래에서는 이들에 대해 살펴보기로 한다.

(1) 무역창출효과

무역창출효과는 비교우위론에 입각한 효과로, 역내관세의 철폐로 인하여 회원국들이 고가의 국산재화를 저가의 역내 외국재화로 대체하는 것을 의미한다. 즉, 역내국들이 관세인하로 비교우위를 갖게 되는 재화를 중심으로 상호 교역을 하게 되고, 따라서 역내국들은 비싼 국산

재화를 값싼 역내상품으로 대체하게 되는 것이다. 관세로 인해 야기되었던 교역구조의 왜곡이 시정될 경우 각국의 비교우위산업에 대한 교역기회가 새로 창출되며, 이를 통한 각 역내국의 비교우위상품의 시장확대는 관련 상품의 수출을 증대시키게 된다. 이는 다시 관련 산업의 생산량 증대를 요구하게 되며, 따라서 각 경제 내의 생산요소들이 자연스럽게 비교우위산업으로 이동하게 됨으로써 자원배분의 효율성이 증가하게 되는 것이다.

이와 같은 무역창출의 후생효과에 대해서 〈그림 10-1〉을 통해 살펴보기로 하자. 우선, 이해를 쉽게 하기 위해 세계에는 A국과 B국이 있고 그 외의 국가들은 모두 하나로 묶어서 W국이라고 하자. M_A는 A국의 수입수요곡선을 나타낸다. 즉 A국은 B국과 W국에서 동일한 물품을 수입하는데 A국의 소비자들이 접하는 수요곡선이 바로 M_A이다. B국이 W국에 비해 효율적으로 물품을 생산한다고 가정하면, B국은 그 물품을 W국(P_w)에 비해 낮은 가격(P_B)으로 A국에 수출할 것이다. 따라서 E_B는 A국의 수요에 대한 B국의 공급곡선이고 E_w는 A국의 수요에 대한 W국의 공급곡선을 나타낸다. A국이 T에 해당하는 관세를 B국과 W국에 대

그림 10-1 무역창출과 후생효과

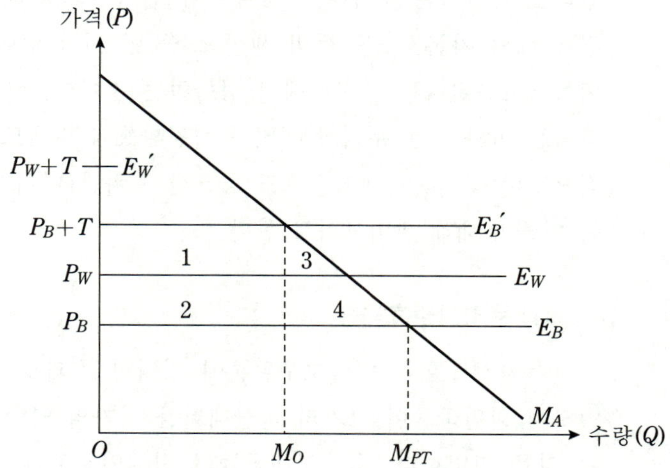

해 비차별적으로 동등하게 부과하면, 결국 A국 소비자들이 접하는 B국으로부터의 수입물품 가격은 P_B+T가 될 것이다. 만약, A국이 WTO의 최혜국대우원칙에 의해서 모든 국가에게 동일한 관세(T)를 부과한다면, A국은 M_O만큼의 물품을 모두 B국으로부터 수입할 것이며, A국 정부는 (1+2)만큼의 관세수입을 거둬들일 것이다. 그러나, A국과 B국이 자유무역협정을 체결하여 관세를 철폐하게 되면, A국은 P_B가격에 M_{PT}만큼의 수입을 함으로써 수입량이 ($M_{PT}-M_O$)만큼 증가하게 된다. 즉, 무역창출효과가 발생하는 것이다. 관세수입은 비록 (1+2)만큼 줄어들지만 소비자혜택이라고 할 수 있는 소비자 잉여는 (1+2+3+4)만큼 증가해서 A국의 총 후생은 사실상 (3+4)만큼 증가하게 된다. 다시 말하면, 생산이 효율적인 국가 또는 비교우위가 있는 국가로부터의 물품에 대해 관세를 철폐하게 되면, 그만큼 수입량이 증가하지만 총 후생도 동시에 증가하게 된다.

(2) 무역전환효과

무역전환효과는 역내관세 철폐로 인하여 저가의 역외재화가 고가의 역내상품으로 대체되는 것을 의미한다. 무역협정 이전에는 역외국의 재화가 비교우위에 있을 수 있으나, 협정체결 이후 역내국간의 교역에 관세가 제거됨으로써 역내국의 재화가 비교우위를 갖게 되는 것이다. 이는 관세부과 이전의 가격을 비교해 볼 때 역외국재화가 더 싸다는 것이므로 싼 역외상품을 비싼 역내상품으로 대체하게 되는 비효율적인 결과를 초래할 수 있다. 역외국에 부과하는 고관세는 역외국 비교우위상품의 역내 수입을 막아 역내국 주민의 후생을 악화시키는 쪽으로 작용함으로써 무역자유화의 이익을 일부 상쇄할 수도 있다.

앞에서 무역창출의 후생효과에 대해 설명한 바와 같은 방식으로 무역전환의 후생효과에 대해 살펴보기로 하자(〈그림 10-2〉 참조). 다른 조건은 모두 앞의 경우와 동일하지만, B국이 W국에 비해 생산이 비효율적이라고 가정하자. 그렇다면, W국으로부터 수입되는 물품의 가격(P_W)이 B국으로부터 수입되는 물품의 가격(P_B)보다 낮을 것이고, 동일한 관세(T)가 부과될 경우 A국은 M_O만큼의 물량을 P_W+T가격

그림 10-2 무역전환과 후생효과

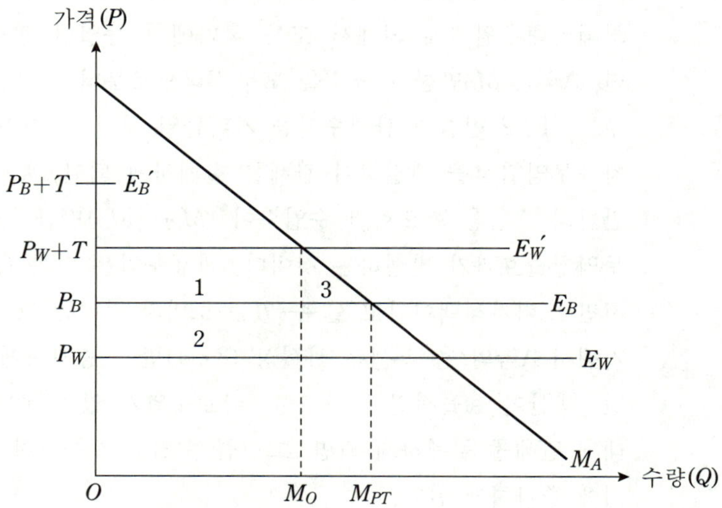

에 모두 W국으로부터 수입하게 되고, A국 정부는 (1+2)만큼의 관세수입을 거둬들일 것이다. 만약 A국이 비효율적 생산국인 B국과 자유무역협정을 체결하게 되면, B국으로부터 수입되는 물품에 대한 관세가 철폐되어, 그 가격(P_B)이 관세가 부과되는 W국으로부터의 물품가격(P_W+T)보다 낮게 되어 W국으로부터 수입되던 물품이 모두 비효율적 생산국인 B국으로부터의 수입(M_{PT})으로 전환될 것이다. 이와 같은 무역전환은 비록 수입이 늘어난다 할지라도 후생에 대해서는 부정적인 효과를 가져 올 가능성이 크다. 즉 A국의 소비자 잉여는 (1+3)만큼 증가하지만 A국의 관세수입은 (1+2)만큼 감소하여 A국의 순수한 후생은 (3−2)가 되어 결과적으로 부정적 효과를 가져 올 수 있는 것이다.

(3) 중·장기적 효과

중·장기적 효과라 함은 경제통합으로 인한 효과가 단기간 내에는 가시화되지 않더라도 어느 정도의 시간이 지남에 따라 서서히 나타날 수 있는 동태적인 효과를 의미한다. 경제통합으로 인한 시장의 확대는 역내에서 규모의 경제가 작용할 수 있는 여건을 마련하고, 그러한 가운데 시장점유율을 높이기 위한 기업간 경쟁을 촉진시킴으로써 효율적인 자원배분을 요구하는 힘이 역내경제에 동태적으로 작용하는 것이다. 단기적으로 무역전환효과가 큰 것으로 나타나더라도 규모의 경제로 인한 역내 생산활동의 평균비용 하락폭이 크게 나타날 경우, 역내재화가 역외재화에 대해 비교우위를 가질 수도 있어 중장기적으로 무역전환의 불이익을 능가하는 이익이 생길 수도 있다.

또한 시장의 확대는 기업들간의 경쟁을 촉진시키게 되는데, 경쟁촉진은 여러 가지 측면에서 긍정적인 효과를 유발한다. 기업들간의 가격경쟁으로 재화가격의 인하는 물론 재화공급과 각종 서비스 측면에서의 질적 향상이 촉진될 수 있다. 또한 경쟁의 격화로, 새로운 제품, 양질의 제품, 효율적인 생산기법 등을 개발하려는 기업들간의 R&D 경쟁이 유발되고, 그로 인한 신기술의 개발, 기술의 축적 및 파급 등은 산업기술의 발달을 촉진시킨다. 이는 또한 생산성의 증대, 실질소득의 증대, 소비자 후생의 향상 등으로 이어져 궁극적으로 경제성장에 기여하게 되는 것이다. 이러한 일련의 긍정적 효과들은 역내 상품교역과 기술교류 등을 통하여 역내경제 전반에 걸쳐 파급되고, 따라서 역내 경제의 성장은 더욱 가속화될 수 있다.

역내재화에 대한 무역장벽 철폐는 무역효과뿐만 아니라 역내외국을 막론하고 세계각국 기업의 생산활동을 역내로 유인하는 효과를 유발시킬 수 있다.[1] 즉, 역내 해외직접투자를 활성화 또는 촉진시키는 요인으로 작용할 수 있다. 관세 및 비관세장벽 등 역내 무역장벽의 철폐는 기업의 역내 경제활동비용이 낮아지는 것을 의미하며, 그 자체로서 기업의 이윤창출 기회가 확대됨을 의미하기 때문이다. 또한 기업의 역내시장에 대한 예측가능성을 제고시키고, 이에 따른 역내 경제활동에

1) 생산거점을 역내에 마련하고자 할 경우, 기업들은 기존의 생산설비를 역내로 재배치(relocation)할 수도 있겠지만, 그보다는 새로운 생산설비를 역내에 설치하는 데 더 관심를 가지게 될 것이다. 왜냐하면, 기존의 설비를 역외국에서 역내국으로 재배치하기 위해 드는 기존 공장의 폐쇄, 기존장비의 감가상각 등의 손실이 재배치로 인한 이익을 능가할 만큼 막대할 수 있기 때문이다.

대한 안정성 제공 등은 역외기업들이 역내에 생산거점을 마련하도록 하는 유인을 제공하게 된다. 예를 들면, 기업의 입장에서 볼 때, 주요 원자재 및 중간재 등을 역내에서 조달하고자 할 경우 이를 다른 역외기업보다는 유리한 조건으로 조달할 수 있으며, 역내 판매활동에 있어서도 운송 정보비용 절감 및 무관세혜택 등으로 기업의 제반비용을 절감할 수 있다. 따라서 시장에 보다 용이하게 접근할 수 있기 때문에 자유무역협정은 역외기업의 역내로의 투자를 증가시키게 된다.[2] 특히 역외국가에게는 역내에 생산거점을 확보할 경우 지역무역협정에 참여하지 않으면서도 실질적인 역내무관세 혜택을 누릴 수 있다는 점에서 역내 해외직접투자 추진에 강한 매력을 줄 수 있다. 만약, 역내에서 양질의 노동력을 확보할 수 있을 경우, 풍부한 자본과 기술을 보유하고 있는 역외 선진국들은 이러한 유인을 보다 적극적으로 이용하려 할 것이다.

역내국의 입장에 볼 때, 선진국의 자본과 기술을 유치할 수 있다면, 이는 긍정적인 기술이전효과를 동반할 뿐만 아니라, 역내 유휴자원의 활용도를 높임으로써 새로운 고용을 창출하고 경제전반의 효율성을 증대시키는 효과가 있을 것이다. 이를 NAFTA의 경우를 예를 들어 설명하면, NAFTA 회원국 중 경제발전정도가 가장 낮은 멕시코가 가장 큰 혜택을 누릴 것으로 예상되었다. 그 이유는 NAFTA의 투자 및 투자자에 대한 무차별 대우, 투자의무 이행요건[3] 폐지, 투자와 관련된 자금의 자유로운 이동, 국제법 절차에 따른 투자 몰수, 투자 협정위반시 국제중재원에 중재를 요청할 수 있는 권리 등 투자에 대한 규정 설치로 대멕시코 투자의 위험성을 한층 낮춰 줌으로써 미국과 캐나다의 기업들이 멕시코에 대한 투자를 확대할 가능성을 높였기 때문이다.

(4) 정치경제적 효과

정치경제학적 관점에서 볼 때, 특정지역에 기반을 둔 경제통합은

---

2) 기업이 해외직접투자를 고려함에 있어 중요한 요소로는, 시장규모 외에도 시장의 성장 가능성, 이윤창출 및 시장진출의 전망, 정치 및 사회의 안정, 법적 · 제도적 장치의 투명성, 노동력의 질, 사회간접자본 등을 들 수 있다.

3) 수출의무, 국내부품조달의무, 국내생산품 구매의무, 수입물량의 외화획득과 연계 등을 투자의무 이행요건의 예로 들 수 있다.

다자주의를 저해하는 결과를 가져올 수 있다. 그와 같은 현상은 무역전환효과를 유발하는 원산지규정의 도입을 필요로 하는 자유무역협정의 경우에 더욱 크게 나타날 수 있다. 무역전환효과는 역외국으로부터 역내국으로의 수입선이 전환되는 것을 의미하기 때문에 기존의 국내생산업자로부터 직접적인 반발이 없으므로 자유무역협정 체결로부터 무역창출효과 또는 무역전환효과에 의해 새로운 수출기회를 얻게 되는 수출업자들이 배타적 무역블럭을 옹호하는 세력으로 등장할 수 있는 것이다. 특히 무역전환효과에 의해 역내 수출기회를 확보하게 되는 수출업자들은 자유무역협정이 범세계적 자유무역으로 확대발전할 경우에 수출기회를 상실할 가능성이 있기 때문에 그와 같은 자유무역협정이 다자주의로 확대발전하는 것을 반대하는 경향이 있다. 따라서 정치경제적 측면에서 자유무역협정은 다자주의를 지향하는 디딤돌(building block)이 되기보다는 지역주의를 공고화하고 다자주의를 방해하는 걸림돌(stumbling block)이 될 가능성도 배제할 수 없는 것이다.

NAFTA, 역내교역신장에 기여

NAFTA는 출범 이후 10년 동안(1994-2003) 관세 및 비관세장벽 제거 효과에 힘입어 역내수출이 크게 증가한 것으로 나타나고 있다. 미국의 경우, 역내수출은 10년간 연평균 12.8% 증가하여 9.0% 증가에 그친 역외수출을 앞지르고 있는데, 특히 對멕시코 수출증가의 15%가 NAFTA 효과에 기인했으며, NAFTA로 인한 1% 관세인하는 對멕시코 수출을 6% 확대시키는 효과가 있었던 것으로 분석되었다. 캐나다의 경우, 수출이 거의 미국에 집중되어 1994년 201억달러이던 대미 흑자가 2003년에는 630억달러로 급증했다. 캐나다의 대미수출 가운데 30%는 NAFTA의 무역전환효과에 의한 것으로 분석되었다. NAFTA는 멕시코 수출에 가장 큰 영향을 미친 것으로 나타나는데, NAFTA 출범 당시 110억달러의 적자를 보이던 멕시코의 무역수지가 2003년에는 206억달러의 흑자를 기록했고, 특히 대미 수출증대 효과는 최저 6%에서 최고 50%까지 나타나고 있는 것으로 분석되었다.

3. 지역무역협정관련 국제규범

자유무역협정(FTA)이나 관세동맹(CU) 등 지역무역협정은 그 존재의 정당성을 「관세 및 무역에 관한 일반협정」(GATT) 제24조, 「서비스교역에 관한 일반협정」(GATS) 제 5 조, 그리고 1979년 동경라운드에서 합의된 권능부여조항(Enabling Clause)에서 찾고 있으며, 각 지역무역협정들은 이들 세 가지 조문 중 하나에 의거하여 WTO에 협정체결 즉시 통보해야 할 의무를 갖는다. GATT 제24조에 의거한 협정은 상품무역이사회(Council for Trade in Goods: CTG), GATS 제 5 조에 의거한 협정은 서비스교역이사회(Council for Trade in Services: CTS), 그리고 권능부여조항에 의거한 개발도상국가들간의 협정은 무역개발위원회(Committee on Trade and Development: CTD)가 통보를 받고 다자규범 합치여부를 검토하게 된다.

이미 통보된 지역무역협정들을 GATT/WTO 규범과의 상관관계 속에서 살펴보면, GATT 제24조에 의거하여 통보된 지역무역협정은 170건이며, 그 외에 권능부여조항 및 서비스교역에 관한 일반협정(GATS) 제 5 조에 의거하여 통보된 지역무역협정이 각각 29건과 80건을 기록하고 있다(〈표 10-1〉 참조).

표 10-1 발효중인 지역무역협정의 GATT/WTO 통보현황 (2010년 6월)

(단위: 건)

	신규가입	신규창설	계
GATT 제24조(FTA)	2	153	155
GATT 제24조(관세동맹)	6	9	15
권능부여조항	1	28	29
GATS 제 5 조	3	77	80
계	12	267	279

자료: WTO.

(1) GATT 제24조

GATT 제1조는 비차별성을 원칙으로 하여 모든 WTO 회원국들에 대해 조건 없이 최혜국(Most Favored Nation: MFN) 지위를 부여할 것을 규정하고 있으나, 다른 한편으로는 동 협정 제24조를 통해 본질적으로 차별적일 수밖에 없는 일부 회원국들간의 자유무역지대나 관세동맹을 허용하고 있다. 그러나, GATT의 대표적인 예외인정 조항인 동 조항은 일부국가간의 지역무역협정이 역외국들에게 줄 수 있는 부정적인 영향을 최소화한다는 의미에서 몇 가지 제한규정을 두고 있다. 즉, 자유무역협정이나 관세동맹의 창설시, 또는 자유무역협정이나 관세동맹을 창설하려는 잠정협정체결시, 역외국과의 무역에 적용되는 관세 및 기타 상업상의 규제가 자유무역협정이나 관세동맹의 창설이전이나 잠정협정의 체결이전에 적용되던 수준보다 '전반적으로(on the whole)' 높지 않아야 하며, 역내국간의 관세나 기타 규제가 '실질적으로 모든 무역(substantially all the trade)'에 걸쳐 철폐되어야 한다고 규정하고 있다. 또한 잠정협정의 체결시에는, '합리적인 기간 내(within a reasonable length of time)'에 자유무역협정이나 관세동맹을 완결하기 위한 계획 및 일정이 포함되어야 한다고 적시하고 있다. 이 밖에도 만일 특정 WTO 회원국이 관세동맹에 가입함으로써 역외국에게 기존에 부과하던 관세보다 더 높은 공동대외관세를 부과하게 되는 경우에는, GATT 제28조의 규정에 따라 관세인상에 따른 피해를 보상하기 위해 관련 역외국과의 보상교섭에 응할 것을 요구하고 있다.

(2) GATS 제5조

우루과이라운드협상의 결과 탄생한 GATS도 제2조에서 기본적으로는 모든 WTO 회원국들에게 최혜국(MFN) 지위를 부여하는 것을 원칙으로 규정하고 있으나, 동 제5조를 통해 특정국가들간 특혜적 서비스무역협정을 허용하는 예외규정을 두고 있다. 그러나, GATS 제5조는 GATT 제24조와 마찬가지로 이러한 일부 국가간 특혜적 서비스무역협정이 역외국들에게 줄 수 있는 부정적인 영향을 최소화하기 위해 몇 가지 제한규정들을 두고 있다. 즉, 지역서비스무역협정이 '무역촉진적'이어야 하며, 협정 이전보다 역외국과의 서비스무역에 대한 무역장벽이 '전반적으로' 높아서는 안 된다고 규정하고 있다. 또한 지역서비스무역협정은 '실질적으로 모든' 서비스 부문을 포함하여야 하며, 역내국간 기존의 차별조치들을 제거하거나 새로운 차별조치를 신설 또는 확대하지 않음으로써 '합리적인 기간 내'에 동 협정을 완결하여야 한다고 명시하고 있다. 이는 추가적인 자유화 없이도 서비스자유무역지대를 신설할 수 있다는 의미이다. GATS 제 5 조는 개발도상국을 포함하는, 또한 개발도상국간의 서비스무역협정시 이상의 제한규정들의 적용에 신축성을 부여함으로써 지역서비스무역협정을 대상으로 하여 GATT 제24조와 권능부여조항을 결합해 놓은 형태를 취하고 있다.

(3) 권능부여조항(Enabling Clause)

권능부여조항은 개발도상국들이 처한 경제적 어려움을 감안하여, 그들이 무역을 통해 성장을 도모함으로써 장차 GATT 회원국으로서의 보다 완전한 의무를 수행할 수 있도록 하기 위해 동경라운드 협상에서 '결정(decision)'의 형태로 제정되었다. 이를 위해 권능부여조항은 GATT 제 1 조에서 천명하고 있는 비차별성과 최혜국대우 부여원칙의 예외를 허용, 개도국 수출품에 대해 선진국들이 일방적으로 우대관세를 적용하는 것을 허용하고 있는데, 이는 일반특혜관세제도(Generalized System of Preferences: GSP)에 대한 법적 기반을 제공하는 것으로 평가된다. 권능부여조항은 아울러 일부 개도국간 관세 및 비관세장벽 완화 및 철폐를 통한 특혜적 무역협정의 체결을 동 2항(C)를 통해 허용하고 있다는 점에서 중요하게 평가되고 있다. 그러나 권능부여조항은 GATT 제24조가 자유무역협정이나 관세동맹을 구체적으로 적시하며 허용한 것과는 달리 협정형태에 대한 명시가 없어 어떠한 형태의 협정도 가능하도록 되어 있을 뿐만 아니라 전체적으로 매우 불투명하고 느슨하게 구성되어 있다. 권능부여조항은 또한 GATT 제24조와 GATS 제 5 조와 같이 "역외국에 대한 무역장벽을 높이는 것이 되어서는 안 된다" 등의 제한규정을 두어 개도국간 지역무역협정의 부정적인 영향을 극소화하려고 하고 있지만, 이것도 GATT 제24조에 비하면 매우 약한 수준에 머물러 있어 계속 문제가 되고 있다.

10.3 지역주의의 현황과 다자주의와의 관계

소규모 국가들, 지역주의에의 편승

미국이나 EU와 같은 경제대국이 주도하는 오늘날의 지역주의는 이들과 역사적으로 또는 지리적으로 특수관계에 있는 소국들의 즉각적인 반응을 불러일으켰다. 실제로 근래의 지역주의의 가장 두드러진 특징 중 하나는 소국들이 역사적으로 특수한 무역관계에 있는 대국을 상대로 약한 협상력에도 불구하고 지역통합체의 결성을 제의하고, 성공적으로 협상을 타결해 내고 있다는 것이다. 예를 들면, 1985년의 미-캐나다간 자유무역협정은 캐나다가 먼저 제안하였고, 1990년의 미-멕시코간 자유무역협정(NAFTA)은 멕시코의 제의가 직접적 동기가 되었다. EU와 유럽자유무역연합(EFTA), 동구권 국가, 터키, 북아프리카 제국간의 특혜무역협정은 모두 후자의 희망을 받아들인 것이다. 이 밖에도, 세계에서 가장 많은 FTA를 체결하고 있는 멕시코(42개)는 미국, EU, 일본, 캐나다 등의 거대 경제권들과 모두 FTA를 체결했으며, 칠레(41개) 역시 미국, EU, 캐나다, 한국 등과 FTA를 체결했다. 싱가포르도 미국, 일본, 한국 등과 FTA를 체결한 상태이다. 이와 같이 오늘날 소국들이 미국이나 EU 등 대국을 상대로 지역경제협력체를 결성하려고 하는 추세가 오늘날 지역주의 확산의 중요한 요인이 되고 있다.

1. 주요 지역무역협정

(1) EU

유럽연합, 즉 EU(European Union)는 1993년 11월 발표된 마스트리히트조약에 따라 유럽공동체(European Community: EC)의 명칭을 변경한 것으로서 동년 12월 1일 공식출범한 유럽국가들간의 지역공동체이다.

EU 출범 당시에는 기존의 12개 EC 회원국으로 구성되어 있었으나, 1996년 1월 1일 오스트리아, 스웨덴 및 핀란드가 가입하였고, 2004년 5월에는 체코, 헝가리, 폴랜드, 사이프러스, 말타 등 중·동구 및 남유럽 10개국이 추가로 가입하였다. 2007년 8월 루마니아, 불가리아가 가입하여 2010년 6월 현재에는 회원국이 27개국으로 늘어났다.[4)]

로마조약과 EU조약(일명 마스트리히트조약)에 따르면 모든 유럽국가는 EU의 회원국이 될 수 있다. EU에 가입하기를 희망하는 국가는 이사회에 가입을 신청하며, 이사회는 집행위원회와의 협의와 EU의회의 다수결에 의한 동의를 거쳐 만장일치로 가입여부를 결정한다. EU회원국이 되기 위해서는 우선 민주적인 정치체제를 갖추고 EU가입에 따라 증대되는 경쟁에 적응할 수 있어야 하며, EU의 기술적 표준 등 제반규정을 준수할 수 있는 경제능력을 갖추어야 한다. 또한 EU가입 신청국은 공동통화정책 등 제반 정책과 규정을 수용하고 집행할 수 있는 행정능력을 보유하여야 하며, EU차원의 대외정책뿐만 아니라 기존 회원국의 대외정책과 조화를 이룰 수 있는 정책을 채택할 의지가 있어야 한다. 이와 같은 회원국 가입조건은 결국 상품, 사람, 자본 및 서비스가 역내에서 자유롭게 이동할 수 있는 단일시장의 형성을 순조롭게 추진하기 위한 것이라고 할 수 있다. 따라서, 마스트리히트조약이 모든 회원국의 지지하에 순조롭게 시행될 경우, EU는 경제 및 통화동맹뿐만 아니라 공동외교와 안보정책까지 시행하는 고도의 통합체로 발전될 것으로 예상된다.

EU의 규범체계

EU의 제반규범은 집행위원회에서 초안을 작성하고 이를 각료이사회

4) EU는 로마조약(Treaty of Rome)에 의해 1958년 독일, 프랑스, 이태리, 네덜란드, 벨기에, 룩셈부르크 등 6개국을 창설회원국으로 한 유럽경제공동체(European Economic Community: EEC)로 출발하였으나, 1973년 제 1 차로 영국, 덴마크 및 아일랜드가 가입했고, 1981년에는 제 2 차로 그리스가, 그리고 1986년에는 제 3 차로 스페인과 포르투갈이 가입함으로써 1993년 12월 EU라는 새로운 명칭으로 출범할 당시에는 12개국의 회원국으로 구성되어 있었다.

의 의결을 거쳐 EU관보에 공고함으로써 확정되는데, 그 성격에 따라 '규정(regulation)', '명령(directive)', '결정(decision)' 등으로 구분된다. '규정'은 발효되면서 즉각적으로 모든 회원국에 대해 구속력을 갖으며, 회원국의 국내법보다 우위에 선다. 공동통상정책을 비롯한 대부분의 주요 공동정책은 '규정'의 형태로 수립되고 시행된다. '명령'은 '규정'과는 달리 모든 회원국에 대해 즉시 구속력을 갖지 못하고, 그에 담긴 목적을 달성하기 위해 각 회원국이 자국의 입법과정을 밟아서 국내법을 제정해야만 시행할 수 있다. '명령'의 이행에 필요한 국내법을 회원국이 제정하지 않는 경우에 집행위원회는 사법재판소에 제소하여 선언적 판결을 얻을 수 있으나, 해당 회원국에 대해 '명령'의 이행을 강제할 수단은 갖고 있지 않다. 한편, '결정'은 특정한 문제의 해결을 위해 특정 회원국에 대해서 채택되며, 해당 회원국만 구속한다. '결정'은 흔히 긴급한 경우에 채택되는데, 그러한 경우에는 집행위원회가 작성한 초안이 의사결정과정의 중간단계를 거치지 않고 바로 각료이사회의 의결을 받아 채택될 수 있다.

집행위원회는 각료이사회가 채택한 법규의 시행에 필요한 세부규칙을 마련하거나 특정 공동정책을 수립하도록 위임받은 경우 복잡한 의사결정과정을 거치지 않고 스스로 '규정', '명령', 또는 '결정'을 채택할 수 있다. 이 밖에도, 집행위원회는 구속력은 없고 설득 효과만을 갖는 '권고(recommendation)'나 '의견(opinion)'을 채택할 수 있다. 한편, 공동통상정책의 일환으로 EU 통상당국이 일방적으로 채택하는 통상규제조치에는 기본적으로 반덤핑 조치, 보조금상계조치, 긴급수입제한조치 및 불공정 무역관행에 대한 대응조치 등이 있으며, 이들은 모두 '규정'의 형태로 법규화되어 있다.

(2) NAFTA

북미자유무역협정(North American Free Trade Agreement: NAFTA)은 미국, 캐나다, 멕시코 등 북미 3국간에 광범위한 자유무역을 추진하기 위해 체결된 지역무역협정으로 1994년 1월 1일 공식 출범했다. 동 협정을 체결한 1993년 당시 북미 3국의 총 GDP는 7조 1천억달러, 교역량은 1조 3,600억달러, 그리고 총인구는 3억 7천만명으로 NAFTA는 세계 총생산의 35%를 점유하는 최대의 지역경제권으로 탄생했다. 특히, NAFTA는 동 지역 내의 높은 기술수준, 풍부한 자본 및 자원, 값싼 노동력을 상호 보완적으로 결합하여 각국이 비교우위분야를 특화할 경우 여타지역 혹은 국가에 심대한 영향을 미칠 수 있다는 점에서 세계 경제에 주는 의미는 매우 크다고 할 수 있다.

NAFTA는 1988년에 체결한 미국과 캐나다간의 자유무역협정에 멕시코를 포함시킨 것으로 볼 수 있으나, 기존의 협정에 지적재산권, 투자, 운송서비스 등과 관련된 규정을 추가함으로써 사실상 그 적용범위가 훨씬 넓어졌다.

NAFTA의 주요내용

NAFTA의 목표는 협정문 제1장에 명시되어 있는데, 회원국간의 ① 무역장벽의 철폐와 원활한 상품 및 서비스의 이동, ② 공정한 경쟁조건의 배양, ③ 투자기회의 확대, ④ 지적재산권의 충분하고 효율적인 보호, ⑤ 협정의 시행, 운용 및 분쟁해결에 관한 절차 마련, ⑥ 협정혜택의 확대 및 증진을 위한 협력체제의 구축 등으로 요약할 수 있다. 이에 따라 총 8개부문, 22개장과 7개의 부속서로 구성되어 있는 NAFTA 협정은 시장접근 및 원산지규정 등의 상품교역 관련사항, 투자 및 서비스 관련사항, 그리고 지적재산권 등을 상세하게 규정하고 있다. 특히 동 협정은 환경에 관한 규정을 명문화시킨 최초의 자유무역협정이다.

각 분야별 주요내용을 살펴보면, 우선 관세의 철폐에 있어서는 거래품목의 약 65%를 협정발효 즉시 혹은 5년 이내에, 섬유 · 의류 · 농산물 등 민감품목은 10-15년 내에 관세를 철폐함으로써 상품교역을 자유화하는 것이다. 원산지규정에 있어서는 관세면제의 기준이 되는 현지조달비율을 승용차, 엔진 및 트랜스미션의 경우 미·캐나다간 FTA의 50%에서 8년 이내에 62.5%로 인상하고, 섬유 및 의류의 경우에도 대부분 원사원산지주의를 적용하여 북미산 원사 및 직물의 사용을 의무화하는 등 원산지규정을 강화하고 있다. 비관세장벽의 제거에 있어서도 수량제한 완화, 반덤핑 · 상계관세 철폐, 멕시코의 수입허가품목축소 등 상품교역의 원활화를 위한 조치가 포함되어 있다. 한편, 투자 · 서비스 · 금융에 있어서는 내국민대우를 원칙으로 하되, 멕시코의 외국인투자지분의 제한을 단계적으로 철폐하여 2000년까지 석유 및 금융업을 개방하는 것을 규정하고 있다. 환경 및 노동문제에 있어서는 미국과 캐나다 공해산업을 멕시코로 이전하는 것을 억제하기 위해 멕시코의 환경보호기준을 강화하였으며, 미국은 현행 이민법을 유지하여 멕시코 불법이민의 방지에 노력하고, 미국과 멕시코 양국은 보건 및 안전기준, 근로기준 및 노사분쟁의 해결 등 노동문제를 개선하기 위해 상호 노력하기로 합의하였다.

(3) AFTA

아세안자유무역협정, 즉 AFTA(ASEAN Free Trade Agreement)는 아세안(Association of South-East Asian Nations: ASEAN) 국가간의 무역거래에 대한 관세 및 모든 비관세장벽을 점진적으로 인하 또는 철폐함으로써 역내무역을 자유화하고 외국인의 역내 직접투자를 촉진하며 그를 통해 자원의 효율적 배분, 규모의 경제 실현, 경쟁력 향상 및 지속적 경제발전을 도모하기 위해 1993년 1월 1일 창설되었다.

ASEAN은 1960년대 중반 베트남전쟁이 격화되고 인도지나에서의 공산주의 세력이 확대되는 등 동아시아지역의 국제정세가 급변함에 따라 동남아지역 국가들간의 정치·경제적 협력을 도모하기 위해 1967년 창립되었다. 창립 당시에는 인도네시아, 태국, 말레이시아, 필리핀, 싱가포르 등 5개국의 회원국으로 출발했으나, 그 후 1984년에 브루나이가 가입했고, 1996년에 베트남이, 1997년에는 미얀마와 라오스가, 1999년에는 캄보디아가 가입함으로써 현재에는 10개국으로 구성되어 있다. ASEAN은 초창기에는 실질적인 공동협력체라기보다는 느슨한 선언적인 성격으로 출발했으나, 시간이 경과함에 따라 결속력이 강한 지역협력의 기구적 성격으로 발전해 왔다. 특히, 아세안이 지역공동체로 발전하게 된 것은 1992년부터라고 할 수 있다. 1980년대 후반 소련 및 공산주의의 몰락과 냉전체제의 소멸 등 국제 정치적 요인과 유럽통합의 움직임, 우루과이라운드 협상 등 국제경제질서의 변화를 배경으로 1992년 1월 싱가포르에서 개최된 제4차 정상회담에서 아세안의 새로운 발전방향을 모색하게 된 것이다. 동 회담에서는 특히 '아세안경제협력기초협정' 및 '공동유효특혜관세협정(Agreement on the Common Effective Preferential Tariff: CEPT)'을 체결함으로써 1993년 1월 1일 AFTA가 출범하게 된 것이다.

AFTA의 주요내용

역내무역자유화의 대상은 서비스부문을 제외한 자본재 및 제조업품목 전부이며, CEPT가 AFTA를 형성하는 주요 정책수단이 되고 있다. 관세인하계획의 기본원칙은 각 회원국이 예외품목으로 지정한 품목들을 제외한 모든 역내무역거래에 대해 CEPT를 적용하고 이를 1993년 1월 1일부터 향후 15년 이내에 점진적으로 인하하여 관세인하계획 완료 후 역내거래에 대한 관세율을 0-15% 수준으로 유지한다는 것이다. 1995년 12월 태국 방콕에서 개최된 제5차 아세안정상회담에서는 2003년까지 실현키로 한 AFTA의 조기실현을 위해 2000년까지 0-5% 선으로 관세인하 품목을 최대한 늘리도록 노력하기로 합의한 바 있으나, AFTA의 실현계획은 2002년으로 앞당겨졌다. 또한, 동 회담에서는 서비스부문을 역내자유화대상에 포함하기 위한 협상을 1997년 6월까지 시행할 것을 합의했다.

한편, 회원국들이 비회원국에 대해 적용하는 관세율은 각 회원국의 독자적 결정에 달려 있다. 수량규제를 포함하는 비관세장벽의 인하계획은 대상품목에 대한 현행 적용관세율 및 수량규제 이외의 비관세장벽의 존재 유무에 따라 달라진다. 즉, 현행관세율이 20% 이상인 품목에 대해서는 향후 5-8년 이내에 수량규제를 철폐하며, 현행 관세율이 20% 이하인 품목에 대해서는 현존하는 수량규제를 즉시 철폐하도록 규정하고 있다. 그리고, 수량규제 이외의 비관세장벽은 수량규제가 철폐된 후 5년 이내에 철폐하도록 되어 있다. 한편, AFTA의 원산지 규정에 의하면 적어도 40% 이상의 역내부품을 사용한 물품의 경우 이를 ASEAN 역내 생산품으로 인정한다고 규정하고 있다. 이 외에도, AFTA는 무역자유화계획을 보완하기 위해 CEPT 적용품목의 수출입대금 결제시 외환규제조치를 완화하도록 하고 있으며, 제품기준의 통일 및 검사보증의 상호인정, 외국인투자에 대한 장벽제거, 공정한 경쟁정책의 제정, 벤처 캐피탈의 장려, 거시경제정책에 대한 협의 등과 같은 분야에서 회원국간 협력가능성을 협의하도록 하고 있다.

(4) MERCOSUR

유럽에서의 경제통합에 자극받아 중남미국가들은 1960년대부터 경제통합을 위한 논의를 활발히 진행시켰으나, 각국의 경제상황이 안정적이지 못하였고 각국이 채택한 수입대체를 위한 산업발전 전략이 그다지 성공적이지 못해 경제통합과 관련된 뚜렷한 성과를 보이지는 못했다. 그러나, 1990년대부터 시장지향적 경제개혁이 활발해짐에 따라 중남미의 경제통합 움직임이 다시 활기를 띠게 되었고 이 과정에서 아르헨티나, 브라질, 우루과이, 파라과이 등 남미남부 4개국이 참가하는 남미지역공동시장(MERCOSUR)이 주목을 받기 시작하였다. MERCOSUR 4개국은 그 동안 추진해 왔던 대내지향적 수입대체 전략을 대외지향적 수출주도 전략으로 대체하기 시작하였으며, 민영화, 규제완화, 경제개방 등을 주요 내용으로 하는 경제개혁을 추진하고 있다

1991년 3월 26일 아순시온조약(Treaty of Asuncion)을 통해 역내관세 철폐 및 대외공동관세 설정에 합의하였으며 1994년 8월 부에노스아이레스협정에서 대외공동관세관련 기본협상을 마무리짓고 1995년 1월 1일 MERCOSUR를 출범시켰다. MERCOSUR는 아직까지 진정한 의미의 공동시장을 출범시키지는 못하였으며 관세동맹의 특징을 보이고 있다고 평가된다. MERCOSUR 결성과정에서 역내관세가 경감됨에 따라 역내교역이 상당히 증가한 것으로 나타나고 있는바, 이는 역내 경제대국인 브라질과 아르헨티나의 수입수요가 증대된 때문인 것으로 분석되고 있다.

2. 지역주의의 향후 전망

전술한 바와 같이, 다자체제가 비교적 안정적으로 정착되어 가는 중에도 지역주의는 더욱 심화되고 확대되어 가는 추세를 보이고 있다. 그와 같은 추세는 앞으로도 지속될 것으로 전망되는데, 지역주의의 범위가 확대되면서 결국 다자체제에 보완적인 역할을 할 것으로 기대된다. 즉, 지역주의는 다자체제의 기능 및 위상을 저해하는 요소도 있으나, 지역주의가 확대되면서 이는 결국 다자체제가 추구하는 공정무역 및 자유무역의 범위와 대상을 확장함으로써 다자체제의 강화에 보완적인 역할을 할 수도 있을 것으로 기대되고 있다. 특히, 지역주의의 결성에 따른 무역장벽의 철폐는 단기적으로는 무역창출과 무역전환이라는 긍정적 및 부정적 효과를 동시에 수반하나, 중장기적으로 지역주의가

확대되면서 규모의 경제, 경쟁촉진 및 해외직접투자의 활성화 등 다자주의가 추구하는 자유롭고 공정한 무역기반의 조성을 통한 무역의 확대에 기여하게 될 것으로 예상된다.

지역주의의 확대 · 발전방향은 세계경제환경의 변화에 따라 어떠한 식으로 전개될는지 예측하기 어려우나, 현재 경제통합실천의 모범사례라고 할 수 있는 유럽연합(EU), 북미의 NAFTA, 중남미의 MERCOSUR, 그리고 동남아시아의 AFTA 등이 그 핵심적 근간이 될 것이다.

이미 상품, 서비스, 자본, 노동의 자유로운 이동을 실현한 EU는 유럽통화연맹(EMU)의 실천을 통해 거시경제정책의 조화를 달성함으로써 질적으로 완전한 경제통합체로 발전해 가고 있다. 뿐만 아니라 2004년 5월에는 중 · 동구 및 남유럽의 10개국을, 그리고 2007년 1월에는 불가리아 및 루마니아 등 2개국을 각각 신규회원국으로 가입시킴으로써 회원국이 총 27개국으로 확대되었다. 그리고 크로아티아, 마케도니아, 터키 및 아이슬랜드 등 4개국은 회원국가입을 목표로 가입협상을 진행하고 있다. 이로써 EU는 대부분의 유럽국가가 참여하는 거대한 경제통합체로 발전되어 가고 있다.

미주대륙에서는 또 다른 거대 경제통합이 추진되고 있다. 즉 NAFTA와 MERCOSUR를 중심으로 북남미 34개국이 참여하는 미주자유무역협정(FTAA)의 결성을 위한 협상이 진행중에 있다. 미주국가들은 이미 수차례의 정상회의 및 실무협상을 통해 FTAA의 추진방향을 설정하고 2005년까지 관련 협상을 종결하기로 합의하였으나,[5] 브라질, 아르헨티나 등 남미의 영향력 있는 국가들의 소극적인 자세로 커다란 진전을 보지 못하고 있다. 그러나 이들의 정치적 결단이 가시화될 경우 FTAA의 결성은 빠른 속도로 진행될 가능성이 큰 것으로 판단된다.

한편 유럽과 미주지역의 거대 경제통합과 함께 아시아지역에서도 대규모의 경제통합 가능성이 존재한다. 현재 아시아 지역에서의 지역

5) 1995. 3. 18-19의 제 4 차 미주통상장관회의에서는 FTAA관련 9개부문의 실무그룹 및 간사국을 확정하고 2005년까지 실무회담을 마무리짓기로 결정했으며, 동년 4. 18-19의 제 2 차 미주정상회의에서는 그와 같은 미주통상장관회의의 논의내용을 승인하는 동시에 FTAA관련 세부협상일정 및 협상내용을 확정한 바 있다.

협정은 ASEAN의 확대를 통한 ASEAN 자유무역지대(AFTA)가 대표적인 지역협정으로 존재하고 있다. 그러나, AFTA 참여국의 경제규모나 경제발전단계를 감안할 때, AFTA 자체만으로는 유럽이나 미주지역의 경제통합 수준에는 크게 미치지 못하는 것이 사실이다. EU의 확대, FTAA의 가능성상존 등 요인을 고려할 때, 동아시아 전체를 아우르는 경제통합체의 발족도 멀지 않은 장래에 실현될 가능성이 농후하다. 현재 ASEAN은 한국, 중국, 일본 등 동북아 경제권과 개별적으로 자유무역협정(FTA)을 체결하여 이미 발족시키는 등 동아시아 경제통합에 있어서 중심역할을 하겠다는 의지를 강하게 표명하고 있는 실정이다.[6] 그와는 별도로 동북아 3국은 지리적 인접성과 세계경제에서의 중요성을 차치하고라도 자원, 기술, 자본, 시장 규모 등 모든 경제적 측면에서 강한 보완성과 경쟁력을 지니고 있어 독자적인 지역경제권을 형성할 수 있는 여건을 충분히 갖추고 있다. 이러한 여건 및 필요성에 따라 한중일 3국간의 자유무역협정 체결을 위한 다양한 노력이 경주되고 있기도 하다. 특히 이를 위해 2010년 5월 개최된 한중일 정상회담에서는 2011년 한국에 3국간의 정상회담을 총괄하는 사무국을 설치하기로 합의하였는데, 이를 계기로 3국간의 FTA 논의가 보다 적극적으로 진행될 것으로 전망된다. 그의 형태가 어떻게 되든지 동북아 경제협력체가 결성된다면 AFTA까지 가세한 거대한 동아시아 경제통합체의 논의는 훨씬 빠른 속도로 진행될 것이 분명하다.

비록 초기단계에 있기는 하지만, 각 대륙을 연결하는 대륙간 경제통합에 관한 논의도 이미 진행중에 있다. 예를 들면 유럽연합이 남미공동시장(MERCOSUR)과 2005년 타결을 목표로 추진하던 FTA협상이 2004년 중단되었으나, EU는 2010년 5월 이 협상을 다시 재개하기로 결정하였다. 그리고 EU는 2010년 타결을 목표로 16개 지중해 연안국가들과 자유무역지대 설립을 위한 협상을 진행하고 있다. 1990년대 초반 EU와 북미 사이에 상당한 진전이 있었던 범대서양자유무역지대(TAFTA) 설립을 위한 논의는 더 이상 진행되지 않고, 1998년 출범한 범대서양경제동반자관계(Transatlantic Economic Partnership: TEP)의 형태

6) 이를 'ASEAN-centrality'라고 칭한다.

로 운영되고 있다. 뿐만 아니라 아시아와 유럽을 연결하는 ASEM, 태평양 연안국들간의 경제협력체인 APEC 등도 결국 그와 유사한 목적으로 변화될 가능성이 있다. 다만, 이들은 모두 부분적인 대륙간 경제통합의 형태로 추진되고 있으며, 그 진행도 매우 느린 편이어서 그와 같은 대륙간 경제통합이 정상적으로 추진되는 데에는 상당한 시일이 걸릴 것으로 예상된다.

3. 지역주의와 다자주의간의 상호 관계

WTO협정의 서문에는 회원국들이 "관세 및 기타 무역장벽의 실질적 감축"을 달성하는 일반적 목표를 공동으로 추진할 것을 명시하고 있다. 사실상, 지역주의와 다자주의도 각각의 영역 내에서 그와 같은 일반목표를 수행하고 있다. 자유무역지대나 관세동맹이 정의된 바대로 완벽하게 이행될 경우에는 회원국간의 모든 또는 실질적으로 모든 무역에 있어서 관세가 제거된다. 비록 그와 같은 목표가 다자체제에서는 아직 달성되지는 않았지만, GATT의 연속적인 관세인하협상을 거치면서 세계무역에 있어서 관세의 역할은 상당히 감소했다. 개도국들의 관세가 일반적으로 높기는 하지만, 그들의 자율적인 무역자유화조치는 최근 들어 그와 같은 무역장벽의 의미를 크게 감소시킨 것이다.

관세가 무역장벽으로서의 중요성을 상실해 가면서 각국의 관심은 다른 무역정책수단으로 이전되었다. 자의적으로 운영되는 경우가 많은 비관세국경조치나 생산보조금과 같은 국내정책이 그의 대표적인 예라고 할 수 있다. 대부분의 지역무역협정 회원국들은 모든 교역상대국으로부터의 수입에 대해 비관세조치를 지속적으로 적용해 왔다. EU를 제외하고는 농업과 서비스 교역을 포함시킨 지역무역협정은 거의 없을 뿐만 아니라, 지적재산권이나 투자와 같은 국제무역관계의 행위에 있어서 중요한 이슈들에 대해서도 규정을 보유하고 있지 않은 경우가 대부분이다. 그러나, 우루과이라운드의 결과로 WTO 회원국들은 농산물을 포함한 모든 상품과 서비스 그리고 지적재산권에 이르기까지 모든 주요 관련협정에 가입했다. 무역관련 정책에 관한 규정과 절차는 다자주의의 가장 핵심요소들이다. 그와 같은 관점에서 볼 때, 지역주의와 다자주의는 일반적으로 알려진 바 이상으로 개방된 교역을 추구하는 데에 있어서 대체적이기보다는 보완적이라고 할 수 있다. 이는 지역무역협정 회원국들이 다자협정상의 수준보다 높은 수준의 의무를 수용함으로써 다자적으로 가능한 수준 이상의 자유화를 복수국간에 추가적으로 추진할 수 있기 때문이다. 더욱이, 일부 특정 지역무역협정은 보다 조기에 서비스 및 지적재산권 관련 규범을 개발하는 단계를 취함으로써 다자체제가 더욱 진전된 자유화의 기초를 쌓는 데 기여하기도 한다.

다자체제 역시 많은 분야에 있어서 지역무역협정상의 수준 이상의 자유화를 추진함으로써 지역차원의 자유화과정을 보완하고 그와 같은 규범을 범세계적으로 모든 교역국가들에게 확산시키는 역할을 한다. 예를 들어, 지적재산권 협정은 소수의 회원국에게만 적용되는 지역무역협정상의 관련규정을 보완하는 것이다. 다자체제는 또한 각국 무역정책 및 제도의 감독기능과 함께 강력한 분쟁해결절차를 보유함으로써 각국의 교역 및 정책에 투명성과 예측가능성을 부여한다. 결과적으로, 지역무역협정의 회원국들은 동시에 WTO 회원국인 경우가 대부분이므로 보다 발전된 정책과 함께 그들 무역 및 경제관계를 위한 절차의 채택을 보장하게 되는 것이다.

10.4 유로화 출범의 의의와 효과

유로화 출범의 의의

1999년 유로화의 출범은 세계경제 역사상 매우 커다란 반향을 일으킨 사건이었다. 당시 15개 EU 회원국 중에서 11개국이 자국 통화를 없애고

'유로'라는 공동통화를 도입하면서 통화정책을 단일화하고, 안정적인 통화정책의 수행에 필요한 각국의 건전한 재정정책을 위한 안정화 협약(Stability and Growth Pact)을 채택한 것은 유례없는 과감한 정책적 선택이었다. 과연 유럽연합이 최적통화지대(OCA)를 구성하는가? 단일화된 통화정책과 각국의 독립적인 재정정책이 과연 공존할 수 있는가? 달러화가 오랫동안 누려오던 기축통화의 역할을 유로가 대신할 수 있는가? 그리고, 국제통화의 발행에 따르는 세뇨리지(seignorage) 혜택을 과연 EU가 향유할 수 있는가? 등등 다양한 논의가 있었던 것이 사실이다. 유로화를 채택한 국가들이 점차 늘어나 2010년 현재 16개국이 유로화를 공식화폐로 채택하였다. 비록 최근 들어 그리스의 재정위기 등 몇몇 EU 회원국의 과다한 재정적자 및 공공부채의 여파로 유로화의 위상이 저하되기는 하였으나, 지난 10년간 국제금융시장은 달러화에 대한 경쟁통화로서의 유로화의 역할이 지속적으로 제고된 시기였다고 하겠다. 여기에다가 급부상한 경제력을 바탕으로 국제적 발언권을 강화하고 있는 중국의 유안화까지 가세하여 최근 국제금융시장은 이 3개 통화의 주도권 쟁탈전이 벌어지고 있는 형국이다.

1. 유로화의 출범

(1) 출범의 의의

1999년 1월 1일 유럽경제통화동맹(EMU)의 출범으로 EU는 유로(euro)라는 단일통화를 사용하는 단일경제권으로 재탄생하게 되었다. 유로의 탄생은 제2차 세계대전 이후 반세기에 걸친 유럽의 경제통합이 완성되는 것을 의미하며, 동시에 유럽의 사회 및 정치통합을 촉진하는 촉매역할을 할 것이라는 점에서 대단히 큰 의의를 지닌다. EMU 출범은 EU 내의 EMU 참여국과 비참여회원국뿐만 아니라 국제경제에도 큰 영향을 미치고 있다. EMU 참여국은 경제정책의 수립과 집행에서 자율성이 제한됨에도 불구하고 거래비용 감소, 경제의 효율성 향상 및 안정을 통하여 경쟁력을 강화하고 성장을 촉진하기 위해 유로를 채택하였다. 비참여회원국들은 EMU에의 가입을 실현하기 위해 이에 필요한 재정 건실화 및 안정적인 경제운용을 도모하여야 한다. EMU 출범 당시의 15개 회원국 중에서는 영국, 스웨덴, 덴마크, 그리스 등 4개국을 제외한 11개 국가만이 유로를 채택하였으나, 2001년에는 그리스가 가입하였고, 2004년 5월과 2007년 1월 두 차례에 걸쳐 진행된 회원국 확대에 따라 EU에 새로이 가입한 12개 신규회원국 중에서도 2007년 슬로베니아를 시작으로 하여, 2008년 키프러스와 말타가, 그리고 2009년에는 슬로바키아가 각각 EMU에 가입함으로써 현재 EMU 회원국은 총 16개국으로 확대되었다.

한편 EMU의 출범은 대외적으로도 EU의 국제경제적인 위상을 제고시키는 요인으로 작용하는 한편, 세계경제의 운용에 있어서도 외환, 환율, 국제통화질서 등 당야한 분야에서 영향력을 행사하고 있다. 예를 들면, 많은 나라들이 중앙은행이 보유하고 있는 외환보유고의 일부를 달러에서 유로화로 대체하였으며, EU 회원국과 밀접한 경제관계를 유지하고 있는 국가들 중에서 상당수는 유로화를 무역결제통화로 채택하고 있기도 하다. 또, 유로화를 기준으로 하여 발행하는 채권의 발행가액은 이미 미국 달러화 표시 채권의 발행가액을 상회하고 있다. 이러한 유로화의 국제적 역할 확대는 최근까지 미달러화가 수행하고 있는 국제기축통화의 역할을 유로화가 상당부분 이양받게 되었음을 의미한다. 한편, EMU의 출범에 따라 EMU 참여국들은 초과외환을 보유하게 되는 결과가 초래되었는데, 이는 국제금융시장의 불안정성이 확대되는 방향으로 작용할 수 있다는 데 많은 전문가들이 동의하고 있다.

(2) 역사적 배경

EC의 통화통합을 향한 첫번째 시도는 1969년말 헤이그 EC정상회담에서 시작되었다. 이 회담에서 EC각국은 가맹국 사이의 보다 긴밀한 정책협조와 경제 · 통화정책의 조화가 필요함을 인식하고 당시 룩셈부르크 수상인 베르너(Pierre Werner)를 위원장으로 하는 특별위원회를 구성하기로 결정하였다. 이에 따라 1970년 8월 작성된 베르너 보고서는 최초의 통화동맹안으로서 1980년까지 자본이동의 자유화, 유럽중앙은행제도의 도입, 단일통화의 창출 등을 통하여 통화동맹을 달성하는 것을 주요내용으로 담고 있었다. 그러나, 1971년 8월 닉슨 미대통령의 달러화 금태환성 정지를 전후하여 고정환율제도가 붕괴하는 등 기존의 국제통화질서는 크게 동요하게 되었으며, EC각국의 환율제도도 다양한 형태를 띠게 되었다. 이러한 국제통화질서의 혼란을 수습하기 위해서 IMF 가맹국들은 1971년 12월 스미소니언협정(Smithonian Agreement)을 체결하였는데, 이 협정에 따라 각 가맹국의 대 달러환율의 변동허용폭이 대폭 확대되었다. 이는 EC 통화동맹의 실현은 물론이고 EC 경제정책의 수행에도 막대한 차질을 빚을 수 있다는 우려를 자아내게 되었다.

이와 같은 문제점을 타개하고 역내환율안정을 도모하기 위해서 벨기에, 룩셈부르크, 프랑스, 이태리, 네덜란드 및 서독 등 6개국은 1972년 4월 일명 스네이크제도라고 불리우는 유럽공동환율변동제도(European Joint Float Agreement)를 채택하였다. 스네이크 제도의 환율변동 메커니즘을 보면 스네이크 참가국은 유럽통화계산단위(European Monetary Unit of Account: EMUA)로 자국통화의 기준환율을 정하고 시장환율의 역내 최강세통화와 최약세통화 사이의 환율괴리폭이 EMUA 환율을 기준으로 하여 2.25% 범위 내로 유지되도록 하였다. 그러나, 스네이크제도의 운영은 그리 성공적이지 못하였다. 1972년 영국이 국제수지 악화와 파운드화의 가치하락으로 스네이크 체제를 이탈하여 독자적인 변동환율제로 이행하였고, 1973년 초에 이르기까지 덴마크와 이태리도 스네이크 체제를 이탈함으로써 스네이크 체제의 참가국 및 그 결속력은 크게 축소 약화되었다. 스네이크 체제가 실패함에 따라, EC는 1979년 3월에 역내환율안정을 위한 유럽통화제도(European Monetary System: EMS)를 발족시켰다.

1986년 단일유럽의정서(Single European Act)의 발표로 EC시장통합이 추진됨에 따라 통화통합에 대한 관심도 고조되었다. EC의 시장통합 추진은 당시 EC의 환율정책의 원활한 수행을 어렵게 하는 요인으로 인식되었다. 우선 금융시장의 통합을 통하여 투기적 이동을 포함하는 자본이동이 자유화될 경우에 환율이 급격히 변동함으로써 일정 범위 내에서의 환율변동만을 허용하는 EMS제도의 유지가 불가능한 것으로 인식되었다. 또한 상품과 노동의 자유로운 이동이 허용되는 상황에서 환율의 변동은 교역의 증진에 장애가 될 것으로 인식되었다. 이에 따라

1988년 6월 하노버에서 개최된 EC정상회담에서는 EC위원회 위원장인 들로르(Delors)를 위원장으로 하는 특별위원회를 구성하여 유럽경제통화동맹(Economic and Monetary Union: EMU)의 결성방안에 대한 검토와 그 구체적인 실천단계에 대한 연구를 위임하였다.

그와 같이 탄생한 EMU가 1990년 7월부터 제1단계, 1994년 1월부터 제2단계를 거쳐 1999년 1월 최종단계인 제3단계에 돌입한 것이다. 유럽통화동맹과 유럽정치동맹(European Political Union: EPU)의 추진계획을 주요 내용으로 하는 마스트리히트 조약은 경제수렴조건 충족국가가 2개국을 넘으면 이들 국가만으로 EMU가 결성되어 1999년 1월부터 출범하는 것으로 규정하였다. 당시의 15개 EU 회원국 중에서 경제수렴조건을 모두 충족시킨 회원국은 룩셈부르크 1개국에 불과하였으나, 영국, 덴마크, 스웨덴, 그리스 등 4개국을 제외한 11개 회원국이 수렴조건을 충족시켰다는 다분히 정치적인 결정을 통해 1999년 1월 1일을 기하여 11개국이 참여하는 EMU가 출범하게 되었다. EMU 가입과 관련하여 영국과 덴마크는 마스트리히트 조약의 국내 비준과정에서 EMU가 출범하더라도 자국이 가입하지 않아도 된다는 단서조항을 관철시킴에 따라, 그리고 스웨덴은 마스트리히트 조약의 가입의무 조건을 적용받아야 했으나, 가입을 원하지 않았기 때문에 중앙은행의 독립성을 보장하여야 한다는 조건을 의도적으로 충족시키지 않는 방법으로 강제적인 가입을 회피하는 전략을 취하였다. 그리스는 EMU에의 가입을 처음부터 원하기는 했으나, 특히 공공부문의 부채와 재정적자의 규모가 수렴조건에서 규정하는 것보다 크게 초과하는 것으로 평가되어 1차 가입에서는 가입자격이 주어지지 않고, 2년 뒤인 2001년 EMU에 가입하게 되었다. 또, 2004년 5월과 2007년 1월을 기하여 EU는 각각 10개 및 2개의 새로운 회원국을 받아들이게 되었는데, 이들 중에서 슬로베니아(2007년), 키프러스 및 말타(2008년), 그리고 슬로바키아(2009년) 등 4개국이 이미 EMU 가입을 성사시킴에 따라 EMU는 2010년 현재 16개 회원국으로 운용되고 있다.

2. 대내외 파급효과

(1) 역내효과

EU의 금융시장은 규모에 있어서 미국과 필적할 만한 것으로 평가되고 있어 EMU의 출범에 따라 많은 중대한 변화가 진행되고 있다. 가장 중대한 변화는 참가국 금융시장의 동질화를 촉진시켜 거대한 단일시장을 탄생시킨다는 점과 이로 인해 금융기업의 대형화와 업무의 종합화를 촉진시킨다는 점을 들 수 있다. 즉, EMU의 출범은 거대 단일금융시장의 출현을 의미하는바, 이에 따른 참가국 금융시장의 동질화와 금융서비스의 국가간 이동을 촉진시킴으로써 금융기관간의 경쟁 및 대형화를 심화하는 방향으로의 변화가 나타나고 있다. 또한 단일통화의 출현은 곧 역내거래에 있어 환위험이 없어지는 것을 의미하며, 따라서 유동성 정도 및 국가 신용도 등이 금융상품 가격의 가장 중요한 요인으로 작용하게 되었다. 통화통합에 따른 외환거래비용의 절감은 EU 기업의 경쟁력 제고와 이윤율 향상에도 상당부분 기여하는 것으로 분석되고 있다. 단일통화 유로의 출현은 EMU 참여국간 환율변동위험이 제거되는 것을 의미하는바, 이로 인해 이들 국가간 자본이동이 증대하였으며, 이는 곧 자본이 가장 생산적인 사업에 투자되어 경제성장에 기여하게 되는 것이다. 그 동안 EU 회원국간 자본이동의 가장 큰 장애요인이 국가간 환율변동이었음을 감안할 때, 통화통합을 통한 자본이동 증대효과도 EU 산업의 활성화에 중대한 영향을 미칠 것으로 전망된다.

한편 유로화의 도입은 시장의 투명성 제고를 통해 역내 기업들의 가격경쟁력을 강화하고 대규모 유로경제권 형성으로 기업들의 계열화 및 분업화를 촉진하는 요인으로 작용하였다. 뿐만 아니라 환위험 제거와 외환거래비용의 절감 등으로 유로경제권내 교역이 더욱 촉진되고, 이는 전반적인 경기활성화로 이어져 대외교역의 증대를 가져왔다. 유로화의 도입으로 EMU 참가국 국경간 상품, 서비스 및 자본 등의 이동이 자유로워지고 가격차이도 사라지게 됨에 따라 역내교역비중은 더욱 증가한 것으로 나타났다. 특히 단기적으로는 유로화 도입에 따라 회원국간 교역에서는 환위험이 제거되는 반면에, 역외국간 교역에서는 환위험이 존속하기 때문에 유로경제권내 교역의존도가 더욱 심화될 것으로 예상되고 있다.

(2) 역외효과

EMU의 출범으로 인한 유로화의 출현은 국제금융시장에 있어서도 국제결제통화, 회원국간 외환보유액 등에 광범위한 영향을 미치고 있는 것으로 보인다.

EU 회원국과 아시아 국가간의 교역신장세가 지속되고 있어 유로화의 국제결제통화로서의 비중이 지속적으로 증대되고 있다. 관행적으로 무역규모가 큰 국가의 통화가 국제결제통화로서 많이 이용되어 온 사실을 감안하면, 유로화의 국제결제통화로서의 비중은 장기적으로 EU 회원국의 무역비중인 25% 이상의 수준을 차지할 것으로 예상된다. 실제로 지난 수년간 아시아 각국의 중앙은행들이 유로화 표시 채권(이후 유로채)을 대량 구입하고 유로채 기채를 준비하는 등 유로채에 대한 수요가 아시아에서 급증하기도 하였다. 유럽통화통합에 따른 화폐단위의 변화는 역외국 기업들의 대 EU 수출 및 수입관련 외환관리에 영향을 미쳤다. 기존에 독일 마르크화나 프랑스 프랑화에 결제되던 거래들이 유로화로 결제되고 있으며, 그 동안 달러화로 결제되던 유럽과의 거래를 비롯한 많은 대외거래도 상당부분 유로로 결제되고 있다.

또한 유로화의 도입은 참가국내 기업간 거래의 편의 제공, 환율변동에 대한 불확실성 제고, 외환거래 수수료 절감 등으로 역내기업의 경쟁력을 개선시키고, 이에 따라 상대적으로 유럽시장에서 경쟁관계에 있는 역외국 기업들의 경쟁력을 약화시킬 가능성도 있다. 그러나, 통화통합 후에는 역내교역의 촉진과 금리인하에 따른 투자증대 등으로 유럽경제의 성장이 촉진될 경우 대외적인 수입수요가 증가함으로써 역외국 기업들에 긍정적인 효과도 제공할 수 있을 것이다. 더욱이, 유로경제권에 진출해 있는 역외국 기업들은 역내 기업들과 마찬가지로 통화통합으로 인한 외환거래비용 절감, 시장확대, 역내교역 증대, EU 경제활성화 등의 혜택을 누릴 수 있을 것으로 예상된다.

주요용어

공동관세정책
공동시장
관세동맹
권능부여조항
긴급수입제한조치
로마조약
마스트리히트조약
무역전환효과
무역창출효과
미주자유무역협정
반덤핑조치
보조금상계조치
부품조달의무
북미자유무역협정
비관세장벽
시장접근
신속승인권한
아세안자유무역협정
원산지규정
유럽경제공동체
유럽경제통화동맹
유럽통화제도
일반특혜관세제도
자유무역협정
지역무역협정

연습문제

1. 경제통합의 형태에 대해 설명하고 그 예를 들어 주시오.
2. 지역경제통합의 경제적 효과를 설명하고 다자체제에 미칠 수 있는 영향에 대해 논하시오.
3. WTO협정상의 지역무역협정 관련 규범에 대해 설명하시오.
4. 현존하는 주요 지역무역협정에 대해 간략히 설명하시오.
5. 유로화의 출범이 EU 역내 및 세계경제에 미칠 수 있는 영향에 대해 설명하시오.

제5부

국제수지와 환율

- 제11장 국제거래와 국제수지
- 제12장 환율결정이론
- 제13장 환율변화의 효과

제11장 국제거래와 국제수지

경상수지 흑자는 항상 좋은 것인가?

경상수지 특히 상품수지는 수출을 통한 외환유입에서 수입으로 인한 외환유출을 차감한 수치이다. 따라서 경상수지가 흑자라는 것은 경상거래를 통하여 그 국가가 일정기간 동안 벌어들인 외화가 지출한 외화보다 많다는 것을 의미하므로 그 차액만큼이 그 국가의 외화자산의 증가로 나타난다. 따라서 경상수지는 항상 관심의 대상이 되어 왔고 일반적으로 이 경우 흑자가 적자보다 바람직한 것으로 간주되었다. 따라서 국제수지와 관련된 정부정책의 목표는 경상수지의 흑자규모를 증대시키는 것이라 생각할 수 있다. 이러한 정책을 소위 신중상주의적 정책이라 하는데 중상주의는 경상수지 흑자를 통한 금의 획득을 부강한 국가가 되는 수단으로 간주하는 경제철학이다.

그러나 경상수지 흑자는 어떤 의미에서 한 국가가 생산한 재화나 서비스를 그 국가에서 전부 소비하지 않고 그 중 일부가 해외에서 소비됨을 의미하므로 일반 국민들의 소비 수준은 그렇지 않은 경우보다 낮은 상태라 할 수 있을 것이다. 또한 경상수지 적자는 성장잠재력을 증대시키기 위한 투자지출로 인해 일시적으로 그 국가에서 생산된 재화나 서비스보다 더 많은 재화와 서비스가 수요되기 때문에 발생될 수도 있다. 따라서 경상수지 흑자는 항상 바람직하고 적자는 위험하다는 것은 중상주의적 사고이며 이것은 올바른 평가라 할 수 없다. 물론 지속적인 경상수지 적자는 대외부채의 누적을 의미하므로 어느 수준 이상이 될 경우에는 문제가 될 수 있다. 우리나라의 경우 1998년 405억$의 경상수지 흑자를 기록하였다. 그러나 경제성장률은 −5.8%로 국민들의 소득수준이 크게 낮아졌다. 결국 이 경우 경상수지 흑자는 지출을 대폭 줄임으로써 가능했고 지출감소가 생산활동의 위축을 가져와서 국민소득이 감소하였다. 결코 경상수지 흑자가 항상 바람직한 것만은 아닌 것이다.

11.1 문제 제기

세계경제가 보다 긴밀하게 연결됨에 따라 국가간의 거래 규모가 크게 증가하고 있다. 따라서 어느 특정국가의 대외거래 내역 및 그 규모를 파악하기 위해서는 일정기간 동안의 거래내역을 체계적으로 수집, 정리할 필요가 있다. 이러한 필요성에 의해서 작성된 것이 바로 국제수지표(table of balance of payments)이다. 이는 마치 우리가 일상의 경제활동 상태를 파악하기 위해서 하루 또는 일주일간의 수입 및 지출활동 등을 어떤 기준에 의해서 기록해 두는 것과 같은 원리다. 그러나 국제수지표의 경우는 외국과의 거래를 기록하게 되는 것이므로 외국과의 거래에 사용되는 국제통화 예를 들어, 달러로 표기된다.

한편 국제수지표에 정리된 국제거래의 내역이 해당국의 일반적인 경제상황과는 어떠한 관련이 있는지 그리고 국제수지의 불균형이 해당국에 어떠한 영향을 주는지에 대해서 살펴볼 필요가 있다. 예를 들어 한 국가의 재화에 대한 수출과 수입의 차이를 의미하는 상품수지의 흑자 또는 적자가 그 국가의 생산활동 및 지출행위와 어떠한 관련이 있는지를 이해할 필요가 있다. 이렇게 함으로써 상품수지의 불균형을 조정하거나 균형을 달성하기 위한 적절한 정책이 모색될 수 있을 것이다.

또한 소규모 개방경제의 경우 국제거래는 대부분 자국의 통화가 아닌 외환으로 거래되기 때문에 외환의 유출입을 수반한다. 외환의 유출입은 외환의 수요와 공급을 변화시켜서 외환의 가격인 환율을 변화시킨다. 그리고 국제수지의 불균형은 외환당국의 대외준비자산의 변화와 연결되고 이것은 곧 국내통화공급의 변화를 초래한다. 국내통화량의 변화는 다시 물가, 이자율 및 환율 등에 영향을 주고 이러한 거시경제변수의 변화는 대외경쟁력에 영향을 미친다. 따라서 국제수지와 국내통화량이 어떻게 상호 연결되는지를 이해하는 것은 거시경제의 흐름을 파악하기 위해서 기본적으로 필요한 사항이라 할 수 있다.

본 장에서는 먼저 국가간의 거래는 어떠한 방식으로 기록되고 그 결과는 어떻게 분류, 해석되는지를 설명한다. 그리고 국제수지표를 구성하는 요소들간의 관계는 어떠한지를 알아본다. 또한 국제수지표에 나타난 외국과의 거래는 국내경제 활동과 어떠한 관련이 있는지를 국민소득계정과 통화량과의 관계를 통해서 살펴보고자 한다.

11.2 국제수지표의 이해

1. 국제수지표의 작성

국제수지표란 일정 기간 동안 국내 거주자와 비거주자 사이의 거래내용을 체계적으로 분류하여 정리한 표이다. 국제수지표는 국가간의 비교를 위해서 IMF에 의해서 제시된 기준에 의해서 작성되고 있다.

첫째, 국제수지표는 일정 기간 동안의 거래내역을 기록한다. 즉 일정 시점의 상황을 기록하는 것이 아니라 일정 기간 동안 발생된 변화를 기록한다. 따라서 국제수지표에 나타나는 모든 수치는 유량(flow) 변수라 하겠다.[1)]

둘째, 국제수지표는 국내 거주자와 비거주자간의 거래를 기록한다. 이때 거주자는 그 국가의 국민과는 약간 다른 의미를 갖는다. 예를 들어 외국 여권을 소지하고 있는 외국인이라 할지라도 경제활동을 국내에서 하고 있는 경우 거주자로 분류된다. 따라서 국내에 취업하고 있는 외국노동자나 외국기업 등은 거주자에 포함된다.[2)]

1) 모든 경제변수는 유량(flow)과 저량(stock)변수로 구분할 수 있는데 유량변수는 일정 기간 동안의 변화를 나타내는 변수인 반면 저량변수는 특정시점에서의 규모나 상태를 나타낸다. 예를 들어 저수지의 현재 수위를 나타내는 수치는 저량인 반면 일정기간 동안 나타난 수위 변화는 유량을 의미한다. 경제변수 중 대표적인 유량변수에는 국민소득, 소비, 투자, 수출, 수입 등이 있으며 저량변수로는 자산, 통화량, 부채 등이 있다.

2) 외국 관광객이나 대사관 직원 등은 일시적 또는 상당기간 국내에서 경제활동을 하지만 거주자에서 제외된다.

셋째, 국제수지표는 개별거래를 T자 양식의 왼쪽인 차변(debit)과 오른쪽인 대변(credit)에 동시에 기록하는 복식부기 방식으로 작성되고 있다. 즉 모든 개별거래는 그 거래가 발생하게 된 원인과 결과를 갖고 있기 때문에 이러한 원인과 결과에 해당되는 사항을 동시에 기록하는 방식이다. 국제수지표의 경우 외환유입과 관련된 사항은 대변에, 그리고 외환유출과 관련된 사항은 차변에 기입한다. 그리고 외환유입은 '+' 부호로, 그리고 외환유출은 '–' 부호로 기록해서 나중에 수지(수입과 지출의 차이)를 계산한다.

이러한 작성방법을 달리 설명하면 대변(오른쪽)에는 국제거래를 통한 외환의 유입 즉 외환의 '재원(sources)'을 기록하고 차변(왼쪽)에는 외환의 유출 즉 '용도(uses)'를 기록하는 것이라 할 수 있다. 따라서 대변은 재화, 서비스 또는 금융자산의 수출을 통한 자본유입을 표시하며 차변은 재화, 서비스 또는 금융자산의 수입을 통한 자본유출을 기록한다.

국제수지표가 복식부기원리에 의해서 작성됨에 따라 대변의 총합계는 차변의 총합계와 일치되어야 하고 따라서 국제수지표 양변의 총합계는 항상 동일한 규모가 되어야 한다.

국제수지표는 우리나라의 경우 한국은행에 의해서 작성된다. 한국은행은 실물거래자료는 관세청에서, 그리고 외환수급자료는 외국환은행에서 작성된 자료를 기초자료로 활용해서 국제수지표를 작성한다.

국제수지표란 일정기간 동안의 거주자와 비거주자간의 거래를 복식부기 방식으로 작성한 표를 의미한다.

국제수지표 작성 사례(Ⅰ)

1) 상품 100만$ 수출:

이 경우 수출이라는 실물거래에 반드시 100만$에 해당되는 국제통화 지급거래가 존재하므로 국제수지표에 이 두 거래를 동시에 기록해야 한다. 만약 수출대금 100만$이 외국환은행에 예금된 경우 수출은 자본유입을 의미하므로 대변에, 그리고 외국환은행에의 예금은 외국환은행 입장에서 외화자산의 증가를 의미하므로 차변에 기재한다.

차 변	대 변
외환자산 증가 100만$	수출 100만$

2) 국내기업의 1,000만$ 해외직접투자:

이 경우 1,000만$ 해외직접투자는 자본유출을 의미하므로 차변에, 그리고 그러한 1,000만$의 조달이 국내 외국환은행으로부터 이루어졌다면 이는 국내 외국환은행의 외화자산의 감소를 의미하므로 대변에 기록된다. 즉 1,000만$의 용도는 해외직접투자이고 재원은 외국환은행으로부터의 차입이다.

차 변	대 변
해외직접투자 1,000만$	외화자산 감소 1,000만$

2. 국제수지표의 구성

국제수지표는 크게 실물거래나 이전거래 등을 포함하는 경상거래계정과 경제주체들의 자본거래를 포함하는 자본거래계정 그리고 통화당국의 외화자산 변동을 기록하는 준비자산 증감으로 구성된다. 〈표 11-1〉에 제시된 바와 같이 각각의 계정은 각기 다른 유형의 거래를 포함하고 있다. 또한 각 계정의 수지는 동일한 거래유형에 속하는 항목의 대변(자본유입)에서 차변(자본유출)의 값을 차감한 금액으로 표시된다.

(1) 상품수지

상품수지란 상품의 수출로 인한 외환의 유입에서 상품의 수입으로 인한 외환의 유출을 차감한 크기를 의미한다. 〈표 11-2〉에 나타난 바와 같이 2008년도의 경우 우리나라의 상품수지는 약 56.6억달러에 달하고 있다. 상품수지는 관세청에서 발표하는 통관기준 상품의 수출과 수입 통계에 의한 수지와는 약간 다르게 나타나는데 이는 관세청의 경우 통관기준으로 수출입을 계상하는 반면 국제수지표의 경우에는 소유권의 이전을 기준으로 작성되기 때문이다.[3)]

3) 또한 통관통계에서는 수출은 본선인도(FOB) 가격, 수입은 운임 · 보험포함(CIF) 가격으로 평가되나 국제수지표에서는 수출입 모두 본선인도(FOB) 가격으로 평가된다. 따라서 국제수지 기준 수입규모는 통관기준 수입규모보다 적게 나타난다.

표 11-1 국제수지표의 구성

차변(−)	대변(+)				
재화의 수입	재화의 수출	→ 상품수지		경상수지	국제수지 또는 종합수지
서비스의 수입	서비스의 지급	→ 서비스수지		경상수지	국제수지 또는 종합수지
소득지출	소득수입	→ 소득수지		경상수지	국제수지 또는 종합수지
이전지출	이전수입	→ 이전수지		경상수지	국제수지 또는 종합수지
해외직접투자	외국인직접투자	→ 직접투자수지	투자수지	자본수지	국제수지 또는 종합수지
해외증권투자	외국인증권투자	→ 증권투자수지	투자수지	자본수지	국제수지 또는 종합수지
해외기타투자	외국인기타투자	→ 기타투자수지	투자수지	자본수지	국제수지 또는 종합수지
기타해외자본 투자	기타외국인자본 투자	→	기타 자본수지	자본수지	국제수지 또는 종합수지
				오차 및 누락	국제수지 또는 종합수지
					‖
통화당국의 준비자산 증가	통화당국의 준비자산 감소	→			준비자산의 증(−)감(+)

표 11-2 한국의 국제수지계정의 현황(2008년)

항 목	금액(억달러)
수출(1)	4,329.2
수입(2)	4,272.5
상품수지(3=1−2)	56.6
서비스수입(4)	771.7
서비스지급(5)	938.5
서비스수지(6=4−5)	−166.7
소득수지(7)	59
경상이전수지(8)	−6.7
경상수지(9=3+6+7+8)	−57.7
외국인직접투자(10)	33.1
해외직접투자(11)	189.4
직접투자수지 (12=10−11)	−156.3
외국인증권투자(13)	234.8
해외증권투자(14)	258.8
증권투자수지 (15=13−14)	−24.0
기타투자수지(16)	−173.8
투자수지(17=12+15+16)	−501.9
기타자본수지(18)	1.0
자본수지(19=17+18)	−500.8
오차 및 누락(20)	−5.8
종합수지(21=9+19+20)	−564.4
준비자산증감(증: −)(22)	564.4

(2) 서비스수지

서비스수지란 우리나라 선박이나 항공기의 운임수입 그리고 외국 관광객의 외환지출 등 서비스 수입에서 외국에 지급한 선박이나 항공기의 운항경비, 여행경비, 기술용역대가 등 서비스 지급으로 인한 외환유출을 차감한 금액을 의미한다. 우리나라의 경우 2008년에 이 수지는 약 166.7억달러의 적자를 보이고 있다.

(3) 소득수지

소득수지란 해외거주 우리나라 근로자가 수취하는 급료 및 임금과 우리나라가 보유하고 있는 대외금융자산에서 발생하는 배당, 이자수입 등을 합친 소득수입에서 국내거주 외국인 근로자에게 지급하는 급료 및 임금, 대외금융 부채에 대한 이자지급 및 배당금 등과 같은 소득지급을 뺀 수치를 의미한다. 우리나라의 경우 2008년에 소득수지 흑자 폭은 약 59억달러에 달했다.

(4) 경상이전수지

먼저 경상이전거래란 아무런 대가 없이 제공되며 수혜자의 소득 및 소비에 직접적으로 영향을 주는 거래를 의미한다. 해외에 거주하는 교포의 송금이나 국내에서의 해외송금, 해외 종교단체와 자선단체로부터의 기부금 그리고 정부간의 무상원조 등이 여기에 해당된다. 경상이전수지란 이전수입에서 이전지출을 차감한 금액을 의미하는데 우리나라의 경우 2008년에 약 6.7억달러의 적자를 기록했다.

(5) 경상수지

경상수지란 경상거래를 통하여 유입된 외환에서 유출된 외환을 뺀 금액으로 국제수지에서 가장 중요시되는 수치이다. 상품수지, 서비스수지, 소득수지 그리고 경상이전수지를 합계한 금액으로 나타난다. 경상수지는 뒤에서 언급하겠지만 기본적으로 한 국가의 해외저축 또는 대외자산의 순변동을 나타낸다. 예를 들어 경상수지 흑자는 경상거래를 통한 외환유입이 유출보다 크다는 것을 의미하므로 이 순유입액은 결국

이 국가의 외화표시자산의 증가 즉 대외자산의 증가를 나타내고, 반면 적자는 대외부채의 증가로 나타난다. 2008년 우리나라는 57.7억달러의 경상수지 적자를 기록하였는데, 이는 우리나라 국민들이 국내지출을 하는 데 부족한 만큼 차입하였음을 의미한다.

경상수지 추세의 변화

경상수지는 개도국의 경우 적자추세가 일반적이다. 그 이유는 개도국의 경우 생산활동이 활발하지 못한 상태에서 경제성장을 위해서 필요한 재화나 서비스를 해외로부터 조달하려 하기 때문이다. 그 다음 단계는 투자에 의해서 증대된 생산능력으로 인해서 과잉 생산된 재화나 서비스를 수출하고 그 결과 경상수지가 흑자로 반전되고 외화자산이 축적되어 가는 단계이다. 다음 단계는 성숙단계로서 축적된 외화자산으로부터 발생되는 원리금 상환 등으로 인하여 국내로의 자본순유입이 발생되고 이것을 통해서 경상수지 적자가 가능해지는 단계라 할 수 있다. 따라서 경상수지 상태를 단기적인 관점에서 평가하는 것보다 장기적인 추세로 해석하는 것도 필요하다.

(6) 직접투자수지

직접투자는 기업의 경영권과 관련된 자본투자를 의미하는데 직접투자를 통한 자본유입을 나타내는 외국인직접투자에서 자본유출로 나타나는 해외직접투자를 제외한 수치가 직접투자수지이다. 2008년에 외국인직접투자 금액은 33.1억달러인 반면 우리의 해외직접투자는 189.4억달러에 달함으로써 직접투자수지는 약 156.3억달러의 적자를 기록하였다.

(7) 증권투자수지

증권투자는 투자자본의 가치증가 또는 수익을 목적으로 행하는 투자로서 경영권 확보와 무관한 주식투자나 채권투자가 이에 해당된다. 우리나라의 경우 2004년 한 해 동안 외국인의 순투자액(=총투자금액−회수금액)은 258.8억달러로 이러한 자본순유입은 이 기간 동안의 주식시장 활황과 밀접한 관련이 있다. 반면 국내 투자자들의 해외증권투자의 경우는 약 234.8억달러에 달함으로써 증권투자수지는 24.0억달러의 적자를 기록했다.

(8) 기타 투자수지

기타 투자수지는 직접투자와 증권투자에 속하지 않고 금융기관 등을 통한 대출 및 차입, 무역관련 신용거래, 현금 및 예금 등의 금융거래를 포함한다. 예를 들어 우리나라 금융기관의 해외차입이나 국내거주자의 외화예금 등이 기타 투자수지 항목에 속한다. 우리나라의 경우 2008년에 기타 투자수지는 173.8억달러의 적자를 기록했는데 이는 주로 대외부채에 대한 원금상환 등에 기인한다.

(9) 투자수지

직접투자수지, 증권투자수지, 기타 투자수지의 합계를 의미한다.

(10) 기타 자본수지

수혜자의 소득이나 소비에 직접적으로 영향을 주지 않는 증여자금 예를 들어 외국대학의 한국학 도서관 건립에 증여한 투자보조금 등이 이 항목에 속하며 국내거주자의 해외이주비 그리고 특허권, 상표권의 사용에 대한 대가 지급[4]이 아닌 권리 그 자체를 사고 파는 거래가 포함된다. 우리나라의 경우 2008년에 1억달러의 흑자를 보여 주고 있다.

(11) 자본수지

자본수지란 투자수지와 기타 자본수지의 합계로 자본거래를 통한 자본유입에서 자본유출을 제한 금액이다. 자본수지 흑자는 일종의 대외부채의 증가로 해석할 수 있다. 우리나라의 경우 자본수지는 1970년대 이래로 줄곧 흑자상태이었으나 1998년에는 −33억$의 적자를 나타냈다. 그러나 2008년에는 해외직접투자 등의 증가로 인해서 500.8억달러의 적자를 기록했다.

---

4) 특허권 및 상표권의 사용에 대한 대가 지급은 서비스수지에 포함된다.

경상수지와 자본수지 간의 인과관계

사후적으로 경상수지는 자본수지와 준비자산의 증감에 의해서 보전된다. 이때 경상수지의 변화가 자본수지의 변화를 초래했는지 또는 자본의 유출입이 재화나 서비스의 수출입을 초래했는지에 대한 논란이 제기될 수 있다. 즉 두 수지간의 인과관계가 정책적인 측면에서 중요할 수가 있다. 일반적으로 자본의 거래가 자유롭지 못한 경우에는 경상수지의 보전을 위해서 자본의 유출입이 이루어지고 반대로 자본거래가 자유화되어 있는 상태에서는 경상수지가 자본의 유출입에 의해서 영향받는 경우가 빈번하다 하겠다. 고도경제성장을 달성한 1960년대부터 1980년대까지의 한국경제의 경우가 전자의 예라 하면 자본자유화를 확대한 직후 경상수지 적자폭이 크게 증대된 멕시코의 경우가 후자의 예라 할 수 있다.

⑿ 오차 및 누락

국제수지표는 앞에서도 설명한 바와 같이 수출입 통계와 외환수급 통계 등을 기초자료로 사용하여 작성하는데, 이 때 기초 통계간의 불일치, 통계계상시점의 차이, 통계작성과정에서의 보고 잘못이나 누락 그리고 통계작성 자체의 어려움 등으로 인하여 경상수지나 자본수지가 잘못 작성되거나 이들 항목에 포함되는 것이 누락되는 경우가 발생한다. 오차 및 누락 항목의 크기는 성격상 독립적으로 계상되는 것이 아니고 경상수지 및 자본수지의 합계와 뒤에서 설명하는 통화당국 보유 준비자산의 증감과의 차이로 계상한다. 즉 경상수지와 자본수지의 합계는 이론적으로는 반드시 통화당국의 외환자산의 증감과 일치되어야 하는데 실제 자료에서는 이들간에 차이에 발생한다. 따라서 이 차이를 조정해 주는 항목이 필요한데 이것이 바로 오차 및 누락 항목이다.[5] 오차 및 누락 항목이 '+'일 경우 그 일부는 비공식적인 자본유입으로, 반대로 '−'일 경우 자본도피로 해석하는 경우도 있다. 2008년의 경우 우리 나라는 약 5.8억달러의 오차 및 누락이 발생하였다.

5) IMF의 국제수지 작성지침서에서는 오차 및 누락항목의 크기가 수출입 합계액의 5% 이하일 경우 국제수지표의 정확도가 높은 것으로 인정하고 있다.

⒀ 종합수지 또는 국제수지

일반적으로 국제수지를 의미할 때 사용되는 개념으로 경상수지와 자본수지 그리고 오차 및 누락의 합계로 표시된다. 종합수지의 불균형은 일정기간 동안 국내로의 자본유입과 해외로의 자본유출간에 차이가 발생한 것을 의미한다. 종합수지 흑자는 유입된 자본 중 일부가 해외로 유출되지 않고 통화당국으로 흘러들어 갔음을 의미하고, 종합수지 적자는 적자폭 만큼의 자본이 통화당국의 보유외환에서 나와서 해외로 유출되었다는 것을 의미한다. 따라서 종합수지는 통화당국의 외환보유고의 증감과 일대일의 관계에 있다. 2008년의 경우 우리나라의 종합수지 또는 국제수지는 564.4억달러 적자를 기록하였다.

⒁ 준비자산 증감

준비자산 증감이란 통화당국의 외환보유고의 증감이라 할 수 있다. 통화당국은 국제수지의 불균형을 직접 보전하거나 또는 외환시장개입을 통하여 국제수지 불균형을 간접적으로 조정하기 위하여 보유하고 있는 대외자산을 사용할 수 있다. 만약 종합수지가 흑자일 경우에는 흑자규모 만큼의 순자본유입이 결국 통화당국보유 외환자산, 즉 외환보유고의 증가로 나타난다. 반대로 종합수지 적자의 경우에는 적자폭만큼 통화당국에 의한 보전이 이루어진 것을 의미하므로 이것은 곧 통화당국 보유 외환스톡의 감소로 나타난다. 따라서 준비자산의 증가는 국제수지표의 차변에, 준비자산 감소는 국제수지표의 대변에 표시되고 차변의 경우 부호는 '－', 대변의 경우 부호는 '＋'로 표시된다. 즉 준비자산의 증감은 국제수지와 반대부호를 갖게 되므로 준비자산의 순증가의 경우에는 '－'부호가 되며 '＋'로 표시되는 국제수지 흑자와 합칠 경우 그 합이 0이 된다.

국제수지표 작성 사례(Ⅱ)

1) 상품 100만$을 현금으로 수입:

100만$ 상품수입은 외화자금의 유출을 의미하므로 경상계정의 차변에 기록하고 이 거래와 관련된 외국환은행을 통한 외화자금의 지급은 외국환은행의 해외자산의 감소를 의미하므로 자본계정의 대변에 기록된다. 따라서 상품수지는 100만$ 적자, 기타 투자수지는 100만$ 흑자로 나타난다.

외화 용도	외화 재원	
· 상품 100만$ 수입		→ 상품수지 100만$ 적자
	· 기타 투자 100만$	→ 기타 투자수지 100만$ 흑자

2) 국내기업이 해외에서 외화증권을 1,000만$ 발행:

외화증권 발행에 따른 외국인 매입은 곧 외국인증권투자를 의미하며 매각된 금액을 국내 외국환은행에 예치한 것은 곧 외국환은행의 해외자산 증가를 의미한다. 따라서 증권투자수지 흑자 1,000만$, 기타 투자수지 적자 1,000만$로 기록되고 자본수지는 균형이 된다.

외화 용도	외화 재원	
	· 외화증권 1,000만$ 발행	→ 증권투자수지 1,000만$ 흑자
· 외국환은행 외화 자산 1,000만$ 증가		→ 기타 투자수지 1,000만$ 적자

3) 정부가 해외에서 외국환 평형채권(외평채)을 1억$ 발행하고 한국은행에 예치:

정부의 외평채 발행은 곧 외국인의 증권투자를 통한 외화유입을 의미하고 이를 한국은행에 예치했다는 것은 한국은행의 준비자산이 증가됐음을 의미한다. 따라서 이 경우 증권투자 수지와 자본수지는 1억$ 흑자로, 그리고 준비자산도 1억$ 증가로 나타난다.

외화 용도	외화 재원	
	· 외평채 1억$ 발행	→ 증권투자수지 1억$ 흑자
· 준비자산 1억$ 증가		→ 준비자산 1억$ 증가

외환위기와 외환보유고

1997년 12월 외환위기 직후 한국경제가 직면한 가장 중요한 정책과제는 정부보유 외환 즉 외환보유고를 확대하는 일이었다. 외환보유고는 한마디로 그 국가의 대외거래를 유지시키기 위해서 예비적으로 보유하고 있는 현금유동성이라 할 수 있다. 적정수준의 외환을 보유하고 있어야 한국경제에 대한 외국투자자들의 신뢰를 확보할 수 있고 국내외 경제환경변화에도 우리나라 원화의 통화가치 즉 환율을 안정적으로 유지할 수 있다. 그러나 1997년말 외환위기 당시 한국정부가 민간부문의 대외거래를 지원하거나 환율안정을 위해서 확보한 외환유동성의 규모는 약 38억달러에 지나지 않았다. 이러한 외환보유고의 규모는 당시 한국경제의 수입규모나 자본거래규모에 비추어 볼 때 한국경제가 거의 지불불능상태에 빠졌다고 평가할 수 있을 것이다. 따라서 정부는 국내로 외환을 유입시키기 위해서 IMF를 위시한 국제기구의 도움을 비롯한 가능한 모든 수단을 동원했다. 그 결과 1998년에는 수출을 통해서 약 1,321억달러, IMF 및 국제금융기관으로부터 차입 및 외국인투자 유치 등을 통하여 약 1,021억달러 등 총 2,342억달러를 조달하였다. 이렇게 조달된 외환은 수입을 위해서 약 905억달러, 외채에 대한 원금상환으로 약 993억달러 그리고 민간부문의 해외투자로 62억달러가 사용되었다. 그리고 초과유입액인 309억달러는 정부의 외환보유고 증가로 나타나서 1998년말 외환보유고는 약 350억달러로 크게 증대되었다. 이러한 외환보유고의 증가는 우리 경제에 대한 대외신인도를 제고시키는 데 일조함으로써 우리나라가 외환위기를 보다 순조롭게 극복하는 데 크게 기여한 것으로 평가되고 있다.

〈1998년 외환자금의 조달 및 운용 내역〉

(단위: 억달러)

외환자금운용(자본유출)		외환자금조달(자본유입)	
수입	905	수출	1,321
기타 경상거래를 통한 자본유출	361	기타 경상거래를 통한 자본유입	350
원금상환	993	자본거래를 통한 총자본유입	1,021
민간 및 금융기관 대외자산 증가	61		
준비자산 증가	309		
오차 및 누락	63		
총 계	2,692	총 계	2,692

자료: 한국은행.

3. 한국의 국제수지 변화와 특징

한국의 국제수지의 변화 추이를 살펴볼 때 몇 가지 특징적인 모습이 나타난다.

첫째로 1985년까지 경상수지는 적자기조를 유지하다가 1986년 이후 흑자로 반전한 후 1990년에 다시 적자로 전환되었다. 경상수지 적자는 1993년을 제외하고 1997년까지 지속되다가 통화위기 이후 1998년에 큰 폭의 흑자가 발생한 후 2004년까지 지속되었다. 즉 1985년 이후 경상수지가 매우 불안정한 모습을 보임에 따라 앞으로의 장기적인 추세는 예측하기 어렵다.

1986년부터 1989년까지의 경상수지 흑자는 외부경제여건의 변화인 소위 3저현상(저달러 즉 엔고, 저유가, 저금리)에 주로 기인한 반면 1998년의 흑자는 경제위기에 따른 국내 소비 및 투자의 위축으로 인해서 발생된 것으로 그 원인이 상이하다. 한국의 경상수지는 2000년대 이후 2008년 일시적인 적자를 보인 것을 제외하고 대체로 안정적인 수준에서 흑자를 기록하고 있다.

둘째로 1990년대 중반까지는 경상수지와 자본수지가 대체로 대칭적으로 나타나고 있다. 한국의 경우 자본자유화가 제대로 이루어지지 않았기 때문에 이러한 현상은 경상수지가 자본수지에 의해서 주로 보전되었다고 해석할 수 있을 것이다. 그러나 경상수지가 적자인 경우에는 대칭적인 관계가 비교적 잘 나타나고 있으나 흑자시기에는 다소 다른 모습을 보이고 있다.

이것은 경상수지 흑자로 인한 자본유입이 자본거래를 통한 자본유출로 상쇄되지 않았음을 의미한다. 결국 이 경우 경상수지 흑자의 상당부분이 외환보유고의 증가로 나타난다. 물론 1998년 이후에는 외환보유고의 증대 및 환율안정이 정책의 최우선 목표이었기 때문에 비록 자본자유화가 크게 확대되었어도 경상수지 흑자는 대폭적인 외환보유고의 증가로 연결되었다.

셋째로 외환보유고는 1987년까지 거의 변화가 없다가 1988년 크게 증가하였다. 이는 앞에서도 설명된 바와 같이 경상수지 흑자로 인한 외화유입을 준비자산의 증가로 흡수하였음을 의미한다. 그 결과 국내 통화량의 증발압력이 가중되었다. 1994년부터 1996년 사이에는 경상수지 적자와 외환보유고의 증가가 동시에 나타나고 있다. 이는 곧 대외부채가 큰 규모로 증가하는 것을 의미한다. 이것이 1997년 한국의 경제위기 요인의 하나로 제시되기도 한다. 1997년에는 큰 규모의 외환보유고 감소가 있었는데, 이는 위기로 인한 대규모 자본유출과 이로 인한 원화가치 하락을 방어하기 위해서 외환당국이 적극적으로 외환시장에 개입한 것에 기인한다. 이와 유사한 상황이 2008년에도 일시적으로 발생한 바 있으나, 2000년 대 이후에는 대체적으로 외환보유고가 지속적으로 증가하는 추세를 보이고 있다.

그림 11-1 한국의 국제수지 변화 추이(1980-2008)

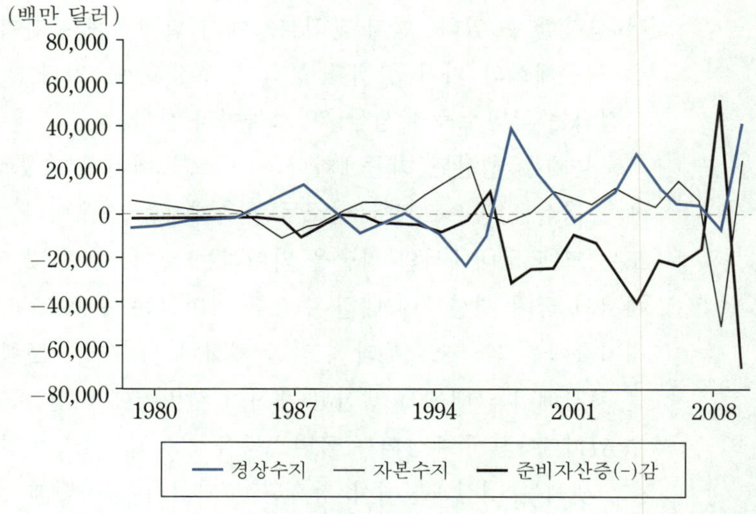

11.3 국제수지와 국민소득

본 절에서는 재화와 서비스의 수출입과 관련된 경상수지가 국민소득과 어떠한 관련이 있는지를 살펴보고자 한다.

1. 국민소득 3면등가의 원칙

국민소득이란 한 나라의 가계, 기업, 정부 등 모든 경제 주체가 일정기간 동안에 생산한 재화와 용역의 부가가치를 화폐단위로 평가한 크기를 의미한다. 이러한 국민소득을 추계하는 방법은 크게 3가지 측면에서 생각할 수 있다. 먼저 생산과정에서 발생되는 부가가치의 총합계 또는 최종재화의 가치 합계를 통하여 추정할 수 있다. 이러한 측면에서 산정되는 국민소득을 생산국민소득이라 한다.

둘째는 생산된 최종재화나 서비스가 어떠한 용도로 사용되었는가에 초점을 맞춤으로써 국민소득을 추계하는 경우이다. 이 경우 지출용도는 크게 국내에서의 지출을 의미하는 소비, 투자 및 정부지출과 해외에서의 국내 생산물에 대한 수요를 의미하는 수출로 구성된다. 이때 국내지출에는 외국으로부터 수입된 재화나 서비스가 포함되므로 이 부문을 차감해야 국내에서 생산된 재화나 서비스에 대한 지출규모를 파악할 수 있다. 이렇게 계상되는 국민소득을 지출국민소득이라 한다.

셋째는 생산과정에서 창출된 부가가치가 어떻게 소득형태로 배분되는가를 확인함으로써 국민소득을 추정하는 방법이다. 즉 일단 생산된 부가가치는 생산과정에 참여한 생산요소의 기여도에 따라 임금, 이자, 지대, 이윤 등의 형태로 배분된다. 이때 배분과정에서 정부는 일정수준의 세금을 징수하게 된다. 세금을 제외한 소득은 결국 소비에 사용하느냐 또는 소비에 사용하지 않고 저축하느냐로 구분된다. 이렇게 계상되는 국민소득을 분배국민소득이라 한다.

국민소득 3면등가의 원칙
생산국민소득(Y)=지출국민소득($C+I+G+X-M$)=분배국민소득($C+S+T$)
C: 소비, I: 투자, G: 정부지출, X: 수출, M: 수입, S: 저축, T: 세금

따라서 국민소득은 이러한 세 측면에서 추계될 수 있으며 이들 규모는 항상 일치되어야 할 것이다. 이러한 원칙을 국민소득 3면등가의 원칙이라 한다.

2. 경상수지와 국민소득의 관계

국민소득 3면등가의 원칙에 의해서 경상수지는 다음과 같이 표시될 수 있다.

$$Y=C+I+G+X-M$$
$$\rightarrow (X-M)=Y-(C+I+G)=Y-A \qquad (11\text{-}1)$$

식 (11-1)은 경상수지가 국민소득(Y)에서 국내총지출($A=C+I+G$)을 차감한 크기로 나타남을 의미한다. 따라서 경상수지가 흑자라는 것은 국민소득이 국내총지출보다 큼을 의미하므로 국가차원에서의 저축을 의미한다. 이때 저축은 해외에 하는 것으로 나타나므로 경상수지 흑자는 해외저축이라 할 수 있다. 반대로 경상수지가 적자라 함은 소득보다 더 많은 지출을 의미한다. 이 갭은 결국 해외로부터의 차입에 해당되므로 국내경제에 대한 외국인 저축이라 할 수 있다. 따라서 경상수지가 흑자가 된다는 것은 해외저축이 발생해서 대외자산이 늘어남을 의미하고 적자의 경우는 대외채무가 증가함을 의미한다.

경상수지는 국민소득 3면등가의 원칙을 이용해서 또 다른 방식으로 표기될 수 있다.

$$C+I+G+X-M=C+S+T$$
$$\rightarrow (X-M)=(S-I)+(T-G) \qquad (11\text{-}2)$$

(11-2)식에 의하면 경상수지는 민간저축에서 투자를 제외한 민간순저축($S-I$)과 정부의 조세수입에서 정부지출을 차감한 정부순저축

Case: 국민소득과 경상수지

국민소득의 항등관계인 $Y=C+I+G+(X-M)$와 $Y=C+S+T$를 정리해 보면, 경상수지$(X-M)$는 $(S+T)$와 $(I+G)$ 간의 격차임을 알 수 있다. 즉, 경상수지는 단순히 수출과 수입의 차이로 이해되고 있으나, 국민소득의 관점에서 볼 때 총지출과 총저축의 차이로 보는 것이 더 정확하다. 따라서 경상수지 흑자를 국가경쟁력의 한 단면쯤으로 이해하는 것은 옳지 않으며, 국민소득에 비하여 내수관련 지출의 과다 여부를 알려 주는 지표로 간주하는 것이 옳다.

한국의 경우, 2007년 경상수지는 14조 7천억 가량의 흑자였으나 2008년에는 약 12조의 적자를 보이고 있다.[6] 실제로 2007년의 저축과 투자의 차이가 13조, 조세수입과 재정지출의 차이가 1조 6천억이었다. 반대로 2008년에는 저축과 투자의 차이가 약 -5조, 조세수입과 재정지출의 차이가 -7조 가량이었으므로 위의 설명을 잘 뒷받침해 주고 있다.

〈한국의 국민소득 구성 변수와 규모〉

(단위: 십억원, %)

	2007년		2008년	
	금 액	대GNP비율	금 액	대GNP비율
Y(=GNP)	975,013.0	100.0	1,026,451.8	100.0
C(소비)	530,264.1	54.4	561,627.5	54.7
I(투자)	286,917.6	29.4	320,368.8	31.2
G(정부지출)	143,103.40	14.7	156,542.70	15.3
X(수출)	408,754.1	41.9	544,110.7	53.0
M(수입)	394,026.2	40.4	556,197.9	54.2
S(저축)	299,944.0	30.8	315,375.7	30.7
T(조세수입)	144,754.90	14.8	149,448.60	14.6
$X-M$	14,727.90	1.5	12,087.20	−1.2
$A(=C+I+G)$	960,285.10	98.5	1,038,539.0	101.2
$S-I$	13,076.4	1.3	4,993.1	−0.5
$T-G$	1,651.50	0.2	7,094.10	−0.7

주: $G=Y-C-I-X+M$, $T=Y-C-S$로 계산.

6) 2009년에는 약 42조의 흑자를 보인 바 있다.

$(T-G)$, 즉 재정수지의 합계로 나타난다. (11-1)식에서 설명된 바와 같이 경상수지는 그 국가의 저축 개념으로 이해할 수 있는데 이 저축은 다시 민간순저축과 정부순저축으로 구분될 수 있다. 따라서 경상수지가 흑자인 경우에는 반드시 민간순저축이 '+'이거나 재정수지가 흑자로 나타났음을 의미한다. 반대로 경상수지 적자는 민간저축이 민간투자보다 적거나 재정적자가 발생하는 경우 또는 동시에 두 현상이 발생되는 것으로 이해할 수 있다. 1980년대 발생한 미국의 경상수지 적자와 재정적자를 의미하는 쌍둥이 적자 현상은 식 (11-2)의 관계로 설명될 수 있다. 그러나 이 경우 재정적자가 반드시 경상수지 적자를 초래한다는 보장은 없다. 왜냐하면 재정적자가 발생할 때 민간저축이 크게 증대되면 식 (11-2)에서 알 수 있는 바와 같이 경상수지는 흑자가 될 수도 있기 때문이다.

그러나 한 국가가 경상수지를 개선하기 위해서는 반드시 민간순저축을 증대시키거나 재정적자를 축소하여야 하는데 일반적으로 민간순저축의 증대는 저축증대나 소비 또는 투자감소를 의미하고 재정적자 축소는 긴축을 의미하므로 경기침체가 수반될 수 있다.

11.4 국제수지와 통화

본 절에서는 통화공급과 밀접한 관련이 있는 종합수지가 어떠한 경로를 통해서 통화량의 변화에 영향을 주는지를 살펴보기로 한다. 먼저 이를 위해서 간략하게 한 국가의 통화공급이 어떻게 결정되는지를 설명한다.

1. 통화의 정의

통화량이란 시중에 유통되고 있는 통화의 양을 의미하는데 통화금융기관 이외의 민간부문이 보유하고 있는 현금통화와 통화금융기관이

창출한 예금통화의 합계를 의미한다.[7] 통화량은 그 국가 내의 구매력 규모를 결정하는 가장 기본적인 변수이므로 물가안정을 위해서는 통화량의 규모를 정확히 파악할 필요가 있다. 그러나 금융자산은 여러 형태로 존재하고, 그 중 어느 것이 지급의 매매수단 역할을 함으로써 통화로 분류될 수 있느냐는 금융자산의 유동성 차이, 거래관습 등에 의해서 결정된다. 따라서 통화량의 정의도 다양하게 나타난다.

현금통화는 통화를 발행하는 중앙은행에 의해서 공급되며 예금통화는 은행이라는 금융시스템을 통해서 창출된다. 그리고 현금통화와 예금통화는 기본적으로 중앙은행이 독점적 권한을 통하여 공급하는 본원통화(high-powered money)에 기초해서 유통, 창출된다. 본원통화는 중앙은행보유 국내외 순자산에 대비되는 부채라 할 수 있는데 중앙은행 밖에 존재하는 현금과 예금은행이 중앙은행에 예치한 지불준비금으로 구성되어 있다. 보다 더 구체적으로 설명하면 본원통화는 민간이 보유한 현금과 금융기관의 보유 현금인 시재금 그리고 금융기관의 중앙은행에 대한 지준예치금의 합계라 할 수 있다.

본원통화
=민간보유현금+금융기관 시재금+금융기관 지준예치금
=화폐발행액+금융기관 지준예치금
=민간보유현금+금융기관 총지급준비금

중앙은행에서 일차적으로 공급된 본원통화는 예금은행에 전부 또는 일부가 예금되리라 예상할 수 있다. 이 때 예금된 금액의 일부는 지불준비금으로 중앙은행에 예치되고 나머지는 예금은행에 의해서 투자재원으로 활용된다. 예금은행의 주된 업무의 하나가 대출이라고 할 때 예금액의 상당부문이 대출자의 요구불 예금형태로 대출된다. 대출자는 자신의 요구불예금에 기초해서 당좌수표를 발행함으로써 거래의 지급수단으로 사용한다. 따라서 요구불예금도 일종의 통화라 할 수 있으며 이럴 경우 이것을 예금통화라 한다. 일반적으로 정의되는 통화(M_1)는

7) 좁은 의미에서 예금통화란 통화금융기관의 요구불 예금을 의미하나 넓은 의미에서는 준통화로 분류되는 통화금융기관의 저축성 예금 및 거주자 외화예금까지도 포함한다.

바로 민간이 보유하고 있는 현금 즉 현금통화와 통화금융기관에 의해서 창출된 요구불예금 즉 예금통화의 합계를 의미한다.[8]

예금은행의 신용창출과정에 의해서 규모가 결정되는 통화(M_1)와 본원통화(H) 간에는 일정한 관계가 있다.[9] 즉,

$$M_1 = \mu \cdot H \tag{11-3}$$

μ: 통화승수

통화승수는 본원통화대비 통화의 비율을 나타내는 지표인데 민간의 현금보유성향이나 법정 지급준비율 등이 높으면 그만큼 예금통화가 창출될 수 있는 규모가 작아져서 그 값이 낮아진다. 즉 통화승수는 현금보유성향이나 지급준비율 등에 의해서 영향을 받는다. 일반적으로 1보다 큰 값을 갖는다. 따라서 통화당국은 본원통화의 양을 조정하거나 지급준비율을 변경함으로써 통화공급량을 변화시킬 수 있는 것이다.

본원통화란 소유권을 기준으로 정의되는데 일반 민간이나 금융기관이 소유한 현금과 금융기관이 중앙은행에 예치한 지급준비금의 합계를 의미한다. 즉 중앙은행의 부채의 일종이라 할 수 있다. 반면 통화(M_1)는 구매력여부로 정의하는데 민간부문 소유 현금통화와 민간부문이 은행에 예치한 예금의 합계를 의미한다. 화폐발행액은 중앙은행 밖에서 유통되는 현금을 의미한다.

2. 국제수지와 통화량의 변화

국제수지 즉 종합수지가 통화공급과 어떠한 관계에 있는지를 알기

---

8) 또 다른 유형의 통화관련 정의는 다음과 같다.

총통화(M_2)=통화(M_1)+준통화(통화금융기관 저축성예금 및 거주자외화예금)

M_2A=총통화−장기저축성예금

MCT=총통화+양도성 정기예금증서(CD)+금전신탁

9) 예를 들어 갑이 현찰 100만원을 A은행에 요구불예금으로 예치했다고 하자. 그리고 법정지급준비율이 10%라 하자. 그러면 A은행은 100만원 중 90만원을 다른 사람에게 대출할 수 있다. 대출을 받은 을이 다시 90만원을 B은행에 요구불예금으로 예치한다고 하면 B은행 또한 법정지급준비금인 9만원을 제외한 81만원을 대출할 수 있다. 따라서 이 과정에서 발생된 통화의 총규모는 271만원이 된다. 이것이 바로 은행에 의한 신용창출과정이다.

위해서는 먼저 중앙은행의 대차대조표를 살펴보아야 한다.[10] 〈표 11-3〉에서 알 수 있는 바와 같이 본원통화(H)의 변화는 곧 중앙은행의 해외순자산(NFA^{cb})이나 국내순자산(CBC^{cb})의 변화를 의미한다.

한편 앞의 국제수지표에서 설명된 바와 같이 국제수지 또는 종합수지가 균형이 아닐 경우 이는 곧 준비자산의 증감을 의미하는데, 준비자산의 변화가 중앙은행보유 해외순자산의 변화와 일치할 경우 이는 곧 본원통화의 변화를 의미한다.[11] 왜냐하면 중앙은행이 외환시장에서 해외자산을 매매함으로써 준비자산을 변화시킨다는 것은 곧 그 반대급부로 국내통화가 수취 또는 지급됨을 의미하기 때문이다. 따라서 국제수지에 의해 변동된 본원통화는 앞에서 설명된 신용창출과정을 통해서 통화(M_1)공급에 영향을 주게 된다.[12]

표 11-3 중앙은행의 대차대조표

차변(자산)	대변(부채)		차변(자산)	대변(부채)
해외자산	화폐발행액		해외순자산(NFA^{cb})	본원통화(H)
국내자산	지준예치금	→	(=해외자산-해외부채)	· 화폐발행액
	기타 국내부채		국내순자산(CBC^{cb})	· 지준예치금
	해외부채		(=국내자산-기타국내부채)	

주: 해외자산(부채)은 외화표시 자산(부채), 국내자산(부채)은 국내통화표시 자산(부채)을 의미한다. 그리고 국내자산에는 중앙은행의 정부대출금 및 금융기관대출금, 유가증권 등이 포함된다. 기타 국내부채에는 정부예금이나 중앙은행발행 통화안정증권 등이 포함된다. 그리고 해외순자산은 중앙은행의 외화표시 자산에서 외화표시 부채를 차감한 금액이고 국내순자산은 국내자산에서 기타 국내부채를 제외한 것을 의미한다.

---

10) 대차대조표란 특정경제주체의 일정시점에서의 자산 및 부채의 규모를 T계정의 차변과 대변에 각각 기록한 표이다.

11) 그러나 만약 중앙은행이 해외에서 외화를 차입해서 준비자산을 증대시키는 경우에는 중앙은행보유 해외순자산에는 변동이 없기 때문에 따라서 통화량에도 영향이 없게 된다.

12) 준비자산의 증감과 중앙은행의 해외순자산의 변동이 일치할 때, 국제수지와 본원통화 간의 관계를 수식으로 표현하면 다음과 같다.

$$NFA^{cb}+CBC^{cb}=H$$

$$\Delta NFA^{cb}+\Delta CBC^{cb}=\Delta H$$

$$BOP(\text{국제수지 또는 종합수지})=\Delta OR(\text{준비자산 증감})=\Delta NFA^{cb}$$

$$\rightarrow BOP+\Delta CBC^{cb}=\Delta H.$$

이 때 해외순자산의 변화가 동일한 규모의 본원통화 변화로 연결되는 정책을 태화(non-sterilization)정책이라 한다. 반면에 해외순자산의 변화로 인한 본원통화의 변동을 국내순자산의 변동으로 상쇄시킬 경우, 즉 해외순자산과 국내순자산을 상호반대방향으로 조정함으로써 본원통화의 규모를 일정한 수준으로 유지하려는 정책을 불태화(sterilization)정책이라 한다. 불태화정책은 주로 국제수지의 변동에 상관없이 통화공급을 일정하게 유지시킴으로써 물가안정을 달성하려는 의도로 시행되고 있다. 예를 들어 중앙은행이 외환시장에서 국내통화를 대가로 외화를 매입했을 경우 중앙은행의 해외순자산과 본원통화가 동시에 증대된다. 이때 중앙은행이 보유정부채권 등을 매각함으로써 증가된 본원통화를 흡수하는 정책 즉 국내순자산을 감소시킴으로써 본원통화규모를 일정한 수준에서 유지하려는 정책이 바로 불태화정책이다.

태화정책은 중앙은행의 해외순자산변화에 따라 본원통화가 변화되도록 허용되는 정책인 반면 불태화정책은 중앙은행의 해외순자산변화와 반대방향으로 국내순자산을 변화시킴으로써 본원통화를 일정하게 유지시키는 정책이다.

한편 일반적으로 통화정책이라고 하면 국내순자산(CBC)을 변화시키는 정책을 의미한다. 이때 국내순자산의 변화가 물가변동이나 이자율변화 등을 통하여 국제수지를 변화시킬 경우 정부가 의도하는 통화공급은 예상과 달라질 수 있다. 즉 통화정책의 독자성이 국제수지의 변화에 의해서 영향을 받을 수 있게 된다.

Case: 한국은행의 해외순자산과 본원통화(2007-2008)

2008년 말 한국은행의 해외순자산은 약 233조 1천억원으로 2007년 말의 약 247조 8천억원에 비해서 약 14조 7천억원이 감소되었다. 그러나 본원통화는 2007년 말 약 56조 3천억원에서 오히려 약 64조 8천억원으로 증가하였다. 이는 곧 한국은행의 국내순자산의 증가를 의미하는데, 2007년 말 한국은행의 국내순자산은 약 −191조 4천억원에서 2008년 말 약 −168조 2천억원으로 증가하였다. 따라서 2008년 말 한국은행의 외환보유고와 해외순자산의 대규모 증가에도 불구하고 통화(M_1)는 소폭 증가하였다.

즉, 한국은행이 일정한 수준의 불태화정책을 사용했음을 알 수 있다.

1) 2007년 말 현재

(단위: 십억원)

해외순자산: 247,829.9 국내순자산: −191,431	본원통화: 56,399
M_1(통화): 316,382.7 μ(통화승수): $M_1/H=5.6$	H(본원통화): 56,399

2) 2008년 말 현재

(단위: 십억원)

해외순자산: 233,108.8 국내순자산: −168,263	본원통화: 64,846.3
M_1(통화): 330,623.7 μ(통화승수): $M_1/H=5.1$	H(본원통화): 64,846.3

주요용어

국제수지표	국민소득 3면등가의 원칙
유량/저량	본원통화
복식부기방식	통화(M_1)
상품수지	현금통화
경상수지	예금통화
투자수지	통화승수
자본수지	해외순자산
국제수지/종합수지	국내순자산
준비자산	태화정책
외환보유고	불태화정책

연습문제

1. 다음과 같은 국제거래가 이루어진 결과 국제수지는 어떻게 되는지를 설명하시오.

   (1) 재화 2백만$을 현금으로 수출
   (2) 해외여행경비로 현금 3만$을 사용
   (3) 외채에 대한 이자로 1억$ 지급
   (4) 국내기업이 현금으로 1억$을 베트남에 투자
   (5) 국내기업이 해외에서 외화증권 5천만$을 발행
   (6) 국내외국환은행이 해외은행으로부터 1억$을 차입한 후 한국은행에 매도
   (7) 한국은행이 IMF로부터 20억$을 차입

2. 종합수지는 어떠한 항목으로 구성되는지를 설명하고, 중앙은행의 준비자산의 변화와는 어떠한 관계가 있는지를 서술하시오.
3. 1998년 우리나라의 외환보유고는 약 309억$ 증가하였다. 이러한 외환보유고의 증가가 가능할 수 있게 된 원인을 설명하시오.
4. 경상수지 흑자가 항상 바람직한 것만은 아닌 이유를 설명하시오.
5. 경상수지가 의미하는 바를 국민소득 3면등가식을 사용하여 설명하시오.
6. 국제수지의 불균형이 통화량의 변화와 어떻게 연결되는지를 설명하시오.

제12장 환율결정이론

달러화 약세의 원인과 전망

원달러 환율이 한 때 7년 만에 900원대에 진입하면서 환율 쇼크가 본격화하는 것 아니냐는 우려가 나오고 있다. 이미 대기업들의 1분기 실적이 환율 직격탄을 맞았다. (중략) 환율하락이 경기회복의 발목을 잡을 수 있다는 우려도 이 때문이다. 외환시장 전문가들은 환율하락 쪽에 무게 중심을 두고 있다. 원달러 환율하락의 주요 변수는 미국 경제와 위안화 절상 여부, 한국의 국제수지 등이다. 1분기에는 원화를 제외하고, 미국 달러화가 상대적 강세를 보였다. 실제 원화는 미 달러화에 대해 지속적으로 평가절상됐지만, 엔화는 오히려 평가절하됐다.

최근에는 달러 약세가 기조로 정착되는 분위기다. 미국 경제에 대한 기대가 약화되는 게 가장 큰 이유이다. 미국 경제의 펀드 멘털에 대해 회의적인 의견이 고개를 들고 있다면서 금리 인상만으로 달러화 약세를 막기는 힘들 것이라는 전망이 우세하다.

위안화 절상은 또 다른 변수이다. 위안화 절상 자체는 이미 달러화 약세가 진행중임을 반영한다. 위안화 절상과 함께 달러화 가치의 추가적 하락이 일어날 가능성이 있다. 당분간 1,000원선 공방 원달러 환율은 당분간은 1,000원선을 기준으로 등락을 거듭할 가능성이 크다. (중략)

정부 개입도 한계가 있다. 달러 약세가 대세인 만큼, 시장 흐름에 역행하는 정책을 금융당국이 내놓기 힘들다. 더욱이 금리 인상 우려로 외환시장 안정용 국채를 무턱대고 발행하기도 어렵다.

기업들도 환율 세 자릿수 시대를 대비한 준비에 들어간 상태다. 기업들이 환율하락에 적극적으로 대비하고 있지만, 환율하락으로 인한 어느 정도의 수익 감소는 불가피한 상황이다.

〈매일경제, "환율쇼크, 전망은?" 2005. 5. 10〉

12.1 문제 제기

환율의 움직임은 어느 경제신문이나 첫머리를 차지할 만큼 관심거리가 아닐 수 없다. 환율은 물가나 이자율과 같은 경제변수들에 의하여 영향을 받기도 하고, 또한 경제전반에 중요한 영향을 미치기도 한다. 예를 들어 원유를 수입하는 한국경제의 입장에서 달러가격의 상승은 원화로 표시된 원유가격의 변동과 직결되어 산업이나 가정경제에 큰 영향을 미치게 된다. 외국에 배낭여행을 가려는 대학생의 경우에는 달러가격이 내려가면 여행경비를 절약할 수 있게 되어서 좋지만 그 반대가 되면 부담이 훨씬 커져서 계획을 포기하여야 할 수도 있다. 한편, 한국기업을 인수하려는 다국적기업의 입장에서는 원화 가치가 떨어질수록 인수비용은 감소하게 되므로, 활발한 투자가 일어날 것이다. 이와 같이 환율의 움직임은 국제무역이나 자본거래에 큰 영향을 줄 것이라는 것을 짐작할 수 있다.

국가간 경제교류에 있어서 자국통화는 국경을 넘어서면 달러와 같은 주요통화를 제외하면 자유롭게 통용되기가 어려운 것이 사실이다. 특히 개도국의 경우에는 자국통화가 국제적으로 통용되지 못하기 때문에, 수출입이나 자본차입이 달러와 같은 외국통화로 표시되고 결제되는 경우가 대부분이다. 외국에 투자를 하려는 투자자들이나 또는 외국상품을 수입하는 수입업자들은 외국통화를 필요로 하게 된다. 반대로 외국투자자들이 국내주식시장에 투자하려면 우선 자국통화를 우리나라 원화로 바꾸어야 한다. 따라서 국가간 상호의존도가 높아질수록 외환을 사고 팔려는 시장 역시 활성화될 것이라고 예상할 수 있다.

환율은 두 나라 화폐간의 교환비율을 의미한다. 즉, 어떤 나라의 화폐 1단위를 얻기 위하여 다른 나라의 화폐를 얼마나 지불하여야 하는가를 나타낸다. 그렇다면 환율은 어떻게 결정되는가? 달러, 유로 또는 엔과 같은 주요통화간 교환비율은 왜 고정되어 있지 않고 매일 매일 변하는가? 환율은 주가와 마찬가지로 예측이 어렵다고 하는데, 그 이유는 무엇인가? 본 장에서는 외환시장을 중심으로 환율이 수요 및 공급에 의하여 어떻게 결정되는지를 살펴보도록 한다. 또한 환율에 영향을 미치는 요인이 무엇인가에 대한 대표적인 이론들을 검토하도록 한다.

Case: 원-달러 환율의 추이

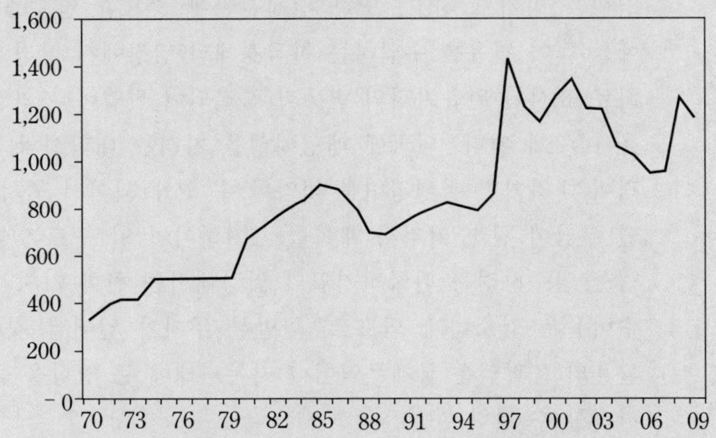

주: 연말기준.
자료: 한국은행 웹사이트(www.bok.or.kr).

한국 원화의 대미달러환율은 장기적으로 증가하는 추세를 보여 왔다. 다시 말하자면 원화의 가치는 미국 달러화에 비하여 하락하여 왔다고 하겠다. 시기적으로 보면 원화의 움직임은 커다란 차이를 보이고 있다. 1970년대 중반에는 중화학공업화를 추진하면서 1달러당 원화의 교환비율을 474원으로 고정시킨 적이 있었다. 국내물가상승에도 불구하고 환율을 고정시킨 결과, 수출은 줄어들고 수입은 증가하는 부작용이 초래되었다. 결국 1980년에는 원화의 대미달러환율을 대폭 상향조정하면서 원화가치가 주요 교역국 통화의 움직임을 반영할 수 있도록 제도적인 보완조치를 취하였다. 1980년대 전반기에는 원화가치가 계속 하락하였고, 1985년을 기점으로 이러한 추세가 반전되었다. 원유가격, 국제금리 및 엔화대비 달러가치가 상대적으로 낮아진 '3저' 현상으로 경상수지흑자를 실현한 것이 그 요인이라고 할 수 있다. 1980년대 말부터 국제경쟁력이 악화되면서 원화의 대미환율은 상승하는 추세로 돌아섰다.

1990년대에 들어와서 원화의 대미환율은 완만한 상승세를 보였으며 1994-1995년중에는 오히려 하락하는 양상을 보였다. 자본자유화로 인하여 외국자본의 유입이 본격적으로 이루어졌기 때문이다. 그러나 원화환율의 하락으로 1996년에는 경상수지가 230억달러의 기록적인 적자를 나타냈다. 이것은 1997년 말 발생한 외환위기의 원인 중의 하나였다고 지적되고 있다. 외환위기 이후 하향안정세를 보이던 원화환율은 2000년 하반기부터 다시 상향세로 반전되었다. 그리고 2007년 국제금융위기시에 환율이 다시 상승하는 현상을 보였으나 대체로 달러당 1,200원 이외의 수준에서 안정적인 추세를 지속하고 있다.

12.2 외환시장과 균형환율

1. 외환시장과 환율

외환이 거래되는 시장을 외환시장(foreign exchange market)이라고 한다. 외환에는 외국통화(foreign currency)뿐 아니라, 거래수단으로 통용될 수 있는 예금이나, 단기채권 등과 같은 외화표시 단기금융상품도 포함된다. 좁게는 외환은 외국통화만을 의미한다. 이하에서는 논의를 환율결정에 집중하기 위하여 외환이 외국통화를 의미한다고 가정하도록 한다.

외환시장은 전세계적으로 가장 규모가 큰 금융시장이라고 할 수 있다. 1995년의 경우 외환시장의 일일거래량은 1조 2천억달러 수준으로 전 세계 중앙은행의 외환보유액을 합한 금액과 같은 규모이다. 1998년의 경우 일일거래규모는 1조 5천억달러 수준에 달하였고, 2004년에는 1조 9천억달러에 이르렀으며, 2007년에는 3조 2천억달러로 증가하였다. 외환거래는 런던, 뉴욕, 도쿄 등의 주요금융센터를 중심으로 24시간 계속 이루어지는 것이 특징이다. 그만큼 정보가 신속하게 반영되고 조정이 빠르게 이루어지는 시장이라고 할 수 있다.

외환시장에서 이루어지는 거래의 종류는 다양하다. 거래계약 후 결제가 2영업일(two business days) 내에 이루어질 때의 거래를 현물환거래(spot transactions)라고 한다. 현물환거래가 이루어지는 시장을 현물환시장이라고도 하고, 이때 시장에서 형성된 가격을 현물환율이라고 한다. 한편, 선물환거래(forward transactions)는 현재 합의한 환율로 30일 후, 60일 후, 또는 90일 후 등 미래에 결제가 이루어지는 외환거래를 지칭한다. 선물환율은 같은 날 거래되더라도 선물환거래의 성격상 만기(maturities)가 언제인가에 따라 달라지게 마련이며, 만기는 계약당사자간의 필요에 따라 신축적으로 결정될 수 있다. 이 밖에도 외환거래는 통화선물(futures), 통화옵션(options), 통화스왑(currency swaps) 그리고 현물환과 선물환간 스왑(swaps) 등으로 구성된다.[1)]

외환시장이 아무리 24시간 동안 열린다고 하여도 하루 동안에 어떻게 2조달러가 넘는 엄청난 규모의 돈이 거래될 수 있을까? 만약에 외환거래가 지폐나 동전과 같은 형태를 취한다면 물리적으로 불가능할 것이다. 그러나, 대부분의 외환거래에서는 은행간 전자거래가 가장 큰 비중을 차지한다. 다시 말하자면 외환시장에서 가장 중요한 참여자는 외국환은행이며, 이 밖에 고객, 중개인, 그리고 중앙은행을 들 수 있다.

외국환은행은 은행간 거래나 고객을 상대로 하는 외환거래에 참여한다. 은행간 거래는 외환포지션의 조정, 거래차익 또는 투기를 목적으로 이루어진다. 국제적으로 자산규모가 큰 소수의 은행들은 항상 일정한 외환재고 포지션을 유지하며, 환율변동에 따라 가격이 올라가는 외환을 팔고, 또 가격이 떨어지는 외환을 사기 때문에 외환시장에 유동성을 부여하는 한편 외환시장을 안정시키는 역할을 한다. 또한 일정한도 내에서 투기목적의 외환거래도 이루어지지만, 대체적으로 은행의 외환거래는 차익거래(arbitrage)의 성격이 강하다.

은행의 대고객 거래는 정해진 매입 및 매도율로 궁극적인 수요 또는 공급자와 외환을 거래하는 것을 의미한다. 고객은 직접 대형은행과 거래하기보다는 소규모은행이나 현지은행과 거래하는 경우가 대부분이

1) 선물환, 통화선물, 통화옵션, 통화스왑 등 파생금융상품에 대한 자세한 논의는 제17장 참조.

다. 여기서 고객은 수출입회사, 여행자, 자산관리자, 다국적기업, 정부 등 다양하게 구성된다. 이들은 다시 외환거래의 목적에 따라 실수요거래자, 차익거래자, 투기자, 그리고 위험회피자로 나눌 수 있다.

중개인은 매도자와 매입자간의 거래를 성사시키는 역할을 담당한다. 외환딜러가 자신의 자산관리를 목적으로 하는 반면, 중개인은 고객간의 거래를 중개하는 역할을 맡는다.

한편 중앙은행의 외환거래는 자국통화가치를 적정한 수준에서 유지하기 위하여 행해지는 외환시장개입을 의미한다. 각국의 중앙은행은 자국통화가치의 안정과 원활한 국제거래를 보장하기 위하여 대외결제수단으로 외환을 보유하게 된다.

이제 구체적으로 외환에 대한 수요와 공급이 어떻게 발생하는지를 살펴보도록 하자. 외환은 국제거래의 수단인 만큼, 외환거래도 국제거래의 목적이나 성격에 따라 결정된다.

첫째, 재화나 서비스의 무역이 이루어짐에 따라 외환거래가 수반된다. 수출업자는 재화나 서비스를 외국에 공급하고 그 대가로 외환을 받게 된다. 경우에 따라서 수출국의 화폐로 수출대금을 지급받는 수도 있으나, 이 경우에도 외국의 수입업자는 자국화폐를 수출국의 화폐와 바꾸는 것이 필요하다. 결국 수출업자가 수출대금으로 받은 외환을 국내에서 또는 외국에서 자국화폐와 교환하려는 과정에서 외환의 공급이 발생한다. 마찬가지로 수입업자의 경우에는 재화나 서비스를 외국화폐와 교환하여야 하므로, 해당금액만큼 외환에 대한 수요가 발생한다.

둘째, 해외투자와 외국인투자에 따라 외환의 수요와 공급이 발생한다. 자본이동이 자유로워짐에 따라 해외에 공장을 세우거나, 외국에서 발행된 유가증권을 구입할 수 있다. 외국인도 역시 국내에 직접투자나 간접투자를 행할 수 있다. 이러한 국제거래는 외국통화와 국내통화의 교환을 수반한다.

셋째, 외환의 단기거래를 통하여 차익을 노리는 투기자(speculator)들도 외환시장의 수요공급에서 중요한 역할을 담당한다. 투기적 목적의 자금은 흔히 핫머니(hot money)라고 불리는데 주로 금융기관 예금을 포함하는 단기금융자산의 거래를 통하여 이루어진다.

Case: 외환의 차익거래

일반적으로 차익거래는 싸게 사서 비싸게 파는 것을 의미한다. 거래자는 차익거래를 통하여 아무런 위험 없이 즉각적으로 이득을 남길 수 있다. 외환시장에서도 차익거래가 빈번하게 일어난다. 예를 들어 엔-달러 환율이 도쿄외환시장에서는 1달러당 125엔에 거래되는데, 뉴욕외환시장에서는 1달러당 127엔에 거래된다고 하자. 또한 체이스맨하탄 은행이 2억엔을 가지고 있다고 가정하자. 체이스 맨하탄 은행은 도쿄외환시장과 뉴욕외환시장의 환율차이를 이용하여 이득을 볼 수 있다. 어떻게 이것이 가능한가? 우선 도쿄외환시장에서 엔을 팔고 달러를 사면, 2억엔을 160만달러로 바꿀 수 있다. 이때 수수료는 없다고 하자. 그 다음 160만 달러를 가지고 뉴욕외환시장에 와서 달러를 팔고 엔을 사면 2억 320만엔을 손에 쥘 수 있다. 즉 체이스 맨하탄 은행은 엔화를 비싸게 팔고 싸게 삼으로써 320만엔의 이득을 올릴 수 있게 된다.

차익거래를 통하여 이득을 남길 수 있다면 누구나 차익거래에 참여할려고 할 것이기 때문에 이러한 기회는 금방 사라진다. 위 예에서 체이스 맨하탄 은행의 차익거래는 도쿄외환시장에서는 달러화에 대한 수요가 늘기 때문에 엔-달러 환율이 올라가게 되고, 반면에 뉴욕외환시장에서는 엔화에 대한 수요가 늘기 때문에 엔-달러 환율이 내려가게 된다. 그래도 양쪽 외환시장의 환율이 다르다면 또 다른 은행이 차익거래를 시도할 것이다. 그 결과 환율은 어느 곳에서나 똑같아지고, 차익거래의 기회는 소멸될 것이다.

차익거래는 2개보다 많은 종류의 통화를 거래함으로써 이루어질 수도 있다. 예를 들어 뉴욕외환시장에서 덴마크 크로네화의 대미달러 환율이 8.0450(DKr/$)이고, 영국 파운드화의 대미달러환율은 0.5586(£/$)이라고 하자. 이때 덴마크 크로네의 영국파운드화에 대한 환율은 8.0450(DKr/$)÷0.5586(£/$)=14.4020(Dkr/£)이 될 것이다. 한편 런던외환시장에서는 덴마크 크로네화의 파운드화에 대한 환율이 14.0075(Dkr/£)라고 하자. 그렇다면 런던외환시장에서 덴마크 크로네화를 파운드화로 바꾼 다음 뉴욕외환시장에서 다시 파운드화를 달러화로, 그리고 달러화를 덴마크 크로네화로 바꾸어서 이익을 남길 수 있다. 이와 같이 세 개의 통화를 사고 팔아서 이루어지는 차익거래를 삼각차익거래(triangular arbitrage)라고 한다. 한편, 위에서 본 바와 같이 2개 통화간 환율이 지역에 따라 다르기 때문에 발생하는 차익거래를 공간적 차익거래(spacial arbitrage)라고 한다.

2. 균형환율의 결정

환율은 앞에서 설명한 바와 같이 외환의 가격, 즉 외환 1단위의 자국통화가치라고 할 수 있다. 환율이 상승한다는 것은 자국통화의 가치가 하락하고 외환의 가치가 상승한다는 것을 의미한다. 예를 들어 원화의 대미달러화 환율이 1,250에서 1,300으로 증가한다면 원화가치는 하락하고 달러화가치는 상승하였다고 하겠다. 이 경우 원화는 가치하락(depreciation), 그리고 달러화는 가치상승(appreciation)되었다고 말한다.

환율(exchange rate)은 서로 다른 통화간의 교환비율을 나타내며, 흔히 자국통화가격으로 표시한 외환의 가격을 의미한다.

경제신문을 보면 주요통화의 대미달러화 환율이 고시되는데, 달러화를 기준으로 해당국 통화의 환율을 표시하는 것이 관행이다. 다만, 영국 파운드화와 같이 자국통화 기준 표시방법을 채택하는 경우도 있다. 가끔씩 환율변화와 통화가치변화의 방향을 반대로 기술하는 경우가 있는데, 이러한 혼동은 환율표시의 기준이 무엇인지를 제대로 파악하지

그림 12-1 외환시장과 환율의 결정

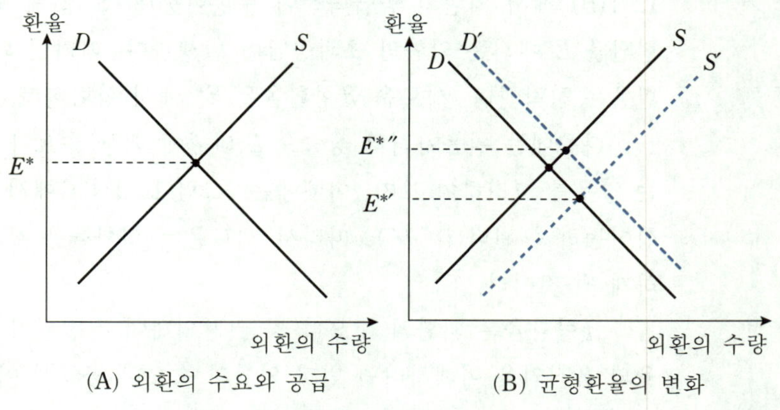

않았기 때문에 발생한다.

외환의 가격은 다른 재화나 서비스와 마찬가지로 시장에서 수요와 공급이 일치하는 점에서 결정된다. 〈그림 12-1(A)〉는 외환시장에서 외환(F)에 대한 수요곡선(D) 및 공급곡선(S)을 보여 주고 있다. 외환에 대한 수요곡선은 우하향하고, 공급곡선은 우상향한다. 즉, 외환의 수요량은 환율이 높을수록 작아지고, 환율이 낮아지면 올라간다. 환율이 상승할수록 외국으로부터 수입이 감소하기 때문에 외환에 대한 수요량이 줄어든다고 보면 이해가 쉬울 것이다. 반대로 외환의 공급량은 환율과 같은 방향으로 변화한다. 환율이 상승하면 재화와 서비스의 수출을 촉진함으로써 외환공급을 증가시킬 것이라고 볼 수 있다. 이에 대한 자세한 설명은 다음 장에서 다루게 될 것이다.

외환의 가격, 즉 환율(E)은 외환의 수요곡선과 공급곡선이 교차하는 점에서 결정된다. 이렇게 시장에서 결정된 환율은 수요공급을 일치시킨다는 의미에서 균형환율이라고 불리우는데 〈그림 12-1(A)〉에서 E^*와 같다. 만약에 실제환율이 균형환율수준보다 높다면 외환공급은 증가하고 외환 수요는 감소한다. 따라서 외환의 초과공급이 발생하기 때문에 외환의 가격은 하락하게 마련이다. 반대로 환율이 균형수준보다 낮은 경우에는 외환에 대한 초과수요가 존재하기 때문에 환율은 상승하게 된다.

외환의 수요나 공급변화는 균형환율의 변화를 초래한다. 예를 들어 자본자유화로 외국자본이 대량 유입되는 경우를 고려하여 보자. 〈그림 12-1(B)〉에서 외환의 공급곡선이 우향이동($S \to S'$)하게 되면 현재의 균형환율 E^*에서는 외환의 초과공급이 발생한다. 따라서 외환의 가격, 즉 환율은 하락한다. 새로운 균형환율은 $E^{*\prime}$에서 성립한다.

다음에는 원유가격의 상승으로 외환에 대한 수요가 갑자기 늘어나는 경우를 고려하여 보자. 이때에는 〈그림 12-1(B)〉에서 수요곡선이 우향이동하게 된다($D \to D'$). 따라서 새로운 균형환율은 $E^{*\prime\prime}$와 같이 상승하게 될 것이다.

균형환율은 외환의 수요나 공급에 의하여 결정되기 때문에 균형환율의 움직임을 이해하려면 먼저 외환의 수요나 공급에 어떠한 경제변수들이 영향을 미치는지를 파악할 필요가 있다. 이와 관련하여 흥미로운 점은 경제변수에 따라 외환시장에 영향을 미치는 데 소요되는 시간이 다르다는 사실이다. 예를 들어 국내통화량이 증가하여 국내물가가 상승하게 되면 국내상품과 외국상품간의 상대가격이 변하기 때문에 수출 및 수입에 영향을 미치게 될 것이다. 즉, 수출이 감소함에 따라 외환의 공급이 줄고, 수입이 증가하면서 외환에 대한 수요가 증가할 것이다. 따라서 균형환율은 증가할 것이라고 전망된다. 그러나, 통화량이 증가하더라도 물가는 단기적으로 경직적이기 때문에 이러한 효과가 나타나려면 비교적 긴 시간이 필요할 것이다.

한편 미 연방준비은행의 금리인하정책으로 국제금리가 전반적으로 감소하였다고 가정하자. 국내금리는 예전수준을 유지하는데, 국제금리가 하락하면 외국투자자들은 금리가 높은 국내투자를 늘리려고 할 것이다. 이에 따라 외환의 공급이 증가하게 되어 균형환율은 하락할 것이다. 금융시장의 조정은 대단히 빠르게 이루어지는 만큼 금리변화가 환율에 미치는 영향도 단기간에 나타날 것으로 예상할 수 있다.

위 논의를 확장하면 환율이 장기와 단기에 각각 경상수지와 자본수지 중 어느 것에 의하여 더 큰 영향을 받는 것인지 짐작할 수 있다. 환율은 중장기적으로 상대가격을 결정하는 물가의 움직임과 밀접하게 연관되어 있고, 따라서 경상수지가 중요한 변수가 될 것이다. 한편, 단기적으로는 자본의 흐름에 의하여 커다란 영향을 받을 것이다. 최근 국제자본시장의 통합이 심화되면서 단기적으로 자본수지가 환율에 미치는 영향은 크게 증대하였다. 이하에서는 장단기 환율결정의 주요이론에 대하여 상세하게 살펴보도록 하자.

12.3 물가와 환율: 장기적 환율결정

1. 구매력평가(Purchasing Power Parity)

환율은 단기적으로는 상당히 변화의 폭이 크지만, 장기적으로는 어떠한 추세를 보이면서 움직인다. 환율결정에 대한 가장 오래된 이론 중의 하나가 스웨덴의 경제학자인 카셀(G. Cassel)에 의하여 정립된 구매력평가설이다. 카셀은 1차세계대전 이후 유럽의 적정환율을 결정함에 있어 국가간 물가수준의 차이가 가장 중요한 변수라고 생각하였다. 자유무역이 이루어지는 상황에서 동일한 물건은 동일 화폐단위로 환산하였을 때에는 같은 값을 가져야 하기 때문이다. 예를 들어 일본에서 주요 소비재품목들을 구매하는 데 5,000엔이 소요되는데 한국에서 동일한 품목들을 동일한 양만큼 구매하는 데 5만원이 든다면, 엔화 1단위당 원화는 10원에 환율이 결정될 것이라는 것이다. 이는 환율은 해당국가의 통화가 기준통화에 비하여 상대적으로 얼마나 구매력이 큰가를 반영한다는 주장이라고 하겠다.

구매력평가설의 이론적 기반은 일물일가의 법칙이라고 할 수 있다. 일물일가의 법칙이란 수송비용과 무역장벽이 없다면 동일한 재화가격이 양국에서 동일화폐로 표시하였을 때 일치하여야 한다는 직관에 기초하고 있다. 동일한 상품이 다른 가격을 가진다면, 싸게 사서 비싸게 팔려는 차익거래가 발생하여 결국 양국가격은 같아질 것이다.

물가는 모든 재화 및 서비스의 평균가격으로 정의된다. 따라서 본국과 외국의 물가간에는 다음과 같은 관계가 성립하여야 한다.[2)]

$$P = EP^* \tag{12-1}$$

따라서 환율은 양국물가의 비율에 의하여 결정된다.

$$E = P/P^* \tag{12-2}$$

식 (12-2)에서와 같이 환율이 양국 물가수준의 비율로 결정된다는

2) 본 국과 외국의 물가는 개별재화 및 서비스가격을 소비자들이 소비하는 규모에 따라 가중 평균한 것이다 ($\sum_i \alpha_i = \sum_i \beta_i = 1$).

$$P = p_1^{\alpha_1} p_2^{\alpha_2} \ldots\ldots p_n^{\alpha_n}, \quad P^* = p_1^{*\beta_1} p_2^{*\beta_2} \ldots\ldots p^{n\beta_n}$$

이 때 모든 재화 및 서비스에 일물일가의 법칙을 적용할 수 있다고 가정하면, $p_i = Ep_i^*$가 성립하여야 한다. 이에 더하여 국내물가와 외국물가에서 개별상품 i가 차지하는 비중이 동일($\alpha_i = \beta_i$)하다고 가정하면, 구매력평가조건을 도출할 수 있다.

$$P = (Ep_1^*)^{\alpha_1}(Ep_2^*)^{\alpha_2} \ldots\ldots (Ep_n^*)^{\alpha_n} = E^{(\alpha_1 + \alpha_2 + \ldots\ldots + \alpha_n)} p_1^{*\alpha_1} p_2^{*\alpha_2} \ldots\ldots p_n^{*\alpha_n} = EP^*.$$

이론을 절대구매력평가라고 한다. 현실적으로 환율과 양국의 물가는 수송비용이나 무역장벽 또는 비교역재의 존재 때문에 이같은 관계를 보이기 어렵다. 그럼에도 불구하고, 일정한 조건이 만족된다면 환율변동의 장기적 추세는 물가상승률의 차이로 설명할 수 있다. 이렇게 환율변화율을 물가상승률의 차이로 설명하는 이론을 상대구매력평가라고 한다.

$$\Delta E/E = \Delta P/P - \Delta P^*/P^* \qquad (12\text{-}3)$$

만약 미국의 물가상승률이 일본의 경우보다 높다면 달러화는 엔화에 대하여 가치가 하락하게 될 것이다. 미국이 일본보다 통화공급증가율이 2배 가량 높다면, 장기적으로 물가상승률이 2배 가량 높아지고, 환율 역시 2배정도 높아질 것이라는 예측이 가능할 것이다.

구매력평가설(purchasing power parity theory)에 따르면 장기적으로 환율은 양국 물가수준의 차이에 따라 결정되며, 환율의 변화율은 양국 인플레이션율의 격차에 대응한다.

상대구매력평가는 단순히 절대구매력평가를 동태적 관계로 전환시킨 것은 아니다. 일물일가의 법칙이 수송비용이나 무역장벽 등으로 현실적으로 성립하기 어렵다면 식 (12-2)의 절대구매력평가 역시 기대하기 힘들다. 그러나, 수송비용이나 무역장벽으로 인한 가격차가 일정하다고 한다면 환율변화는 물가상승률의 차이로 설명할 수 있을 것이다.[3)]

구매력평가설은 상당한 기간 동안 현실에 비교적 잘 부합되는 것으로 간주되어 왔다. 즉 물가상승률이 여타 국가보다 높은 경우 자국통화의 가치가 하락하는 추세를 관측할 수 있었다. 그러나 1980년대 이후에는 물가상승률과 환율변동간의 관계가 구매력평가설로서는 제대로 설명되기 힘들어지고 있다.

---

3) 다음과 같이 절대구매력평가가 성립하지 않는다고 하자.

$$P = \lambda EP^* \qquad (\lambda \neq 1)$$

만약에 λ라는 제약요소의 값이 안정적이라면 상대구매력평가가 성립한다.

$$\Delta P/P = \Delta E/E + \Delta P^*/P.$$

구매력평가가 현실적으로 성립하기 힘든 이유로는 여러 가지를 들 수 있다. 예를 들어 관세 및 비관세장벽의 존재, 또는 서비스와 같이 성격상 교역대상이 되기 힘든 생산물의 존재는 일물일가의 법칙을 제약하는 요소로 작용할 공산이 크다. 그렇다고 하여서 최근 국제무역환경의 변화가 이러한 제약요소들을 강화하는 방향으로 움직였다고 보기는 힘

Case: 햄버거지수(Big-Mac Index)

	햄버거(빅맥)가격 자국통화기준	햄버거(빅맥)가격 달러기준	PPP환율 (A)* (달러기준)	실제환율 (B) (달러기준)	고평가 ((A-B)/B) (달러기준(%))
United States(Dollar)	$3.57	3.57			
Argentina(Peso)	Peso 11.5	3.02	3.22	3.81	−15
Australia(Dollar)	A$4.34	3.37	1.22	1.29	−6
Brazil(Real)	Real 8.03	4.02	2.25	2.00	+13
Britain(Pound)*	£2.29	3.69	1.56	1.61	+3
Canada(Dollar)	C$3.89	3.35	1.09	1.16	−6
Chile(Peso)	Peso 1750	3.19	490	549	−11
China(Yuan)	Yuan 12.5	1.83	3.50	6.83	−49
Czech Republic(Koruna)	Koruna 67.92	3.64	19.0	18.7	+2
Denmark(Krone)	DK 29.5	5.53	8.26	5.34	+55
Egypt(Pound)	Pound 13	2.33	3.64	5.58	−35
Eruo area(euro)**	€ 3.31	4.62	1.08	1.39	+29
Hong Kong(Dollar)	HK$13.3	1.72	3.73	7.75	−52
Hungary(Forint)	Forint 720	3.62	202	199	+1
Indonesia(Rupiah)	Rupiah 20900	2.05	5,854	10,200	−43
Israel(Shekel)	Shekel 15	3.77	4.20	3.97	+6
Japan(Yen)	Yen 320	3.46	89.6	92.6	−3
Malaysia(Ringgit)	Ringgit 6.77	1.88	1.90	3.60	−47
Mexico(Peso)	Peso 33	2.39	9.24	13.8	−33
New Zealand(Dollar)	NZ$4.9	3.08	1.37	1.59	−14
Norway(Kroner)	Kroner 40	6.15	11.2	6.51	+72
Peru(New Sol)	New Sol 8.056	2.66	2.26	3.03	−25
Philippines(Peso)	Peso 99.39	2.05	27.8	48.4	−42
Poland(Zloty)	Zloty 7.6	2.41	2.13	3.16	−33
Russia(Ruble)	Ruble 67	2.04	18.8	32.8	−43

Saudi Arabia(Riyal)	Riyal 11	2.93	3.08	3.75	−18
Singapore(Dollar)	S$4.22	2.88	1.18	1.46	−19
South Africa(Rand)	Rand 17.95	2.17	5.03	8.28	−39
South Korea(Won)	Won 3400	2.59	952	1.315	−28
Sweden(Krona)	SKR 39	4.93	10.9	7.90	+38
Switzerland(Franc)	CHF 6.5	5.98	1.82	1.09	+68
Taiwan(Dollar)	Taiwan $75	2.26	21.0	33.2	−37
Thailand(Baht)	Baht 64.49	1.89	18.1	34.2	−47
Turkey(Lira)	Lira 5.65	3.65	2.45	1.55	+2
United Arab Emirates(Dirhams)	Dirhams 10	2.72	2.80	3.67	−24

주: PPP환율은 빅맥의 자국통화기준가격을 미국달러기준가격으로 나눈 수치임.
  * 1 파운드의 달러가격
  ** 1 유로의 달러가격.
자료: MaDonald's: *The Economist*, 2009.

환율이 양국의 물가의 상대적 수준을 반영한다는 구매력평가설이 현실과 얼마나 잘 맞아떨어지는가를 알아보려면 전세계적으로 보편화된 소비재를 하나 선택하여 그 가격을 공동화폐단위로 환산하여 보는 것이 편리하다. 위 표는 영국의 주간지 *Economist* 가 2009년을 기준으로 주요국의 맥도널드 햄버거(Big Mac)가격을 이용하여 구매력평가환율과 실제환율을 비교한 것이다. 표의 첫번째 행은 각국의 통화로 표시한 가격을, 그리고 두 번째 행은 달러화로 환산한 가격을 나타내고 있다. 예를 들어 미국에서는 3.57달러에 팔리는 빅맥이 한국에서는 3,400원에 팔리고 있다. 세 번째 행의 구매력평가환율은 물가가 빅맥가격 하나로 대변될 수 있다는 가정하에 원화표시 빅맥가격을 달러화표시 빅맥가격으로 나눈 것이다. 즉, 원화의 구매력평가환율은 3,400(won)÷3.57($)=952(won/$)가 된다. 이를 네 번째 행의 실제환율 1,315(won/$)과 비교하면 한국의 원화는 28% 정도 저평가(−)되고 있다고 해석할 수 있다.

빅맥을 기준으로 비교하면 영국, 덴마크, 유로지역, 스웨덴과 스위스, 즉 유럽국가들을 제외한 대부분의 국가들은 통화가치가 저평가된 것으로 보인다. 호주 달러화, 캐나다 달러화, 그리고 일본 엔화도 이같이 저평가된 경우에 속한다. 특히 신흥시장국의 경우 중국, 말레이시아, 필리핀 등은 빅맥가격이 1.80-2.10$ 정도에 불과하여 중국은 11%, 그리고 말레이시아와 필리핀은 40% 이상 실제 환율이 구매력 환율보다 높은 것으로 나타났다. 이와 같은 사실은 역으로 달러화가 지나치게 고평가되었다는 점을 시사한다고도 해석할 수 있다.

들다. 따라서 상대적 물가수준 이외의 다른 경제적 변수들의 영향력이 증가하였다는 추론이 가능하다. 이러한 변수로는 교역조건의 변화, 수요의 변화, 생산성 변화 등을 들 수 있다.

2. 통화주의 환율결정모형

통화주의 환율결정모형(monetary approach to exchange rate determination)은 구매력평가설을 기초로 하여 환율을 화폐에 대한 수요 및 공급으로 설명하려는 시도라고 할 수 있다. 구매력평가에 따르면 환율은 양국 물가의 비율이라고 할 수 있는데, 물가는 통화론자에 의하면 통화공급에 비례한다. 따라서 통화공급이 상대적으로 큰 국가일수록 물가가 빠르게 상승하고, 통화가치는 하락하게 마련이다.

물가가 화폐시장의 균형조건으로부터 어떻게 결정되는지 살펴보도록 한다. 우선 화폐시장의 균형조건은 다음과 같다.

$$M^s/P = L(i,\ Y) \qquad (12\text{-}4)$$

식 (12-4)의 좌변은 실질화폐공급을 나타내는데, 이는 통화량을 물가로 나눈 것과 같다. 한편 식 (12-4)는 실질화폐수요가 실질소득(Y)과 이자율(i)의 함수임을 나타낸다.

위 식으로부터 통화량(M), 실질소득(Y), 그리고 이자율(i)가 주어져 있다면 물가(P)가 어떻게 결정되는지를 도출할 수 있다. 즉, 물가는 화폐공급과 화폐수요의 상대적 크기에 따라 결정된다.

$$P = M^s/L(i,\ Y) \qquad (12\text{-}5)$$

식 (12-2)에서 환율은 양국 물가의 비율이므로 다음과 같이 표시할 수 있다 (*는 외국을 표시).

$$E = \frac{P}{P^*} = \frac{M^s/L(i,\ Y)}{M^{s*}/L^*(i^*,\ Y^*)} \qquad (12\text{-}6)$$

식 (12-6)으로부터 통화주의 모형에 있어서 환율을 결정하는 요인

통화주의모형에 따르면 환율은 양국 물가비율을 나타내며, 이는 다시 화폐의 수요 및 공급에 의하여 결정된다. 따라서 국내외 통화공급의 차이, 국내외 소득차이, 그리고 국내외 이자율격차가 환율에 중요한 영향을 미친다.

들을 정리하면 다음과 같다.

첫째, 국내통화량 공급이 외국통화량공급보다 크게 증가하는 경우 환율이 상승한다. 즉, 국내통화가치가 하락한다. 반대로 국내통화공급은 안정적이고 외국의 통화공급이 빠르게 증가한다면 환율은 하락하게 된다.

둘째, 국내 화폐수요가 외국의 화폐수요보다 빨리 증가하면 환율이 하락하고 국내통화가치가 상승한다. 예를 들어 자국의 국민소득이 외국의 국민소득보다 크게 증가하였다고 하자. 이때 국내외 소득에 대한 화폐수요의 탄력성은 같다고 가정한다면 국내화폐수요가 외국화폐수요보다 크게 증가하였을 것이다. 따라서 환율은 하락하게 될 것이다.

셋째, 국내이자율이 외국이자율보다 증가하면 상대적으로 국내화폐수요가 감소하므로 국내물가가 상승하여 환율은 상승하게 될 것이다. 앞에서 금리가 상승하면 단기적으로 자본이 유입되면서 환율이 하락한다고 하였는데, 지금은 환율이 상승한다고 보는 이유는 무엇인가? 얼핏 보면 오류인 것처럼 보이는 금리와 환율간의 상관관계는 통화주의의 관점에서 보면 하등 이상할 것이 없다. 통화주의모형에서는 금리가 환율에 미치는 영향은 자본유출입과 전혀 달리 화폐수요의 변화를 통해서만 나타나기 때문이다. 환율은 상대적 물가수준에 의하여 결정되고 물가는 화폐의 수요와 공급에 의하여 결정되기 때문에 금리는 화폐수요 및 물가변화를 통하여 환율에 영향을 미치게 된다.

환율결정에 대한 통화주의모형은 구매력평가에 기초하고 있는 만큼 환율의 단기적인 움직임을 설명하는 데에는 한계가 있다. 이에 따라 환율이 장기적으로는 구매력평가에 따라 움직이지만, 단기적으로는 물가가 경직적이기 때문에 이러한 관계에서 벗어날 수 있다는 주장이 제기되었다.[4] 그러나 장기적으로도 통화주의모형의 기반을 이루는 구매

4) 환율이 처음에는 과다한 반응을 보이고 난 후 서서히 장기균형치로 수렴해 가는 현상을 오버슈팅(overshooting)이라고 한다. 1976년 돈부쉬(R. Dornbusch)는 물가가 단기적으로 경직적인 통화주의모형을 이용하여 이를 체계적으로 분석하였다.

력평가가 성립하는가가 불투명한 만큼 통화주의모형의 설명력은 그만큼 떨어진다고 하겠다.

한편 이자율의 움직임이 환율에 미치는 영향이 통화주의모형의 예측과 종종 반대로 나타난다는 것도 통화주의모형의 약점으로 지적되고 있다. 예를 들면 1989-1990년 기간중 영국의 이자율이 미국에 비하여 크게 증가하였다. 통화주의모형에 따르면 해외이자율의 상승은 해외물가를 상승시키게 된다. 따라서 영국 파운드화의 달러표시 환율은 하락할 것으로 예상할 수 있다. 그러나, 실제로는 파운드화의 달러표시환율은 상승하였다. 이러한 사실은 단기적으로는 물가가 신축적이지 못할 뿐 아니라, 금리가 급속한 자본이동을 통하여 외환의 수요 및 공급에 미치는 영향이 더 크다는 점을 시사한다고 하겠다.

12.4 금리와 환율: 단기적 환율결정

1. 무위험금리평가

외환에 대한 수요와 공급을 구성하고 있는 중요한 경제활동 중의 하나는 국제자본이동이다. 자본시장이 개방되면 국내금융시장에 국내투자자뿐 아니라, 외국투자자들도 얼마든지 투자를 할 수 있다. 외국인들은 국내기업이 발행한 채권이나 주식을 사거나 은행에 외화를 대부할 수도 있다. 마찬가지로 국내투자자들도 외국의 금융상품들을 살 수 있다.

금융상품의 종류는 유동성, 예상수익률 및 위험에 따라 크게 화폐, 채권 및 주식으로 대별할 수 있다. 화폐는 다른 자산이나 재화로 손쉽게 바꿀 수 있다는 점에서 유동성이 가장 높다고 할 수 있다. 그 대신 화폐는 이자가 붙지 않는다. 채권의 경우에는 정해진 이자를 받을 수 있다는 점에서 화폐보다 유동성은 덜 하지만 예상수익률이 높다는 장점이 있다. 주식은 배당금을 받을 수 있고, 주가가 올라가면 자본수익도

올릴 수 있기 때문에 예상수익률이 가장 높다고 할 수 있다. 그러나, 주가가 떨어지면 수익률이 부(−)의 값을 가질 수 있기 때문에 위험이 상당히 크다고 하겠다. 다양한 금융상품들은 장점과 단점을 동시에 가지고 있기 때문에 투자자들의 입장에서 보면 투자를 분산하는 것이 바람직하다.

국내채권과 외국채권을 놓고 어디에 투자할 것인가 망설이는 투자자가 있다고 하자. 국내라면 동일한 성격의 자산간에는 예상수익률이 동일하여야 한다. 만약에 수익률에 차이가 있게 되면 차익거래에 따라 수익률이 높은 상품으로 투자가 집중될 것이기 때문이다. 국제투자에 있어서도 동일한 원칙이 적용된다. 따라서 자본이동이 자유롭고 양국 금융상품의 유동성이나 위험도가 동일하다면 예상수익률이 같아야 균형이 성립한다.

일물일가의 법칙을 상품시장에 적용한 것이 구매력평가라면 동일한 법칙을 국제금융시장, 이 중에서도 채권시장에 적용한 것이 금리평가(interest rate parity)라고 할 수 있다. 그런데 국내와 달리 외국채권에 투자를 하게 되면 먼저 투자자금을 외국화폐로 바꾸어야 하며, 또 투자가 만기되어 원리금을 회수하려면 자국화폐로 다시 바꾸어야 한다. 문제는 미래의 환율이 불확실하기 때문에 투자가 만료되었을 시점의 원리금을 자국화폐로 환산하였을 경우 수익률이 불확실하다는 점이다. 즉, 외국에 투자하는 경우 환율이 고정되어 있지 않다면 환위험(exchange risk)이 존재하게 된다. 이러한 환위험은 만약에 선물환시장이 존재하여 미리 정해진 환율로 외국통화를 매각하기로 계약을 맺는다면 피할 수 있다.

영국의 경제학자 케인즈(J.M. Keynes)는 선물환거래가 이루어지는 경우 환위험이 제거된 해외수익률이 국내이자율과 동일하여야 한다는 무위험금리평가(covered interest parity: CIP)를 처음으로 규명하였다. 선물환거래가 이루어지지 않는다면 투자자는 환위험을 감수하여야 하는데, 이를 포함하여 양국의 예상수익률이 같아지는 조건을 유위험금리평가(uncovered interest parity: UIP)라고 한다.

먼저 무위험금리평가에 대하여 살펴보자. 〈표 12-1〉에서 볼 수 있

표 12-1 무위험 금리평가

		국내채권시장	외환시장	해외채권시장
			1$=$E$원 (현물환)	
현재시점(t_0)	매입	1 (원)	→	$1/E$ ($)
		↓		↓
만기시점(t_1)	매도	$(1+i)=(1+i^*)F/E$ (원)	←	$(1+i^*)/E$ ($)
			1$=$F$원 (선물환)	

는 바와 같이 국내(한국)와 해외(미국) 채권에 투자할 수 있는 기회가 주었다고 하자. 이 때 채권은 정부가 발행하였기 때문에 부실화될 위험은 없다고 가정한다. 국내와 해외채권의 이자율은 각각 i와 i^*라고 하자.

투자자금의 규모가 1억원이라고 가정할 때 이를 국내채권에 투자하게 되면 만기시 원리금은 $(1+i)$억원이 될 것이다. 같은 투자자금을 미국채권에 투자하는 경우를 고려하여 보자. 우선 1억원을 미국에 투자하려면 외환시장에서 이를 달러로 바꾸어야 한다. 현물환시장에서의 환율이 E(원/$)라고 하면, 투자규모는 $1/E$억달러가 될 것이다. 미국채권에 대한 이자율은 i^*라고 하였으므로 만기시 원리금은 총 $(1+i^*)/E$ 억달러가 될 것이다. 이제 이를 다시 원화로 바꾸어서 회수한다고 하자. 선물환시장을 이용하면 회수시점에 원화와 달러화간의 환율을 미리 확정할 수 있다. 이렇게 결정된 선물환율을 F(원/$)라고 하면 미국 채권투자의 원리금은 최종적으로 $(1+i^*)F/E$ 억원이 될 것이다. 양국 채권시장이 균형을 이루려면 원화로 환산한 원리금이 같아야 한다.

$$(1+i)=\frac{F}{E}(1+i^*) \tag{12-7}$$

식 (12-7)을 정리하면 다음과 같이 균형조건을 나타낼 수 있다.[5)]

$$i=\frac{F-E}{E}+i^* \qquad (12\text{-}7)'$$

5) $(1+i)=F/E\ (1+i^*)=\left(\frac{F-E}{E}+1\right)(1+i^*)=\frac{F-E}{E}+\frac{F-E}{E}i^*+(1+i^*)$

$\frac{F-E}{E}i^*$는 0에 가까운 두 숫자를 곱한 것이기 때문에 0과 같다고 보아도 무방하다 (예: $0.05\times0.04=0.002\fallingdotseq0$). 따라서 위 식은 식 (12-7)′과 같아진다.

식 (12-7)′는 자본이동의 균형을 이룰 때 양국의 금리차와 환율변화율간의 관계를 보여 준다. 즉, 국내금리가 외국금리에다가 만기시까지 선물환율의 현물환율에 대한 증가율을 더한 것과 같아야 한다.[6)]

이 조건은 〈표 12-1〉에서 살펴본 바와 진배없지만, 외국투자자의 입장에서 다시 한번 정리하여 보자. 외국투자자는 자국채권에 투자할 경우 만기시 i^*만큼의 이자수익을 얻을 수 있다. 한편 국내에 투자하면 만기시 i만큼의 이자수익을 올릴 수 있다. 문제는 이를 자국통화로 환전하여야 하는데, 만약에 그 동안 환율이 상승한다면$\left(\frac{F-E}{E} > 0\right)$, 손해가 아닐 수 없다. 따라서 국내투자가 매력이 있으려면 최소한 국내금리가 외국금리보다 국내통화가치의 하락률을 보전할 수 있을 만큼 높지 않으면 안 된다.

금리평가(interest rate parity)는 환율변화를 고려한 양국 금리가 균형을 이루는 것을 의미하며 단기적 환율결정의 중요한 조건이 된다.

만약에 위 균형조건이 성립하지 않으면 어떠한 일이 발생할 것인가? 우선 식 (12-7)′의 좌변이 우변보다 더 크다고 하자. 즉, 국내금리가 환율을 고려한 외국의 금리보다 높다고 하자. 그러면 자금이 국내채권으로 몰릴 것이다. 국내투자자들은 외국채권에 투자하기보다는 국내채권을 사려 할 것이고, 외국투자자들도 마찬가지 결정을 내릴 것이다. 따라서 외환시장에서 국내투자자들의 외환에 대한 수요는 줄고, 외환을 국내통화와 바꾸려는 외국투자자들 때문에 외환의 공급은 늘 것이다. 따라서 외환시장에서 수요의 감소와 공급의 증가는 현물환율(E)을 하락시키는 쪽으로 작용할 것이다. 선물환율(F)이 고정되어 있으면서 현물환율(E)이 하락할 경우 선물환율의 현물환율에 대한 변화율$\left(\frac{F-E}{E}\right)$은 증가하게 될 것이다. 이러한 조정과정은 식 (12-7)′이 성립할 때까지 계

6) 선물환거래는 미래시점에 거래가 만료되는 만큼 현물환거래와 가격이 다른 것이 일반적이다. 선물환율이 현물환보다 얼마나 증가하였는가를 비율로 나타낸 것을 선물환프레미엄(forward premium)이라고 한다.

$$\text{forward premium} = \frac{F-E}{E}$$

만약에 선물환이 현물환보다 감소하였을 경우에는 그 절대치를 선물환할인(forward discount)이라고 한다.

속될 것이다. 반대로 외국이자율이 상승하여 식 (12-7)′의 우변이 좌변보다 큰 경우에는 환율(현물환)이 상승하여 균형조건이 성립하게 될 것이다.

식 (12-7)′이 왜 자본이동의 균형조건인지가 분명하여졌을 것이다. 또 한 가지 중요한 점은 식 (12-7)′에서 현물환율과 선물환율은 투자시 모두 확정되었기 때문에 국내투자자들이 외국에 투자하거나, 또는 외국투자자들이 국내에 투자할 때 환율변화로 인하여 입을 수 있는 손해는 없다는 사실이다. 이러한 점에서 식 (12-7)′은 환위험이 없을 때의 국내외 금리 균형조건이라고 할 수 있다. 또한 식 (12-7)′이 성립하지 않을 경우에는 자본의 순유출 또는 순유입이 발생하여 환율(E)이 조정된다는 의미에서 환율결정에 대한 중요한 조건이라고 할 수 있다.

2. 유위험금리평가

이제 선물환시장을 이용하지 않는 경우의 금리평가에 대하여 살펴보도록 하자. 투자만기시 현물환거래를 통하여 투자자금을 회수할 경우에는 환율변동으로 인하여 얼마간 손해볼 위험이 존재한다. 이러한 위험 때문에 선물환거래가 이루어지지 않고 투자시점과 투자만기시 현물환거래만이 이루어지는 경우의 균형조건은 유위험금리평가라고 한다. 〈표 12-1〉에서와 같이 국가간 자본이동이 완전할 경우 통화표시만 다르고 나머지 특성은 같은 채권간에는 예상수익률이 동일하여야 한다. 해외 투자시의 예상수익률을 계산할 때 사람들은 만기시점의 현물환율에 대한 예상(E^e_{t+1})에 의존한다. 따라서 유위험금리평가는 다음과 같이 표시할 수 있다.

$$(1+i)=(1+i^*)\frac{E^e_{t+1}}{E_t} \qquad (12\text{-}8)$$

식 (12-8)은 다음과 같이 국내외 금리와 예상 환율변화율 간의 관계로 표시할 수 있다.[7)]

7) 식 (12-8)의 양변에 대수변환을 취하고 $\log(1+x) \fallingdotseq x$라는 점을 이용하면 다음과

$$i = i^* + \frac{E^e_{t+1} - E_t}{E_t} \qquad (12\text{-}8)'$$

식 (12-8)′를 식 (12-7)′와 비교하면 유위험 금리평가에는 만기시의 선물환율 대신 예상현물환율이 사용되고 있다는 것이 다를 뿐 나머지 조건은 모두 동일함을 알 수 있다. 유위험 금리평가가 성립하지 않을 때의 조정과정도 무위험 금리평가의 경우와 같다. 양국의 금리가 주어진 상태에서 사람들이 다음기 예상환율(E^e_{t+1})이 증가할 것이라고 생각하면 어떠한 현상이 발생하겠는가? 사람들의 예상환율변화율이 증가하면 해외투자시의 예상수익률이 국내투자수익률보다 높아지게 된다. 이에 따라 자본이 해외로 유출되고, 환율은 증가할 것이다. 다시 말하자면, 다음기 예상환율(E^e_{t+1})이 증가하면 현재의 환율(E_t)이 증가하게 된다. 따라서 예상환율변화율$\left(\frac{E^e_{t+1} - E_t}{E_t}\right)$은 다시 하락하게 되어 균형조건이 성립하게 된다. 유위험금리평가하에서 양국의 금리가 변하였을 때 현물환율(E_t)에 미치는 영향 역시 무위험금리평가조건하에서와 질적으로 크게 다를 것이 없다.

한편 금리평가는 현실적으로 얼마나 잘 성립하는가? 1960년대부터 금리평가에 대한 실증연구가 활발하게 이루어져 왔다. 유위험 금리평가는 일부 선진국에는 예외적으로 성립하지만, 일반적으로는 성립하지 않는다는 것이 대부분의 결론이다. 또한 무위험 금리평가의 경우에도 선물환율과 현물환율의 차이가 금리차와 정확하게 일치하고 않고, 때때로 상당기간 양자간의 괴리가 지속되는 것이 관측되고 있다. 여기에 대해서는 거래비용, 정부규제, 정보의 불완전성, 자산의 비대체성 등 다양한 요인들이 제시되고 있다.[8] 최근에는 정보통신기술의 발달과 자본자

같은 형태로 전환이 가능하다.

$$\log(1+i) = \log(1+i^*) + \log\left(1 + \frac{E^e_{t+1} - E_t}{E_t}\right) \rightarrow i = i^* + \frac{E^e_{t+1} - E_t}{E_t}$$

8) 우선적으로 금융상품의 거래비용을 고려할 수 있다. 무위험금리평가가 성립하려면 현물환시장에서의 외화매입, 외화표시 채권구입, 선물환시장에서의 달러화매도 등 해외투자과정에서 비용이 적어야 하는데, 현실적으로 이러한 비용은 무시할 수 없을 정도이다. 둘째, 자본이동에 대한 각종규제는 투자기회를 충분히 활용할 수 없도록 만드는 요인이 될 수 있다. 외국인투자자의 국내투자, 또는 국내투자자의 해외투자는 투자기간, 투자규모, 투자분야등 여러 가지 형태로 제한될 수 있다. 한편 투자

유화, 그리고 금융혁신의 영향으로 이같은 요인들의 중요성이 많이 줄어들고 있다고 할 수 있다. 이에 따라 금리평가가 환율결정에 미치는 영향은 더 커질 것이라고 할 수 있다.

12.5 자산의 불완전대체성과 포트폴리오 균형모형

1. 자산의 불완전대체성과 리스크 프레미엄

금리평가는 투자자들이 투자할 수 있는 금융상품이 채권으로 한정되고 있고, 또한 국내외 채권이 완전대체적이라는 가정에 기초하고 있다. 국내외 채권이 완전대체적이라면, 위험성, 유동성, 그리고 예상수익률이 모두 같아야 한다. 그러나, 실제로는 각국에서 발행한 다양한 채권들은 유동성면에서는 차이가 없고 같은 예상수익률이 보장되더라도 완전대체재라고 보기는 어렵다. 해외에 투자하는 경우 정치적 위험, 조세율이 달라질 위험, 파산위험 등 각종 위험 때문에 동일한 금리하에서 해외투자보다는 국내투자를 선호하게 될 것이다. 따라서 자본이동이 균형을 이루려면 금리차가 이러한 해외투자의 위험을 보상할 만큼 커야 할 것이다.

국내외 자산을 불완전대체재로 보고 금리평가가 성립하지 않는다고 보는 접근방식을 포트폴리오 균형모형이라고 한다. 국내채권과 해외채권를 얼마만큼 보유할 것인가는 만약에 두 금융자산이 완전대체재라고 하면 국내채권의 금리, 해외채권의 금리 및 환율변화율에 의하여 결정될 것이다. 그런데, 포트폴리오 균형모형에서는 국내채권과 해외채권이

수익에 대한 조세의 차이로 인하여 세후수익률이 달라질 수 있다. 셋째, 해외시장에 대한 정보의 불완전성으로 인하여 투자자들이 투자기회를 충분히 활용하기 힘들 수 있다. 특히 개도국에 대한 투자의 경우에는 경제적 요인뿐 아니라 정치적 불안으로 투자자금의 회수가 불확실할 수 있기 때문에 정보수집에 상당한 비용이 소요될 수 있다. 마지막으로 국내외 금융자산이 다른 통화로 표시되었을 뿐 나머지 조건은 동일하다는 조건이 만족되지 않을 수 있다. 실제로 만기 및 유동성, 그리고 위험 등 주요특성이 정확히 일치하는 금융상품을 찾기가 쉽지 않다.

불완전대체재라고 보기 때문에 더 이상 무위험금리평가가 성립치 않는다.

만약에 투자자가 위험기피적이며 해외채권이 국내채권에 비하여 더 위험하다고 여긴다면 해외채권의 수익률이 국내채권의 수익률보다 높아야만 투자자들은 양쪽 채권에 투자할 것이다. 이렇게 상대적으로 위험한 채권과 그렇지 않은 채권간의 수익률차는 리스크 프레미엄(risk premium)을 반영한다고 볼 수 있다.

엄격하게 말하면 리스크 프레미엄은 다음 3가지 조건이 모두 만족되어야 존재한다. 첫째, 국내채권과 해외채권간의 위험성에 차이가 있어야 한다. 만약 국내외채권의 위험성이 동일하다면 양 채권은 완전대체적이라고 할 수 있다. 둘째, 투자자는 위험기피적이어서 높은 위험을 감수하기 위해서는 보다 높은 수익률이 보장되어야 한다. 만약 투자자가 위험기피적이 아니라면 위험성은 접어두고 높은 수익률을 보장하는 채권에 투자하려 할 것이다. 셋째, 투자자들의 위험을 최소화할 수 있는 국내외 채권 포트폴리오의 구성과 실제 채권공급량과는 차이가 있다. 따라서 투자자들이 이상적인 자산배분을 달성하지 못하고 내키지 않는 채권을 보유하는 대가로 리스크 프레미엄을 지급한다고 볼 수 있다.

리스크 프레미엄이 존재하면 식 (12-8)′의 무위험금리평가는 다음과 같이 수정되어야 할 것이다.

$$i = i^* + \frac{E^e_{+1} - E}{E} - \rho \qquad (12\text{-}9)$$

식 (12-9)에서 ρ는 해외투자에 부가되는 리스크 프레미엄(risk premium)을 나타낸다. 리스크 프레미엄은 해외투자시 위험이 가중되는 경우 정(+)의 값을 가질 것이다. 이 경우 해외투자의 예상수익률, 즉 해외금리와 선물환율 변화율의 합은 위험을 보상하기 위하여 국내금리보다 커야 한다. 만약에 리스크 프레미엄이 부(−)의 값을 가진다면 국내투자가 해외투자보다 위험하다는 것을 의미한다. 개도국의 경우 선진국에 비하여 금리가 높아야만 외국인들의 투자를 유치할 수 있을 것이다. 바로 그 이유는 투자위험이 그만큼 크다는 것을 반영하는데, 이러한 경우가 부의 리스크 프레미엄의 좋은 예라고 하겠다.

2. 포트폴리오 균형모형

포트폴리오 균형모형은 사람들이 자국화폐뿐 아니라, 다양한 형태의 국내외금융자산을 보유하려 한다고 보는 점에서 통화주의모형과 구분된다. 투자자의 입장에서 국내외 금융자산이 불완전대체재이기 때문에 투자할 수 있는 금융자산의 종류는 가장 간단한 경우라도 자국화폐, 국내채권, 해외채권 등 최소한 3개라고 볼 수 있다. 이때 국내투자자들이 보유하고 있는 금융자산(W)은 자국화폐(M), 국내채권(B) 및 해외채권(B^*)으로 구성될 것이다.

$$W = M + B + E \cdot B^* \tag{12-10}$$

해외채권의 경우에는 외화로 표시되어 있으므로 자국통화로 표시된 해외채권투자액은 B^*에다가 환율(E)을 곱한 값이 된다.

투자자들은 자신이 보유하고 있는 금융자산을 어떻게 배분할 것인가? 화폐에 대한 수요는 금융자산의 규모에 따라 달라지고, 화폐와 대체적인 금융자산이라고 할 수 있는 국내채권 및 해외채권의 예상수익률에 대해서는 부정적으로 반응할 것이다. 마찬가지로, 국내채권에 대한 수요는 금융자산규모에는 비례하고, 자신의 수익률에는 정(+)의 반응을 그리고 해외채권의 수익률에는 부(−)의 반응을 보일 것이다.

$$M = m(\overset{-}{i},\ \overset{-}{i^* + \frac{E^e_{+1} - E}{E}}) \cdot W \tag{12-11}$$

$$B = b(\overset{+}{i},\ \overset{-}{i^* + \frac{E^e_{+1} - E}{E}}) \cdot W \tag{12-12}$$

$$EB^* = f(\overset{-}{i},\ \overset{+}{i^* + \frac{E^e_{+1} - E}{E}}) \cdot W \tag{12-13}$$

포트폴리오 균형모형은 식 (12-11)에서 식 (12-13)까지의 균형조건이 모두 성립할 때 균형환율이 결정된다고 본다. 위 식에서 국내화폐, 국내채권 및 해외채권보유는 국내채권금리(i)와 해외채권의 예상수익률$\left(i^* + \frac{E^e_{+1}-E}{E_t}\right)$에 의하여 결정된다. 이들 국내외투자수익률이 각각의 금융자산수요에 미치는 영향의 부호는 식의 우변 위에 표시되어 있다.

식 (12-11)에서 국내금리(i)는 화폐수요량이 화폐공급량과 같아지도록 조정된다고 하자. 그렇다면 환율은 어떻게 결정되는가? 당연히 균형환율은 국내외 채권시장이 균형을 이룰 때 성립할 것이다. 이 문제를 보다 자세하게 살펴보기 위하여 식 (12-12)와 식 (12-13)을 다음과 같이 하나의 균형조건으로 표현하여 보자.

$$B/EB^* = g(\overset{+}{i},\ \overset{-}{i^* + \frac{E^e_{+1}-E}{E}}) \quad (12\text{-}14)$$

식 (12-4)이 좌변은 식 (12-12)의 좌변을 식 (12-13)의 좌변으로 나누어 준 것으로 국내채권투자금액의 해외채권투자금액에 대한 비율을 표시한다. 국내채권의 보유비율은 국내채권금리가 올라갈수록, 또한 해외채권금리가 내려갈수록 증가할 것이다. 식 (12-14)를 정리하면 균형환율은 다음과 같이 나타낼 수 있다. 이때 x는 예상환율변화율$\left(= \frac{E^e_{+1}-E}{E_t}\right)$을 나타낸다.[9)]

$$E = (B/B^*) \cdot \frac{1}{g(i,\ i^* + x)} \quad (12\text{-}15)$$

포트폴리오 균형모형에서는 국내외 금융자산이 불완전대체재이기 때문에 금리평가가 성립하지 않는다. 환율은 국내화폐의 공급량과 수요량, 그리고 국내외 금융자산의 공급량과 수요량, 환율변화에 대한 예상에 따라 결정된다.

식 (12-15)는 균형환율이 국내외 채권의 공급량(=수요량), 국내외 금리, 그리고 예상환율변화율에 의하여 결정된다는 것을 보여 준다.

첫째, 다른 요인들이 일정하다고 가정할 때 국내이자율이 상승하면 국내채권에 대한 국내투자자들과 해외투자자들의 수요가 증가한다. 이

9) 포트폴리오 균형모형에서는 자산의 공급량과 수요량, 즉 자산의 저량(stock)이 얼마인가가 환율결정에 중요한 역할을 담당한다. 이러한 접근방식은 전통적으로 환율이 무역에 따른 외환의 수요 및 공급, 즉 정해진 기간중 외환의 유량(flow)에 따라 결정된다고 보는 견해와 대비된다.

에 따라 외국으로부터 자본이 유입되면서 환율은 하락할 것이다. 즉, 국내통화의 가치는 상승할 것이다. 반대로 외국이자율이 상승하게 되면 자본이 유출되면서 국내통화가치는 하락한다.

둘째, 다음기의 예상환율이 상승하면 투자자들이 해외채권을 선호하게 되므로 자본이 유출된다. 따라서 환율은 상승하고 국내통화가치가 하락하게 된다.

셋째, 국내채권공급이 해외채권공급에 비하여 상대적으로 증가하면 환율은 상승한다. 즉, 채권공급이 증가한다는 것은 그만큼 해당채권을 발행한 기업의 금융비용이 증가한다는 것을 의미하므로 기업의 신용등급은 하락하고, 투자의 위험도는 증가한다고 볼 수 있다. 따라서 국내채권의 발행이 증가하면 투자자들은 위험도가 높아진 국내채권보다는 해외채권을 선호하게 될 것이다. 이러한 상황은 식 (12-9)에서 해외투자에 대한 리스크 프레미엄(ρ)이 하락한 것과 마찬가지 효과를 가져올 것이다. 따라서 해외채권에 대한 수요가 증가하면서 자본유출이 발생하여 환율은 상승한다고 볼 수 있다.

환율결정에 대하여 포트폴리오 균형모형은 통화주의모형보다 훨씬 설명력이 높을 것으로 예상된다. 그러나, 실증분석결과는 이같은 예상을 뒷받침하지 못하고 있다. 금융자산의 불완전대체성이라는 현실적인 가정에도 불구하고 환율변화에 대한 예상과 리스크 프레미엄을 어떻게 설명할 것인가가 난제로 남아 있다. 물론 이러한 문제점들은 포트폴리오 균형모형에만 해당되는 것은 아니다. 다양한 국내외 금융자산과 그 수익률을 어떻게 잘 파악하여 활용할 것인가에 대해서 좀 더 많은 실증연구가 이루어져야 할 것이다.

마지막으로 포트폴리오 균형모형을 이용하여 경상수지와 환율간의 관계에 대하여 생각하여 보자. 단기에는 물가가 경직적이기 때문에 구매력평가가 잘 성립하지 않는다고 할 수 있다. 따라서 환율변화는 국내외 상대가격(EP^*/P)의 변화를 가져오기 때문에 수출과 수입에 영향을 주게 된다. 이때 경상수지가 흑자가 되면 외화자산을 벌어들이게 되고 포트폴리오 균형모형에서는 외국채권의 공급이 증가하는 것으로 해석할 수 있다. 또한 국내자산의 총액(W) 자체도 증가하게 될 것이다. 이에 따라 국내자산시장에서 화폐, 국내채권, 해외채권의 수요공급간 균형을 이루기 위하여 국내금리와 환율이 변하게 될 것이다. 경상수지가 흑자인 경우 외국채권의 공급이 증가하기 때문에 외국채권투자에 대한 유인이 감소하고, 이는 리스크 프레미엄이 증가하여야 함을 의미한다. 이에 따라 자본의 순유입이 발생하게 되어 환율은 하락할 것이다. 반대로 경상수지가 적자를 기록한다면 환율은 상승할 것이다. 이와 같은 조정은 경상수지가 균형을 이루어 더 이상 자산시장의 조정이 필요치 않을 때까지 계속될 것이다. 이렇게 보면 장기적으로는 경상수지가 환율을 결정하는 것처럼 보인다. 그러나, 단기적으로는 환율변화가 경상수지에 영향을 주고, 경상수지는 자본이동을 통하여 환율에 간접적으로 영향을 주는 조정과정이 지속된다고 할 수 있다. 경상수지와 자본수지, 금리와 리스크 프레미엄은 이와 같이 환율결정에 있어서 다면적이면서도 시간에 따라 변하는 복잡한 상호연관성을 보여 주고 있다고 하겠다.

환율결정에 대한 자산시장접근

국제자본이동이 활발하여지면서 환율을 국내자산과 해외자산간의 상대가격으로 파악하는 접근방식이 확산되었는데, 이를 환율결정에 대한 자산시장접근방식이라고 한다. 자산시장접근방식에 따르면 환율은 국내외금융자산시장의 균형조건에 따라 결정된다. 따라서 환율은 다양한 금융자산의 공급과 수요에 따라 변하기 때문에 실증적으로 매우 큰 변동성을 가질 것으로 예상할 수 있다.

자산시장접근방식은 금융자산의 거래비용이나 자본이동에 대한 규제가 무시할 정도로 적기 때문에 자본이동이 완전하다고 가정한다. 그러나, 국내외금융자산이 완전대체재인가에 대해서는 견해가 엇갈리고 있다. 통화주의 모형은 국내통화표시채권과 외화표시자산채권이 완전대체재라고 보는 한편, 포트폴리오 균형모형은 양자가 불완전대체재라고 본다. 이를 중심으로 환율결정에 대한 자산시장접근방식의 계보를 정리하면 아래와 같다.

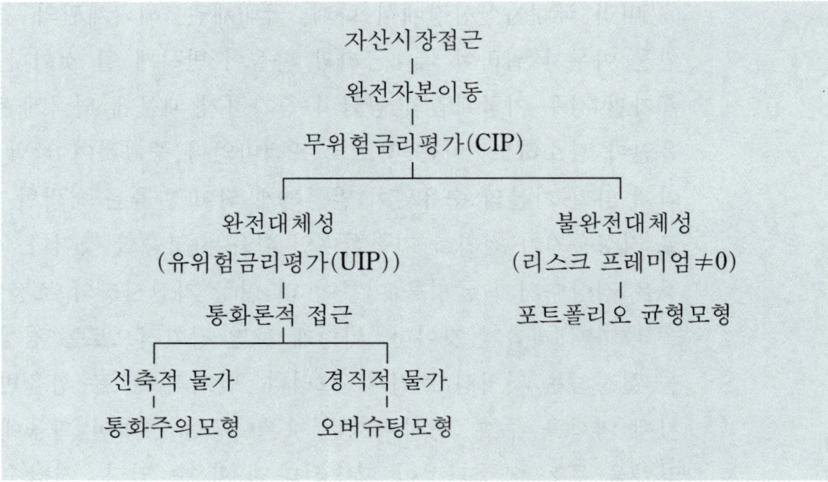

12.6 외환시장개입과 환율조정

1. 외환시장개입의 목적과 수단

종종 신문을 보면 외환당국이 외환시장에서 외환을 팔거나 또는 사는 것을 볼 수 있다. 외환당국이 외환을 파는 경우에는 외환의 공급이 증가하여 외환의 가격이 떨어지고, 반대로 외환을 사는 경우에는 외환에 대한 수요가 증가하여 외환의 가격은 증가할 것이다. 이렇게 외환당국이 외국통화로 표시된 금융자산을 사거나 파는 것을 외환시장개입이라고 한다. 여기에서 외환당국은 대부분 중앙은행을 지칭한다.

외환시장개입은 외환당국이 설정한 정책목표를 달성하기 위하여 이루어지는데, 개입의 목적은 크게 3가지로 나눌 수 있다.

첫째, 환율의 안정, 즉 환율변동폭의 감소를 들 수 있다. 환율이 시장에서 결정되는 자유변동환율제도하에서는 환율이 기초경제여건과 관계없는 예상변화에 따라 과민하게 반응할 수 있다. 환율변화는 무역이나 자본거래에 지대한 영향을 미치는 만큼, 외환당국은 환율이 안정적으로 유지되기를 바랄 수 있다.

둘째, 시장에서 결정되는 환율수준을 외환당국이 적절하다고 판단하는 수준으로 조정하려는 경우를 들 수 있다. 문제는 과연 적절한 환율수준을 어떠게 정의할 것인가라고 할 수 있다. 외환당국이 생각하는 적정수준이 민간부문에서 예상하는 수준과 차이가 나는 경우, 종종 외환당국의 개입이 무위로 돌아가는 수가 발생하기 쉽다.

셋째, 외환당국이 외환보유액이나 구성을 변화시킬 목적으로 외환시장에 개입하는 경우이다. 하지만, 예를 들어 중앙은행이 현재 보유하고 있는 외환을 일정기간 팔았다가(샀다가), 다시 사는(파는) 스왑거래가 종종 이루어진다. 이러한 스왑거래는 환율수준에 영향을 주려는 목적보다는 보유하고 있는 외환의 구성을 바꾸기 위하여 사용된다.

중앙은행이 환율수준을 조정하려고 하는 경우 보통 현물환시장에 개입하게 된다. 중앙은행이 현물환시장에서 외환을 직접 사거나 파는 행위는 다른 시장참가자들에게 중앙은행이 원하는 환율수준에 대한 정보를 제공하게 된다. 이같이 중앙은행이 목표로 삼고 있는 환율수준에 대한 신호는 환율변화에 대한 예상에 영향을 미쳐 실제 현재환율수준이 원하는 방향으로 움직이도록 유도하는 효과를 가져온다.

외환당국의 개입은 현재 환율의 움직임을 촉진시키려고 이루어지는가, 아니면 환율변동을 억제하기 위하여 이루어지는가에 따라 순풍개입(leaning with the wind)과 역풍개입(leaning against the wind)으로 구분된다. 순풍개입은 바람부는 방향으로 이루어진다는 말 그대로 환율의 추세를 따라 환율조정이 보다 빨리 일어나도록 외환시장에 개입하는 것을 의미한다. 반대로 역풍개입이란 환율움직임을 중지시키거나 또는 반전시킬 목적으로 이루어진다.

2. 외환시장개입의 효과

외환시장개입은 중앙은행이 보유하고 있는 외환보유고의 증가나 감소를 초래하게 된다. 외환보유고의 변화는 본원통화의 변화를 가져오므로 통화량이 변하게 된다. 식 (12-16)에서 M_1는 통화량, H는 본원통화량, NFA^{cb}와 CBC^{cb}는 해외순자산과 국내순자산, 그리고 μ는 통화승수를 지칭한다.[10)]

$$M_1 = \mu \cdot H = \mu(NFA^{cb} + CBC^{cb}) \tag{12-16}$$

중앙은행이 외환을 매입하게 되면 환율은 상승하고 외환보유고와 본원통화공급, 그리고 통화량이 증가한다. 반대로 중앙은행이 외환을 매각하게 되면 환율은 하락하고 외환보유고와 본원통화공급, 그리고 통화량은 감소한다.

예를 들어 중앙은행이 현물환시장에서 외화를 1억원만큼 매입하였다고 하자. 이때 중앙은행은 외환매입대가로 이를 판매한 시중은행에게 1억원을 지급하게 되면, 한국은행에 개설하여 놓은 지준예치금 구좌에 1억원이 예금되게 된다. 이에 따라 본원통화공급은 1억원만큼 증가하고, 민간은행이 새로 공급된 1억원을 바탕으로 대출을 하게 되면 시중의 통화공급은 그 이상으로 증가하게 된다.

한편, 중앙은행은 외환시장개입에 따른 통화공급의 변화를 원치 않을 수 있다. 통화공급이 증가할 경우 물가상승압력이, 반대로 통화공급이 감소한다면 물가하락압력이 발생할 수 있기 때문이다. 제11장에서 설명한 바와 같이 외환시장개입의 효과를 상쇄시키기 위하여 해외순자산의 변화와 반대방향으로 국내순자산을 변화($\Delta CBC^{cb} = -\Delta NFA^{cb}$)시키는 것을 불태화정책이라고 한다. 예를 들어 1억원의 외환을 매입하면서 동시에 중앙은행이 보유하고 있는 채권을 1억원어치 매각하여 국내여신을 흡수하는 경우에는 외환시장개입이 본원통화공급에 미치는 효과는 상쇄되어 없어진다.

이렇게 외환시장개입과 불태화정책이 동시에 이루어지는 경우를 불태화외환개입이라고 한다. 불태화외환개입이 이루어지는 경우 통화공급의 변화는 없고, 따라서 국내금리도 변하지 않는다.

$$\Delta M_1 = \mu \cdot \Delta H = \mu(\Delta NFA^{cb} + \Delta CBC^{cb}) = 0 \tag{12-17}$$

그렇다면 국내금리의 변동을 가져오지 않는 불태화외환시장개입은

10) 외환보유고와 화폐공급간의 관계에 대해서는 제11장의 〈표 11-3〉을 참조하기 바란다.

표 12-2 외환매입과 중앙은행의 대차대조표

차변(자산)		대변(부채)	
해외순자산	+1억	본원통화	+1억
국내순자산		현금발행액	
		민간은행의 지준예치금	+1억

과연 환율에 영향을 미칠 수 있는가?

첫째, 외환시장개입이 외환당국의 행후 통화정책이나 달성하고자 하는 균형환율에 대한 정보를 제공하여 시장참여자들의 환율예상을 변화시키고, 결국 환율을 변화시키는 신호효과(signaling effect)는 태화외환시장개입이든, 아니면 불태화외환시장개입이든 유효하다. 물론 신호효과는 시장참가자들이 외환당국에 가지고 있는 신뢰감을 바탕으로 시장개입을 정책변화에 대한 신호로 인식하는 경우에만 효력을 발휘할 수 있을 것이다.

둘째, 외환시장개입이 통화량을 변화시키는 경우에는 국내금리가 변하므로 국내외수익률간 격차가 벌어지게 되고, 이에 따라 투자자들이 자산배분을 변화시키는 과정에서 환율이 변하게 된다. 그러나 불태화외환시장개입의 경우에는 국내금리가 변하지 않기 때문에 이같은 금리효과는 나타나지 않는다.

셋째, 국내외자산이 불완전대체재인 경우 외화표시자산을 사고 파는 과정에서 국내외 자산공급의 상대적 비율이 변하게 되면 이에 따라 리스크 프레미엄에 영향을 미치게 된다. 즉, 중앙은행이 외화표시자산을 매입하게 되면 민간부문에 대한 외화표시자산(채권)의 공급이 감소하게 되고, 이에 따라 해외투자에 대한 리스크 프레미엄은 감소하게 된다. 이에 따라 해외투자의 매력이 증가하고 자본유출이 발생하면서 자국통화

표 12-3 불태화 외환매입과 중앙은행의 대차대조표

차변(자산)		대변(부채)
해외순자산	+1억	본원통화
국내순자산	−1억	현금발행액
		민간은행의 지준예치금

의 가치는 하락하게 될 것이다. 반대로 외화표시자산을 매각하면 시중에 외화표시자산공급이 증가함에 따라 신용도가 하락하고 이에 따라 해외 금융자산에 대한 투자의 위험도가 증가하게 된다. 따라서 사람들은 국내 통화표시자산을 선호하게 되므로 환율은 하락한다. 따라서 포트폴리오 모형에서는 불태화외환시장개입이라도 포트폴리오구성의 변동과 이에 따른 리스크 프레미엄의 변화를 통하여 환율에 영향을 미치게 된다.

외환시장개입이 과연 환율조정에 효과가 있는가라는 문제에 대한 실증분석은 흥미로운 연구과제이다. 최근의 연구성과는 불태화외환시장개입의 경우 효과가 상당히 작거나, 통계적으로 중요하지 않다는 것을 보여 준다.

외환시장개입은 시장참가자의 예상변화를 통하여 환율에 영향을 미치는 것으로 보인다. 환율시장에 참가하는 경제주체들은 기초경제여건에 대한 정보는 물론 정책당국의 움직임을 예의주시하고 있다. 따라서 따라서 정책목표가 시장의 흐름에서 동떨어졌다고 생각되는 경우에는 시장참가자들은 이러한 목표가 달성되기 힘들 것이라고 판단할 것이고, 따라서 외환당국은 원하는 개입효과를 얻기 힘들 것이다. 또한 외환시장개입이 미리 예상되어졌을 경우에는 이러한 정책변화가 이미 환율에 반영되어 있기 때문에 정책변화가 발표되는 시점의 효과는 미미하게 나타날 수밖에 없을 것이다.

한편 외환시장의 규모가 커졌기 때문에 개입규모가 상당히 크지 않다면 균형환율에 미치는 효과 역시 그리 크지 않을 수 있다. 일본 엔화에 대한 개입효과는 일본의 정책당국이 단독으로 외환시장에 개입하는 것보다는 미국의 정책당국과 협조하에 개입하는 것이 효과적이라는 연구결과는 시사하는 바가 크다.

주요용어

외환시장	위험할증
통화주의환율결정모형	구매력평가
유위험금리평가	무위험금리평가
균형환율	포트폴리오균형모형
외환시장개입	불태화정책

연습문제

1. 1990년대 한국이 자본자유화를 추진하는 과정에서 경상수지가 악화되었다는 주장에 대하여 논하라.
2. 통화주의 환율결정모형에 따르면 이자율이 상승하면 환율이 상승하게 된다. 이는 금리평가조건이 시사하는 바와 정반대인데, 왜 이러한 결과가 나타나는지 설명하라.
3. 3개월 만기 단기채권의 이자율이 미국은 연 5.96%이고 영국은 연 8%이며, 현재 환율은 1파운드당 1.5달러, 3개월만기 선물환율은 1파운드당 1.52달러하고 하자.

   (1) 금리평가조건이 성립하는가? 성립하지 않는다면 어떤 현상이 발생하는가?
   (2) 금리평가가 다시 성립하기까지의 조정과정을 상세하게 설명하라.

4. 외환위기 이후 우리나라 신용도의 변화가 환율변화에 미친 영향을 포트폴리오 균형모형을 이용하여 분석하라.
5. 통화당국의 외환시장 개입시 불태화정책을 사용할 때와 그렇지 않을 때 환율변화에 미치는 효과를 비교분석하라.

제13장 환율변화의 효과

엔화의 가치하락과 일본의 경기회복

일본 중앙은행총재인 마사루 하야미는 일본의 경기침체에 대한 새로운 처방으로 엔화의 가치하락을 추진하고 있음을 공개적으로 시인하였다. 그는 디플레이션에서 벗어나기 위하여 취한 모든 경제정책이 실패로 돌아갔고 마땅한 대안도 찾기 힘들다고 말하였다. 일본경제가 처한 곤경은 그 정도가 너무 심하기 때문에 미국도 엔화를 고의적으로 약화시키려는 정책을 용인하는 태도를 보이고 있다. 일본의 중앙은행이 외국채권의 매입을 통하여 엔화의 가치하락을 유도하는 것은 일본경제뿐 아니라 세계경제를 위하여 바람직하다고 판단하는 듯하다.

지난 수년간 미국은 일본이 국내경제문제를 환율조정을 통하여 해결하려는 정책에 대하여 반대하는 입장을 취하여 왔다. 특히 클린턴 정권하에서는 일본이 엔화가치하락을 통한 수출진작으로 경기침체를 벗어나려는 시도가 일본은 물론 세계경제에도 장기적으로 득이 될 수 없다는 인식이 팽배하였다. 일본엔화의 가치하락은 다른 아시아국가들의 수출을 감소시키게 될 것이고, 이는 일본의 경기침체를 아시아지역으로 수출하는 효과를 가져올 것이라고 본 것이다. 또한 엔화의 가치하락은 미국에 있어서도 주요제조업체들의 경쟁력악화와 실업증가를 가져올 것이라고 우려하였다.

부시정권의 폴 오닐 재무부장관은 강한 달러화가 미국의 국익에 바람직하다는 입장을 표명한 바 있다. 따라서 엔화약세에 대하여 명백하게 반대하기보다는 일본이 경기침체에서 벗어나지 못할 때 세계경제가 당면하게 될 위험에 대하여 우려하는 목소리가 더 높다. 또한 미국경제가 빠른 경기회복을 보이고 있다는 판단도 엔화약세에 대하여 긍정적인 태도를 갖게 한 요인이 되고 있다. 일본중앙은행이 미국 재무부 채권을 사 줄 경우 장기이자율이 내려가는 효과도 추가적으로 기대할 수 있을 것이다.

일본은 1993년이래 GDP 디플레이터가 6%나 하락하는 심각한 경기침체를 경험하고 있다. 물가하락으로 일본의 민간기업들은 부채상환부담이 가중되고 소비자들은 소비를 줄이고 저축을 더욱 늘리려는 악순환이 계속되고 있다. 외국채권매입을 통한 엔화환율의 조정은 통화량확대정책의 일환으로 추진되고 있다. 일본중앙은행은 디플레이션 극복을 위하여 보다 과감한 정책을 추진하여야 할 것이다.

〈*Financial Times*, "BOJ looks for new weapons in the fight against deflation," 2001. 11. 22〉

13.1 문제 제기

한국과 같이 대외개방도가 높은 경제일수록 기업, 가계, 정부 모두 환율변화에 민감하여진다. 미국에 자동차를 수출하는 기업에서는 원화의 달러화에 대한 환율이 올라가면 달러표시 수출가격이 떨어지기 때문에 미국시장에서 미국자동차나 일본자동차에 비하여 가격경쟁력이 올라갈 것이라고 반길 것이다. 그러나, 미국에 자회사를 가지고 있는 한국의 모기업에서는 환율이 올라가면 투자수익을 원화로 환산하였을 때 커다란 이득을 볼 수 있다. 한편, 환율이 올라가면 수입가격이 상승하고, 독점력이 있는 수입업자들은 가격상승분을 소비자에게 전가하게 될 것이다.

한편 정부는 경상수지 균형이 중요한 정책목표 중의 하나인 만큼, 환율이 상승하거나 또는 하락하는 것에 신경을 쓸 수밖에 없다. 또한 환율변화는 국내총생산 및 물가의 변동을 가져오게 되므로 경기안정측면에서도 중요한 변수가 아닐 수 없다. 환율이 상승하면 인플레이션 압력이 발생하는 한편, 수출이 증가하고 수입이 감소하게 되므로 국내에서 생산되는 재화 및 서비스에 대한 총수요가 증가하는 효과를 가져오게 될 것이다. 반대로 환율이 하락하면 경상수지 적자폭이 증가하고, 국내총생산이 감소하는 한편, 물가는 안정될 것이라고 기대할 수 있다.

환율변화가 국제수지에 미치는 영향은 오랫동안 국제경제학의 관심사였다. 특히 자본이동이 불완전한 상황을 배경으로 환율과 경상수지간의 관계에 대하여 많은 연구가 이루어져 왔는데, 이러한 전통적인 접근방식은 다시 탄력성접근(the elasticity approach)과 총지출접근(the absorption approah)으로 대별된다. 전자가 환율과 국내외 상대가격을 경상수지의 주요 결정요인이라고 본다면 후자는 가격효과보다는 소득효과를 강조하고 있다. 한편 환율변화는 국내에서 생산되는 재화 및 서비스의 공급과 수요에 영향을 미치게 된다. 따라서 개방도가 크고 경제규모가 작은 경제일수록 균형국민소득과 물가는 환율과 밀접하게 연관된다.

본 장에서는 첫째, 환율변화가 어떠한 경로를 거쳐서 대외균형에 영향을 미치게 되는지 탄력성접근과 총지출접근을 대비하여 살펴보도록 한다. 둘째, 자국통화가치가 하락한 후 경상수지가 오히려 악화될 수 있다는 주장이 정당한지와 그렇다면 그 근거가 무엇인지 검토한다. 셋째, 환율변화는 한국과 같은 소규모개방경제에 있어서 물가와 고용에 어떠한 영향을 주는지를 분석하도록 한다.

13.2 환율과 국제수지: 탄력성접근

1. 상대가격과 실질환율

환율은 서로 다른 통화간의 교환비율을 나타낸다. 환율이 변하면 국내에서 생산되는 재화와 외국에서 생산되는 재화의 상대가격이 바뀌어 수출과 수입량이 모두 변하게 된다. 예를 들어 한국에서 만든 자동차의 국내가격이 2,000만원이라고 하자. 만약에 1달러가 1,000원이라면 국산자동차의 국제가격은 20,000달러가 된다. 이제 환율이 1,000원에서 2,000원으로 상승하였다고 하자. 똑같은 국산자동차의 국제가격은 이제 10,000달러로 하락한다. 따라서 외국에서 생산하는 자동차가격이 그대로 있다면 국산자동차의 수출은 크게 증가할 것으로 예상된다.

위 예에서 외국에서 생산되는 자동차 값이 대당 20,000달러였다고 하자. 한국에서 외국자동차를 수입한다면 국내가격은 환율이 1,000원일 때는 2,000만원이고, 환율이 2,000원이 되면 4,000만원으로 상승한다. 따라서 환율이 올라가면 외국자동차의 수입량은 감소할 것이다.

수출과 수입에 대한 수요는 일반적인 재화에 대한 수요와 마찬가지로 해당재화의 가격과 대체재의 가격 비율, 즉 상대가격에 의하여 영향을 받는다. 위에서 본 예에서와 같이 환율은 국내외 재화의 상대가격을 변화시켜 수출과 수입에 영향을 미치게 된다. 모든 조건이 일정하다면 원화가치가 상승(appreciation)하면 수출재의 상대가격은 증가하는 반면 수입재의 상대가격은 하락한다. 반대로 원화가치가 하락(depreciation)하면 수출재의 상대가격은 하락하고, 수입재의 상대가격은 증가한다.

상대가격 개념을 국내에서 생산된 모든 재화와 서비스에 확대할 경우에는 양국의 물가를 동일한 화폐단위로 환산하여 비교하는 것이 된다. 양국 물가의 비율을 실질환율(real exchange rate)이라고 정의한다. 즉, 실질환율은 명목환율에다가 양국물가를 고려한 화폐구매력간의 교환비율이라고 할 수 있다.

$$q = EP^*/P \qquad (13\text{-}1)$$

이때 E는 외국화폐에 대한 자국화폐의 교환비율(명목환율), P^*와 P는 각각 외국과 국내물가수준을 나타낸다.

실질환율(real exchange rate)은 양국화폐구매력간의 비율로서 명목환율에다가 외국물가를 곱하고 국내물가로 나눈 값으로 정의된다. 구매력평가가 성립하면 실질환율은 1이 된다.

실질환율의 예를 하나 들어보도록 하자. 미국에서는 4인 가족의 한 달 생활비가 3,500달러 든다고 한다. 그런데 한국에서 똑같은 4인 가족이 생활하는 데는 250만원이 든다고 한다. 그렇다면 미국의 한 달 생활비는 한국에서는 몇 달치 생활비에 해당하는가? 다시 말하자면 미국의 한달치 소비재 묶음을 살 수 있는 돈으로 한국에서는 똑같은 소비재 묶음을 몇 개나 살 수 있는가? 이러한 계산을 하려면 원화의 대미달러환율을 알아야 한다. 현재 원화의 대미달러환율이 1,200(원/달러)라고 가정하면, 미국의 한달치 소비재 묶음은 한국에서는 3,500×1,200/2,500,000=1.68 묶음에 해당한다. 이때 1.68은 바로 원화의 대미달러화에 대한 실질환율을 나타낸다고 하겠다.

위 예를 일반화하여 미국의 물가수준을 P^*라고 할 때, 1달러의 구매력은 그 역수인 $1/P^*$라고 할 수 있다. 한편 1$를 명목환율인 E만큼의 원화로 교환하면 한국에서는 물가가 P라고 할 때 E/P만큼의 재화 및 서비스를 구매할 수 있다. 1달러를 가지고 한국과 미국에서 살 수 있는 재화 및 서비스의 양을 비교하면, $(E/P)/(1/P^*)=EP^*/P$가 된다. 이와 같이 원화의 달러화에 대한 실질환율은 원화와 달러화의 구매력, 즉 실질가치간의 비율을 나타낸다고도 해석할 수 있다.

실질환율이 상승하면 원화 실질가치의 하락(real depreciation)을 의미한다. 반대로 실질환율이 하락하면 원화 실질가치의 상승(real appreciation)을 의미한다. 실질환율의 상승은 명목환율이 상승하거나 또는 외국물가(국내물가)가 상승(하락)하는 경우 발생한다. 양국물가가 일정하다고 가정하면 실질환율은 명목환율과 같은 방향으로 움직이게 된다.

실질환율이 상승하면 외국에서 생산한 재화의 국내에서 생산한 재화에 대한 상대가격이 상승함을 의미한다. 따라서 상대적으로 가격이 싸진 국산 재화에 수요가 증가하고, 외국산 재화에 대한 수요는 감소할 것이다. 자유롭게 무역이 이루어진다면 수출은 증가하고, 수입은 감소한다. 반대로 실질환율이 하락하면 국산 재화의 가격이 상대적으로 상승한 것을 의미하므로 수출은 감소하고, 수입은 증가한다.

2. 환율변화와 경상수지

경상수지는 재화 및 서비스의 순수출, 더 좁게는 재화의 순수출이 주를 이룬다고 볼 수 있다. 따라서 환율변화가 경상수지에 미치는 영향을 살펴보기 위하여 재화의 수출과 수입이 환율변화에 따라 어떻게 반응하는가를 분석하도록 하자. 편의상 세계는 본국(한국)과 외국(미국) 두 나라만으로 구성되어 있다고 가정하도록 한다.

본국에서 생산한 재화에 대한 외국의 수요, 즉 수출은 수출재의 외국생산재에 대한 상대가격과 외국의 소득수준에 의하여 결정된다. 이 때 수출재의 외화표시 가격은 수출업자가 자국통화로 표시하였을 때 환율을 고려하여 국내가격과 동일하게 결정한다고 가정한다. 즉, 수출재의 자국통화표시 국내가격을 P라고 하면 수출재의 외화표시가격은 국내가격을 환율(E)로 나눈 P/E가 된다. 외국생산재의 가격(P^*)이 외화로 표시되었다고 가정하면, 수출품의 상대가격은 실질환율의 역수와 같아진다($(P/E)/P^*=P/EP^*=1/q$).. 한편 수입에 대한 국내수요는 수입재가격(EP^*)과 국내대체재가격(P)의 상대적 비율과 국내소득수준(Y)에 의하여 결정된다. 이 때 수입재와 국산품간의 상대가격은 실질환율과 같다($EP^*/P=q$).

이상의 논의를 요약하면, 수출과 수입은 각각 실질환율과 외국국민소득, 그리고 실질환율과 자국국민소득의 함수형태로 표시할 수 있다.[1)]

$$X=X(\overset{+}{q},\ \overset{+}{Y^*}) \tag{13-2}$$

$$M'=M'(\overset{-}{q},\ \overset{+}{Y}) \tag{13-3}$$

식 (13-2)에서 볼 수 있는 바와 같이 수출물량(X)은 실질환율(q)과 외국소득수준(Y^*)에 대하여 모두 비례적으로 움직인다. 한편 식 (13-3)의 수입물량(M')은 실질환율에는 반비례하며, 국내소득수준(Y)에는 비례한다.

명목환율(E)이 상승하면 양국의 물가(P, P^*)가 주어진 상황에서 실질환율(q)이 상승한다. 따라서 수출은 증가하고 수입은 감소한다. 그러나, 이것은 어디까지나 수출물량과 수입물량을 기준으로 한 것이다. 원화로 표시한 수출금액과 수입금액의 경우에는 문제가 달라진다. 먼저 수입금액을 생각하여 보자. 수입업자가 외국에 지불하여야 하는 금액을 원화로 표시하면 수입재의 원화표시가격(EP^*)에다가 수입물량(M')을

---

1) 수출은 실질환율의 역수에 반비례하므로, 실질환율에는 비례한다고 볼 수 있다.

$$X=X(\overset{-}{1/q},\ \overset{+}{Y^*})=X(\overset{+}{q},\ \overset{+}{Y^*})$$

곱한 것과 같다. 따라서 명목환율(E)이 증가하면 수입물량이 감소하더라도 원화표시가격의 상승 때문에 수입금액은 오히려 증가할 수도 있다. 수출금액의 경우는 수출물량에다가 국내가격을 곱한 것이므로 이와 같은 문제는 발생하지 않는다.

자국통화를 기준으로 표시한 명목경상수지($NCAB$)는 다음과 같이 수출금액에서 수입금액을 제한 것으로 정의할 수 있다.

$$NCAB = P \cdot X(q, Y^*) - EP^* \cdot M'(q, Y) \qquad (13\text{-}4)$$

식 (13-4)에서 볼 수 있는 바와 같이 명목환율(E)이 상승하는 경우 실질환율(q)도 상승하므로 수출물량(X)은 증가하고 수입물량(M')은 감소한다. 그러나, 원화로 표시한 수입가격(EP^*) 또한 상승하게 되므로, 수입물량이 감소하더라도 금액기준으로는 수입이 오히려 증가할 수 있다. 따라서 환율상승시에도 자국통화로 표시한 경상수지는 감소할 수도 있다.

국제수지에 대한 탄력성접근은 환율이 수출재 및 수입재의 상대가격을 변화시키고, 수출입 물량이 다시 상대가격에 탄력적으로 반응하기 때문에 환율이 경상수지결정의 중요한 요인이라고 주장한다.

〈그림 13-1〉은 한국의 환율과 경상수지 추이를 보여 준다. 대미달러화에 대한 원화의 명목환율과 실질환율은 1980년대 초부터 1990년대 중반까지 거의 동일한 모습을 보여 주고 있다. 그러나, 1990년대에는 안정세를 유지하다가 외환위기전후 급등세를 보이면서 양 변수간 괴리가 증대하였다. 한편 경상수지는 환율 움직임과는 별도로 1980년대 말부터 계속 악화되어 오다가, 외환위기 이후 크게 개선되었다.

환율상승이 경상수지를 개선할 수 있는가는 실증적으로도 중요한 문제가 아닐 수 없다. 만성적인 경상수지 적자를 경험하고 있는 개도국의 경우 환율을 정책적으로 상향조정하여 수출재의 상대가격을 낮추고, 수입재의 상대가격을 높였음에도 불구하고 경상수지가 개선되지 못하는 상황이 종종 나타났다. 이에 따라 환율변화가 경상수지에 미치는 효과에 대하여 의문이 제기되었다. 즉, 수출물량과 수입물량이 가격에 대

그림 13-1 한국의 환율과 경상수지

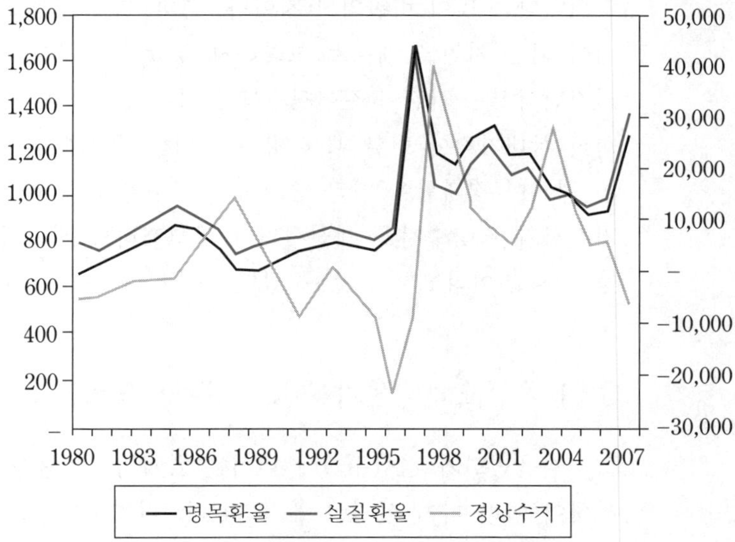

주: NCAB＝경상수지(100억원)
EXC＝원화의 대미달러화 명목환율
REXC＝원화의 대미달러화 실질환율＝EXC×미국도매물가지수÷한국도매물가지수.
자료: IMF, *International Financial Statistics*, CD Rom.

하여 비탄력적이기 때문에 환율이 상승하더라도 경상수지개선을 기대할 수 없다는 탄력성 비관론(elasticity pessimism)이 팽배하게 되었다.

환율상승시 경상수지가 개선되기 위해서는 수출물량과 수입물량의 가격탄력성이 높아서 수입가격이 상승하는 효과를 상쇄할 수 있어야 한다. 이를 마샬-러너 조건(Marshall-Lerner condition)이라고 한다. 개도국의 경우 수입품이 원자재나 자본재가 많아 가격탄력성이 낮은 한편, 수출품도 1차산품이 대부분을 차지하고 있어 역시 가격탄력성이 낮기 때문에 마샬-러너 조건이 만족되기가 쉽지 않을 수 있다.[2)]

그러나 탄력성 비관론에 대한 반론도 만만치 않다. 탄력성 비관론

2) 경상수지를 자국통화가 아니라 외화를 기준으로 표시할 때가 많다. 그러나 이 경우에도 환율상승이 경상수지 개선을 가져오기 위한 조건은 동일하다.

$$NCAB\$ = P/E \cdot X(q,\ Y^*) - P^*M'(q,\ Y) = \frac{P^*}{q}\left[X(q,\ Y^*) - q \cdot M'(q,\ Y)\right].$$

의 기반이라고 할 수 있는 수출수요와 수입수요의 가격탄력성이 과소추정되었다는 것이 비판의 요지이다. 특히 그 중에서도 탄력성 측정의 대상이 되는 기간을 제대로 고려하지 않았다는 것이 문제로 지적되었다. 가격탄력성은 기간이 길어질수록 높아지게 마련이다. 왜냐하면 어떤 재화의 상대가격이 변할 때 해당재화 대신 대체재를 사용하게 될 가능성이 시간이 경과함에 따라 증가하기 때문이다. 따라서 단기적으로는 평가절하가 경상수지를 개선시키지 못하더라도 장기적으로는 개선에 도움이 될 것이라고 전망할 수 있다.

3. J 곡선효과, 전가율 및 교두보 효과

환율변화가 경상수지에 미치는 효과가 왜 불확실한지를 설명하기 위하여 여러 가지 설명이 제기되었다. 여기서는 그 중에서도 대표적인 가설이라고 할 수 있는 J 곡선효과, 거래통화와 전가율 문제, 그리고 교두보 효과에 대하여 살펴보도록 한다.

(1) J 곡선효과

수출과 수입의 가격탄력성은 단기에는 작기 때문에 환율상승에 따른 경상수지효과는 즉각 나타날 수 없다. 환율상승이 경상수지에 긍정적인 효과를 미친다고 하여도 이러한 효과가 나타나기까지 상당한 시간이 소요되기 때문에 단기에는 경상수지가 악화될 수 있다는 주장을 J 곡선효과(the J-curve effect)라고 한다.

J 곡선효과는 〈그림 13-2〉와 같이 나타낼 수 있다. 환율이 상승한 직후(t_0) 경상수지는 악화되었다가 일정기간이 경과한 시점(t_1)에서야 처음 수준을 회복하게 된다. 그리고 서서히 경상수지는 이전보다 개선되는 효과를 보이게 된다($A \to B$).

J 곡선효과는 자국통화의 평가절하(devaluation) 또는 가치하락(depreciation)이 그 직후에는 경상수지의 적자를 초래하였다가 서서히 경상수지를 개선하는 효과를 가져오는 것을 의미한다.

그림 13-2 J 곡선효과

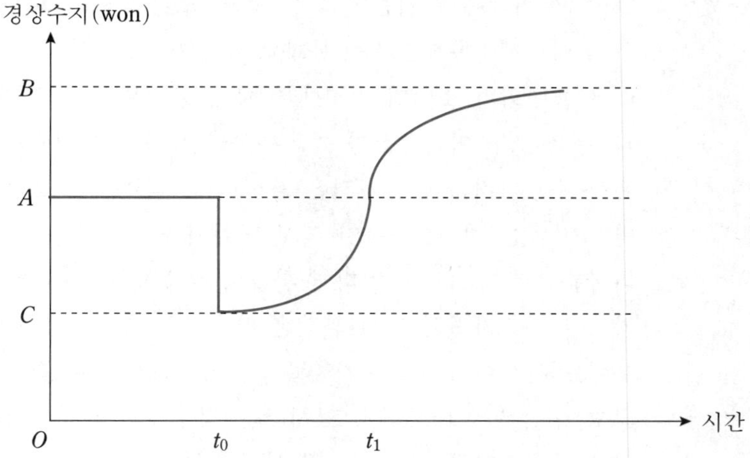

J 곡선효과는 단기적으로 국내화폐로 표시한 수입단가가 빨리 상승하는 반면에 교역량은 가격변화에 일정시간이 경과한 후에야 반응을 보이기 때문이라고 할 수 있다.[3] 미국의 예를 보면 환율변화로 경상수지가 개선될 때까지 통상 1년에서 3년정도가 소요되는 것으로 나타나고 있다.

(2) 거래통화와 전가율

수입과 수출계약이 어느 화폐로 표시되는가는 실증적으로 경상수

3) 한국은 미국에 선박을 수출하고 미국은 한국에 컴퓨터를 수출한다고 하자. 지난 한 해 동안 원화의 대미달러 환율은 1,200(원/달러)이었고, 한국의 대미수출금액은 150억원(=15억원/척×10척), 그리고 한국의 대미수입금액도 150억원(=1,000달러×1,200원/달러×12,500대)이었다고 한다. 이제 환율이 1,320(원/달러)로 10% 상승하였다고 하자. 단기에 수출물량이나 수입물량 모두 가격에 완전비탄력적이라고 하면, 수출금액은 150억원으로 일정하고 수입금액은 165억원(=1,000×1,320×1,250)으로 증가한다. 따라서 경상수지는 65억원의 적자를 기록하게 된다. 한편 1년이 경과한 후에 선박의 수출물량은 11척으로 증가하였고, 컴퓨터의 수입물량은 11,250대로 감소하였다. 따라서 한국의 수출금액과 수입금액은 각각 165억원(=15×11)과 148.5억원(=1,000$×1,320×11,250)이 되고, 경상수지는 16.5억원의 흑자를 기록하게 된다.

지가 환율변화에 어떻게 반응하는가를 결정하는 중요변수라고 할 수 있다. 국제거래에서 기준이 되는 통화를 거래통화(the vehicle currency)라고 한다. 거래통화를 자국통화로 하는가 또는 외국통화로 하는가에 따라 환율변화가 소비자 가격에 미치는 영향은 크게 달라진다. 만약 수입과 수출 모두 거래통화가 자국통화라면 환율이 상승하더라도 자국통화표시 수입가격과 수출가격은 불변이다. 따라서 수출물량과 수입물량이 변하지 않는 한, 경상수지 역시 변화가 없다. 한편 수입과 수출이 모두 외국통화로 표시되어 있다면 환율이 상승할 때 자국통화로 표시한 수입가격과 수출가격은 동시에 같은 비율만큼 증가하게 된다. 따라서 이 경우에도 경상수지는 변하지 않는다. 마지막으로 수출은 외국통화로 표시되고 수입은 국내통화로 표시되는 경우에는 국내통화가치가 하락하는 경우 경상수지는 즉각 개선될 것이다.

이제까지의 논의에서는 환율변화가 달러표시 수출가격을 1:1로 변화시킨다고 가정하였다. 그러나 실제로는 환율이 변하더라도 수출업자들은 수출시장에서의 점유율을 유지하기 위하여 수출가격을 될 수 있으면 그대로 유지하려는 경향이 있다. 예를 들어 환율이 10% 하락하였다고 하자. 만약에 국내가격이 일정하다면 해외에서 판매하는 가격은 10% 상승하고, 수출은 감소하게 될 것이다. 수출품이 독점력을 가지고 있지 않는 한, 수출물량은 감소할 수밖에 없고 수출금액도 이에 따라 감소하기 쉽다. 따라서 수출업자들은 10% 환율하락분 중 일부분은 생산비를 낮추어 흡수하고 달러표시가격에는 반영하지 않으려 할 수 있다. 이같은 경우 상대국의 수입가격은 환율보다는 안정적이고, 환율변화가 경상수지에 미치는 효과 역시 상당히 감소될 것이다.

전가율(the passthrough rate)은 환율의 변화가 수입재의 자국통화표시가격이나 수출재의 해외통화표시가격을 변화시키는 비율을 의미한다. 전가율이 1이면 환율변화가 100% 자국통화표시 수입재가격(해외통화표시 수출재가격)에 반영되는 것을 의미하며, 전가율이 0이면 환율변화에도 불구하고 수입재가격(수출재가격)이 그대로인 경우를 지칭한다.

전가율은 환율변화가 수입재(수출재)의 자국통화표시(해외통화표시)가격을 변화시키는 비율을 의미한다.

수출전가율 = 해외통화표시 수출재가격변화분/환율변화분
수입전가율 = 자국통화표시 수입재가격변화분/환율변화분

미국과 유럽간의 무역을 보면 전가율이 50%정도인 것으로 나타나고 있다. 일본기업들의 경우에는 전가율이 다른 선진국들과 비교하여 더 낮은 것으로 관측되고 있다. 즉, 엔화의 대미달러환율이 하락하는 경우 생산비와 이윤을 낮추어 달러표시 수출가격에 대한 충격을 흡수한다고 할 수 있다.[4)]

전가율은 실질환율의 변화정도를 결정한다. 만약 수출전가율이 작을 경우 환율이 하락하더라도 수출이 줄어들 여지는 작다. 수입국의 입장에서 보더라도 자국통화표시 수입재 가격변화가 작기 때문에 환율상승에도 불구하고 수입은 크게 줄어들지 않을 것이다. 즉, 전가율이 낮다면 환율하락에도 불구하고 경상수지흑자가 상당기간 줄어들지 않을 공산이 크다.

(3) 교두보 효과

환율변화가 수입물량과 수출물량의 조정을 가져오기까지는 상당한 시간이 소요된다. 예를 들어 자본재나 중간재와 같이 수입품은 국내 대체재를 찾기가 쉽지 않다. 수출의 경우에도 환율이 상승하였다고 하여 급작스럽게 수출을 증가시키는 데에는 현실적으로 제약이 존재한다. 수출을 증가시키려면 국내생산능력과 해외유통망의 확충이 필요하며, 여기에는 상당한 고정비용이 발생한다. 따라서 수출전망이 확실하게 개선되지 않는 한 수출물량을 즉각적으로 증가시키기 위하여 이러한 비용을 부담하려 하지 않을 것이다. 고정비용 때문에 새로운 수출시장에 진입하거나 또는 기존의 수출시장에서 퇴출하는 것이 자유롭지 않은 현상을 교두보 효과(the beachhead effect)라고 한다.

---

4) 어떤 국가의 수입전가율(α)은 그 재화를 수출하는 국가의 입장에서 보면 해외통화표시 수출가격의 변화비율, 즉 수출전가율(β)과 반비례한다($\alpha=-\beta$). 예를 들어 일본엔화가 달러화에 대해 강세를 보일 경우 일본의 입장에서 달러화 표시 수출재 가격의 변화비율은 미국의 입장에서 달러화의 가치하락에 따른 달러화표시 수입재의 가격변화비율과 절대치에서 동일하다.

교두보 효과는 국내시장에 진출한 외국 수출업자에게도 동일하게 적용된다. 크게 보면 고정비용 때문에 가격에 대한 탄력성이 줄어드는 현상은 다수 관측된다. 해외직접투자는 좋은 예라고 하겠다. 1980년대 말부터 우리나라 기업들은 동남아와 중국에 활발하게 진출하여 왔다. 환율이 상승하여 국내수출경쟁력이 개선되었다고 하여도 한 번 해외에 구축한 생산기지는 쉽게 국내로 이전할 수 없다. 따라서 경상수지에 대한 환율변화효과는 상당기간 지연되거나 감소할 수밖에 없을 것이다.

13.3 환율과 국제수지: 총지출접근

1. 경상수지와 총지출

환율변화는 수출 및 수입제품의 상대가격을 변화시켜 경상수지에 영향을 미친다. 그런데, 경상수지를 결정하는 또 하나의 결정요인은 식(13-4)에서 볼 수 있는 바와 같이 국민소득이다. 수입수요는 환율과 국민소득의 함수이므로 국민소득의 변화는 수입과 경상수지를 변화시키게 된다. 일단 환율이 일정하다는 가정하에 제11장 3절에서 논의한 바 있는 경상수지와 국민소득간의 관계에 대하여 살펴보도록 하자. 국민소득계정에서 국내총생산(Y)은 국내에서 생산되는 재화 및 서비스에 의 총수요와 같다.

$$Y = C + I + G + (X - M) \tag{13-5}$$

이 때 C, I, G와 $(X-M)$은 각각 소비, 투자, 정부지출 및 순수출의 수요량, 즉 자국통화가치로 표시한 해당금액을 국내물가로 나눈 실질값을 나타낸다.[5)]

5) 재화 및 서비스의 순수출은 원화로 표시한 경상수지를 국내물가로 나눈 값을 나타낸다.

$$CAB = X - M = NCAB/P = \frac{P}{P} \cdot X(q,\ Y^{*}) - \frac{EP^{*}}{P} M'(q,\ Y) = X(q,\ Y^{*}) - q \cdot M'(q,\ Y)$$

식 (13-5)에서 우변의 총수요는 소비, 투자 및 정부지출의 합($C+I+G$)과 순수출($X-M$)로 나눌 수 있다. 이때 소비, 투자 및 정부지출의 합은 일정기간 국내의 가계, 기업 및 정부가 국산품이나 수입품을 가릴 필요없이 행한 국내총지출(absorption)이라고 할 수 있다. 따라서 식 (13-5)로부터 경상수지($X-M$)는 국내총생산(Y)과 국내총지출(A)의 차로 표시할 수 있다.[6)]

$$X-M=Y-A \qquad (13\text{-}6)$$

식 (13-6)은 경상수지가 국내거주자 전체의 소득(국내총생산)과 지출에 의하여 결정됨을 보여 준다고 해석할 수 있다. 국내총생산이 총지출보다 크면 초과생산만큼 해외로 수출된다고 볼 수 있으며, 경상수지는 흑자를 기록하게 될 것이다. 반면에 총지출이 국내총생산을 초과하면 초과수요만큼 해외에서 재화 및 서비스가 조달되어야 함을 의미하므로 경상수지는 적자를 기록하게 된다.

국제수지에 대한 총지출접근은 경상수지가 국내총생산과 국내총지출간의 격차에 의하여 결정된다고 본다. 환율변화가 경상수지에 미치는 영향도 국내총생산과 국내총지출 변화의 상대적 크기에 의하여 결정된다.

2. 환율변화와 지출전환효과

경상수지에 대한 총지출접근은 경상수지의 결정요인으로 총지출의 역할을 강조하고 있다. 그렇다면 환율변화가 경상수지에 미치는 영향은 어떻게 해석할 수 있는가? 총지출접근방식이 환율변화의 중요성을 부정하는 것은 아니다. 환율변화는 수입품과 국산품간의 상대가격을 변화시킨다. 따라서 환율이 변하면 국내거주자들은 둘 중 무엇을 살 것인가 다시 생각하게 될 것이다. 환율이 상승하면 상대적으로 값이 싸진 국산품에 대한 지출이 증가하게 될 것이고, 수입품에 대한 지출은 감소하게 될 것이다. 이와 같이 총지출에서 국산품과 수입품이 차지하는 비율을

6) 자세한 논의는 11장 3절 참조.

바꾸는 효과를 지출전환효과(expenditure switching effect)라고 한다.

식 (13-6)에서 환율이 상승하여 경상수지가 개선된다는 것은 국내총생산(Y)이 총지출(A)을 능가하게 되는 것을 의미한다. 환율상승시 지출전환효과에 의하여 국산품에 대한 수요가 증가하면 국내총생산도 증가할 것이다. 따라서 국내총생산이 총지출보다 커지게 되므로 경상수지가 개선된다. 물론 국내총생산이 증가하면 국내거주자들의 소득이 증가하므로 총지출도 증가할 것이라고 예상할 수 있다. 그러나, 소득 증가분중 일부는 저축되고 일부분만 지출된다고 본다면 총지출의 증가는 국내총생산의 증가에 미치지 못할 것이다. 따라서 경상수지는 환율증가시 개선될 것이다. 한편 환율이 하락한다면 국민소득이 총지출보다 더 크게 감소하여 경상수지가 악화될 것이라고 볼 수 있다.

환율의 지출전환효과는 환율이 총지출에서 차지하는 국산품과 수입품의 비율을 변화시키는 효과를 의미한다. 환율이 상승하면 국산품에 대한 수요가 늘고 수입품에 대한 수요가 감소하므로 경상수지가 개선된다.

환율이 상승하면 외국의 경우에도 지출전환효과가 나타난다. 외국의 입장에서는 환율상승이 수입품의 상대가격이 하락하는 것을 의미하므로 자국생산품에 대한 수요가 줄고 수입품에 대한 수요가 증가할 것이다. 식 (13-6)에서 이러한 변화는 국내생산재에 대한 해외수요(X)의 증가로 나타날 것이다. 이에 따른 국내총생산의 증가는 추가적인 경상수지 개선효과를 가져올 것이다.

한편 환율이 상승하면 수출산업뿐 아니라 국내수입대체산업도 가격경쟁력이 상승한다. 이들 교역재 부문이 호황을 누리게 되면 국내 시장을 겨냥하고 있는 비교역재부문은 상대적으로 불리하여질 수밖에 없다. 따라서 환율변화는 교역재와 비교역재간의 상대가격을 변화시켜 양부문간 자원의 재배분을 초래하는 효과도 가져온다.

Case: 단일환율제도 도입으로 고통받는 이란의 자동차 산업

이란방송은 리알화의 달러화에 대한 환율을 단일화하는 조치가 자동차산업에 치명적인 충격을 줄 것이라고 보도하였다. 그 동안 자동차 수입에 대해서는 다른 부문에 비하여 높은 환율이 적용되어 왔는데, 단일환율제도를 도입하면 수입자동차 값이 하락하게 되어 수입이 크게 증가할 것이라고 전망된다.

이란의 환율제도개혁은 현재 1달러당 1,750리알로 정해 놓은 공식환율을 현실화하는 문제와 맞물려 있다. 모든 분야에 단일환율을 적용할 경우 특정산업을 겨냥하여 환율을 지나치게 높게 책정할 수 없다. 따라서 공식환율이 상향조정된다 하여도 수입자동차에 적용되는 환율 자체는 낮아질 전망이다. 또한 단일환율제도의 도입은 그 동안 자동차 산업이 달러보조금 지급으로부터 누리던 상당한 수준의 보조금을 없애는 효과도 가져올 것이다.

이란 현지시장에서 수입자동차의 인기는 대단하다. 국산자동차가 품질이나 세련도에 있어서 심각한 문제가 있다는 것은 공공연한 사실이다. 이란 자동차업계는 산적한 문제들을 해결하기 위하여 2년간의 유예기간을 요구한 바 있다. 그러나, 유예기간이 다 끝나가는 지금도 이전과 별로 달라진 것이 없다. 때문에 이들이 뚜렷한 전략이 없이 자동차 사양을 다양화하는 데만 주력하였다는 비판을 면키 어렵다.

이란의 국산자동차업계는 낮은 대출금리, 달러보조금, 그리고 독점력을 기반으로 호황을 누려 왔다. 그러나, 세계굴지의 자동차들과 나란히 경쟁하여야 하는 상황에 몰리고 있다. 어쩌면 국제적인 선두주자와의 제휴나 합병이 불가피할지도 모른다. 이란국회는 일반대중과 소비자의 권리를 고려하여 자동차수입 법안을 비준하여야 할 것이라고 이란방송은 덧붙였다.

〈*Financial Times*, "Single Parity Rate for Dollar to Hit Iran Auto Industry," 2001. 11. 20〉

13.4 환율과 국제수지: 종합적 접근

1. 탄력성접근과 총지출접근의 상호 연관성

제 3 절에서 살펴본 탄력성접근과 총지출접근은 환율과 국제수지간의 관계를 설명하는 데 대체적이라기보다는 보완적이라고 볼 수 있다. 예를 들어 고정되어 있던 환율이 증가하였다고 하자. 탄력성 접근에 따르면 마샬-러너조건이 성립하면 수출이 수입보다 증가하게 될 것이다. 순수출이 증가하면 국민소득은 증가하게 될 것이다. 만약에 마샬-러너조건이 성립하지 않으면 환율이 평가절하될 때 국민소득은 감소하게 될 것이다. 이같이 탄력성접근에 따른 순수출의 변화와 총지출접근에 따른 국민소득의 변화방향은 일치한다.

한편, 국민소득의 변화는 다시 수입에 영향을 미치게 된다. 탄력성 접근에서 환율의 평가절하가 순수출을 증가시키는가의 여부는 국민소득의 크기가 일정하다는 가정하에 실질환율의 변화가 수출 및 수입에 미치는 영향에 달려 있다. 그러나, 순수출의 변화에 따른 국민소득의 변화를 고려하다면, 환율의 평가절하가 순수출을 증가시키려면 그렇지 않은 경우보다 수출증가 및 수입감소효과가 훨씬 더 크게 나타나야 한다. 즉, 수출 및 수입의 가격탄력성이 마샬-러너조건에서 가정하는 것보다 더 커야 한다.

〈그림 13-3〉을 이용하여 두 접근간의 보완성을 다시 확인하여 보자. 횡축은 국민소득(Y), 종축은 순수출($CAB=X-M$)과 순저축($NS=S-I+T-G$)의 크기를 나타낸다. 순수출은 국민소득이 증가할수록 수입이 증가하므로 감소하게 된다. 따라서 기울기가 부(−)의 값을 가진다. 한편 순저축은 민간부문의 저축, 즉 국민소득에서 소비와 세금을 제한 값($S=Y-C-T$)에다가 정부저축, 즉 정부지출을 초과하는 조세수입($T-G$)을 더해 준 다음 투자만큼을 빼 준 값으로 정의된다. 국민소득이 증가

그림 13-3 환율상승과 순수출 및 균형국민소득변화

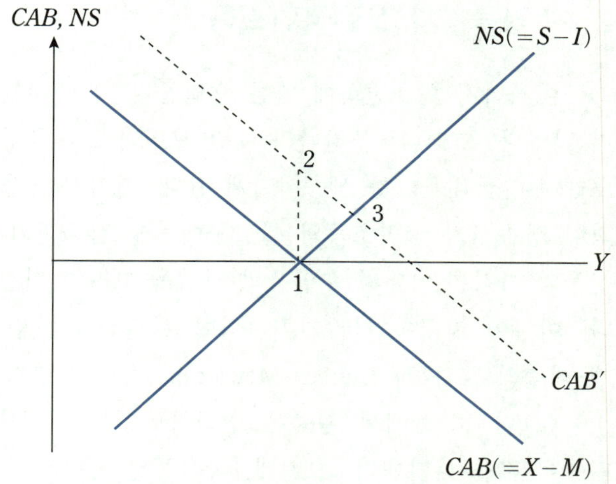

함에 따라 저축이 증가하므로 기울기가 정(+)의 값을 가지게 된다. 균형국민소득은 순수출과 순저축이 같아지는 점에서 결정된다.[7)]

$$CAB = S - I + (T - G) = NX \tag{13-7}$$

현재 국민소득수준은 1에서와 같다고 하자. 환율이 평가절하되고 마샬-러너조건이 성립되면 순수출이 증가하므로 *CAB* 곡선은 상향이동하게 된다. 만약에 국민소득이 현재수준에서 그대로 있다면 순수출은 2와 같은 수준으로 증가하게 된다. 그러나, 순수출의 증가는 총지출의 증가를 의미하므로 균형국민소득은 *NS*곡선과 *CAB′* 곡선이 만나는 3수준에서 결정된다. 국민소득이 증가하면 수입이 증가하므로 순수출은 감소하게 된다. 따라서 순수출은 국민소득이 증가하지 않았을 경우보다 작아지게 된다(2 → 3).

---

7) 식 (13-5)로부터, $Y = C + I + G + (X - M)$. 한편 국민소득은 소비, 조세 및 저축으로 처분되므로, $Y = C + S + T$. 두 식을 정리하면, $C + I + G + (X - M) = C + S + T$.

2. 수입물가와 실질국민소득

이제까지 환율변화에 따른 수입물가 및 국내물가의 변화는 고려하지 않았다. 그러나, 우리나라 예만 보더라도 환율상승은 원유가 상승을 초래하여 국내물가를 상승시키게 된다. 따라서 환율상승은 수입품의 가격이 상승시켜 국민소득의 실질구매력을 감소시키게 된다. 즉, 국내생산물의 가격뿐 아니라 수입품의 가격을 고려한 실질소득은 감소하게 된다. 이같이 자국통화의 가치하락이 실질소득을 감소시키는 효과를 로젠-메츨러 효과(the Laursen-Metzler effect)라고 한다.

〈그림 13-3〉에서 횡축은 명목국민소득을 국내생산물의 가격으로 나누어 값을 나타낸다. 그런데, 국산품뿐 아니라 수입품의 가격까지 포함한 국내물가로 명목국민소득을 나눈 값을 구매력평가 실질국민소득(Yp)으로 정의하면, 국내생산물가격을 기준으로 정의한 실질국민소득(Y)와는 차이가 있다.

이제 환율이 수입물가와 실질국민소득(Yp)에 미치는 효과를 고려하여 국제수지 및 균형국민소득의 변화에 대하여 분석하여 보자. 환율

그림 13-4 환율상승에 따른 순저축의 감소효과

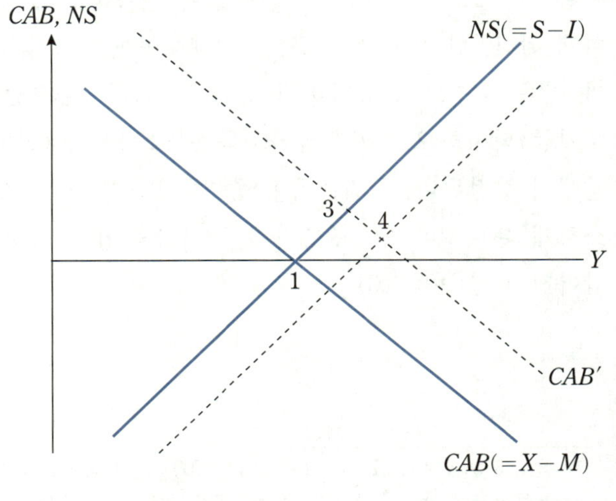

이 상승하면 실질환율이 상승하므로 순수출이 증가하게 된다. 따라서 〈그림 13-4〉에서 보는 바와 같이 *CAB* 곡선은 상향이동하게 된다. 한편 환율상승시 수입물가 상승에 따른 구매력평가 실질국민소득(Yp)의 감소는 순저축을 감소시키게 된다. 이는 예전과 국내에서 생산하는 재화 및 용역의 물량이 동일하더라도 수입품의 가격이 상승하였기 때문에 사람들이 느끼는 실질소득은 감소하고, 이에 따라 저축도 줄어들게 되기 때문이다. 위 그림에서 순저축의 감소는 *NS* 곡선의 하향이동을 해석할 수 있다. 결국 환율변동에 따른 순수출의 증가는 훨씬 줄어들게 된다. 그러나, 균형국민소득은 저축감소에 따른 소비 증가에 따라 증가하게 된다(3 → 4). 또한 현실적으로는 성립하기 힘든 가정이지만 이론적으로는 실질국민소득의 감소에 따른 순저축의 감소효과가 크다면 균형국민소득이 크게 증가하여 순수출은 오히려 환율이 상승하기 이전보다 감소할 수도 있을 것이다.

13.5 환율과 대내균형: 물가와 균형국민소득

1. 총수요와 총공급

이제까지는 환율변화가 경상수지에 어떠한 경로를 통하여 영향을 미치는지 살펴보았다. 이제는 환율변화와 국내 거시경제균형간의 관계를 검토할 차례이다. 환율변화가 국내총생산 및 물가에 어떠한 영향을 미치는지를 살펴보려면 먼저 총수요곡선과 총공급곡선의 개념을 이해할 필요가 있다.

총수요곡선은 국내에서 생산되는 재화 및 서비스 전체에 대한 수요량과 그 평균가격, 즉 물가와의 관계를 나타낸 것이다. 총수요곡선(*AD*)은 〈그림 13-5〉에서 보는 바와 같이 우하향한다. 그 이유는 무엇인가?

총수요는 식 (13-5)의 우변에서 볼 있는 바와 같이 소비(C), 투자(I), 정부지출(G) 및 순수출($X-M$)로 나눌 수 있다. 총수요곡선이 우하

그림 13-5 총수요곡선 및 총공급곡선

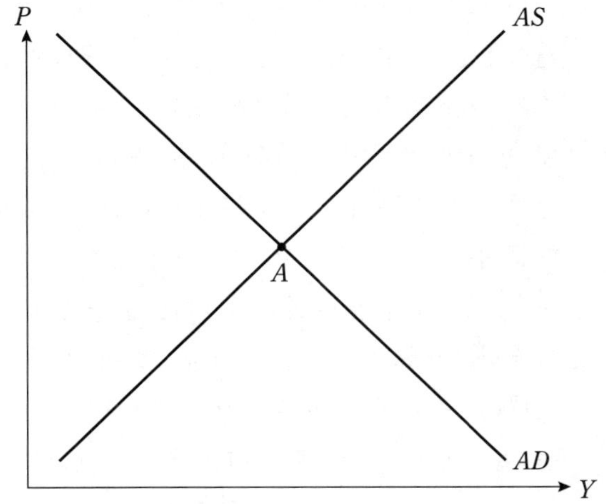

향한다면 물가가 상승함에 따라 총수요를 구성하는 요소 중의 일부가 감소하기 때문일 것이다. 실제로 물가상승은 소비, 투자 및 순수출을 감소시키는 결과를 초래한다. 우선 물가가 상승하면 가계가 보유하고 있는 은행예금과 같은 자산의 실질가치가 하락한다. 따라서 사람들은 소비를 줄이게 된다. 한편 물가가 상승하면 실질통화공급량이 감소하게 되므로 금리도 상승하게 될 것이다. 따라서 기업의 금융비용이 증가하고 투자는 감소할 것이다. 마지막으로 물가가 상승하면 실질환율이 하락하게 되므로 수출은 감소하고 수입은 증가한다. 따라서 순수출이 감소하게 된다.

이제 총공급곡선에 대하여 생각하여 보자. 총공급곡선(*AS*)은 국내 생산품의 총량과 그 평균가격간의 관계를 나타낸다. 총공급곡선은 〈그림 13-5〉에서 보는 바와 같이 우상향하는 형태를 지니게 된다. 생산물의 평균가격이 상승함에 따라 총생산량이 증가하는 이유는 무엇인가?

총공급의 기울기에 대해서는 논란이 많은데, 단기에는 보다 완만하고, 장기에는 수직선에 가까워진다는 것이 일반적인 견해이다. 이러한 이유로 자주 거론되는 중 하나가 단기에는 임금이나 임대료와 같은 요소가격이 노동계약이나 임대계약 때문에 고정되어 있다는 것이다. 요소가격이 경직적인 상태에서 생산물의 가격이 상승하면 이윤이 증가할 것이기 때문에 기업들은 생산량을 늘릴 것이다. 그러나, 장기에는 물가가 상승하게 되면 임금이나 임대료 계약시 이를 반영하게 되므로 기업의 입장에서는 이윤이 증가하는 유인이 사라진다. 따라서 물가가 상승하더라도 생산량은 늘지 않는다고 할 수 있다. 이하에서는 총공급곡선이 단기적인 물가와 생산량간의 관계를 나타낸다고 가정하도록 하자.

거시경제균형은 총수요량과 총공급량이 일치할 때 성립한다. 따라서 〈그림 13-5〉에서 총공급곡선(*AS*)과 총수요곡선(*AD*)이 교차하는 *A*점이 바로 균형점이라고 할 수 있다. 국민소득과 물가는 *A*점에 상응하는 수준에서 결정된다. 만약에 물가가 균형수준보다 높다면 총공급량이 총수요량보다 크다는 것을 의미한다. 이와 같은 초과공급은 재화 및 서비스의 평균가격을 하락시키는 효과를 가져오므로 물가는 균형수준으로 수렴할 것이다. 반대로 물가가 균형수준보다 낮다면 총공급량보다 총수요량이 크기 때문에 초과수요가 발생하고 물가가 상승하게 될 것이다.

2. 환율과 물가 및 균형국민소득의 변화

이제 환율변화가 물가 및 국민소득에 어떠한 영향을 미치는지를 살펴보도록 하자. 이를 위해서는 환율이 총수요곡선과 총공급곡선에 각각 어떠한 영향을 주는지를 이해하여야 한다. 환율이 증가하면 실질환율이 상승하므로 순수출($X-M$)이 증가하게 된다. 따라서 〈그림 13-6〉에서 총수요곡선은 우향이동하게 된다(AD'). 한편 환율이 증가하면 생산에 투입되는 중간재나 원유 등 수입재가격이 상승하므로 물가가 상승하게 된다. 이에 따라 총공급곡선은 상향 이동하게 된다(AS'). 새로운 균형은 AD' 와 AS' 가 교차하는 *B*점에서 성립할 것이다.

환율이 상승하면 총공급곡선과 총수요곡선이 동시에 상향이동하는데, 일반적으로 총공급곡선보다 총수요곡선이 더 많이 이동한다. 따라서 균형국민소득은 증가하고 물가는 상승한다.

일반적으로 환율이 상승하면 순수출이 증가하고 국민소득도 증가

그림 13-6 총수요곡선 및 총공급곡선의 이동

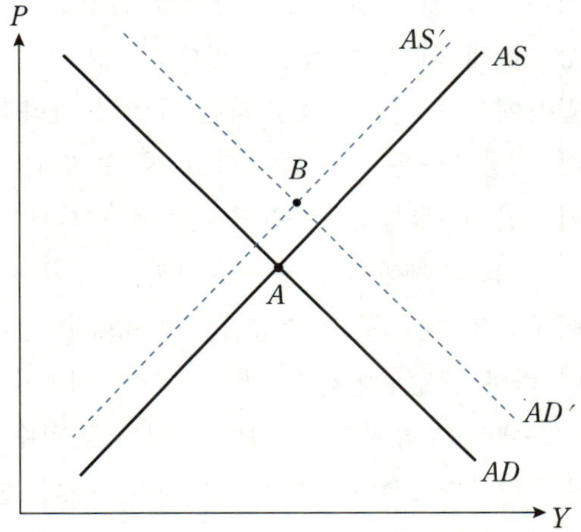

한다고 한다. 이러나 주장은 〈그림 13-6〉에서 보는 바와 같이 새로운 균형 *B*점이 *A*점보다 우측에 있을 때만 가능하다. 만약에 총공급곡선이 총수요곡선과 같은 비율로 이동한다면 총생산량은 불변인 채 물가만 상승할 수도 있다.

선진국과 개도국에 대한 실증분석은 모두 환율상승에 따른 경상수지개선효과가 단기에만 나타나는 것을 보여 주고 있다. 이러한 결과는 장기에는 물가상승으로 인하여 실질환율이 하락하기 때문에 환율상승효과가 사라지는 것을 보여 준다고 해석할 수 있다.

환율변동의 비용

환율변화의 경제적 효과에 대한 논의는 주로 일회적으로 환율수준의 변화가 경상수지나 국민소득 및 물가에 어떠한 영향을 줄 것인가에 초점을 맞추고 있다. 그러나, 환율변화가 지속적으로 일어난다면 환율변동에 따른 불확실성으로 인하여 무역 및 자본거래에 부정적인 영향을 줄 수 있다.

무역의 경우 통상 계약이 체결되고 실제로 거래가 이루어진 후, 대금이 결제되기까지는 일정한 시간이 소요되게 마련이다. 따라서 이 기간 동안 무역업자는 환율변동에 따른 위험에 노출되게 된다. 예를 들어 수입업자의 경우 환율이 상승하면 자국통화로 표시한 수입금액이 상승하여 부담이 증가하게 된다. 환율변동에 따른 불확실성은 무역을 위축시키는 부작용을 가져오게 될 것이다. 이는 마치 국내통화가치가 불안할 때 경제활동의 효율성이 감소하고 안정적인 경제성장이 어려운 것과 마찬가지 이치이다.

현실적으로는 환위험을 회피하기 위한 여러 가지 수단이 활성화되고 있어 단기적인 불확실성은 어느 정도 대처가 가능하다고 할 수 있다. 그러나, 해외시장을 개척하기 위하여 초기에 대규모 고정투자가 소요되는 경우 장기간에 걸친 환위험에 대한 대처방안이 마땅치 않을 수 있다. 따라서 환율이 불안한 경우 국제경쟁력을 지닌 기업이라도 수출을 포기하는 경우도 나타날 것이다. 이 경우 직접투자를 통하여 내수시장을 겨냥한다면 상당부분의 거래가 해당국가의 자국통화로 표시될 것이기 때문에 환위험을 크게 감소시킬 수 있을 것이다.

주요용어

실질환율
전가율
마샬-러너 조건
총지출접근
교두보 효과
J 곡선효과
탄력성접근
로젠-메츨러 효과

연습문제

1. 환율변화가 경상수지에 미치는 상대가격효과에 대하여 설명하라.
2. 총지출접근과 환율의 지출전환효과에 대하여 설명하라.
3. 마샬-러너 조건은 외환시장의 균형조건으로 해석할 수 있다고 한다. 그 경제적 의미를 설명하라.
4. J 곡선효과와 교두보 효과를 비교 설명하라.
5. 수출전가율과 수입전가율의 개념에 대하여 설명하라.
6. 탄력성접근과 총지출접근의 상호 연관성에 대하여 설명하라.
7. 환율하락시 국민소득, 물가 및 경상수지에 미치는 효과를 분석하라.

[부록 13-1] 마샬-러너 조건(The Marshall-Lerner Condition)

환율상승이 경상수지개선을 가져오려면 수출과 수입의 가격탄력성이 일정한 조건을 만족하여야 한다. 처음 이 문제를 제기한 경제학자들의 이름을 따서 이를 마샬-러너 조건(Marshall-Lerner Condition)이라고 한다. 마샬-러너조건은 다음과 같이 도출할 수 있다.

경상수지(무역수지)는 다음과 같이 재화 및 서비스의 순수출량을 나타내낸다고 정의하자. $q(=EP^*/P)$는 실질환율을 의미한다.

$$CAB = NCAB/P = X(q, Y^*) - q \cdot M'(q, Y) \tag{A.1}$$

환율이 변하기 전에 경상수지가 균형을 이루고 있다고 가정하면, 수출과 수입은 다음과 같은 관계를 만족하여야 한다.

$$X = q \cdot M' \tag{A.2}$$

이제 식 (A.1)으로부터 실질환율의 변화분과 경상수지변화분간의 관계를 구하면 다음과 같다.

$$\Delta CAB/\Delta q = \Delta X/\Delta q - q \cdot \Delta M'/\Delta q - M' \tag{A.3}$$

수출수요(외국수입수요)의 가격탄력성(ε^*)과 국내수입수요의 가격탄력성(ε)은 다음과 같이 정의할 수 있다.

$$\varepsilon^* = \frac{\Delta X/\Delta q}{X/q}, \quad \varepsilon = -\frac{\Delta M'/\Delta q}{M'/q} \tag{A.4}$$

식 (A.4)와 식 (A.2)를 이용하여 식 (A.3)을 정리하면 다음과 같아진다.

$$\Delta CAB/\Delta q = \varepsilon^* \cdot X/q + \varepsilon \cdot M' - M' = M'(\varepsilon^* + \varepsilon - 1) \tag{A.5}$$

식 (A.5)는 환율상승시 경상수지가 개선되려면 양국의 수입탄력성의 합이 1보다 커야 함을 보여 준다. 이것이 바로 마샬-러너 조건이다.

$$\varepsilon^* + \varepsilon > 1 \tag{A.6}$$

처음에 경상수지가 균형이 아니고, 적자를 이루고 있었다고 하면($X < q \cdot M'$), 양국 탄력성의 합이 더 커져야만 위 조건을 만족시킬 수 있을 것이다.

제 6 부

개방 거시경제의 이해

제14장 국제통화체제

21세기의 국제통화체제

국제통화체제의 개혁에 관한 논쟁은 흔히 고정환율제도와 변동환율제도 간 경쟁틀 안에서 진행되곤 한다. 프리드만(M. Friedman)은 1953년에 쓴 "변동환율제도를 위한 변론"이라는 논문에서 외환의 가격을 규제하는 것은 당근이나 감자값을 고정시키는 것과 진배없다고 주장하였다. 한편 킨들버거(Charles P. Kindleberger)나 멕키논(Ronald I. McKinnon) 등은 고정환율제도를 훌륭하게 옹호하여 왔다. 그런데 역설적으로 들릴지 모르지만, 국제통화제도의 역사에서 견실한 고정환율제도나 자유변동환율제도의 예는 거의 찾아볼 수 없다. 이제까지의 국제통화제도는 고정환율제도와 변동환율제도 사이의 중간지역을 걸어왔다고 할 수 있다.

21세기의 국제통화체제는 어떠한 모습을 갖게 될 것인가? 국제통화제도가 효율적으로 작동하려면 상대가격의 조정가능성, 통화정책의 일관성 보장, 시장압력의 억제력 등 세 가지 조건을 만족하여야 한다. 과거 금본위제도부터 브레튼우즈체제, 그리고 유럽통화제도에 이르기까지 이와 같은 조건들을 어느 정도 만족시킬 수 있었다. 그러나, 미래에는 기술변화, 시장구조, 그리고 정치적 환경 등이 이러한 국제통화제도의 존립기반을 침해할 것이다. 노동시장의 경직성은 임금 및 가격보다는 환율변화를 통하여 충격을 흡수하여야 할 필요성을 증대시킬 것이다. 한편 정치적 환경 역시 중앙은행이 일관된 통화정책을 추진하는 것을 어렵게 할 것이다. 또한 정보기술의 발달로 국제자본이동이 점점 활발하여짐에 따라 적절한 정치적 비용을 지불하면서 시장압력을 억제하는 것이 어려워지고 있다. 이제 정책당국이 환율변동을 일정한 범위 내에서 규제하는 능력을 상실하고 있다고 할 수 있다. 따라서 정책당국은 변동환율제도와 통화통합 중 어느 하나를 선택할 것을 강요받는다고 할 수 있다.

물론 자유변동환율제도나 통화통합이 유일한 국제통화제도의 대안이라고 주장하는 것은 아니다. 정책당국들은 환율변동에 따라 통화공급을 조정하는 것이 여전히 가능할 것이다. 그러나, 환율을 성공적으로 상당기간 동안 고정시키는 것은 불가능할 것이다. 브레튼우즈체제나 1980년대 유럽통화제도와 같이 특별한 경우가 아니면 환율변동을 엄격하게 억제하였던 조정가능고정환율제도는 더 이상 존립하기 힘들 것이다. 인플레이션 격차에 따라 중심환율을 지속적으로 조정하여 나가는 크롤링페그(crawling peg)나 목표환율대(target zones)와 같은 환율제도 역시 마찬가지로 심각한 문제에 봉착할 것이다.

〈Barry Eichengreen, *International Monetary Arrangements for the 21st Century*, 1994, pp. 3-6〉

14.1 문제 제기

국제무역 및 금융거래가 광범위하게 이루어지게 됨에 따라 국제적으로 통용될 수 있는 결제수단이 필요하게 된다. 국제통화란 바로 교환수단, 가치척도 및 가치저장이라는 화폐기능을 국제적으로 수행할 수 있는 통화를 지칭한다. 민간부문에 있어서 국제통화는 가치척도의 수단으로서의 계약통화, 교환수단으로서의 거래통화, 그리고 가치저장수단으로서의 자산통화의 역할을 담당한다. 한편 통화당국의 입장에서 보면 국제통화는 자국통화가치 설정의 중심이 되는 기준통화, 외환시장개입에 사용되는 개입통화, 그리고 외환보유고로 사용되는 국제지급준비통화의 기능을 수행한다. 이러한 세 가지 주요기능을 충실히 수행할 수 있는 국제통화를 특별히 기축통화(key currency)라고 지칭한다.

원래 국제통화제도는 국제통화가 어떠한 방식으로 공급되는가를 의미하는 용어이다. 그러나 광의의 국제통화제도는 국제통화와 관련된 규범, 관행 및 조직 등을 통칭한다. 국제통화제도에는 다양한 종류가 존재하는데, 환율제도와 중앙은행의 외환보유 형태에 따라 구분하는 것이 일반적이다. 우선 환율제도의 경우에는 주요 통화에 대한 자국통화의 교환비율을 고정시키는 고정환율제도와 환율변동에 제한을 두지 않는 자유변동환율제도가 그 대표적인 예라고 할 수 있다. 한편 외환보유를 기준으로 할 경우에는 금이 유일한 결제수단이 되는 금본위제도, 화폐를 결제수단으로 삼는 환본위제도, 또는 이 둘을 결합한 금환본위제도 등으로 나눌 수 있다.

제2차 세계대전 이후 출범한 브레튼우즈체제는 금과 달러화를 국제결제수단으로 삼는 금환본위제도였으며, 동시에 달러화와 다른 모든 통화의 교환비율이 고정되어 있는 고정환율제도였다. 고정환율제도를 유지하기 위하여 일시적인 국제유동성부족을 경험하고 있는 국가에 대해서는 국제통화기금(International Monetary Fund: IMF)이 일정한 한도내에서 신용을 제공할 수 있도록 규정하였다. 그러나, 기축통화인 달러화의 가치가 불안정하여짐에 따라 이에 기초한 브레튼우즈는 거듭된 구조노력에도 불구하고 1973년 붕괴되고 말았다.

브레튼우즈체제가 붕괴된 이후 일부 유럽국가들을 제외한 대부분의 선진국들은 고정환율제도로부터 변동환율제도로 전환하는 것이 추세가 되어 버렸다. 대부분의 개도국들도 1970년대에는 미국 달러화 또는 프랑스 프랑화 등을 중심으로 하는 기존의 고정환율제도를 그대로 유지하였으나, 차츰 환율의 신축성을 증대시키는 방향으로 환율제도를 바꾸어 나갔다. 1980년대에는 상당수 개도국들이 달러페그에서 복수통화바스켓페그로 전환하였고, 일부 남미국가들은 기축통화국과의 인플레이션 격차에 따라 자국통화가치가 자동적으로 평가절하되는 크롤링페그(crawling peg)를 채택하였다. 1990년대 초부터 본격적으로 추진된 자본자유화로 자본의 유출입 폭이 증대되자 환율안정 목표를 달성하기가 점점 어려워지기 시작하였다. 이에 따라 보다 많은 개도국들이 신축적인 환율변동을 허용하기에 이르렀으나, 일부 국가들은 자국통화를 포기하고 달러화를 화폐로 사용하는 경우도 늘고 있다.

본 장에서는 국제통화제도와 개별국들의 환율제도에 대한 몇 가지 근본적인 문제들을 고려하고자 한다. 왜 국가마다 서로 다른 환율제도를 택하는 것인가? 고정환율제도와 변동환율제도는 각각 정책당국의 입장에서 볼 때 어떠한 장점과 단점이 있는 것인가? 20세기의 대표적인 국제통화제도였던 금본위제도와 브레튼우즈체제의 특징은 무엇이고, 또한 각 제도하에서 국제수지는 어떻게 조정되는가? 유럽국가들은 왜 단일통화를 사용하고 있으며, 다른 지역에서도 이같은 통화동맹이 가능한가? 1997년 외환위기 이후 한국의 환율제도와 실제 원화의 주요통화에 대한 환율이 어떻게 움직여 왔는지를 염두에 두고 이러한 질문들에 대한 해답을 찾아보도록 하자.

14.2 국제통화제도의 변천

1. 금본위제도

역사적으로 파운드화나 달러화가 국제적인 화폐기능을 담당한 것은 최근의 일이라고 할 수 있다. 고대로부터 현대에 이르기까지 대부분의 국가들은 금이나 은과 같은 귀금속을 화폐로 사용하여 왔다. 19세기 말이 되면 대부분의 주요국이 금을 가치척도인 동시에 가치의 저장수단으로 삼는 금본위제도를 채택하게 되는데, 동 제도는 1880년부터 1차세계대전이 발발한 1914년까지 국제통화제도의 기본골격을 이루었다.

금본위제도가 제대로 작동하려면 다음과 같은 세 가지 조건이 만족되어야 한다. 첫째, 금본위제도를 채택하고 있는 국가는 국내통화가치를 일정한 금의 양에 연계시켜야 한다. 이를 금평가라고 한다. 즉, 통화당국은 금의 가격을 고정시키고, 초과수요나 초과공급이 발생하는 경우 정해진 가격으로 이를 팔거나 사야 한다. 각국의 통화와 금의 교환비율이 확정되면 통화간의 환율도 자동적으로 확정된다.

둘째, 금의 자유로운 수출입이 보장되어야 한다. 금이 자유롭게 이동하게 되면 실제환율과 법정환율은 일치되게 된다. 만약 실제환율이 법정환율과 다르다면 무위험차익거래가 발생하여 양 환율간의 격차는 금방 해소될 것이다. 예를 들어서 달러화의 파운드화에 대한 환율이 법정환율보다 갑자기 상승하였다고 하자. 이 경우 미국에서 달러화를 주고 금을 사서 이를 영국에 가져가 파운드화와 바꾼 다음, 다시 파운드화를 주고 달러화를 사게 되면 이익을 남길 수 있다. 따라서 파운드화의 가격은 하락하고 달러화의 가격은 상승하여 다시 법정환율이 회복되게 될 것이다.

셋째, 중앙은행은 화폐발행액에 비례해서 금을 보유하여야 한다. 화폐는 금과 태환성(convertibility)을 갖기 때문에 만약의 경우 일정한 금액 이상의 금을 준비금으로 가지고 있어야 한다.

금본위제도는 자국통화와 금의 태환성을 보장하는 제도로서 자국통화가치를 금에 고정시키고 금의 자유로운 수출입이 보장되며, 물가가 통화량에 따라 신축적으로 조정되는 한 국제수지는 자동적으로 균형을 이루게 된다.

이상과 같은 조건이 만족된다면 금본위제도하에서 국제수지는 자동적으로 조정된다(Box 참조). 그러나, 실제로 금본위제도의 기본규칙이 제대로 지켜졌는지 특히 1차 세계대전과 2차 세계대전 사이의 기간에 대하여 논란의 여지가 많다. 1차 대전이 발발하자 유럽국가들은 금본위제도를 포기하고 변동환율제도를 채택하였다. 또한 1차 대전이 끝나자, 금본위제도로 복귀할 것인가에 대하여 맹렬한 논쟁이 벌어졌다. 이때 문제가 된 것은 금평가를 어느 수준으로 정할 것인가였다. 1925년 영국의 주도로 주요 국가들의 금본위제도로의 복귀가 이루어졌으나, 1929년 발발한 대공황의 여파로 대부분 1930년대초 이를 포기하고 말았다.[1)]

금본위제도하에서의 국제수지조정장치

금본위제도하의 국제수지조정에 대한 고전학파 이론을 정립한 영국의 경제학자 흄(David Hume)은 금의 유출입에 의하여 국제수지의 불균형이 자동적으로 해소된다고 주장하였다. 소위 '금의 유출입과 물가변동에 의

1) 영국은 1931년, 미국은 1933년, 그리고 프랑스, 벨기에, 네덜란드 및 스위스 등 4개국(gold bloc이라고 지칭)을 마지막으로 1936년 금본위제도를 포기하였다.

한 자동조정장치'(이하 '국제수지 자동조정장치'이라 함)는 국제수지균형을 위한 자동안정화수단의 역할을 담당한다고 보았다.

금본위제도하에서 중앙은행은 금과 법정통화와의 태환을 보장하기 위하여 일정한 양의 금을 보유하여야 한다. 따라서 경상수지가 흑자인 국가는 중앙은행의 금보유고가 상승하고 이는 곧 통화공급의 증가를 의미하게 된다. 화폐수량설에 따르면 물가는 통화량에 비례하여 증가하게 될 것이다. 외국물가에 비하여 국내물가가 상대적으로 상승하게 되면 환율이 고정되어 있는 상태에서 국내상품의 국제경쟁력이 악화될 것이다. 따라서 경상수지는 감소하여 균형을 회복하게 된다.

흄의 국제수지조정장치는 자본이동이 자유로운 경우에도 적용된다. 경상수지와 자본수지를 합한 종합수지가 흑자라면 외환이 유입되면서 국내통화공급이 증가하고 물가가 상승한다. 따라서 경상수지가 악화되고 국제수지는 다시 균형을 이루게 된다. 반대로 중앙은행의 외환보유가 감소하는 경우에는 물가가 하락하고 경상수지가 호전되게 될 것이다.

단기적으로 물가가 경직적이라고 가정하면 국제수지조정장치의 작동은 제약될 수밖에 없다. 실제로 국제수지불균형의 해소는 물가의 조정을 통하여 자동적으로 이루어지기보다 중앙은행의 개입에 의한 자본수지조정에 크게 의존하였다. 특기할 사항은 1차대전 이전 중앙은행의 개입이 국제수지자동조정장치의 역할을 보완하기보다 축소시키는 경우가 많았다는 점이다. 국제수지가 불균형이 있을 때, 흑자국은 물가상승 및 금리하락을 허용하고 적자국은 반대로 물가하락 및 금리상승을 허용하여 국가간 자동적 조정이 이루어지도록 하여야 한다. 그러나 실제로는 중앙은행의 금보유가 증가할 때 국내여신을 감소시키는 정책(이를 불태화정책이라 하는데 자세한 내용은 8장 참조)을 통하여 국내통화량과 이자율을 일정하게 유지하려는 경향이 있었다. 따라서 국제수지적자를 해소하는 책임은 적자국에게 돌아가 실업 및 산출감소를 장기간 감수할 수밖에 없는 상황에 처하게 되었다.

2. 브레튼우즈체제

제 2 차세계대전이 끝날 무렵인 1944년 미국을 비롯한 연합국측의 대표들은 미국 뉴햄프셔주의 브레튼우즈에 모여 전후 국제통화제도의 개편방향에 대하여 논의하였다. 그 결과 달러가치를 금에 고정시키고, 여타 통화의 가치를 다시 달러화에 고정시키는 금환본위제도를 골격으로 한 브레튼우즈 체제가 출범하였다. 브레튼우즈체제는 엄격하게 말하자면 조정가능 고정환율제도라고 볼 수 있다. 주요국의 환율은 달러화와의 기준환율을 중심으로 일정범위 내에서의 변동을 허용하였다. 또한 근본적인 국제수지상의 불균형이 발생한 경우에는 기준환율 자체를 조정할 수 있도록 규정하였다. 한편, 일시적으로 외환보유고가 충분치 않은 국가들에게는 환율변동보다는 회원국들의 출자금을 기반으로 부족한 달러를 빌려 주는 역할을 담당하는 국제기구, 즉 국제통화기금(IMF)을 설립하였다.

흥미롭게도 브레튼우즈체제하에서 자국통화의 평가절하(devaluation)나 평가절상(revaluation)은 자주 발생하지 않았다. 경상수지적자가 심각하였던 영국은 파운드화를 1967년에 단 한 번 절하시켰으며, 프랑스도 1957년과 1969년에 각각 한 번씩 절하하는 데 그쳤다. 한편 경상수지흑자를 기록하였던 독일은 1961년과 1969년에 마르크화를 절상하였으나, 일본은 한번도 환율을 조정하지 않았다.

주요 선진국들이 근본적인 대외불균형에도 자국통화가치를 조정하지 않으려고 한 결과, 브레튼우즈체제의 안정성에 심각한 문제가 발생하게 되었다. 근본적인 대외불균형이 계속됨에 따라 언젠가는 환율조정이 일어날 것으로 예상됨에 따라 대규모 환투기가 발생하여 브레튼우즈체제를 위협하였다. 특히 기축통화 역할을 담당한 달러화의 가치가 미국의 경상수지적자 누적으로 불안정하여진 것은 브레튼우즈체제를 붕괴시키는 데 결정적인 역할을 담당하였다고 할 수 있다.

미국은 1945-1949년 기간중 국제수지가 흑자를 기록하였으나, 1950년이 되면서 국제수지는 적자로 반전되었다. 그러나 여전히 1950년대는 국제결제수단인 달러화의 부족현상이 두드러졌다. 따라서 국제수지 흑자국도 달러화를 계속하여 축적하려 하였다. 그러나, 1960년대가 되면서 미국기업들이 유럽에 대규모 직접투자를 행함에 따라 자본유출이 심화되고, 베트남전쟁에 따른 전비지출의 증대로 미국은 인플레이션율이 상승하면서 경상수지흑자 폭도 줄어들기 시작함에 따라 〈그림 14-1〉에서 보는 바와 같이 국제수지가 적자를 보이고 달러화 부족현상이 해소되기 시작하였다. 그 결과 외국의 중앙은행들의 달러보유고는 급격하게 증가하였고, 달러의 금태환에 대한 신뢰가 약화되면서 브레튼우즈체제에 금이 가기 시작하였다.

1971년 5월에는 달러에 대한 투기적 투매가 시작되었고, 독일은 마르크화의 달러화에 대한 환율이 변동되도록 허용하였다. 1971년 12월에 미국 워싱톤에서 체결된 스미소니언협정에 의하여 달러화의 금에 대한 가치는 금 1온스당 35$에서 38$로 조정되었으며, 주요국은 다시 고정환율로 복귀하기로 합의하였다. 그러나 브레튼우즈체제는 결국 1973년 초반 붕괴되고 말았다.

그림 14-1 미국의 경상수지, 자본수지 및 국제수지(1960-1980)

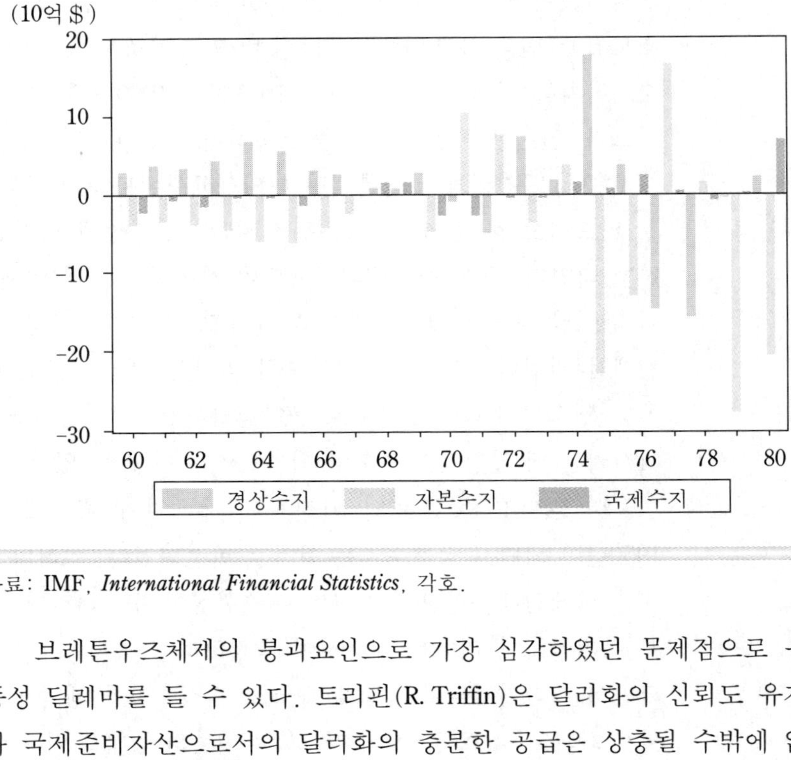

자료: IMF, *International Financial Statistics*, 각호.

브레튼우즈체제의 붕괴요인으로 가장 심각하였던 문제점으로 유동성 딜레마를 들 수 있다. 트리핀(R. Triffin)은 달러화의 신뢰도 유지와 국제준비자산으로서의 달러화의 충분한 공급은 상충될 수밖에 없다고 주장한 바 있다. 브레튼우즈체제는 달러화가 과소공급되면 국제통화의 부족으로 무역이나 자본거래가 위축되고, 반대로 과대공급되면 달러화의 신뢰도가 떨어질 수밖에 없는 모순을 안고 출발하였다고 할 수 있다.

국제수지 불균형에 대한 조정장치가 제대로 작동하지 않았다는 점도 근본적인 문제 중의 하나였다. 브레튼우즈체제에서도 금본위제도하에서와 마찬가지로 국제수지의 자동적인 조정을 기대할 수 있었다. 그러나, 국제수지 흑자국들의 경우 외환보유고가 증가하면 통화량 증대로 인한 물가상승을 허용해야 했으나 국내여신을 감소시켜 물가가 상승하지 않도록 개입함으로써 국제수지의 자동적인 조정이 봉쇄되었다. 또한 국제수지적자를 경험하고 있던 미국도 적자를 줄이기 위하여 감수해야 할 국내경기위축을 피하려 하였다. 결국 주요선진국들이 국내물가 및 경기안정을 국제수지균형보다 중시하는 정책을 추진한 결과 달러화에 대한 고정환율제도는 포기될 수밖에 없었다.

브레튼우즈체제의 붕괴 이후 주요선진국들은 변동환율제도를 채택하였다. 1976년 자메이카에서 개최된 IMF총회에서 회원국들은 변동환율제도를 공식적으로 인정하고 회원국들이 각기 적합한 환율제도를 선택할 수 있도록 허용할 것을 결의하였다. 이에 따라 각국은 자국통화가치를 고정시킬 믿을 만한 중심축을 갖지 못하는 상황에 놓이게 되었으며, 설사 달러화, 엔화, 마르크화 중 어느 하나에 자국통화가치를 고정시키더라도 여타통화에 대해서는 환율이 변동하게 되었다. 국제통화제도는 전반적 변동환율제도(generalized floating exchange rate regime)의 형태를 지니게 되었다고 할 수 있다.

달러화와 금의 태환과 달러화에 대한 고정환율을 특징으로 하는 브레튼우즈체제는 유동성딜레마와 주요선진국간 국제수지불균형 조정의 미흡으로 1973년 붕괴되고 말았으며, 국제통화제도는 전반적 변동환율제도로 이행하였다.

〈그림 14-2〉는 달러화와 엔화, 달러화와 마르크화간의 환율추세를 보여 준다. 주요통화간의 환율이 큰 폭으로 변동하고 있음을 볼 수 있다. 달러화는 1970년대는 전반적으로 가치가 하락하다가 1980년대 전반에는 엔화와 마르크화에 대하여 강세를 보였다.[2] 그러나 1985년 9월 미

2) 미국의 통화당국이 1979년 말부터 물가안정을 위한 강력한 긴축통화정책을 추진하였고, 또 새로 출범한 레이건정부하에서 재정적자가 크게 늘어나면서 금리가 급격

그림 14-2 미국 달러화의 명목 및 실질 실효환율 추세

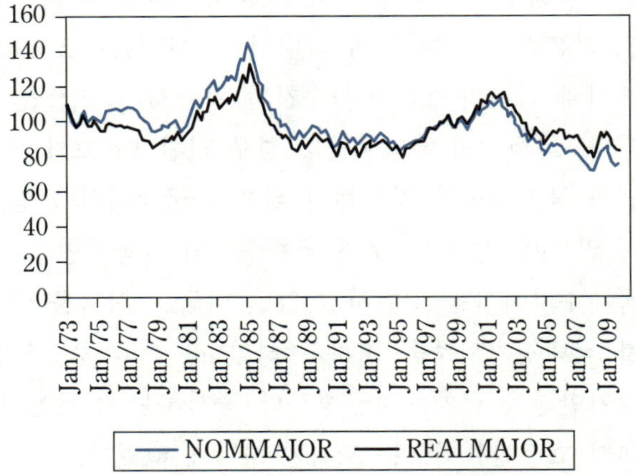

주: NOMMAJOR=미국 달러화 1단위당 주요통화들의 명목교환비율지수
REALMAJOR=미국 달러화 1단위당 주요통화들의 실질교환비율지수.
자료: *Federal Reserve Board*(www.federalreserve.org).

국 뉴욕에서 체결된 플라자협약(Plaza Accord)에 따라 달러화는 다시 약세로 반전되었다. 미국, 일본, 독일, 영국, 프랑스 등 서방선진 5개국(Group of Five: G-5)의 재무장관들은 달러화가치가 과대평가되었다는 인식하에 외환시장에 대한 공동개입을 통한 환율조정에 합의하였다. 이에 따라 달러화의 가치는 큰 폭으로 하락하였고, 환율은 장기적으로 상대적으로 안정적인 추세를 보였으나, 단기적인 환율변동폭은 여전히 높은 수준을 유지하였다.

Case: 플라자협약과 G-7의 정책협조

국가간의 경제교류가 활발하여지고 상호의존도가 커지면서 거시정책의 효과가 자국 내에만 국한되지 않고 다른 나라에까지 파급되는 경향이

히 상승하였다. 미국의 금리가 여타국에 비하여 높아짐에 따라 금리차익을 실현하려는 투자자금이 일본 및 유럽으로부터 미국으로 유입되면서 달러화의 가치가 상승하였다.

나타나고 있다. 국민경제의 규모가 작은 경우에는 자국의 소득이나 물가의 변화가 다른 국가에 미치는 영향을 무시하여도 무방하다. 그러나 어느 정도 경제규모를 갖고 있는 국가라면 문제는 달라진다. 상호 의존성이 큰 국가간에는 정책효과를 극대화하기 위해서는 사전조율 및 협조가 효과적이라고 할 수 있다.

브레튼우즈체제가 붕괴한 이후 미국, 독일, 영국, 프랑스 및 일본의 서방선진 5개국(Group of Five: G-5)은 1975년 정상회담을 개최하여 변동환율제도를 공식화하는 한편, 환율안정을 위한 외환시장개입을 허용하기로 합의하였다. 거시정책협조문제는 1977년 처음으로 제기되었고, 일본이 확대재정정책을 취하기로 합의함으로써 가시화되기 시작하였다.

그러나, 정책협조가 본격화된 것은 1985년 뉴욕 플라자호텔에서 열린 재무장관회의가 계기가 되었다고 할 수 있다. 회의결과 고평가된 달러화의 환율을 조정하기 위하여 공동으로 외환시장개입을 추진시키기로 한 플라자협약(Plaza Accord)을 채택하였다. 그 결과 달러화의 가치는 즉각적으로 하락하였고, 선진국들은 이러한 정책효과에 고무되어 체계적인 정책협조를 추진하기에 이르렀다.

1986년에는 이태리와 캐나다의 가입으로 G-5회의가 G-7회의로 확대되었다. 동경에서 개최된 G-7회의는 재무장관모임을 최소한 1년에 한 번 이상 개최하여 주요경제지표 및 정책효과를 검토하여 정책협조를 공고히 할 것에 합의하였다. 1987년 2월 루브르에서 열린 G-7 재무장관회의에서는 달러화와 여타통화간 비공식적 목표환율대를 운용하기로 합의하였다.[3)]

또한 통화정책과 재정정책도 상호 일관성을 유지하도록 노력할 것에 합의하였다.

루브르협정 이후 수개월간 주요통화간 환율은 대체적으로 안정적으로 유지되었다. 그러나, 1987년 10월 미국의 주식시장의 폭락을 계기로 세계 주요증시가 위축되면서 통화당국의 관심은 환율안정을 위한 정책협조보다는 국내금융시장의 안정과 경기진작에 집중되게 되었다. 또한 미국의 재정적자의 지속, 통독에 따른 독일 이자율의 상승, 일본의 경기침체 등 각국이 상이한 국내문제에 봉착하면서 거시정책협조는 더욱 기대하기 힘들게 되었다. 결국 1990년대에 들어오면서 G-7의 정책협조는 명목만을 유지할 뿐 실제 효과는 상당히 회의적이라고 할 수 있다.

G-7의 사례는 정책협조가 이론적으로는 바람직하더라도 실제로는 이

3) 달러화 1단위에 대한 독일 마르크화 환율은 1.7마르크서 1.9마르크사이에서, 그리고 일본 엔화환율은 120엔에서 140엔사이에서 안정시키기로 정하였다.

를 실행에 옮기기가 얼마나 어려운가를 잘 보여 준다. 우선 정책협조가 이루어지지 않을 경우 구체적으로 이를 강제적으로 집행할 권력을 가진 초국가적인 기구가 존재하지 않기 때문에 신뢰성의 확보가 어렵다는 문제가 존재한다. 또한 거시정책협조의 목표나 수단이 명확하게 규정되어 있지 않다는 점도 기술적으로 심각한 문제를 야기하였다고 볼 수 있다. 그럼에도 불구하고 선진국간 정책협조가 실패로 끝났다고 보기에는 이르다. 지금도 정책의 일관성 유지, 일시적인 충격에 대한 대처능력 제고, 정책 효율성 제고하는 방안 등 G-7회의를 활성화하기 위한 방안들이 논의되고 있다.

14.3 환율제도의 선택

1. 환율제도의 종류

1997년부터 IMF가 채택한 새로운 분류방식에 따르면 환율제도는 환율의 변동성이 낮은 순서부터 달러통용제도(dollarization), 통화위원회제도(currency board system), 전통적 고정환율제도(conventional fixed pegs), 밴드포함 고정환율제도(pegged rate in horizontal band), 크롤링페그, 밴드포함 크롤링페그(rates within crawling bands), 관리변동환율제도, 그리고 자유변동환율제도로 구분된다. 개별 환율제도의 특징을 간략하게 설명하면 다음과 같다.

- 외화통용제도 또는 통화동맹(exchange arrangements with no separate legal tender): 달러화와 같은 외국통화를 유일한 법정통화로 사용하거나 유로(euro)와 같이 공동통화를 사용하는 통화동맹(monetary union)과 같은 극단적인 고정환율제도
- 통화위원회제도(currency board arrangements): 특정외화에 대하여 자국통화가치를 고정시키고 자국통화의 발행을 100% 외화보유와 연계시켜 규제하는 엄격한 고정환율제도

- 전통적 고정환율제도(other conventional fixed peg arrangements): 자국통화의 가치를 주요한 통화 또는 통화바스켓(일례로 SDR)에 고정시키는 제도. 통상적으로 중심환율의 ±1% 내에서 움직이는 것을 허용
- 밴드포함 고정환율제도(pegged exchange rates within bands): 환율변동폭이 중심환율의 ±1%를 초과하는 고정환율제도로서 1979. 1월부터 시행된 유럽통화제도(European Monetary System II, ERM II)가 좋은 예라고 할 수 있음.
- 크롤링페그(crawling peg): 정기적으로 환율이 미리 발표된 만큼, 또는 주요경제지표의 변동에 따라 조정되는 제도
- 밴드포함 크롤링페그(exchange rate within crawling bands): 중심환율이 정기적으로 조정되는 동시에 중심환율의 일정한 범위 내에서 환율변동을 허용하는 제도
- 관리변동환율제도(managed floating with no preannounced path for the exchange rate): 통화당국이 외환시장개입을 통하여 환율변동에 영향을 미치는 제도. 정해 놓은 법칙에 따라 자동적으로 환율을 조정하는 것이 아니고, 국제수지, 외환보유고, 경제상황에 따라 자의적으로 외환시장에 개입
- 자유변동환율제도(independent floating): 환율이 외환시장에서 결정되도록 맡기는 제도. 그러나, 때때로 환율변동의 속도가 너무 빠르거나 또는 과다하다고 판단될 경우 통화당국은 외환시장에 개입할 수도 있음.

〈표 14-1〉은 2009년 3월 현재 세계각국의 환율제도의 현황을 보여준다. 우선 선진국의 경우를 보면, 자유변동환율제도를 채택하고 있는 국가들과 유럽통화동맹과 같이 극단적인 형태의 고정환율제도를 채택하고 있는 국가들로 대별할 수 있다. 전자에는 미국, 영국, 일본, 호주, 뉴질랜드, 캐나다, 스웨덴, 스위스가 속한다. 후자의 경우를 보면 유로를 법정통화로 하는 유럽통화동맹(European Monetary Union: EMU)에 가입한 독일, 프랑스, 이태리 등 12개국이 있다. 영국, 덴마크와 노르웨이

는 실질적으로 유로권에 속하지만 정치적 이유로 아직 유로를 채택하고 않고 있는 경우라고 볼 수 있다.

개도국의 경우를 보면 외화통용제도로부터 자유변동환율제도까지 다양한 환율제도를 채택하고 있는데, 고정환율제도와 변동환율제도를 택하고 있는 국가들의 숫자가 비슷하다. 흥미로운 사실은 멕시코, 한국, 인도네시아, 태국 등 1990년대 외환위기를 경험한 국가들이 실질적인 달러페그를 포기하고 자유변동환율제도를 채택하였다는 사실이다.

브레튼우즈체제가 붕괴한 이후 개도국들의 환율제도도 환율변동을 허용하는 쪽으로 서서히 변화하였다. 1970년대 중반에는 고정환율제도를 채택하고 있는 개도국의 비율이 86%에 달하였고, 이 중 절반정도가 달러페그를 채택하였다. 그러나 1996년을 기준으로 하면 고정환율제도를 택하고 있는 개도국의 비율은 40% 정도라고 할 수 있다. 이는 관리변동이나 자유변동을 택하고 있는 국가들이 그만큼 빠른 속도로 증가하였음을 반영한다고 하겠다.

개도국들이 고정환율제도에서 변동환율제도로 이행한 이유는 무엇인가? 앞에서도 설명한 바와 같이 대부분의 개도국들은 1970년대에는 기존의 고정환율제도를 그대로 유지하였다가, 1980년대에는 단일통화페그에서 복수통화바스켓으로, 그리고 1990년대에는 관리변동에서 자유변동으로 점차 환율의 신축성을 증대시켜 나갔다고 할 수 있다. 그 원인 중의 하나로 달러와 선진국 주요통화간 환율이 큰 폭의 변동을 보이기 시작한 것을 들 수 있다. 달러페그를 채택하고 있는 국가들의 경우 달러가 다른 통화에 대하여 강세가 되면 자국통화의 가치도 상승하게 된다. 이렇게 되면 일본이나 유럽국가들에 대한 수출이 어렵게 될 뿐 아니라, 미국시장에서 이들 국가들와의 경쟁력도 약화될 수밖에 없다. 반대로 달러화가 주요통화에 대하여 약세를 보이게 되면 수출경쟁력이 강화되겠지만, 언제 달러화가 강세가 될지는 불확실하다. 달러페그 대신 달러, 엔, 마르크화로 구성된 바스켓에 자국통화가치를 고정시키면 이러한 문제를 어느 정도 해결할 수 있게 될 것이다.

인플레이션이 심각한 일부 국가들은 자국과 기축통화국간의 인플레이션율 격차에 따라 명목환율을 정기적으로 조정하는 크롤링페그를

표 14-1 세계 각국의 환율제도(2009)

환율제도	국가수	해당 국가
개별국 법적통화가 없는 제도	7	Dollar: Ecuador, El Salvador, Marshall Islands, Micronesia, Palau, Panama, Timor-Leste
	2	Euro: Montenegro, San Marino
	1	Other: Kiribati
통화위원회	8	Eastern Caribbean Currency Union(ECCU): Antigua and Barbuda, Dominica, Grenada, St. Kitts and Nevis, St. Lucia, St. Vincent and the Grenadianes, Djibouti, Hong Kong SAR
	4	Euro: Bosnia and Herzegovina, Bulgaria, Estonia, Lithuania
	1	Other: Brunei Darussalam
전통적 고정 환율제도	15	Dollar: Aruba, Bahamas, Bahrain, Barbados, Belize, Eritrea, Jordan, Maldives, Netherlands Antilles, Oman, Qatar, Saudi Arabia, Turkmenistan, United Arab Emirates, Venezuela
	4	Euro: Cape Verde, Comoros, Denmark, Latvia
	8	West African Economic and Monertary Union(WAEMU): Benin, Burkina Faso, Cote d' Ivoire, Guinea-Bissau, Mali, Niger, Senegal, Togo
	6	Economic and Monetary Community of Central Africa(CAEMC): Cameroon, Central African Rep., Chad, Congo, Rep.of, Equatorial Guinea, Gabon
	4	Composite: Fiji, Libya, Morocco, Samoa
	5	Other: Bhutan, Lesotho, Namibia, Nepal, Swaziland
Stabilized arrangement	11	Dollar: Angola, Azerbaijan, Bangladesh, China, Guyana, Honduras, Lebanon, Malawi, Suriname, Trinidad and Tobago, Yemen, Rep. of
	2	Euro: Macedonia FYR, Sao Tome and Principe
크롤링 페그	5	Bolivia, Iraq, Nicaragua, Uzbekistan, Botswana
Crawl-like arrangement	1	Ethiopia
Pegged exchange rate within horizontal bands	4	Kazakhstan, Belarus, Syrian Arab Rep., Tonga
Other managed arrangement	21	Costa Rica, Georgia, Kyrgyz Rep., Leberia, Myanmar, Solomon Islands, Vietnam, Croatia, Iran, I.R. of, Kuwait, Russian Fed., Vanuatu, Zimbabwe, Nigeria, Rwanda, Tajikistan, Ukraine, Dominican Republic, Egypt, Lao P.D.R., Mauritania

관리변동	46	Algeria, Singapore, Afghanistan, I.R. of, Argentina, Burundi, Gambia, The, Guinea, Jamaica, Kenya, Madagascar, Moldova, Mongolia, Mozambique, Papua New Guinea, Paraguay, Seychelles, Sierra Leaone, Sudan, Tanzania, Tunisia, Uganda, Zambia, Albania, Armenia, Brazil, Colombia, Ghana, Guatemala, Hungary, Indonesia, Mexico, Peru, Philippines, Romania, Serbia, South Africa, Thailand, Turkey, Uruguay, Cambodia, Haiti, Iceland, India, Malaysia, Pakistan, Sri Lanka
자유변동	33	Congo, Dem. Rep. of, Australia, Canada, Chile, Czech Rep., Israel, Korea, Rep. of, New Zealand, Norway, Poland, Sweden, Switzerland, United Kingdom, Japan, Mauritius, Somalia, United States, Austria, Belgium, Cyprus, Finland, France, Germany, Greece, Ireland, Italy, Luxembourg, Malta, Netherlands, Portugal, Slovak Rep., Slovenia, Spain

자료: IMF., *Annual Report on Exchange, Rate Arrangements and Exchange Restrictions*, 2009.

택하기도 하였다. 칠레와 이스라엘이 그 대표적인 예로서 실질환율을 적정수준으로 유지하려는 것이 주목적이라고 할 수 있다.[4)]

경제개방도가 높아지면서 외부충격으로 인한 경기불안정이 증대된 것도 보다 큰 폭의 환율변동을 허용하게 된 이유 중의 하나라고 할 수 있다. 특히 1980년대 말부터 자본자유화가 진행되면서 자본유출입이 증대하자 시장개입을 통하여 통화당국이 환율안정을 위하여 정책을 추구하기가 점점 어렵게 되었다. 이에 따라 환율결정을 기본적으로 시장기능에 맡겨야 한다는 주장이 보다 설득력을 갖게 되었다고 할 수 있다.

2. 고정환율제도와 변동환율제도의 비교

어떠한 환율제도가 가장 바람직한가에 대해서는 그 동안 많은 연구가 이루어져 왔다. 그렇지만, 많은 환율제도 중 어느 하나가 항상 좋다는 주장은 찾아보기 힘들다. 즉, 국가마다 거시경제적 특성, 경제규모, 개방도, 국내 교역조건이나 해외금리 변동폭 등에 따라 환율제도의 선

4) 인플레이션 퇴치에 우선순위를 둔 일부국가들은 물가가 안정되어 있는 선진국의 통화를 자국통화 대신 사용하거나 또는 자국통화공급을 엄격하게 제한하는 통화위원회제도를 채택하기도 하였다.

택이 달라질 수밖에 없다고 할 수 있다. 따라서 환율제도선택에 있어서 해당국의 경제구조는 물론 개별 환율제도의 특징을 정확하게 이해하는 것이 반드시 필요하다.

환율제도를 크게 고정환율제도와 변동환율제도로 분류한다면 양 제도 모두 장점과 단점이 존재한다. 고정환율제도와 변동환율제도의 중요한 차이를 정리하면 〈표 14-2〉에서 보는 바와 같다.

첫째, 통화정책의 자율성면에 있어서 변동환율제도가 고정환율제도보다 유리하다고 할 수 있다. 변동환율제도를 채택하게 되면 국제수지는 환율이 조정되어 균형을 이루게 되므로, 중앙은행은 외환보유고에 신경을 쓸 필요가 없게 된다. 또한 통화공급이 증가하여 여타국보다 물가가 빠른 속도로 증가하더라도 환율이 조정되어 장기적으로는 대외균형이 달성될 것이다. 따라서 통화당국은 대내정책목표를 위하여 통화정책을 사용할 수 있게 된다. 그러나, 고정환율제도를 채택하게 되면 국제수지가 흑자인 경우에는 중앙은행의 외환보유고가 증가하면서 국내통화공급이 증가하게 된다. 따라서 총수요가 증가하고 물가상승압력이 발생하게 된다. 반대로 국제수지가 적자인 경우에는 통화량이 감소하면서 총수요의 위축과 물가하락압력을 초래하게 된다. 정책당국이 환율안

표 14-2 고정환율제도와 변동환율제도의 특징

항 목	고정환율제도	변동환율제도
통화정책의 자율성	환율안정을 위하여 통화정책의 자율성 포기	통화정책을 대내정책수단으로 사용가능
국가간 정책 부조화	환율안정을 위하여 재정·통화정책 조화 필요	대내정책목표만을 고려하여 독자적 정책추진
국가간 형평성	기축통화 발행국(미국)의 적자해소책 부재	기축통화 발행국 부재
투기적 공격가능성	기초경제여건의 불균형이 존재하는 한 투기적 공격 발생	투기적 공격가능성 최소화
국제무역·자본거래안정적 성장	환위험 제거로 국제거래활성화	환위험으로 무역이나 자본거래위축가능

정을 우선시하는 한, 국내경기안정을 위하여 통화정책을 사용할 수 없다는 단점이 있다.

둘째, 통화정책의 자율성이 증대하게 되면 국가간 정책부조화의 위험이 증대한다. 고정환율제도하에서는 환율이 고정되어 있기 때문에 이를 유지하기 위하여 통화정책을 제한적으로 사용할 수밖에 없다. 따라서 국가간 통화정책이 조화를 이루어 나갈 여지가 크다. 그러나, 변동환율제도하에서는 자국경제위주의 정책을 추진하기 때문에 교역상대국의 정책과 상충될 가능성이 상대적으로 높다고 할 수 있다.

셋째, 변동환율제도하에서는 기축통화가 따로 없기 때문에 국제통화의 역할을 하는 국가와 여타국가간의 형평성 문제가 발생하지 않는다. 브레튼우즈체제와 같은 고정환율제도하에서는 미국을 제외한 여타국가들은 환율안정을 통화정책의 목표로 삼아야 하기 때문에 통화정책을 마음대로 사용할 수 없었다. 반면에 미국은 자국의 경제안정을 위하여 통화량을 마음대로 조정할 수 있다.

브레튼우즈체제하에서 국제통화의 역할을 담당하는 달러를 미국이 공급한다는 것도 형평성에 문제를 제기한다. 미국은 경상수지적자를 통하여 달러화를 공급하여야 하고, 여타국들은 반대로 경상수지흑자를 통하여 달러화를 획득하여야 하였다. 미국은 통화발행의 독점적 위치를 이용하여 경상수지적자를 방기한다는 비판을 받았다. 미국의 입장에서는 경상수지적자가 지속되더라도 환율을 조정할 수 없기 때문에 적절한 대처수단이 없다고 항변할 수 있다. 변동환율제도하에서는 환율이 외환시장에서 결정되기 때문에 이 문제도 저절로 해결될 수 있다.

넷째, 고정환율제도는 기초경제여건이 환율목표와 부합되지 않을 경우 환투기가 발생할 위험이 크다. 1997년 발생한 아시아의 외환위기는 이러한 가능성을 잘 보여 준다. 일단 자본유출이 발생하게 되면 환율급등을 예상하여 외환을 사두려 하기 때문에 환율을 안정시키기가 더욱 어려워지고, 결국 예상대로 고정환율은 무너질 수밖에 없다. 1990년대초 유럽통화제도하에서 상대적으로 높은 인플레이션을 보인 프랑스통화(French Franc)에 대한 투기적 공격은 결국 고정환율의 대폭적인 조정을 초래하였다.

투기적 공격의 관점에서 환율제도의 신뢰성을 놓고 보면 고정환율제도보다는 변동환율제도가 바람직하다고 볼 수 있다. 극단적인 외화통용제도를 제외하면 고정환율제도는 신뢰성에 문제가 있다고 볼 수 있다. 그러나, 변동환율제도라고 하여서 투기적 공격이 발생하지 말라는 법은 없다. 마치 주식시장에서 특정 종목에 대하여 대량매수나 매도로 주가가 일시에 크게 변동하는 것과 같은 이치이다. 변동환율제도하에서도 기초경제여건이 불안정할 경우에는 환율변동의 가능성이 커지고, 이를 예견한 투자자들에 의하여 환투기가 발생할 수 있다.

다섯째, 예상치 못한 환율변동은 국제거래의 불확실성을 증대시킨다. 따라서 변동환율제도하에서는 환위험으로 인하여 무역 및 자본거래가 위축될 가능성이 커진다. 물론 이러한 환위험을 방지하기 위하여 기업내부나 외부적인 위험관리수법들도 많이 개발되었다. 그러나 환위험을 완전히 제거한다는 것은 단일통화를 사용하지 않는 한 불가능할 것이다. 한편, 외채가 많은 개도국의 경우에는 급격한 환율상승으로 외채부담이 증가할 수 있기 때문에 환율변동에 대한 우려(fear of floating)가 클 수 있다. 개도국의 경우 변동환율제도보다 고정환율제도를 선호하는 것은 우연이 아니다.

종합적으로 고정환율제도와 변동환율제도의 장단점을 어떻게 판단할 것인지는 상당히 어려운 문제이다. 환율변동은 주가변동과 비교할 수 없을 정도로 경제 전체에 커다란 영향을 미친다고 할 수 있다. 완전한 자유변동환율제도를 채택하고 있는 국가가 많지 않으며, 또한 선진국간에도 정책협조를 통하여 환율안정을 도모하고 있다는 사실은 환율변동의 경제적 비용이 상당히 크다는 반증이기도 하다. 이러한 사실은 변동환율제도를 채택하더라도 장기적으로 환율을 안정시킬 수 있도록 통화정책을 추진할 필요가 있음을 시사한다고 하겠다.

자본이동이 자유로울수록 환율제도의 신뢰성과 통화정책의 자율성 확보라는 측면에서 환율변동폭의 확대가 바람직하지만, 환위험의 증대로 무역 및 자본동이 위축되고 자국통화가치 하락시 외채부담이 증가할 가능성 또한 커진다.

Case: 한국의 환율제도

한국은 달러연동제에서 자유변동환율제도까지 다양한 환율제도를 채택하였던 경험이 있어 개도국의 환율제도 선택문제를 연구하는 데 좋은 사례를 제공하고 있다. 한국은 1970년대까지 달러화에 대한 고정환율제도를 채택하였다. 달러연동제하에서 고율의 인플레이션에 따른 평가절하가 수시로 이루어졌으나, 1974-1979년 기간중에는 수입가격의 안정을 통한 중화학공업 육성을 위해서 원화의 대미달러환율은 1$=484원으로 고정하였다. 때마침 불어닥친 원유파동으로 인하여 세계경제가 침체된 상태에서 이러한 무리한 환율정책은 원화가치의 과대평가와 수출부진을 초래하였다.

1980년초 정부는 원화의 대폭적인 평가절하를 단행하는 동시에 달러연동제를 포기하고 통화군 연동제를 채택하였다. 원화의 대미달러환율은 SDR과 주요교역상대국과의 무역비중을 감안한 독자바스켓의 가중평균을 기본으로 통화당국이 주요경제변수를 고려하여 신축적으로 결정되었다. 이에 따라 대미달러환율이 불규칙하게 대폭 평가절하되는 것을 방지하고 달러화와 여타 주요통화의 변동에 따라 원화환율이 조정될 수 있는 제도적 장치가 마련되었다. 그러나, 통화당국의 외환시장개입은 강도높게 이루어졌고, 여전히 실질적인 달러연동제의 성격이 강하게 남아 있었다.

한편 수출확대를 위하여 환율을 조작한다는 시비가 제기됨에 따라 1990년 3월 시장평균환율제도가 채택되었다. 시장평균환율제도는 환율을 전일 외국환은행간 거래환율을 기준으로 일일변동폭을 상하 각각 일정비율(초기에는 0.4%)로 제한한 것이 특징이다. 기준환율을 시장수급을 반영하도록 설정한 것은 변동환율제도의 기본정신에 부합된다고 할 수 있다. 그러나, 일일 환율변동폭을 제한하고, 환율이 급격하게 변동할 경우 통화당국이 개입할 수 있는 여지를 남겨두었다는 측면에서 관리변동환율제도라고 볼 수 있다. 시장평균환율제도하에서는 여전히 통화당국의 개입이 이루어졌으나 그 강도는 이전보다 훨씬 약화되었으며, 이에 따라 수출확대를 위하여 환율을 조작한다는 시비도 상당부문 해소되었다.

시장평균환율제도의 일일변동제한폭은 점진적으로 확대되었다. 그러나, 1997년말 외환위기가 발생하자 달러화에 대한 원화환율은 일일변동제한폭까지 폭등하여 거래가 중단되는 사태가 발생하였다. 통화당국은 1997년 12월 16일 환율변동에 대한 제한을 완전히 철폐하였고, 환율결정을 시장에 일임하는 자유변동환율제도를 채택하였다.

14.4 최적통화지역이론과 통화동맹

1. 최적통화지역이론

1999년 유럽국가들이 유로를 법정통화로 사용하게 되면서 회원국들이 공통으로 단일통화를 사용하는 통화동맹에 대한 관심이 고조되고 있다. 아시아외환위기 이후에는 외환위기의 재발을 위하여 아시아지역에서도 통화동맹을 추진할 필요가 있다는 주장이 제기되었다. 자국통화를 포기하고 공통으로 단일통화를 사용하는 것이 왜 바람직한가?

유럽통화동맹 이외에도 통화동맹의 예는 여러 군데에서 찾아볼 수 있다. 미국의 경우를 생각하여 보자. 미국은 원래 국명 자체가 합중국(United states)이라고 할 만큼 각 주가 조세, 교육, 법, 치안 등에서 상당한 독립성을 지니고 있다. 그럼에도 불구하고 각 주마다 다른 통화를 사용하지 않고 연방은행에서 발행하는 화폐를 공통으로 사용하고 있다. 구 소련(Soviet Union)의 경우도 공통으로 루불화를 사용한 예라고 할 수 있다. 조금 성격이 다르지만, 싱가포르와 브루나이는 현재 각각의 화폐를 서로 공통으로 사용하고 또 정해진 환율에 따라 바꾸어 주는 단일통화권을 형성하고 있다. 공통통화를 사용하는 것이 바람직한 지역을 최적통화지역(optimum currency area)라고 한다. 최적통화지역에 대해서는 노벨경제학상을 수상한 먼델(R. Mundell)을 필두로 하여 많은 이론적 연구가 이루어졌다. 공통통화를 사용함에 따라 기대할 수 있는 이득과 비용이 무엇인가와, 잠재적인 회원국들의 경제적 특성이 어떠한 조건을 만족할 때 단일통화권의 성립이 바람직한가가 이들 연구의 초점이라고 할 수 있다.

최적통화지역이란 회원국들이 자국통화를 포기하고 대신 공통의 단일통화를 사용하는 것이 바람직한 지역단위를 의미한다. 유럽통화동맹은 최적통화지역의 단적인 예라고 할 수 있다.

먼저 통화동맹의 이점에 대하여 살펴보도록 하자. 물물교환경제보다 화폐를 매개로 하는 교환경제가 바람직하다는 것은 국내경제나 국제경제나 마찬가지이다. 국가간 무역이나 자본거래에 있어서 단일통화를 가지게 되면 여러 면에서 비용을 절감할 수 있다.

첫째, 외환을 사용함에 따르는 거래비용을 줄일 수 있다. 은행에 가서 외환을 살 때와 팔 때 차이가 나는 것을 볼 수 있다. 이 차이는 바로 외환중개업자에게 지불하는 수수료이다. 외환거래규모가 커질수록 지불하여야 하는 수수료도 커지게 마련이다. 단일통화를 사용하게 되면 이러한 수수료를 절약할 수 있다.

둘째, 환율변동의 불확실성이 없어짐에 따라 무역 및 자본거래가 활성화될 수 있다. 환율이 예상치 못하게 변동하게 되면 국제거래에서 손해를 볼 수 있는 위험이 있다. 최근에는 이러한 환위험을 최소화할 수 있는 다양한 금융상품들이 개발되었지만, 환위험이 완전히 사라진 것은 아니다. 통화동맹을 형성할 경우 환위험은 원천적으로 존재하지 않는다. 또한 환율 예측을 위해 소모되는 자원이나 시간을 절약할 수 있다는 이점이 있다.

셋째, 공통의 가치척도를 갖게 되면 경제의 효율성이 전반적으로 증대한다. 환율이 수시로 변한다는 것은 마치 국내와 외국에서 가치척도의 역할을 하는 화폐의 상대적 가치가 변동한다는 것을 의미한다. 즉, 양국의 잣대가 서로 동일하지 않고, 어느 한쪽의 잣대가 줄어들었다가 늘어났다가 하는 것과 마찬가지이다. 따라서 무역이나 투자에 따른 수입 및 지출을 수시로 국내화폐단위로 환산하여야 한다. 공통화폐를 사용하게 되면 국내외에서 거래되는 모든 재화나 금융상품들의 가치를 정확하게 파악할 수 있기 때문에 이와 같은 비용을 덜 수 있다.

다음에는 통화동맹에 가입하기 위하여 감수하여야 하는 비용에 대하여 고려하여 보자. 단일통화를 사용하기 위하여 자국통화를 포기한다는 것은 비단 정치적으로 민감한 사안일 뿐 아니라, 경제적으로도 심각한 문제들을 야기할 수 있다.

첫째, 통화동맹에 가입하고 있는 국가는 더 이상 대내적인 경기안정을 위하여 통화정책을 사용할 수 없다. 미국의 예를 들어보자. 테러

사건의 여파로 여행객이 급감하여 플로리다주의 경기가 상당히 나빠졌다고 하자. 다른 주들은 별 영향을 받지 않았는데, 유독 플로리다 주만 상황이 나쁠 경우 어떠한 상황이 발생할 것인가? 미국의 통화당국은 어느 특정 주를 염두에 두고 통화정책을 추진하려 하지 않을 것이다. 따라서 플로리다의 노동자들은 일자리를 잃게 되고, 일자리를 찾아 다른 주로 이주하려 할 것이다. 국가간에는 노동이동이 국내에서와 같이 원활하지 않는 것이 일반적이다. 그렇다면 경기가 다시 회복될 때까지 상당기간 동안 높은 실업률을 감수할 수밖에 없을 것이다. 이러한 상황에서는 통화동맹에서 이탈하려는 유인이 그만큼 커질 것이다.

둘째, 중앙은행은 더 이상 시중은행에 대하여 은행의 역할을 담당할 수 없다. 시중은행이 유동성이 부족할 경우에는 중앙은행은 발권력을 이용하여 유동성을 공급할 수 있다. 통화동맹에 가입하면 중앙은행이 독립적으로 통화를 공급할 수 없기 때문에 이같은 은행 '최후의 대여자(the lender of last resort)'의 역할을 담당할 수 없다.

셋째, 정부가 중앙은행으로부터 차입을 통하여 재원을 마련하는 통로가 막히게 된다. 자국통화가 없어지게 되면 화폐주조차익(seigniorage)도 사라진다. 이와 함께, 재정지출도 조세와 어느 정도 균형을 이루어야 한다. 따라서 유럽통화동맹의 예에서도 볼 수 있듯이 재정정책의 자율성도 어느 정도 제한된다고 할 수 있다.

2. 유럽통화동맹의 형성

최적통화지역이론에 따르면 통화동맹의 이득과 비용은 경제규모 및 개방도, 생산요소의 이동정도, 충격의 성격 등에 의하여 결정된다고 할 수 있다. 경제규모가 작고 개방도가 높은 경제일수록 주요교역대상국과 같은 통화를 사용할 때 발생하는 이득의 크기가 커지므로 통화동맹에 가입하는 것이 유리하다고 할 수 있다. 또한 노동과 같은 생산요소의 이동정도가 높을수록 자국에만 불리한 충격을 쉽게 흡수할 수 있으므로 통화동맹의 비용은 감소한다고 할 수 있다. 그렇다면 통화동맹의 대표적인 예라고 할 수 있는 유럽통화동맹은 최적통화지역을 위한 조건들을 모두 만족시키는가? 이 문제에 대답하기에 앞서 유럽통화동맹의 역사부터 잠시 살펴보도록 하자.

유럽통화동맹의 근원은 1969년 구성된 베르너(Pierre Werner)위원회의 제안에서 찾을 수 있다. 1971년 채택된 베르너보고서는 회원국간 환율의 고정과 유럽연방은행의 창설을 주장하였다. 이에 따라 1973년 브레튼우즈체제가 붕괴 이후 유럽국가들은 회원국간의 환율을 안정시키고 달러화에 대하여 집단적인 변동을 허용하는 지역통화제도(European snake)를 채택하였다. 1979년 설립된 유럽통화제도(European Monetary System)는 통화동맹을 향한 공식적인 이정표로 기억될 수 있다. 유럽통화제도는 회원국통화간 기준환율을 정하고 일정한 범위 내에서 변동을 허용하였는데, 자본자유화의 진척과 통독에 따른 고금리의 여파로 1990년대초 난관에 봉착하게 되었다. 1992년 영국의 탈퇴 및 1993년 프랑화 평가절하 이후 환율변동폭이 대폭 상향조정됨으로써 유럽통화제도는 사실상 붕괴된 것과 마찬가지의 상황에 놓이게 되었다. 그러나, EU회원국들은 오히려 이러한 위기를 단일통화도입을 위한 기회로 활용하였다. 1991년 체결된 마스트리히트 조약(the Maastricht Treaty)은 1999년 1월 1일부터 유로(euro)를 단일통화로 사용할 것을 명시하였다.

유럽통화동맹은 하나의 유럽이라는 다분히 정치적인 이상에서 추진되었다고 할 수 있다. 실제로 베르너보고서가 나온 1970년대 초에 최적통화지역의 조건이 만족되었다고 보기는 어렵다. 문제는 마스트리히 조약이 체결된 1990년대에 이러한 조건이 과연 얼마나 충족되었는가에 있다고 하겠다.

첫째, EU는 북미나 아시아지역에 비하여 상호무역의존도가 상당히 높다고 할 수 있다. 또한 1992년 자유무역지대로 관세동맹을 넘어 회원국 시장을 실질적으로 통합하여 각종 생산요소까지도 자유롭게 이동하도록 하는 단일시장형성을 계기로 경제통합도가 상당히 높아졌다고 할 수 있다.

둘째, 유럽국가간 노동이동의 활발함은 미국과 비교하여 상당히 작다는 것이 많은 실증연구의 결과이다. 이러한 생산요소이동의 제약은 법적인 것이라기보다는 언어와 문화적 차이에 근거한다고 볼 수 있다.

셋째, 일시적으로 경기침체를 겪고 있는 회원국을 반대로 경기가 좋은 회원국들이 재정지출을 통하여 도울 수 있는가의 측면에서 보면 유럽국가들은 조건이 그다지 좋지 않다. 미국의 경우에는 재해를 겪고 있는 주정부가 연방정부로부터 자동적으로 재정지원을 받을 수 있는 장치가 마련되어 있다.

종합하면 유럽의 경우 예상과 달리 최적통화지역의 조건이 잘 충족된다고 판단하기 힘들다. 따라서 유럽통화동맹이 전적으로 경제적 요인 때문이라기보다 유럽의 통합을 촉진하기 위한 수단으로 활용한다는 다분히 정치적 목적에서 추진되었다는 주장이 설득력이 있다. 그러나, 일단 단일통화를 사용하기로 한 이상 최적통화지역의 조건이 사후적으로 충족될 가능성은 높아졌다고 할 수 있다.

3. 유로화 출범과 그 효과

1999년 1월 1일 유럽통화동맹(EMU)의 출범으로 EU는 유로(euro)라는 단일통화를 사용하는 단일경제권으로 재탄생하게 되었다. 유로의 탄생은 제2차 세계대전 이후 반세기에 걸친 유럽의 경제통합이 완성되는 것을 의미하며, 동시에 유럽의 사회 및 정치통합을 촉진하는 촉매역할을 할 것이라는 점에서 대단히 큰 의의를 지닌다. EMU 출범은 EU 내의 EMU 참여국과 비참여회원국뿐만 아니라 국제경제에도 큰 영향을 미칠 것으로 보인다. EMU 참여국은 경제정책의 수립과 집행에서 자율성이 제한됨에도 불구하고 거래비용 감소, 경제의 효율성 향상 및 안정을 통하여 경쟁력을 강화하고 성장을 촉진하기 위해 유로를 채택하였다. 비참여회원국들은 EMU에의 가입을 실현하기 위해 이에 필요한 재정 건실화 및 안정적인 경제운용을 도모하여야 한다. EMU 출범 당시의 15개 회원국 중에서는 영국, 스웨덴, 덴마크, 그리스 등 4개국을 제외한 11개 국가만이 유로를 채택하였으나, 2001년에는 그리스가 가입하였고, 2004년 5월과 2007년 1월 두 차례에 걸쳐 진행된 회원국 확대에 따라 EU에 새로이 가입한 12개 신규회원국 중에서도 2007년 슬로베니

그림 14-3 유로화도입현황

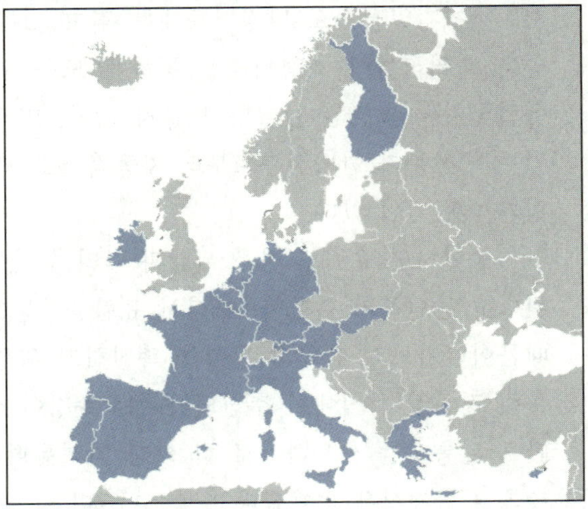

주: 청색으로 표시한 유로지역, 즉 유로화 사용하는 EU국가군은 2009년 현재 총 16개국이다 (Austria, Belgium, Cyprus, Finland, France, Germany, Greece, Ireland, Italy, Luxembourg, Malta, the Netherlands, Portugal, Slovakia, Slovenia and Spain). 영국은 EU 회원국이지만 유로화를 사용하지 않고 있는가 하면, EU 회원국이 아니면서 유로화를 사용하는 국가들도 있다 (Andorra, Kosovo, Montenegro, Turky).

아를 시작으로 하여, 2008년 키프러스와 말타가, 그리고 2009년에는 슬로바키아가 각각 EMU에 가입함으로써 현재 EMU 회원국은 총 16개국으로 확대되었다.

한편 EMU의 출범은 대외적으로도 EU의 국제경제적인 위상을 제고시키는 요인으로 작용하는 한편, 세계경제의 운용에 있어서도 외환, 환율, 국제통화질서 등 다양한 분야에서 영향력을 행사하고 있다. 예를 들면, 많은 나라들이 중앙은행이 보유하고 있는 외환보유고의 일부를 달러에서 유로화로 대체하였으며, EU 회원국과 밀접한 경제관계를 유지하고 있는 국가들 중에서 상당수는 유로화를 무역결제통화로 채택하고 있기도 하다. 또, 유로화를 기준으로 하여 발행하는 채권의 발행가액은 이미 미국 달러화 표시 채권의 발행가액을 상회하고 있다. 이러한 유로화의 국제적 역할 확대는 최근까지 미달러화가 수행하고 있는 국제기축통화의 역할을 유로화가 상당부분 이양받게 되었음을 의미한다. 한편, EMU의 출범에 따라 EMU 참여국들은 초과외환을 보유하게 되는 결과가 초래되었는데, 이는 국제금융시장의 불안정성이 확대되는 방향으로 작용할 수 있다는 데 많은 전문가들이 동의하고 있다.

EU의 금융시장은 규모에 있어서 미국과 필적할 만한 것으로 평가되고 있어 EMU의 출범에 따라 많은 중대한 변화가 진행되고 있다. 가장 중대한 변화는 참가국 금융시장의 동질화를 촉진시켜 거대한 단일시장을 탄생시킨다는 점과 이로 인해 금융기업의 대형화와 업무의 종합화를 촉진시킨다는 점을 들 수 있다. 즉, EMU의 출범은 거대 단일금융시장의 출현을 의미하는바, 이에 따른 참가국 금융시장의 동질화와 금융서비스의 국가간 이동을 촉진시킴으로써 금융기관간의 경쟁 및 대형화를 심화하는 방향으로 변화가 나타나고 있다. 또한 단일통화의 출현은 곧 역내거래에 있어 환위험이 없어지는 것을 의미하며, 따라서 유동성 정도 및 국가 신용도 등이 금융상품 가격의 가장 중요한 요인으로 작용하게 되었다. 통화통합에 따른 외환거래비용의 절감은 EU 기업의 경쟁력 제고와 이윤율 향상에도 상당부분 기여하는 것으로 분석되고 있다. 단일통화 유로의 출현은 EMU 참여국간 환율변동위험이 제거되는 것을 의미하는바, 이로 인해 이들 국가간 자본이동이 증대하였으며, 이는 곧 자본이 가장 생산적인 사업에 투자되어 경제성장에 기여하게 되는 것이다. 그 동안 EU 회원국간 자본이동의 가장 큰 장애요인이 국가간 환율변동이었음을 감안할 때, 통화통합을 통한 자본이동 증대효과도 EU 산업의 활성화에 중대한 영향을 미칠 것으로 전망된다.

한편 유로화의 도입은 시장의 투명성 제고를 통해 역내 기업들의 가격경쟁력을 강화하고 대규모 유로경제권 형성으로 기업들의 계열화 및 분업화를 촉진하는 요인으로 작용하고 있다. 뿐만 아니라 환위험 제거와 외환거래비용의 절감 등으로 유로경제권내 교역이 더욱 촉진되고, 이는 전반적인 경기활성화로 이어져 대외교역의 증대를 가져왔다. 유로화의 도입으로 EMU 참가국 국경간 상품, 서비스 및 자본 등의 이동이 자유로워지고 가격차이도 사라지게 됨에 따라 역내교역비중은 더욱 증가한 것으로 나타났다. 특히 단기적으로는 유로화 도입에 따라 회원국간 교역에서는 환위험이 제거되는 반면에, 역외국간 교역에서는 환위험이 존속하기 때문에 유로경제권내 교역의존도가 더욱 심화될 것으로 예상되고 있다.

EMU의 출범으로 인한 유로화의 출현은 국제금융시장에 있어서도 국제결제통화, 회원국간 외환보유액 등에 광범위한 영향을 미치고 있는 것으로 보인다.

EU 회원국과 아시아 국가간의 교역신장세가 지속되고 있어 유로화의 국제결제통화로서의 비중이 지속적으로 증대되고 있다. 관행적으로 무역규모가 큰 국가의 통화가 국제결제통화로서 많이 이용되어 온 사실을 감안하면, 유로화의 국제결제통화로서의 비중은 장기적으로 EU 회원국의 무역비중인 25% 이상의 수준을 차지할 것으로 예상된다. 실제로 지난 수년간 아시아 각국의 중앙은행들이 유로화 표시 채권(이후 유로채)을 대량 구입하고 유로채 기채를 준비하는 등 유로채에 대한 수요가 아시아에서 급증하기도 하였다. 유럽통화통합에 따른 화폐단위의 변화는 역외국 기업들의 대 EU 수출 및 수입관련 외환관리에 영향을 미쳤다. 기존에 독일 마르크화나 프랑스 프랑화에 결제되던 거래들이 유로화로 결제되고 있으며, 그 동안 달러화로 결제되던 유럽과의 거래를 비롯한 많은 대외거래도 상당부분 유로로 결제되고 있다.

또한 유로화의 도입은 참가국내 기업간 거래의 편의 제공, 환율변동에 대한 불확실성 제고, 외환거래 수수료 절감 등으로 역내기업의 경쟁력을 개선시키고, 이에 따라 상대적으로 유럽시장에서 경쟁관계에 있는 역외국 기업들의 경쟁력을 약화시킬 가능성도 있다. 그러나 통화통합 후에는 역내교역의 촉진과 금리인하에 따른 투자증대 등으로 유럽경제의 성장이 촉진될 경우 대외적인 수입수요가 증가함으로써 역외국 기업들에 긍정적인 효과도 제공할 수 있을 것이다. 더욱이 유로경제권에 진출해 있는 역외국 기업들은 역내 기업들과 마찬가지로 통화통합으로 인한 외환거래비용 절감, 시장확대, 역내교역 증대, EU 경제활성화 등의 혜택을 누릴 수 있을 것으로 예상된다.

14.5 글로벌 금융위기와 국제금융질서 변화

1997년 아시아 외환위기를 계기로 보다 안정적인 국제금융질서의 구축이 필요하다는 주장이 아시아 신흥시장국을 중심으로 강력하게 제기되었다. 그러나 아시아 위기를 겪은 당사국들이 빠른 속도로 위기에서 벗어나기 시작하자 이러한 논의는 근본적인 개혁보다는 점진적인 개선에 무게를 두는 쪽으로 선회하였다. 그러나 활발한 논의에도 불구하고 구체적인 제도개선을 위한 국제적 공조는 제대로 이루어지지 못하고 있는 가운데 세계경제는 이전과는 비교도 될 수 없을 정도로 훨씬 강도 높은 금융충격에 직면하게 되었다.

글로벌 금융위기가 세계 최고의 금융선진국이라고 할 수 있는 미국에서 시작되었다는 것은 의미심장한 사건이 아닐 수 없다. 글로벌 금융위기의 발생원인에 대해서는 벌써 상당한 연구가 이루어졌다. 첫째, 유동성의 과잉공급으로 인하여 발생한 자산가격버블이 붕괴되는 과정에서 과다한 부채비율을 안고 있는 금융기관들의 부실이 가장 근본적인 원인 중의 하나로 지적되고 있다. 그런데 이전과 달리 부동산시장의 침체에 따른 신용대출회사들의 부도가 금융부문 전체로 확대재생산된 것은 금융혁신으로 우후죽순처럼 생겨난 파생금융상품들이 시장 전체의 위험을 현저하게 높여 놓았기 때문이라고 할 수 있다. 한편 금융세계화의 진전으로 신용도가 높은 국채뿐 아니라 파생금융상품까지 해외투자자에 판매된 상황에서 선진국 금융기관들이 대출회수부진으로 초래된 유동성부족현상을 타개하기 위하여 해외자금을 갑자기 회수하면서 금융위기는 순식간에 전세계로 파급되었다고 하겠다.

글로벌 금융위기는 금융혁신의 급속한 진전으로 기존의 금융감독체제가 적합지 않다는 점과 금융시장의 안정성을 높이기 위한 국제적 공조의 필요성을 일깨워 주었다고 할 수 있다. 금융위기의 재발을 방지하기 위해서는 금융제도, 법, 그리고 정책의 전반적 재검토와 개선이 우선적으로 추진될 것이다. 이번 금융위기의 원인 중의 하나로 지나친 규제완화가 꼽히고 있는 만큼 금융기관에 대한 감독기능 강화, 대출관행에 대한 규제강화, 그리고 투자은행 및 담보대출기관 등 소위 그림자은행(the shadow bank)이라고 불리우는 제2금융권에 대한 건전성규제 도입이 활발하게 논의되고 있다. 그러나, 학계와 업계 또한 정부의 이해가 다르고, 국가별로도 상당한 입장차를 보이고 있는 만큼 금융개혁이 어떻게 이루어질지는 좀더 지켜볼 필요가 있다.

국제금융체제 및 질서 개편의 필요성은 대부분의 국가들이 공감하면서 합의도출이 어려운 이유는 많은 국가들이 참여하고 있다는 것 이외에 새로운 제도의 도입에 따른 경험이 충분히 축적되어 있지 못하다는 점과 국제금융시장에서의 정보 부족과 정보의 비대칭성, 외부효과의 존재 그리고 불충분한 금융하부구조 등에 의해서 시장실패가 발생할 가능성이 높기 때문이다. 따라서 국제금융체제는 시장원리를 중요시하면서도 시장실패에서 비롯되는 제반요인을 감안하여 개선을 모색하여야 할 것이다. 그리고 IMF와 같은 국제기구의 역할 제고와 더불어 민간참여자들로 하여금 도덕적 해이와 역선택의 문제로부터 벗어날 수 있는 적절한 인센티브 장치가 마련되는 것이 필요하다. 아울러 시장을 근본적으로 위축시키지 않는 범위 내에서 단기자본이동의 폐해를 줄일 수 있는 방안을 모색하는 등 자본자유화를 위한 합리적인 방안이 고려되어야 할 것이다. 향후 국제금융체제 및 질서를 변화시킬 주요 이슈는 다음과 같다.[5)]

1. 투명성제고 및 국제기준의 개발

투명성제고는 각국 및 국제기구들의 정책 및 실행에 대한 보다 정확하고 시의성 있는 투명한 정보를 공개함으로써 이에 대한 의사결정 및 경제활동에 도움을 주는 것을 목적으로 한다. 신뢰성 있는 정보의 부족과 투명성 결여가 위기를 유발, 악화시키는 요인으로 작용함에 따라 국제금융체제 개편논의과정에서 각국의 정책, 제도 및 통계 등의 투

5) 상세한 내용은 대외경제정책연구원(2000)을 참조.

명성제고와 이에 대한 국제기구의 감시강화가 필요하다는 공감대가 형성되었다.

한편 IMF는 외채 및 외환보유고에 관한 특별자료공표기준[6]을 강화하기로 합의하고 동 기준의 이행상황에 대한 모니터링절차를 마련하였다. G-7의 경우에는 금융감독기준 등을 포함하는 국제기준의 준수여부를 IMF 자금지원조건을 결정하는 데 활용하거나, 외국계 은행들의 G-7 금융시장 진출시 허용여부를 결정하는 고려사항의 하나로 활용하는 등 국제기준 준수의 강화를 요구하고 있다.

또한 IMF는 가맹국의 정책투명성을 제고하기 위해 국제기준, 실행규범 등의 준수여부에 대한 일상적인 감시기능을 강화하기 위한 장치를 마련하고 있다.

2. 금융시장의 감시감독 및 건전성규제 강화

글로벌 금융위기는 금융시장의 내재적인 불안정성을 다시금 일깨워 주는 계기가 되었다. 이에 따라 금융기관의 건전성규제를 강화하는 한편, 금융시장의 안정성을 높일 수 있도록 금융당국의 감시 및 감독을 강화하여야 한다는 주장이 설득력 있게 받아들여지고 있다.

이를 위해서는 은행 및 금융기관들이 새로운 금융기법과 파생금융상품을 이용하여 고위험-고수익을 추구하는 행태를 조정할 필요가 있을 것이다. 과다한 차입에 의존한 위험한 투자를 줄이려면 금융기관들이 단기성과보다는 장기에 걸친 누적수익을 중시하도록 보상체계를 바꿔야 할 것이다. 특히 대형 금융기관에 치우친 잘못된 지원 및 보호관행을 개선하여야 한다. 1997년 아시아 외환위기 때 집중적인 비난을 받았던 "대마불사"현상은 개도국뿐 아니라 선진국에서도 만연되어 왔다는 것이 밝혀졌다. 규모가 큰 금융기관의 경우 부도시 예상되는 충격 때문에 금융당국이 구제해 줄 것이라는 잘못된 인식을 불식시키려면 구제금융

---

6) 특별자료공표기준(special data dissemination system: SDDS)은 국제자본시장에서 활동하고 있는 회원국들을 대상으로 한 경제 및 금융통계 자료에 대한 공개기준으로 1996년 3월에 설치된 기준임.

대상의 선정기준을 명확히 하고, 지원의 대가를 확실하게 지불하도록 하여야 할 것이다.

앞에서도 지적되었지만 금융부문의 투명성을 제고하여 거래위험을 줄일 필요가 있다. 특히 파생상품과 같이 거래상대방 위험이 큰 경우에는 중앙화된 청산소를 통하여 거래가 이루어지도록 하고, 감독기관은 거래내역을 감시하여야 한다. 장외거래의 경우에도 투명성을 제고하도록 감독을 강화하고, 내부자거래나 시장조작행위를 엄격하게 규제하여야 한다. 한편 개별기관위주로 감독이 이루어지면서 금융시장 전체의 위험을 제대로 파악하지 못하는 우를 범하지 않도록 대형 금융금융기관에 대한 건전성규제를 강화하여야 할 것이다. 이를 위하여 금융감독기관이 시장 전체의 위험관리를 책임질 수 있도록 조정이 이루어질 필요가 있다.

3. 민간부문의 참여확대

금융위기국가들에 대한 IMF를 비롯한 국제사회의 자금지원으로 금융위기에 책임이 있는 민간투자자들이 계속 구제될 경우 도덕적 해이를 초래하고 위기를 재발시키는 원인이 될 수 있다는 인식이 확산되었다. 이에 민간채권자들도 금융위기시 구제받지 않고 응분의 책임을 분담시켜야 한다는 논의가 진행중에 있다.

또한 민간자본 유출입의 규모증대로 인해서 외환위기시 IMF의 공적자금투입 여력에 한계가 있다는 인식하에 IMF의 구조조정 프로그램이 민간자본 유입 및 채무조정을 원활화할 수 있도록 신뢰도를 제고하는 한편 민간부문의 자발적인 참여를 통한 위기의 해결이 필요하다는 점이 논의되고 있다. 이에 IMF가 외환위기시 단기적인 유동성 지원창구로서 기능할 뿐만 아니라, IMF가 시장원리에 기초한 해결과정에 민간부문의 참여를 유도하기 위해서 채권자와 채무자간의 중재자로서의 역할이 강조되어야 한다는 의견이 제시되고 있다.

현재 논의되고 있는 민간부문 참여 확대방안으로는 사전적 위기예방조치, 위기해결을 위한 사후적 조치 그리고 IMF의 역할 강화 등으로 나누어 진행되고 있다. 그러나 구체적인 방식에 있어서는 복잡한 법적 · 기술적 문제가 발생하여 이견을 보이고 있는 상황이다.

4. 국제통화제도의 개선

금본위제도 이후 최근까지 국제통화제도의 변천과정은 가장 적절한 환율제도는 무엇인가를 규명하는 과정으로 요약될 수 있다. 특히 최근 들어 신흥시장국의 외환위기로 인한 국제금융시장의 불안정과 유로화의 출범에 따른 국제통화질서의 재편가능성에 따라 국제통화제도의 개편에 관한 관심이 크게 대두되고 있다. 동아시아 외환위기가 경직적인 환율제도에 그 원인이 있다는 지적과 함께 주요 선진국의 통화안정은 외환위기 당사국들의 조속한 경제회복 및 재발방지에 매우 중요하다는 인식이 국제통화질서의 개편논의를 촉발하였다. 그러나 선진국 내에서 바람직한 국제통화제도에 대한 입장은 매우 상반되게 나타나고 있기 때문에 가까운 시일 내에 새로운 국제통화제도의 출범을 기대하기는 어렵다 하겠다. 대신 유로화의 출범으로 지역통화통합의 가능성 및 효과 등에 대한 논의가 활발하게 진행되고 있다.

한편 개도국의 경우에도 역시 일률적으로 적합한 환율제도를 정의할 수는 없는 것으로 알려져 있다. 그러나 최근 일련의 경제위기를 겪은 국가들이 공통적으로 국제자본시장과 연계성이 높으면서도 준고정환율제도를 운영하였다는 점에 비추어 볼 때, 국제자본시장에 통합되어 있는 신흥시장국의 경우 완전변동환율제도나 외화통용제도[7]와 같은 가장 극단적인 환율제도의 채택이 바람직한 것으로 평가되고 있다.

5. 국제금융기구의 개편

금융위기가 초기에 수습되지 못하고 위기가 타지역으로 급속히 전

7) 외화통용제도 중 대표적인 경우라고 할 수 있는 달러통용제도(dollarization)는 미국 이외의 국가에서 자국의 법정통화로 달러를 사용하는 제도를 의미한다. 대표적인 국가로는 파나마가 있다.

파되었다는 사실은 현 국제금융체제의 개편이 반드시 필요하다는 점을 시사하는 것으로 해석할 수 있다. 현재 IMF를 중심으로 한 국제금융기구들은 민간자본흐름의 규모에 비해 턱없이 모자라는 재원을 보유하고 있기 때문에 금융위기의 발생을 방지하고 위기를 해결하는 데에는 한계가 있다. 따라서 핵심적인 국제금융기구인 IMF의 개편 필요성이 제기되고 있다.

한편 IMF의 기능강화의 일환으로 IMF 상임이사회는 금융위기 전염으로 인해 국제수지상의 어려움을 겪을 위험에 처해 있는 회원국들에 대해서는 긴급자금지원제도(contingency credit line: CCL)에 의한 자금지원방안을 마련한 바 있다. CCL은 회원국으로 하여금 건전한 경제정책과 국제적으로 인정된 기준을 채택하도록 하고 민간부문의 참여를 유도하여, 금융위기의 전염을 사전에 예방하도록 하는 새로운 IMF의 자금지원제도였다. CCL은 국제자본시장에서 갑작스러운 금융위기로 인해 건전한 경제정책을 실행하고 있지만 회원국의 통제능력만으로는 금융위기가 예방되어질 수 없을 경우 지원되었던 수단이다. 그러나 IMF가 CCL제도를 도입하였음에도 불구하고 실제로 운용될 가능성이 희박하다는 측면에서 실효성에 의문이 제기되었으며 이에 따라 2003년 폐지되었다.

주요용어

국제통화제도	변동환율제도
금본위제도	투기적 공격
브레튼우즈체제	최적통화지역이론
플라자협약	통화동맹
고정환율제도	건전성규제

연습문제

1. 금본위제도의 특징 및 국제수지조정장치에 대하여 설명하라.
2. 브레튼우즈체제 붕괴의 원인에 대하여 논하라.
3. 개도국의 환율제도선택의 추세와 현황에 대하여 설명하라.
4. 고정환율제도와 변동환율제도의 장단점을 비교하여 설명하라.
5. 한국이 현재 채택하고 있는 환율제도의 장단점을 외환위기 극복과 관련지어 평가하라.
6. 통화동맹형성에 따른 이득과 비용에 대하여 논하라.
7. 글로벌 금융위기 이후 국제금융질서개편과 관련하여 논의중인 주요 이슈를 설명하시오.

제15장 개방경제의 거시경제정책

글로벌 금융위기와 한국의 경기회복

예상을 뛰어넘는 경제지표가 잇따라 나오며, 경기회복에 대한 기대감이 커지고 있다. '바닥은 쳤다'는 낙관론이 힘을 얻고 회복시점을 2009년 말 이전으로 당겨 잡는 예측도 나온다. 국내외 한국경제성장률의 전망치는 2009년 초 −4~−5% 수준에서 최근에는 −1.5~−2%로 상향되고 있다. 경기회복에 대비해 유동성을 회수하는 '출구전략'을 지금부터 준비해야 한다는 얘기까지 나오고 있다. 하지만 있는 그대로 숫자를 받아들이기에는 아직 이르다는 신중론도 적지 않다. 고용과 소비 대신 정부가 푼 대규모 돈의 힘이 성장을 떠받쳤다고 보기 때문이다. 나라 경제가 이런 외부수혈 없이 스스로 잘 굴러 갈 수 있을지 확신이 서지 않는 데다 재정고갈, 해외여건, 유동성회수 등 굵직한 변수도 여전히 도사리고 있다. 경기지표호전 조짐은 지난 2분기부터 나타나기 시작했다. 3월 초 1,000선을 위협받던 주가가 슬금슬금 반등하기 시작하였고, 환율효과의 지원을 받은 기업들은 세계 시장점유율을 높였다. 국내경기 회복세는 순환 사이클측면에서도 뚜렷해지고 있다. 생산·수출·소비·투자 등 경기의 각 순환고리를 대변하는 체감지표들이 동시에 호전되고 있다. 수출과 소비 회복에 힘입어 기업재고는 크게 줄었고, 공장가동률은 80%를 바라볼 정도로 높아졌다. 설비투자도 넉 달째 증가세를 이어 갔다. 그런데도 많은 전문가가 아직은 조심스러운 태도를 보인다. 경제의 펀더멘털이 좋아진 것이라기보다는 정부가 돈을 쏟아 부어 고용을 지키고 소비를 유지한 덕분이라는 것이다. 따라서 민간 소비와 고용에 힘입어 투자가 늘어나는 진정한 성장은 아직 아니라고 할 수 있다. 3월 4%에 달했던 실업률도 미미하게 하락했지만, 인턴고용과 희망근로사업을 감안하면 실제로는 악화되고 있다고 보는 시각도 많다. 그렇다면 1997년 외환위기 때와 같이 'V'자형 회복을 확신하기보다는 주력수출시장인 선진국들이 본격적으로 회복될 때까지 경기전망에 신중할 필요가 있을 것이다.

〈중앙일보 2009. 8. 1〉

15.1 문제 제기

본 장에서는 국가간의 자본이동이 자유로울 경우 정부의 통화정책이나 재정정책 또는 환율정책과 같은 거시경제정책이 경제에 미치는 효과가 어떻게 나타나는가를 살펴보고자 한다. 여기서 통화정책은 중앙은행의 통화량 조정정책을 의미하며 재정정책은 정부지출규모나 세율을 조정하는 정책을 의미한다. 한편 환율정책은 채택하고 있는 환율제도에 따라 다르게 나타날 수 있는데 고정환율제도하에서의 환율정책은 설정된 환율수준을 정부가 재조정하는 것을 의미하며, 변동환율제도하에서의 환율정책은 환율안정을 위한 외환당국의 외환시장에의 개입을 의미한다.

정부의 거시경제정책의 효과는 자본이동이 얼마나 자유롭게 이루어지고 있는가, 어떠한 환율제도를 채택하고 있는가 그리고 물가가 시장상황의 변화에 따라 얼마나 신속하게 반응하는가 등 크게 3가지에 좌우되는 것으로 알려져 있다. 본 장에서 다루고자 하는 주요 주제는 다음과 같다

- 자본거래 자유화가 확대될 경우 어떠한 정부정책이 경제성장을 위해서 더 효과적일 수 있는가?
- 통화당국의 통화량 확대정책은 물가가 안정적인 단기에 환율에 어떠한 영향을 미치는가?
- 일반적으로 통화, 재정, 환율정책은 동시에 사용되는데, 이 때 어떻게 결합해서 사용하는 것이 고용이나 물가안정과 같은 대내균형과 국제수지나 환율안정과 같은 대외균형을 위해서 바람직한 것인가?
- 해외이자율의 상승이나 원유가의 인상과 같은 해외부문으로부터의 화폐 및 실물충격이 국내경제에 어떠한 효과를 갖는가?

15.2 자본자유화와 거시경제정책의 효과

정부의 거시경제정책의 효과를 살펴보는 방법의 하나는 간단한 거시경제모형을 설정하여 정책변화가 경제내부에 어떠한 영향을 주는지 분석하는 것이다. 본 절에서는 개방경제에 대한 대표적인 거시경제모형을 설명한 후 그것을 이용해서 국가간에 자본이동이 어느 정도 자유로운 상태에서 정부의 정책이 어떠한 효과를 갖는지를 살펴보고자 한다.

분석의 편의상 본 모형에서는 물가가 단기적으로 고정되어 있거나 매우 경직적인 경우를 가정해서 거시경제정책 및 해외충격의 효과를 분석하고자 한다. 일반적으로 물가가 경직적이라고 가정하는 이유는 매우 단기적인 상황을 의미하거나 정부에 의해서 물가가 통제되고 있기 때문이라 할 수 있다.

또한 환율제도의 경우도 변동환율제도와 고정환율제도로 구분해서 두 경우에 있어서 거시경제정책과 해외충격의 효과를 비교, 설명하도록 한다.

연립방정식과 거시경제모형

연립방정식은 해를 구하고자 하는 미지수의 수만큼의 방정식으로 구성된 체계를 의미한다. 거시경제모형도 일종의 연립방정식체계라 할 수 있는데 이때 미지수에 해당하는 것은 규명하고자 하는 거시경제변수이고 방정식에 해당하는 것은 이들 변수들간의 관계이다. 따라서 설명하고자 하는 거시경제경제변수가 n개 존재할 경우에는 경제이론에 바탕을 두고 도출된 n개의 관계식으로 구성된 연립방정식으로부터 해를 구하는 작업이 요구된다. 물론 모든 경제변수의 값을 연립방정식 체계 내에서 구할 수는 없는데, 값이 주어진 것으로 간주하는 변수를 외생변수, 그렇지 않은 변수를 내생변수라고 한다.

1. 개방거시경제모형[1]

본 모형에서는 4개의 시장을 가정한다. 즉 재화시장, 화폐시장, 채권시장 그리고 외환시장으로 구성된 경제를 가정한다. 경제의 균형은 이 중 3개의 시장만 균형이 되면 나머지 시장은 자동적으로 균형이 되기 때문에 3개 시장의 균형조건이 곧 이 경제의 균형조건이 된다.[2] 따라서 본 모형에서는 재화, 화폐 및 외환시장 균형조건을 이용해서 분석한다.

(1) 재화시장의 균형 조건

재화시장에서의 생산량은 수요의 크기에 의해서 결정된다고 가정한다. 이것은 곧 케인즈 모형을 의미하는데 이 경우 한 경제의 공급능력은 충분하므로 결국 얼마만큼 생산하느냐 하는 것은 총수요의 크기에 의해서 결정된다 하겠다. 따라서 초과수요에 의한 물가상승은 존재하지 않는 상황이라 할 수 있다.

국내생산물에 대한 총수요는 크게 4가지 유형으로 구분될 수 있다. 먼저 주로 가계에 의해서 주도되는 소비(C)라 할 수 있다. 이때 소비는 소득(Y)의 함수라 할 수 있다. 즉 소득이 증가할수록 소비지출도 증가된다. 단 소비의 증가는 소득의 증가분보다 작다고 가정한다.[3]

$$C = C(\overset{+}{Y})$$

또 다른 총수요 구성요소로는 기업에 의해서 이루어지는 투자(I)라 할 수 있다. 기업의 투자는 주로 이자율(i)에 의해서 영향을 받는다고

---

1) 여기서 설명하는 기본모형은 물가가 고정되어 있다고 가정하는 먼델-플레밍(Mundell-Fleming)모형에 기초하고 있다. 물가가 신축적이라고 가정할 경우에는 총수요-총공급곡선을 이용한 분석이 요구된다. 총수요와 총공급 곡선과 관련해서는 제13장 참조.

2) n개의 시장이 존재하는 경우 $(n-1)$개 시장이 균형에 도달하면 나머지 시장도 균형에 도달한다는 것을 왈라스 법칙(Walras' law)이라 한다.

3) 한계소비성향이란 추가소득 증가분 중 소비되는 비중을 의미하는데 보통 한계소비성향은 1보다 작다고 가정한다.

할 수 있는데, 이자율이 상승할수록 투자비용이 높아지므로 투자는 감소한다. 왜냐하면 이자율이 높아질수록 투자수익률이 높은 사업만이 투자가 가능하기 때문이다. 즉, 이자율과 투자는 역의 관계에 있다.

$$I=I(\overset{-}{i})$$

총수요의 또 다른 구성요소인 정부의 지출(G)은 정부의 소비지출과 투자지출로 구성되어 있는데, 예산에 의해서 사전에 그 규모가 정해져 있기 때문에 그 규모가 여타 다른 거시경제변수의 변화에 의해서는 변동되지 않는 것으로 가정한다($G=\overline{G}$).

마지막으로 국내에서 생산된 최종재화에 대한 수요는 해외부문에서 발생하는 수요이다. 이것은 국내경제에서 볼 때 수출(X)이라 할 수 있다. 이 때 수출은 수입재화의 수출재화 대비 상대가격과 해외의 소득수준(Y^*)에 의해서 영향받는다고 할 수 있다.[4] 수출재화의 국내가격을 P, 수입재화의 외화표시 가격을 P^*, 그리고 환율을 E라 할 때 수입재화의 수출재화표시 상대가격은 $\frac{P^*}{\frac{P}{E}}=\frac{EP^*}{P}$로 표시할 수 있는데, 이것이 바로 실질환율(q)이다. 실질환율(q)이 상승할수록 국내 수출재화의 가격이 상대적으로 저렴해지는 것을 의미하므로 수출은 실질환율과 정(positive)의 관계에 있다 하겠다.[5] 또한 해외 소득수준(Y^*)이 증가할수록 국내재화에 대한 수요가 증대하므로 수출은 해외 소득수준과도 정(positive)의 관계에 있다.

$$X=X(\overset{+}{q},\ \overset{+}{Y^*})$$

한편 국내 총수요인 소비, 투자, 정부지출 그리고 해외수출 중에는 국내에서 만들어진 원자재와 부품을 사용해서 생산된 재화에 대한 수요뿐만 아니라 해외에서 생산된 최종재화 및 해외 원자재 및 부품을 가공

---

4) 본 장에서 윗첨자 $*$는 해외부문을 의미하는 변수로 사용된다. 그리고 보다 자세한 수출입과 실질환율간의 관계는 13장 참조.

5) 수출재화의 수입재화표시 상대가격을 교역조건(terms of trade)이라 하는데 모든 재화가 교역재일 경우 교역조건과 실질환율은 서로 역수관계에 있다.

그림 15-1 재화시장 균형곡선: *IS*

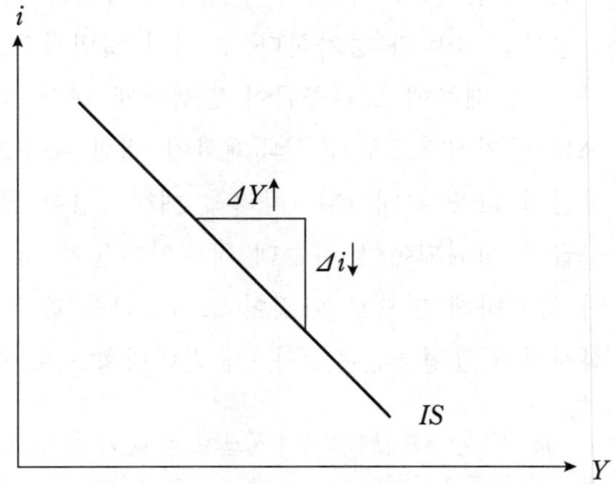

해서 얻어진 국내재화에 대한 수요를 포함하고 있으므로 순수하게 국내에서 창출된 소득 즉 부가가치를 계산하기 위해서는 국내 총수요에서 해외로부터의 수입(M)을 제외하여야 할 것이다. 이 경우 실질환율의 상승은 수입재화의 국내재화표시 가격이 상승하는 것을 의미하므로 수입과 실질환율은 부(negative)의 관계에 있다. 반면 국내소득(Y)이 증가하면 해외재화에 대한 수요가 증가할 것이므로 수입은 국내소득과 정(positive)의 관계에 있다.[6)]

$$M=M(\overset{-}{q},\ \overset{+}{Y})$$

앞에서도 설명한 바와 같이 케인즈 모형에서는 국내재화 및 서비스에 대한 총수요가 결정되면 이것이 곧 총공급량을 결정하게 되므로 재화시장의 균형조건은 다음과 같게 된다.

$$Y=C(\overset{+}{Y})+I(\overset{-}{i})+G+X(\overset{+}{q},\ \overset{+}{Y^*})-M(\overset{-}{q},\ \overset{+}{Y}):\ IS \qquad (15\text{-}1)$$

6) 이 때 수입규모는 국내재화로 환산한 규모를 의미한다($M=\frac{EP^*}{P}\cdot M'$, M'는 외국재화로 표시된 수입물량).

재화시장의 균형조건은 *IS*라 하는데 (Y, i)로 구성된 좌표에 나타내면 〈그림 15-1〉과 같이 우하향의 곡선이 된다. Y가 증가하면 *IS*의 우측항목인 소비가 증가한다. 그러나 일반적으로 소비증가는 소득증가보다 작기 때문에 초과공급이 발생하게 된다. 더욱이 Y의 증가는 수입수요를 증가시킴으로써 국내재화에 대한 총수요를 감소시킴으로써 초과공급이 더욱 확대된다. 따라서 재화시장이 균형이 되기 위해서는 초과공급이 상쇄되어야 하는데 국내이자율이 하락하게 되면 국내투자수요가 증가하게 되므로 이것이 초과공급을 해소시킬 수 있게 된다. 즉 재화시장의 균형조건은 Y와 i가 반대방향으로 움직여야 한다.

*IS*곡선은 재화시장에서 공급과 수요가 일치되도록 하는 소득수준과 이자율의 조합을 표시한다.

(2) 화폐시장의 균형조건

화폐시장의 균형은 화폐공급(M^s)과 화폐수요(M^d)가 일치되는 상황을 의미한다. 화폐를 수요하는 동기는 크게 3가지로 구분할 수 있다. 일반적인 거래를 위한 지급의 매개수단으로서의 필요성에 의해서 수요하게 되는 거래적 동기와 경제활동과정에서 예기치 못하게 발생할 수 있는 거래에 대비한 자금수요인 예비적 동기 그리고 이자율의 변화에 따라 채권투자를 할 것인지 또는 화폐를 보유할 것인지에 의해서 결정되는 자금수요를 의미하는 투기적 동기로 구분된다.[7] 거래적 동기와 예비적 동기는 일반적으로 소득수준의 함수인 반면 투기적 동기는 이자율의 함수라 할 수 있다. 소득수준이 증대되면 지급의 매개수단으로서의 화폐에 대한 수요인 거래적 및 예비적 동기에 의한 화폐수요는 증가한다. 반면 이자율과 채권의 가격은 역수관계에 있으므로 이자율의 상승은 채권가격의 하락을 의미한다.[8] 따라서 이자율의 상승은 채권에 대한 수요

7) 이러한 3가지 동기에 의해서 화폐수요가 결정된다는 것이 케인즈의 화폐수요이론이다.

8) 예를 들어 액면금액의 일정비율로 이자가 지급되는 채권의 경우 채권의 유통가격이 상승하면 고정이자를 채권의 유통가격으로 나눈 실제 지급이자율을 하락한다. 반대로 채권의 가격이 하락하는 경우에는 실제 지급이자율을 상승한다. 따라서 이자율과 채권 가격은 역의 관계에 있다고 할 수 있다.

그림 15-2 화폐시장 균형조건: *LM*

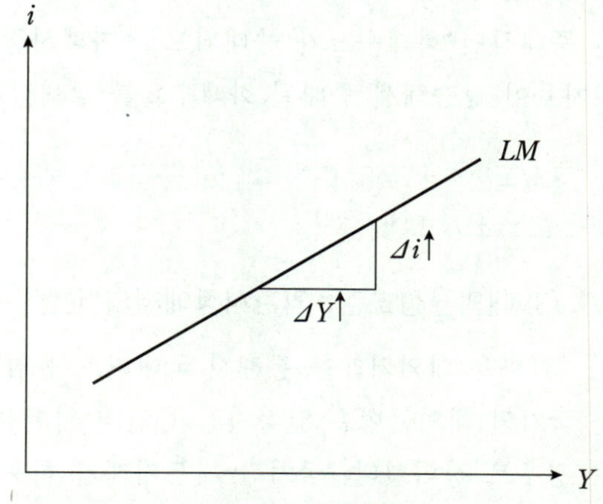

증대를 초래하고 화폐에 대한 수요를 감소시킨다.[9] 즉 투기적 동기에 의한 화폐수요는 이자율과 역의 관계에 있다.

화폐수요는 크게 거래적 동기와 예비적 동기 그리고 투기적 동기에 의해서 발생되는 것으로 구분된다.

$$M^d = L(\overset{+}{Y}, \overset{-}{i})$$

한편 화폐의 공급은 정부의 개입이 없는 한 일정시점에서 일정하게 주어졌다고 가정한다. 화폐수요는 재화의 거래나 투기적 목적을 위한 것이므로 실질적인 수요라 할 수 있다. 따라서 화폐시장의 균형조건은 실질화폐공급과 실질화폐수요가 일치되는 조건이라 할 수 있다. 이 때 실질화폐공급은 명목화폐공급을 물가수준으로 나누어 준 값으로 표시될 수 있다. 따라서 화폐시장 균형조건은 다음과 같다.

$$\frac{M^s}{P} = M^d = L(\overset{+}{Y}, \overset{-}{i}) : LM \qquad (15\text{-}2)$$

9) 이자율이 상승할 경우에는 앞으로 이자율의 하락 즉 채권가격의 상승이 예상되므로 채권에 대한 수요가 증대되고 화폐에 대한 수요는 감소할 것이다. 이것을 투기적 동기에 의한 화폐수요라 한다.

화폐시장 균형조건은 *LM*으로 불리는데 이 경우 (Y, i) 좌표상에 표시하면 〈그림 15-2〉와 같다. 즉 통화공급량이 주어진 상태에서 소득이 증대하면 화폐수요가 증대되므로 화폐시장이 균형이 되기 위해서는 이자율이 상승해서 증대된 화폐수요를 상쇄시켜야 한다.

*LM*곡선은 화폐에 대한 수요와 공급이 일치되도록 하는 소득수준과 이자율의 조합을 표시한다.

(3) 대외균형조건: 외환시장에서의 균형

외환은 대외거래를 통해서 국내외로 유입, 유출되는데 본 모형에서 한 국가의 대외균형은 일정기간 동안의 외환유입과 유출 규모가 일치하는 경우로 정의한다. 국가간 자본거래가 허용되지 않는 상황에서는 외환은 오로지 재화 및 서비스의 수출입이 주를 이루는 외국과의 경상거래를 통해서 유출입 된다. 이럴 경우 대외균형조건은 경상수지(CAB)가 균형인 상태를 의미한다.[10]

$$CAB = X(q, Y^*) - M(q, Y) = 0 \qquad (15\text{-}3)$$

그러나 자본거래가 허용되는 경우 외환은 해외로부터의 투자 및 차입 등에 의해서 유입될 수 있는 반면 해외로의 투자 및 대출 등에 의해서 유출될 수 있다. 이때 자본거래가 어떠한 요인에 의해서 영향을 받느냐 하는 것이 자본의 흐름을 설명하는 중요한 요인이 된다. 자본의 흐름은 다양한 요인에 의해서 영향을 받지만 어느 정도 자본거래가 허용되는 경우 국가간의 이자율 차이가 가장 중요한 요인으로 간주되고 있다. 따라서 본 모형에서도 자본거래는 국가간의 이자율 차이에 의해서 결정된다고 가정한다. 즉 국내이자율이 해외이자율보다 높을수록 자본유입이 증대된다고 가정한다. 따라서 자본거래를 통한 자본의 순유입 규모를 의미하는 자본수지(KA)는 국내이자율(i)과 해외이자율(i^*)의 차이의 함수로 표시할 수 있다.[11]

10) 식 (15-3)에서 X와 M은 국내재화로 표시된 수출물량과 수입물량을 의미한다. 외환의 흐름으로 표기하기 위해서는 식 (15-3)은 $\frac{P}{E} \cdot X - P^* \cdot M'$($M'$=외국재화로 표시한 수입물량)이 되어야 한다.

11) 환율이 변동하는 경우에는 예상환율변화율($\dot{E}^e$) 까지 고려한 국내외 이자율 차이

$$KA = \phi(\overset{+}{i - i^*})$$

따라서 자본이동이 허용될 경우 대외균형조건은 다음과 같게 된다.

$$CAB + KA = X(q,\ Y^*) - M(q,\ Y) + \phi(i - i^*) = 0 : BP \qquad (15\text{-}4)$$

대외균형조건은 경상수지와 자본수지의 합계인 국제수지가 균형인 상태로 정의된다.

자본거래를 통한 자본이동이 없는 경우의 대외균형 조건식인 식 (15-3)의 경우 이 조건을 만족시키는 소득(Y) 수준은 유일하게 존재한다. 따라서 식 (15-3)을 (Y, i) 좌표에 표시할 때 〈그림 15-3〉에서 볼 수 있는 바와 같이 경상수지를 균형시키는 Y수준은 수직선이 된다.

그림 15-3 대외균형곡선

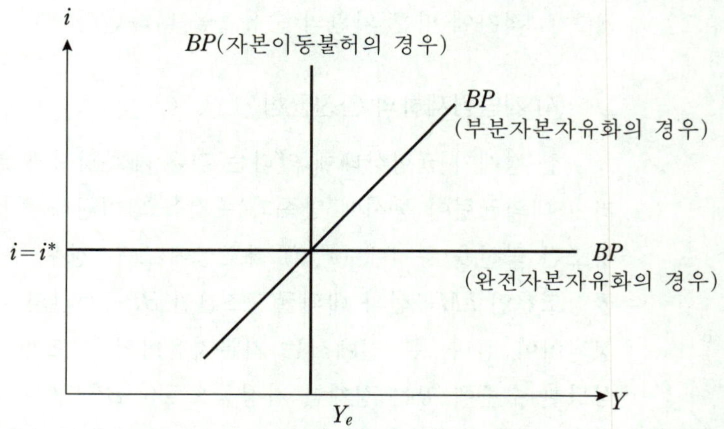

가 자본거래에 영향을 미친다. 즉 국내외 이자율이 일정한 상태에서 예상환율변화율이 상승하는 경우 국내통화의 가치가 하락하는 것을 의미하므로 자본유출이 발생하고 반대의 경우 자본유입이 발생한다. 따라서 변동환율제도의 경우 $i - i^* - \dot{E}^e$가 자본유출입에 영향을 준다 하겠다. 그러나 이 경우 $\dot{E}^e$가 일정하다고 가정하거나 또는 균형상태에서는 환율이 일정한 수준을 유지하므로 $\dot{E}^e$가 0이라고 가정할 수 있다. 따라서 본 모형에서는 $i - i^*$가 자본거래를 통한 자본유출입에 영향을 주는 것으로 가정한다.

한편 자본거래가 일반적으로 허용될 경우의 대외균형조건인 식 (15-4)에서 Y와 i간의 관계를 살펴보면 먼저 소득(Y)의 증가는 경상수지를 통하여 자본의 유출을 초래한다. 따라서 대외균형을 회복하기 위해서는 자본유입이 있어야 하는데 이를 위해서는 국내이자율이 상승하여야 한다. 즉 대외균형을 만족시키기 위한 소득과 이자율간의 관계는 〈그림 15-3〉에서 보는 바와 같이 정(positive)의 관계를 갖는다.

한편 자본거래에 대한 규제가 전혀 없는 완전한 자본이동이 허용되는 완전자본자유화의 경우에는 매우 적은 국내외 이자율 차이가 발생해도 대규모의 자본이동이 발생하므로 순자본의 이동이 더 이상 없는 균형상태는 국내이자율과 해외이자율이 같아지는 상태이다. 따라서 이 경우 대외균형곡선은 〈그림 15-3〉에서 보는 바와 같이 BP곡선은 $i=i^*$를 의미하는 수평선이 된다. 즉 자본자유화가 완전해질수록 BP곡선은 수평하게 된다. 그리고 $CAB(BP)$곡선의 경우 곡선을 중심으로 왼쪽은 경상수지(국제수지) 흑자에 따른 외환의 순유입을, 오른쪽은 경상수지(국제수지) 적자에 따른 외환의 순유출을 나타낸다.

(4) 개방경제하의 완전균형

한 경제가 균형상태에 있다는 것은 재화시장과 화폐시장의 균형 그리고 대외균형이 동시에 만족되는 것을 의미한다 하겠다. 이때 이들 균형조건 곡선을 동시에 (Y, i) 좌표상에 그릴 경우 우상향하는 화폐시장 균형조건인 LM곡선과 대외균형조건인 BP곡선간의 기울기의 크기가 결정되어야 한다. 본 절에서는 자본자유화의 정도가 완전하지는 않지만 상당한 수준에 있는 경제를 가정함으로써 BP곡선이 LM곡선보다 더 수평한 경우를 가정한다. 이럴 경우 이 경제의 균형상태는 세 곡선이 동시에 교차하는 A점이라 할 수 있다.

한편 대내균형을 완전고용이 이루어진 상태라고 정의할 때 〈그림 15-4〉의 A점은 대내균형점이 아니다. 따라서 대내외균형이 동시에 성립하려면 대외균형이 성립되면서 소득수준은 완전고용 수준(Y_f)과 일치하여야 한다. 우리는 이러한 상태를 완전균형점(full equilibrium point)이라 한다.

그림 15-4 대내외 균형

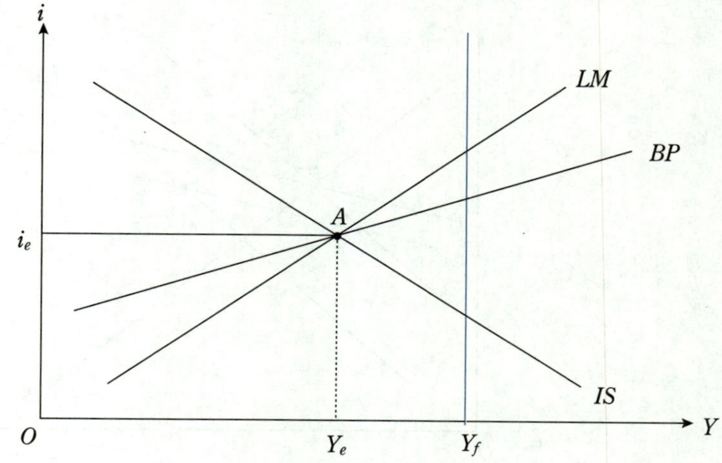

경제의 완전균형점은 대내적으로는 완전고용과 대외적으로는 국제수지균형이 동시에 성립되는 상황으로 정의된다.

2. 변동환율제도와 거시경제정책

(1) 통화확대정책의 효과

변동환율제도하에서는 외환의 가격을 의미하는 환율은 외환시장에서 외환의 수급에 의해서 결정된다. 통화당국이 외환시장에 개입하는 경우 외환 매입시는 그 반대급부로 통화량이 증가하고 반대로 외환 매도시는 통화량이 감소하게 된다. 따라서 통화당국이 외환시장에 개입하지 않는 한 변동환율제도하에서는 외환거래에 따른 통화량 변화는 발생하지 않는다. 이럴 경우 통화당국은 국내금융기관이나 정부에 대한 대출이나 자금회수 그리고 국공채시장에서의 채권매매 등을 통하여 통화량을 변화시킬 수 있다.[12]

12) 통화당국이 국내채권시장에서 채권을 사고 팔음으로써 통화공급량을 조정하는 것을 공개시장조작(open market operation)이라 한다.

그림 15-5 변동환율제도하에서 통화공급확대정책의 효과

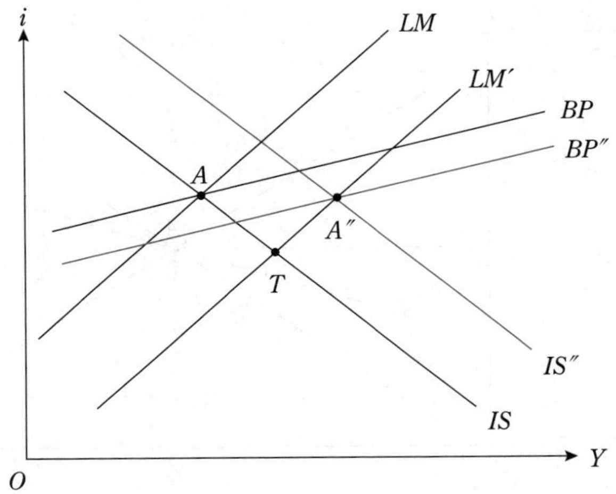

통화당국이 통화확대정책을 채택하는 경우에는 화폐시장의 균형조건을 나타내는 식 (15-2)에서 M^s가 증대된다. 동일한 소득과 이자율 수준에서는 통화수요에 변화가 없으므로 이 경우 화폐시장에서 초과공급이 발생한다. 이러한 초과공급을 없애기 위해서는 소득이 증가되거나 이자율이 하락함으로써 화폐수요가 증대되어야 한다. 즉 *LM*곡선이 〈그림 15-5〉에서 보는 바와 같이 오른쪽으로 이동해야 한다. 이 경우 *IS*곡선과 *LM*곡선이 교차하는 *T*점은 대외균형을 나타내는 *BP*곡선의 오른쪽에 위치하고 이것은 곧 외환의 유출, 즉 국제수지의 적자를 의미한다. 왜냐하면 *T*점에서는 소득이 증대됨에 따라 경상수지가 악화되고 이자율이 하락함으로써 자본거래를 통하여 자본이 유출되기 때문이다. 따라서 외환시장에서는 외환의 초과수요가 발생하고 이것은 곧 국내통화의 가치하락 즉 환율상승이 초래된다. 따라서 실질환율 $\left(q=\frac{EP^*}{P}\right)$이 상승하고, 실질환율의 상승은 마샬-러너조건이 성립한다고 가정할 경우[13]

13) 실질환율의 상승이 국내재화표시 경상수지에 미치는 효과는 불분명하게 나타나는데, 이 때 경상수지가 흑자가 되는 조건을 마샬-러너(Marshall-Lerner)조건이라 한다. 마샬-러너조건은 국내의 수입수요탄력성과 자국수출품에 대한 외국의 수입수요탄력성의 합계가 1보다 큰 경우를 의미한다. 본 장에서는 이 조건이 성립된다고 가정한다. 마샬-러너조건관련 자세한 사항은 제13장 부록 참조.

수출을 증대시키고 수입을 감소시켜서 경상수지를 흑자로 만들기 때문에 재화시장에서 총수요증대가 초래된다. 따라서 *IS*곡선은 오른쪽으로 이동한다. 반면 *BP*곡선의 경우에는 환율인상으로 인해서 경상수지가 흑자가 될 경우 자본이 유입되므로 이것을 상쇄하기 위해서는 이자율이 하락해서 자본이 해외로 유출되어야 한다. 즉 이 경우 *BP*곡선도 오른쪽으로 이동한다. 따라서 새로운 균형점은 A''에서 결정된다. 즉 소득이 T점에서 보다 더욱 확대된다. 따라서 변동환율제도하에서 통화정책은 경기활성화에 매우 효과적인 정책이라 할 수 있다.

통화공급확대와 환율의 오버슈팅

환율이 오버슈팅(overshooting)한다는 것은 단기환율수준이 장기균형환율수준보다 일시적으로 높은 수준에서 결정되는 것을 의미한다. 예를 들어 정부가 통화공급을 확대하는 경우 화폐시장이 균형이 되기 위해서는 통화공급이 증대된 만큼 물가가 상승해서 실질통화공급량이 변화하지 않거나 이자율이 하락해서 화폐수요가 공급이 증대한 만큼 증대해야 한다. 따라서 만약 물가가 화폐공급확대와 더불어 즉각적으로 상승하면 실질화폐공급량은 감소되기 때문에 화폐시장을 균형시키기 위한 이자율 하락규모는 줄어들 수 있을 것이다. 그러나 일반적으로 물가는 재화시장의 수급에 의해서 결정되고, 이자율은 화폐시장에서 결정되며 또한 재화시장은 외부충격에 느리게 반응하고 화폐시장은 상대적으로 외부충격에 빠르게 반응한다. 따라서 장기적으로 물가가 상승함으로써 실질화폐공급이 줄어드는 효과는 단기에는 나타나지 않기 때문에 화폐시장의 균형을 위한 단기에서의 이자율 하락은 장기에서 보다 더 크게 나타난다고 할 수 있다. 이러한 현상을 이자율 하락의 오버슈팅이라 할 수 있다. 이자율 하락의 오버슈팅은 금리평가조건($i=i^*+\dot{E}^e$)에 의해서 예상환율변화율($\dot{E}^e$)의 하락을 초래한다. 왜냐하면 i^*가 일정한 상태에서 i의 하락은 곧 $\dot{E}^e$의 하락을 의미하기 때문이다. 그리고 예상환율변화율의 하락은 현재 환율수준이 장기균형환율수준인 E' 보다 높은 경우에 발생한다고 할 수 있기 때문에 결국 통화공급확대정책은 장기 균형환율수준인 E' 를 초과하는 만큼의 오버슈팅을 초래한다.

〈통화공급확대와 오버슈팅〉

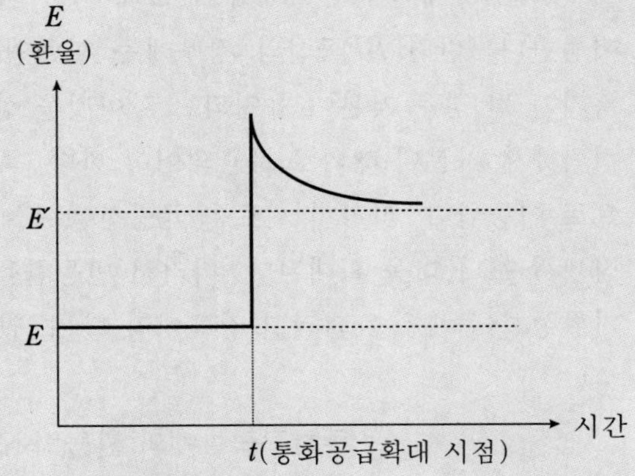

E: 최초 균형환율수준
E': 새로운 장기균형환율수준

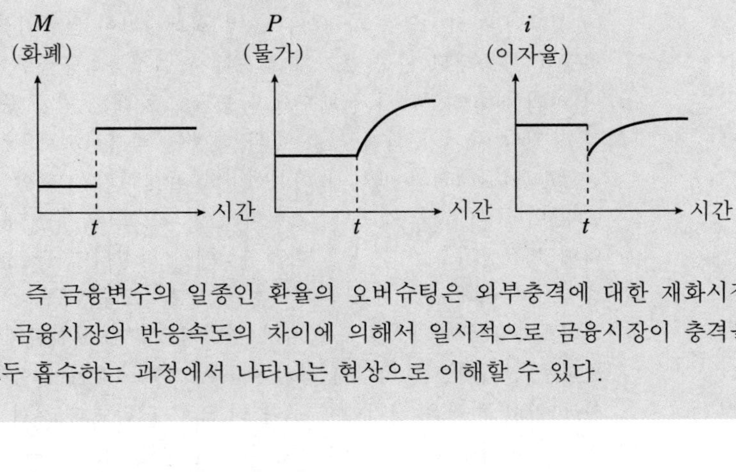

즉 금융변수의 일종인 환율의 오버슈팅은 외부충격에 대한 재화시장과 금융시장의 반응속도의 차이에 의해서 일시적으로 금융시장이 충격을 모두 흡수하는 과정에서 나타나는 현상으로 이해할 수 있다.

(2) 재정지출확대정책의 효과

정부지출의 확대는 총수요를 증대시킴으로써 *IS*곡선을 오른쪽으로 이동시킨다. 따라서 새로운 균형점은 새로운 *IS*곡선과 *LM*곡선이 만나는 *T*점에서 결정된다. *T*점에서는 최초의 출발점보다 이자율이 상승된 상태이므로 자본유입이 초래되어서 국제수지는 흑자상태가 된다. 국제수지 흑자는 변동환율제도하에서는 환율하락을 초래한다. 환율하락은 실질환율의 하락과 이로 인한 경상수지 적자를 야기하므로 재화시장이

그림 15-6 변동환율제도하에서 재정지출확대정책의 효과

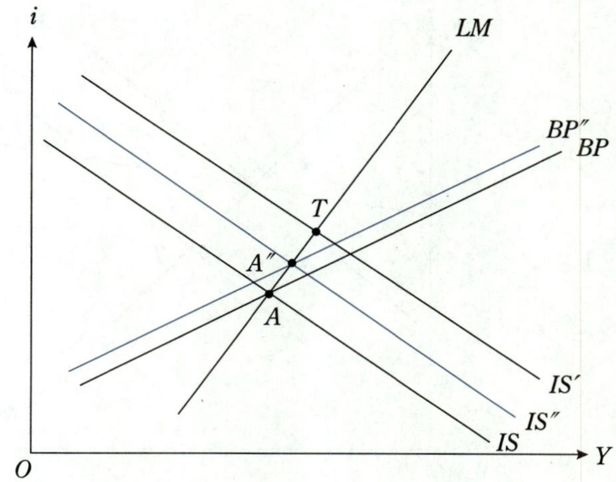

균형이 되기 위해서는 소득의 하락이나 이자율의 하락이 필요하므로 재화시장 균형조건인 *IS*곡선은 왼쪽으로 이동한다. 한편 *BP*곡선의 경우 경상수지 적자로 인한 자본유출을 상쇄하기 위해서는 이자율 상승에 의한 자본유입이 필요하므로 왼쪽으로 이동한다. 따라서 새로운 균형점은 〈그림 15-6〉의 *A″*에서 결정된다. *A″*점은 비록 최초 균형점인 *A*점보다는 소득이 증가된 상태이나 *T*점보다는 오히려 소득수준이 감소된 상태이다. 따라서 변동환율제도하에서 재정지출확대정책은 그 효과가 그리 크지 않다고 할 수 있다.

3. 고정환율제도와 거시경제정책

(1) 통화공급확대정책의 효과

고정환율제도하에서는 두 가지 채널을 통하여 통화량이 변화될 수 있다. 첫째는 변동환율제도에서와 마찬가지로 통화당국이 국내금융기관이나 정부에 대한 신용을 변화시키거나 채권시장에서 채권을 사고 팔음으로써 통화량이 변동될 수 있다. 즉 국내신용의 변화를 통해서 통화

그림 15-7 고정환율제도하에서의 통화확대정책의 효과

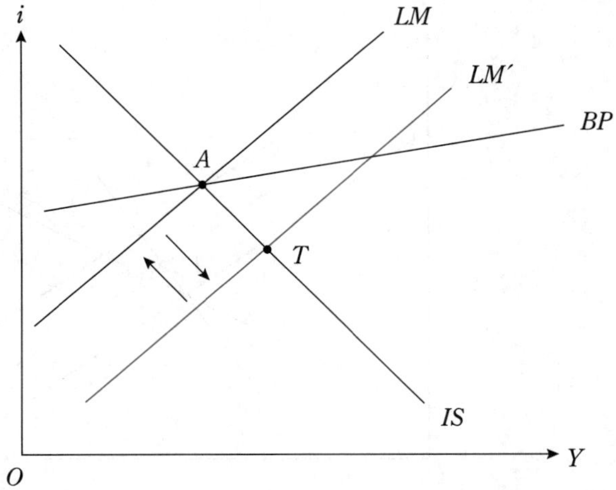

량이 변동될 수 있다. 또 다른 채널은 통화당국이 외환시장이 불균형일 경우 고정된 환율을 유지하기 위해서 외환시장에 개입함으로써 통화량이 변동될 수 있다. 즉 외환시장에서 외환을 사고 팔음으로써 그 반대급부로 통화량이 변화하게 된다.[14] 고정환율제도의 경우에도 통화정책이란 국내신용의 변화를 통한 통화공급의 변화를 의미한다.

정부가 국내신용확대를 통하여 통화량 공급을 증대시키면 화폐시장이 균형이 되기 위해서는 화폐수요가 증가되어야 한다. 즉 주어진 소득 하에서 이자율이 하락해야 한다. 따라서 〈그림 15-7〉에서 볼 수 있는 바와 같이 *LM*곡선은 오른쪽으로 이동해서 *T*점이 결정된다. *T*점에서는 이자율이 낮아졌으므로 자본의 유출이 발생된다. 자본유출은 곧 자국통화가치의 하락 즉 환율상승압력으로 작용한다. 따라서 외환당국이 환율을 안정시키기 위해서는 외환시장에서 외화를 공급해야 한다.

14) 외환시장에 개입함으로써 통화량이 변화되는 경우 이러한 외환시장개입을 태화 외환시장개입(non-sterilized intervention)이라 한다. 반면에 외환시장개입으로 인한 통화량 변화를 반대방향의 국내신용 변화를 통해서 상쇄시킴으로써 통화량을 일정수준으로 유지하는 정책을 불태화 외환시장개입(sterilized intervention)이라 한다. 본 장에서는 태화 외환시장개입을 가정해서 통화정책의 효과를 분석한다. 외환시장개입과 관련된 보다 자세한 사항은 11장과 12장 참조.

그리고 이러한 외환공급은 그 반대방향으로 통화환수가 수반되므로 통화량이 감소하게 된다. 즉 *LM*곡선이 통화량 감소로 인해서 왼쪽으로 이동하게 됨으로써 새로운 균형점은 최초의 균형점인 *A*점으로 환원하게 된다. 따라서 고정환율제도하에서는 변동환율제도에서와는 반대로 통화확대정책이 효과가 전혀 없다.

(2) 재정지출확대정책의 효과

재정지출확대는 *IS*곡선을 오른쪽으로 이동시킨다. 따라서 *LM*곡선과 새로운 *IS*곡선이 만나는 *T*점이 된다. *T*점에서의 이자율수준은 *E*점에서 보다 높게 되므로 자본유입이 발생된다. 자본유입은 곧 외환시장에서의 외환공급을 의미하므로 자국통화가치의 상승압력을 초래한다. 따라서 환율인하압력을 상쇄하기 위해서는 외환당국이 외환시장에 개입해서 외화를 수요해야 한다. 이 과정에서 외환구매의 반대급부로 국내통화공급이 증가된다. 국내통화공급의 증대는 곧 *LM*곡선을 오른쪽으로 이동시킨다. 결국 새로운 균형점은 〈그림 15-8〉의 *A″*에서 결정된다. 즉 고정환율제도하에 재정지출확대정책은 변동환율제도와는 반대로 경기진작에 매우 효과적인 정책임을 알 수 있다.

그림 15-8 고정환율제도하에서의 재정지출확대정책의 효과

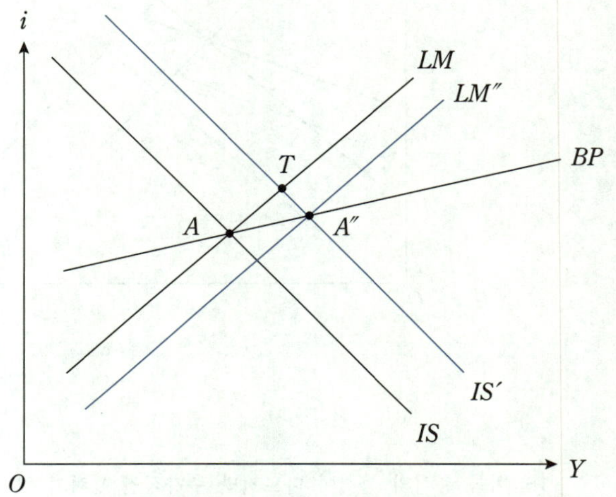

(3) 평가절하정책(devaluation)의 효과

외환당국이 현재의 환율수준을 정책적으로 인상할 경우 실질환율이 상승해서 대외경쟁력이 강화되고 이는 곧 *IS*곡선과 *BP*곡선 모두가 오른쪽으로 이동함을 의미한다. 따라서 경제는 〈그림 15-9〉의 *T*점으로 이동한다. *T*점에서는 이자율이 상승하기 때문에 자본이 유입된다. 자본유입에 따른 평가절상압력을 상쇄하기 위해서 외환당국이 외환시장에 개입함으로써 외환매입과 동시에 통화량이 증대된다. 따라서 *LM*곡선은 *LM″*로 이동해서 새로운 균형점은 〈그림 15-9〉의 *A″*에서 결정된다. 즉 고정환율제도하에서 평가절하정책은 경기진작에 있어서 재정확대정책보다 더 효과적임을 알 수 있다.[15)]

이상과 같이 자본자유화가 상당히 자유로운 경우 두 환율제도하에서의 거시경제정책의 효과를 요약하면 다음과 같다.

그림 15-9 고정환율제도하에서의 평가절하정책의 효과

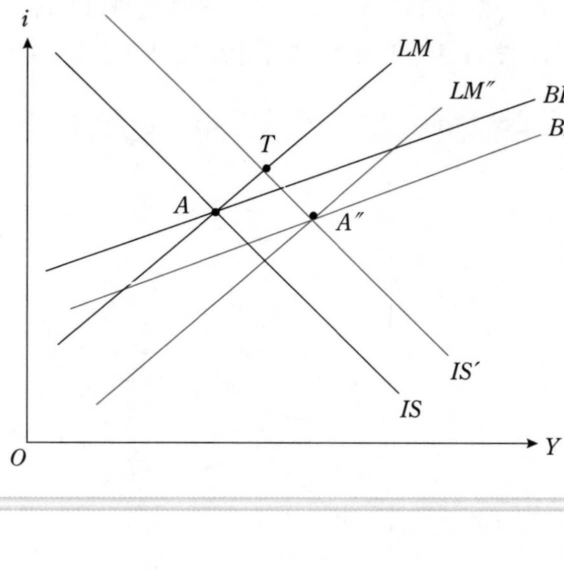

15) 비록 충격의 성격이 다르지만 추가적인 효과가 있기 때문에 더 효과적이라 할 수 있다.

표 15-1 변동 및 고정환율제도하에서의 거시경제정책의 소득에 대한 효과

	통화정책	재정정책	환율정책
변동환율제도	효과적	효과 미미	-
고정환율제도	효과 미미	효과적	매우 효과적

먼델(R. Mundell) 교수와 개방거시경제정책

1999년도 노벨경제학상 수상자로 미국 컬럼비아대학의 먼델(R. Mundell) 교수가 선정됐다. 스웨덴 왕립과학아카데미는 13일 "상이한 환율제도에서 나타나는 통화, 재정정책에 대한 분석을 높이 평가, 먼델 교수를 수상자로 선정했다"고 발표했다. 과학 아카데미는 이어 "유럽연합(EU)과 같은 개방경제권에서 현재 실행되고 있는 통화, 재정정책에 근간이 되고 있는 이론은 그의 이러한 연구에서 출발한 것"이라고 설명했다. 또한 먼델 교수의 최적통화지역모형은 유럽통화통합의 이론적 기초를 제공한 것으로 평가받고 있다.

〈한국경제신문 1999. 10. 13〉

15.3 해외충격의 효과

소규모 개방경제의 경우 해외여건의 변화에 따라 국내경제가 지대한 영향을 받는다. 따라서 해외경제여건의 대표적인 변화로 간주되는 금융부문의 충격인 해외이자율의 상승과 실물부문의 충격인 교역조건의 악화가 국내경제에 어떠한 영향을 미치는지를 변동과 고정환율제도하에서 각각 살펴본다.

1. 변동환율제도와 해외충격

먼저 해외이자율이 상승하는 경우를 살펴보면 다음과 같다. 해외이자율의 상승은 자본의 해외유출을 야기한다. 따라서 이 경우 국제수지

그림 15-10 변동환율제도하에서의 해외이자율 상승 효과

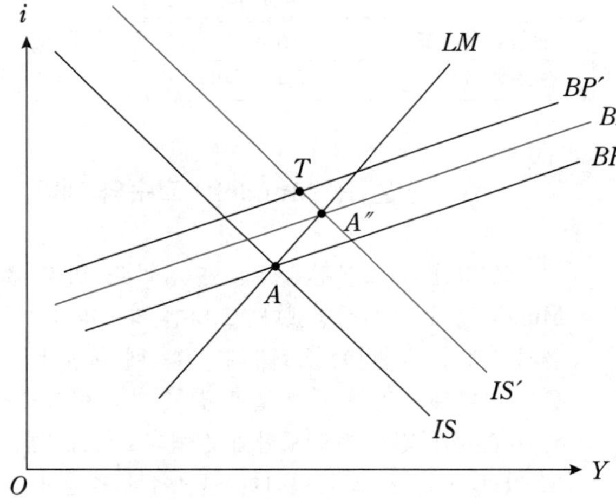

가 균형이 되기 위해서는 국내이자율이 상승하여야 하므로 새로운 *BP*곡선은 왼쪽으로 이동해야 한다. 이는 곧 최초의 균형점인 〈그림 15-10〉의 *A*점에서는 국제수지 적자가 발생함을 의미한다. 따라서 환율은 인상되고 환율인상은 곧 대외경쟁력의 개선을 의미하므로 *BP*곡선과 *IS*곡선 모두 오른쪽으로 이동해서 새로운 균형점은 *A″*에서 결정된다.

한편 수입 원유가의 상승이나 대표적인 우리나라의 수출품인 반도체의 해외가격이 하락하는 경우 등을 의미하는 교역조건이 악화되는 경우를 살펴보자. 교역조건의 악화시 마샬-러너조건이 성립되면 경상수지가 개선되나 여기서는 교역조건 악화시 경상수지가 적자로 반전되었다고 가정하고 그 이후의 과정을 살펴보기로 하자. 경상수지의 적자는 〈그림 15-11〉에서 알 수 있는 바와 같이 곧 *IS*곡선과 *BP*곡선을 모두 왼쪽으로 이동시킨다. 새로운 *IS*곡선과 *LM*곡선이 교차하는 *T*에서는 자본유출이 발생되므로 환율이 상승하게 된다. 환율상승으로 인해서 *IS*곡선과 *BP*곡선은 오른쪽으로 이동하므로 교역조건 악화로 인한 경상수지 적자 효과가 어느 정도 상쇄된다고 할 수 있다.[16)]

16) 이 경우 새로운 균형점은 *IS*곡선과 *BP*곡선의 이동정도에 따라 결정된다. 즉 새로운 균형점은 *LM*곡선상의 *T*점과 *LM*곡선과 *BP′* 곡선이 만나는 점 사이에서 결정된

그림 15-11 변동환율제도하에서의 교역조건 악화의 효과

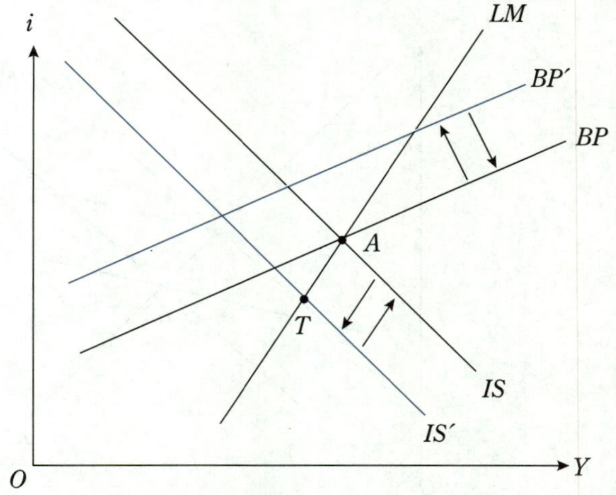

결론적으로 변동환율제도하에서는 해외충격이 발생하는 경우 환율이 충격완충장치로서의 역할을 수행함으로써 경제불안정이 완화될 수 있다.

2. 고정환율제도와 해외충격

〈그림 15-12〉에서 볼 수 있는 바와 같이 해외이자율의 상승은 자본유출을 초래하고, 이로 인한 환율상승압력으로 인해서 외환당국이 외환시장에 개입함으로써 통화공급이 감소된다. 즉 이 경우 *LM*곡선은 왼쪽으로 이동한다. 따라서 새로운 균형점은 A''에서 결정되고 해외충격의 경기위축효과가 증폭되어 나타난다.

한편 교역조건의 악화에 따라 경상수지 적자가 발생되는 경우에도 새로운 단기균형점인 *T*에서 역시 자본유출이 발생하므로 이것이 통화공급의 감소를 초래하고 결국 새로운 균형점은 〈그림 15-13〉의 A''에서 결정된다. 즉, 이 경우에도 해외충격의 부정적 효과는 증폭되어 나타난다.

결론적으로 고정환율제도의 경우에는 해외충격을 완충할 수 있는

다. 여기서는 편의상 새로운 균형점으로 *A*점을 선택했다.

그림 15-12 고정환율제도하에서 해외이자율 상승 효과

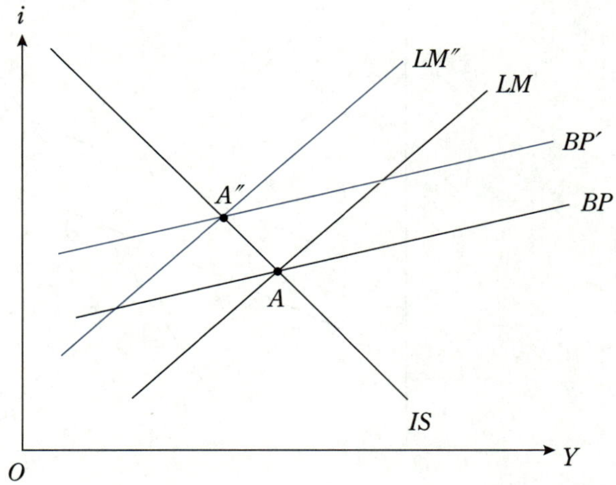

장치가 존재하지 않고 해외충격으로 인한 자본유출이 모두 통화공급의 감소로 나타나서 이자율이 상승하고 소득이 추가로 감소되는 결과가 나타난다.

그림 15-13 고정환율제도하에서 교역조건 악화 효과

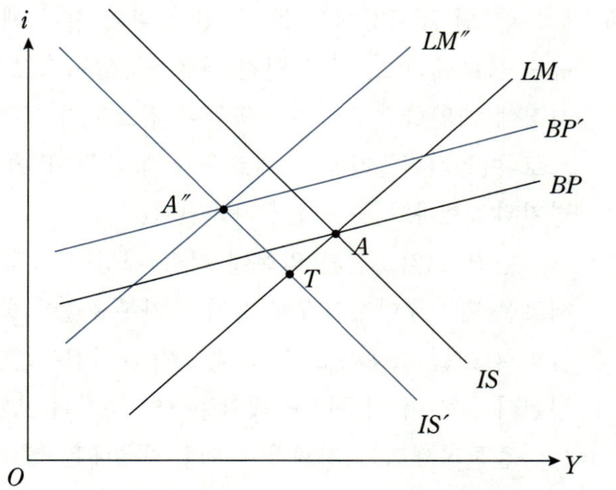

15.4 완전고용과 국제수지균형을 위한 정책조합

1. 지출변화정책과 지출전환정책의 조합

정부의 거시경제정책수단은 크게 통화정책이나 재정정책과 같이 투자나 정부지출규모에 영향을 주어서 총수요를 변화시키는 지출변화정책(expenditure changing policy)과 환율정책과 같이 특정 재화나 서비스에 대한 수요를 다른 재화나 서비스로 전환시킴으로써 특정 정책목표를 달성하고자 하는 지출전환정책(expenditure switching policy)으로 구분할 수 있다.

정부는 일반적으로 경제운용시 완전고용이나 물가안정의 달성을 의미하는 대내균형과 경상수지 또는 국제수지의 균형을 목표로 하는 대외균형을 동시에 달성하고자 한다. 이러한 두 정책목표를 동시에 달성하기 위해서는 일반적으로 두 가지 정책수단이 요구된다.[17)]

경상수지의 균형달성이 대외균형을 의미할 때 대외균형을 만족시키는 환율수준(E)과 소득수준(Y)의 결합은 〈그림 15-14〉에서 EB곡선으로 나타낼 수 있다. 즉 소득의 증가는 수입수요의 증가를 초래해서 경상수지가 적자로 나타난다. 이를 상쇄하기 위해서는 마샬-러너조건이 성립한다고 가정할 경우 환율수준이 인상되어야 한다. 한편 대내균형은 완전고용을 실현하는 소득수준(Y_f)을 의미하는 IB곡선으로 표시된다. 이 경우 〈그림 15-14〉에서 볼 수 있는 바와 같이 경제가 예를 들어 Ⅰ의 영역에 위치하고 있다는 것은 노동에 대한 초과수요가 존재하고 경상수지는 적자인 상태를 의미한다 하겠다. 따라서 각기 상이한 상한에 위치할 경우 대내외균형을 달성하기 위한 정책조합 또한 달라져야 한다.

경제가 Ⅰ의 영역에 위치할 경우에는 총수요감소정책은 노동에 대

17) 다수의 정책목표를 동시에 달성하기 위해서는 정책목표의 수만큼의 정책수단이 필요하다는 것을 '틴베르겐 준칙(Tinbergen's rule)'이라 한다.

그림 15-14 대내외균형: 완전고용과 경상수지 균형

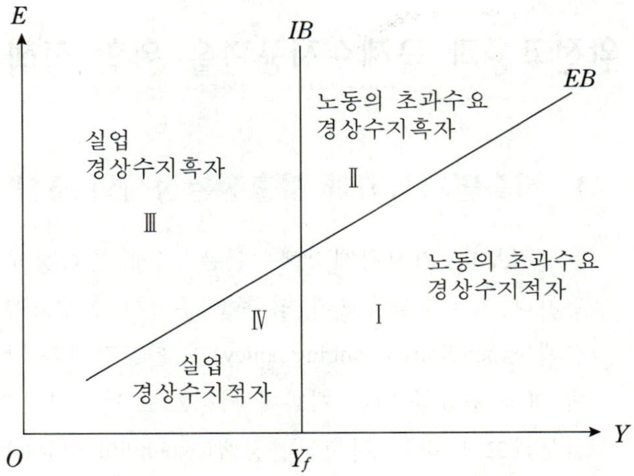

한 초과수요를 없앰과 동시에 어느 정도 경상수지 적자를 해소하는 데 기여할 수 있다. 한편 반대로 경제가 Ⅲ의 영역에 위치할 경우에는 대내외균형을 달성하기 위해서 총수요확대정책이 요구된다. 그러나 총수요관리만으로 대내외균형을 모두 달성할 수 있는가 하는 것은 별도의 문제이다.

일반적으로 하나의 정책수단으로 대내외균형을 동시에 달성할 수 없다. 즉 *n*개의 정책목표를 위해서는 *n*개의 정책수단이 필요하다는 준칙이 적용된다. 이 경우에는 어떠한 정책수단이 어떠한 정책목표에 가장 적합한가 하는 문제가 제기된다. 일반적으로 대내균형을 위해서는 지출변화정책이, 그리고 대외균형을 위해서는 지출전환정책이 효과적인 것으로 알려지고 있다. 예를 들면 Ⅱ의 영역의 경우 대내외균형을 동시에 달성하기 위한 정책수단은 대내균형을 위한 총수요감소정책 그리고 대외균형을 위해서는 환율인하정책이 요구된다 하겠다. Ⅳ의 영역의 경우에는 반대로 대내균형을 위해서는 총수요확대정책이, 그리고 대외균형을 위해서는 환율인상정책이 필요하다 하겠다.[18]

18) 고정환율제도의 경우에는 정부가 환율수준을 정책적으로 조정하여 대외균형을 달성하고자 한다. 그러나 변동환율제도하에서는 시장에 의해서 결정되는 환율이 대

정책조합이란 특정정책목표를 달성하기 위한 2개 이상의 정책의 동시 채택을 의미한다.

2. 재정정책과 통화정책의 조합

국가간의 자본이동이 자유로울 경우 대외균형은 경상수지 균형보다는 국제수지의 균형을 의미할 수 있다. 이럴 경우 비록 경상수지가 불균형상태에 있다 하더라도 이자율 변화에 의한 자본이동을 통하여 국제수지 균형을 달성할 수 있다. 즉 이 경우 대내외균형 상태는 〈그림 15-15〉와 같이 나타낼 수 있다.

대외균형을 나타내는 *EB* 곡선의 경우 소득의 증가는 경상수지 적자를 초래하므로 이것을 보전하기 위해서는 자본수지의 흑자가 요구된다. 자본수지의 흑자를 위해서는 국내이자율의 상승이 필요하므로 *EB*곡선은 우상향하게 된다. 이 경우 국제수지는 이자율 변화에 따른 자본유출입에 의해서 민감하게 반응하므로 이자율 변화에 더 효과적으로 영향을

그림 15-15 대내외균형: 완전고용과 국제수지 균형

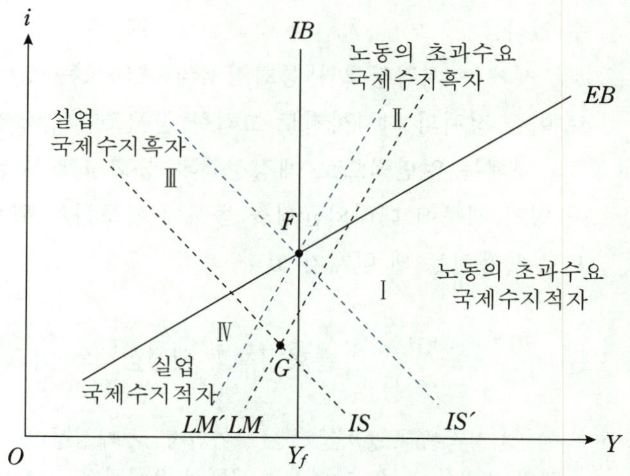

외균형을 달성한다고 할 수 있다. 따라서 변동환율제도에서는 정부정책으로 대내균형을 위한 총수요관리정책만이 유효하다고 할 수 있다.

미치는 통화정책이 대외균형 즉 국제수지 균형을 달성하는 데 효과적인 수단으로 활용될 수 있다. 따라서 국제수지의 균형이 대외균형을 의미하는 경우 대내외균형의 달성을 위한 정책수단으로는 대내균형을 위해서는 재정정책이, 그리고 대외균형을 위해서는 통화정책이 사용되어질 수 있다. 예를 들어 경제가 〈그림 15-15〉의 *G*점에서와 같이 실업과 국제수지 적자상태에 있을 경우 재정지출 확대($IS \rightarrow IS'$)를 통해서 실업을 해소하고 통화공급 축소($LM \rightarrow LM'$)를 통한 이자율 상승으로 자본유입을 유도함으로써 경제를 대내외 동시균형점인 *F*점으로 이동시킬 수 있다.

그러나 앞에서 설명한 바와 같은 대내외균형의 동시 달성을 위한 재정, 통화정책의 조합과 관련해서는 몇 가지 한계가 존재한다.

첫째는 적절한 재정, 통화정책이 결합을 위해서는 현재 경제가 처한 대내외 불균형 상태 및 정도에 대한 보다 정확한 파악이 필요한데 현실적으로 경제가 직면한 상태를 정확히 파악하는 작업은 쉽지 않다는 점이다.

둘째는 정부의 대외균형 목표가 국제수지 균형보다는 경상수지 균형에 있을 경우 통화정책이 대외균형을 위한 정책수단으로 사용되기가 쉽지 않기 때문에 대내외균형을 위한 재정, 통화정책조합이 비효과적일 수 있다.

셋째는 재정정책과 통화정책의 효과에는 상이한 시차가 존재하므로 이들 정책의 시차까지도 고려한 정책조합이 쉽지 않다는 점이다.

넷째는 일반적으로 재정정책과 통화정책은 상호 밀접하게 연관되어 있기 때문에 대내외균형을 동시에 확보하기 위한 독자적인 정책수단으로 사용하는 데 한계가 있다.

통화정책과 재정정책의 비교

재정정책과 통화정책은 물가안정, 경제성장 등 정책목표를 달성하기 위한 총수요 조절수단이라는 점에서 유사하다. 그러나 정책의 주체, 절차, 효과가 나타나기까지의 시간 등에서는 차이가 있다.

정부는 조세제도나 세율의 변경, 그리고 정부지출 관리 등을 통해 재정정책을 수행하는 데 반드시 국회의 심의 · 의결절차를 거쳐야 하기 때문에 정책시행까지 시간이 걸린다. 그러나 일단 방향이 결정되어 시행에 옮겨지면 그 효과가 빠르게 나타난다. 예컨대 세금을 대폭 경감하거나 공공건설사업을 크게 늘리면 기업과 개인의 소득이 즉시 늘어나고 이는 수요확대를 통해 경기활성화에 기여한다.

한편 중앙은행은 통화량이나 금리의 조절을 통해 통화정책을 수행하는 데 의사결정절차가 상대적으로 간단할 뿐 아니라 매일 매일 시장에서 이루어지므로 기동성과 탄력성이 있다. 그러나 시행된 정책이 실물경제의 변화로 나타나려면 긴 파급경로를 거쳐야 하므로 상당한 시간이 소요된다.

이처럼 재정정책과 통화정책은 기본적으로 유사한 기능을 가지고 있지만 나름대로의 특성도 있으므로 이를 잘 감안하여 조화롭게 운용할 필요가 있다. 예를 들어 극심한 경기침체기에는 효과가 즉시 나타나는 재정확대정책을 강구하고 통화정책은 보완적으로 활용하는 정책조합(policy mix)을 생각할 수 있다. 반대로 인플레이션 우려가 커질 때는 금리인상을 통해 강력한 긴축신호를 보냄으로써 과열기미를 진정시키고 재정도 건전한 방향으로 운영하는 것이 좋을 것이다.

두 정책수단은 서로 영향을 미치기도 한다. 만약 정부가 지출을 확대하고 이에 소요되는 재원을 국채발행으로 충당코자 하면, 금융시장에 국채공급이 늘어나 시장금리가 상승한다. 이는 중앙은행이 적절하다고 판단하는 금리수준보다 높을 수 있어 통화정책의 교란 요인이 된다. 반대로 중앙은행이 통화정책을 긴축적으로 운영하여 금리가 상승하면 국채이자부담이 늘어나 재정운영에 영향을 미치게 된다.

따라서 재정정책과 통화정책은 각자의 특성과 상호연관성 등을 감안하여 긴밀한 협조관계를 유지함으로써 국민경제 전체의 효용 극대화에 기여해야 할 것이다.

〈한국은행(2000)〉

주요용어

총수요
실질환율
교역조건
대내외균형
완전균형점
지출변화정책
지출전환정책
정책조합
환율의 오버슈팅

연습문제

1. 국가간의 자본이동에 제한이 전혀 없는 상태인 완전 자본자유화의 경우 다음 사항에 답하시오.

   (1) 대내외균형곡선의 도출
   (2) 고정 및 변동환율제도하에서의 통화정책의 효과
   (3) 고정 및 변동환율제도하에서의 재정정책의 효과
   (4) 고정 및 변동환율제도하에서의 해외이자율 상승 효과

2. 국가간의 자본이동이 자유로운 경우 대내외균형을 동시에 달성하기 위한 거시경제정책의 조합을 설명하고, 그러한 정책조합의 한계에 대해서 서술하시오.
3. 환율의 오버슈팅이란 무엇을 의미하는지를 설명하고, 통화공급확대정책이 어떻게 이러한 현상을 초래할 수 있는지를 서술하시오.

[제 7 부]

국제금융시장과 환위험

제16장 국제금융시장의 구조와 특징

돈 굴리기, 세상은 넓다

세계 굴지의 글로벌 펀드운용회사들이 한국에 몰려들고 있다. 저금리 기조가 지속되면서 마땅한 투자처를 찾지 못한 시중 자금이 500조원대를 육박하자 한국의 부동(浮動)자금 시장을 노리는 해외펀드 운용사들이 각축전을 벌이고 있는 것이다.

이들 운용사들은 서울 시청 뒤편에 있는 파이낸스센터 빌딩에 속속 입주하고 있다. 피델리티 메릴린치 슈로더 등 글로벌 운용사들에 이어, 펀드 규모가 5,330억달러로 세계 5위권인 미국계 '얼라이언스 캐피탈'과 영국계 보험회사의 펀드운용 계열사인 '스탠다드 라이프'가 지난해 하반기 입주했다. 최근에는 프랑스 라자드자산운용의 한국사무소도 이곳에 둥지를 틀었다. 또 삼성전자, 현대자동차 등 국내 일류기업에 투자해 온 미국 캐피탈그룹의 자회사 캐피탈리서치앤매니지먼트(CRMC)도 한국에서 '아메리칸펀드'의 판매를 준비중인 것으로 알려졌다. (중략)

글로벌 펀드 운용사 중엔 직접 판매회사를 차리는 곳도 있지만 대부분은 국내 은행을 통해 해외펀드를 판매하고 있다. 현재 판매되는 해외펀드의 종류는 13개사의 190여 종. 은행 일반 지점 창구에서는 비교적 수익률이 안정적인 소수의 펀드가 팔리고 있고, 거액자산가를 상대로 한 프라이빗뱅킹 점포에서는 고위험 고수익형의 좀더 다양한 해외펀드를 취급한다. 올 들어 2월 말까지 시중은행들에서 판매된 해외펀드 상품은 작년의 2배 수준인 5,000억원 정도로 급증세를 보이고 있다. 작년 주식형 해외펀드는 평균 22%의 수익률을 올렸다. 50%가 넘는 수익률을 거둔 해외펀드도 있다. 반면 원금의 절반에 가까운 손해를 본 펀드도 있다.

〈조선일보 2005. 3. 1〉

16.1 문제 제기

오늘날 국제거래에서 금융거래는 필수적인 사항이다. 각국은 세계화의 일환으로 다른 나라와의 금융거래를 빠르게 자유화하고 있다. 이런 과정에서 어떤 방식으로 그리고 얼마나 빠르게 대외금융거래를 자유화할 것인지에 대한 논란이 지속되고 있다. 그리고 자유화에 따른 위험을 예방하거나 최소화하기 위한 전제조건이나 장치 등에 대한 논의도 활발히 진행되고 있다.

국제금융거래의 규모는 매우 빠른 속도로 증대되고 있다. 그리고 이러한 거래가 이루어지는 국제금융시장에서의 가격의 변동과 전반적인 추세의 변화가 특정국가에 미치는 영향은 그 어떤 경제적인 변화보다도 중요하고 결정적이다. 또한 좁은 의미에서의 국제금융거래뿐만 아니라 국가간의 거래를 매개하는 수단인 국제통화와 자국통화간의 교환이 이루어지는 외환시장의 움직임 또한 국제금융시장의 상황과 매우 밀접한 관련이 있다.

한편 오늘날의 글로벌한 국제환경하에서 특정국가의 경쟁력을 결정하는 것은 단순한 실물부문의 전문성이나 비교우위뿐만 아니라 금융부문의 효율성과 경쟁력이다. 즉 금융부문은 이제 한 국가의 경쟁력을 좌우하는 동전의 또 다른 면이다. 따라서 금융시장의 경쟁력이 뒷받침되지 않는 경제의 미래는 결코 낙관할 수 없는 상황이다. 이것은 곧 지속적으로 국가경쟁력을 가지기 위해서는 반드시 금융시장의 경쟁력을 확보해야 하는 것을 의미한다. 이러한 목표를 달성하기 위해서는 국내금융시장과 국제금융시장과의 연계를 무엇보다도 먼저 고려한 정책이 추진되어야 할 것이다.

본 장에서는 우선 국제금융시장에서 거래되는 다양한 방식을 살펴보고 그러한 방식에 기준해서 국제금융시장은 기능별로 어떻게 분류되는가를 알아볼 것이다. 그리고 주요 국제금융시장의 거래 규모나 상품

등 보다 구체적인 상황을 살펴봄으로써 국제금융시장에 대한 이해를 높이고자 한다. 더불어 현 국제금융시장의 주요 특징과 그러한 것이 형성된 배경 그리고 국제금융시장이 갖는 문제점과 향후 국제금융시장의 변화의 방향 등을 제시하고자 한다.

16.2 국제금융거래의 유형과 시장

1. 국제금융거래의 유형

국제금융거래란 일반적으로 재화나 서비스의 국제거래에 따른 지급수단의 거래가 아닌 자금의 차입 및 대부 등에 따른 통화의 국가간 이동을 의미한다.

이러한 금융거래는 여러 형태로 분류할 수가 있다. 첫째, 자금의 대차가 공급자와 수요자간에 직접적인 계약으로 이루어지는 직접금융거래와 금융중개기관을 통하여 이루어지는 간접금융거래로 분류될 수 있다. 둘째, 거래되는 금융수단의 만기를 기준으로 1년 미만의 금융수단이 거래되는 단기금융거래와 1년 이상의 금융수단이 거래되는 중장기금융거래로 분류될 수 있다. 셋째, 신규로 발행되는 증권이 거래되는 발행시장거래와 이미 발행된 증권의 거래가 이루어지는 유통시장거래로 구분할 수 있다. 넷째, 금융기관의 소재지를 중심으로 볼 때 소재국의 통화로 이루어지는 역내시장거래와 소재국의 통화가 아닌 외국통화로 자금의 대차가 이루어지는 역외시장거래 또는 유로시장거래가 있다. 마지막으로 기업의 경영권을 목표로 이루어지는 직접투자거래와 단지 수익률을 위한 증권거래 또는 포트폴리오거래 등이 있다.

〈그림 16-1〉은 금융거래 중 해외에서 거주자와 비거주자간에 발생할 수 있는 여러 유형의 금융거래를 보여 주고 있다.[1)]

---

1) 주요 국제금융시장에서는 비거주자간의 거래가 매우 활발히 이루어지고 있지만 금융거래와 관련된 국제규범은 주로 속지적 차원에서 거주자와 비거주자간의 자본 및

OECD의 금융거래유형 분류

OECD는 규범의 한 형태인 「자본이동 자유화규약」에서 국제금융의 거래형태를 91개로 분류하고 있다. 물론 여기에는 부동산거래와 자본이전거래 그리고 자본자산의 실물이동 등 금융거래로 분류되기 어려운 거래도 포함하고 있다. OECD 회원국은 자국의 경제발전수준이나 상황을 고려해서 점진적으로 이들 항목과 관련된 거래를 자유화하도록 요구되고 있다.

〈OECD 자본이동 자유화규약의 항목 분류〉

대 항 목	소 항 목		
	List A	List B	계
Ⅰ. 직접투자	6	—	6
Ⅱ. 직접투자의 청산	2	—	2
Ⅲ. 부동산 거래	2	2	4
Ⅳ. 자본시장에서의 거래	8	—	8
Ⅴ. 단기금융시장에서의 거래	—	12	12
Ⅵ. 기타 양도가능 금융수단 및 증권화되지 않은 권리 등의 거래	—	10	10
Ⅶ. 공동투자증권의 거래	8	—	8
Ⅷ. 국제무역 및 용역제공 관련 신용	2	1	3
Ⅸ. 금융상의 신용 및 대부	—	2	2
Ⅹ. 담보, 보증 및 백업퍼실리티	6	2	8
Ⅺ. 예금계정거래	2	2	4
Ⅻ. 외환거래	—	6	6
XIII. 생명보험 관련 자본거래	2	—	2
XIV. 개인적 자본거래	7	1	8
XV. 자본자산의 실물 이동	4	—	4
XVI. 비거주자소유 봉쇄자금의 처분	4	—	4
계	53	38	91

자료: OECD., *Code of Liberalization of Capital Movements*, 1995.

외환거래와 관련된 사항에 초점이 맞추어져 있다.

그림 16-1 해외에서의 자본거래 유형

- 직접금융
  - 자국통화표시
    - 발행: 유로채 발행
    - 유통: 유로채 투자 및 매매
  - 외화표시
    - 발행: 외국채 또는 유로채 발행
    - 유통: 외국채 또는 유로채 투자 및 매매
- 간접금융
  - 자국통화표시
    - 예금: 유로예금
    - 차입: 유로대출
  - 회화표시
    - 예금: 해외외화예금
    - 차입: 신디케이트론

2. 국제금융시장의 기능별 구분

국가간 금융거래가 이루어지는 국제금융시장을 광의로 해석할 경우 국제금융시장은 각국의 국내 장단기 금융시장과 유로시장 그리고 기본 금융거래를 기반으로 해서 새로운 방식과 기법으로 거래가 이루어지는 파생금융상품시장과 이종통화간의 단순한 교환이 이루어지는 외환시장으로 구성된다. 이것을 기능별로 구분하면 〈그림 16-2〉와 같다. 즉 광의의 국제금융시장은 중장기 금융시장을 의미하는 국제자본시장과 국제단

그림 16-2 국제금융시장의 기능별 구분

- 국제금융시장
  - 국제자본시장
    - 국제채권시장: 유로채 및 외국채시장
    - 국제대출시장: 유로대출시장
    - 중기차입퍼실리티시장: NIF, 유로CP, 유로MTN
    - 국제주식시장
  - 국제단기금융시장
    - 유로단기시장(Euro money market)
    - 각국의 단기금융시장
  - 파생금융상품시장
  - 외환시장

기금융시장, 파생금융상품시장 그리고 외환시장으로 분류될 수 있다.

국제자본시장은 다시 유로채시장(Euro bond market)과 외국채시장(foreign bond market)으로 구분되는 국제채권시장과 신디케이트 형식의 대출이 주종을 이루는 유로대출시장(Euro credit market), 채권발행에 의한 자금조달방식과 은행대출방식인 신디케이트 대출방식을 결합한 형태인 중기차입퍼실리티시장, 그리고 국제주식시장 등으로 구분될 수 있다.[2)] 한편 국제단기금융시장은 각국의 단기금융시장과 유로단기시장(Euro money market) 등을 포함한다.

국제금융시장은 1970년대 후반부터 본격적으로 확대되기 시작한 OECD국가들의 자본 및 외환자유화와 1982년 외채위기 이후 가속화되기 시작한 개발도상국의 자유화 확대 등으로 인하여 1990년대에 들어와서 그 이전과는 매우 다른 모습을 보여 주고 있다.

1990년대 국제금융시장의 첫번째 특징으로는 국가간의 자본이동 규모가 크게 증대되었다는 점이다. 국제자본시장에서의 총 자본조달규모는 1981년 약 2,300억달러에서 1995년에는 1조 600억달러, 그리고 2009년에는 4조 1천억달러 이상으로 증대되었다.

둘째는 세계금융시장의 통합화가 상당한 수준에 달하고 있다는 점이다. 이것은 곧 세계금융시장의 단일화를 의미하는 것으로 1980년대 이래 각국의 금융자유화 및 자본자유화 확대와 통신 및 정보처리기술의 발달 등에 기인한다고 할 수 있다. 통합화의 진전으로 전세계 금융기관간의 경쟁은 한층 심화된 반면 금융시장의 효율성은 크게 증대되었다. 그러나 이는 환율 및 금리의 변동 폭 확대와 각국 금융시장간의 연계 강화로 인한 금융시장의 구조적 불안정성을 증대시키는 결과를 초래하고 있다.

셋째는 자금조달이나 운용방식에 있어서 직접금융방식의 비중이 크게 증대되었다는 점이다. 즉 금융의 증권화현상이 심화되었다. 국제자본시장에서의 총 자금조달 중 간접금융방식인 신디케이트 대출은

---

2) 유로채는 발행국 통화표시 채권이 발행국 이외에서 발행, 거래되는 채권을 의미하며 외국채는 한 나라의 국내자본시장에서 외국차입자가 국내통화로 발행하는 채권을 의미한다. 신디케이트 대출은 일단의 차관단을 형성하여 대규모의 중장기 자금을 융자하는 금융방식이다. 한편 차입퍼실리티는 백업금융이라고도 하는데 금융기관이 채권이나 어음의 발행 등에 대하여 인수확약 또는 보증을 제공하는 금융방식이다.

1981년에는 약 80% 수준에 달했으나 그 후 급속히 감소하여 1995년에는 65%, 그리고 2009년에는 25% 수준으로 감소하였다. 반면 국제채에 의한 자금조달 비중은 1981년 20.5%에서 1995년에는 그 비중이 41%로 증가되었고, 2009년에는 다시 57%에 달하였다. 이러한 신디케이트 대출과 채권에 의한 자금조달 비중은 2000년대에 와서 글로벌 위기 이전까지는 둘 다 증가세를 보였다. 그러나 대출규모의 비중은 1990년대보다는 상당히 낮은 수준이다.

넷째는 환율 및 금리와 같은 거시경제변수의 불확실성 증대로 인한 금융자산가격의 변동성 증대와 정보처리기술의 발달 등으로 인하여 신종 금융상품 및 거래기법의 개발이 급속히 이루어지고 있다는 점이다. 선물, 옵션, 스왑과 같은 파생금융상품거래의 시장잔고는 1986년 1조 1천억달러에서 1995년 말에는 26조 9천억달러로 증가하여 10여 년 사이에 24배 이상 증가하였다. 2009년 말 현재 총 규모는 약 677조 8천억 달러로 확대되었다.

16.3 국제금융시장의 유형별 특징과 추세

1. 국제자본시장

국제자본시장은 국제적으로 채권이나 주식을 통하여 자금융통이 이루어지는 자금시장을 의미한다. 국내채권시장이나 주식시장이 있음에도 불구하고 해외채권이나 주식에 투자하는 이유는 외국시장이 비효율적이어서 투자기회를 제대로 활용하지 못하고 있는 경우 초과수익의 실현이 가능하기 때문이다. 또한 분산투자를 통하여 투자위험을 감소시킬 수 있다는 것도 중요한 이유 중의 하나이다.

우선 국제채권시장(international bond market)에 대하여 살펴보도록 하자. 채권은 차입자가 일정한 이자를 지불하고 원금상환을 약속한 증서이다. 국제채권이란 채권을 통한 자금조달이 국내가 아니라 국경을 넘어서 발생하는 시장을 의미한다. 이러한 국제채권은 외국채권(foreign bonds)과 유로채권(euro bonds)으로 구분할 수 있다.[3)]

외국채권은 국내자본시장에서 외국차입자가 국내통화로 발행한 채권을 의미한다. 세계적인 자본시장의 경우에는 외국기업이나 정부가 채권을 발행하는 경우가 다반사이다.[4)] 외국채권은 기채국의 금융기관이 인수한 후 기채국의 증권거래소나 또는 장외시장에서 거래된다. 외국채권은 발행주체가 외국인이라는 점만 다를 뿐 기채시장국 금융감독기관의 규제를 받는다는 면에서는 내국인이 발행한 채권과 동일하다. 그러나, 시장규모가 작은 국가는 자국에서의 외국채발행 기피경향이 있다.

유로채권은 역외금융시장에서 기채국의 통화가 아닌 외화로 표시하여 발행한 채권을 의미한다. 공모발행인 경우에는 국제인수단이나 국제판매단이 채권을 일괄적으로 인수하여 판매하게 된다. 유로채권은 기채국의 규제를 받지 않으며, 무기명식이며, 대표적인 국제자본시장 한두 곳에 상장된다. 실제로는 공모발행보다는 제한된 일부기관 및 개인투자자들을 대상으로 하는 사모발행이 우세하다. 이러한 사모발행채권은 증권거래소에 상장되지 않기 때문에 관련서류가 간단하고 발행조건 결정에 융통성이 있으며, 발행비용도 상대적으로 저렴하다는 장점이 있다.[5)]

〈표 16-1〉은 전세계 금융시장의 규모와 구성을 보여 준다. 2007년 현재 주식시가총액, 채권시가총액 및 은행자산으로 파악한 금융시장 규모는 241조 달러에 달하고 있다. 이는 전세계 GDP 대비 4.4배에 해당한다. 시장별로는 은행자산으로 파악한 대출시장이 가장 크고, 채권시장, 그리고 주식시장 순으로 구성되어 있다. 또한 채권시장에서는 국공채보다는 기업채를 통한 자금조달규모가 1.8배 정도 더 크다. 지역별 금융시

---

3) 유로채권시장과 국내채권시장에서 동시에 발행되는 채권을 글로벌 채권(global bonds)라고 한다.

4) 미국에서 발행된 외국채권은 Yankee bond, 영국의 경우 Bulldog bond, 일본의 경우 Samurai bond, 프랑스의 경우 Champagne bond, 그리고 한국의 경우에는 Arirang bond라고 불리운다.

5) 유로채권시장에서는 발행자와 투자자 모두에게 유리한 조건을 제시할 수 있어야 하는데, 발행자의 이자비용은 저렴하나 인수비용은 비싼 편이다. 한편 투자자의 수익률은 낮은 편이나 세금이 없고, 비밀이 보장된다는 유인이 존재한다.

표 16-1 전세계 금융시장의 구성(2007)

(단위: 십억달러)

	주 식	채 권			은행자산	합 계	합계/GDP
		국공채	기업채	계			
EU	14,730.9	8,778.3	19,432.3	28,210.5	48,462.0	91,403.5	5.81
북 미	22,108.8	7,419.2	24,491.9	31,911.1	13,851.9	67,871.8	4.45
미 국	19,922.3	6,595.9	23,728.3	30,324.2	11,194.1	61,440.5	4.45
일 본	4,663.8	7,147.7	2,066.0	9,213.7	10,086.9	23,964.3	5.46
신흥시장국	20,950.3	5,001.3	2,795.6	7,796.9	18,258.1	47,005.2	2.72
아시아	13,782.7	2,645.8	1,826.9	4,472.7	11,620.2	29,875.6	3.89
기 타	2.651.8	282.8	2,800.0	4,082.9	5,109.6	10,844.5	4.93
전세계	65,105.6	28,629.3	51,585.8	81,215.1	95,768.5	241,089.3	4.40

자료: IMF., *Global Financial Stability Report*, 2009(www.imf.org).

장규모를 보면 EU와 북미시장이 전세계 금융시장의 38%와 28%를 차지하여 둘을 합하면 2/3를 차지하고 있다. 일본의 금융시장은 이 두 지역보다 훨씬 작은 10%를 차지하고 있다. 마지막으로 최근에 급부상한 신흥시장국들의 금융시장 규모는 전세계 금융시장의 19.5%를 차지하고 있다. 신흥시장국의 GDP 대비 금융시장규모비율은 2.72로 상대적으로 작게 나타나 앞으로 금융시장의 성장가능성은 그만큼 크다고 전망된다.

기업들은 일정한 조건을 만족한다면 국내금융시장뿐 아니라, 외국의 금융시장에서도 자금조달이 가능하다. 또한 투자자들은 자본자유화가 이루어진다면 국내시장뿐 아니라, 해외시장에도 투자가 가능하여진다. 그러나 국제투자는 이론적으로 예측되는 것과 달리 제대로 이루어지지 못하고 있다. 이렇게 해외투자보다 국내투자비중이 월등히 높은 것을 국내편중현상(home market bias)이라고 한다. 투자자들이 국내투자를 선호하는 이유로는 거래비용과 조세제도의 차이, 그리고 외국기업에 대한 정보부족 등을 들 수 있다. 또한 국내기업에 투자하더라도 이들 기업들이 다국적기업인 경우에는 간접적으로 국제적 분산투자효과를 거둘 수 있다는 점도 작용할 수 있다.

투자은행(investment bank)

투자은행은 공공기관이나 일반기업이 자본시장에서 증권(주식 또는 채권) 발행을 통하여 자금을 조달하는 것을 돕고 인수 · 합병 또는 자금운용과 관련한 자문역할을 전담하는 금융기관을 의미한다. 투자은행의 시작은 대공황의 여파가 가시지 않은 1933년, 미국에서 글래스-스티걸법의 제정으로 은행의 예금업무와 증권업무가 분리된 것이 계기가 되었다. 투자은행은 영국의 머천트뱅크(merchant bank)와 담당업무가 비슷하다고 할 수 있다. 그러나 1999년 글래스-스티걸법이 폐지됨에 따라 투자은행은 증권업무뿐 아니라 상업은행이 취급하는 금융업도 할 수 있게 되었다.

투자은행의 중요한 업무는 자금조달에 대한 자문이라고 할 수 있다. 자금조달에는 크게 두 가지 방법이 있다. 자본시장을 통한 자금조달은 새로 공모주를 발행하거나 또는 채권을 발행하는 방식을 취하게 되는데, 이때 금융감독기관의 규제를 받게 된다. 이에 대한 대안으로는 유가증권을 공개적으로 시장을 통해서 판매하는 것이 아니라, 개인투자자들이 이를 인수하는 방법을 고려할 수 있다. 투자은행은 신규증권을 인수하고 이를 다시 투자기관이나 개인투자자에게 전매하여 상당한 이윤을 창출하게 된다. 글로벌 금융위기로 인하여 글로벌 투자은행 등은 커다란 어려움을 겪게 되었다. 베어 스턴즈(Bear Sterns)의 매각, 리만 브라더즈(Lehman Brothers)의 파산, 메릴 린치(Merrill Lynch) 매각 이외에도 골드만 삭스(Goldman Sacks)와 모건 스탠리(Morgan Stanley)의 금융지주회사 전환이 이어졌다. 이에 따라 투자은행의 기능 및 역할에 대한 비관적 전망도 제기되었다. 그러나 투자은행이 자본시장의 효율성제고에 기여하고 있는 점에 대해서는 긍정적 평가도 적지 않다. 향후 투자은행이 어떻게 변모해 나갈 것인지 귀추가 주목된다.

Wikipedia, the free encyclopedia(en.wikipedia.org)

2. 국제단기금융시장

국제단기금융시장은 국가간에 보통 만기 1년 미만의 단기금융상품이 거래되는 시장을 의미한다. 단기금융시장에서는 국제무역금융을 위한 금융상품, 은행예금, 은행인수어음(BA), 기업어음(CP), 양도성정기

예금증서(CD), 환매조건부증권(RP), 단기재정증권(T-bill), 콜자금 등이 거래된다. 전세계 단기금융시장의 규모는 1995년에 약 4조 3천억달러 규모였으나 2002년에는 7조 2천억달러로 증대되었다. 단기재정증권시장과 기업어음시장이 단기시장의 대부분을 차지하고 있다.

한편 유로시장에서 이루어지고 있는 단기금융시장을 유로단기시장(Euro money market)라고 하는데 여기에는 단기유로정기예금, 유로CD, 유로CP 등이 있다. 이 경우 은행간 예금비중이 가장 크며 거래단위가 큰 것이 특징이라고 할 수 있다. 한편 차입자와 은행인수단간 중장기 약정을 기초로 하여 차입자가 통상 3-6개월 만기의 단기채권을 발행할 수 있는 차입퍼실리티(예: 유로MTN)도 일부 이루어지고 있다.

한편 유로예금의 경우 국내은행과 경쟁하기 위하여 더 높은 예금금리를 적용하며, 유로대출의 경우에는 반대로 더 낮은 대출금리를 적용한다. 대표적인 국제금리중의 하나인 LIBOR(London Interbank Offered Rate)란 런던시간으로 오전 11시에 런던 주요은행의 대출금리를 평균한 것이다. 참고로 유로단기시장의 예금 및 대출은 달러표시거래가 압도적인 비중을 차지하고 있다.

3. 파생금융상품시장

파생금융상품이란 다른 금융상품의 거래에 기초하여 파생된 상품을 의미한다. 예를 들어 주식옵션은 주식이라는 금융상품과 관련하여 개발된 금융상품이며, 금리스왑은 이자를 지급하는 금융상품과 관련된 상품이다. 파생금융상품이 기초하고 있는 기초자산 또는 현금자산에는 주식, 통화, 채권 등이 여기에 속한다.

파생금융상품은 원래 곡물, 원유, 금과 같은 파생상품의 연장선상에서 1970년대부터 본격적으로 거래되기 시작하였다. 최근 파생금융상품시장이 크게 발달하고 있는 연유는 금융기관간 경쟁이 격화되고, 금융시장의 가격변동성과 위험이 증대하고 있으며, 정보통신기술의 발달과 자본자유화로 포트폴리오투자의 국제적 분산이 증대하고 있기 때문이다.

파생금융상품은 계약의 특성에 따라 선도(선물), 옵션 그리고 스왑 등으로 구성된다. 또한 거래되는 장소에 따라 거래소(exchanges)거래와 장외거래(over the counter: OTC)로 나눈다.

① 선도계약(forward contracts)/선물(futures): 선도계약은 미래 특정시점에 정해진 가격으로 특정자산을 거래하기로 약정하는 것을 의미한다. 선물은 선도계약과 성격이 거의 동일한 성격의 파생상품이지만 거래소를 통하여 거래되는 표준화된 파생상품이다. 예를 들어 통화선물이란 미리 정해진 환율로 미래 일정시점에 외화를 매입할 수 있는 상품을 의미한다. 미래 어느 시점에 예금을 하려는 투자자가 금리변동의 위험을 방지하기 위하여 미래 예금의 금리를 현재 정하여 계약을 체결한다면 금리선도상품을 매입하였다고 할 수 있다.

② 옵션(options): 미래 특정시점에 또는 특정기간 동안 정해진 가격으로 정해진 금융상품을 팔거나 살 수 있는 권리를 사고파는 계약을 의미한다. 흔히 스톡옵션이라 알려진 주식매수선택권(employee stock option)이란 법인의 설립과 경영 기술혁신 등에 기여하거나 기여할 수 있는 당해 법인의 임직원에게 미리 정한 가격으로 신주교부 등의 방법으로 당해 법인의 주식을 매입할 수 있는 권리를 부여하는 것을 의미한다. 마찬가지로 통화옵션이란 미리 정해진 가격으로 외화를 매입하거나 또는 매각할 수 있는 권리를 의미한다.

③ 스왑(swaps): 상이한 금융자산 또는 부채에서 발생하는 미래의 현금흐름을 교환하고자 하는 계약을 의미한다. 금리스왑의 경우 고정금리부채와 변동금리부채를 맞바꾸는 것이 한 예라고 하겠다.

파생금융시장은 그 바탕이 되는 기초자산의 가치를 가지고 규모를 측정하는데 〈표 16-2〉에서 보는 바와 같이 비약적으로 확대되고 있다. 전체시장규모는 1990년 5.7조달러에서 2000년에는 109조 달러로 크게 늘어났고, 다시 2009년에는 667조 달러로 증가하였다. 이 중에서 장외거래는 604조 달러로 거래소에서 거래된 73조 달러를 크게 앞질렀다.

한편 상품구성을 보면 금리선물 및 금리옵션과 같은 금리관련 파생금융상품이 압도적인 비중을 차지하고 있다. 이같이 금리관련상품이 활발한 이유는 금리변동 폭이 확대됨에 따라 투자위험이 증대되었기 때문

표 16-2 파생금융상품시장의 규모

(단위: 10억달러)

위험 유형과 수단	1990	1995	2000	2004	2009
거래소거래	2,290	9,185	14,278	46,592	73,137
금리선물	1,455	5,863	7,908	20,447	20,623
금리옵션	560	2,742	4,734	34,329	46,435
통화선물	17	38	74	88	164
통화옵션	57	43	21	60	147
주가지수선물	69	172	377	712	962
주가지수옵션	94	327	1,163	3,769	4,807
장외거래(OTC)	3,450	17,713	95,199	248,288	604,622
금리스왑	2,312	12,811	64,668	187,340	437,198
통화스왑	578	1,197	15,666	29,575	48,775
기타(주식 및 상품관련포함)	561	3,705	1,891	31,373	118,649
총 계	5,741	26,898	109,477	294,880	677,759

주: 파생금융상품 관련 기초자산(notional principal) 금액.
자료: BIS., *BIS Quarterly Review* 각호.

이라고 해석할 수 있다. 한편, 통화관련 파생금융상품은 예상보다 실적이 미미한데, 이는 유럽통화의 안정세로 환율변동위험이 감소하였고 1990년대 통화관련 파생상품과 관련된 금융사고로 거래가 위축되었기 때문이다.

4. 국제외환시장

외환시장은 외환(foreign exchange)과 자국통화, 아니면 외환과 외환간의 매매가 이루어지는 시장을 의미한다. 외환에 대한 수요는 화폐의 일반적 기능으로부터 유추가 가능하다. 화폐는 가치척도, 교환수단 및 가치저장수단의 역할을 담당한다. 외환 역시 국제무역이나 자본거래에 있어서 대상이 되는 재화, 서비스나 자산의 가치를 나타내는 기준이 되며, 결제와 채무이행의 수단이기도 하다. 또한 외국통화로 표시된 예금, 채권 및 주식 등 외화자산은 가치저장수단이기도 하다. 최근 외환거래액이 크게 증가한 것은 교환수단보다는 가치저장수단으로서의 외환의 기능이 점점 더 중요해지고 있음을 보여 준다고 하겠다.

〈표 16-3〉은 국제외환시장의 규모를 보여 준다. 일일평균 외환거래량은 1995년 1조 2천억달러, 1998년에는 1조 5천억달러를 기록하였다. 아시아의 외환위기 여파로 2001년에는 1조 2천억달러로 줄었다가 2004년에는 1조 9천억달러 수준으로 증가하였고, 2007년에는 다시 3조 2천억달러 수준에 달하였다. IMF 통계에 따르면 2007년 전세계 중앙은행의 외환보유고(금 제외)의 총규모는 대략 4조 900억달러 정도인데, 이는 전세계 외환시장에서의 일일외환거래량의 1.3배에 불과하다.

한편 거래내역을 보면 1990년대에 들어오면서 현물환거래보다는 스왑거래가 훨씬 더 빠른 속도로 증가하였다. 〈표 16-3〉에서도 볼 수 있는 바와 같이 통화스왑의 비중은 2001년에는 55%, 그리고 2007년에는 53%를 기록하고 있다. 스왑거래는 말 그대로 자기 것을 상대방 것과 맞바꾸는 거래를 의미하는데, 외환거래에 있어서는 외환을 합의한 환율로 일정기간 후 되사는(되파는) 것을 의미한다. 예를 들어 A은행이 B은행에게 현재 초과보유하고 있는 달러화를 팔고 3개월 후에 이를 다시 사는 계약을 맺는다면 바로 이것이 스왑거래이다. 이렇게 스왑거래는 현물환거래와 선물환거래를 합쳐 놓은 형태라고 할 수 있다.

표 16-3 국제외환시장의 일일거래량

(단위: 10억달러)

종 류	1992	1995	1998	2001	2004	2007
현물환	394	494	568	387	631	1,005
선물환	58	97	128	131	209	362
통화스왑	324	546	734	656	954	1,714
오차 및 누락	44	53	60	26	106	129
외환거래량 합계	820	1,190	1,490	1,200	1,900	3,210
외환보유고 총계	721	991	1,248	1,704	2,490	4,089

주: 외환보유고에는 중앙은행 보유 금 포함.

자료: 1) Bank for International Settlements, *Triennial Central Bank Survey: Foreign Exchange and Derivates Market Activity in 2007*.

2) IMF., *International Financial Statistics Yearbook* 각호.

외환시장에서 거래되는 외환의 구성은 〈그림 16-3〉에서 보는 바와 같다. 2007년의 경우 달러화를 사거나 파는 거래가 전체거래(200%기준)의 93%에 달하며, 다음으로는 유로화(33%), 엔화(17%), 그리고 파운드화(13%) 순으로 나타났다. 교환되는 외환의 종류별로는 달러화와 유로화 교환비중이 가장 높고, 그 다음에는 달러화와 엔화, 그리고 달러화와 파운드화 순으로 나타났다. 통화 발행국의 경제규모와 비교하면 비대칭적으로 달러화가 압도적인 비중을 유지하여 있음을 볼 수 있다.

외환시장의 지역별 분포를 보면 영국 런던시장은 국제금융의 중심으로 오전에는 도쿄, 오후에는 뉴욕과 외환거래가 가능한 장점 때문에 거래비중이 34%를 상회하고 있다(2007년 일일거래기준). 그 다음 순위는 세계 금융중심지 중의 하나인 뉴욕과 도쿄가 위치한 미국(17%)과 일본(6%)이 차지하였다. 그리고 아시아에서는 싱가포르(6%)와 홍콩(4%)의 비중이 독일(2.5%)을 앞지르고 있다.

그림 16-3 국제외환시장의 거래통화(2007)

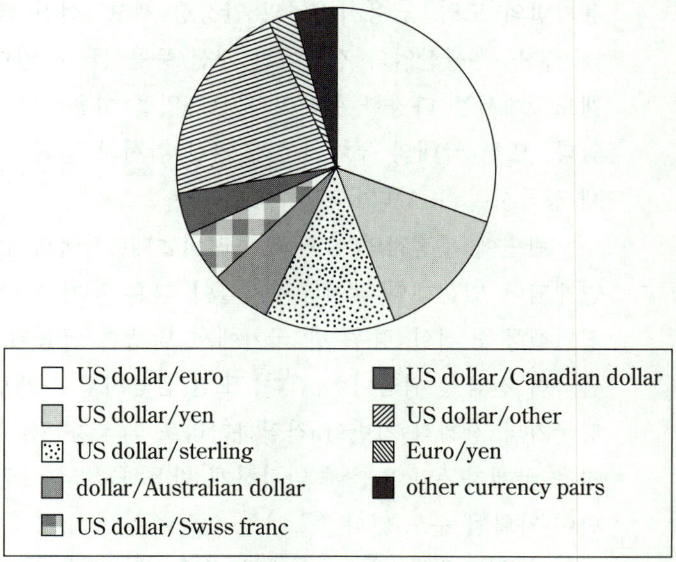

자료: Bank for International Settlements, *Triennial Central Bank Survey: Foreign Exchange and Derivatives Market Activity in 2007*.

16.4 국제금융환경의 변화와 도전

1. 국제금융환경의 변화

(1) 금융세계화의 진전

금융거래가 국가간 또는 지역간에 그치지 않고 범세계적으로 이루어지는 금융의 세계화(globalization)현상이 계속 진전될 것으로 전망된다. 한 국가의 금융시스템이 국제금융시장 또는 국제금융기관과 통합되기 위해서는 자국내 금융부문과 자본계정이 자유화되어야 할 것이다. 1990년대 이후 선진국뿐 아니라 신흥시장국에서도 일반이 인식하고 있는 것보다 훨씬 빨리 이러한 금융의 범세계화현상이 진전되고 있다.

금융의 세계화현상은 긍정적인 효과뿐 아니라 부정적인 효과도 가져올 것으로 전망된다. 우선 긍정적인 현상으로는 선진 금융상품 및 금융기법의 도입, 금융시스템의 안정성 제고, 선진 금융감독시스템 도입의 촉진, 은행산업의 경쟁여건 개선 등을 들 수 있다. 금융의 세계화로 개도국에서는 다양한 형태의 자본유입을 이용하여 경제성장을 이룰 수 있다. 또한 국내외 투자자들에 의한 감시가 강화되어 시장규율을 조기에 정착시킬 수 있다.

반면에 부정적인 효과도 우려되는데, 각국의 금융시장이 밀접하게 연계되어 있는데다 국제투자자들이 다른 투자자들의 행동에 휩쓸리는 집단행동을 취할 경우 한 국가에서 발생한 금융위기가 다른 지역으로 급속히 전염될 위험이 커진다. 또한 금융시장이 개방되어 있는 경우 해당국가의 경제적 기반이 건실하더라도 외국자본에 대한 의존도가 높을 경우 국제자본의 흐름에 민감하게 반응하게 되어 금융시스템과 경제기반이 약화될 수도 있다.

한편 금융의 세계화진전에 따라 민간금융기관과 금융당국의 대응도 주목된다. 첫째, 각국 금융시장간의 연계성 증대는 세계금융시장의 동조화현상을 강화시킬 것이다. 뉴욕증시의 시황에 따라 선진국증시는 물론 신흥시장국의 증시까지 즉각적인 영향을 받는 상황이 현실이다. 둘째, 국내외금융시장간의 연계성이 높아짐에 따라 국내자본과 해외자본을 구분하는 것이 어려워져 자본의 흐름을 통제하는 것이 비효율적일 수밖에 없다. 셋째, 금융시장이 개방됨에 따라 국내 금융시스템이 대외환경에 쉽게 영향을 받을 수밖에 없으므로 금융시스템의 건전성에 관한 규제감독을 강화하고 동시에 적절한 리스크관리체계가 요구된다.

⑵ 금융정보화의 가속화

금융의 정보화란 통신 및 정보처리기술의 획기적 발전에 따라 금융에 관련된 정보처리가 신속하게 이루어지고 금융상품의 개발이 용이하여지며, 고객에 대한 금융서비스가 고도화되는 총체적 현상을 의미한다. 정보처리기술의 발전은 전세계적으로 금융산업의 환경변화를 주도하는 핵심적인 요인이 되고 있다. 특히 정보의 디지털화는 정보집약적인 금융산업발전에 크게 기여하고 있다. 디지털화의 진전으로 자금중개 및 위험평가, 금융정보의 제공, 매매와 자산관리, 자문 및 금융거래서비스 제공 등이 정보집약적인 성향을 띠게 되고, 금융기관들은 정보기술회사의 형태를 갖추게 될 것이다.

금융정보화의 진전이 금융산업과 금융시장에 커다란 변화를 가져올 것으로 예상된다. 첫째, 금융거래비용이 대폭 경감됨에 따라 대규모의 정보를 신속정확하게 전달할 수 있으며 복잡한 형태의 거래가 가능하여졌다. 방대한 정보자료의 처리와 신속한 자산가치평가가 가능하여짐에 따라 투자자들의 투자결정 및 국제계약의 체결이 용이하여졌다. 이에 따라 국경을 초월한 금융거래가 더욱 활성화되고 자본시장통합이 심화될 것이다. 둘째, 정보통신기술의 발달로 기존의 금융상품을 바탕으로 한 다양한 파생금융상품들이 개발될 것이다. 컴퓨터 시스템에 의한 고도의 정보처리능력을 바탕으로 한 금융공합기법의 도입은 파생금융상품의 개발에 획기적인 계기가 되었다. 금융의 종합정보가 신속하게 교환 · 처리되면서 즉각적인 위험평가, 금융결제, 신용공여 등이 더욱 활성화될 것이다. 셋째, 인터넷을 통한 금융거래확산은 금융기관의 비용절감을 촉진하지만, 수익성 제고에 도움이 될지는 불분명하다. 한편 금융기관간에는 고객을 확보하기 위한 경쟁이 심화됨에 따라 금융서비스의 질이 개선될 것이다. 그러나, 해킹과 같은 리스크의 증가는 금융시장의 안정성을 해치는 부작용도 가져올 것이다.

(3) 금융산업의 겸업화와 대형화 진전

금융기관간 경쟁심화와 정보처리기술의 발달을 배경으로 선진국에서는 서로 다른 업종의 금융기관간 업무영역의 상호진출이 활발하여지는 겸업화 추세가 확산되고 있다. 전통적으로 전업주의를 고수해 온 미국과 일본 등에서도 개별 금융기관별 장벽을 현저히 낮추고 있으며, 이에 따라 업종간 구분이 모호한 중간영역 업무가 확대되고 있다. 또한 전세계적으로 겸업주의를 택하는 국가들이 점차 증가할 것으로 전망된다.

이러한 국제적 겸업화가 이루어지면서 자연스럽게 금융기관 규모의 대형화도 추세가 되고 있다. 인수합병을 통한 대형화의 목적은 중복점포의 폐쇄, 인원 감축 등을 통한 비용절감과 같은 소극적인 차원에서 탈피하여 수익기반의 강화, 자산운용업무 및 투자은행업 진출, 국경과 업종을 초월한 거대금융그룹의 설립 등으로 바뀌고 있다. 이러한 추세는 정보통신기술과의 융합에 따른 금융업의 장치산업화가 진전됨에 따라 대형화로 인한 규모의 경제를 기대할 수 있고, 또한 이종금융기관과의 통합을 통한 범위의 경제의 필요성이 커짐에 따라 더욱 촉진될 것으로 예상된다.

(4) 금융시장의 증권화현상 심화

금융의 증권화(securitization)란 두 가지 의미로 사용된다. 첫째, 금융기관이 유동성이 떨어지는 자산을 담보로 증권을 발행하여 이를 시장에서 판매하거나 유통시키는 자산의 유동화를 의미한다. 둘째, 기업이 금융기관으로부터 자금을 차입하는 대신 주식이나 채권과 같은 증권을 발행하여 자금을 직접 조달하는 직접금융의 활성화를 의미한다.

자산유동화의 효시는 1970년대 초반 미국에서 주택금융을 활성화하기 위하여 정부기관이 주택저당대출을 담보로 주택저당담보증권을 발행한 것을 들 수 있다. 1980년대 이후 자산유동화는 재무구조개선과 수익성 제고를 도모하는 동시에 투자자들에게는 새로운 투자상품을 제공하는 역할을 담당하면서 각광을 받아왔다. 유동화의 대상도 종전의 주택저당대출에서 점차 일반대출채권, 신용카드채권, 자동차할부채권, 리스채권 등으로 확대되고 있는 추세이다.

한편 은행을 통한 간접금융의 비중이 감소하고 직접금융의 비중이 높아지는 것은 금융발전에 따른 일반적인 현상이다. 증권화의 진전은 금융기관으로 하여금 전통적인 예금 대신 채권매각을 통한 수익창출에 노력하도록 유도하고 있다. 최근에는 채권뿐 아니라 신용장 발급, 각종 외환거래 및 파생금융상품거래 등까지 광범위하게 금융기관의 거래상품이 다양해지고 있다. 거래상품의 위험도 증가는 금융기관의 건전성에 대하여 심각한 우려를 초래하고 있으며, 금융감독기관은 상품의 위험도를 반영하는 차등적인 규제방안을 마련하는 등 대응책 마련에 고심하고 있다.

2. 국제금융시장의 주요 문제

(1) 금융시장개방과 자본규제

아시아 외환위기 이후 개도국의 금융시장개방이 지나치게 빨리 진행되었다는 비난과 함께 위기재발을 위해서는 자본규제를 활용하여야 한다는 주장이 제기되었다. 자본규제는 자국민이 해외자산을 구매하거나 외국투자자가 국내자산을 구매할 수 있는 자본거래의 자유를 제한하자는 것이다.

금융시장개방을 지지하는 쪽에서는 자유로운 자본이동이 자본수출국과 자본수입국 쌍방 모두에게 도움이 된다고 주장한다. 해외차입이 가능하면 경기가 하강국면에 있더라도 소비와 투자가 급격히 위축될 필요가 없을 것이다. 또한 해외자산을 보유할 수 있게 되면 가계와 기업은 분산투자를 통하여 투자의 위험을 줄일 수 있게 된다. 한편, 자본흐름이 갑자기 역전되는 것을 막기 위하여서는 정책당국은 정책의 투명성과 일관성을 유지하고 안정적인 거시경제환경을 제공하기 위하여 노력하게 될 것이며, 외국금융기관의 진출은 국내 금융산업의 경쟁력제고에 기여할 것으로 주장한다.

반면, 금융시장개방 반대론자들은 자본유입에 따른 실질환율의 하락은 수출을 감소시키고 수입을 증가시켜 경상수지 악화를 초래하기 때문에 장기적으로 대외신인도에 문제가 발생할 수 있다고 경고한다. 또한 자본유입이 부동산이나 주식투기로 연결될 경우 건실한 경제성장과는 전혀 관련 없는 거품을 발생시킬 것이라고 주장한다. 또한 급격한 자본유출입은 금융교란을 일으키고, 극단적인 경우 금융 · 외환위기로 연결될 것이라고 본다.

금융시장개방론자들이 시장기능을 신뢰하는 입장이라면 반대론자들은 신흥시장국에 만연되어 있는 시장실패를 강조하고 정부개입을 강조하는 입장을 취한다. 금융시장개방의 득실이 모든 신흥시장국에 똑같다고 보기는 어렵다. 그러나, 금융 · 외환위기가 금융시장개방에 필연적으로 수반된다는 주장은 지나치게 단순한 논리라고 할 수 있다. 금융시장을 개방하려면 새로운 개방환경에 걸맞게 시장기능을 강화하고 금융산업의 경쟁력을 키워 나가는 한편, 금융감독기관도 건전성 기준을 강화하고 위험을 중시하는 감시감독기능을 개선하여야 하는데, 이러한 제도적 기반조성이 부족하였던 것이 가장 큰 원인이었다고 하겠다.

한편 자본규제의 효과에 대해서는 많은 논란이 있다. 일반적으로 자본규제는 외국투자자에 대하여 특정자산의 취득을 제한하거나 일정기간 동안 국내유입자본의 유출을 금지하는 등의 제한을 가하는 것을 골자로 한다. 칠레는 외국투자자금의 일정부분을 이자 없이 예치하도록 규제한 바 있다. 한편 말레이시아는 외환위기 이후 해외에서의 자국통화거래를 금지하고 한시적으로 외국투자자들이 주식투자자금을 해외로 송출하지 못하도록 규제하였다. 그러나, 실제로 이러한 조치들의 실효성은 의문시된다. 칠레의 경우 예상과 달리 단기자본유입이 크게 줄지 않았으며, 다만 국내금리를 약간 상승시키는 효과를 가져왔을 뿐이다. 한편 말레이시아의 경우 자금의 해외유출규제가 경기회복에 도움이 되었는가는 불분명하다.

이렇게 보면 자본규제의 필요성을 인정하더라도 과연 실효성 있는 수단이 무엇인가에 대하여 보다 심도 있는 논의가 이루어질 필요가 있다. 특히 사후적으로 외국자본의 유출을 제한하는 것은 차후 자본유입에 부정적인 영향을 미칠 수 있다는 점에서 바람직하지 못하다고 하겠다.

(2) 국제은행업무와 건전성 규제

세계화와 국제금융시장통합으로 국경의 의미가 퇴색하면서 은행의 국제금융업무도 활발하게 이루어지고 있다. 국제은행업무는 은행의 외화표시계좌관련거래, 외국인과의 거래, 혹은 해외에서 이루어진 거래 등 통상적인 국내금융업무를 벗어난 거래를 의미한다. 국제은행업무의 주요 참가자는 국제상업은행(international commercial bank), 국제투자은행(international investment bank), 국제금융기구(international financial organization) 등을 들 수 있다.[6)] 세계굴지의 은행들은 모두 국제은행업무에 참여하고 있으며, 일부 상업은행은 국제투자은행 역할도 겸하고 있다.

국제은행업무가 늘어나면서 은행파산의 위험성을 어떻게 줄일 수 있는가가 중요한 정책과제로 부상하였다. 국내은행의 경우에는 급작스러운 예금인출로 인한 도산을 방지하기 위하여 예금의 일정비율을 지급준비금으로 예치할 것을 법으로 규제하고 있다. 만약에 예금인출사태가 발생할 경우에는 중앙은행이 긴급구제금융을 제공할 수 있다. 또한 수시로 금융감독기관은 은행부문이 위험이 높은 부문에 과다하게 대출을 하고 있지 않은지, 자기자본이 대출의 일정비율 이상을 유지하고 있는지를 점검한다. 이러한 조치에도 불구하고 은행이 파산하는 경우에는 예금의 일정부분에 대해서는 예금보험회사가 예금주에게 보상하도록 최소한의 안전망을 구축하고 있다.

금융제도가 잘 발달한 선진국의 경우에도 은행의 연이은 파산과 이

6) 국제상업은행은 HSBC와 같이 대출 및 예금과 같은 전통적인 은행업무를 담당한다. Morgan Stanley와 같은 국제투자은행은 국제적인 주식과 채권발행의 주간사 역할 담당한다. 국제금융기구는 국제금융시장에서 자금을 조달하여 특정 용도에 대한 자금을 지원할 목적으로 설립된 기관으로 IMF, World Bank, ADB, EBRD 등이 대표적인 예라고 하겠다.

로 인하여 금융중개기능이 마비되는 금융위기가 종종 발생한다. 국제은행업무의 확장은 이러한 위험성을 더욱 증대시키고 있다. 유로은행의 경우 지급준비규제가 적용되지 않으며 금융감독기관의 감독을 받지 않는다. 그 대신 긴급사태시 자금을 지원해 줄 중앙은행이 존재하지 않으며, 도산시 예금보호를 받을 수 없다. 따라서 은행의 안정성을 어떻게 확보할 것인가가 중요한 문제가 아닐 수 없다.

은행부문의 건전성과 안정성을 제고할 국제적 정책협조를 공고히 할 목적으로 설립된 국제기관이 바로 바젤위원회(The Basel Committee)이다. 바젤위원회는 1974년 11개 선진국의 중앙은행간 협의체로 출범하였다.[7] 바젤위원회는 협의체의 성격에 걸맞게 개별국의 은행부문에 대한 공식적인 감독권한을 가지고 있지 않다. 그럼에도 불구하고 공동의 감독기준 및 가이드라인을 정하고 회원국들이 이를 제도화하여 적용하도록 유도하는 담당하고 있다. 또한 금융감독에 있어서 기준 및 접근방식을 조화시켜 나갈 것을 권장하고 있다. 1988년에는 은행의 자기자본비율에 대한 바젤자본규약(The Basel Capital Accord)을 도입하였다. 흔히 BIS기준이라고 불리는 이 규약은 자기자본이 위험성을 고려하여 가중평균한 자산총액의 최소 8% 이상 되어야 할 것을 권고하고 있다. 또한 시장기능의 강화를 위하여 공시의무를 강화할 것으로 명시하고 있다. 2004년에는 위험에 대비한 자기자본충족조건, 감시감독기능 및 시장규율기능의 강화를 목표로 하는 새로운 자본규약(Basel Ⅱ)이 발표되었다. 일부 선진국들은 2008년부터 이를 실행에 옮기기 시작하였고, 2015년까지는 거의 모든 국가들이 이를 수용할 것으로 보인다.

금융의 국제화가 진전될수록 위험관리에 중점을 둔 감독체제의 확립이 요구된다. 개도국의 경우도 선진국과 마찬가지로 금융기관의 위험도에 대한 상시적인 감시체제가 조속히 구축되어야 한다. 또한 위급상황에 대비한 위험 점검 및 비상관리체제가 도입되어야 한다. 그러나 이 같은 감독기능의 강화가 금융기관의 건전한 경영 및 영업활동을 위축시키는 부작용을 낳아서는 곤란하다. 따라서 금융기관에 대하여 최대한

---

7) 발족시 회원국은 베네룩스 3개국, 캐나다, 프랑스, 독일, 이태리, 일본, 스페인, 스웨덴, 스위스, 영국 및 미국 등이다.

자유로운 환경을 조성해 주면서 어떻게 사전적으로 문제의 소지를 발견하여 해소할 것인가가 문제의 핵심이라고 하겠다.

(3) 헤지펀드와 투기규제

은행부문 못지않게 중요한 문제는 비은행 금융부문의 건전성 규제 문제이다. 특히 문제가 되고 있는 것은 소위 헤지펀드(hedge fund)의 성격과 투기자본에 대한 규제이다. 헤지펀드라는 용어는 1949년 Alfred W. Jones가 주식을 사면서 시장위험을 억제하기 위하여 동시에 주식을 파는 전략을 택하면서 고안되었다. 현재는 헤지펀드란 자금운용이 자유롭고 규제를 받지 않는 사모펀드를 지칭하는 용어로 널리 사용되고 있다.

전세계적으로 저금리추세가 장기화되면서 높은 수익률을 보장하는 헤지펀드가 각광을 받고 있다. 헤지펀드의 규모는 1998년 4,000천억달러에서 2004년에는 1조 달러, 2009년에는 2조 달러에 달할 정도로 빠른 성장세를 보이고 있다.[8] 또한 헤지펀드의 고객도 일부 부유층이 아니라, 기업이나 기관투자자로 확대되고 있다. 그러나 헤지펀드가 과연 약속한 바와 같이 투자자에게 높은 수익을 보장하는지 제대로 알려진 것이 없다. 현재 전세계에서 활동중인 수많은 헤지펀드 중 손해를 보고 휴업상태인 경우도 상당히 많은 것으로 추정된다.

1998년 LTCM의 파산을 계기로 헤지펀드에 대한 감독을 강화하여야 한다는 주장이 설득력을 얻게 되었다.[9] LTCM는 투자자금이 60억달러에 달하였으며 만약 파산할 경우 금융시장전체에 가져올 충격은 무시할 수 없을 정도로 컸다. 그 결과 뉴욕연방은행의 주도하에 14개 미국 및 유럽의 금융기관들이 경영권을 담보로 36억달러의 새로운 자금을 지원하였다. 연방은행의 간섭으로 가까스로 국제금융시장의 동요는 진

---

8) 글로벌 금융위기 이전인 2008년도에는 2조 9천억달러 수준까지 성장하기도 하였다.

9) 1998년 도산한 LTCM(Long Term Capital Management)은 헤지펀드의 위험을 극적으로 보여 준 예로 꼽힌다. 1994년 설립된 LTCM은 두 명의 노벨 경제학상 수상자가 파트너로 참여하고 높은 수익률을 자랑해 온 헤지펀드계의 선두주자였다. 이러한 LTCM이 1998년 도산위기에 직면하였다는 소식은 전세계 금융시장에 커다란 충격을 주었다.

정되었으나, 과연 이러한 개입이 바람직한가에 대해서 뜨거운 논란을 불러일으켰다.

헤지펀드가 시장평균보다 높은 수익률을 보장하려면 위험도가 높은 금융상품에 투자할 수밖에 없다. 위험도가 높다는 것은 시장상황이 변할 경우 그만큼 파산할 위험이 높다는 것을 뜻한다. 이러한 면에서 보면 헤지펀드는 국제금융시장의 안정성을 위협한다는 주장이 일리가 있어 보인다. 그러나, 이러한 위험을 감수하고 헤지펀드에 투자하는 것을 투기로 보아야 하는지, 만약 투기라면 규제하여야 하는지 아직 업계와 금융감독간, 또 선진국과 개도국의 금융감독간에도 합의가 이루어지지 못하고 있다.

또한 과다한 수수료와 높은 수익률에 대한 과다광고, 그리고 경영진에 대한 과다한 보상 등은 헤지펀드의 고질적인 문제점으로 지적되고 있다. 투자자의 권리를 보호하고 재무건전성을 제고하려면 헤지펀드에 대하여 감독권한을 확보하여야 한다. 즉, 투자의 위험을 정확히 파악하고 경영의 투명성을 높이는 것이 시급하다. 선진국들이 헤지펀드의 등록을 추진하는 것은 바로 이러한 이유이다. 그러나, 역외금융시장에서 등록한 헤지펀드의 경우 이러한 규제의 효력이 의문시되었다.

글로벌 금융위기 이후 헤지펀드에 대한 규제강화논의는 다시 탄력을 받게 되었다. 일례로 2010년 5월에 EU재무장관회의에서 역외헤지펀드의 투명성제고, 헤지펀드의 부채비율 및 보너스 지급제한을 골자로 하는 법률초안에 합의하였다. 그러나 유럽연합 회원국들간에도 미묘한 견해차이가 존재할 뿐 아니라, 영국과 미국과 같은 선진국들은 이러한 규제 움직임 자체에 반대하고 있어 국제적 정책공조가 이루어질 수 있을지는 아직 미지수이다.

주요용어

직접금융거래와 간접금융거래	거래소거래와 장외거래
역내시장거래와 역외시장거래	금융세계화
직접투자거래와 증권거래	금융정보화
외국채권과 유로채권	금융겸업화와 대형화
투자은행	금융증권화
유로단기시장	국제은행업무
LIBOR	헤지펀드

연습문제

1. 국제금융시장을 기능별로 구분해서 설명하시오.
2. 국제자본시장에 포함되는 시장의 형태를 설명하시오.
3. 유로채권시장의 특징을 설명하시오.
4. 2000년대 이후의 국제금융시장의 주요 변화 내용을 설명하시오.
5. 현재 국제금융시장의 주요 문제점으로 지적되는 사항을 제시하시오.

제17장 국제거래와 환위험관리

중소기업 환위험관리 기피

D사는 2008년 키코 가입으로 무려 886억원의 순손실을 기록했다가 지난해 17억원의 흑자전환으로 겨우 한숨을 돌렸다. 이후 수출물량이 증가하기 시작했고, 사내에 외환관리 담당자도 있지만 환헤지는 전혀 검토하지 않고 있다. 키코(KIKO)는 '넉인(Knock-In)'과 '넉아웃(Knock-Out)'의 약어로 통화옵션의 일종이다. 통화옵션은 환율변동에 따른 외화자산가치의 손실을 최소화하는 데 초점을 맞춘 파생상품이다. 그러나 문제가 된 키코는 통상적 통화옵션과 달리 환율이 일정수준 이하로 떨어지게 되면 약정가격에 외환을 팔 수 있는 권리가 무효화된다(knock-out). 한편 환율이 일정수준 이상으로 오르게 되면 해당기업은 시장에서 비싼 가격으로 외환을 구입하여 약정가격에 은행에게 넘겨야 하는 의무를 지게 된다(knock-in). 특히 이 경우 계약금의 2~3배를 지불하도록 규정하고 있어 손실은 더욱 커지게 된다. 중소기업들이 키코를 구입할 당시 원/달러 환율이 장기적으로 낮아질 것으로 예상되었기 때문에 환율급등에 따른 피해가능성은 그리 크지 않다고 여겨졌다. 그러나 글로벌 금융위기로 인하여 환율이 급등하면서 피해가 속출하였다.

금융감독원에 따르면 기업들의 외환파생상품 거래실적은 계속 감소하고 있다. 통화장외옵션 상품 거래잔액은 2008년만 해도 가입자가 크게 늘면서 3분기에 253조 1350억원까지 증가했다. 하지만 지난해 3분기에는 86조 7870억원까지 축소되었고, 거래량도 2008년 1분기 대비 10분의 1 이하로 감소했다. 손실가능성이 거의 없는 선물환이나 수출환보험도 중소기업의 외면을 받기는 마찬가지다. 선물환거래 규모는 2008년 3분기 1,863조 5,740억원에서 지난 3분기에는 1,076조 210억원으로 절반 가까이 감소했다. 대표적 환헤지상품으로 꼽히던 수출환보험도 2008년 1분기에는 30억달러를 웃돌았지만, 올해 1분기는 3월 말 현재 2억달러 수준에 그치고 있다.

중소기업중앙회 관계자는 키코에 시달린 수출중소기업들이 외환파생상품을 아예 거들떠 보지도 않는다고 전했다. 다만, 수출을 통해 벌어들인 달러로 원자재를 사들이는 가장 단순한 방식의 환헤지만 이뤄지고 있다고 한다. 키코에 따른 외상을 치유하기까지는 상당한 시간이 걸릴 전망이다.

〈한국경제신문 2010. 3. 25〉

17.1 문제 제기

외국과 자본거래를 하거나 투자를 하는 경우 가장 우려가 되는 사항 중 하나는 해당 정부의 급작스런 자본유출 동결이나 채무불이행 선언일 수 있다. 그런데 1998년 러시아의 채무불이행선언이나 2009년 브라질의 외환거래세 도입과 같이 이러한 경우는 종종 발생한다. 여기에다가 급작스러운 환율변동으로 인하여 투자가치가 크게 하락할지도 모른다는 우려가 존재한다.

이와 같이 국제교역 및 자본거래가 국내거래와 차별되는 가장 특징적인 사항의 하나는 국제거래의 경우 거래 상대국가의 상황변화에 따른 국가위험과 환율변동에 따른 환위험이 존재한다는 점이다. 따라서 국제거래시 거래당사자들의 주요 관심사 중의 하나는 국가위험이나 환위험 등을 어떻게 관리할 수 있느냐 하는 점이다. 물론 이러한 위험에 대한 각 거래 주체간의 예상차이를 이용하여 이득을 취하려는 투기적 거래도 존재할 수 있다.

한국의 주요 기업의 상당수가 환위험에 무방비로 노출되어 있는 것으로 파악되고 있다. 이는 한국기업들이 외환위기를 겪으면서 환위험 회피 노력을 보강하였음에도 불구하고, 그 효과가 예상보다 크지 않거나 오히려 손실이 발생한 경우가 많기 때문인 것으로 분석되고 있다.

본 장에서는 먼저 국제거래시 발생될 수 있는 위험의 종류에 대해서 살펴보고자 한다. 그리고 이러한 위험을 관리할 수 있는 다양한 수단을 내부적 관리수단과 외부적인 관리수단인 선물환거래, 통화선물, 통화옵션, 통화스왑 등과 같은 파생금융상품으로 구분하여 설명하고자 한다.

17.2 위험의 유형

위험(risk)이란 기본적으로 미래에 대한 불확실성에 기인한다. 위험은 해당 경제주체의 예상이 미래에 실제 실현된 결과와 차이가 발생하는 경우 나타난다. 이럴 경우 위험이라고 해서 반드시 부정적인 의미만을 갖는다고 할 수는 없을 것이다. 예상과 벗어난 결과가 오히려 이득이 될 수 있는 경우도 발생할 수 있기 때문이다.[1)]

한편 국내외거래를 막론하고 발생되는 위험은 크게 두 가지 유형으로 분류될 수 있다. 첫째는 신용위험(credit risk)이고 둘째는 시장위험(market risk)이다. 신용위험은 일종의 지급불능 또는 채무불이행 위험이다. 물론 여기에는 원금상환은 물론 이자지급 불이행 위험까지도 포함한다. 반면 시장위험은 시장여건의 불확실성 즉 금융자산 가격의 예기치 못한 변화로 인해서 발생할 수 있는 위험으로, 예를 들어 채권이나 주식의 경우 이자율이나 주가의 변화로 인하여 보유금융자산의 가치가 변하게 되는 위험을 의미한다.

신용위험의 발생은 기본적으로 채무자의 상황에 크게 좌우되지만 국제거래에 있어서 신용위험은 거래상대국의 전반적인 경제상황에 의해서도 크게 영향을 받는다. 이러한 위험을 국가위험(country risk or sovereign risk)라 한다. 국가위험은 크게 정치적 위험(political risk), 이전위험(transfer risk), 정책위험(policy risk), 제도적 위험(legal risk) 등으로

1) 개인들은 위험에 대한 성향에 따라 위험선호자, 위험회피자 그리고 위험무관심자(또는 중립자)로 구분할 수 있다. 위험선호자는 확률적 게임(예: 도박)에 참여할 경우 예상효용가치가 참여하지 않은 상황에서의 효용수준보다 큰 사람을 의미한다. 위험회피자는 그 반대의 경우를 의미하고 위험무관심자는 두 수준간에 차이가 없는 경우를 의미한다.

위험선호도에 따른 경제주체의 구분

개인들은 위험에 대한 선호도에 따라 위험회피자, 위험선호자 그리고 위험중립자로 구분할 수 있다. 위험회피자는 도박과 같은 확률적 게임에 참여할 경우 예상기대값이 현재 소유하고 있는 자산 또는 소득의 크기와 동일한 경우 도박에 참여하지 않는 투자자를 의미한다. 즉 도박으로 인한 기대소득의 불확실성이 효용감소로 연결되는 투자자를 의미한다. 달리 설명하면 도박의 예상소득이 도박에 참여했을 경우 예상되는 효용수준과 동일한 효용수준을 보장하는 소득수준 즉 확실동등치(certainty equivalent)보다 큰 경우를 의미한다. 이때 확실동등치는 일종의 도박에 대한 잠재가격(reservation price)이라 할 수 있다. 위험선호자는 반대로 도박의 예상소득이 확실동등치보다 작은 경우이다. 그리고 위험중립자는 양자가 동일한 경우이다. 일반적으로 경제주체는 위험회피자로 가정한다.

구분된다.

정치적 위험은 전쟁이나 혁명 등으로 인한 채권회수불능 위험이나 외국인 투자자산에 대한 수용이나 몰수 등과 같은 위험을 의미한다. 이전위험은 외환거래 규제 등과 같은 조치로 인한 투자자산의 해외로의 반출제한 또는 금지 등의 위험을 의미한다. 정책위험은 예상치 못한 투자대상국 정부정책의 변화로 인해서 발생될 수 있는 대외부채 상환 동결 등과 같은 위험을 의미한다. 이런 면에서 이전위험도 정책위험의 한 유형이라 할 수 있을 것이다. 제도적 위험은 투자대상국과 투자국간의 사법적 · 제도적 차이로 인해서 신용회수시 외국투자자에게 불리하게 작용될 수 있는 상황을 의미한다.

일반적으로 국가위험을 정확히 측정하거나 예측하는 것은 상당히 어렵다. 따라서 국가위험을 민간기업이 상업적 차원에서 담보하려는 인센티브가 적기 때문에 수입국의 국가위험에 대해서는 대체적으로 수출국의 정부나 정부산하 및 지원기관에서 수출보험 형태로 담보하는 것이 일반적이다.[2)]

---

2) 한국의 경우는 수출보험공사가 그리고 프랑스는 COFACE, 네덜란드의 경우는 NCM 등이 국가위험을 담보하거나 정부의 재보험을 통하여 담보하고 있다.

표 17-1 주요 신용평가기관의 신용평가등급

S & P*	Moody' s**	Fitch & IBCA	
AAA	Aaa	AAA	
AA	Aa	AA	
A	A	A	
BBB	Baa	BBB	투자등급
BB	Ba	BB	투기등급
B	B	B	
CCC	Caa	CCC	
CC	Ca	CC	
C	C	C	

* : AA부터 CCC까지는 등급내 우열에 따라 +, 무부호, −, 등 3등급으로 구분
** : Aa부터 Caa까지는 등급내 우열에 따라 1, 2, 3으로 구분.

국가위험은 국제적인 전문신용평가기관에 의해서 주로 평가되고 있는데 대표적인 국제신용평가기관으로는 미국계인 Standard & Poor' s, Moody' s Investors Service, Inc.와 영국계인 Fitch & IBCA 등이 있다. 이들 평가기관의 장기채권에 대한 국가신용평가등급은 〈표 17-1〉과 같다.[3)]

한편 국제거래시 발생될 수 있는 대표적인 시장위험으로는 환율의 변동에 따른 보유자산의 가치변동 즉 환위험(exchange rate risk)이다.[4)] 해외통화표시 채권이나 주식의 경우는 물론 고정금리부 은행예금과 같은 금융자산의 경우에도 환율이 변할 경우 국내통화표시 가치가 변동하는 것은 물론 자국통화가 아닌 외화표시로 계약된 수출입거래의 경우도 환율의 변화에 따라 국내통화표시 가치가 변하게 된다. 환위험은 크게 거래위험(transaction risk), 경제위험(economic risk) 그리고 환산위험(translation risk)으로 구분된다.

---

3) 한국의 경우 외환위기시 S&P 국가신용등급은 지급불능가능성이 높은 상태를 의미하는 B+등급까지 하락하였다. 2001년 11월 말 한국의 신용등급은 투자등급인 BBB보다 한 단계 높은 BBB+로 상승하였고, 2005년 7월 A등급으로 상향조정되어 2010년 현재에도 A등급을 유지하고 있다(또 다른 신용평가회사인 Moody' s의 신용평가등급은 2010년 4월 A_1 stable로 상향조정되었다).

4) 환위험은 통화위험(currency risk)이라고도 한다.

국가위험의 추정시 고려사항

국가신용과 직결되는 국가위험을 평가하는 데 고려되는 사항은 일반적으로 크게 세 가지로 분류된다. 첫째는 제도적 사항이고, 둘째는 정치적 사항 그리고 셋째는 경제적 사항이다. 이 중 경제적 고려사항은 다시 정부의 정국 주도권, 해당국가 경제정책에 대한 평가, 현재 경제상태, 미래경제에 대한 예측 그리고 예상치 못한 외부환경 변화에 대한 대처 능력 등이 포함된다. 경제상황을 표시하는 지표로는 경제성장률, 물가상승률, 통화공급량, 경상수지, 실업률, 외채규모, 외채 원리금 지급 비율 등이 고려된다. 또한 수출과 수입의 대GNP 비중, 수출 및 수입의 다변화정도, 교역조건의 변화, 원자재나 원유 등과 같은 제품의 수입 비중 등 경제의 외부충격에 대한 흡수능력을 나타내는 지표로 평가된다.

17.3 환위험의 종류

1. 거래위험(Transaction Risk)

거래위험은 환율변화로 인하여 거래 계약시점과 결제시점에서의 자산이나 부채의 가치가 예상과는 달리 차이가 발생되는 상황을 의미한다. 예를 들어 한국의 수입업자가 미국 수출업자로부터 100만달러 어치를 수입하기로 계약하고 3개월 후에 결제하는 경우, 계약시 환율은 1달러당 1,260원이었으나 3개월 후 결제시 환율이 1달러당 1,300원이 됨으로써 수입업자의 입장에서 환차손 즉 원화부담이 증가하는 경우이다. 반대로 결제시점에서 1달러당 환율이 1,260원보다 낮아질 경우에는 수입업자는 환차익을 보게 된다. 즉 변동환율제도하에서 자국통화가 아닌 외화표시로 계약된 수출입거래의 경우가 대표적으로 거래위험에 직면한다고 할 수 있다. 왜냐하면 일반적으로 재화의 수출입의 경우 계약 후 일정기간의 생산기간과 수송기간이 소요되기 때문에 계약시점과 결제시점간에는 시차가 존재하기 때문이다. 그리고 산업설비나 선박, 비행기 등과 같은 대규모 자본재의 공급이나 사회간접자본의 건설에는 상당한 시간이 소요되기 때문에 이 기간 동안의 환율변동으로 인하여 이러한 거래의 자국통화표시 가치가 변동되는 것이 일반적이다.

2. 경제위험(Economic Risk)

경제위험은 환율변동이 기업의 장래수익에 부정적인 영향을 주는 상황을 의미한다. 예를 들어 원화의 평가절상은 국내 수출기업의 가격경쟁력을 약화시킴으로써 매출 및 수익을 감소시킬 수 있는데 이러한 상황을 경제위험이라 할 수 있다. 따라서 경제위험은 결국 국제거래를 하는 모든 경제주체는 물론 국내거래만을 하는 경제주체도 직면하게 되는 위험이라 할 수 있다. 왜냐하면 환율변동은 수출뿐만 아니라 소비, 투자 등 경제활동 전반에 영향을 주기 때문에 국내거래만을 하는 경제주체도 이러한 경제환경변화에 간접적으로 영향을 받기 때문이다. 이런 면에서 환위험이 초래하는 실질적인 위험이 바로 경제위험이라 할 수 있다. 따라서 개방경제하에서 모든 기업들이 직면하는 어려움의 하나가 바로 경제위험에 어떻게 대처할 수 있느냐 하는 점이다. 왜냐하면 일반적으로 경제위험은 회피 또는 헤징될 수 없기 때문이다. 따라서 경제위

Case: 경제위험에 대한 일본기업의 대처

1985년 9월 미국, 일본, 독일 3국간에 체결된 플라자협정에 의해서 1980년대 초반까지 지속되어 오던 달러화의 강세가 엔화 및 마르크화의 강세로 급변하였다. 그 결과 1987년 1월 선진국간 환율안정을 위한 새로운 협정인 루브르협정까지 엔화는 1985년 9월 대비 약 50% 이상 가치가 상승하였다. 이러한 엔화가치 상승으로 야기된 경제위험을 일본기업들은 크게 국내 생산비용의 절감, 부품의 해외조달 비중 증대 그리고 동남아지역으로의 해외투자 확대로 대처하였다. 그 결과 엔고에 따른 달러수출가격 상승 압력을 원가절감이나 해외투자 확대 등을 통하여 완화시킴으로써 일본기업의 가격경쟁력 하락에 따른 수익성 악화를 상당부분 극복할 수 있었다.

험을 관리하기 위해서는 환율의 움직임에 대한 예측과 환율변화에 따른 수요변화, 생산비용의 변화 및 가격경쟁력을 유지하기 위한 방안 등이 꾸준히 모색되어야 할 것이다.

3. 환산위험(Translation Risk)

환산위험이란 연결재무제표 작성 등의 목적으로 해외 자회사나 지점의 외화표시 재무제표를 모기업의 재무제표 작성통화로 환산할 때 발생할 수 있는 자산이나 부채의 가치 변동을 의미한다. 환산방법은 환산할 때 어떤 항목에 대해서 현행환율 또는 과거의 환율을 적용하느냐에 따라 크게 유동성/비유동성 방법, 화폐성/비화폐성 방법, 시제법(temporal method) 그리고 현행환율법(current rate method)으로 구분된다.

유동성/비유동성 방법은 가장 오래된 환산방법으로 대차대조표 항목 중 유동자산과 유동부채는 현행환율을 적용하고 나머지 항목에 대해서는 역사적 환율을 적용하는 방법이다. 화폐성/비화폐성 방법은 대차대조표 항목 중 화폐성 항목에 대해서는 현행환율을 적용하고 비화폐성 항목에 대해서는 역사적 환율을 적용한다. 이때 대부분의 유동성항목은 화폐성 항목이지만 재고자산, 선급비용, 선수금, 선수익금 등은 비록 유동항목이지만 비화폐성 항목으로 취급된다. 시제법은 현금, 매출채권, 매입채무 등 현재 또는 미래가격으로 평가되어 있는 자산, 부채 항목은 현행 환율을, 과거의 가격으로 평가되어 있는 자산, 부채항목은 과거 해당환율을 적용하는 재무제표 환산방식이다. 한편 현행환율법은 대차대조표 항목 일체를 작성기준일 현재 환율을 적용하는 환산방법이다.[5)]

5) 김철(1988), 제24장 참조.

17.4 환위험 관리수단

1. 내부적 관리수단

(1) 리딩(leading)과 래깅(lagging)

수출입대금 또는 기타 결제자금의 결제를 앞당기는 방법인 리딩(leading)이나 늦추는 방법인 래깅(lagging)을 통하여 예상되는 환율변화에 대처하는 기법이다. 예를 들어 자국통화의 가치상승이 예상될 경우 수출업자는 외화표시 수출대금을 빨리 회수함으로써 환차손을 줄이려고 할 것이며, 반면에 수입업자의 경우에는 수입대금 결제를 늦추려 할 것이다. 반대로 환율상승 즉 자국통화의 가치하락이 예상될 경우에는 수출업자는 래깅을, 수입업자는 리딩을 함으로써 환위험을 최소화하려는 방식이다. 해외여행시 외화표시로 신용카드를 사용한 후 향후 예상 환율변화에 따라 결제시기를 조절하는 경우도 바로 리딩과 래깅의 대표적인 경우라 할 수 있다.

(2) 네팅(netting)과 매칭(matching)

네팅은 주로 다국적기업에서 사용하는 기법으로 모기업과 자회사나 지점간의 거래에 있어서 매 거래마다 즉시 결제를 하지 않고 일정기간 동안 발생한 채권, 채무를 상계한 후 순차익만을 결제하는 방식을 의미한다. 이렇게 할 경우 외환거래 비용이나 자금확보에 따른 환위험을 감소시킬 수 있을 것이다.

한편 네팅은 동일기업군에 속하는 기업간의 내부거래가 아닌 경우에도 사용될 수 있다. 예를 들어 다국적기업 내의 한국 자회사인 A기업이 제3의 미국기업으로부터 100만달러를 수취할 채권이 있고 동일 다국적기업 내의 또 다른 한국 자회사인 B기업은 다른 미국기업에게 100만달러를 지불할 의무가 있다고 하자. 이 경우 한국 자회사 B기업은 다른 한국 자회사인 A기업으로부터 100만달러를 수취해서 채무관계에 있는 미국기업에게 지급하고, A기업에게는 원화로 지급함으로써 다국적기업의 한국자회사인 A, B기업 모두 환위험을 감소하고 외환시장을 통한 외환거래를 생략함으로써 외환거래 비용을 절감할 수 있을 것이다.

매칭은 현금수취와 지불을 통화별, 시기별로 일치시킴으로써 환위험을 회피하고자 하는 기법이다. 일종의 차입-예치(borrowing-deposit)기법이라 할 수 있다. 즉 특정통화로 자산을 구입할 경우 동일한 통화로 채권시장이나 주식시장에서 자금을 조달한다거나 특정통화로 차입한 경우에는 동일한 통화표시의 채권을 구입하는 기법을 의미한다.

(3) 자산 · 부채관리

자산 · 부채관리는 환율전망에 따라 기업이 보유하고 있는 자산 · 부채의 포지션을 조정함으로써 환리스크를 관리하는 방식이다. 예를 들어 특정통화의 강세가 예상될 경우에는 강세예상통화 자산을 증가시키고 부채의 경우는 감소시킨다거나 약세가 예상되는 통화의 경우에는 그 반대로 자산과 부채를 관리하는 기법이다. 또는 모든 자산과 부채의 만기와 통화구성은 물론 이들 자산과 부채의 현금수입이나 지급규모를 일치시킴으로써 통화별 순자산규모를 영으로 만들어서 환위험을 회피하는 방식을 의미한다.[6)]

2. 파생금융상품과 환위험관리

(1) 선물환(forward)거래

외부의 시장을 이용하여 환위험을 관리하는 대표적인 수단으로 오래 전부터 활발히 사용되어 왔던 기법의 하나이다. 선물환거래는 미래 환율에 대한 예상이 상이한 거래자간에 외환거래 계약을 현재 체결하고

---

6) 외화표시 자산에서 부채를 뺀 상태를 환포지션이라 하는데 오픈포지션은 외화순자산(외화자산－외화부채)이 영이 아닌 상태를, 그리고 스퀘어포지션은 영이 되는 상태를 의미한다.

결제는 2영업일 이후에 이루어지는 방식이다. 이때 계약조건으로는 거래규모, 결제일자 그리고 결제환율이 포함되는데 이 결제환율이 바로 선물환율이다. 이렇게 사전에 결제환율을 설정함으로써 향후 환율변화에 관계없이 자산이나 부채의 특정통화표시 가치를 확정시킬 수 있다. 이러한 선물환거래에 의한 환위험 관리가 유용한 수단이 되기 위해서는 무엇보다도 먼저 시장참여자가 다수가 됨으로써 거래체결이 쉽게 이루어져야 한다. 선물환거래는 계약불이행에 대한 특별한 예방장치가 마련되어 있지 않은 장외거래이기 때문에 신용도가 높은 거래자들만이 이용할 수 있다는 특징이 있다. 따라서 선물환거래 참여자는 주로 신용이 높은 대기업이나 금융기관이 주축을 이루고 있다. 또한 선물환거래는 주로 1년 미만의 단기거래가 대부분을 차지하고 있다. 그러나 선물환거래는 거래규모에 대한 제한이 없기 때문에 거래 당사자들간의 합의에 따라 자유롭게 거래규모를 정할 수 있다는 이점이 있다.

Case: 선물환을 이용한 환위험 헤징

한국의 수출기업이 미국회사에 1백만$어치의 반도체를 3개월 후 대금을 지급받는 조건으로 수출하였다고 가정하자. 그리고 원/달러의 현물환율은 1,250원/$이고 선물환율은 1,300원/$이라 하자.

(ⅰ) 선물환시장을 이용해서 달러를 매각하는 경우:

3개월 후의 현물환율 수준에 관계없이 1$당 1,300원으로 매각할 수 있다. 물론 3개월 후 현물환율이 1,300원을 상회할 경우에는 실현될 수 있는 이익을 잃게 된다. 그러나 1,300원을 하회할 경우에는 손해 없이 1,300원에 매각할 수 있다. 따라서 선물환시장을 이용할 경우에는 환리스크의 부담이 없어지게 된다.

(ⅱ) 헤징을 하지 않고 3개월 후 결제시 수령한 달러를 매각하는 경우:

3개월 후의 현물환율이 1,300원/$를 상회할 경우에는 이 기업은 선물환율을 통해서 헤징을 할 경우보다 이득을 얻게 된다. 그러나 3개월 후 현물환율이 선물환율인 1,300원/$보다 낮게 결정될 경우 이 기업은 선물환율을 통하여 헤징할 경우보다는 손해를 입게 된다.

(2) 통화선물(currency futures)

통화선물은 1972년 시카고상업거래소(Chicago Mercantile Exchange)에서 처음으로 개발, 거래된 신종금융상품이다. 통화선물은 선물환거래와 유사하게 미래 일정시점의 환거래계약을 현재 체결하는 방식이다. 그러나 선물환거래와 달리 통화선물은 거래규모와 결제일시 그리고 가격변동폭 등을 거래소가 규격화함으로써 거래가 표준화되어 있는 장내거래이다. 이러한 표준화는 통화선물거래의 비용을 낮추고 시장의 유동성을 증가시키는 효과가 있다.

한편 통화선물의 경우 계약불이행이 발생되는 것을 방지하기 위해서 먼저 거래소 내에 청산소(clearing house)를 설치해서 청산소가 매계약의 거래상대방이 된다. 즉 청산소는 매입, 매도를 연결하는 중개자의 역할에 그치는 것이 아니라 매입자에 대해서는 매도자, 그리고 매도자에 대해서는 매입자로 매거래의 상대방으로 계약을 체결하는 형식을 채택하고 있다.

또한 통화선물의 경우 거래참여자들은 일정금액을 계약이행 보증을 위한 증거금으로 예치하고 선물계약의 가치가 변동됨에 따라 발생되는 수익 또는 손실을 매 영업일마다 정산하는 소위 일일정산(marking-to-market)제도를 채택하고 있다. 따라서 최초로 예치된 증거금의 규모는 매일 변화하게 되는데 선물가격의 하락으로 인한 손실로 증거금 수준이

표 17-2 통화선물(currency futures)과 선물환(forward)거래의 비교

	통화선물	선물환거래
계약단위	표준화	거래당사자간의 합의로 결정
결제일	표준화	거래당사자간의 합의로 결정
시장참여자	은행, 다국적기업, 브로커, 개인	은행, 다국적기업, 브로커
증거금	최초증거금과 유지증거금 부과	원칙적으로 없음(신용거래)
청산기능	청산소에 의해서 일일정산	특별한 청산기능이 없음
거래장소	거래소(장내)	장외거래
결제	반대거래를 통한 차익결제	현물수도
거래비용	정액수수료 지급	매입/매도 수수료

자료: 김철(1988), p. 418 〈표 18-7〉.

Case: 통화선물의 예

○미국의 수입업자가 2000년 3월 21일 일본 수출업체로부터 ¥125,000,000의 상품수입계약을 체결하고 대금지급은 3개월 후인 2000년 6월 20일 하기로 계약

○3월 21일 현재 ¥/$ 현물환율은 $0.0095/¥

○미국의 수입업자가 단위당 계약규모가 ¥12,500,000이고 결제일이 6월 20일인 6월물 통화선물을 10단위를 $0.0100/¥의 통화선물가격으로 매입 계약 체결

(i) 2000년 6월 20일 엔화가 $0.0150/¥로 강세가 된 경우:

○현물시장만을 이용하는 경우: ¥125,000,000×(0.0150−0.0095)=$687,500 손해

○선물시장을 이용하는 경우: ¥125,000,000×(0.0150−0.0100)=$625,000 이익

○순손실: $687,500−$625,000=$62,500

→ 따라서 통화선물을 이용하지 않았을 경우 $687,500 손실이 통화선물을 이용함으로써 $62,500로 축소

(ii) 2000년 6월 20일 엔화가 $0.0090/¥로 약세가 된 경우:

○현물시장만을 이용하는 경우: ¥125,000,000×(0.0095−0.0090)=$62,500 이익

○선물시장을 이용하는 경우: ¥125,000,000×(0.0090−0.0100)=$125,000 손실

○순손실: $125,000−$62,500=$62,500

→ 따라서 통화선물을 이용하지 않았을 경우 $62,500 이익이 통화선물을 이용함으로써 $62,500 손실이 발생

일정금액 이하로 줄어들 경우에는 추가증거금의 납입이 요구되거나 만약 요구에 응하지 못할 경우에는 청산소가 임의로 기존 계약의 반대매매를 행함으로써 해당계약을 중도에 청산한다. 이러한 제도는 결제일에 가서 계약이 이행되지 못하게 되는 상황을 방지하기 위한 장치라 할 수 있다.

한편 통화선물의 경우에는 계약 만기일에 실제적인 현물의 인도가 이루어지지 않고 만기일 전에 최초 계약과는 반대 내용의 계약을 체결

하고 손익의 차익만을 결산하는 방식으로 운영되고 있다. 예를 들어 선물매도를 체결한 거래자는 만기일 전에 선물매입계약을 체결하고 이 두 계약으로 인한 순손익만을 증거금에서 정산함으로써 거래를 종결한다.

(3) 통화옵션(currency option)

통화옵션은 미래의 특정시점이나 특정시점 이전까지 현물환이나 선물환에 대한 매입 또는 매도를 선택할 수 있는 권리를 의미한다.[7] 이때 매입권리는 콜옵션(call option), 매도권리는 풋옵션(put option)이라 한다. 현물환과 관련된 통화옵션은 통화현물옵션 그리고 통화선물과 관련된 통화옵션은 통화선물옵션이라 한다. 통화현물옵션의 경우 옵션 행사는 사전에 계약된 환율로 현물환의 매입(콜옵션 보유시) 또는 매도(풋옵션 보유시)를 할 수 있는 것을 의미한다. 예를 들어 행사가격이 1,000원/달러인 콜옵션을 가지고 있다고 하자. 현물환율이 1,100원/달러라고 하면, 옵션을 행사하여 1달러를 1,000원에 살 수 있으므로, 달러당 100원의 차익이 발생한다. 물론 이러한 파생상품을 구입하려면 일정금액을 지급하여야만 한다. 반면에 통화선물옵션의 경우 옵션행사는 옵션행사 시점에서 통화선물의 매입 또는 매도를 위한 선물계약을 체결할 수 있는 권리를 의미한다.[8]

옵션의 경우 옵션구매자는 옵션행사권리에 대한 대가인 프레미엄을 지불하고, 옵션발행자는 프레미엄을 수입으로 확보하게 된다. 따라서 옵션소유자가 옵션행사를 하지 않을 경우에는 옵션발행자는 프레미엄이 모두 자신의 수입이 될 수 있지만 사전에 계약된 옵션행사가격이 옵션행사가능 시점에서의 환율보다 유리할 경우에는 옵션발행자는 프레미엄을 제외한 부문만큼 손실을 입게 된다.

옵션은 특정 미래시점까지 상황이 불확실하기 때문에 특정시점에

---

7) 유럽식 옵션은 특정시점에 한해서 옵션행사가 가능하나, 미국식 옵션은 특정기간 이내에서 자유롭게 옵션의 행사가 가능하다.

8) 5월 현재 통화선물의 콜옵션 매입자가 9월 만기 유로화 선물을 $0.3200/Euro에 살 권리를 가지고 있을 때, 시장에서 통화선물 계약가격이 $0.3405/Euro로 되어 있다고 가정하자. 그러면 통화선물 콜옵션 매입자는 통화선물에 대한 콜옵션을 행사함으로써 일 EURO당 $0.0205의 이익을 실현할 수 있게 된다.

가서 나타나는 결과에 따라 계약을 체결하고자 할 때 사용된다. 대표적인 예로 대규모 사회간접시설이나 건설투자에 대해 입찰할 경우 입찰결정시점까지는 그 결과를 알 수 없기 때문에 입찰시점에서 입찰결정시점의 현물환 또는 선물환에 대한 옵션계약을 체결하는 경우이다.

통화옵션의 경우도 통화선물의 경우와 동일하게 거래규모나 옵션행사 시점, 옵션가격 변동 허용 폭 등이 규격화되어 있는 등 표준화되어 있으며 장내거래가 주종을 이루고 있다.

Case: 통화현물 콜 옵션과 풋 옵션 사례

한국의 수입업자가 3개월후 10,000달러의 수입대금을 지급하여야 하는데, 10,000달러의 3개월 만기 유럽식 콜옵션을 매입하였다고 하자.

○행사가격: 1달러당 1,200원

○프레미엄: 1달러당 20원

콜옵션의 행사가격이 3개월 후 현물환율보다 낮은 경우에는 옵션을 행사하여 이득을 볼 수 있다. 만약 3개월 후 현물환율이 행사가격보다도 낮은 경우에는 옵션을 행사하지 않을 것이고, 옵션매입자는 옵션 프레미엄만큼 손해를 보게 된다.

① 3개월 후 현물환율: 1$=1,250원

○1달러당 이득: 1,250−1,200−20=30(원)

○총이득: 30×10,000=300,000(원)

② 3개월 후 현물환율: 1$=1,150원

○1달러당 손실:

20×(1+.1×3/12)=20.5(원)

○총손실: 20.5×10,000=205,000(원)

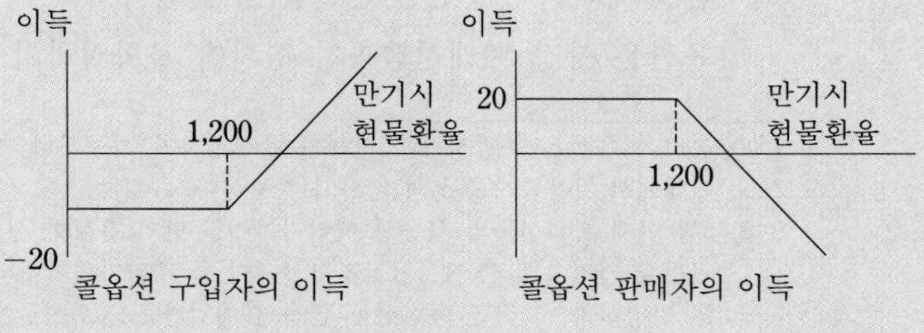

콜옵션 구입자의 이득   콜옵션 판매자의 이득

한편 콜옵션을 판매한 사람은 구입자와 입장이 반대가 된다. 만기시 현물환율이 행사가격보다 낮은 경우에는 콜옵션이 행사되지 않으므로 프레미엄이 고스란히 이득으로 남는다. 그러나 콜옵션을 행사하는 경우에는 비싼 외화를 콜옵션 구입자에게 싼 가격으로 넘겨야 하므로 손해가 발생할 수 있다. 콜옵션의 구입자와 판매자의 이득은 앞의 그림에서 보는 바와 같다.

이제 일정한 가격으로 외환을 팔 수 있는 풋옵션에 대하여 고려하여 보자. 한국의 수출업자가 3개월 후 10,000달러의 수출대금을 받기로 하였는데, 환위험에 대비하여 3개월 만기 유럽식 풋옵션을 매입하였다고 하자.

○행사가격: 1달러당 1,200원

○프레미엄: 1달러당 20원

3개월 후 현물환율이 행사가격보다 낮아지면 풋옵션 매입자는 옵션을 행사하여 이득을 볼 수 있다. 만약 3개월 후 현물환율이 행사가격보다도 높아지면 옵션을 행사하는 대신 시장에서 외환을 매각하는 편이 낫다. 풋옵션의 구입자와 판매자의 이득을 그림으로 나타내면 다음과 같다.

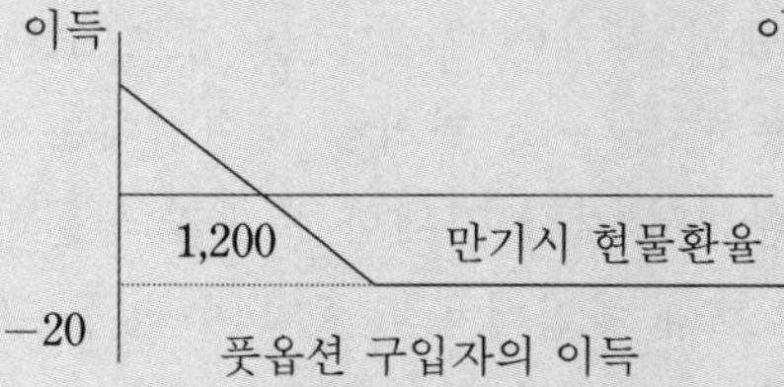

풋옵션 구입자의 이득

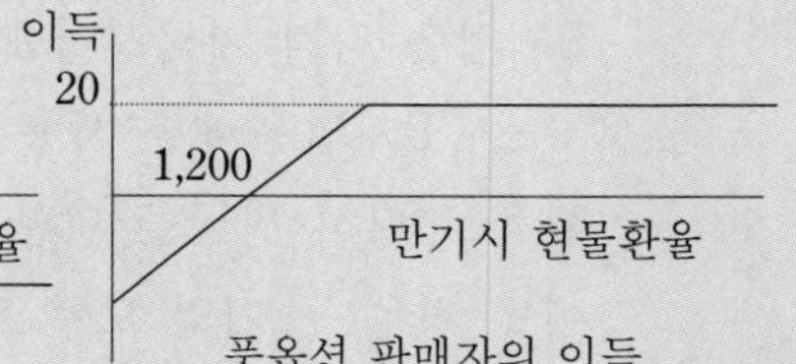

풋옵션 판매자의 이득

(4) **통화스왑**(currency swap)

통화스왑은 두 채무자가 각각 다른 통화로 기채한 자금을 일단 교환해서 사용하고 채무사용 기간중에는 이자만을 교환하고 만기시에는 최초 원금교환시 적용했던 환율로 다시 원금을 교환해서 상환하는 거래를 의미한다.[9] 즉, 상대방의 채무에 대한 원리금을 원래 기채한 통화로 각각 상환하는 것을 의미한다. 따라서 통화스왑의 경우 원금과 관련해서 두 번에 걸친 교환이 이루어진다.

예를 들어 환위험관리를 위해서 A기업은 유로화(€) 표시로, 그리고 B기업은 $표시로 채무를 기채하는 것이 바람직하지만 A기업은 미국

9) 통화스왑과는 달리 두 채무자가 각자의 금리지급만을 교환하는 거래는 금리스왑이라 한다.

그림 17-1 통화스왑

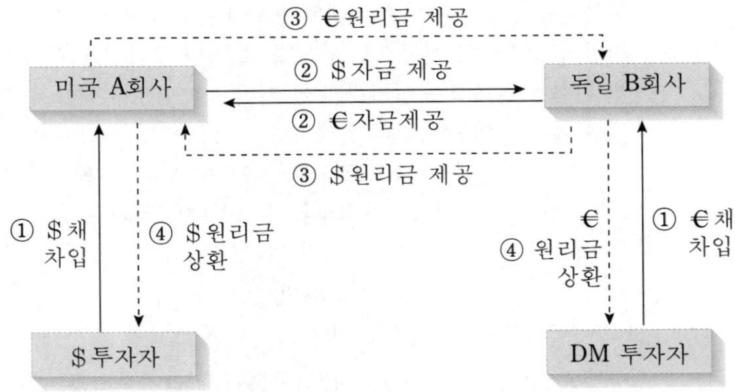

기업으로 미국시장에서, B기업은 독일기업으로 독일시장에서 보다 유리한 조건으로 자금을 차입할 수 있다고 가정하자. 이럴 경우 A기업과 B기업은 각각 자국시장에서 차입한 후 그것을 상호 교환해서 A기업은 €을, B기업은 $를 사용하고, 추후 원리금 상환시에는 사전에 약속된 환율로 다시 원금을 교환해서 각각 기채한 부채를 상환하는 방식이다. 이럴 경우 두 기업 모두 보다 차입비용을 줄일 수 있을 뿐만 아니라 실제로 필요한 통화를 직접 조달할 경우 직면하게 되는 환위험 및 거래비용을 절감할 수 있게 된다.

(5) 상호 융자(parallel loan)

A라는 모회사가 해외에 위치한 자회사에 자금거래를 할 경우 자회사 소재국의 통화로 거래가 이루어지면 결국 모회사 입장에서는 환위험에 노출되게 된다. 또한 반대로 A기업의 자회사 소재국에 위치한 B라는 또 다른 모기업이 A기업 모회사 소재국에 위치한 자회사에 소재국 통화로 자금거래를 할 경우 이 모기업도 환위험에 노출되게 된다. 이 때 두 기업은 각각 상대방의 자회사와 자국의 통화표시로 상호 교환해서 자금거래를 하면 환위험을 회피할 수 있을 것이다.[10] 그림 〈17-2〉에

10) 이 때 각각의 모기업은 상대기업에 대하여 자신의 자회사에 대한 대출금의 상환을 보증한다.

서 볼 수 있는 바와 같이 미국의 A기업은 영국 소재 자회사가 필요한 자금을 직접 £로 제공하는 대신 미국소재 영국 B기업의 자회사에 $표시 자금을 제공하고 반대급부로 영국 B기업으로부터 거기에 상응하는 £자금을 제공받는다. 이렇게 함으로써 A, B 두 기업 모두 환위험을 회피함과 동시에 각각의 자회사가 필요로 하는 자금을 확보할 수 있는 것이다. 이러한 거래 방식을 상호융자라 한다.

상호 융자는 해외로의 자본이동이 필요없다는 또 다른 이점이 있는 반면 두 개의 계약이 체결되어야 하고 네 계약당사자가 존재하게 되므로 법적으로 복잡한 문제가 야기될 수 있다.

상호 융자는 두 기업이 다른 지역에 위치한 각각의 자회사가 필요로 하는 자금을 해당지역의 통화로 직접 제공하는 것이 아니라 같은 지역에 위치한 상대방의 자회사에 상호 교환해서 융자해 주는 거래방식을 의미한다.

그림 17-2 상호 융자

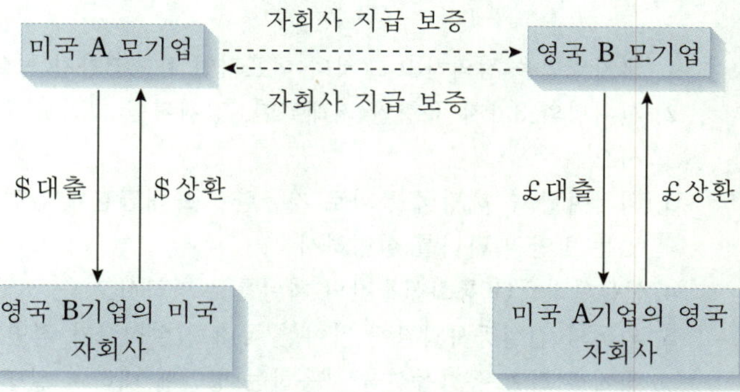

주요용어

위험
신용위험
시장위험
국가위험
국가신용등급
환위험
거래위험
경제위험
환산위험
리딩과 래깅
네팅과 매칭
선물환거래
통화선물
일일정산
통화옵션
콜옵션/풋옵션
장내거래/장외거래
통화스왑
상호 융자

연습문제

1. 국가위험을 정의하고 그것의 대표적인 유형 3가지를 설명하시오.
2. 환위험의 3가지 유형인 거래위험, 경제위험 그리고 환산위험을 각각 설명하시오.
3. 외국여행 후 해당국 통화로 지급한 카드대금결제 관련 환위험을 최소화할 수 있는 방안의 하나를 설명하시오.
4. 선물환거래와 통화선물간의 차이를 설명하시오.
5. 외국의 건설공사입찰에 참여한 국내 건설회사가 직면하게 될 환위험을 헤징하기 위하여 통화옵션을 사용하는 방안에 대하여 설명하시오.
6. 한국의 삼성전자는 한국의 자금시장에서 그리고 한국IBM은 미국의 자금시장에서 유리한 조건으로 차입할 수 있다고 하자. 그런데 삼성전자는 $표시 자금이 필요하고 반대로 한국IBM은 표시 자금이 필요하다고 할 때 두 기업이 환위험을 최소화하면서 동시에 자금조달비용을 절감할 수 있는 방안에 대해 설명하시오.
7. 상호 융자방식의 장단점을 설명하시오.

제 1 장

국제금융연구회, 「국제금융론」, 제 2 판, 경문사, 1999.

김인준, 「국제경제론」, 제 4 판, 다산출판사, 2000.

남종현, 「국제무역론」, 제 2 판, 경문사, 1999.

손정식, 「국제경제학」, 문영사, 1997.

Caves, Richard E., Jeffrey A. Frankel, and Ronald W. Jones, *World Trade and Payments*, 8th ed., Addison-Wesley, 1999.

Jepma, Catrinus, J. Henk Jager and Elise Kamphuis, *Introduction to International Economics*, Longman, 1996.

Krugman, Paul R. and Maurice Obstfeld, *International Economics*, 5th ed., Addison-Wesley, 2000.

Kreinin, Mordechai E., *International Economics*, 8th ed., Dryden Press, 1998.

제 2 장

김준동, "Changes in the World FDI Environment and Implications for Korea," 세미나 자료, 대외경제정책연구원, 2000. 1.

노영훈 · 심재진(역), 「디지털 경제의 등장과 파급효과」, 한국조세연구원, 1999.

대외경제정책연구원, "국제금융체제 관련 쟁점별 대응전략," 2000. 2.

삼성경제연구소, 「신경제(New Economy)의 확산과 대응」, CEO Information (제238호), 삼성경제연구소, 2000.

심상렬, "사이버 무역시대의 수출전략," 「2000-2010년 한국경제: 54가지 전망과 전략」, 한국무역협회, 2000.

윤성훈, "신경제의 확산과 시사점," 「신경제의 확산과 디지털 시대의 기업전략」, 삼성경제연구소, 2000.

윤 택, "디지털 경제의 실체와 논점," 「디지털경제 도전과 대응」, 디지털 경제 정책 토론회 자료, 정보통신정책연구원, 1999.

이성봉, 「전자상거래를 통한 교역증진을 위한 환경분석 및 활성화 방안」, 대외경제정책연구원, 2000.

이승영, "인터넷 무역 창업에 관한 연구," www.ecrc.or.kr/ecjaro, 1999.

이종화 · 이성봉, 「전자상거래의 국제적 논의동향과 대응과제」, 정책연구 97-

06, 대외경제정책연구원, 1997.

장석인, "지식기반경제와 산업경쟁력," 「2000-2010년 한국경제: 54가지 전망과 전략」, 한국무역협회, 2000.

홍동표, "새로운 정책 패러다임," 「디지털경제 도전과 대응」, 디지털 경제정책 토론회 자료, 정보통신정책연구원, 1999.

Friedman, Thomas L., *The Lexus and the Olive Tree: Understanding Globalization*, Farrar, Straus, Giroux, New York, 1999.

Levich, Richard M., *International Financial Markets*, 2nd ed., McGraw-Hill, 2001.

OECD, "The Knowledge-Based Economy," OECD/GD(96)102, OECD, 1996.

제 3 장

Heckscher, E., "The Effect of Foreign Trade on Distribution of Income," *Ekonomisk Tidskriff,* vol. 21, 1919, pp. 1-32.

Kreinin, M., *International Economics : A Policy Approach*, 8th ed. The Dryden Press, 1998.

Leontief, W., "Domestic Production and Foreign Trade: The American Capital Position Reexamined," *Economica*, vol. 7, 1954, pp. 3-32.

______, "Factor Proportions and the Structure of American Trade: Further Theoretical and Empirical Analysis," *Review of Economics and Statistics*, vol. 38, 1956, pp. 356-407.

Linder, S. B., *An Essay on Trade and Transformation,* John Wiley and Sons, 1961.

MacDougall, G. D., "British and American Exports," *Economic Journal,* vol. XI, 1951, pp. 697-724.

Mill, J. S., *Principals of Political Economy,* edited by W. J. Ashley, London: Longman, 1909.

Ohlin, B., *Interregional and International Trade*, Harvard University Press, Cambridge Mass., 1933.

Ricardo, D., *The Principles of Political Economy and Taxation,* J. Marry, London, 1817.

Rybczynski, T. M., "Factor Endowment and Relative Commodity Prices," *Economica*, vol. 22, 1955, pp. 336-341 .

Samuelson, P. A., "International Trade and the Equalization of Factor Prices," *Economic Journal*, vol. 58, 1948, pp. 165-184.

______, "Prices of Factors and Goods in General Equilibrium," *Review of*

Economic Studies, vol. 21, 1953, pp. 1-20.

Stolper, W. F. and P. A. Samuelson, "Protection and Real Wages," *Review of Economic Studies,* vol. 9, 1941, pp. 58-73.

제 4 장

Helpman, E., "International Trade in the Presence of Product Differentiation, Economies of Scale and Monopolistic Competition: A Chamberlin-Heckscher-Ohlin Approach," *Journal of International Economics*, vol. 11, 1981, pp. 305-340.

Helpman, E. and P. Krugman, *Market Structure and Foreign Trade*, MIT Press, 1985.

Krugman, P., "Increasing Returns, Monopolistic Competition, and International Trade," *Journal of International Economics*, vol. 9, 1979, pp. 469-479.

Krugman, P. and M. Obstfeld, *International Economics: Theory and Policy* (5th edition), Addison-Wesley Publishing Company, 2000.

Lancaster, K., "Intra-Industry Trade under Perfect Monopolistic Competition," *Journal of International Economics*, vol. 10, 1980, pp. 151-175.

Linder, S.B., *An Essay on Trade and Transformation*, Almqvist and Wiksell, Stockholm, 1961.

Porter, M., *The Competitive Advantage of Nations*, New York: Free Press, 1990.

Posner, M.V., "International Trade and Technical Change," *Oxford Economic Papers*, vol. 13, 1961, pp. 323-341.

Vernon, R., "International Investment and International Trade in the Product Cycle," *Quarterly Journal of Economics*, vol. 80, May 1966, pp.190-207.

제 5 장

강인수 외, 「국제통상론」, 박영사, 2009.

김남두, 「한미간 직접투자의 구조와 투자환경의 변화」, 대외경제정책연구원, 1991.

김준동, 「글로벌시대에서의 수출과 해외직접투자」, 정책자료 94-16, 대외경제정책연구원, 1994.

왕윤종, 「OECD 투자규범과 한국의 외국인직접투자제도」, 대외경제정책연구원, 1995.

유재원, "한국 해외투자의 무역 및 생산효과." 「국제경제연구」, 제 2 권 제 2 호,

한국국제경제학회, 1996.

Blomstrom, M. and A. Kokko, "Home country Effects of Foreign Direct Investment: Evidence from Sweden," *NBER Working Paper* No. 4639, 1994.

Jepma, C., H. Jager and E. Kamphuis, *Introduction to International Economics*, Longman, 1996.

Kreinin, M., *International Economics*, The Dryden Press, 1998.

Krugman, P., *International Economics*, Addison-Wesley, 1997.

Lipsey, R. and W. Weiss, "Foreign Production and Exports of Individual Firms," *Review of Economics and Statistics*, Vol. 66, No. 2, 1984.

UNCTAD, *World Investment Report*, 1999.

제 6 장

김인준, 「국제경제론」, 다산출판사, 1999.

이상호 · 이환호 · 주한광, 「국제무역론」, 법문사, 1996.

Corden, W. M., *Theory of Protection*, Oxford: Clarendon Press, 1971.

Helpman, E. and A. Razin, eds., *International Trade and Trade Policy*, MIT Press, 1991.

Hufbauer, Gory C. and K. A. Elliot, *Measuring the Costs of Protection in the United States*, Institute for International Economics, 1994.

제 7 장

강인수 외, 「국제통상론」, 박영사, 2009.

김인준, 「국제경제론」, 다산출판사, 1999.

Helpman, E. and P. R. Krugman, *Trade Policy and Market Structure*, MIT Press, 1992.

Jepma, C., H. Jager and E. Kamphuis, *Introduction to International Economics*, Longman, 1996.

Krugman, Paul R., "Is Free Trade Passé?" *Journal of Economic Perspectives*, Vol. 1, No. 2, Fall 1987.

제 8 장

Baldwin, Robert E., *The Political Economy of U.S. Import Policy*, MIT Press, 1985.

Bhagwati, Jagdish, ed., *Import Competition and Response*, University of Chicago Press, 1982.

______, *Protectionism*, MIT Press, 1988.

Corden, W. Max, *Trade Policy and Economic Welfare*, Clarendon Press, 1974.

Frey, B. S., *The International Political Economics*, Basil Blackwell, 1984.

Magee, S. P., W. A. Brock and L. Young, *Black Hole Tariffs and Endogenous Policy Theory, Political Economy in General Equilibrium*, Cambridge University Press, 1989.

제 9 장

강인수 외, 「국제통상론」, 박영사, 2009.

김관호 외, 「WTO 주요 논의동향과 대응과제」, 대외경제정책연구원, 1997.

외교통상부, 「WTO 이해하기」, 1999.

제10장

강인수 외, 「국제통상론」, 박영사, 2009.

노재봉, "주요 자유무역협정의 성과와 향후 발전방향," 「세계경제의 지역주의 추세와 우리나라 FTA 정책방향」, 정책세미나자료, 대외경제정책연구원, 1998.

박경석, "유로화 출범 이후 유럽 경제통합의 과제와 전망," 「유로화의 출범과 한국경제」, 학술회의 자료, 한국EU학회 · 대외경제정책연구원, 1998.

원용걸, "지역주의의 확산과 WTO체제," 「통상법률」, 법무부, 1997. 2.

이헌대, "유럽통화통합의 역사적 전개과정," 「유로화의 출범과 한국경제」, 학술회의 자료, 한국EU학회 · 대외경제정책연구원, 1998.

정인교, "지역주의의 확산과 우리경제에 주는 시사점," 「세계경제의 지역주의 추세와 우리나라 FTA 정책방향」, 정책세미나자료, 대외경제정책연구원, 1998.

최병선, 「무역정치경제론」, 박영사, 1999.

Bergsten, C. Fred, "APEC and World Trade: A Fore for Worldwide Liberalization," *Foreign Affairs* 73, 3 May/June, 1994.

______, "Globalizing Free Trade," *Foreign Affairs* 75, 3 May/June, 1996.

Bhagwati, Jagdish, "Regionalism and multilateralism: an overview," in Jaime de Melo and Arvind Panagariya(eds.), *New Dimensions in Regional Integration*, Cambridge: Cambridge University Press, 1993.

Krueger, Anne O., "Free Trade Agreements Versus Customs Unions," NBER Working Paper No. 5084, 1995.

Krugman, Paul R., "Free Trade: A Loss of (Theoretical) Nerve? The Narrow and Broad Arguments for Free Trade," *American Economic Review*, 83, 2 May, 1993.

Panagariya, Arvind and Ronald Findlay, "A Political-Economy Analysis of Free-Trade Areas and Customs Unions," in Robert C. Feenstra et al.(eds.), *The Political Economy of Trade Policy*, Cambridge, Mass, MIT Press, 1996.

제11장

국제금융연구회,「글로벌시대의 국제금융론」, 경문사, 1999.

한국은행,「경제지표해설」, 2009.

______,「국제수지통계 개편 내용과 최근의 국제수지 동향」, 2009.

Rivera-Batiz, F. L. and L. A. Rivera-Batiz, *International Finance and Open Economy Macroeconomics*, 2nd ed., Prentice Hall, 1994.

제12장

Dornbusch, Rudiger, "Expectations and Exchange Rate Dynamics," *Journal of Political Economy*, 84, 1976, pp. 1161-1176.

______, "Purchasing Power Parity," in *The New Palgrave: A Dictionary of Economics*,Vol. 3, New York: Stockton Press, 1987, pp. 1075-1085.

Frankel, J. A., "Monetary and Portfolio Balance Models of Exchange Rate Determination," in Jagdeep S. Bhandari and Bluford H. Putnam, eds., *Economic Interdependence and Flexible Exchange Rates*, NBER, 1983.

Hallwood, C. Paul, and R. MacDonald, *International Money and Finance*, 3rd edition, Chapters 9 and 11, Blackwell, 2000.

Obstfeld, M. and P. Krugman, *International Economics: Theory and Policy*, 8th edition, Chapters 14 and 16, Harper Collins, 2008.

제13장

Daniels, Joseph P., and David Van Hoose, *International Monetary and Financial Economics,* 2nd edition, Chapter 8, South-Western, 2002.

Baldwin, Richard, "Hysteresis in Import Prices: The Beachhead Effect," *American Economic Review* 78, 1988, pp. 773-785.

Krugman, P. and M. Obstfeld, *International Economics: Theory and Policy,* 8th. edition, Chapter 17, Harper Collins, 2008.

Mankiw, G. *Macroeconomics*, 4th edition, Worth Publishers, 1999.

제14장

유재원 · 김태준, "아시아 외환위기와 지역통화제도의 모색,"「국제통상연구」, 4(2), 1999.

Copeland, Laurence S., *Exchange Rates and International Finance*, 3rd ed., Chapter 10, Prentice Hall, 2000.

IMF, *Exchange Rate Arrangements and Currency Convertibility*, World Economic and Financial Surveys, 1999.

Krugman, P., and M. Obstfeld, *International Economics: Theory and Policy*, 8th ed., Chapter 21, Harper Collins, 2008.

Mundell, R. A., "A Theory of Optimum Currency Areas," *American Economic Review*, 51, pp. 657-665.

Mussa, Michael, Paul Masson, Alexander Swoboda, Esteban Jadresic, Paolo Mauro, and Andy Berg, "Exchange Rate Regimes in an Increasingly Integrated World Economy," IMF, 2000.

제15장

손정식, 「국제경제학」, 문영사, 1997.

Dornbusch, Rudiger, *Open Economy Macroeconomics*, New York: Basic Books, 1980.

Rivera-Batiz, F. L. and L. A. Rivera-Batiz, *International Finance and Open Economy Macroeconomics*, 2nd ed., Prentice Hall, 1994.

제16장

성용모, 「국제금융시장」, 탐진, 2004.

유재원 · 김태준, "신흥시장국의 환율제도선택: 쟁점 및 과제," 「국제통상연구」, 7(1), 2002.

Economist, "The New Money Men," Feb. 19, 2005.

제17장

김 철, 「국제외환금융론: FX & Money Market의 이론과 실제」, 법문사, 1988.

박정식, 「현대재무관리」, 5판, 다산출판사, 1993.

이강남, 「국제금융론: 국제재무관리의 이론과 실제」, 법문사, 1994.

Catrinus J. Jepma, H. Jager and E. Kamphuis, *Introduction to International Economics*, Dutch Open University, 1996.

색 인

〈공저자 약력〉

강인수(康仁洙) 서울대학교 경제학과 졸업
U.C.L.A. 경제학 박사
현 숙명여자대학교 경제학부 교수

김태준(金泰俊) 연세대학교 경영학과 졸업
Columbia University 경제학 박사
전 동덕여자대학교 국제경영학과 교수

박성훈(朴成勳) 서울대학교 경영학과 졸업
베를린 공대 경제학 박사
현 고려대학교 국제대학원 교수

박태호(朴泰鎬) 서울대학교 경제학과 졸업
University of Wisconsin, Madison 경제학 박사
현 서울대학교 국제대학원 명예교수

송유철(宋有哲) 서울대학교 경제학과 졸업
Indiana University 경제학 박사
현 동덕여자대학교 국제경영학과 교수

유재원(柳在元) 서울대학교 경제학과 졸업
Yale University 경제학 박사
현 건국대학교 경제학과 교수

유진수(俞鎭守) 서울대학교 경제학과 졸업
University of California, Berkeley 경제학 박사
현 숙명여자대학교 경제학부 교수

이호생(李鎬生) 서울대학교 경제학과 졸업
University of Michigan 경제학 박사
현 명지대학교 경제학과 교수

채 욱(蔡 旭) 고려대학교 졸업
University of Michigan 경제학 박사
현 경희대학교 국제대학원 명예특임교수

한홍렬(韓弘烈) 한양대학교 경제학과 졸업
University of Pittsburgh 경제학 박사
현 한양대학교 경제학부 교수

제2개정판
국제경제학원론

초판발행 2002년 3월 10일
개정판발행 2005년 9월 5일
제2개정판발행 2010년 8월 30일
중판발행 2021년 9월 10일

지은이 강인수 · 김태준 · 박성훈 · 박태호 · 송유철 · 유재원 · 유진수 · 이호생 · 채 욱 · 한홍렬
펴낸이 안종만 · 안상준

펴낸곳 (주) 박영사
서울특별시 금천구 가산디지털2로 53, 210호(가산동, 한라시그마밸리)
등록 1959. 3. 11. 제300-1959-1호(倫)
전 화 02)733-6771
f a x 02)736-4818
e-mail pys@pybook.co.kr
homepage www.pybook.co.kr
ISBN 978-89-6454-072-5 93320

정 가 30,000원